아편전쟁

아편
전쟁

서경호 지음

일조각

책을 펴내며

아편전쟁은 19세기 중엽에 각각 유럽과 동아시아의 패권국을 자임하던 영국과 중국이 벌인 전쟁이다. 세계사의 흐름을 바꾸었다고 일컬어지는 이 전쟁을 역사학자들은 다양한 시각에서 바라본다. 그중에서도 이 전쟁이 단순한 군사적 충돌이 아니라 문명의 충돌이며, 오랜 기간에 걸친 동서양의 접촉에서 한 단계를 접고 새로운 단계로 넘어가는 계기가 되었다는 시각이 주류를 이루고 있다. 또 20세기 말에 세계적 화두로 떠올랐던 세계화가 사실은 아편전쟁을 통해 완성되었다는 시각도 있다. 그렇지만 전쟁의 내막, 그러니까 전쟁이 발발하기까지의 과정을 보면 다양한 요인이 복합적으로 작용했음을 발견할 수 있다. 세계 무역시장의 변화, 통화와 국제적 신용 거래, 기업 경영, 영국과 중국의 국내 정치 상황, 국제질서의 역학, 외교술, 항해술, 환각작용을 일으키는 물질의 역사, 군사학, 그리고 타 문화에 대한 이해 부족 등 수많은 요소가 이 전쟁이 발발하는 데 영향을 끼쳤다.

이 전쟁에 관한 서구와 중국의 시각은 극과 극이다. 서구의 학자들은 그들의 입장에서 아편전쟁을 바라보고 중국의 학자들 역시 투철한 국가관에 맞춰 기술하고 있을 뿐이다. 심지어 연구의 기본 자료가 되는 당시의 문헌 기록도 목격자나 기록자의 입장에 따라 아주 다른 내용을 담고 있다. 같은 사건을 기술하면서도 쌍방이 채택하는 자료의 범위와 결과에 대한 해석도 판이하다. 그래서 이 전쟁을 서구와 중국의 학자들이 사용하는 몇 가지 용어를 통해 이해하면 엉뚱한 사건으로 이해될 수도 있다.

최근 중국의 '대국굴기大國崛起' 추구와 그것이 국제사회에 미치는 영향을 보면 아편전쟁의 의미가 새로워진다. 중국인들은 아편전쟁부터 중화인민공화국의 출발까지를 100년의 치욕기로 생각하며, 현재의 '대국굴기'를 그 설욕으로 생각한다. 그러나 그 설욕은 왕년의 가해자를 향하고 있지 않다. 오히려 주변의 만만한 국가를 대상으로 하지 않나 싶다. 주변국들을 대상으로 제한적 천하를 재구성하고, 영국이 전쟁의 명분으로 삼았던 '국가 간 대등한 관계'를 부분적으로 허물려는 움직임도 보이고 있다. 이런 상황이므로 동아시아에서 한국의 미래를 생각할 때 아편전쟁의 내막을 살펴 과거를 반추하고 미래를 대비하는 것이 필요하지 않을까 싶다.

나는 서울대학교 자유전공학부에서 「주제탐구세미나 1: 문명」이라는 강좌를 진행하면서 아편전쟁을 중국 문명의 변화를 설명하는 핵심 사건의 하나로 사용해 왔는데, 막상 학생들에게 제공할 읽을거리를 찾으려니 마땅한 자료가 없었다. 이 사건이 동아시아에 끼친 충격과 그것으로 인해 우리 역사에 밀려온 격랑을 생각하면 국내에서 이 전쟁에 관한 전문서적이 한 권도 없다는 점은 놀라운 일이다. 이 책은 그런 놀라움에 자극을 받아 시작되었다. 문학을 전공한 나는 아편전쟁이라는 커다란 사건을 역사학의 입장이 아니라 전후의 내막을 풀어내는 이야기로 쓰기로 했다.

처음에는 아편전쟁이 한국인에게 절실하게 다가오는 주제가 아니라는 생각에 '간단한 이야기' 정도로 소개하려고 시작했지만, 관련 서적과 논문을 찾아 읽을수록 이 전쟁의 내막이 중국 문명의 과거와 현재를 설명하는 데 아주 중요하다는 점을 깨달았다. 그러다 보니 전문적인 연구서도 아니고 그렇다고 흥미진진한 이야기책도 아닌, 그야말로 어정쩡한 책이 되어 버렸다. 이 책은 창의적이고 독자적인 연구의 결과물이 아니라 영어권과 중국, 한국에서 출판된 책과 논문들을 뜯어 모아 재구성한 것이다. 능력 부족으로 피하지 못한 엉성함에도 불구하고 독자들이 이 전쟁의 맥락을 발견한다면 이 책의 목적은 충분히 달성될 수 있다고 생각한다.

아편전쟁에 관한 자료는 엄청나게 많다. 그 많은 자료 중에서 내가 참고한 것은 극히 일부분에 불과하지만 그런 자료를 얻는 데에도 여러 사람의 도움을 받았다. 서울대학교 동양사학과 김호동 교수가 귀중한 자료를 대출 받도록 주선해 주는 특혜를 베풀었다. 서울대학교 중앙도서관의 학과전담 연구지원실 여러 분이 자료 검색에서 국내 및 해외 상호 대차에 이르기까지 큰 도움을 주었다. 서울대학교 인문대학 교수 몇 분이 귀찮은 질문에 흔쾌한 대답으로 궁금증을 해소해 주었고, 자유전공학부에 유학 중인 홍콩 출신 포미설 양이 방언 표기에 도움을 주었다. 몇 년째 암과 싸우는 아내도 꾸준히 응원하면서 밖에서 많은 시간을 보내야 하는 심리적 부담을 덜어 주었다. 일조각에서도 글의 신통치 않음을 탓하지 않고 출판을 결정해 주었다. 모든 분에게 감사드린다.

차례

일러두기

중국에 관련된 책을 쓸 때 당면하는 기술적 고충이 몇 가지 있다. 특히 특정 단어, 인명, 지명의 표기는 골치 아픈 일이다. 개인적으로 한국어 어문 규범의 외래어 표기법에 찬성하지 않는다. 언어학적인 고려가 있다고 하지만 광저우와 나가사키보다 광조우와 나가사끼가 원음에 더 가깝다고 생각한다. 또한 이 글에는 서구의 제도적 요소가 많으며, 특히 18~19세기의 도량형과 화폐에서 여러 국가의 표준이 뒤죽박죽으로 섞여 있다. 화폐 단위로 유럽인들은 스페인 달러를 썼지만 영국인들은 파운드를 썼고 인도에서는 루피를 쓴 반면, 중국에서는 은의 냥을 썼다. 이런 혼란을 해결하기 위해 이 책에서는 다음과 같은 범례를 만들었다.

1. 중국어와 일본어 단어는 내가 생각하는 원음으로 표기한다. 단, 일부 단어는 처음 나올 때 한국어 어문 규범의 외래어 표기법에 따른 단어를 병기한다. 예를 들자면 쟝시江西(장시), 나가사끼長崎(나가사키) 등으로 표기한다. 그리고 광조우의 특수한 단어와 지명은 현지 방언 발음으로 표기했다(처음 나오는 방언 표기에 *를 붙였다.).
2. 중국 인명과 지명은 원음으로 표기하되 문헌의 제목, 관직과 기관, 관용적 명칭은 우리 한자음으로 표기했다. 예를 들면 紫禁城은 '자금성'으로 표기했다.
3. 거리와 무게 단위는 마일과 킬로미터, 파운드, 온스, 킬로그램을 혼용했다.
4. 유럽의 화폐 단위는 스페인 달러를 썼고, 필요할 때는 파운드를 썼다. 중국의 화폐 단위는 냥을 썼다. 은 한 냥은 1.4 스페인 달러에 해당되고, 1 스페인 달러는 지금의 미화 21달러로 계산했다.

서론

1839년 1월 8일, 베이징北京의 하늘은 청명했다. 이날 아침 린쩌쉬林則徐 (1785~1850)는 향을 피우고 자금성紫禁城을 향해 아홉 번 절을 올린 다음 배웅하러 모인 지인들과 작별 인사를 나누고, 정오 무렵 베이징 성문을 나서 중국 최남단의 도시 광조우廣州(광저우)로의 긴 여정을 시작했다. 다오광道光 황제(재위 1820~1850)는 오랑캐 문제[이무夷務]¹를 해결하기 위해 당시 가장 유능하고 청렴하다고 알려진 린쩌쉬를 흠차대신欽差大臣으로 임명했다. 그러나 그의 출발이 중국의 역사가 예상하지 못한 방향으로 접어드는 계기가 되리라고는 아무도 생각하지 못했다. 린쩌쉬 본인도 자신이 세계사적 격변 속

---

1 아편전쟁 시기에 중국에 와 있던 외국인의 국적은 다양했다. 영국인과 미국인이 많았지만 나머지 사람들이 모두 유럽 출신은 아니었다. 아르메니아와 인도에서 온 상인도 있었고, 선원들은 국적이 더 다양했다. 이 책에서는 중국인의 시각을 기술할 때 특정 국적을 언급하는 경우를 제외하고는 모든 외국인을 오랑캐로 총칭한다.

으로 빠져들어갈 것을 예상하지 못했다. 그는 광조우에서 아편 2만 상자를 몰수, 폐기해 황제의 기대에 부응했지만 결과적으로 아편전쟁을 촉발시킨 당사자가 되었고, 황제가 협상하는 쪽으로 마음을 바꾸는 바람에 전쟁 중 해임 당해 1842년 여름 난징南京조약으로 전쟁이 막을 내릴 때까지 안타까운 마음으로 지켜볼 수밖에 없었다. 전쟁 후에는 서구 열강과 연이어 불평등조약을 체결하고, 아편이 전국적으로 확산되는 상황을 목격하면서 삶을 마감했다. 그 청명한 겨울날의 출발은 린쩌쉬의 공직 인생이 추락하기 시작하는 변곡점이었다.

아편전쟁은 1839년과 1856년에 터진 제1차, 제2차 전쟁으로 나뉜다. 제1차 전쟁은 난징조약으로, 제2차 전쟁은 영국과 프랑스의 연합군이 황제의 여름 별장 원명원圓明院을 약탈하고 불태우는 만행을 저지른 후 티엔진天津(톈진)조약으로 마무리되었다. 두 차례 전쟁의 패배로 중국은 막대한 배상금을 지불하고 무역항을 개방하고 아편 거래를 합법화함으로써 유럽 열강의 착취 대상으로 전락했다는 것이 우리가 알고 있는 교과서적 내용이다. 그러나 전쟁의 내막을 살펴보면 두 전쟁은 성격이 다르다. 제1차 전쟁은 오랜 세월에 걸쳐 여러 요인이 쌓이다가 발화점을 만나 터졌고, 제2차 전쟁은 여전히 무역 제한이 풀리지 않아서 그 불만으로 전쟁을 일으킬 핑계를 찾던 영국이 애로Arrow호 사건을 계기로 프랑스와 연합해서 일으킨 것이다. 다시 말해 제1차 아편전쟁은 결과적으로 터져 버린 것이지만 제2차 아편전쟁은 의도적인 기획의 산물이었다. 이 글은 1839년에 일어나서 1842년에 끝난 제1차 아편전쟁을 대상으로 한다.[2]

아편전쟁이라는 단어는 영국인의 발명품이다. 이 단어는 1840년 4월에

---

2 아편전쟁의 시작이 1839년이냐, 1840년이냐에 대해서는 학자들의 시각이 다르다. 이 책에서는 중국과 영국의 함대가 처음으로 충돌한 1839년 11월을 전쟁의 기점으로 본다.

런던의 유력 일간지 『타임스The Times』가 'Opium War'라는 제호로 처음 사용했으며,[3] 영국이 아편 밀수를 보호하기 위해 벌이는 비도덕적 전쟁이라는 의미가 담겨 있었다. 이 전쟁을 지칭하는 영국의 공식 용어는 '중영전쟁 Sino-British War', '영중전쟁Anglo-Chinese War'이다. 중국에서는 '아편전쟁鴉片戰爭(혹은 阿片戰爭)'을 1920년대 국민당 정부 시절부터 지금까지 공식 용어로 쓰고 있다. 1920년대에는 영국인의 악독함과 만주족 왕조의 무능과 부패를 싸잡아 매도하는 선전구호로 쓰였고, 1949년 이후에는 여기에 민중의 각성을 야기해 사회주의의 궁극적 승리를 가져온 계기가 된 사건이라는 의미가 덧붙여졌다. 이에 따라 영국은 아편을 퍼뜨린 악당인 동시에 민중의 각성을 야기한 구원자가 되어 버렸다.

아편전쟁의 역사적 의미에 관한 논의는 중국보다 서구에서 더 활발했다. 이런 논의에서 전쟁 그 자체는 중요하지 않다. 전쟁은 '사건'에 불과하며, 더 중요한 것은 그 원인과 결과라는 것이 학자들의 지배적 견해였다.[4] 이 견해에 의하면, '문명화된civilized' 영국이 '덜 문명화된semi-civilized' 중국을 국제질서 속으로 끌어들인 사건이 아편전쟁이었다.[5] 전쟁 발발의 직접적 원인의 탐색은 그런 이론적 윤곽 안에서 이루어졌다. 아편이 전쟁의 원인이었다는 주장은 여전히 유효하지만,[6] 아편을 핑계로 무역시장 확대를 노린 영국 정부의 의도가 더 중요한 원인이었다고 생각하는 사람도 많다.[7] 국가 간 대등한 관계를 강조하는 서구의 국제질서를 중국이 인정하지 않아서 전쟁

3 Fay, *The Opium War 1840-1842*, p.204.
4 아편전쟁의 역사학적 시각 변화는 Zhang, "Changing Conceptions of the Opium War as History and Experience"에 요약되어 있다.
5 Fairbank, *Trade and Diplomacy on the China Coast*, p.65.
6 Lovell, *The Opium War*; Fay, *The Opium War 1840-1842*, p.193; Chang, *Commissioner Lin and the Opium War*, p.15.
7 Platt, *Finance, Trade, and Politics*.

이 터졌다는 주장도 있었다.[8] 전쟁의 원인을 국내의 정치적 갈등에서 찾는 견해도 있었다. 제임스 폴라첵James M. Polachek은 린쩌쉬의 아편 몰수와 폐기가 중국 내부에서 수구파와 개혁파 사이의 갈등에서 비롯된 것으로 보았고,[9] 글렌 멀랜슨Glenn Melancon은 영국의 휘그Whig당 내각이 야당인 토리Tory당의 공격을 벗어나기 위해 전쟁을 결정했다고 주장했다.[10] 또 광조우에 있던 영국계 아편 상인들이 자신들의 이익을 위해 여론을 바꾸어 전쟁 촉발에 결정적 역할을 했다는 주장도 있다.[11]

20세기 말에는 경제적 세계화의 흐름 속에서 이 전쟁을 관찰하는 새로운 시도가 출현했다. 그것은 일부 학자들이 '유럽의 기적European Miracle'으로 상징되는 유럽중심주의에 이의를 제기한 결과였다. 케네스 포메란츠 Kenneth Pomeranz와 안드레 프랑크Andre G. Frank는 근대적 무역시장이 유럽에서 형성되어 아시아와 아메리카, 아프리카로 확장되었다는 유럽 중심 Eurocentric 이론에 반기를 들었다. 옛날부터 형성되어 있던 세계적인 단일 무역시장에서 유럽은 변방에 지나지 않았고 주도적 위치에 있지도 않았다는 것이다. 대항해시대 이전에도 아프리카 동부 해안에서 인도양을 거쳐 동남아시아와 중국, 일본을 잇는 거대한 해상 무역시장이 활발하게 돌아갔으며, 유럽인은 이미 존재하던 시장에 후발주자로 뛰어든 것에 지나지 않았다고 보았다. 1800년대 이전까지 아프리카 동부 해안에서 태평양에 이르는 해역의 무역시장은 유럽 중심이 아니라 중화 중심Sinocentric 시장이었으며, 19세기에 유럽이 라틴아메리카에서 생산한 은의 유입으로 자금 동원력

8 Gelber, *Opium, Soldiers and Evangelicals.*
9 Polachek, *The Inner Opium War.*
10 Melancon, *Britain's China Policy and the Opium Crisis.*
11 Chen, *Merchants of War and Peace.*

을 키워 주도권을 **빼앗았다**는 것이다.[12] 이런 변화 과정에서 아편이 가장 중요한 상품에 속했다는 견해도 등장했다. 칼 트로키Carl S. Trocki는 19세기 초부터 세계 무역에서 아편이 커피, 설탕, 차와 더불어 대량 생산과 대량 소비의 구조를 갖춘 자본주의 시장 형성에 '가장 중요한 상품'이었는데, 중국이 이 중요한 상품의 합법화를 거부함으로써 전쟁이 촉발된 것이라고 주장했다.[13] 세계금융질서 관점에서 이 전쟁을 관찰한 린만홍林滿紅은 아편 무역이 은의 국제적 흐름을 바꾸어 놓았고 은 고갈을 염려해 아편을 단속하는 중국의 조치에 이익 유지를 원한 영국이 도전하면서 전쟁이 일어났다고도 했다.[14] 또 사회사적 관점에서 아편전쟁이 술, 담배를 비롯한 자극적 물질이 세계적으로 확산되는 과정에서 터진 사건이며, 그 뒤에는 중국 특유의 자극적 물질에 대한 집착이 작용했다는 시각도 있었다.[15]

반면 중국에서의 이 전쟁에 대한 해석은 1920년대에 만들어진 구도에서 크게 벗어나지 못한 채 고정되어 있다. 제국주의의 계획적 침략의 일환으로 영국 정부와 상인 집단이 아편 밀수로 경제적 침략을 도모했고, 이를 저지하려던 만주족 왕조와의 갈등 끝에 전쟁을 일으켰다는 것이다. 국민당 정부 시절에 만들어진 이 구도는 중화인민공화국 성립 이후 더욱 강화되어 정부의 공식 견해로 역사 교과서를 통해 유지되고 있다. 현재 아편전쟁은 난징 대학살과 더불어 중국 근대사의 가장 아픈 기억으로 간주되면서 애국심의 고취와 민족 단결의 선전구호로 활용되고 있다. 이에 대한 비판이나 부정이 허용되지 않음은 당연하다. 1997년 홍콩 반환을 앞두고 중국에서는 시에진 謝晉 감독의 영화 「아편전쟁」이 개봉되었다. 거액을 들여 만든 이 영화는 린

---

12 Frank, *ReOrient*; Pomeranz, *The Great Divergence*.
13 Trocki, *Opium, Empire and Global Political Economy*.
14 Lin, *China Upside Down*.
15 Courtwright, *Forces of habit*; Dikotter, et.al., *Narcotic Culture*.

쩌쉬의 영웅적인 투쟁과 영국인의 악랄함을 대비시켜 관객의 호평을 받았지만, 그것은 정부의 공식 견해를 그대로 투영한 것에 지나지 않았다.[16]

아편전쟁에 관한 논의는 이분법의 모습을 드러낸다. 문명화한 영국과 뒤처진 중국, 해양국가와 대륙국가, 개방과 폐쇄, 군사력의 우세와 열세 등이 대표적 이분법이다. 이런 구분은 원래 유럽인이 시작했지만 중국도 중국은 피해자이고 유럽은 제국주의 침략자였으며, 중국 상인은 규범에 따라 무역을 진행한 반면 유럽 상인은 이익을 노려 밀수를 일삼았다는 시각에서 이분법에 빠져 있기는 마찬가지다. 모든 이분법은 일정한 결론으로 향한다. 전쟁의 발발은 필연적인데, 문제는 어느 단계에서 어떻게 일어났느냐 하는 것이다. '과연 중국이 문명적으로 뒤처져 있었는가? 중국이 순수한 대륙 지향의 국가였는가? 또 중국이 전적으로 폐쇄적이었나?'와 같은 질문에 대한 답은 그리 간단하지 않다. 군사력의 우세도 마찬가지다. 영국 해군력은 막강했지만 육상부대는 천하무적이 아니었다. 비슷한 시기에 아프가니스탄의 카불을 점령한 영국군 16,000명이 원시적 무기만 가진 원주민의 봉기로 전멸한 사례가 있다. 이런 면에서 볼 때 중국군 3만 명이 영국 원정대 4,000명 앞에서 맥을 못 춘 것은 영국군이 강해서가 아니라 중국군이 약해서였다는 결론을 가능하게 한다.

아편전쟁에 이르는 역사적 과정에는 많은 내막이 있다. 역사학자들은 이 내막에서 자신의 결론을 위해 필요한 부분을 선택할 따름이지 시시콜콜한 사항을 모두 다루지는 않는다. 그래서 많은 부분이 감추어져 있다. 이런 내막을 들추다 보면 앞에서 언급한 궁금증이 일부 풀린다. 중국이 문명화에서 뒤처지지 않았고, 해양국가의 속성이 아예 없지 않았음을 발견할 수 있다. 이런 이야기를 풀어내는 것은 압축적 의미를 도출해서 역사의 과정을 설명

---

16 진성희, 「아편전쟁을 바라보는 세계의 시선과 욕망」.

하는 역사학자들보다는 의미 도출의 강박감을 느낄 필요가 없는 이야기꾼에게 어울리는 일이다. 그리고 이 전쟁을 둘러싼 역사를 새삼스레 발견하는 것은 이야기를 읽는 사람의 몫이다.

도대체 무슨 일이 어떻게 진행되어 전쟁이 터졌을까, 그리고 이 과정에서 개인과 집단, 국가와 사회가 어떻게 반응했고 결과가 어땠는지를 보여 주기 위해, 이 이야기는 중국 해역에 유럽인이 진출한 이후 300년에 걸쳐 차곡차곡 쌓여 온 경험을 시간 순서대로 나열하는 방식을 택했다. 처음에는 중국과 유럽 상인의 접촉으로 시작되어 시간이 흐르고 무역 규모가 커지면서 정부가 개입했고, 결국에는 국가 간 전쟁이 일어났다. 이 과정을 이끌어 나간 주역은 시기에 따라 바뀌었다. 초기에는 선박 몇 척이 주역이었지만 얼마 후에는 국가의 인가를 얻은 무역회사인 동인도회사와 중국의 관상官商 조직이 주역으로 등장했고, 마지막에는 중국과 영국이 군대를 동원한 전쟁으로 종결되었다. 이해관계의 폭도 변화해서 처음에는 상인들의 이윤 추구가 작용했지만 시간이 지나면서 국가적 이해가 개입되었고, 마지막에는 국제질서의 이해관계가 작용했다. 쌍방의 이해관계가 맞아떨어져 시작된 무역이 시간이 지나면서 문화적 갈등과 경제적 탐욕으로 인해 오해와 불신이 쌓이고 결국 전쟁이라는 파국을 맞이한 것이다. 이런 흐름에서는 가해자와 피해자, 선과 악의 이분법은 아무런 의미가 없다. 중국은 영국의 제국주의를 매도하지만 중국도 제국주의에서 벗어나지 않았다. 영국이 비도덕적인 전쟁을 일으켰다고 하지만 중국도 자신을 지키지 못한 책임을 면할 길이 없다. 아편을 증오하면서도 지구상에서 그것을 가장 즐긴 사람이 중국인이었다. 제국주의자들이 오랜 기획 끝에 전쟁을 일으켰다는 중국의 주장은 설득력이 없어 보인다. 영국 정부가 애초부터 전쟁을 의도하지는 않았다. 몇 가지 사건으로 광조우에서 갈등이 일어나도 영국 정부는 무력 사용을 배제했다. 또 1839년에 전쟁을 결정했을 때에도 무력시위에 비중을 두었지, 본격적인

국가 간의 전쟁을 염두에 두지는 않았다. 중국 측도 마찬가지여서 다오광황
제가 린쩌쉬를 면담할 때 전쟁 가능성을 염려하지는 않았다. 그래서 이 전
쟁은 주범이 따로 없고 상인과 관리, 영국 정부와 중국 조정, 더 넓게는 중
국과 영국 국민 모두가 공범이었다. 이 공범들은 냄비 속 개구리와 닮은꼴
이었다. 그들은 상황이 어떻게 흘러가는지 모른 채 제각기 팔짝거렸는데 그
팔짝거림 하나하나가 모여 큰 사건으로 발전해 전쟁을 피할 수 없는 상황이
된 것이다. 전쟁에 이르기까지의 과정은 감독이나 대본도 없이 배우들이 즉
흥적으로 연기한 것이 생각지도 않게 커다란 이야기가 되어 버린 것과 같
다. 이 배우들의 연기를 묘사하는 것이 이 이야기의 줄기가 될 것이다.

중국인의 바다
정크무역, 해금과 밀무역

    대항해시대를 열었던 유럽인들은 바다를 대량 운송이 가능한 고속도로로 생각한 반면,[1] 중국은 외부인의 침입을 막는 방어벽으로 여겼다는 서구 역사학자들의 생각이 해양국가와 대륙국가를 구분하는 이분법의 기초이다. 그렇지만 중국 역사에는 이런 이분법이 들어맞는 시기도 있고 그렇지 않은 시기도 있다. 15세기부터는 바다를 방어벽으로 여긴 것이 사실이지만 그 이전에는 그런 생각이 그리 강하지 않았기 때문이다. 아편전쟁의 연원을 거슬러 올라가자면 중국인들이 해상 활동에 적극적이었던 8세기경 중국 동남 연안 지역에서 처음 그 씨앗이 뿌려졌다고 할 수 있다.

---

1 스티븐 솔로몬 지음, 주경철·안민석 옮김, 『물의 세계사』, 8~11쪽.

해상무역과 해금

역사학자들은 중국을 전통적인 농업국가로 소개해 왔다. 사회적 규범도 사농공상士農工商이라는 말대로 상업을 천시했다. 하지만 넓은 영토에 여러 민족이 섞여 형성된 중국에서 농업을 중시하고 상업을 천시하는 관념이 모든 곳에서 일률적으로 통용되지는 않았다. 소금과 말을 취급한 안훼이安徽 (안휘)와 산시山西 출신 상인들의 활동은 국가 경영에서도 중요한 역할을 차지했다. 그러나 대외무역은 국내의 상업활동과 구별된 영역이었다. 중국의 역대 왕조가 취한 기미정책羈縻政策과 조공체제朝貢體制에서 무역은 외교 전략의 중요한 부분이었다. 서북 지역의 유목민에게는 기미정책을 쓰고 조선과 일본, 동남아시아 국가에는 조공체제를 유지했다. 대외무역은 민간인에게 개방된 영역이 아니었다.

그러나 상하이上海에서 광조우까지 4,000킬로미터의 해안선으로 이어져 있는 쟝쑤江蘇(장쑤), 저쟝浙工(저장), 푸지엔福建(푸젠), 광둥廣東은 사정이 달랐다(그림 1-1 참조). 이 지역 사람들은 일찍부터 바다를 통한 대외무역이 큰 이익을 얻을 기회라는 것을 잘 알고 있었다. 이 지역은 동남아시아의 조공선이 들어왔던 8세기부터 외국인들이 들어와서 무역에 종사했으며, 활발하게 해외로 나가는 원양 정크junk[戎克][2]의 출발지였다. 송宋과 원元 왕조가 지배하던 400년에 걸친 기간에 중국은 아라비아 반도에서 동남아시아를 거쳐 일본까지 연결된 해상무역망에서 최대 공급자인 동시에 최대 구매자였

---

2 정크는 말레이어로 중국 선박을 총칭하는 단어를 유럽인들이 받아쓴 것이라고 한다. 정크는 크기가 500~600톤이고 승선 인원이 100~200명 수준으로 18세기에는 유럽의 동인도회사 선박과 규모가 비슷했다. 하네다 마사시 지음, 이수열·구지영 옮김, 『동인도회사와 아시아의 바다』, 161~163쪽.

그림 1-1 19세기 중국의 행정구역 (출처: Fay, p.28)

다. 프랑크의 말을 빌리면, 유럽인의 진출 이전에 세계 무역시장은 중국을 중심으로 돌아가고 있었다.[3] 해상무역에서는 지방 정부와 상인의 이해가 맞아 떨어졌다. 선박의 입출항이 창출하는 관세 때문에 지방 정부가 적극적이었고, 고위 관리들이 선박 건조와 상품 수출에 투자하기까지 했다. 조정도

3 Frank, *ReOrient*, pp.126~130.

부정적이지 않아서 8세기에 광조우, 취엔조우泉州(취엔저우), 원조우溫州(원저우) 등의 항구에 시박사市舶司를 설치해서 입출항 선박의 감독과 관세 징수를 담당하게 했다. 시박사는 지방 관리가 관장하다가 송대에는 황제가 직접 파견하는 제거提擧 시박사로 변했고, 청대淸代에는 해관海關으로 바뀌었다.[4] 12세기 중반에는 이 지역에서 시박사가 거두는 관세 수입이 국가 운영의 중요한 재원財源이었다고 한다.[5]

이 시기의 해상무역 경험은 바깥 세계에 대한 정보로 축적되었다. 가장 이른 기록으로는 자오루궈趙汝适(1170~1231)의 『제번지諸蕃志』가 있다. 그는 취엔조우의 시박사에서 일하면서 상인들로부터 얻은 정보를 토대로 중국과 일본, 동남아시아, 인도, 아프리카 동부 해안을 연결하는 무역망의 상황과 54개 국가에서 유통되는 상품 47종을 기록했다. 이 무역망의 중심은 말라카로 중국, 인도, 아라비아 상인들이 모여들어 향료가 광조우와 취엔조우로 수입되고, 비단, 도자기, 동전 등이 봄베이와 콜롬보로 수출되었다고 했다. 말라카는 인도와 아라비아로 향하는 중국 선박이 식량 보급을 위해 기항했고, 아라비아 상인들이 아프리카의 상아를 도자기와 교환하려고 중국으로 올 때 거치는 곳이었다.

또 해외로 나갔던 양수楊述라는 사람의 기록도 남아 있다. 그는 1301년 19살 되던 해에 서양西洋(인도양을 가리킴)으로 나갔고, 귀국 후에는 명明나라 조정이 그의 지식과 경험을 인정해 중국에서 떠나는 페르시아 조공사절을 수행하는 임무를 맡겼다. 그는 1304년에 베이징을 출발해서 1307년에 호르무즈에 도착했다고 한다.[6] 해외에 진출한 중국 상인과 선박도 적지 않았

---

4 Cheong, *Mandarins and Merchants*, p.23, note 27.
5 郭中忠, 「南宋海外貿易收入及其在政府財政中的比例」; Zhao, *The Qing Opening to the Ocean*, p.20.
6 「松江嘉定等處海運千戶楊君墓誌銘」, 『黃溍文集』 卷40, 『全元文』 30册, 293~294쪽.

다. 14세기에 중국에 온 아라비아 상인이 인도의 여러 항구에서 중국 상인
과 선박을 봤다는 기록이 있고,[7] 1330년부터 1337년까지 인도와 페르시아
만, 아프리카 동부를 다녀와 『도이지략島夷之略』을 저술한 푸지엔 출신 왕따
위엔王大淵(1311~?)은 여러 항구에서 중국 선박을 만나 바꿔 타며 여행했다
고 했다. 그는 바스코 다가마Vasco Da Gama보다 150년이나 일찍 동남아시
아와 인도양을 항해한 사람이었다.

중국은 예나 지금이나 자원 부국이어서 해외 진출보다 외국인을 끌어들
이는 경향이 더 강했다. 특히 광조우는 인도양과 동남아시아 각지의 선박이
들어오고, 원양 정크가 출항하는 항구였으며, 아라비아인, 유대인, 페르시
아인, 신할리즈인Sinhalese(지금의 스리랑카 출신을 말한다.) 들이 거주했다. 항구
마다 외국인 거주 구역이 설정되어 있었다. 닝뽀寧波(닝보)의 신라방新羅坊도
그중 하나였다. 국가 차원에서 볼 때 중국의 해상 세력은 15세기에 절정에
달했으며, 그것을 상징하는 것이 정허鄭和(1371~1433)의 남양원정南洋遠征이
었다. 환관 출신으로 제독이 된 정허는 1405년부터 1433년까지 일곱 차례
에 걸쳐 최대 317척으로 이루어진 대선단을 이끌고 남중국해와 인도양을
누볐고 아프리카 동부 해안에까지 이르렀다고 한다. 그 선단은 당시 세계
최대 규모였으며, 선박의 크기도 유럽 선박과 비교되지 않았다. 주경철 교
수는 콜럼버스가 신대륙에 타고 간 선박의 크기가 테니스 코트 정도였던 데
비해 정허가 이끈 선단의 기함은 축구장 크기였다고 했다.[8] 이 원정을 통해
정허는 30여 개 국가와 지역을 새 조공국으로 편입시켰고, 기린과 같은 이
역의 신기한 물산을 들여와 황제에게 바쳤다. 그 원정은 민간상인들이 해상
무역을 통해 축적한 경험과 정보를 바탕으로 했지만 중국이 그 시점에 그런

7 Zhao, *The Qing Opening to the Ocean*, p.21.
8 2017년 1학기에 서울대학교 자유전공학부의 「주제탐구세미나 1: 문명」 강의에서 이렇게
  설명했다.

수준의 항해술과 선박 건조 능력이 있었음을 보여 주는 사례이다.

　그러나 이 시기부터 조정의 해상무역에 대한 시각은 부정적으로 바뀌어 간다. 조정은 바다를 외부 침략을 방어하는 장벽으로 생각했고, 무역에 대해서도 오랑캐가 와서 사 가면 그만이지 굳이 팔러 나갈 필요는 없다는 입장을 취했다. 이에 따라 민간의 해상 활동에 규제가 생겨서 조공국을 목적지로 하는 선박에만 출항을 허가했다. 또 원거리 항해를 억제해서 해외에 나간 사람은 일정 기간 이내에 귀국해야 했으며, 선박의 크기를 제한해서 돛대가 2개를 넘으면 안 되었다.[9] 해상무역에도 주변국을 통제하는 외교적 전략을 적용해 해금海禁이라는 정책을 시행했다. 그것은 관선官船과 조공사절의 선박을 제외한 모든 선박의 입출항을 금지하는 국경 통제 조치였다. 해금은 예전에도 주변국과 갈등이 있을 때 간헐적으로 시행되던 제도였다. 예를 들면, 송대에도 고려, 일본과 관계가 좋지 않으면 쌍방이 해금을 선포했다가 관계가 개선되면 슬그머니 해제하는 일이 여러 차례 있었다.[10] 명대 이전의 간헐적인 해금은 철저하지 않아서 관세 수입을 노리는 지방 정부는 원양 정크와 외국 선박의 입출항을 허가했다. 해금이 전면적으로 시행된 것은 명대에 들어서서였다. 조정은 1371년에 해금을 선포한 후 1374년에는 시박사를 폐지했고, 해금을 『대명률大明律』에 명시하는 동시에 선박의 크기, 민간인의 국외 체재 제한, 무기와 유황 등의 중요 물자 반출 금지 등의 구체적인 시행 규칙을 명문화했다.[11]

　그러나 조정이 간과한 것이 있었다. 그것은 규제가 욕심을 누르지 못한다

9 Zhao, *The Qing Opening to the Ocean*, pp.126~127.

10 李鎭漢, 「高麗時代 海上交流와 '海禁'」.

11 해금에 관한 자료는 많지만 여기에서는 이준태, 「중국의 전통적 해양인식과 海禁政策의 의미」; 蔡曧洙, 「明代 海禁의 法制的 變遷」; 李鎭漢, 「高麗時代 海上交流와 '海禁'」을 참고했다.

는 점이었다. 해상무역의 달콤한 경험을 가진 상인들은 규제를 순순히 받아들이지 않고 밀무역에 나섰다. 해상무역 금지가 밀무역을 부추기게 된 것이다. 해금은 항구에서 선박의 입출항을 통제하는 것이기 때문에 해안선에서 조금만 벗어나면 통제가 미치지 않는 공간이 생겼다. 법적으로는 중국인과 외국인 어느 쪽도 발을 들여놓으면 안 되지만 실제로는 법을 위반할 용기가 있는 사람에게는 자유공간이었다. 돈 냄새에 민감한 상인들이 이 자유공간에서 외국 선박과 상품을 교환했다. 자유공간은 바다뿐 아니라 외국에도 생겼다. 해금의 세부 규칙으로 인해 출국자는 1년 내에 귀국해야 했지만 당시의 항해술로는 이 규정을 지키기가 불가능해서 출국자 상당수가 귀국을 포기하고 범법자가 되었다. 그들은 말라카, 빠따니Pattani(타이 남부에 있던 왕국), 마닐라 등지에 중국인 거주구역을 형성했다. 이렇게 만들어진 자유공간의 사람들은 본국의 친지와 연락해 중국과의 밀무역에 종사했다. 밀무역은 폭력이 뒷받침되어야 가능한 사업이었기 때문에 해외의 밀무역 집단은 점점 해적 집단으로 변해 갔다. 이들은 베트남 북부에 강력한 해상 세력을 구축했고, 연안을 따라 저장 지역으로 진출했다. 그들은 당시 창궐하던 왜구倭寇와 연합해서 연안 지역의 밀수망을 장악했고, 때로는 해안의 마을을 약탈하기까지 했다.

지방 정부는 밀무역을 단속할 엄두를 내지 못했다. 해금으로 수군水軍의 군사력이 약해져서 폭력을 행사하는 밀무역 상인과 해적을 상대할 수 없었다. 또 지방 행정을 담당하는 고위 관리 중에 해상 활동을 이해하지 못하는 외지 출신이 많아서 대응 능력이 없었다. 중국의 관료 문화도 작용했다. 변방에서 문제가 생기면 조정은 방지하지 못한 책임을 묻는 경우가 많았다. 문제를 해결한 공로보다 예방하지 못한 책임을 더 따지는 문화에서 관리들은 문책을 피하는 쪽으로 처신했다. 밀무역 성행을 알면서도 큰 문제가 터지기 전까지는 보고하지 않다가 일이 터져 조정에 알려지면 변명을 늘어놓고 단속 실적을 보고해서 문책을 최소화하는 것이 그들의 전략이었다. 실제 단속은 현지 출신 하급 관원들에게 맡겼는데 이들은 사실상 밀무역 당사자들과 한통속이었다. 그들은 뇌물을 받고 선박의 입출항을 눈감아 주고, 바다에 나가도 단속은 하지 않고 빙빙 돌다 돌아와서 허위 보고를 올리는 일이 많았다. 결국 해금은 정상적인 무역을 위축시키고 해상 군사력을 약화시키는 대신 밀무역의 창궐을 촉진하는 계기가 되었다.

유럽인들이 아프리카를 돌아 나와 인도양 무역에 뛰어든 것은 중국에서 해금이 시행되던 시기였다. 포르투갈이 개척한 항로를 따라 스페인, 네덜란드, 덴마크, 영국의 상인들이 이 시장에 후발 주자로 끼어들었다. 아라비아반도에서 중국에 이르는 해역의 무역 규모는 지중해의 몇 배나 되었다. 이 시장에서 유럽인들은 신출내기였지만 특유의 상술과 앞선 항해술 및 화력火力을 접목시켜 시장을 잠식했다. 그들의 목표는 향신료를 비롯한 이국적 상품을 유럽으로 싣고 가서 큰 이윤을 남기는 것이었지만 여러 지역의 상품을 사고팔기를 반복하다가 마지막에 유럽행 상품을 싣고 귀국하곤 했다. 예를 들면, 암스테르담을 출항한 선박은 아덴Aden에서 유리와 모직물을 본전이나 손해를 보면서도 팔아 치웠다. 그 대금으로 페르시아 융단과 커피를 구입해 인도 서부 해안에서 팔고 면화와 아편을 사서 바타비아 Batavia(네덜란드인이 지금의 자카르타에 세운 정착지)에서 처분한 후 설탕을 사서 나가사끼長崎(나가사키)로 가서 팔고 은을 받아 광조우로 가서 비단과 도자기를 구입해 귀국길에 올랐다. 약탈도 성행해서 리스본을 출발한 선박이 아라비아 해역에서 마주친 상선을 나포해 인도의 포르투갈령 고아Goa에서 선박과 화물을 처분하고 그 대금으로 면화와 아편을 사서 말라카에서 처분하고 구입한 후추와 향료를 광조우에서 팔고 비단과 생사生絲, 도자기를 구입해서 리스본으로 돌아가기도 했다. 분쟁이 심심치 않게 일어났고 그럴 때마다 유럽인은 대포에 의지했다. 거래가 성사되지 않거나 어느 지역의 지배자가 교역을 거절하면 포격을 가하는 것이 다반사였다.

양이의 출현과 마카오, 위에깡

16세기 유럽의 해상무역은 반관반민半官半民 합작 형태로 민간 상선이 새로운 바닷길을 개척하여 교역 기회를 찾고, 어려움에 부딪히면 정부가 해결을 위해 나서는 것이 관례였다. 반면 중국은 조공국이 아니면 국가로 인정하지 않고 무역도 허용하지 않았다. 유럽인들이 중국 해역에 나타났을 때 발생한 갈등이 바로 국가의 자격을 인정하는 문제였다. 중국 해역에 최초로 출현한 유럽인은 1513년에 광조우만廣州灣(광저우만)에 나타나 교역을 요구한 포르투갈 상인이었다. 그러나 관리들은 포르투갈이라는 국가를 모를 뿐만 아니라 낯선 선박을 해적선이라 여겨 교역을 거절했다. 상인들은 귀국해서 국왕의 도움을 요청했고, 1517년에 국왕의 사절단이 광조우에 도착했다. 관리들이 입국을 거절했지만 사절단은 곧장 북상해서 고관들에게 뇌물을 바치고 베이징에 들어갔다. 그러나 이 사절단을 따라와서 광조우만에 남아 있던 상인들이 툰먼屯門이라는 섬을 점령하고 약탈을 벌이다가 쫓겨나는 사건이 일어나자 조정은 사절단에게 퇴거 명령을 내렸다.

그래도 16세기 초 유럽에서 도자기와 비단에 대한 수요가 늘어났기 때문에 중국 무역은 뿌리칠 수 없는 유혹이었다. 정상적인 무역 허가를 받지 못한 포르투갈 상인들은 중국인들이 벌여 놓은 밀수시장에 끼어들었다. 저장 연안의 조우산舟山(저우산) 군도에 속한 류헝六橫섬에 있는 쌍위雙嶼 포구가 밀수상인들의 거점이었다. 이 섬은 닝뽀, 항조우杭州(항저우)와 가까우면서도 관군의 단속이 미치지 않고 일본과 동남아시아 선박이 들어와서 무역시장이 형성되어 있었다(그림 1-1, 그림 9-1 참조). 이 섬은 단순한 무역항이 아니라 푸지엔의 밀수단에서 발전한 해적 집단의 거점이기도 했다. 해적들은 포르투갈 선박에서 대포와 총을 구입하고 일본 해적을 끌어들여 세력을 키운 후 무역망을 남쪽으로는 광둥까지, 내륙으로는 난징까지 확대해서 한동안 번영을 구가했다. 그러나 오래가지는 못했다. 1547년에 조정에서 파견한 정벌대가 쐉위를 공격해서 선박 수십 척을 침몰시키고, 외국인 수백 명을 죽이거나 포로로 잡았다.[12] 이 정벌에 참가했던 후쫑시엔胡宗宪(1512~1565)은 『주해도편籌海圖編』에 푸지엔의 밀수상인들과 포르투갈 상인들의 합작 활동을 기록해 놓았다.

지중해라는 좁은 바다를 벗어나 광대한 아시아 해역에 진출한 유럽인에게는 정착지settlement 마련이 큰 숙제였다. 무역은 단순히 선박의 왕래만을 의미하지 않는다. 계절풍에 영향을 받는 범선은 항해 가능 시기가 따로 있었기 때문에 각 지역 항구에 상인을 체류시켜 선박이 도착하기 이전에 상품을 확보해 놓는 것이 중요했다. 그러나 아시아 지역 사람들이 유럽인의 정착에 부정적이어서 정착지 대부분은 대포(무력)를 동원해 만들어야 했다. 이런 점에서 중국에 온 포르투갈 상인들은 운이 좋았다. 1533년에 광조우로 향하던 배의 선원과 상인들이 아오먼澳門이라는 섬에 상륙했다. 그들은 배가 난파했다고 핑계를 대면서 책임자인 해도부사海道副使 왕뽀汪柏에게 뇌물을 주고 이 섬에 주저앉아 광조우 상인과 무역을 시작했다. 왕뽀는 이들의 무역 거래에 20%의 관세를 부과하면서 자신은 매년 은 500냥을 받아 챙겼다. 그런데 10년이 지나 왕뽀가 떠나고 후임자가 부임했다. 상인들이 예전과 같이 뇌물을 바치자 전후 사정을 모르는 후임자는 이 수입을 지조은地租銀으로 보고해 국고에 귀속시켰다. 뇌물이 지세로 변하자 아오먼도 자연스

---

12 Chin, "Merchants, Smugglers, and Pirates: Multinational Clandestine Trade on the South China Coast, 1520-1550".

레 임대한 땅이 되었다. 포르투갈 상인들은 이 섬에 마카오Macau라는 이름을 붙이고 본격적으로 정착지를 건설했다(그림 3-1 참조). 임대를 기정사실로 생각한 광조우 당국은 조정의 승인을 거쳐 지세를 받고 해당 지현知縣이 관리 감독한다는 조건으로 1557년에 임대를 허가했다. 마카오는 이런 어정쩡한 과정을 통해 실질적으로는 포르투갈 국왕이 파견한 총독이 통치하면서도 명분상으로는 광조우 당국의 관할 하에 놓인 중국 최초의 유럽인 거류지가 되었다.[13] 이 과정에서 조약 같은 것은 아예 없었다. 그것은 황제가 서양 오랑캐[양이洋夷]에게 베푼 관대한 조치였을 뿐이었다.

마카오 임대는 조정과 광조우 당국 사이에 이루어진 절충의 결과였다. 조정 대신 누구도 마카오가 어떤 섬인지 몰랐다. 포르투갈인의 마카오 임대는 조공국에도 베푼 적이 없는 은혜였다. 조공무역은 까다롭기 짝이 없었다. 조공사절과 따라온 상인들은 일정한 구역에서만 지내야 했고, 체재 기간도 한정되어 있었다. 상인들은 지정된 장소에서만 거래해야 했고 규모와 기간도 제한했다. 상인의 숫자가 200명을 넘어서는 안 되었고, 거류 기간도 100일 내외였다. 정해진 교역기간이 지나면 모든 상인들이 귀국해야 했고, 주재원의 체류는 허용하지 않았다.[14] 그렇게 까다로운 조정이 마카오의 임대를 승인한 것은 출현 빈도가 높아지는 서양 오랑캐가 내륙으로 진출하지 못하도록 묶어 두기 위한 조치였다.

그러나 광조우 사람들은 외국인과의 거래 경험이 많아서 무역의 이점을 잘 알고 있었다. 관리들은 무역으로 지방 정부의 재정을 확충할 뿐만 아니라 개인 재산도 불릴 수 있었고, 상인들에게는 다른 지역에서는 얻기 어려

---

13 黃啓臣·鄭煒明 지음, 박기수·차경애 옮김, 『마카오의 역사와 경제』, 22~25쪽. 재미있는 것은 이런 이야기를 중국의 학자들이 거론한 반면, 서구의 학자들은 전혀 거론하지 않고 단순히 포르투갈 사람들이 이 섬에 정착했다고 얼버무렸다는 점이다.
14 Zhao, *The Qing Opening to the Ocean*, pp.101~103.

운 큰돈을 벌 수 있는 기회였다. 일반 주민도 외국 선박이 들어오면 일자리
가 생기고 자잘한 장사 기회가 생기기 때문에 부정적이지 않았다. 관리들은
특히 포르투갈 선박이 싣고 온 상품에 눈독을 들였다. 시계, 음악상자music
box(중국인들이 singsongs라 불렀다.), 조총과 대포 등은 예전에 아랍인이나 신
할리즈인들이 들여온 적이 없는 새로운 상품이었다. 관리들은 이 신기한 상
품을 베이징의 고관들에게 선물로 보내 점수를 딸 생각을 했고, 상인들은
외국 물품에 호기심이 많은 부유층 소비자를 염두에 두었다. 결국 마카오
임대로 조정은 오랑캐 격리라는 명분을 얻었고, 광조우는 무역이라는 실리
를 거두었다.

　마카오는 서서히 유럽풍의 무역항으로 발전해서 고아와 나가사끼를 잇는
항로의 중간 기항지가 되었다. 1571년에 스페인이 필리핀 제도의 루손섬에
마닐라를 건설한 후 열린 멕시코와 마닐라 사이의 갈레온galleon 무역 항로,
1580년에 포르투갈이 스페인에 합병된 후 이루어진 멕시코-마닐라-나가
사끼 항로, 17세기 초 네덜란드동인도회사가 개척한 바타비아-마닐라-나
가사끼 항로에서 마카오는 중요한 기항지가 되었다. 불과 몇십 년 만에 마
카오는 다양한 국적의 유럽인 수백 명과 인도 출신 세포이 용병 100여 명,
중국인 거주자 및 동남아시아 이주민, 그리고 입항 선박의 선원을 포함해
40여 국가의 사람들이 모여드는 국제도시로 변모했다. 또 광조우로의 직접
접근이 허용되지 않았기 때문에 마카오는 유럽 상인의 거래 장터가 되었다.
거래는 광조우 상인이 마카오로 와서 계약하고 상품을 실어 나르는 방식으
로 진행했다. 거래 상품은 양쪽의 이해를 충족시켰다. 유럽인들은 고가의
사치품을 들여와서 부유층 소비자를 겨냥한 광조우 상인을 만족시켰고, 광
조우 상인들은 유럽인이 좋아하는 도자기와 비단을 공급했다.

　그러나 마카오가 항상 안정적이지는 않았다. 17세기 초 스페인과 포르
투갈의 해상세력이 쇠퇴하면서 유럽의 갈등이 아시아 해역에서도 벌어졌

다. 적대국 선박의 나포와 약탈이 잦았고, 기존의 정착지를 뺏으려는 싸움도 많았다. 네덜란드가 새로운 해양강국으로 부상하자 포르투갈은 동남아시아와 일본 사이의 무역량을 잠식당했다. 17세기 중반에 들어서면 인도-말라카-바타비아-마닐라-마카오-나가사끼를 잇는 무역항로에서 포르투갈의 인도정부Estado da India, 네덜란드동인도회사Vereenigde Oost-Indische Compagnie(VOC), 영국동인도회사East India Company(EIC)의 3대 세력이 경쟁하는 양상이 뚜렷하게 드러났다. 또 식민정부나 동인도회사에서 면허를 받아 활동하는 개인 상인private merchant(중국에서는 散商이라 불렀다.)들이 있었다.

변화하는 환경 속에서 마카오 총독은 항상 광조우 당국의 시선을 의식해야 했다. 광조우 당국의 관심은 마카오를 통한 은의 유입에 집중되어 있었다. 명대에 지폐를 폐지하고 은을 주요 결제수단으로 지정한 중국은 당시로서는 최대 생산지인 일본에서 은을 수입했지만 해금으로 무역이 중단되자 유입량이 줄었다. 이런 상황에서 마카오는 중국의 은 부족을 부분적으로 해결하는 창구였다. 포르투갈 상인들이 중국 상품을 일본에 수출하고 은을 가져와 광조우에서 상품을 구입하는 순환 고리를 통해 통화 부족분을 메꾸고 있었기 때문에 나가사끼 무역에 마카오의 존립이 달려 있었다. 그런데 17세기 초부터 일본이 가톨릭을 박해하면서 포르투갈 상인이 축출되고 광조우와 나가사끼의 무역이 정지되어 마카오의 존립 가치가 상당히 떨어졌다. 그러나 마카오는 마침 페루에서 발견된 은광 덕분에 용케 살아남았다. 스페인 선박이 마닐라로 싣고 온 은이 마카오로 흘러들어왔기 때문이다. 또 이런 위기 상황에서 마카오 무역에 활기를 불어넣은 주체는 네덜란드와 영국의 동인도회사였다. 마카오는 중국 시장을 노리는 네덜란드와 영국의 경쟁터로 변했다.

그 이전부터 마카오의 상황은 조정의 해상무역에 대한 정책 변화를 필요로 했다. 마카오의 수익을 주변 연안 지역에서 모른 체 할 리가 없었다. 먹을 떡이 없을 때보다는 눈앞의 떡을 먹지 못할 때 더 불행을 느끼는 법이다. 해금 이전에 해상무역으로 돈맛을 봤던 연안 지역 상인들의 심정이 그랬다. 그들은 광조우 상인들이 많은 돈을 들여 원양 정크를 내보내지 않고도 가까운 마카오에서 오랑캐와 거래하는 것을 가만히 두고 보지 않았다. 마찬가지로 유럽 상인도 광조우만 쳐다보지 않고 다른 항구에서 더 좋은 조건으로 거래할 기회를 찾았다. 이에 따라 다시 밀수가 활발해지고 해적이 창궐하고 연안 지역의 치안이 불안해졌다. 조정은 밀수와 해적을 근절하라고 독촉했지만 지방 정부는 미온적이었고 이익을 노리는 관원과 상인은 조정의 명령을 묵살했다. 이 지역 총독들은 오히려 상인 편을 들어 해상무역이 은의 공급선이자 재정 수입의 원천이므로 허용하는 편이 단속하는 것보다 이점이 많다고 주장했다. 밀수 단속으로 막대한 비용을 지출하는 것보다 무역 허용을 통한 세수 확대가 더 도움이 된다고 주장하면서 해금의 완화를 청원했다.[15] 조정은 결국 1567년에 푸지엔의 순무도어사巡撫都御使 투쩌민涂澤民의 제안을 받아들여 푸지엔 남쪽의 포구인 위에깡月港[16]을 무역항으로 지정했다. 배후가 산으로 둘러싸여 있는 위에깡은 수입 상품을 다시 배에 실어 소비처로 보내야 하는 곳이어서 이 포구의 개방은 무역 활성화보다 격리에 더 치중한 결정이었다.

그래도 위에깡은 마닐라와 동남아시아를 대상으로 잠시 번성했다. 개항 초기 3,000냥이던 관세 수입이 16세기 끝자락에 27,000냥으로 증가했을 정도였다.[17] 무엇보다 위에깡은 중국인의 해외 진출에 더 큰 역할을 했다.

---

15 Zhao, *The Qing Opening to the Ocean*; 陈东有,「朝廷与地方的政策与利益—鸦片战争前对外贸易中的清代朝廷与地方关系」.
16 이곳은 지금 푸지엔성의 룽하이龍海시에 편입되어 있으며 샤먼과 취엔조우의 중간쯤에 있다(그림 1-1 참조).
17 韓知璇,「네덜란드 동인도회사의 기록을 통해 본 明末의 貿易構造」.

플랜테이션 농장을 개발한 유럽인들은 노동효율이 떨어지는 원주민보다 중국인을 선호해서 많은 노동자가 무역을 위한 정크를 타고 나갔다. 1603년 마닐라에서 일어난 반란으로 학살된 중국인이 25,000명에 달한다는 기록을 보면 해외에 나간 인력의 규모를 알 수 있다. 그렇지만 위에깡 개항은 해금의 철폐와는 거리가 있었다. 조정이 일본과의 무역을 금지하는 조건을 달았기 때문에 이 조치는 반쪽 개항에 지나지 않았다. 또 위에깡 출신이 아니면 무역을 금지한다는 조건을 달았는데, 그것은 현지 관원들에게 좋은 빌미를 제공했다. 그들은 외지 상인들을 밀수꾼으로 규정하고 수탈을 일삼았다. 엄격한 법률 때문에 현지 상인들도 좋은 먹잇감이었다. 관리들은 해외에 나간 사람이 정해진 기간에 귀국하지 않으면 남아 있는 가족을 처벌하고 재산을 몰수했으며, 선박이 들어오면 황제에게 공물貢物로 바친다는 명분을 내세워 형편없는 가격에 상품을 빼앗아 자신들의 호주머니를 채웠다. 세율은 마음대로 예고 없이 올렸고, 심지어 난파선에도 세금을 부과했다. 조정도 상황을 보고받았지만 별다른 조치를 취하지 않아 위에깡 무역은 이내 시들해졌다. 상인들은 합법적 무역보다 밀수에 더 집착했고, 일본에 근거지를 둔 밀수조직이 활개를 쳤다.[18] 위에깡 무역에서 이익을 건진 사람은 금지된 일본 무역을 중개한 포르투갈과 스페인 상인들이었다. 그들은 중국 상품을 마닐라로 운반해서 일본 상인들에게 팔거나 마카오를 거쳐 나가사끼로 보냈다. 위에깡은 일본과 멕시코의 은이 유입되는 창구 역할을 했지만 오래가지는 못했다. 17세기 초반에 네덜란드와 영국이 이 해역에 진출하면서 포르투갈과 스페인 상인들은 주도권을 상실했고, 무역항으로서의 위에깡은 1630년대에 폐쇄되었다. 그것은 마카오가 풍긴 돈 냄새 때문에 벌였다가 실패로 끝난 조그만 실험이었다.

---

18 Zhao, *The Qing Opening to the Ocean*, pp.26~27.

홍마오: 레이에르센과 웨들

위에깡 무역 시절에 중국 해역에는 다양한 유럽 선박이 출현했다. 영국, 네덜란드, 덴마크, 스웨덴이 각각 동인도회사를 설립해서 선박을 파견했다. 이 회사들은 서너 척으로 선단을 구성하고 수출 상품 구입과 급료를 포함한 항해 비용을 계산해 투자를 유치했고, 가져간 상품을 팔고 현지 특산물을 사 와서 생기는 이익을 투자자에게 배당하는 방식으로 운영했다. 유럽에서 향신료, 비단, 생사 등의 가격이 워낙 높았기 때문에 적게는 300%, 많게는 600%의 이익을 기대할 수 있다고 광고하면서 투자자를 모집했다. 선단 운용 인원은 선장과 선원, 그리고 상인factor으로 구성되었다. 항해는 선장이 맡고 영업 활동은 상인이 맡지만, 다음 행선지를 선장이 결정했기 때문에 상인은 영업사원과 같았다. 선단 대부분은 인도양에 진입한 후 여기저기 들러 상품을 팔고 사면서 인도네시아 동쪽의 향료제도로 향했고, 일부가 중국으로 향했다.

이 시기 동서양 선박의 차이는 국기 게양 여부였다. 유럽 선박은 모두 국기를 게양해 국적을 밝혔지만 중국 선박에는 그런 것이 없었다. 배의 이름을 한자로 쓴 깃발을 달면 곧 중국 선박이라 여겼다. 국기를 걸고 중국 해안에 나타난 유럽 선박은 다른 곳에서와 마찬가지로 교역을 요구했고 거절당하면 폭력적으로 변했다. 17세기 중국의 동남 연안 해역은 네덜란드와 영국 국기를 걸고 출현한 선단이 일으킨 일련의 사건으로 잠시 시끄러워졌다. 이 사건들은 이 지역 상인과 관리의 욕심과 대응, 그리고 유럽 선단의 약점을 고스란히 드러낸 사례였다.

제일 먼저 아시아 해역의 주도권을 차지하려고 공격적으로 나선 것은 1602년에 설립된 네덜란드동인도회사였다. 회사가 아시아 해역에 파견한 무장 함대는 해적과 마찬가지여서 다른 나라 선박을 약탈하는 데 그치지 않고 다른 유럽 상인들의 정착지를 탈취하며 세력을 넓혀 갔다. 이 회사의 함대는 자바와 인근 해역을 제압하여 향신료 무역을 장악한 후, 1604년에 중국 해역에 처음 나타나서 타이완 부근의 평후澎湖섬을 2개월간 점령해 무역을 시도했다. 1607년에는 다른 선단이 광조우만에서 무역을 시도했지만 모두 실패했다. 광조우 당국은 조공국이 아니라는 이유로 교역을 거절했고, 마카오 총독이 포르투갈 상인을 지키기 위해 견제하는 바람에 광조우 상인과 접촉조차 할 수 없었다. 1619년에 바타비아에 거점을 마련한 이 회사는 1622년에 중국 해역에 근거지를 마련하려고 함대를 파견했다. 12척으로 구성한 함대를 이끌고 도착한 사령관 코르넬리스 레이에르센Cornelis Reijersen의 첫째 목표는 마카오 탈취였다. 함대는 마카오를 습격했으나 예상 밖의 저항에 부딪혀 300명 가까운 사상자를 내고 후퇴했다. 함대는 마카오를 포기하고 방향을 돌려 예전에 점령한 적이 있는 평후를 점령해서 요새를 구축하고 협상을 시도했다. 이 섬은 위에깡이 있는 장조우漳州(장저우)와 가까워서 레이에르센은 여기에서 위에깡-마닐라 항로를 봉쇄하는 대신 위에깡의 정크를 바타비아로 보내라고 압박했다. 중국 측은 순순히 응하지 않고 시간을 끌다가 함대가 철수하면 바타비아로 정크를 보내겠다고 했다. 레이에르센은 전형적인 방식으로 대응했다. 지나가는 선박을 약탈해서 선원과 승객을 인질로 삼고, 상륙한 선원들이 해안 마을을 약탈하고 불태웠다. 장조우 당국은 선박의 출항 금지로 맞섰지만 다른 항구에서는 정반대 방식으로 대처했다. 샤먼廈門(유럽인들은 아모이Amoy라 불렀다.)의 도독은 함대가 먼 바다로 나간다면 바타비아로 정크를 보내 무역을 하겠다는 제안을 보냈다. 다음 해 2월에는 푸조우福州(푸저우)의 도독이 평후 철수를 조건으로 더 유리한 제안을 내놓았다. 연안 항구들이 네덜란드 함대를 놓고 경쟁을 벌이는 형국이었다. 결국 타이완으로 정크를 보낸다는 푸조우 도독의 약속을 받은 레이에르센은 타이완에 병력을 파견해서 거류지를 건설했다. 그러나 레이에르센이 약속과 달리 병력 일부를 펑후에 잔류시켰기 때문에 의심을 품은 푸조우 도독도 정크를 보내지 않았다. 함대는 다시 폭력적으로 변해 5월에는 마닐라행 정크를 나포해 중국인 300명을 인질로 삼았다. 그런데 8월에 푸조우의 신임 도독이 부임하자 상황이 바뀌었다. 소식을 들은 레이에르센이 협상단을 보냈지만 도독은 과거의 협상을 무효화하고 펑후 철수를 요구했다. 레이에르센은 함대를 보내 장조우를 공격했지만 중국 측의 저항에 부딪혀 30명이 포로가 되고 철수했다. 중국 측이 느슨했던 해금을 강화해 어선 출항까지 금지시키자 펑후 주둔군은 보급 난에 빠졌다. 결국 1624년 8월에 함대가 타이완으로 철수하면서 2년을 끌었던 펑후 점령이 끝났다. 타이완에 주둔해 있던 병력은 1661년에 복명운동復明運動을 벌이다 타이완으로 근거지를 옮기려던 쩡청꿍鄭成功에 의해 쫓겨났다.

이 기간에 푸지엔의 관리들은 네덜란드 함대의 약탈보다 전투에서 패할 경우에 받을 처벌을 더 걱정했다. 그들은 양다리 걸치기 전략을 썼다. 조정을 향해서는 펑후 철수를 압박한다고 보고하면서, 함대를 향해서는 조건이 충족되면 무역을 허용하겠다는 회유책에 매달렸다. 레이에르센도 뾰족한 수가 없었다. 지나가는 배를 나포하고 해안을 습격해 압력을 가하는 것 외에는 달리 방법이 없었다. 그런데 이런 상황을 이용한 사람들이 있었다. 푸지엔의 상인들이 당국과 함대 사이를 오가면서 중개자 역할을 했다. 관리들은 상인들이 길을 깔아 놓은 후에야 접촉에 응했고, 레이에르센도 관리를 접촉하려면 상인을 거쳐야 했다. 점령 기간에도 함대는 무역을 진행했는데, 이 거래에서도 푸지엔 상인들의 도움이 필수적이었다. 상인들은 관리들의 묵인 아래 상품을 반출했고, 때로는 네덜란드 선박이 해안에 접근해서 상품을 구입할 기회를 만들어 줬다. 이 과정에서 상인들은 함대를 상대로 폭리를 취했다. 100냥이면 살 수 있는 생사 한 묶음을 130냥에 팔아

넘겼다. 상품을 확보해야 하는 네덜란드 상인은 비싼 값을 치러야 했고, 공급이 시원찮을 때에는 선금을 줘야 했다. 그래서 평후 점령 기간에는 관리-상인-네덜란드인을 연결하는 구도가 성립되었다.[19] 상인이 관리와 네덜란드 상인의 중간에서 양쪽으로 팔을 벌리고 서 있는 이 구도는 이후 푸지엔과 광둥에서 오랑캐를 상대하는 전형적인 구도로 정착되었다. 이 사건으로 중국인들은 유럽인이 한 종류가 아니라는 것을 알게 되었다. 그들은 네덜란드인을 이전에 출현한 포르투갈, 스페인 사람들과 구별해서 홍이紅夷라 불렀고 민간에서는 머리카락이 붉다 해서 홍마오꿰이紅毛鬼라 불렀다. 비슷한 시기에 출현한 영국인도 네덜란드인과 구별하지 못하고 같은 이름으로 불렸다.

영국 선박이 처음 중국 해역에 출현한 것은 네덜란드 함대의 평후 점령기인 1623년이었다. 그해 6월에 존 웨들John Weddell 선장이 4척으로 구성된 선단을 이끌고 마카오 외곽에 닻을 내렸다. 이 선단은 여러 사람의 투자를 받았는데 거기에는 국왕 찰스 1세의 지분 1만 파운드도 들어 있었다.[20] 선단이 예포를 쏘며 도착을 알렸지만 마카오 총독은 더 이상 접근하지 말라고 통지했다. 다음 날 무역책임자Chief Factor인 피터 문디Peter Mundy가 국왕과 선장의 편지를 들고 상륙했지만 총독은 새로 도착한 유럽인은 광조우 당국의 허가를 받아야 한다면서 배에서 기다리라고 했다. 그 다음 날 총독은 자신이 입항 허가 권한이 없으므로 식량 공급 외에는 도와줄 것이 없다고 통지

19 네덜란드동인도회사의 평후 점령에 관한 이야기는 韓知璇, 「네덜란드 동인도회사의 기록을 통해 본 明末의 貿易構造」를 참고하여 요약한 것이다.
20 웨들 선장의 선단은 영국동인도회사 소속이 아니었다. 1601년부터 영국에서는 동인도회사가 아시아 지역의 무역 독점권을 가지고 있었기 때문에 이 선단의 중국 해역 출현은 위법이었다. 이 선단은 동인도회사 선박이 공격하고 나포할 권한이 있는 새치기 상선interloper이었다. 그럼에도 불구하고 국왕이 이 선단에 투자한 것을 보면 당시 영국의 법률이 느슨했음을 알 수 있다. Beeching, *The Chinese Opium Wars*, p.18; Coates, *Macao and the British, 1637-1842*, p.62.

했다. 웨들 선단이 기다리는 동안 관선이 나타나 어디서 왜 왔는지를 캐물었다. 며칠 후에는 많은 깃발을 단 배가 북과 징을 요란하게 두드리면서 다가와 선단 주위를 살펴보고 돌아갔다. 웨들 선장은 지루한 기다림을 참지 못했다. 그는 총독이 포르투갈의 이익을 위해 영국인의 무역을 가로막는다고 생각해서 마카오를 거치지 않고 광조우와 직접 접촉하기 위해 상인들을 파견했다. 상인들이 마카오에서 빌린 거룻배로 후먼 수로에 들어서자(그림 3-1 참조) 수군 제독이 지휘하는 전선戰船들이 가로막았다. 중국 측에 포르투갈어를 쓰는 아프리카인이 있어서 양측의 대화가 시작됐다. 처음에는 고압적이던 제독이 잠시 후 태도를 누그러뜨리고 자신의 배로 광조우로 가라고 했다. 그렇게 해서 상인들이 수로의 해관에 도착하자 그곳 관원들은 딴소리를 했다. 무역 허가를 받으려면 마카오에서 입국 절차를 정상적으로 밟아야 한다는 것이었다. 이 말에 상인들은 마카오로 돌아갔지만 선장은 수긍하지 않았다. 마카오에서 절차를 밟는다는 것은 총독의 개입을 의미했기 때문에 일이 잘 풀릴 가능성이 없었다. 바다에서 잔뼈가 굵은 선장은 일이 안 풀리면 절차 따위에 관계없이 힘으로 해결하는 사람이었다. 도착한 지 한 달이 지난 7월 말 선장은 선단을 이끌고 후먼 수로로 향했다. 도중에 마주친 관원이 마카오에서 기다리면 허가를 받을 수 있다고 전해 왔지만 그는 듣지 않았다. 선단이 후먼을 지나 닻을 내리고 선원들이 식품 조달을 위해 상륙했지만 주민들의 분위기가 험악해서 금방 돌아왔다. 화가 난 선장이 전투 준비를 지시하자 낌새를 눈치챈 관원들이 통역을 보내 엿새 안에 무역 허가를 받게 해 주겠다고 연락해 왔다. 엿새가 지나고 다시 나흘 더 기다리라는 연락이 오자 성질 급한 선장은 더 기다리지 못하고 전진 명령을 내렸다. 잠시 후에 산등성이 포대에서 대포를 발사했고, 선단도 응사했다. 중국 측 대포는 형편없어서 선단 근처에 닿지도 못했고, 비탈을 떼굴떼굴 굴러 떨어지는 포탄도 있었다. 선단은 배를 돌려가며 양쪽 대포를 교대로 발사해서 포대를 쑥대밭으로 만들고, 선원들이 상륙해서 국왕의 깃발을 올린 후 쓸 만한 대포 몇 문을 빼앗아 돌아왔다.

그런데 선장이 다음 행동을 생각하고 있을 때 포르투갈어를 쓰는 관원이 나타났다. 마카오에서 살다가 광조우로 갔다고 자신을 소개한 그는 제독을 통해 무역 허가를 얻어 주겠다고 했다. 그의 중국 이름은 알려져 있지 않고 파울로 노레트Paulo Norette라는 포르투갈 이름으로만 알려져 있다. 다음 날 그는 상인들을 자신의 배에 태우고 광조우로 가서 제독의 저택으로 들어가 상인들이 무릎 꿇고 바친 청원서를 엄숙한 동작으로 제독에게 전달했다. 그걸로 끝이었다. 상인들은 나흘이나 걸린 여정을 마치고 빈손으로 돌아왔다. 그러나 며칠 후 노레트가 다시 나타나서 해관에서 발급한 통지서를 의기양양하게 설명해 주었다. 세금을 납부하면 무역을 허용하고 수로 입구에 거류지 건설도 허용한다고 했다. 포대에서 빼앗아 온 대포를 돌려주면 당장 상인들을 데리고 광조우로 가서 거래를 시작하겠다고 했다. 다만 모든 무역 거래는 자신을 통해야 한다고 했다. 영국인들은 흡족해서 일사천리로 일을 진행했다. 상인 세 명이 중국인 복색을 하고, 은과 상품을 싣고 떠나 밤늦은 시간에 광조우 교외의 어느 저택에 도착했다. 집주인은 그들이 사람들 눈에 띄지 않도록 문단속을 철저히 했고, 상인들은 그 집에 머무는 동안 바깥출입을 전혀 할 수 없었다. 며칠 후 상인들은 정크 두 척 분량의 설탕 구매 계약을 맺었다는 소식을 듣고 선단으로 돌아왔다. 계약서는 없었고 노레트가 구두로 약속했다고 했다. 그러나 얼마 지나지 않아 마카오 총독이 경고를 보냈다. 광조우 당국이 영국 선박을 쫓아내라고 총독에게 압력을 가해 왔다는 것이었다. 선장은 경고를 묵살하고 노레트와 거래를 끝내기 위해 다시 상인들을 광조우로 보냈다. 그런데 그로부터 나흘째 되던 날 정크 서너 척이 조용히 선단에 접근했다. 선원들은 계약한 화물을 싣고 오는 배로 여겼지만 정크들이 선단에 바싹 다가오자 갑자기 화염이 치솟았다. 그것은 삼국 시대 오吳와 촉蜀의 연합군이 적벽대전赤壁大戰에서 사용한 화공火攻이었다. 놀란 선원들이 불붙은 정크를 밀어내고 선단은 황급히 돛을 올려 그곳을 빠져나왔다. 그사이 광조우에 도착한 상인들은 체포되어 전에 묵었던 저택에 감금되었다. 저택 주인은 쇠사슬에 묶여 끌려갔고 가족도 모두 쫓겨났다. 노레트도 체포되어 심한 고문을 받아 죽을 지경이 되었다고 했다. 수로 입구에서 상인들이 돌아오기를 기다리던 선장은 더 강한 압박을 가했다. 선원들이 상륙해서 마을을 약탈하고 불을 지르며 주민 몇 명을 살해했다. 그러나 상인들은 돌아오지 못했다. 오히려 무장한 배들이 집결한다는 소문이 들려오자 선장은 광조우만으로 선단을 이동시켰다. 선장은 상인들의 석방을 위해 마카오 당국에 압력을 가했지만 총독은 자신의 권고를 듣지 않으면 도와줄 수 없다고 했다. 다른 방법이 없는 선장은 총독의 권고를 따라 마카오에 입항했고, 총독의 특사단이 석방 교섭을 위해 광조우로 떠났다. 그런데 도착해 보니 그사이 상인들은 이미 제독의 도움을 받아 석방된 후 은밀히 거래를 한 건 성사시키고 선단으로 돌아갈 준비를 하고 있었다. 할 일이 없어진 특사단은 상인들이 탄 배의 돛을 내리게 하고 자신들 배로 예인해서 수로를 빠져나왔다. 겉으로는 특사단이 영국 상인들을 구조해서 마카오에 데리고 온 꼴이 되었다. 마카오에서 선장은 중국어에 능숙한 예수회Jesuit Society 신부들이 노레트가 읽어 주었던 해관 통지서를 번역해 주자 비로소 자신이 얼마나 큰 사기를 당했는지를 깨달았다. 통지서 내용은 선장이 마카오에서 무역을 하려면 자신이 중국 법률을 어기고 인명을 살상했다는 것을 인정하면서 용서를 비는 청원서를 제출하라는 것이었다. 선장은 마지못해 청원서를 제출한 후 하루 빨리 교역을 끝내고 돌아가려고 했지만 일은 쉽게 끝나지 않았다. 11월에 나가사끼에서 포르투갈 선단이 가톨릭 박해를 피해 탈출한 사람들을 잔뜩 태우고 왔다. 선장은 자신의 배에도 피난민을 태워 귀국을 돕겠다고 했지만 일본과의 무역이 쇠퇴하면 광조우 당국이 마카오를 뺏으려 할 것에 대비해서 그 인원을 방어군으로 활용하려는 총독의 계획에 선장이 훼방을 놓은 꼴이 되었다. 화가 난 총독은 당장 떠나지 않으면 선원들을 교수형에 처하겠다고 위협하면서 상인들의 숙소를 무장병력으로 에워쌌다. 12월 27일, 그러니까 마카오 앞바다에 닻을 내린 지 6개월 만에 선단은 쫓겨났다. 항해에서 이익을 거두지 못한 것은 문제가 아니었다. 무역책임자 문디는 도중에 배를 두 번이나 갈아타면서 영국에 돌아왔지만 선단은 끝내 돌아오지 못했다. 선장의 능력에 의심을 품은 선원들의 사기가 떨어졌고 항해 중에 갈등이 끊이지 않고 계속되어 수마트라Sumatra 근처에서 선단이 뿔뿔이 흩어진 후 다시 합류하지 못했다. 웨들 선장은 인도 남부에서 마지막으로 목격된 후 소식이 끊겼으며, 다른 배들도 흔적도 없이 사라졌다.

지금까지의 이야기는 살아남은 문디의 기록을 중심으로 한 것이지만[21] 이 사건에는 다른 내막도 있다. 노레트의 주선으로 영국인들이 광조우에 들어왔을 때 해관 감독은 당황했다. 관원 누구도 노레트를 아는 사람이 없었다. 마카오 총독에게 문의한 결과, 그가 마카오에서 통역으로 일하다가 빚을 지고 광조우로 도망가서 제독의 개인 심부름꾼이 된 인물임이 밝혀졌다. 수군 제독은 무역에 관해 권한이 없었지만 자신이 단속하던 오랑캐가 상인이라는 것을 발견하고 돈을 벌 욕심에 심부름꾼에게 관복官服을 입혀 내보낸 것이었다. 월해관 감독은 제독의 체면을 지켜 주느라고 영국인의 무역 시도는 불법이니 즉각 퇴거할 것이며 명령을 따르지 않으면 힘으로 몰아내겠다는 통지서를 제독에게 보여 주고 전달을 부탁했다. 제독은 할 수 없이 노레트를 보내 통지서를 전달했는데, 그가 엉뚱하게 설명해 사기를 쳤다. 며칠 후 영국 선단이 아직 수로에 머물고 있다는 보고를 받은 감독이 마카오 총독에게 연락했지만 선장이 총독의 경고를 듣지 않자 화공을 시도한 것이었다.

---

21 Temple (ed), *The travels of Peter Mundy in Europe and Asia, 1608-1667.*

이 공격에서 제독은 비켜나 있었다. 광조우에 도착한 오랑캐 상인들을 구금한 해관 감독은 제독의 개입을 한 번은 덮어 주기로 한 것 같다. 제독 휘하 사람이 주선해서 자그마한 거래를 성사시키는 것을 눈감아 주고, 마지막에는 일행을 석방했다. 그렇지만 그게 끝이 아니었다. 다음 해에 해관 감독은 영국인의 침입을 막지 못한 책임을 물어 마카오에 엄청난 벌금을 부과했다. 예전에도 벌금을 부과한 적이 있었지만 그렇게 많은 벌금이 부과된 것은 처음이었다고 한다. 이런 내막을 보면 광조우의 기류도 복잡했던 것 같다. 법을 엄격히 시행하고자 하는 당국의 그늘에서 밀무역을 시도하는 관리와 상인이 있었으며, 서투른 외국어를 무기로 브로커 노릇을 하는 사람도 있었다. 법률은 외국인과의 접촉을 금지했지만 돈벌이의 유혹은 막을 수 없는 것이었다.[22]

해금 완화: 사구통상에서 일구통상으로

17세기 중반 중국 동남 연안 해역은 난장판이었다. 위에깡 폐쇄 후 해금 상태로 돌아가자 다시 밀수가 기승을 부려 쌍위 시절과는 비교할 수 없을 만큼 규모가 커졌고, 특히 쩡청꿍 일파가 복명운동을 내세우며 점령한 샤먼 주변은 전쟁터로 변했다. 청 왕조가 타이완으로 들어간 복명세력의 정벌을 위해 소개령疏開令을 내리는 바람에 연안 지역의 성세싱횡이 곤두박질쳤다. 그 와중에 유럽 선박이 이편저편을 오가며 이익을 챙기느라 혈안이 되어 있었다. 청 왕조는 타이완 정벌 후 이 지역의 경제 복구를 위해 해금을 폐지하고 4개 항구를 무역항으로 개방했다. 그러나 항구 간 경쟁이 격화하면서 많은

---

22 이 이야기는 Coates, *Macao and the British, 1637-1842*, pp.1~27의 내용을 요약한 것이다.

문제가 발생하자 조정은 광조우를 유일한 무역항으로 지정했는데, 이런 변화를 통해 18세기에는 상대적으로 평화로운 무역 환경이 조성된다.

위에깡의 폐쇄와 전면 해금으로의 복귀는 공식 무역을 가로막는 대신 밀무역을 확대시키는 풍선효과를 가져왔다. 중국이 판매자 중심 시장Seller's Market에서 우위에 있는 한 밀무역을 막을 수 없었다. 여기에는 일본과의 관계 악화가 중요하게 작용했다. 일본은 수인센朱印船[23] 무역으로 중국 상품을 수입했는데 1630년대에 이 제도를 폐지하고 중국과의 공식 무역을 금지하자 밀수상인이 그 영역을 고스란히 차지했다. 일본에서 쫓겨난 포르투갈 상인의 몫도 밀수상인들의 차지가 되었다. 이 시기 밀수품의 중요 목적지는 나가사끼였다. 1650년대에 나가사끼를 출발한 700여 척 중에서 중국에 도착한 선박이 550척 이상이라는 기록이 있을 정도로 일본을 대상으로 하는 밀수상단의 규모가 컸다. 시암Siam(지금의 타이)도 중요한 거래처였다. 시암은 조공국이었지만 조공무역으로는 수요가 충족되지 않아서 밀수상인의 정크를 환영했다. 밀수상인들은 시암에서 특별 대접을 받으면서 동남아시아 시장에서 세력을 확대했다. 바타비아와 마닐라에서도 중국 상인들이 시장을 압도했다. 위에깡 시절에는 마닐라에 도착한 정크가 40척 정도였으나 폐쇄 후 1680년까지 마닐라에 입항한 정크가 1,000척이 넘었다는 점을 보면 당시 밀무역의 규모를 짐작할 수 있다.[24]

이런 대규모 밀무역이 동남 연안에서 자생적으로 발생한 것은 아니었다. 밀무역은 해상의 열린 공간에서 수요자와 공급자를 연결하는 신세대 상인의 출현으로 성황을 이루었다. 이들은 몇 세기 전부터 말레이반도, 바타비아, 마닐라 등지에 형성된 화교사회 출신으로 국제적 감각을 갖추고 있었으며,

---

23 다이묘의 붉은 도장이 찍힌 출항허가서를 받은 일본 상선을 가리킨다. 1630년대에 기독교 전파를 막기 위해 쇄국정책을 채택하면서 이 제도를 폐지했다.

24 Zhao, *The Qing Opening to the Ocean*, pp. 27~33.

유럽식 항해술과 무기 운용 능력을 갖춘 다국적 선원을 포섭할 능력을 갖춘 사람들이었다. 동시에 그들은 중국의 가족과 친지로 이루어진 상품 구입 통로와 외국인들에게 판매할 통로를 동시에 가지고 있었다. 이 연결망에서 중국 상인들은 상품 조달을 맡았고, 밀수상인들은 운반과 판매의 역할을 맡았다. 해금은 큰 장애가 되지 않았다. 관원을 매수해서 정크를 출항시키거나, 아니면 작은 배로 상품을 밀반출해서 먼 바다에 떠 있는 정크로 옮겨 싣는 방법으로 상품을 반출했다. 해외 특산물을 반입할 때도 마찬가지였다. 이런 변화로 밀무역에 종사하는 대규모 상단商團이 형성되었다. 마닐라 출신 리단李旦과 통역사이자 막료인 쩡즈롱鄭芝龍이 세운 상단이 가장 커서 나가사끼, 타이완, 푸지엔, 마닐라, 시암, 바타비아를 연결하는 무역망에서 절대적인 힘을 행사했다. 상단은 나가사끼 부근의 히라도平戶에 거점을 마련해 유럽식 무기로 무장하고 다국적 선원을 태운 정크 수십 척을 움직였다. 이 상단은 쩡즈롱의 아들 쩡청꿍과 그의 아들 쩡징鄭經이 계승해서 60년 가까이 유지되었고, 쩡청꿍이 복명운동을 내세우며 타이완을 점령해 정치·군사적 조직으로 발전했다가 청 조정이 타이완을 정벌하자 와해되었다.

그러나 이 시기에 유럽인들은 우울한 세월을 보냈다. 중국 해역에 들어오는 선박은 매년 10여 척에 불과했고, 크기도 200~300톤에 지나지 않아서 수백 척이 움직이는 정크 무역과 상대가 되지 않았다. 주재원이 체류할 무역기지가 없고 상품 확보를 도와줄 대리인도 없어서 밀수상인을 통하지 않으면 상품 확보가 어려웠고 가격경쟁에서도 불리했다. 수백 명이 둘러 앉아 웃고 떠들며 잔치를 할 때 한구석에 수저 한 벌 놓고 작은 접시라도 받을 수 있을까 하고 기다리는 모습이 유럽인의 처지였다. 마카오도 살얼음판 위였다. 스페인과 포르투갈이 다시 갈라지면서 은의 유입이 줄었기 때문이었다. 게다가 마카오는 유럽인들이 협력하는 곳이 아니라 대립하는 곳이었다. 유럽의 종교적 갈등 때문에 가톨릭을 신봉하는 마카오 당국은 프로테스

탄트 국가의 상인들에게 적대적이었다. 총독은 포르투갈을 제외한 모든 국
가의 선박 입항료를 대폭 인상했고, 마카오 상인을 통하지 않으면 중국 상
품을 구입하지 못하도록 통제를 강화했으며, 거래상품에 대해 상상도 못할
높은 가격을 요구했다. 광조우 당국의 비위를 거스르지 않기 위해 유럽 선
박의 입항을 더욱 철저히 통제했다. 1660년대에 청 조정이 연안 지역에 소
개령을 내렸을 때 마카오도 압력을 받았다. 마카오의 중국인이 모두 가 버
리면 당장 식품 조달이 곤란해지는 처지였다. 그나마 총독에게 다행스러운
것은 마카오가 16세기 말부터 조정의 신임을 받은 예수회 신부의 입국 경로
였다는 점이었다. 예수회는 다국적 신부들이 참여했지만 반드시 교황청이
주선하고 포르투갈 국왕의 승인을 받아 포르투갈 소속 선박을 타고 여행해
야 했기 때문에 포르투갈 출신 신부가 절대적으로 많았다. 마카오는 그들의
후광을 누렸고, 광조우의 관리들도 호의적이어서 조정은 1647년과 1650년
에 마카오의 유지를 거듭 확인했고 소개령도 예외로 했다.[25]

　1624년 평후에서 철수한 네덜란드는 밀무역 시기에 쩡즈롱 일파와 연합
해서 포르투갈이 쫓겨난 나가사끼 무역에 공을 들였지만 성과를 거두지 못
했다. 상황 타개를 위해 네덜란드는 1655년에 사절단을 파견했다. 사절단
이 마카오에서 광조우 당국에 협상을 요청했지만 일은 쉽게 풀리지 않았다.
중국에는 외교부서가 따로 없었다. 중국인의 세계는 천조상국天朝上國인 중
국에 조공을 약속한 주변 국가와 부족인 번속국藩屬國, 그 외에 알려져 있지
않은 나라와 종족인 화외각방化外各邦으로 구성되어 있었다. 그중에서 번속
국의 업무는 이번원夷藩院이 담당했지만 화외각방의 방문과 입항, 무역 등
은 따로 담당하는 기구가 없이 황제가 직접 결정했다. 천자의 알현은 조공

25 Wills & Cranmer-Byng, "Ch'ing Relations with Maritime Europeans", Peterson (ed),
　The Cambridge History of China, Vol. 9:2, pp.266~267.

사절에 국한되었으므로 조공국이 아닌 네덜란드 사절단의 알현은 쉬운 일이 아니었다. 사절단은 광조우에서 1년 가까이 기다리면서 별별 수단을 다 써서 가까스로 베이징으로 가는 것을 허가받았다. 조정이 조공사절 자격을 부여했기 때문에 여정은 순조로웠다. 사절단은 군대의 호위 아래 모든 보급을 받으며 화려하게 행렬했고, 지나는 곳마다 융숭한 대접을 받았다. 1656년 10월 베이징에 도착한 사절단은 유럽 국가 대표로는 최초로 천자를 알현했다. 그러나 알현은 사절단의 예상과 달랐다. 그것은 각종 프로토콜을 시행하는 장엄한 의식이었지 실무적 논의의 기회는 없었다. 사절단은 관리들이 요구하는 모든 프로토콜을 따라 했으며 황제에게 절할 때 바닥에 이마를 부딪치는 고두지례叩頭之禮도 마다하지 않았다. 천자는 멀고 먼 나라에서 사절단을 보내온 점을 가상하게 여기고 치하했지만 더 이상의 이야기는 없었다. 조정은 이 알현을 네덜란드가 조공을 바치겠다는 약속으로 받아들였다. 그것은 며칠 후에 천자가 보낸 칙서에서 드러났다. 네덜란드는 워낙 먼 나라이므로 8년에 한 번 조공사절을 보내도록 허락한다는 내용이었다. 사절단은 아무 소득 없이 귀국했지만, 귀국 후 중국 여행기를 출판해 유럽 사회에서 중국의 인지도를 높이는 데 기여했다. 프랑스 정부가 관심을 보여 중국 해역에 선박을 파견하고 프랑스 출신 예수회 신부를 보냈으며, 덴마크, 스웨덴, 그리스 선박도 더 자주 중국 해역에 출현했다.

영국은 아시아 무역에서 한참 뒤쳐져 있었다. 영국동인도회사는 1600년에 'The Company of Merchants of London trading into the East Indies'라는 이름으로 국왕의 면허charter를 받아 설립되었다. 당시 아시아 해역에서는 선발 주자 포르투갈과 후발 주자 네덜란드가 각축을 벌이고 있었고, 영국은 아직 경쟁에 끼어들지 못했다. 1603년에 회사의 첫 선단이 출항했지만 그 후 100년이 넘도록 정착지 확보에 어려움을 겪었고, 그나마 어렵게 만든 정착지를 포르투갈, 네덜란드 상인들에게 뺏기는 고난의 시절을 보냈다. 1623년에는 자바 근처의 암보이나Amboina에서 영국 상인과 가족들이 학살당했고, 1683년에는 시암에서 정변이 일어나 정착지에서 쫓겨났다. 회사가 간신히 기틀을 마련한 것은 17세기 말 인도 서부의 봄베이Bombay(지금의 뭄바이)와 수라트Surat, 동부의 캘커타Calcutta(지금의 콜카타)와 마드라스 Madras(지금의 첸나이)에 거점을 확보한 이후였다(그림 5-1 참조). 이 거점들도 항상 안정적이지는 못해서 포르투갈과 프랑스, 현지 세력의 공격으로 주인 이 바뀌기도 했다. 중국 해역에서도 마찬가지였다. 웨들 선단의 출현 이후 30년간 중국 해역에 들어온 영국 선박은 몇 척 되지 않았고, 그나마 기대만 큼 이익을 남긴 선박은 없었다.[26] 회사는 1660년대에 쩡청꿍 세력이 점령해 일시적으로 해방구가 된 샤먼에서 무기를 팔아 약간 이익을 남겼지만 1679 년 관군의 점령으로 이 무역도 끝났다. 그 후에도 회사는 광조우와 샤먼에 선박을 보냈지만 마카오 당국이 영국인과 네덜란드인을 싸잡아 악명 높은 사람들이라고 선전하는 바람에 일이 풀리지 않았다. 관리들이 고압적으로 굴자 선원들도 난폭하게 대항해서, 주민이 총에 맞아 죽고 포로가 된 영국 인이 맞아 죽는 사건도 벌어졌다. 영국은 다른 국가가 열어 놓은 시장에 뒤 늦게 뛰어들어 주도권을 뺏는 방식으로 시장을 확대했지만, 중국 시장의 주 도권을 뺏기까지는 100년이 넘게 걸렸다.

1644년에 청 왕실이 명 왕실을 멸망시키고 베이징에 입성했을 때 밀수 상인들은 희망을 품었다. 유목민인 만주족이 대대로 변경무역을 통해 물자 를 조달했기 때문에[27] 해상무역에도 융통성을 보일 것으로 예측했다. 봄날 은 금방 오지 않았다. 오히려 조정이 연안 지역에 소개령을 내리는 바람에 밀수가 얼어붙었다. 그러나 혹독한 겨울도 오래가지는 않았다. 조정은 물

---

26 Coates, *Macao and the British, 1637-1842*, pp.28~31.
27 Zhao, *The Qing Opening to the Ocean*, pp.62~63.

산이 풍성하고 가장 많은 세금을 징수하는 연안 지역의 경제 침체가 왕조 건립 직후의 질서 확립에 걸림돌이 된다고 생각해서 정반대로 급선회했다. 1684년에 캉시康熙황제(재위 1661~1722)는 해금 완화를 선포하면서 광조우를 비롯한 항구 네 곳을 대외무역항으로 지정해 사구통상四口通商의 시대를 열었다.

해금 완화에 이르는 변화의 조짐은 청 왕조 건립 직후부터 있었다. 1650년대에 조정은 이미 만주족과 한족 공신, 고위 관리들에게 관상의 일환으로 해상무역을 허용하는 방안을 논의했다. 만주족 공신들은 쩡청꿍 일파가 무력항쟁의 자금을 해상무역으로 마련했다는 점에 주목했으며, 타이완 정벌군이 전비戰費가 부족해 어려움을 겪는다는 보고가 올라올 때마다 재정 확충의 수단으로 무역에 관심을 가졌다. 사실 밀수 사건이 터질 때마다 질책을 당하지만 바다를 통제할 능력이 없는 지방 관리들에게는 해금이란 허황한 구호에 지나지 않았다. 이들은 북방에서 농사가 중요한 만큼 동남 연안 지역에서는 무역이 중요하다고 주장했다. 그들은 무역을 허용하면 밀수 근절과 해안 방어를 위한 비용을 절약할 수 있을 뿐 아니라 관세 징수로 재정을 확충하면서 백성의 윤택한 생활을 보장할 수 있다는 논리를 내세웠다.

여기에 황제의 개인적인 욕심도 작용했다. 무역으로 창출되는 관세의 상당 부분이 공물비貢物費 명목으로 황실 재산으로 들어왔으니 황제가 부정적일 이유가 없었다.[28] 정복 직후 조정은 절충적인 논리를 폈다. '상인을 보호하고[恤商]', '무역으로 나라를 윤택하게 한다[通商裕國]'는 명분으로 해상무역을 허용하되 항구 네 곳으로 제한하는 결정을 내렸다. 1685년에 황제는 닝뽀, 쏭쟝松江(쏭장), 샤먼, 광조우에서 무역을 허용하기로 하고, 절해관浙

---

28 Zhao, *The Qing Opening to the Ocean*, pp.57~98; 陈东有,「朝廷与地方的政策与利益—鸦片战争前对外贸易中的清代朝廷与地方关系」.

海關, 강해관江海關, 민해관閩海關, 월해관粵海關을 각각 설치했다(그림 1-1 참조). 해금 완화 이후 중국의 해상무역은 이렇게 사구통상의 복수 경쟁 체제로 출발했다. 이 조치는 중국의 무역정책이 이원화二元化되는 결과를 가져왔다. 해금 완화에서 조정은 조공이라는 말을 언급하지 않음으로써 조선, 오끼나와沖繩(오키나와), 시암 등 기존 조공국을 제외한 모든 오랑캐(화외각방)에게 조공 절차를 거치지 않고 문호를 개방한 셈이 되었다.[29]

해금 완화 직후에는 모든 것이 어수선했다. 입출항 절차와 관세제도 마련에 시간이 꽤 걸렸다. 칙령이 도달하기까지 한 달이 넘게 걸렸고, 세부 절차의 시안을 마련한 후 조정에 승인을 요청해서 회답을 받기까지 반년이 넘게 걸렸다. 이렇게 마련된 절차에 따라 출항과 입항이 시행되기까지 2년 넘게 걸려서 그사이에는 몇 달을 바다에 떠 있는 배도 많았다. 사구통상의 초기에는 오랑캐보다 중국 상인들이 얻는 혜택이 더 많았다. 매년 정크 수백 척이 바타비아, 마닐라, 시암, 말라카를 향해 출항한 반면에 입항하는 유럽 선박은 20여 척에 불과했다. 네덜란드는 선박 파견을 중지하고 바타비아로 오는 정크를 통해 상품을 구입하는 쪽으로 방침을 바꿨다. 입항한 오랑캐들은 돈 냄새를 맡은 현지인들의 먹잇감이 되었다. 그들은 상품 구입에 비싼 값을 치러야 했다. 사기꾼도 많이 나타났다. 웨들 선장을 등쳤다가 실패한 '노레트'가 이제는 수십 명이 되어 선금을 받고 사라지는 일이 여기저기서 벌어졌다. 오랑캐들이 해관에 고발했지만 사기꾼의 이름이나 출신지 등도 제대로 파악하지 못한 경우가 대부분이었다. 또 1,000명이나 되는 선원들이 상륙해서 주민들과 뒤섞이는 바람에 폭력 사건이 빈발했다. 유럽인뿐만 아니라 일본, 동남아시아, 페르시아, 아프리카 출신이 섞인 선원 집단은 난

---

29 Wills & Cranmer-Byng, "Ch'ing relations with maritime Europeans", Peterson (ed), *The Cambridge History of China*, Vol. 9:2, pp.276~277.

폭하기 짝이 없어서 술에 취해 주민들과 싸움을 벌였고, 때로는 폭동에 가까울 정도의 집단 난동을 부리기도 했다. 영국과 프랑스, 덴마크, 스웨덴, 포르투갈, 스페인 출신 선원들은 국가 간의 적대감을 드러내며 싸움을 벌여 심할 때는 전쟁에 버금가는 사태가 벌어지기도 했다. 그러나 당국은 개입할 생각을 못하고 쳐다보기만 했다. 조정도 관세 수입의 달콤함과 현지의 혼란이라는 씁쓸함 사이에서 어정쩡한 입장을 유지했다. 지방 관리들도 상인들을 쥐어짜서 호주머니를 채울 생각에 적당히 대응할 뿐이었다. 그렇지만 시간이 흐를수록 문제가 커졌다. 빈약한 자본으로 뛰어든 상인들이 파산해서 오랑캐에게 빚 독촉을 받고 송사에 휘말리는 사건이 늘어났다. 이런 사건은 조정에까지 알려져서 황제가 직접 총독에게 변제해 주라고 지시한 일도 있었다.[30]

　서양 오랑캐 문제가 가장 많이 일어난 곳은 광조우였다. 사구통상 이래 정기적으로 선박을 보낸 영국동인도회사의 기록을 보면 1685년부터 1757년까지 중국에 도착한 선박 189척 중에서 157척이 광조우에 입항했다.[31] 광조우는 중요 상품의 원산지와는 멀리 떨어져 있지만 지리 조건과 거래 관행의 이점으로 유럽 상인이 선호하는 항구였다. 반면 쏭쟝은 국내 교역이, 닝뽀는 일본과의 교역이, 샤먼은 동남아시아 지역과의 교역이 주를 이루었다. 그래서 오랑캐 문제를 해결하기 위해 광조우 당국이 가장 먼저 나선 것은 당연했다. 1702년에 월해관은 무역 중개인 한 명을 임명했다. 이 사람은 4만 냥이나 되는 금액을 바치고 면허를 받아 오랑캐와의 거래를 독점하는 권한을 얻었다. 오랑캐 무역에서 아무나 사고파는 것이 무질서를 초래했기 때문에 거래 창구를 단일화해 문제를 해결하려 한 것이다. 자유로운 상거래

---

30 Liu, *The Clash of Empires*, p.92.
31 리궈룽 지음, 이화승 옮김, 『제국의 상점』, 36쪽.

에 익숙한 유럽인들은 이 제도에 반발했다. 월해관은 2년 후 중개인을 여러 명으로 늘렸지만 유럽인들의 불만은 해소되지 않았다. 광조우 당국의 입장에서도 중개인 제도는 어정쩡해서 월해관은 1720년에 광둥과 푸지엔 출신 거상巨商들을 모아 꿍홍*公行을 조직했다. 썹쌈홍*十三行이라고도 불린 민관 합작의 이 상인조합은 상당한 금액을 납부하고 무역 면허를 얻은 홍상*行商 13명으로 구성했다. 꿍홍이 새로운 제도는 아니었다. 중국에서 정경유착은 오랜 전통을 지니고 있었고 꿍홍은 그 연장선상에 있었다. 상인들은 물량 확보와 자금 염출, 운송 과정 등에서 권력자의 비호를 필요로 했고, 이를 위해 이익의 상당 부분을 상납했으며, 그것은 더 큰 이익으로 돌아왔다. 이렇게 권력자를 등에 업은 상인을 관상이라 불렀는데, 국가가 거래 권한을 부여한 상인이라는 뜻이다. 이런 상인들이 만든 조합은 명대에 이미 만들어졌으며, 꿍홍은 그런 제도를 오랑캐와의 무역을 위해 변형시킨 체제였다.

　이 시기 광조우는 중국인과 유럽인 모두에게 기회의 땅이었다. 입항 선박이 늘어나 무역량도 증가하고 많은 유럽인이 기회를 찾아왔다. 오랑캐들은 상품 확보를 위해 선금을 지불했고, 그런 관행이 자본이 빈약한 중국 상인들을 유혹했다. 그것은 잘하면 자기 돈을 들이지 않고 단기간에 거금을 쥘 수 있는 기회였다. 당시 유행하던 '조우광[走廣](광조우로 가라.)'이라는 말이 이런 분위기를 보여 준다. 무역으로 일자리도 많이 생겼다. 입항 선박의 도선과 하역 및 선적을 위해 가난한 노동자인 쿨리coolie[苦力]들이 일자리를 얻었고, 선박 주변에 음식과 물을 공급하는 거룻배들이 모여들었다. 유럽 선박이 정박하는 황푸에는 술집과 창가娼家가 들어섰다. 그렇지만 광조우의 번영은 다른 항구에게는 질투의 대상이었고, 당국과 상인의 이해가 엇갈리는 경우도 있었다. 닝뽀에서는 난동을 부린 오랑캐 선원들이 탄 선박의 입항을 당국이 거부했다가 지방 유지와 상인들의 압력으로 입항시킨 일도 있었다. 푸조우와 취엔조우는 사구통상에서 제외되었지만 차 생산지에서 가깝기 때

문에 저렴한 가격으로 유럽인들을 유혹했고, 관리들도 광조우보다 낮은 세
율을 제시했다. 영국동인도회사는 광조우에서 가격을 알아본 후 푸조우와
닝뽀에서 더 낮은 가격을 제시하는 상인을 탐색했다.[32] 그러나 이것을 알아
챈 광조우의 홍상들이 가만있지 않았다. 그들은 통상항구 외에는 무역을 금
지해 달라는 청원서를 월해관에 제출했고, 이 청원은 조정에까지 전달되었
다. 항구들 사이의 경쟁으로 조정도 골치 아픈 숙제를 떠안게 되었다.

　오랑캐 무역을 포기할 생각이 없는 조정은 문제를 최소화하는 방안을 강
구했다. 이 과정에서 마카오의 명운을 가르는 일이 있었다. 1719년에 조정
은 마카오를 유일한 해상무역 창구로 지정하는 방안에 대해 마카오 총독의
의견을 물었다. 그것은 모든 오랑캐를 이 조그만 땅덩어리로 몰아넣어 백성
으로부터 격리하면서도 무역은 유지하려는 계산이었다. 당시 마카오는 침
체기를 겨우 벗어나 활기를 되찾고 있었지만 거류민 유입에 대해서는 배타
적인 정책을 견지했다. 포르투갈 법률에 따라 타국인의 부동산 취득과 타국
인의 회사 등록을 허가하지 않아서 상인들은 포르투갈인의 주택에 세입자
로 거주하면서 포르투갈인의 명의를 빌려 회사를 운영해야 했다. 이런 상황
에서 조정의 제안은 마카오가 중국 무역의 허브로 등극할 수 있는, 그야말
로 참새가 봉새로 변할 수 있는 기회였다. 그런데도 마카오 총독과 평의회
는 이 제안을 거절했다. 다국적 유럽인이 거주하면 포르투갈의 독점적 우위
가 깨지고, 월해관이 마카오로 옮겨와서 중심가를 차지할 터이니 자존심이
상할 뿐 아니라 통제가 강해져서 자치권을 상실할 수 있다는 이유였다. 경
제적 이익을 생각해서 제안을 받아들이자고 주장한 사람도 없지 않았지만
완고한 원로들을 설득하지는 못했다. 패착은 한 번에 그치지 않았다. 캉시
황제의 뒤를 이은 융정雍正황제(재위 1722~1735)는 부친과 달리 오랑캐 무역

---

32 陈东有,「朝廷与地方的政策与利益—鸦片战争前对外贸易中的清代朝廷与地方关系」.

에 긍정적이지 않아서 부정적 보고에 더 귀를 기울였고 1733년에 다시 마카오를 유일한 무역항으로 지정하는 방안을 제안했다. 지난번 실수를 뼈아프게 생각하던 총독과 평의회, 상인들은 환호했지만, 이번에는 가톨릭 주교가 딴지를 걸었다. 주교는 이 조그만 식민지가 가족을 데려오지 않은 독신자들로 우글거리게 되면 순수함을 잃고 특히 프로테스탄트들이 들어와서 도덕을 해친다고 주장했다. 뚜렷한 결정을 내리지 못하고 미적거리던 차에 황제가 사망하자 그 제안은 없던 일이 되어 마카오는 황금의 기회를 잃었다.[33]

그러나 광조우 무역시장이 마냥 평화로운 것은 아니었다. 큰손 노릇하는 영국동인도회사는 불만이 많았다. 꽁홍은 차와 도자기, 비단을 차질 없이 공급하는 신뢰할만한 파트너였지만 가격과 세금이 문제였다. 꽁홍이 담합한 가격을 받아들여야 했고, 입출항 과정에서 잡다한 세금에 시달렸고, 한 푼이라도 더 뜯어내려는 관원의 횡포도 만만치 않았다. 월해관과 꽁홍도 경계심을 지니고 있었다. 사구통상은 오랑캐들이 언제든 다른 항구로 이동할 가능성이 있는 불안정한 제도였다. 오랑캐를 광조우에 묶어 두는 것은 월해관과 꽁홍, 그리고 오랑캐를 상대로 물과 식량을 팔아서 먹고 사는 사람들 모두의 관심사였다. 1755년에 그런 경계심을 고조시키는 사건이 발생하자 광조우 당국은 숙원 사업인 무역 독점 달성을 위한 행동에 돌입했다. 사건의 방아쇠를 당긴 것은 영국동인도회사였다.

그해 여름 영국동인도회사는 중국에서 여러 해 경험을 쌓은 화물관리인 제임스 플린트James Flint를 닝뽀로 보냈다. 차와 비단의 생산지가 훨씬 가까운 닝뽀에서 더 낮은 가격으로 상품을 확보하기 위해서였다. 유럽 선박의 입항이 드물었던 닝뽀의 관리와 상인들이 그를 환영했다. 플린트는 원만하

---

33 Coates, *Macao and the British, 1637-1842*, pp.41~48.

게 거래를 마치고 다음 해 거래를 약속한 후 돌아왔다. 광조우 지역사회는 예민하게 반응했고 최고위 당국자가 전면에 나섰다. 양광총독兩廣總督(광둥성과 광시성을 관할했다.) 양잉쥐楊應琚는 1755년에 입항 선박이 지난해 27척에서 22척으로 줄었기 때문에 세금이 전년보다 29,000냥 줄어들었다고 조정에 보고했다. 이것은 거짓말이었다. 왜냐하면 1749년부터 1752년 사이에 입항 선박은 각각 21, 18, 22, 25척이었기 때문에 그해에 특별히 줄어든 것은 아니었다.[34] 그러나 총독은 이 숫자를 근거로 닝뽀의 교역을 허용하면 광조우의 관세 수입이 줄어든다고 주장했다. 동시에 베이징에서는 막후 로비가 벌어졌다. 총독과 막역한 사이이자 황제의 최측근인 군기대신軍機大臣 푸헝傅恒이 영향력을 행사해 조정의 분위기가 닝뽀의 교역에 부정적으로 기울었다. 현지 관리들 중에도 태도를 바꾸는 사람이 생겼다. 저장의 제독 우진성武進陞은 애초에 닝뽀 무역을 옹호했지만 다음 해의 상주문에서는 반대 입장으로 돌아섰다. 이 사건이 커지면서 플린트의 마이빤買辦이 닝뽀에 오랑캐를 끌어들인 죄로 체포되어 베이징으로 압송되었다(원래는 현지에서 처벌하는 것이 관례였다.). 푸헝은 묘한 논리로 닝뽀의 관세를 대폭 인상하도록 했다. 닝뽀는 생산지와 가까우므로 운송에 비용이 덜 들어 가격이 쌀 수밖에 없는데, 이것은 광조우에 비해 '불공평한 이점'을 제공해서 오랑캐를 끌어들일 수 있다. 이 때문에 광조우 상인들이 피해를 보는 것은 '불의'에 해당되므로 닝뽀의 관세를 대폭 인상해서 광조우의 가격과 균형을 맞추라는 논리였다. 닝뽀 당국은 세율을 인상했지만 1757년에 플린트는 다시 닝뽀에 와서 거래에 나섰다. 인상된 세금을 내도 가격이 여전히 광조우보다 유리하다고 했다. 보고를 받은 황제는 양잉쥐를 민절총독閩浙總督(푸지엔성과 저장성을 관할했다.)으로 전보시켜 문제를 해결하라고 명령했다. 그것은 고양이에게 생선을

---

34 陈东有,「朝廷与地方的政策与利益—鸦片战争前对外贸易中的清代朝廷与地方关系」.

맡긴 꼴이었고, 광조우 상인들에게는 복음이었다. 양잉쥐는 푸지엔과 저장보다 광조우의 이익을 대변하면서 두 가지 쟁점을 파고들었다. 첫째는 광조우 사람들의 '생계'였고, 둘째는 해안선 방어였다. 광조우 사람들은 오랫동안 오랑캐 무역으로 먹고 살아 왔으니 그들의 생계 수단을 뺏으면 안 되며, 광조우의 복잡한 지형이 바다로 탁 트인 닝뽀보다 해안선 방어에 유리하다는 주장이었다. 황제는 이를 받아들이고 1757년 12월에 일구통상—口通商의 칙령을 반포했다. 서양 오랑캐는 광조우에서만 무역을 허용하며 그 위로는 절대 올라오면 안 된다는 내용이었다. 그것은 광조우 당국과 상인이 연합해서 다른 항구의 무역 기회를 제거한 결과였다.[35] 이것이 그 후 80여 년간 지속되다가 아편전쟁의 결과로 해체된 광조우 무역체제Canton Trade System의 시작이었다.

---

35 Chen, *Merchants of War and Peace*, pp.40~43; 리궈룽 지음, 이화승 옮김, 『제국의 상점』, 26~29쪽.

유혹의 상품

차와 아편

대항해시대 이후 유럽 사람들의 입맛이 크게 변했다. 아시아에서 수입한 향신료가 음식 문화를 바꾸었고, 자바의 사탕수수로 만든 설탕이 입맛을 자극했다. 여기에 모카Mocha에서 수입한 커피와 중국의 차가 새로운 기호품으로 등장했다. 이런 변화는 거대 산업의 발전을 통해 자본주의로의 이행을 가속했다. 그러나 이런 흐름이 모든 사람에게 축복은 아니었다. 이 시기부터 세계가 알코올alcohol, 니코틴nicotine, 카페인, 모르핀morphine, 마리화나cannabis(marijuana), 코카coca 등의 자극적이고 중독성이 강한 물질에 노출되었기 때문이었다. 이런 물질의 상품화 과정에는 몇 가지 공통점이 있었다. 중독성 상품은 모두 야생이 아니라 사람이 경작한 식물에서 나왔다. 대부분의 경우 원주민이 소량 생산하던 것이 유럽인의 손을 거쳐 대량 생산, 대량 유통 상품으로 변해 거대한 산업으로 탈바꿈했다. 아메리카에서 발견된 담배는 17세기 후반부터 아프리카 서부 지역에서 재배가 시작되었고 18세기에는 북아메리카의 거대한 플랜테이션에서 대량 생산되어 유럽과 아시아를 휩쓸었다. 커피가 유럽인의 입맛을 사로잡자 동남아시아와 카리브해의 커피 농장이 대량 생산에 들어갔다. 영국인이 중국의 차를 국민음료로 마시자 19세기 중엽 인도의 벵골 지역과 실론섬에서 차를 재배해 세계 시장을 장악했다. 중국 사람이 아편을 피우자 영국이 식민지 인도에서 아편을 재배해서 중국으로 수출했다. 이런 자극적 물질은 18세기 이래 세계무역에서 중요한 상품으로 등장했고, 삶의 방식에도 많은 변화를 가져왔기 때문에 데이비드 코트라이트David Courtwright는 그 변화를 '자극의 혁명 psychoactive revolution'이라고 불렀다.[1]

처음에 이 물질들의 일부는 의약품으로 소개되었다. 담배는 진통제이자 배고픔을 잊는 약이었고, 아편은 설사와 복통의 치료제인 동시에 가장 효과적인 진통제로 명성을 떨쳤다. 그러나 시간이 흐르면서 이 상품에 중독된 사람들은 돈으로 쾌락과 안식을 사는 충성스러운 구매자가 되었다. 이런 성향을 알아챈 상인들은 대량 생산으로 가격을 낮추었고, 그러자 사용자가 늘어나서 더 큰 이익을 얻었다. 낮은 가격에 더 많은 물량을 확보하기 위한 경쟁이 일어났고, 대규모 자금을 동원한 투기도 일었다. 그들은 원주민 경작자에게 선금을 주고 입도선매立稻先賣해서 생산물량을 독점했고, 농민들은 현금의 매력 때문에 식용작물을 포기하고 아편과 담배, 대마大麻를 경작했다. 중독성 물질은 원주민을 착취하는 무기로도 쓰였다. 16세기에 스페인 정부는 가톨릭 사제들의 거센 반대를 무릅쓰고 페루의 은광 노동자들의 기력을 유지하고 경제적 인센티브를 제공하기 위해 코카인 생산을 독려했다.

---

1 Courtwright가 사용한 'psychoactive revolution'은 '향정신성 물질의 혁명'이라고 번역해야겠지만 전문용어 같아 의역하여 '자극의 혁명'으로 부르기로 한다. Courtwright, *Forces of habit*.

아프리카와 아메리카 원주민 대상으로는 럼rum과 위스키를 활용했다. 아프리카에서는 술을 미끼로 노예사냥을 부추겼고, 아메리카에서는 위스키를 미끼로 버펄로 가죽을 마구 걷어 들였다.

중독성 물질에 대한 유럽 국가들의 대응에도 공통점이 있다. 세계 각국의 군주들이 자극적 물질을 규제했지만 한번 시작된 순환 고리를 막지는 못했다. 담배에 대해서는 17세기에 영국, 러시아, 터키, 중국이 금지령을 내렸지만 근절하지 못했다. 유럽 국가들은 중독을 허용하는 대신 재정 수입을 올리는 방식으로 돌아섰다. 담배를 합법화하는 대신 고율의 세금을 부과했고, 아편과 술, 설탕, 커피, 차에도 세금을 부과했다. 이에 따라 국가도 점차 세금에 중독되어 이 상품들을 전매품으로 만들어서 더 큰 수입을 노렸다. 이 상품들은 중독성에도 불구하고 세계적인 무역상품이 되었고, 거대한 산업을 일구었으며, 또 국가의 재정을 떠받치는 역할을 했다. 개인은 자극에 중독되고 상인은 이윤에 취하고 국가는 세금에 중독되는, 중독의 삼중주가 진행되었다.

사람들이 자극적 물질의 유혹에 빠진 데에는 또 다른 이유가 있었다. 대중화되기 이전에 이런 상품의 소비는 사회적 지위를 상징했다. 17세기 런던의 티하우스Tea House나 파리의 커피하우스는 정치가와 기업가, 문인과 예술가의 회동 장소였다. 중국의 문인들이 드나들던 차관茶館은 우아한 다기茶器를 고급스러움의 상징으로 활용했고, 문인들은 세련된 다례茶禮에 신경을 썼다. 이런 곳은 보통 사람들에게는 딴 세상이었다. 그러나 대량 생산과 운송으로 대량 소비의 시대가 열리면서 상황이 달라졌다. 영국의 차와 프랑스의 커피가 대중음료가 되었으며, 중국에서는 인력거꾼이나 부두 노동자들도 아편굴에서 아편을 피웠다. 자극적인 상품의 소비는 빈부 격차, 교육 격차, 신분의 장벽을 초월하는 상징적 행위가 되었다. 그런 의미는 20세기 초 미국의 담배 광고에서 극명하게 드러났다.

여러분은 한 번밖에 없는 인생을 살아요. 이왕이면 백만장자처럼 사는 게 좋지요. 그렇지만 여러분은 롤스로이스를 못 사지요. 맨해튼 5번가에 집을 살 수도 없어요. 여름휴가를 뉴포트에서 보낼 수도 없지요. 그래도 딱 한 가지는 여러분도 미국 제일의 부자하고 똑같이 할 수 있어요. 그건 바로 여러분도 최상급의 담배를 피울 수 있다는 겁니다. 럭키스트라이크를 피워 무세요. 그리고 백만장자의 기분을 느껴 보세요.[2]

유혹의 결과는 참담했다. 세계 곳곳에서 이런 상품의 소비 때문에 무수한 비극이 일어났다. 아편을 사기 위해 마누라와 딸을 창가娼家에 팔아넘긴 중국인도 있었고, 술을 얻기 위해 가족을 노예로 팔아 버린 아프리카인도 있었다. 술에 찌든 노예들은 술을 얻기 위해 노동을 계속했고, 동남아시아의 중국인 쿨리들도 아편을 사기 위해 노동을 계속해야 했다. 농민도 식민정부나 농장주가 정해 준 가격에 생산물을 넘겨야 하는 착취의 대상이자 피해자였다. 그들이 받는 돈은 소비자가 최종적으로 지불하는 액수의 몇 분의 일에 지나지 않았다.

영국인의 차

차는 중국이 독점적으로 공급한 상품이었다. 일본과 한국에서도 재배했지만 이 시기 일본은 쇄국으로 돌아섰고 한국은 유럽인과의 접촉이 아예 없었으니, 차는 중국에서만 구할 수 있었다. 차는 1610년에 네덜란드동인도회사가 처음으로 유럽에 소개했다고 한다. 또 영국동인도회사가 인도의 아

---

2 Courtwright, *Forces of habit*, p.23.

편을 처음으로 영국에 싣고 온 것이 1609년으로 알려져 있다. 이처럼 차와 아편은 같은 시기에 아시아에서 수입된 쌍둥이 자극제였다. 미각의 사치라는 공통점을 지닌 차와 커피는 비슷한 시기에 유럽에 들어왔지만 국가에 따라 선택이 달랐다. 프랑스에서는 커피를 선호했지만 영국은 차를 더 좋아했다. 모든 자극적 물질의 역사가 그렇듯 영국의 차 보급은 느리게 진행되었다. 차는 중국 무역이 활발해지기 이전인 17세기 초에 간헐적으로 들어왔다. 수입된 차는 1643년에 처음 개설된 티하우스에서 경매를 통해 팔려나갔다. 경매장에 촛불을 켜고 이 초가 다 탈 때까지 입찰가를 불렀다고 하며, 1652년에는 런던의 티하우스에서 잔 단위로 차를 팔기 시작했다고 한다. 그러나 차 맛을 알고 즐기는 사람은 아직 많지 않았다. 이 시기 스코틀랜드의 어느 귀족 부인은 친척이 선물로 보낸 차를 받아들고 당황했다. 그녀는 찻잎을 물에 넣고 끓인 후, 물은 모두 버리고 찻잎만 건져 냈다. 다음에는 접시에 요리를 담고 그 위에 찻잎을 얹었다. 그녀는 접시를 내가면서, 이 맛없는 풀을 왜 먹을까 하는 생각에 고개를 갸우뚱거렸다고 한다.

차를 마시는 습관은 1664년에 영국동인도회사가 찰스 2세에게 차를 바치면서 귀족들 사이에서 유행하기 시작했다. 런던의 사교계에서 차를 마시는 일이 잦아졌고, 부유한 상인들은 자택의 제일 좋은 방을 사람들이 모여 차를 마시는 곳으로 꾸미기도 했다.[3] 동인도회사는 늘어나는 차의 수요를 맞추기 위해 1684년부터 매년 선박을 보내 차의 공급을 유지했다. 1706년에는 토머스 트와이닝Thomas Twining이 최초로 런던 중심가에 찻집을 열었다. 이 집은 지금까지도 같은 장소에서 영업하고 있으며, 그의 이름은 국제

---

3 17세기 푸지엔에서 현지 방언으로 차를 '테'라 부르는 것을 본 프랑스 상인이 본국에 'teh'라고 소개했고, 이것을 영국에서 tea라고 불렀다고 알려져 있다. Coates, *Macao and the British, 1637-1842*, p.8.

적인 상표로 통용되고 있다.[4] 영국에서 차의 유행은 악명 높은 수질水質과도
관계가 있다. 물이 너무 더러워서 그냥 마실 수 없었기 때문에 집에서 맥주
나 에일Ale을 만들어 마셨지만 쉽게 상해서 오래 보관하기 어려웠다. 반면
에 차는 오래 보관할 수 있었고, 끓인 물에 넣어 마시기 때문에 설사와 복통
을 예방할 수 있었다. 18세기 초반에 차는 영국의 국민음료가 되었고, 산업
혁명으로 수입이 늘어난 노동자 계층도 차의 소비자로 등장했다. 예전에는
아침을 먹을 때 맥주를 마셨지만 이제는 차를 곁들인 식사가 보편화되었다.
이런 추세는 영국동인도회사의 수입품 비율에서도 나타났다. 18세기 초에
는 비단 제품이 제일 많아서 수입액의 45%를 차지한 반면, 차는 25%에 지
나지 않았다. 그러나 18세기 후반이 되면 차가 82%를 차지하고 비단 제품
은 14%를 차지했다.[5]

　당시 영국에 수입된 차는 흑차黑茶(black tea)와 녹차綠茶(green tea) 두 종류
였다. 흑차는 푸지엔 지역에서 생산했고, 녹차는 푸지엔보다 북쪽에 있는
쟝시江西(장시), 저쟝, 안훼이安徽 등지에서 생산했다. 차의 생산은 3월 말에
첫 잎을 따면서 시작된다. 첫 잎을 따서 가공한 밍치엔明前의 등급이 제일
높았다. 그리고 5월 중순에 두 번째, 7월에 세 번째 잎을 따고, 8월에 네 번
째 잎을 땄다. 다섯 번째 잎은 따 봤자 상품가치가 없었다. 찻잎은 여러 차
례 찌고 말리는 공정을 거친 후 육로와 운하를 통해 도시로 운반되었다. 광
조우에는 생산지가 가까운 흑차가 먼저 도착했고 녹차는 늦게 도착했다. 이
른 봄에 수확한 차는 빠르면 10월에, 대부분은 11월부터 이듬해 1월까지,
가장 늦은 수확분은 이듬해 3월에나 광조우에 도착했다.

　영국은 흑차를 더 많이 수입했는데 그것은 취향보다는 수송 조건 때문이

4 널리 알려진 또 다른 브랜드로 립톤 차Lipton Tea가 있다. 1860년대에 인도의 데칸고원과
　실론Ceylon에서 차 재배가 시작된 후 립톤이 대규모 주문을 통해 박리다매한 상품이었다.
5 廖声丰, 「鸦片战争前的粤海关」, p.52.

었다. 범선은 바람 방향에 따라 항해일정이 정해지기 때문에 유럽에서 중국으로 갈 때는 여름 전에 중국 해역에 들어서야 했고, 돌아갈 때는 겨울이 되기 전에 출항해야 했다. 그런데 햇차는 아무리 빨라도 10월에나 광조우에 도착하기 때문에 가을에 출항하는 배에는 1년 묵은 차를 선적할 수밖에 없었다. 다시 말해 햇차를 산지에서 운반해 배에 선적하기까지는 1년 반이 걸렸고 또 영국으로의 항해는 아무리 빨라도 6개월, 재수 없으면 훨씬 더 걸렸으므로 금년 가을에 출항한 배가 싣고 간 차는 이듬해 봄이나 여름에 도착해서 하역과 경매 절차를 거쳐 최종 소비자에게 팔렸다. 결국 중국에서 생산된 차를 영국의 소비자가 마시기까지는 3년이 걸렸다. 기후 조건도 중요했다. 영국으로 향하는 배는 싱가포르 근처에서 적도를 넘어 남하한 후 희망봉을 지나서 다시 적도를 넘어 북상해야 했기 때문에 도착할 때면 모든 화물이 소금기를 머금은 바닷바람에 절어 있었다. 흑차는 여러 단계의 가공 공정을 거쳤기 때문에 긴 항해를 버텼지만 녹차는 변질되는 경우가 많았다.[6]

영국에서 차는 동인도회사가 독점적으로 수입했다. 회사의 기본 임무는 영국 상품을 아시아에서 팔고, 아시아 상품을 수입해서 유럽에서 팔아 이익을 남기는 것이었지만 산업혁명 이전에는 영국이 아시아에 팔 상품이 별로 없었고, 회사는 주로 수입에 의존했다. 회사는 인도의 아마와 면화를 가공한 리넨과 모슬린을 수입해서 큰 수익을 냈다. 동남아시아의 향료도 중요한 수입품이었다. 그러나 차가 보급된 후 이런 상품들은 뒷전으로 밀려났다. 18세기 초부터 회사의 이익은 대부분 차 무역에서 창출되었다. 회사는 수입한 차를 네덜란드, 그리스, 러시아로 재수출하기도 했지만 영국의 소비량에 비하면 아무것도 아니었다. 영국의 연간 차 수입량은 유럽의 다른 국가들이 수입한 총량보다 더 많았다. 대박의 기회임을 파악한 회사는 의회와

6 Fay, *The Opium War, 1840~1842*, p.18.

내각을 상대로 로비를 벌여 중국 무역 독점권을 국왕에게 청원했다. 인도와 중국 사이의 무역을 회사가 독점하고, 모든 상품을 회사 소속 선박으로 수송해야 하며, 영국인의 중국에서의 거래도 모두 회사를 통해야 한다는 내용이었다. 국왕은 내각에 검토를 요청했고, 내각이 의견을 붙여 의회에 보내 하원과 상원의 비준을 거쳤다. 이 청원이 1753년에 통과되자 회사는 당시 지구상에서 가장 큰 이권을 확보했다.

독점권 청원의 통과 배후에는 다양한 이해관계가 깔려 있었다. 의원들 중에 투자자가 많았기 때문에 회사가 더 많은 이윤을 거둘 기회를 막을 이유가 없었다. 가장 중요한 것은 내각의 의견이었다. 내각은 사회 안정과 세수稅收 확대라는 두 가지 측면에서 이 청원에 호의적이었다. 차 가격이 오르면 폭동을 우려해야 할 정도가 되었기 때문에 차의 원활한 공급과 가격 안정은 사회질서 유지 차원에서 대단히 중요했다. 따라서 차 무역을 군소 사업자에게 맡기기에는 위험 부담이 컸다. 자본이 부족한 회사들이 정기적으로 배를 보내지 못해 수입량이 들쭉날쭉해지면 가격이 널뛰기할 가능성이 있고, 투기세력이 개입해서 가격을 조작하면 통제할 방법이 없었다. 독점권은 그런 위험을 예방할 수 있는 길이었다. 그렇지만 더 중요한 고려 사항은 재정 문제였다. 수입량이 늘어나면서 차라는 단일품목에서 발생하는 관세가 상당했다. 내각으로서는 이런 재정 수입을 안정적으로 확보하는 동시에 세금 탈루 가능성을 방지할 필요가 있었다. 독점권 부여는 이 두 가지 목표를 달성할 수 있는 길이었다.

그렇지만 독점권 부여는 무역수지 적자라는 문제를 발생시켰다. 18세기 중반 영국은 아직 세계 무역에서 우위에 있지 못했다. 영국은 은광이 없어 차를 수입하는 데 필요한 은을 스페인으로부터 수입해야 했지만 스페인에 팔 것은 별로 없었다. 반면에 내각과 의회는 기업주들로부터 상품 수출을 위한 시장 개척의 압력을 강하게 받고 있었다. 의회와 내각은 한편으로는 차 수입으로 발생하는 달콤한 이익의 유혹은 버리지 못하면서 다른 한편으로는 수출시장 개척이라는 골치 아픈 문제를 해결해야 했고, 결국 두 사안을 결부시켜 절충안을 만들었다. 청원을 통과시킬 때 회사가 1년분의 재고를 항상 확보하고 있어야 한다는 조항을 첨부했다. 이것은 안정적 공급의 책임을 부담시켜 경쟁자들의 반발을 무마하려는 의도였다. 또 아시아로 출항하는 모든 선박은 영국의 공산품을 의무적으로 싣고 나가야 한다는 규정도 덧붙였다. 그것은 영국과 중국의 상품을 물물교환해서 결제에 필요한 은을 줄여 보려는 희망을 담은 조치였다. 이 희망은 실현되지 못했다. 회사가 차를 수입하면서 수출품으로 상쇄한 비중은 기껏해야 1/3밖에 되지 않았고, 나머지는 모두 은으로 결제해야 했다. 그렇지만 그것은 중요한 시발점이었다. 이 조치로 선박들이 영국에서 대량 생산된 면직물을 인도에 내려놓고 중국의 차를 싣고 귀국하는 무역이 시작되어, 뒷날 차-면직물-아편의 삼각무역 체제를 형성하는 토대가 되었다.

사실 독점권의 최대 수혜자는 회사가 아니라 정부였다. 자극적 물질은 소비자가 중독되면 공급자의 횡포에 저항할 수 없는 불평등 구조를 낳는데, 차도 예외가 아니었다. 동인도회사는 독점권에도 불구하고 정부의 가격 통제 때문에 이익을 극대화하지 못했다. 반면 정부는 세율이라는 칼을 휘둘러 이익을 차지했다. 정부는 자주 관세를 인상했고, 그 비용은 고스란히 소비자에게 전가됐다. 국내에서 관세 인상의 여력이 소진되자 식민지로 재수출하는 차에 혹독한 관세를 부과해서 국내에서 못 거두는 만큼을 메꿨다. 식민지에 대한 혹독한 징세와 압제를 상징하는 차 수출은 1773년 보스턴 차 사건Boston Tea Party을 야기했다. 1750년대에 차의 관세 수입이 연간 정부 예산의 6%를 차지할 정도였다. 정부는 1784년에 차의 관세를 대폭 내렸지만 워낙 수요가 많았기 때문에 여전히 막대한 재정 수입을 유지했다. 1820년대에 들어서면 차의 관세가 연간 예산의 10%를 차지했는데, 그 액수는 세계 최강의 해군력 유지를 위한 연간 예산의 절반을 차지했다. 이 시기 영국의 모든 개인은 ─갓난아기까지 포함해서─ 매년 400잔에 해당되는 1킬로그램의 차를 소비했다. 철강과 석유가 무역시장에 등장하기 이전인 18세기 말에 차는 단일품목으로는 전 세계적으로 가장 비중이 큰 상품이어서, 연간 결제액이 거의 1,000만 파운드, 미국 화폐로 3,000만 달러를 넘어섰다(지금 가치로 환산하면 6억 달러를 훨씬 넘어선다.). 이 막대한 액수가 은으로 결제되었기 때문에 영국 정부는 중국이 은을 빨아들인다는 위기감에 빠져 탈출구를 찾고 있었다. 결국 18세기 말에 아편이 한쪽에서는 구세주로, 다른 한쪽에서는 악마로 등장하면서 세계의 경제 지도를 바꾸는 역할을 했다.[7]

중국인의 아편

아편은 2년생 초본식물인 양귀비papaver somniferum에서 추출한다. 담배와 코카가 신대륙에서 구대륙으로 넘어간 반면, 아편은 구대륙이 원산지로 알려져 있다. 양귀비의 원산지에 관해서는 여러 가지 추측이 있다. 중부 유럽에서 발견되어 그리스, 사이프러스, 이집트로 퍼져 나갔다는 설이 있고, 반대로 이집트에서 재배가 시작되어 그리스와 소아시아로 퍼졌다는 설도 있다. 오래전부터 양귀비는 영양분이 풍부해서 줄기를 먹고 씨에서 기름을 짜는 식물이었다. 또 양귀비에서 얻은 아편은 불안, 권태, 만성피로, 통증, 불면증, 설사와 복통 등의 질병을 치료하는 약물로 알려졌다. 그리스와 로마에서는 아편을 위장약으로 사용했고, 마르쿠스 아우렐리우스Marcus

---

7 Courtwright, *Forces of habit*, pp.22~24; Janin, *The India-China Opium Trade in the Nineteenth Century*, pp.173~175.

Aurelius(재위 161~180)황제는 잠자기 전에 습관적으로 아편을 복용했다고 전해진다. 죽음의 문턱에서 고통에 시달리던 사람들이 아편 덩어리를 삼키고 편안하게 생을 마감하는 일도 많았다고 한다.[8]

아편은 양귀비를 조심스럽게 키워 적당한 시기에 사람 손으로 얻어 내야 하는 물질이다. 양귀비 재배는 비옥한 토양에서 습기를 적절히 조절하고 거름을 자주 주는 등의 전문기술을 필요로 한다. 양귀비는 겨울작물이어서 가을에 다른 작물을 거두어들인 땅에 심는다. 봄이 오면 꽃이 피었다가 떨어진 후 씨를 맺는다. 씨는 두툼한 껍질에 싸여 영그는데, 아편 원료는 씨가 완전히 영글기 전에 채취한다. 씨를 둘러싼 껍질에 칼집을 내고 살짝 짜면 하얀 즙이 흘러나와 얼마 후 끈적거리는 검은 덩어리로 변한다. 아침나절에 칼집을 내서 즙이 흘러나오게 하고 오후에 검은 색으로 굳은 덩어리를 거두어들이는 것이 아편 채취 방법이며, 거두어들인 덩어리가 생아편이다. 생아편을 얻는 작업은 숙련된 기술과 장시간의 노동을 필요로 한다. 칼집을 너무 깊이 내서는 안 되며, 한 번 칼집을 내서 얻는 양이 0.5그램 미만이다. 손가락에 잡힐 만한 10그램 정도 덩어리를 얻으려면 20회 이상 조심스럽게 칼집을 내야 한다. 생아편은 몇 차례 반복되는 건조 과정을 거쳐 딱딱한 덩어리의 아편으로 탄생한다. 이 가공 과정도 상당히 신경을 써야 한다. 그냥 햇볕에 말리는 게 아니라 주기적으로 뒤집어 주고 비에 젖지 않게 해야 한다. 양귀비를 재배해서 아편을 생산하기까지 워낙 품이 많이 들기 때문에 시장이 커지기 전에는 경작자가 드물었다. 식용작물을 추수한 후 부수적인 환금작물로 양귀비를 재배할 뿐이어서 아편은 희귀하고 제한적으로 유통되는 값비싼 약물이었다.

양귀비가 중국에 들어온 것은 7세기경으로 추측되며, 8세기부터 쓰촨四川

---

8 Courtwright, *Forces of habit*, pp.31~32.

에서 재배가 시작되어 윈난雲南으로 퍼졌다고 한다. 이 시기 양귀비는 아푸롱阿芙蓉이라 불렀고, 10세기 이후에는 이질, 일사병, 감기, 천식과 통증의 치료에 도움이 되는 미낭화米囊花, 잉쑤罌粟라는 약초로 알려졌다. 쓰촨 출신 관료이자 시인 궈전郭震(656~713)과 융타오雍陶(805~?)가 미낭화의 아름다움을 언급한 시구詩句를 남겼고, 쑤스蘇軾(1037~1101)도 "아이들이 잉쑤로 죽을 끓인다."는 말을 남겼다. 12~16세기의 의약서에서도 잉쑤가 약초로 언급된 것을 볼 수 있다.[9] 양귀비에서 추출한 아편은 15세기 말엽부터 약품으로 취급되었다.

서역西域과 바다 건너 몇몇 나라들은 허푸롱合甫融이라는 약을 생산하는데, 이것이 우리 중국에서 아편이라 부르는 것이다. 모양은 몰약沒藥(myrrha)처럼 생겼는데 진한 노란색이고, 아교처럼 끈적끈적하다. 맛은 쓰고, 과도하게 열을 올리며 독성이 있다. 주로 남성의 양기를 보충하고 정액을 강하게 하고 정력을 되찾는 데 쓰인다. 이는 연금술 및 (남자의) 성적 능력, 궁녀들의 (성행위) 기술을 향상시킨다. 또 만성설사를 치료하는 데 도움이 된다. 대개는 3회 복용으로도 충분하다. 남용하면 악성 신열, 부종, 심한 피부 궤양을 일으키게 된다. 이는 또한 심장 관련 질병을 치료하는 데도 도움이 된다. 성화 계묘년에 중관인 중궤이中貴를 시켜 하이난海南, 푸지엔, 저장, 쓰촨과 서역에 가까운 산시陝西에 가서 그것을 사오도록 했다. 가격은 금과 같다.[10]

이 기록이 출현한 시기에 아편은 동남 해안 지역과 서북 변방에서나 구할

---

9 이 언급은 『전당시全唐詩』와 『소식시집蘇軾詩集』에 있는데 여기에서는 Zheng, *The Social Life of Opium in China*, p.11에서 재인용했다.

10 徐伯齡, 『蟬精雋』16冊(清文淵閣四庫全書本), 14~15쪽. 이 구절은 Zheng, *The Social Life of Opium in China*, p.11의 번역본에서 부분 수정해 재인용했다. 성화 계묘년은 1483년이다.

수 있는 수입품이었으며, 황실에서조차 관리를 멀리 파견해서 구해 오는 특별하고도 희귀한 약물이었다. 그 이후로도 아편은 여러 의약서에서 질병 치료제인 동시에 정력보강제로 언급되었다. 리스쩐李時珍(1518~1593)의 『본초강목本草綱目』에서도 아편이 정력제로 언급되는 점은 15세기 이래 이런 인식이 굳어졌음을 가리킨다. 16세기에 아편은 남방에서 수입되는 향香의 한 가지로 분류되면서 우샹烏香으로 불렸다.

당시 아편은 여러 경로로 들어왔다. 윈난과 쓰촨의 재배 규모는 알려진 바 없으며, 상품으로서의 아편이 반입되었다는 기록도 18세기 이전에는 거의 보이지 않는다. 신장新疆(신장)의 국경선 부근에서 아편을 거래해서 조정이 관리를 파견해 아편을 구해 왔다는 기록이 있다. 또 동남아시아를 왕래하는 상인들이 소량의 아편을 들여와서 푸조우, 광조우 등지에서 팔았다고 했다. 조정은 동남아시아에서 들어오는 조공품에 포함된 아편을 안정적으로 공급받았다. 『대명회전大明會典』에는 1371년에 시암, 1372년에 자바, 1408년에 인도의 벵골에서 들여온 조공품에 아편이 포함되었다는 기록이 있다.[11] 그래서 이역의 진기한 약물이며 고가의 자극제인 아편에 가장 많이 노출된 것은 황제를 비롯한 환관, 궁녀 등이었으며, 궁정 밖에서는 부유한 고관들이었다는 추리가 가능하다.

명대明代의 황제들이 자극적 쾌락에 탐닉했다는 의심은 20세기 초부터 있었다. 앞에서 인용한 아편을 구하기 위해 관리를 파견했던 이야기는 청화황제成化帝(憲宗, 재위 1464~1487) 시기의 기록으로, 그는 각종 방중술에 탐닉했고 환관에게 춘약春藥과 춘화春畵를 구해 오도록 했다고 알려져 있다. 완리황제萬曆帝(神宗)의 사례는 더 노골적이었다. 그는 아홉 살이던 1572년에 즉위해서 1620년까지 48년간 재위에 있었지만, 1589년부터 1615년까지 20여

11 Zheng, *The Social Life of Opium in China*, p.16.

년간 공개 석상에 모습을 드러내지 않았던 인물이다. 기록에 의하면 그는 평생 어지럼증, 설사, 일사병에 시달렸다고 하며, 20세기 초에는 그의 은둔이 아편과 관련되어 있다는 의심이 제기되었다. 1917년에 레이진雷瑨은 『문예잡지文藝雜誌』에 연재한 『용성한화蓉城閒話』에서 그의 은둔이 '이것' 때문이었을지도 모른다고 기술했다.[12] 1997년에 중국 정부는 1958년에 고고학자들이 완리황제의 능을 발굴했을 때 나온 뼈에서 모르핀이 검출되었다는 사실을 공개했다. 결론은 치료 목적으로만 복용했다면 그만한 양의 모르핀이 검출될 수 없기 때문에 그가 아편 중독자였을 가능성이 크다는 것이다.[13] 이 발표를 믿는다면 아편 중독의 역사가 600년 이상이 되는 셈이다.

아편은 유럽인들이 퍼뜨린 자극적 물질 중 후발 주자였다. 유럽인의 동방 진출 이전에 아라비아 상인들이 자바에 아편을 싣고 간 일이 있었지만 토후들의 반대에 부딪혀 상품화에는 성공하지 못했다. 16세기에 포르투갈과 스페인 선단의 출현 후에 자극적 물질이 퍼져 나갔다. 스페인이 마닐라를 건설한 후 아메리카 대륙의 담배가 급속하게 중국 전역에 퍼져 사회계층을 불문하고 많은 사람을 사로잡았다. 아편의 상품 가치를 처음 인식한 것은 포르투갈 상인들이었다.[14] 인도 서부의 고아에 무역기지를 건설한 포르투갈 상인들이 말와Malwa 지역의 아편을 동남아시아 지역으로 수출했다(그림 5–1 참조). 당시에는 아직 주력 상품이 아니어서 물량이 적었지만 18세기 초 네덜란드의 바타비아 건설 후에는 상황이 달라졌다. 커피와 사탕수수 플랜테이션 농장을 세우려던 네덜란드동인도회사는 토지를 내놓기를 거부하는 원주민의 저항에 부딪히자 터키에서 들여온 아편을 전략 상품으로 활용했다. 회사는 토후에게 줄 토지 임대료를 절반은 현금으로, 나머지 절반은 아편으

12 齊思和·林樹惠·壽紀瑜, 『鴉片戰爭』 1册, 314쪽.
13 王宏斌, 『禁毒史鑒』, 15쪽: Zheng, *The Social Life of Opium in China*, p.18.
14 Trocki, *Opium, Empire and Global Political Economy*, pp.24~25.

로 지불했고, 토후들은 아편을 주민에게 팔거나 외국 상인들에게 되팔아 현금을 챙겼다. 그 결과 아편에 맛을 들여 토지를 양도하는 사람이 늘어나서 회사는 목적을 달성했다. 회사는 또 다른 아편시장을 발견했다. 그것은 17세기 말엽 말레이반도에서 자바에 이르는 지역 곳곳에 형성된 중국인 사회였다. 자세한 통계는 없지만 1740년에 바타비아의 중국인들이 반란을 일으켰다가 학살당한 인원이 1만 명 이상이라는 기록을 보면 그 규모를 짐작할 수 있다. 회사가 중국인 노동자의 노임 일부를 아편으로 지불했고, 많은 사람들이 아편의 유혹에 빠져 노임으로 아편을 사고, 아편을 더 사기 위해 고된 노동을 계속하는 악순환에 빠져들었다. 회사는 교활하게 행동했다. 회사는 아편의 도매를 맡았을 뿐 소매는 현지의 중국 상인들에게 맡겼다. 그결과 중국 상인들이 인도네시아, 시암, 캄보디아, 말레이반도의 아편 유통망을 장악했다. 광둥과 푸지엔 출신 상인들은 본국을 왕래할 때 아편을 반입했다. 그래서 규모는 작아도 유럽 상인들이 본격적으로 아편을 퍼뜨리기 이전인 18세기 중반에 동남아시아와 중국 남부 지역을 잇는 중국인 사회에서는 이미 아편 유통망이 가동되고 있었다.

상품으로 아편을 중국에 들여온 첫 유럽인은 포르투갈 상인이었다. 17세기 초에 포르투갈 상인들이 황실에 아편을 선물로 바쳤고, 마카오에도 인도 아편이 들어왔다고 한다. 네덜란드동인도회사도 중국에 아편을 들여왔다. 그런데 1720년대까지만 해도 해외의 중국인이나 유럽 상인들이 들여온 아편은 합법적인 상품이었다. 상인들은 수입품목에 아편을 기재했고, 해관은 의약품으로 간주해서 세금을 부과했다. 이 시기의 아편 물량은 그야말로 미미했다.

18세기 중반이 되면 규모는 작아도 아편은 세계적으로 유통되는 상품이 되었다. 터키와 인도의 아편이 유럽과 아시아 양쪽으로 퍼져 나갔다. 아편을 소비하는 방식은 지역에 따라 달랐다. 유럽인들은 아편을 잘게 빻아서 술이나 물에 타서 마시다가, 1808년에 아편에서 모르피아morphia를 추출하는 기술이 발명되자 로데넘laudanum, 코디얼cordial(알코올음료의 일종) 시럽 등으로 만들어 복용했다. 인도에서는 아크바리akbari라 부르는 아편 덩어리를 잘게 쪼개서 씹어 먹는 것이 일상적이었지만, 동쪽의 버마(지금의 미얀마)와 캄보디아, 베트남에서는 아편을 담배와 섞어 피우는 습속이 생겨 자바에까지 퍼져 나갔다. 생아편 덩어리를 가열해서 걸쭉한 장으로 만들어 담배와 섞은 후 파이프로 피웠는데 이것을 마닥madak이라 불렀다. 사람들은 아크바리를 씹으면 쓴맛이 남지만 마닥을 피우면 입에 향기가 남는다고 여겼다. 이 방식은 동남아시아의 중국인 사회를 거쳐 타이완에도 퍼졌다. 17세기 중반에 타이완에 온 관리들은 사람들이 모여서 함께 마닥을 피우는 모습을 목격했으며, 타이완에 주둔했던 병사들이 이 습속을 푸지엔 지역으로 퍼뜨렸다고 했다. 마닥이 소개되기 전에 중국인들이 어떤 방식으로 아편을 소비했는지는 분명하지 않다. 환약으로 만들거나 탕약을 끓여 복용했을 가능성이 크지만 구체적인 기록은 남아 있지 않다. 그런데 마닥이 들어온 지 얼마 되지 않아 중국에서는 담배를 섞지 않고 아편을 피우는 방식이 생겼다. 조그만 종지에 아편 덩어리를 담고 밑에서 등불로 가열해 모락모락 피어오르는 증기를 파이프로 흡입하는 방식이었다. 이렇게 하면 덩어리를 삼키거나 담배와 섞어 피울 때보다 빨아들이는 증기에 함유된 모르핀 성분이 순식간에 혈관을 통해 전신으로 퍼지면서 환각효과가 금방 나타나서 오래 지속되고 중독성도 훨씬 강했다. 흡연 방식의 변화 이유는 분명하지 않다. 성적 흥분제로 사용했다는 설이 있고, 조정에서 담배를 금지했기 때문에 아편만 피우게 되었다는 설도 있으며, 심지어 담배 없이 아편을 피우는 것이 사회적 지위의 상징이었다는 설도 있다.[15]

새로운 흡연 방식은 아편 확산을 가속화시키는 동시에 다양한 사회적 변

15 Dikotter, et. al., *Narcotic Culture*, pp.16~23.

화를 가져왔다. 비싼 아편은 담배에 비해 사치스러운 기호품으로 상류층에서 선호하는 품목이 되었다. 아편 흡연은 우월한 신분의 상징이었으며, 개인적 취향이 아니라 사교 행위의 한 부분이 되어 여러 가지 연관되는 변화를 일으켰다. 사회적 행위로서 기호품을 선택할 때 등급을 따지는 것은 자연스러운 일이어서 흡연자들은 아편의 품질을 따졌고, 특히 중국 특유의 흡연 방식에 적합한 아편의 취향을 키워 갔다. 취향을 결정하는 기준은 가공 상태였다. 생아편을 건조시킨 아크바리는 가열해도 증기가 발생하지 않고 새까맣게 타버리기만 한다. 증기를 발생시키려면 아편 덩어리를 장醬으로 만들어야 했다. 생아편 덩어리를 물에 넣고 끓여 걸러 낸 다음 다시 끓이는 과정을 몇 차례 반복하면 마지막에는 당밀糖蜜처럼 진한 장이 남는다. 이렇게 만들어진 장은 습기를 머금고 있어서 가열하면 증기가 많이 나온다. 아편 흡연에 길들여진 소비자들은 이렇게 가공된 상품을 주로 찾았다. 생산지에 따라 모르핀 함량에 차이가 있어서 다른 맛을 냈고, 같은 곳에서 생산된 아편이라도 가공 상태에 따라 맛이 달랐다고 한다.

아편은 혼자 피우지 않았다. 지금의 마약사범들도 집단 투약 사례가 많은 것처럼 아편 흡연도 집단행동의 성격이 있어서 종지 하나를 가운데 놓고 두 사람 이상이 교대로 증기를 들이마시는 것이 일반적이었다. 주인이 부인이나 첩과 함께, 아니면 친구나 손님과 함께 피웠고, 여러 사람이 둘러앉아 피우는 일도 많았다. 아편 흡연은 함께 즐길 사람을 필요로 하는 사회적 행위였고, 여럿이 둘러앉아 차를 마시거나 음식을 차려 놓고 술을 마시는 것과 마찬가지인 예절이었다. 여기에서 얼마나 좋은 흡연 도구를 사용하는가에 대한 경쟁이 생겼다. 사치스러운 도구를 구하려는 경쟁이 벌어졌고, 그 사치스러움에 대한 선망과 질투가 뒤따랐다. 아편 종지와 등잔의 품질, 파이프의 화려함이 모두 경쟁 대상이었다. 종지와 등잔은 색깔과 세공이 세련된 자기瓷器여야 했고, 파이프도 대나무 담뱃대가 아니라 정교하게 조각된 상아 파이프라야 했다. 파이프의 양쪽 끝, 그러니까 증기를 빨아들이는 구 멍 쪽과 입에 대는 쪽에 어떤 장식을 붙이는가도 중요했다. 금이나 은으로 장식하기도 하고 파이프 중간에 보석을 박기도 했다. 아편 흡연은 환각을 느끼기 위한 행위에 그치지 않고, 화려한 도구와 취향을 같이하는 사람 사 이에서 행해지는 예절이 가미되어 고급문화를 대표하는 습속이 되었다. 그 래서 아편 흡연은 새로운 산업을 발생시켰다. 아편의 운반, 가공, 유통 및 판매, 그리고 흡연 도구의 생산과 유통 및 판매를 연결하는 네트워크가 만 들어졌다. 18세기가 끝나갈 무렵 중국의 동남 연안 지역에서는 많은 사람 이 아편으로 돈을 벌거나 먹고 살았다.

조정은 일찍부터 아편을 경계했다. 17세기 말엽부터 아편이 쾌락의 상품 으로 알려지자 1729년에 황제가 아편을 금지하는 칙령을 반포했다. 금령禁 令은 느슨해서 아편 반입을 무조건 금지하는 게 아니라 의약품으로 들여왔 다고 하면 관세를 부과하고 통과시켰다. 이즈음 아편은 주로 네덜란드 상인 들이 반입했지만 물량은 많지 않았다. 네덜란드동인도회사의 기록을 보면, 1738년에서 1745년 사이에 취급한 아편 중에서 인도네시아로 운반된 물량 이 80톤이었으나 중국으로 보낸 물량은 12톤밖에 되지 않았다.[16] 느슨한 금 령은 효과가 없었고, 아편은 계속 퍼져 나갔다. 흡연자의 상당수가 금령 시 행의 당사자여서 적발된다 해도 잡아넣기 곤란한 사람들이었다. 금령은 오 히려 호기심을 부추겨 흡연을 확산시키고 지하경제를 조장하는 역할을 했 다. 운송과 유통에 위험요소가 커져서 가격이 오르자 아편은 더욱 비싼 사 치품이 되었고, 흡연 도구도 갈수록 고급화되었다. 18세기 후반까지만 해 도 아편은 대중적 기호품이 아니어서 확산 속도가 그리 빠르지 않았다. 황

---

16 Dikotter, et. al., *Narcotic Culture*, pp.33~34. 아편은 상자로 포장했고, 한 상자가 대략 75킬로그램 정도였으니 이 물량은 160상자에 해당된다.

제의 금령도 아편에 집중된 것이 아니라, 풍속을 해치는 여러 해악 중에 아편을 포함시킨 것이었다. 그렇지만 금령 반포 후 80년이 된 19세기 초에는 상황이 완전히 달라졌다. 아편 확산이 심각한 사회 문제가 되었고, 은의 유출로 국가적으로 통화 위기를 걱정할 지경에 이르렀다.

자극적 물질이라는 공통점을 지닌 차와 아편의 유통 방향은 정반대였지만 중국과 영국을 연결하는 대표적 상품이었다. 두 나라 상인들이 거래한 상품은 다양했지만 차와 아편은 압도적인 비중을 차지했다. 이 상품들의 장터가 유럽인을 대상으로 하는 제도를 갖춘 광조우 무역체제였다. 광조우 무역체제는 시기적으로 '자극의 혁명'이라는 역사적 과정의 한복판에 위치하고 있었다. 이 체제는 한쪽이 먼저 중독된 후 상대방을 중독에 빠뜨리는 무대였고, 자극제를 둘러싸고 동양과 서양이 벌인 갈등을 가장 대표적으로 연출한 무대이기도 했다.

광조우 무역체제

이익과 갈등

중국 동남 연안의 가장 남쪽에 자리 잡은 광조우는 오랑캐 무역에서 핵심 역할을 하는 항구였다. 중국 해역에 진출한 유럽인 대부분이 일찍부터 외국인의 왕래가 활발했던 광조우를 목적지로 삼았던 것은 당연한 일이었다. 해금 완화 후 사구통상이 일구통상으로 바뀌면서 이 항구는 중국이 세계를 향해 열어 놓은 유일한 무역창구이자 동서양 문명의 접촉점이 되었다. 그러나 광조우의 무역시장은 상인들이 이익을 노리고 뛰어들어 자연스레 형성된 것이 아니었다. 그것은 광조우 당국이 판을 깔고 상인을 끌어들인, 그래서 상인의 이익보다 지방 정부의 이익에 초점을 맞춘 체제였다. 월해관이 설계하고 이끌었던 광조우 무역체제는 광조우 당국과 상인, 유럽 상인들에게 이익을 거둘 기회를 제공했지만 동시에 동서 문명 사이의 갈등을 키우는 온상이 되었고, 뒷날 아편전쟁이 터지는 빌미를 제공했다.

광조우: 까다로운 항구

　광조우는 마카오와 홍콩Hong Kong[香港]을 잇는 선을 밑변으로 하는 삼각형의 안쪽 깊숙한 곳에 있는 항구이다. 홍콩과 마카오를 잇는 선[1]에서 안쪽의 바다를 광조우만이라고 부른다. 광조우만은 육지 쪽으로 갈수록 양쪽으로 좁아지다가, 후먼虎門이라는 곳에서 갈라져 있던 해안선이 하나로 합쳐진다(그림 3-1 참조).[2] 여기에서 바다가 끝나고 주珠강이 시작된다. 강줄기는 올라갈수록 폭이 점점 좁아지면서 양쪽으로 좁은 수로가 복잡하게 갈라진다. 후먼에서 시작된 수로를 따라 토우탄頭灘, 얼토우탄二頭灘(디얼탄第二灘, Second Bar)이라 부르는 삼각주를 지나면 황푸黃埔섬[3]에 이르는데 선박들은 여기에서 닻을 내렸다. 그 다음부터는 수심이 얕고 폭도 좁아서 큰 배가 다닐 수 없다. 여기에서 20킬로미터 떨어진 곳에 광조우가 있다. 그러니까 광조우는 탁 트인 바다를 바라보는 항구가 아니라 꼬불꼬불한 수로 안쪽에 숨어 있는 항구였다. 광조우는 마카오에서 120킬로미터 정도 떨어져 있어서 17~18세기에는 아무리 빨라도 이틀 이상 걸렸다. 선박을 움직이는 입장에서는 무척 까다로운 항구였지만 바다로부터의 접근을 경계하는 입장에서는 유리한 조건을 갖추고 있다.

　광조우는 오랜 역사를 지닌 도시이며, 동시에 정치와 행정, 문화, 상업에 대한 관심이 공존하는 곳이었다. 기원전 3세기에 진秦 왕조가 군郡을 설치

---

1 2018년 10월 24일에 이 밑변을 잇는 해상 연륙교가 개통되었다. 깡주아오港珠奧 대교라 불리는 이 교량은 홍콩과 마카오 중간에 조성된 인공섬 2개를 이용해 55킬로미터나 뻗어 있는데, 이 대교 덕분에 홍콩에서 주하이珠海까지 차량으로 30분이면 갈 수 있게 되었다.
2 포르투갈 사람들은 이곳을 Bocca Tigris라 불렀다.
3 지금은 도시가 된 이 섬은 국민당 정부 시절에 쟝지에스蔣介石 장군이 황포군관학교黃埔軍官學校를 세워 유명해진 곳이다.

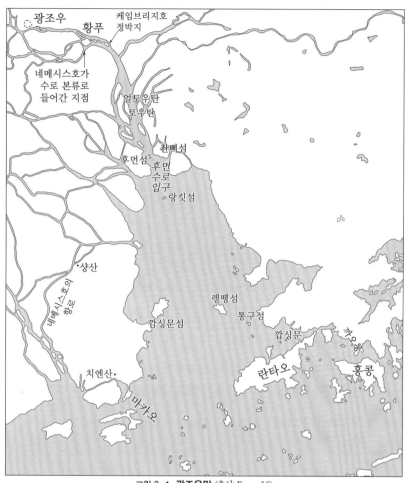

그림 3-1 광조우만 (출처: Fay, p.16)

해 중국의 행정구역으로 편입된 광조우는 진이 멸망한 후 잠시 남월국南越
國의 도읍지가 되었다.[4] 내성內城과 외성外城으로 이루어진 광조우는 17세기
중반에 인구가 50만 명을 넘었고, 주변의 여러 현縣의 인구를 합치면 150만
명이나 되었다.[5] 청 왕조 시절에 광조우는 중국 남부에서 가장 큰 도시로 광

---

4 지금 광조우시 중심부에 남월국 궁궐 유적지가 박물관으로 보존되어 있다.
5 Frank, *ReOrient*, p.109.

둥성과 광시성廣西省을 관할하는 양광총독의 관아가 있었고, 과거科擧 시험을 보는 공원貢院이 있어서 3년 주기로 광둥, 광시의 수험생 수만 명이 몰려오는 곳이었다.

광조우는 일찍부터 해상무역의 중심지로 성장했다. 8세기 이래로 해상무역이 번성했으며 많은 외국인이 거주했다고 한다. 『신당서新唐書』에 의하면, 9세기 말 황차오黃巢가 반란을 일으켰을 때(우리는 이 사건을 '황소의 난'으로 알고 있다.) 광조우에서 학살당한 이슬람교도, 유대인, 기독교도, 페르시아인이 12만 명에 달했다고 한다.[6] 이 숫자는 과장일 가능성이 크지만 많은 외국인이 거주했음을 알려 주는 증거이다. 해금 시절에도 조공선이 공식적으로 입항하는 항구여서 외국인의 발길은 끊이지 않았다. 이런 역사 덕분에 이 도시는 외국인에 대해 개방적이어서 유럽인 도래 이후에도 빨리 적응했다.

중국의 통치구조는 지방 정부의 책임자를 파견할 때 그 지역 출신을 배제하는 원칙이 있어서 파견된 관리들은 담당 지역의 사정에 어두웠다. 그들은 현지 중간 관리의 도움을 받아 임무를 수행했는데 광조우에는 조정에서 파견한 고위 관리가 4명이 있었다. 제일 위에는 양광총독이 있고, 그 밑에 광둥성의 행정을 담당하는 광동순무廣東巡撫, 월해관 감독이 있었다. 지역 방어와 치안을 담당하는 군대는 광동수군제독廣東水軍提督이 지휘했다. 양광총독은 행정과 사법을 총괄하는 권력자였지만 무역에 관한 결정권을 쥐고 관세를 거두는 월해관 감독도 세력이 매우 컸다. 거둬들인 관세의 대부분은 호부戶部로 갔고, 그중 일부가 공물비貢物費 명목으로 황제의 사금고인 내무부內務府로 갔기 때문에 이 자리는 항상 황제가 신임하는 인물이 차지했다. 그래서 월해관 감독은 가장 노른자위 벼슬로 꼽혔다. 3년의 임기 동안 중앙

---

6 陳高華·吳泰, 『宋元時期的海外貿易』, 16쪽; Schottenhammer, "China's Gate to the Indian Ocean: Iranian and Arab Long-Distance Traders", pp.135~136.

과 지방 정부의 재정, 황제의 사금고를 채우는 일을 하면서 자신의 주머니도 두둑하게 채울 수 있었으며, 이 자리를 차지했던 사람은 대부분 재임 기간에 큰 부자가 되어 광조우를 떠났다.

광조우 무역체제는 월해관, 꽁홍, 오랑캐의 삼각 구도를 통해 작동했다. 사회적으로 비천한 계급인 상인끼리 진행하는 교역을 월해관이 감독하는 위계질서를 중시하는 체제였다. 꽁홍은 무역질서 확립과 오랑캐 관리를 위한 다목적 조직이었다. 꽁홍을 구성하는 홍상은 반관반민半官半民의 신분을 누렸다. 상인이지만 명목상 삼품三品의 관직을 받아서 관복을 입고 가마를 탈 수 있었으며, 보통 사람들이 '나으리[관인官人]'라 불렀다.[7] 조직으로서의 꽁홍은 재력이 큰 홍상이 대표(총상總商)를 맡아 운영했다. 꽁홍은 단순한 상인조합이 아니라 월해관의 대리인이었고, 그래서 광조우 무역시장은 반관반민 체제로 작동했다.

홍상과 오랑캐의 거래는 광조우성廣州城 밖의 강변에 있는 특별구역에서 진행되었다. 이 구역의 홍로우*行路에 홍상의 점포가 늘어서 있었고, 이 길과 직각으로 만나는 썹쌈홍가이*十三行街에도 창고들이 있었다. 썹쌈홍가이 가운데에 있는 꽁쏘*公所라 부르는 큰 건물이 꽁홍의 사무처이자 홍상들의 회합 장소였다. 홍로우와 썹쌈홍가이에 둘러싸여 강변을 바라보는 구역에 건물 13동으로 이루어진 오랑캐의 거주지이자 사무처인 상관商館(factory)이 있었다(그림 3-2, 그림 8-2 참조). 상관은 17세기 말에 생겼다고 알려져 있다. 처음 들어온 사람은 프랑스 상인이었다. 자세한 기록은 없고 영국동인도회사가 1685년에 상관 설치를 위한 청원서를 제출할 때 프랑스 상인이 이미 주재하고 있었다는 이야기만 있다. 회사는 꼬박 3년을 기다린 끝에 허가를 받았다. 네덜란드동인도회사도 청원서를 제출하고 5년이나 기다려 1727년

7 이들은 洋貨行, 洋行으로도 불렀다.

에 승인을 받았다.[8] 외국인의 부동산 소유를 금지하는 규정 때문에 상관 건물은 오랑캐들이 토지를 임대해서 자신들의 돈으로 서양식 건물을 지었다. 17세기 말엽에 상관에 들어온 사람은 대부분 유럽 각국에서 설립한 동인도회사의 상인factor이었고, 선장과 선원은 황푸에 정박한 배에서 지냈다. 17세기 말에는 매년 정기적으로 선단을 보내는 회사가 드물어서 상관은 한산한 편이었다. 영국동인도회사도 처음 상관을 설치했을 때는 선단을 부정기적으로 보냈다. 선단이 매년 정기적으로 들어오기 시작한 것은 상관 설치 후 11년이 지나서였다.

유럽 선박은 입항해서 하역과 선적을 마치고 출항할 때까지 엄격한 절차를 거쳐야 했다. 이 절차는 월해관의 현장 관원과 꽁홍이 공동으로 관리했다. 광조우는 이런 절차를 적용할 천혜의 조건을 갖춘 곳이었다. 월해관은 광조우만이 강과 만나는 후면 수로에서부터 관할권을 행사했고, 마카오를 수로 진입 절차의 출발점으로 삼았다. 도착 선박은 마카오 앞에 닻을 내리고 입항 허가를 신청했다. 제일 처음 할 일은 통역사인 퉁스通事(linguist)에게 의뢰해 입항신청서를 작성하는 것이었다. 선박 이름과 소속 국가 및 회사, 화물의 종류와 수량, 선장과 상인의 이름, 선원 숫자, 대포와 포탄 숫자 등을 기재해서 마카오 외곽의 몽하*望厦(Mongha)라는 마을에 있는 월해관 출장소에 제출했다. 다음에는 퉁스가 꽁홍에 연락해 이 선박과 거래할 홍상을 알선했다. 오랑캐는 거래 상대인 홍상을 마음대로 선택할 수 없었고, 꽁홍에서 순번대로 돌아가면서 거래할 홍상을 지정했다. 지정된 홍상에게는 거래 권한과 동시에 보증을 서는 의무가 부여되었다. 보증서는 홍상과 선박 사이의 거래를 확인하며, 세금을 징수해서 당국에 바칠 것이고, 선원들의 행실을 잘 지도하겠다는 서약서였다. 출장소 관리들은 거래 상대 홍

8 Janin, *The India-China Opium Trade in the Nineteenth Century*, p.36.

상이 보낸 보증서를 받고 난 후 붉은 도장이 찍힌 홍파이紅牌, 즉 입항허가서를 발급했다. 홍파이를 받은 후 퉁스는 도선사인 인쉐이引水와 선박의 집사로 일할 마이빤買辦을 알선했다. 이런 절차가 모두 끝나면 배가 수로를 향해 출발했다.

광조우만에는 암초와 갯벌이 많았고 수로에 들어가면 물길이 더욱 까다로워서 인쉐이의 안내를 받아야 했다. 선장이 여러 번 왕래해서 물길을 잘 알아도 인쉐이 고용은 필수조건이었다. 인쉐이는 월해관에서 면허를 받은 사람들로 인원이 10명 정도밖에 안 되었다. 이 사람들은 주민들 사이에서 상당한 권력자였다. 그들은 혼자 일하는 게 아니라 조그만 배를 여러 척, 어떤 때는 10여 척을 고용했으므로 선박 한 척을 도선할 때마다 만들어 내는 일자리가 수백 개나 되었다. 이 배들은 하나 뿐인 돛을 펼치고 수십 명이 노를 저어 앞장서 움직였고, 인쉐이는 오랑캐 선박의 뱃머리에 서서 이 배들의 움직임을 지휘했다. 이 배들은 암초나 갯벌이 나타나면 그 자리에 서서 부표 노릇을 했고, 바람이 없을 때는 여러 척이 노를 저어 선박을 예인했다. 후먼에 도착하면 관원들이 승선해서 서류와 화물을 대조하고 세심하게 검사한 후 홍파이에 큼직한 도장을 찍은 후 하급 관원 두 사람을 승선시켜 수로 안으로 들어가도록 했다. 이 관원들은 중간에 몰래 물건을 싣거나 내리지 않는지를 감시했다. 수로를 따라 움직이는 동안 여러 초소를 통과하는데 매번 관원이 승선해서 서류와 화물을 거듭 점검했다. 황푸에 도착하면 승선했던 관원들이 내리는 대신 작은 배 2척이 좌우에서 계속 감시했고 월해관 관리가 승선해서 세금 액수를 산출했다. 다음에는 거래 상대인 홍상이 보낸 거룻배杉板(유럽인들은 chop-boat라고 불렀다.)가 다가와 화물을 옮겨 싣고 상관으로 향했다. 유럽 선박 한 척이 도착하면 거룻배 수십 척이 동원되었다. 상관에서는 도착 화물을 창고에 보관했다가 홍상에게 넘기고 홍상이 중개한 수출 상품을 받았다. 출항할 때도 같은 절차가 반복되었다. 홍상의 거

롯배로 수출 상품을 황푸의 선박에 싣고 통스, 인쉐이, 마이빤이 승선해서
후먼으로 향한다. 후먼에서는 역시 서류와 화물을 대조한다. 후먼에서 수
로를 빠져나온 후 마카오로 가서 몽하의 월해관 출장소에서 출항 허가를 받
는다. 이 모든 절차가 끝나면 입항할 때 받았던 홍파이는 붉은 도장 수십 개
로 뒤덮여서 여백이 거의 없을 정도였다.

　이 절차의 핵심은 관세 징수였다. 관세에는 여러 항목이 있지만 제일 중
요한 것이 중량세tonnage[噸稅]였다. 이것은 선박의 길이에 폭을 곱한 후 10
으로 나누어 중량을 산출한 후 톤당 정해진 세금을 곱해 산출했다. 중량세
를 산출한 후에는 각종 부가세가 붙었고, 일부 항목은 할인을 해 줬다. 오
랑캐 선박은 크기에 따라 세 등급으로 나눴는데, 등급에 따라 톤당 세율이
달랐다. 예를 들어, 1730년대에 입항한 네덜란드동인도회사의 선박은 넓
이가 22.7장丈, 길이가 67.99장이었다. 이 배는 2등급이어서 1톤의 세금
이 7.143냥이었다. 이에 따라 중량세를 1,102.431냥으로 산출하고, 여기
에 부가세가 붙은 최종 세액은 다음과 같았다.[9]

관세 내역	금액(냥)
① 중량세	1,102.431
② 황제의 특별 할인(20%)	- 220.486
③ 소계 1(①-②)	881.945
④ 해관 수수료(10%)	+ 88.194
⑤ 소계 2(③+④)	970.139
⑥ 은괴 순도조절 비용(7%)	+ 67.909
⑦ 해관 관원 수고비 (③의 2%)	+ 17.638
⑧ 산출세액(⑤+⑥+⑦)	1,055.666
⑨ 황제 공물 비용	+ 1,950.000
⑩ 최종 세액(⑧+⑨)	3,005.686

9 Van Dyke, *The Canton Trade*, p.27.

여기에서 해관수수료, 은괴銀塊 순도 조절 비용, 수고비 등은 공식적인 팁으로 액수가 크지 않다. 그런데 그 다음 황제와 관련된 항목은 액수도 크고 재미있다. 중량세의 20%를 할인해 주면서 특혜를 베푸는 것 같지만 그 다음에는 공물 비용으로 산출세액의 두 배 가까이 징수하기 때문이다. 결과적으로 최종 세액이 애초 중량세의 300%까지 늘어난, 그야말로 약간 주고 뭉텅 뺏는 제도였다. 이런 정책은 대형 선박에 유리한 반면, 소형 선박에는 불리했다. 폴 반 다이크Paul A. Van Dyke가 1722년부터 1842년까지 입항한 1,470척의 기록을 분석한 결과를 보면, 1,400톤 이상의 선박은 톤당 2.5~3 냥을 세금으로 냈지만, 900~1,000톤 선박은 4냥, 400~500톤 선박은 6~7 냥, 그리고 250톤 미만 선박은 톤당 10~16냥의 세금을 내야 했다. 이렇게 되면 대형 선박은 화물 가치의 1% 정도를 세금으로 내지만 제일 작은 선박은 7% 가까이를 내는 꼴이 되었다. 그것은 대형 선박을 굴리는 동인도회사에는 유리했지만 작은 배를 임대하는 민간 상인들에게는 불리한 조건이었다. 그런데 이것이 비용의 전부가 아니었다. 수로를 지나갈 때 통행세가 붙었고, 황푸에서 광조우 상관까지 화물을 운반할 때 거룻배 사용료가 붙었다. 또 상품을 홍상에게 넘기고 받는 대금에서 꽁홍의 운영비[行佣]로 3%를 공제했다. 유럽인들은 황푸가 세계에서 입항 비용이 가장 비싼 항구라고 불평했지만[10] 중국 상품을 싣고 가면 몇 배나 이익을 남길 수 있었기 때문에 이런 조건을 감수해야 했다.

세금은 거래하는 홍상이 걷어서 월해관에 납부했다. 수입할 때는 중량세와 기타 모든 비용을 공제한 액수를 지불했고, 수출할 때에도 세금과 비용을 포함한 액수를 미리 받은 다음 물건을 넘겨주었기 때문에 오랑캐들은 세금을 피할 길이 없었다. 월해관에게 이것은 편리하고도 효율적인 제도였

---

10 Downs, *The Golden Ghetto*, p.24.

다. 이 제도는 세금 징수의 효율성을 보장할 뿐만 아니라 모든 거래 내역을 파악함으로써 무역을 통제하는 기능을 했다. 돈 걷는 일은 아랫사람들이 하고 관리들은 가만히 앉아서 정확한 액수가 입금되는지 점검하면 그만이었다. 게다가 직접 세금을 걷는 비용을 절약할 수 있었다. 비슷한 시기에 프랑스와 영국에서는 세금 징수 비용이 20~30%에 달했지만 광조우의 비용은 10% 미만이었다고 한다. 이렇게 거둔 세금 대부분은 중앙 정부로 보냈다. 관세 수입 중 광둥의 포정사布政司가 3%, 월해관이 3%를 사용했을 뿐, 70%를 중앙 정부의 호부戶部로, 24%를 내무부로 보냈다.[11] 이 중에서 내무부로 간 돈은 황제의 개인 금고로 곧장 들어가서 정부의 공식 수입에는 집계되지 않았다. 게다가 이 체제는 황실에서 원하는 서양의 진기한 물품을 조달하는 창구였다. 월해관은 관물 구매[采辦官物]를 꽁홍에 맡겨 황실에서 주문한 유럽 상품을 진상했다. 예를 들면, 1738년에 월해관이 보낸 공물 102종 중에 88종이 유럽 물품이었고 1754년에는 궁궐 수리에 필요한 자단을 24톤이나 사서 보내기도 했다. 베이징의 원명원을 장식한 유리, 카펫, 시계, 거울, 그림 등도 모두 월해관이 홍상을 통해 구입해 보낸 것으로 광조우 무역체제는 중앙 정부의 이해가 많이 걸려 있는 제도였다.

규제, 쥐어짜기, 횡포

월해관의 입장에서 광조우 무역체제는 백성과 오랑캐에게 황제가 특별한 은혜를 베풀어 돈을 벌 기회를 제공한 것이었다. 그래서 이 체제의 특징은 무역의 확대보다 규정의 준수에 더 초점을 두고 있었다. 홍상과 오랑캐 상

---

11 리궈룽 지음, 이화승 옮김, 『제국의 상점』, 39~45쪽.

인 모두가 엄격한 규제 대상이었으며, 어느 한쪽이 규정을 어기면 혹독한 징계가 뒤따랐다.

광조우의 무역 거래는 홍상들에게 집중되었고, 다른 중국 상인들은 끼어들 수 없었다. 월해관은 유럽 상인이 홍상 이외의 상인과 접촉하는 것을 엄격히 금지했다. 이와 함께 유럽인이 주로 찾는 차와 비단의 가격을 통제했다. 월해관이 지침을 주면 꽁홍이 그 해의 가격 범위를 설정했고, 모든 홍상이 그것을 따라야 했다. 그것은 중국이 오랑캐보다 더 많은 이익을 거두기 위한 조치인 동시에 더 많은 세금을 거두기 위한 조치였다. 오랑캐 선박에 대해서도 규제가 여럿 있었다. 모든 선박은 무역을 위한 상품을 싣고 있어야 입항 허가를 내 주었다. 은만 싣고 들어온 선박은 입항시키지 않았고 출항할 때 은을 싣고 나가는 것도 금지했다. 중요 결제 수단으로서의 은이 항상 필요했기 때문에 오랑캐 상인이 거래 대금으로 받은 은으로 상품을 사서 가져나가도록 강요한 것이었다.

홍상과 유럽인들은 세계 어디에서도 보기 어려운 방식으로 거래했다. 거래는 대부분 신용을 바탕으로 구두로 진행했고 계약서나 영수증 작성은 드문 일이었다. 유럽 같으면 분쟁이 자주 발생했을 터이지만 여기에서는 분쟁이 드물었다. 물품이 늦게 도착하거나 품질에 문제가 있을 때 홍상들은 자신의 책임을 중시했다. 예를 들면, 차가 도착하면 상자 하나를 개봉해서 맛을 보고 지푸라기 같은 이물이 섞였는지를 검사했지만 모든 상자를 일일이 개봉하는 일은 없었다. 임의로 선택한 상자가 품질이 떨어지거나 포장 상태가 불량하면 홍상은 자신이 손해를 보더라도 군소리 없이 물량 전부를 돌려보냈다. 생산지에서 장난을 치는 상인이 제법 있었지만 이런 사람들을 가려내는 것도 홍상의 몫이었고, 그들은 이 역할을 충실히 수행했다. 오랑캐 눈에 비친 홍상은 점잖고 귀족적인 사람들이었다. 그들은 아침에 점포에 나와 일하고 저녁에는 교외에 있는 저택으로 돌아갔다. 점포에는 일하는 사람이 많았고, 홍상은 직접 장부를 적거나 물건을 옮기는 일을 하지 않았다. 그들은 말로, 아니면 턱짓으로 사람들을 부리면서 일했고, 오랑캐 상인과 마주 앉아 사업 이야기를 하는 게 전부였다.

거래 독점에도 불구하고 홍상은 고달픈 면이 많았다. 입항 선박의 보증은 오랑캐 상인과 선원들이 사고를 일으키지 않도록 지도하는 책임을 포함했다. 만약 오랑캐들이 문제를 일으키면 당국은 보증을 선 홍상을 질책했고 때로는 투옥하기까지 했다. 이 체제는 관리들이 상인을 쥐어짜는 기회를 만들어 주었고, 가장 쥐어짜기 쉬운 상대가 홍상이었다. 오랑캐의 세금을 거두어 납부할 때 홍상은 거래 내역을 보고해야 했고, 월해관은 각 홍상이 얼마나 이익을 거두었는지를 훤히 꿰뚫고 있었다. 광조우 당국은 돈 쓸 일이 생기면 꽁홍에 기부금을 요구했다. 황허黃河의 제방이 터졌을 때나, 다른 지역에서 반란이 일어났을 때 조정은 수습 비용을 각 성에서 갹출했다. 광조우에서는 이런 일이 있을 때마다 월해관이 쫑상을 불러 기부금을 요구했고, 쫑상은 각 홍상이 부담할 비율을 정해 기부금을 모아야 했다. 꽁홍은 다른 지방 정부에는 없는 특별한 재원이었다. 월해관이 담당하는 관물 구매 비용의 상당 부분도 꽁홍의 부담으로 돌아왔다. 중국에는 꽁홍의 기부금 기록이 남아 있지 않으나 영국동인도회사의 문건에 일부 기록이 남아 있다. 이것을 보면 1807년부터 1813년까지 꽁홍이 바친 기부금은 498만 냥이나 되었다.[12] 세부 명목에는 황허의 치수를 위한 출연금, 조정의 고위 관리들에게 보내는 예물 비용, 황제에게 보내는 공물 비용이 포함되어 있다(관세에 포함된 공물비와는 별도의 비용으로 보인다.). 앞에서 봤듯이, 배 한 척이 입항할 때의 세금이 3,000냥이었으니 이 액수는 이 기간에 입항한 모든 선박으로부터

---

12 당시 은 한 냥은 1.4 스페인 달러로 환전했으므로 이 액수는 700만 스페인 달러에 육박했고, 지금 가치로는 1억 5,000만 미국 달러에 가까운 액수이다.

거둔 관세를 훨씬 넘어선다. 그러니까 한편에서는 관세를 거두지만 또 다른 한편에서는 그보다 훨씬 많은 기부금을 꽁홍으로부터 뜯어낸 것이다. 홍상들은 무역의 이익을 몽땅 차지하지 못하고 상당 부분을 준조세準租稅로 토해내야 했다.

이 체제에서는 외국인들도 쥐어짜는 대상이었다. 그들은 고위 관리가 아니라 말단 관원의 먹잇감이 되는 경우가 많았다. 오랑캐는 항상 의심의 대상이어서 입출항 절차에는 감시 장치가 촘촘히 엮여 있었다. 오랑캐가 고용하는 퉁스, 인쉐이, 마이빤도 오랑캐를 감시하는 끄나풀이었다. 그들은 관리들에게 오랑캐의 동태를 보고하고, 오랑캐들이 규정에 어긋나는 일을 할 낌새가 보이면 막아야 했으며, 일이 터지면 책임을 지고 벌을 받았다. 의심을 전제로 하는 절차는 여러 계층 사람들에게 오랑캐를 쥐어짜는 기회를 제공했다. 싣고 온 상품이 별로 없는 배의 선장은 퉁스의 눈치를 봐야 했다. 너그러운 퉁스를 만나면 선장이 마실 포도주와 주방의 고기를 상품으로 기재해서 허가를 받아 줬지만 깐깐한 퉁스를 만나면 웃돈을 얹어 줘야 했다. 홍상의 보증서가 도착할 때까지 하염없이 기다려야 하는 선장들은 퉁스를 통해 관원들에게 급행료를 바쳐 문제를 해결했다. 인쉐이도 마찬가지였다. 일부러 사람을 많이 고용해서 임금을 떼어먹거나 아니면 암초가 있다면서 선장이 기름칠을 할 때까지 시간을 끄는 경우도 있었다. 마이빤은 물과 식량, 보급품을 구입하면서 웃돈을 얹어 호주머니를 채우기도 했다. 그렇지만 이들은 관원들에 비하면 아무것도 아니었다. 엄격한 규정과 절차는 하급 관원들이 오랑캐를 쥐어짤 빌미를 풍부하게 만들어 주었다. 배가 수로에 들어서면 관원들은 서류와 선적 상품을 깐깐하게 대조해 트집을 잡으며 퉁스가 기름칠하기를 기다렸다. 황푸까지 가는 동안 홍파이에 도장을 받을 때마다 실랑이가 벌어지고, 푼돈을 줘야만 통과시키는 일이 일상적이었다. 유럽 항구에서 이런 경험이 별로 없는 오랑캐 상인들에게 광조우는 관리와 민간인 모두가 한통속이 되어 자신들을 쥐어짜는 시장으로 보였다.

물론 오랑캐 상인이 모두 순진하거나 결백한 것도 아니었다. 그들은 조금이라도 더 이익을 얻기 위해 밀수 기회를 노렸다. 사실 밀수는 유럽에서도 흔한 일이었다. 영국의 높은 관세를 피하기 위해 프랑스나 독일로 싣고 간 차를 영국으로 밀반입했고, 전쟁 기간에는 적군에게 몰래 무기를 팔기도 했다. 광조우에서도 자잘한 밀수는 항상 있었고, 일부는 합법적 밀수였다. 예를 들어, 휴대품에 대한 면세 혜택을 받는 선장과 간부들은 15톤 정도의 개인 화물을 들여와 짭짤한 수익을 거둘 수 있었다. 그러나 1톤 정도의 공간을 할당받은 선원들은 개인 화물에 대해 세금을 내야 했다. 이들은 관원들과 실랑이를 벌이다가, 물건을 한두 개 집어 주거나, 아니면 돈 몇 푼을 주어 통과했다. 유럽에서는 범죄가 될 수도 있는 행동이 여기에서는 잘 통했다. 문제가 터지면 무역에 지장을 받을 것을 우려한 각국의 동인도회사는 직원들의 밀수를 경계했지만 세금에 부담을 느낀 민간 상인들은 밀수의 유혹을 떨칠 수 없었다. 그들 중 일부가 절약한 세금을 나눠 가지는 조건으로 홍상을 유혹했고, 사정이 좋지 않은 홍상이 미끼를 물었다. 오랑캐와 홍상의 합작 시스템은 이랬다. 세금을 피할 물품은 배 밑바닥에 싣고 홍상은 입항 허가를 신청하는 퉁스를 시켜 물품 목록에서 그것을 누락시키고, 중량세를 매길 때는 관원들에게 뇌물을 주면서 배 밑창의 물건은 그냥 넘어가게 했다. 배가 황푸에 도착하면 홍상의 거룻배가 다른 물품과 함께 창고로 운반하고 다음에는 홍상이 적당히 처분해서 절약한 세금을 나눈다. 이 물품의 대금을 장부에 기재하지 않아서 월해관이 알 길이 없었고, 관원에게 준 뇌물 액수는 절약한 세금보다 훨씬 적어서 오랑캐 상인과 홍상 모두 이익을 거두었다. 그것은 오랑캐와 홍상이 주연을 맡고 관원이 조연 역할을 하는 조직적 밀수의 기본형이었다. 이런 기본형은 규모가 제한적일 수밖에 없었다. 배 한 척을 몽땅 눈감아 줄 수는 없기 때문에 밀수 물량은 화물의 몇 십

분의 일도 되지 않았다. 그러나 하나가 성공하면 누군가 따라 하고, 그런 사람이 많아지면 단속이 강화되거나 공공연한 비밀이 되는 법인데, 어느 길로 갈지는 조연을 맡은 관원에게 달려 있었다. 이들이 겁에 질려 못 하겠다고 하면 밀수가 위축되지만, 돈맛을 잊지 못하면 밀수는 더 활발해진다. 광조우 관원들은 대부분 후자에 속했다. 하급 관원들이 뇌물 일부를 윗사람에게 상납하면서 더 적극적으로 변했고, 그 상급자도 더 윗사람에게 상납하면서 아래로부터의 돈줄을 유지했다.

밀수를 부추기는 것은 관세 제도였다. 월해관이 해마다 세율을 변경해서 상인들은 그해 어느 정도 가격을 부를지, 이익을 얼마나 남길지 예측하기 어려웠다. 기본적인 중량세와 물품세, 해관 수수료는 고정되어 있었지만 각종 명목의 부가세가 자꾸 붙었다. 18세기 중반에 대여섯 개에 불과했던 세금 항목이 19세기에는 70개 가까이로 늘어났으며, 추가된 항목 대부분은 뇌물 성격을 띠었다. 음성적으로 받던 뇌물을 아예 공식화해서 세금 항목으로 편입시켰다고 해도 과언이 아니었다. 그렇다고 해서 음성적인 뇌물이 없어지지도 않았다. 관원들은 월해관의 규제를 핑계로 깜사*金沙(부스러기 돈이라는 뜻으로 뇌물을 가리킨다.)를 요구했다.

그것은 특정 개인의 문제가 아니라 중국 관료제도의 속성과 월해관이라는 특수기구의 속성이 함께 작용한 구조적 문제였다. 중국은 벼슬하는 관리의 도덕과 청렴을 강조하는 국가였고, 그래서 관리의 봉급 수준이 매우 낮았다. 그러나 식솔도 많을 뿐만 아니라 막료와 하인, 사병私兵까지 유지해야 하는 고위 관리들로서는 봉급은 턱없이 부족했고 따라서 다른 수입원이 있어야 했다. 예를 들어, 총독은 매년 은 180냥과 쌀 9,000근(대략 6,500킬로그램)을 봉급으로 받았다. 여기에 조정에서 하사하는 양렴금養廉金, 그야말로 청렴에 대한 보상금으로 1만 3,000~2만 냥을 더 받았다. 이 돈은 관할 지역의 세금에서 일부를 떼어 주는 보상금으로 지금의 간접비와 비슷하다.

이와 더불어 그들은 특혜를 베풀고 선물이나 사례금을 받아 재산을 불릴 수 있었다. 그것은 단순한 돈 욕심 때문이 아니었다. 고위 관리들에게 재산 증식은 관직 유지의 필수조건이었다. 수입의 일부를 미래의 꿀보직을 위해 조정의 유력자에게 보내는 선물 비용으로 쓰는 것이 관례였다. 그런데 이 수입 구조가 기형적이었다. 세 가지 수입원의 비율이 평균적으로 1:6:93이었으니 공식 수입보다 비공식 수입이 압도적으로 많았다.[13]

월해관 감독은 특별했다. 비록 변방에 나온 처지였지만 그는 중앙 정부와 지방 정부 양쪽에 다리를 걸치고 있었다. 그 자리는 많이 거두는 만큼 씀씀이도 컸다. 그도 임기 만료 이후의 영전을 위해 많은 비용을 지출하기는 마찬가지였지만 또 다른 씀씀이가 있었다. 월해관이라는 큰 조직을 운영해야 했고, 인원이 늘기만 했지 줄어드는 법은 없으며 그중에는 고위 관리의 청탁과 매관을 통해 들어온 사람도 많았다. 늘어나는 인원으로 해마다 운영비가 늘어났지만 조정이 예산 증액에 인색했기 때문에 월해관 감독은 세금 항목을 추가해서 늘어나는 씀씀이를 충당했다. 게다가 총독과 순무는 일반 예산으로 감당 못할 일이 생기면 월해관에 손을 벌렸다. 감독은 한편으로는 홍상을 쥐어짜고 다른 한편으로는 세금 항목을 추가해 늘어만 가는 비용을 충당했다. 오랑캐 상인의 세금에 대한 불만이 높아가는 데에는 이런 사정이 있었다.

그렇지만 그것은 어디까지나 고위 관리의 이야기였다. 아무리 세금이 늘어도 아랫사람한테 돌아오는 것은 없었다. 현장에서 일하는 중간 이하의 관원과 군관, 군졸의 봉급은 아주 낮았다. 그것은 알아서 살라는 것으로 약간이라도 권력을 줬으니 그걸 잘 활용하라는 것이나 다름없었다. 하급 관원과 군졸 모두가 부수입을 찾아 밀수를 눈감아 주고 몇 푼 받는 일은 일상적

---

13 Cheong, *Mandarins and Merchants*, p.24, note. 33.

이었고, 간 큰 사람은 아예 밀수품을 운반해 주고 커미션을 받을 정도였다. 이런 상황이 광조우 무역체제에서 밀수를 키우는 좋은 환경을 제공했다.

비싼 비용을 치르면서 이 판에 뛰어든 오랑캐도 항상 당하고만 있지는 않았다. 1759년에 영국동인도회사 직원 플린트가 탄 소형 선박이 티엔진 앞바다에 나타났다. 사구통상 시절에 닝뽀에서 거래를 추진해 광조우 상인들의 반발을 샀던 그 사람이었다. 이 해역은 오랑캐 선박의 접근이 금지되어 있었기 때문에 보고를 받은 조정은 크게 놀랐다. 관원을 만난 플린트는 월해관의 횡포를 고발하면서 통상 항구를 늘여 달라는 회사의 청원을 제출했다. 무역에 대해 비교적 호의적 태도를 지닌 치엔룽乾隆황제는 감사관을 파견했다. 감사관은 월해관의 실상을 보고했지만 모든 것이 회사의 희망대로 굴러가지는 않았다. 황제는 월해관 감독에게 태형笞刑 50대와 직위해제의 처벌을 내렸지만 동시에 플린트에게도 적절한 절차를 거치지 않았다는 죄목으로 태형 50대와 3년간 추방의 처벌을 내렸다. 양비론兩非論의 처결로 이 사건은 찻잔 속의 태풍으로 끝났고, 얼마 후 모든 것이 원래대로 돌아갔다.[14] 1775년에는 월해관 감독이 중량세를 매기는 장소에 직접 나타났다. 그는 보증을 선 홍상을 통해 선장에게 시계와 보석을 요구했다. 선장이 그런 물건은 없다고 하자 감독이 화를 냈고, 관원들이 중량세 계산을 중단했다. 선장은 할 수 없이 부선장의 개인 물품을 꺼내 보여 줬고 감독은 시계 몇 개를 들고 갔다. 그 다음은 모든 일이 일사천리로 진행됐다.[15]

광조우 무역체제는 유럽인이 어디서도 본 적이 없는 독특한 체제였다. 그것은 황제의 허락을 받아 월해관이 놀이판을 깔고, 그 위에서 꽁홍과 오랑캐 상인이 뛰어노는데, 뛰어놀 때마다 떨어지는 돈을 월해관 감독이 주워 모

---

14 리궈룽 지음, 이화승 옮김, 『제국의 상점』, 29~35쪽.
15 리궈룽 지음, 이화승 옮김, 『제국의 상점』, 229~230쪽.

아 자신도 쓰고 황제에게도 보내는 그런 체제였다. 황제가 베푼 특별한 은혜에 상인들이 세금으로 보답하는 것이 광조우 무역체제의 핵심이었다. 16세기 중국 소설에는 요전수搖錢樹라는 말이 나온다. 기생집 주인이 어린 소녀를 사서 곱게 키운 후 미모를 자랑하며 손님을 많이 끌면 요전수라고 했다. 쥐고 흔들면 돈이 우수수 떨어지는 나무라는 뜻이다. 광조우 체제가 바로 그런 형국이었다. 월해관이 나무를 흔들면서 "돈 떨어져라!"하고 외치면 은덩어리가 우수수 떨어지는 것이 광조우 무역체제였다. 그 밑에서는 관원들이 부스러기 은을 주우려고 뛰어다녔다. 그래서 통제를 위주로 하는 이 무역체제는 사실상 외부로부터의 침입에 무방비 상태였다. 이 체제의 내부적 취약성은 뒷날 아편이 대량으로 밀반입될 때 그 민낯을 고스란히 드러냈다.

격리된 해방구: 광조우 상관

17세기 끝자락에 형성된 광조우 상관은 오랑캐 상인들이 중국 땅에 발을 붙이고 무역에 종사할 수 있는 유일한 지점이었다. 광조우성의 서북쪽 모퉁이 외곽에 있는 이 구역은 동쪽에서 서쪽으로 가로 300여 미터, 세로 100여 미터 정도로 뻗어 있는 공간에 2~3층으로 지어 놓은 유럽풍 건물 13동으로 이루어졌다(그림 3-2). 상관의 모습은 시기에 따라 조금씩 달랐는데, 18세기 후반의 모습은 건물 서너 동이 아치 모습의 주랑走廊으로 연결되어 전부 네 블록으로 구성되었으며 각 블록 사이로 골목이 가로질러 나 있었다. 건물은 모두 강을 바라보고 출입문도 강변을 향해 있었다. 건물 앞 강변에는 광장이 있고 그 옆에는 정원도 있었다. 건물에는 영국관, 그리스관, 네덜란드관, 오스트리아관, 미국관, 프랑스관, 스페인관, 덴마크관 등의 이름을 붙였고, 일부는 홍상의 명칭을 붙였다(표 3-1). 국가명은 큰 의미가 없었다.

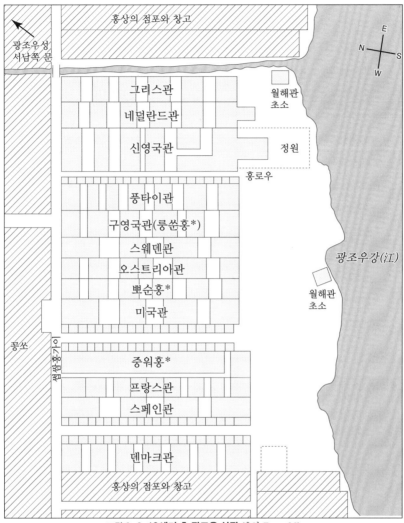

그림 3-2 19세기 초 광조우 상관 (출처: Fay, p.20)

표 3-1 18세기 후반 광조우 상관의 명칭

건물 이름	소유주
小溪館(Creek Factory)	怡和行(이워홍*)
荷蘭館(Dutch Factory)	集義行(잡이홍*)
新英國館(New English Factory)	保和行(뽀워홍*)
炒炒館(Fung-tae Factory)	豊泰行(풍타이홍*)
舊英國館(Old English Factory)	隆順行(룽쑨홍*)
瑞典館(Swedish Factory)	瑞行(쒜이홍*)
帝國館(Imperial Factory, Austrian Factory)	孖鷹行(마잉홍*)
寶順館(Paoshun Factory)	寶順行(뽀순홍*)
美國館(American Factory)	廣源行(꿩위엔홍*)
明官館(Mingqua's Factory)	中和行(중워홍*)
法蘭西館(French Factory)	高公行(꼬꽁홍*)
西班牙館(Spanish Factory)	大呂宋行(따이뤼쑹홍*)
丹麥館(Danish Factory)	黃旗行(웡게이홍*)

영국관과 네덜란드관, 프랑스관은 각각 동인도회사가 사용했지만 다른 건물에는 다양한 국적의 상인들이 입주했다. 건물마다 대개 1층을 창고와 주방으로 쓰고 2층은 사무실과 주거공간으로 썼다. 가장 큰 영국관은 2층에 넓은 방이 있어서 회의실로 쓰기도 했다. 상관의 건물을 나와 광장을 가로지르면 선착장이 있어서 사람과 화물의 이동이 용이했다(그림 3-2).

이 구역은 중국이 세계를 향해 열어 놓은 유일한 창구이자, 유럽의 공기가 중국으로 스며드는 구멍이었고, 유럽인들에게는 세계 어디에서도 볼 수 없는 독특한 거류지였다. 상관은 거래하기에 좋은 조건을 가지고 있었다. 홍상의 점포와 가까워서 접촉이 쉬웠고, 강변에 있어서 사람과 화물의 이동이 편리했다. 주변에 화물을 보관할 창고도 많았고, 화물 운반을 위한 노동인력도 풍부했다. 이 구역은 주민들에게도 개방되어서 건물들 사이 골목에 가게가 **빼곡하게** 들어서 있었다. 소소하게 흘러들어온 유럽 상품을 취급하는 가게에는 주민들의 발길이 잦았고, 오랑캐를 상대하는 가게와 술집도 있었다. 중국인과 오랑캐가 서로 자유롭게 만날 수 있다는 점에서 이 구역은 해방구였다.

이 구역은 월해관이 무역 활성화와 오랑캐의 격리라는 상반된 목표를 동시에 구현하는 공간이었다. 월해관은 이 구역에 체류하는 오랑캐 상인들에게 무역 이외의 모든 활동을 규제했다. 기본적으로 오랑캐는 이 구역을 벗어나면 안 되었다. 건물 밖에서 움직일 수 있는 곳은 광장과 정원, 그리고 강변의 선착장, 홍로우에 있는 홍상의 점포까지가 전부였다. 이 구역 양쪽에 초소가 있어서 군관과 병졸 10여 명이 주야로 감시하면서 오랑캐의 출입을 막았다. 공식적으로 허용된 나들이는 매월 8일, 18일, 28일에 근처 화원花園을 방문하는 것뿐이었다. 그것도 사전에 허가를 받아야 했고, 한 번에 갈 수 있는 인원에 제한이 있었으며, 해가 지기 전에 반드시 돌아와야 했다. 나들이에는 퉁스가 항상 따라붙었으며, 시간을 어기거나 다른 사고가 터지면 그가 책임을 지고 처벌을 받았다. 간혹 홍상이 상인 몇 명을 집으로 데리고 가서 저녁식사를 대접했는데, 이것이 가장 멀리 벗어난 것이었다.

오랑캐들은 상관에서 1년 내내 체류할 수 없었다. 계절풍을 타고 늦봄에 들어온 범선은 역풍이 부는 겨울 전에 떠나야 했으므로 무역시장도 이에 맞춰 3월부터 11월까지 열렸다. 월해관은 무역 기간이 지나면 오랑캐의 상관 체류를 금지했다. 오랑캐 상인들에게 이것은 커다란 장벽이었다. 귀국하면 1년이나 지나야 돌아올 수 있으니 무역을 한 해 걸러 할 수밖에 없었고, 돌아와서는 모든 것을 처음부터 다시 시작해야 했는데 쉬운 일이 아니었다. 그들은 주재원을 체류시켜 다음 해에 싣고 나갈 상품을 미리 확보하는 방식을 원했지만 당국은 그것을 용인하지 않았다. 그래서 마카오가 쌍방에 편리한 곳이 되었다. 오랑캐 상인들은 무역 기간이 지나면 마카오로 가서 모처럼 유럽 분위기에서 지내면서 홍상과 연락을 주고받아 다음 해 무역을 준비했다.

또한 월해관은 오랑캐들이 상관에 여인을 데리고 들어오는 것을 금지했다. 오랑캐 여인이 들어오면 주민들의 호기심을 부추겨 풍속을 해치고 가족이 함께 있으면 오래 눌러앉으려 한다는 우려가 함께 작용했다. 금녀禁女 구역인 상관은 독신자들의 감옥과 다름없었다. 그래서 상인들은 마카오에 현지처를 두었다. 또 오랑캐는 중국인의 사치를 누리면 안 되었다. 대표적인 것이 가마를 탈 수 없다는 규정이었다. 관직을 가진 홍상은 가마를 타고 다니지만 그들이 상대하는 오랑캐를 태워 줄 수는 없었다. 꽃배[花船]의 이용도 금지했다. 꽃배는 화려하게 치장한 배로 손님을 태우고 강에 떠다니는 유람선이었으며, 선내에 부엌과 도박 시설도 갖추고 기생, 악단樂團을 둔 떠다니는 오락시설이었다. 이 배는 고위 관리와 부유층이 고객이었는데, 오랑캐는 이용할 수 없었다.

상인을 천시하는 관념은 오랑캐에게도 적용되었다. 오랑캐는 홍상과 접촉할 수 있을 뿐 관리들과 만날 수 없었다. 무역에서 발생하는 민원은 반드시 홍상을 통해 월해관에 전달하도록 했다. 그것은 불편했고 믿을 수도 없었다. 거래 상대인 홍상에 대한 불만을 이해 당사자를 통해 관리에게 전달해야 하니 제대로 전달된다는 보장이 없었다. 꼭 필요할 때에는 광조우성 서남쪽 문에서 관원에게 청원서를 제출하도록 했지만 그것도 쉬운 일이 아니었다. 오랑캐가 상관을 벗어나면 주민들이 시비를 걸었고, 문을 지키는 말단 관원도 한없이 거드름을 피웠다. 접수된 청원서가 제대로 전달되는지 확인할 수도 없었고, 답변이 오는 경우도 드물었다. 청원서는 민의상달民意上達의 원칙을 적용한 것이지만 실제로는 모순 덩어리였다. 청원서가 제출되면 거래 상대인 홍상이 오랑캐를 제대로 다루지 못했다고 질책을 당했고, 세금이나 가격 담합에 대한 불만을 청원하면 그것을 번역해 준 퉁스가 벌을 받았다.

이와 더불어 월해관은 주민과의 소통을 억제하기 위해 오랑캐에게 중국어를 가르치는 것을 중대 범죄로 규정했다. 상거래에서는 오랑캐 언어를 쓸 수밖에 없었다. 18세기 초까지는 마카오의 중국인들이 포르투갈어를 배워 통역을 맡았지만 영국동인도회사가 큰손으로 등장한 후에는 무역용어가 영어로 바뀌었다. 이 영어는 정상적인 영어가 아니라 피진pidgin 영어였다. 중국의 피진 영어는 광조우와 마카오에서 18세기 중반에 생겨 1950년대까지도 사용되었는데, 영어 단어를 기본으로 하면서도 포르투갈어, 힌두어, 말레이어의 단어를 섞어서 썼다.[16] 피진 영어의 문법은 엉망이었고, 간단한 의사소통만 가능할 뿐이었다. 예를 들면 이렇다. "How you do? Long time my have no see you. What thing wantchee?(안녕하시오? 오래 못 뵈었네요. 뭘 원하세요?)" 가는 곳마다 현지 언어를 배워 무역에 활용하던 유럽인들에게 이것은 큰 불만사항이었다. 영국동인도회사 직원 중에는 힌두어, 벵골 방언, 아랍어, 네팔어 등을 유창하게 구사하는 사람이 많았고, 네덜란드 동인도회사에도 인도네시아어와 시암어에 능통한 사람이 많았다. 유럽인들은 해외의 중국인 거주지에서 중국어를 배울 수 있었다. 특히 선교사 중에는 광둥 방언은 물론 고급 문언文言을 읽고 쓰는 사람이 여럿 있었다. 이런 인위적 언어 장벽은 중국 측은 영어를 제대로 구사하는 사람이 없어 상대방의 의도를 파악하지 못하게 만들어 스스로를 옥죄는 약점을 만들었다. 언어 능력의 불균형이 전쟁이 일어났을 때 정보 수집과 협상에서 중국에 불리하게 작용했기 때문이다.

월해관은 홍상과 오랑캐 사이의 금전 거래를 금지했다. 그것은 오랑캐에게 빚을 지면 홍상이 불리하게 된다는 우려가 작용한 결과였지만 실제로는

---

16 Li, "Origins of a Preposition: Chinese Pidgin English *long* and its Implications for Pidgin Grammer"; Lu, "A Study on Chinese Pidgin English".

보호보다 압박 효과가 더 강했다. 오랑캐가 미리 주문한 상품을 확보하려면 상당한 자금이 필요했는데, 유럽식 은행이 없는 중국의 상인들은 전장錢庄에서 연이율 30%의 고리채로 자금을 융통한 반면에 유럽인들은 유럽의 금융시장에서 12~15%의 이율로 자금을 융통할 수 있었다. 오랑캐 상인들은 빌려 줄 의향이 있었지만 월해관의 규제로 인해 홍상들은 높은 이율로 자금을 융통할 수밖에 없었다.

모든 규제가 한꺼번에 만들어진 것은 아니었다. 18세기 초에는 명문화된 규정이 없어서 월해관이 그때그때 지시하는 것이 곧 규정이었다. 그러나 플린트 사건 이후 조정은 명문 규정의 필요를 느꼈고, 1759년에 양광총독 리스야오李侍堯의 건의를 받아들여 「방범외이장정防犯外夷章程」을 반포했다. 이 장정은 ① 무역 기간 후 퇴거, ② 홍상 이외의 거래 금지, ③ 홍상이 오랑캐에게 돈 빌리는 것 금지, ④ 오랑캐의 현지인 고용 금지, ⑤ 황푸에 전선을 파견하여 감시하는 조항으로 구성되었다. 이 장정은 19세기 초까지 유지되다가 영국군의 마카오 점령 사건 후 군함의 입항을 금지하는 규정이 추가되었고, 1831년에는 「방범외인장정防犯外人章程」으로 대체되면서 원래 있던 규정에 ① 여성의 입국 금지, ② 가마 탑승 금지, ③ 무기 반입 금지 등의 항목이 추가되었다.[17]

그러나 규제가 항상 지켜지지는 않았다. 18세기 초의 상관은 체류하는 오랑캐가 입항 선박의 화물관리인supercargo[18] 10~20명에 불과한 반면 마이빤, 요리사, 하인, 청소부, 짐꾼 등의 현지 주민이 더 많이 드나드는 공간이었다. 그런데 영국동인도회사의 무역량이 커지면서 오랑캐 체류 인원이 증가했다. 회사가 예전보다 큰 1,000톤급 선박을 보내면서 화물관리인을

---

17 Chen, *Merchants of War and Peace*, pp.47~48.
18 18세기에는 예전에 영업을 담당하던 상인이 화물관리인으로 바뀌었다.

여러 명 태웠기 때문이다. 1720년대부터는 이들 중 일부가 무역 기간이 지난 후에도 마카오에 남아 다음 해 무역을 준비했다. 그들은 무역 기간 후에도 상관에 머물게 해 달라고 요청했지만 월해관은 승인하지 않았다. 오랑캐들은 야금야금 규제사항을 무시하기 시작했다. 1729년에 프랑스동인도회사Compagnie de la Chine가 무역 종료 후 직원 몇 명을 상관에 남겨 뒀다. 월해관 감독이 보증을 섰던 홍상을 질책하자, 그는 이 사람들이 타려던 귀국선이 갑자기 출발하는 바람에 배편을 놓쳤고, 마카오에서 지내는 것도 불법이기 때문에 할 수 없이 상관에 남게 되었다고 둘러댔다. 당시 마카오도 중국 법률에 따라 포르투갈인을 제외한 외국인의 장기 체류를 금지했으므로 그 말에 일리가 없는 것은 아니었다. 감독이 더 이상 따지지 않았기 때문에 이때부터 프랑스 직원이 상주하는 관례가 생겼고, 1731년에는 영국과 네덜란드의 동인도회사도 직원을 상주시켰다. 그러나 영국동인도회사는 이 일로 런던 본사의 질책을 받았다. 고지식한 본사가 중국 법률을 어기지 말라고 지시해 2년 후에는 무역이 끝난 후 모두 마카오로 철수했다. 그러나 프랑스와 네덜란드 직원은 매년 열댓 명이 무역 기간 후에도 남아 있었다. 관원들은 신경 쓰지 않았고, 월해관도 더 이상 말이 없었다.[19] 영국동인도회사 직원들도 1770년대부터 상주하기 시작했다. 이렇게 해서 규정 하나가 사문화되었다.

---

19 Coates, *Macao and the British, 1637-1842*, pp.45~46.

밀월관계: 꽁홍과 영국동인도회사

일구통상 이래 50~60년간 광조우 무역시장은 활발하게 굴러갔다. 그것은 영국동인도회사와 꽁홍이라는 두 큰손이 밀월관계를 지속한 덕분이었다. 플린트 사건이 터진 후 회사는 충실히 차 수입에 매진했고, 꽁홍도 번성했다. 독신남들에게는 감옥과도 같은 격리구역이지만 상관이 지옥은 아니었다. 무엇보다 돈이 넉넉히 굴러 다녀서 이 구역을 '황금의 격리구역 Golden Ghetto'이라고 부른 사람도 있었다.[20] 광조우 무역시장이 유럽에 알려져서 다양한 국가의 상인들이 들어왔다. 그들의 신분은 다양했다. 영국인, 네덜란드인, 프랑스인은 모두 동인도회사 직원들이었다. 반면 미국인과 스페인, 포르투갈, 덴마크, 그리스 국적의 유럽인은 개인 상인이었다. 또 파르시Parsi라 불리는 영국 국적의 인도 출신[21] 상인들도 있었다. 동인도회사가 아시아 무역을 독점했기 때문에 영국 국적의 상인은 인도의 동인도회사에서 면허를 받아야 무역에 끼어들 수 있었다. 이들은 아시아와 유럽 사이의 무역에는 끼지 못하고 인도와 중국, 동남아시아 사이의 지방무역country trade(중국에서는 항각무역港腳貿易이라 했다.)에 종사했다.[22] 이런 사람들을 지방무역상country trader이라 했고, 그들이 임대한 선박을 지방무역선 country ship이라 불렀다. 중국에서는 이들의 활동을 사무역私貿易이라 했다. 18세기 후반에 광조우 상관은 대기업인 동인도회사 직원과 다국적 개인 상인 150명 정도가 어울려 지내는 공간이 되었다.

---

20 Downs, *The Golden Ghetto*. 이 단어가 당시 유럽인들이 쓰던 것인지, 아니면 이 책의 저자가 붙인 것인지는 분명하지 않다.
21 파르시는 이슬람권에서의 종교적 차별과 박해를 피해 인도로 이주한 조로아스터 교도의 후손을 가리킨다.
22 Grace, *Opium and Empire*, p.11.

18세기 중엽에 영국동인도회사는 광조우 시장에서 압도적 세력으로 부상했다. 1753년에 수년간의 로비 활동으로 차 수입의 독점권을 장악한 후 회사는 60여 문의 대포를 장착한 1,000톤급의 동인도 무역선East Indiaman이라 부르는 범선들을 투입했고 연간 정기 운항 횟수도 크게 늘렸다.[23] 회사는 광조우 무역량의 70%를 차지해 많은 이익을 거두는 동시에 영국과 인도 식민정부의 재정에도 크게 기여했다. 이에 따라 상관의 직원들은 분에 넘치도록 풍족한 생활을 했다. 무역량이 큰 만큼 봉급도 많이 받았고 체류 비용도 넉넉해서 요리사와 하인, 청소부를 고용해 세계 어느 거류지에서도 누릴 수 없는 풍요를 누렸다.[24] 그들은 반년 일하고 1년 봉급을 받았고 무역 종료 후에는 마카오의 근사한 저택에서 느긋하게 생활하는 혜택을 누렸다. 런던 본사에서 비용을 너무 많이 쓴다고 까탈을 부렸지만 직원들은 신경 쓰지 않았다. 그뿐이 아니었다. 직원들은 회사 선박에 개인 화물 적재 할당량이 있어서 개인적으로 돈을 벌 수 있었다. 말단 직원이 3~4톤 정도 할당을 받았고 화물관리인은 훨씬 더 많은 할당량을 받았다. 그들은 영국 상품을 개인 화물로 들여와 처분하고 차나 도자기를 사서 캘커타의 브로커에게 넘기는 방식으로 돈을 벌었다. 겉으로 보면 조그만 사업이었지만 부업이 본업을 추월해 6~7년 만에 봉급을 제외하고도 수만 파운드를 벌어 귀국한 사람도 제법 있었다. 모두들 빨리 돈을 벌어 은퇴하는 꿈에 부풀어 있었기 때문에 격리된 상관이 결코 지옥은 아니었다.

회사가 돈을 버는 만큼 홍상의 사업도 번창했다. 그중에서도 통푸홍*同孚行과 이워홍*怡和行은 거부의 반열에 올랐다. 1744년에 푸지엔 출신 판쩐청潘振承이 세운 통만홍*同文行이 제일 큰 재력을 자랑했다. 판쩐청은 중국 상

---

23 Grace, *Opium and Empire*, pp.32~33.
24 Downs, *The Golden Ghetto*, p.36.

인으로는 최초로 런던의 은행에서 발행한 환어음으로 거래를 시도한 인물이었으며, 사후에는 아들 판요우두潘有度가 사업을 이어 받아 상호를 통푸홍으로 바꾸었고, 그 아들인 판사오광潘紹光까지 100년 가까이 유지했다. 이워홍은 통만홍에서 회계원으로 일한 푸지엔 출신 우궈룽伍國瑩이 1783년에 영국동인도회사의 도움을 받아 세웠다고 한다. 이 집안은 단기간에 번성해서 아들인 우빙지엔伍秉鑒이 운영하던 시절에 2,400만 달러의 재산을 가진 거부가 되었다. 이 액수는 유럽 최고 부자인 로스차일드의 재산보다 많았다고 한다. 우빙지엔은 통이 크기로 소문났다. 함께 투자한 미국 상인이 72,000달러를 변제하지 못해 귀국하지 못하고 있다는 이야기를 들은 우빙지엔은 그 상인을 불러 보는 앞에서 문서를 찢어 빚을 탕감해 주었다고 했다.[25] 반면 투자에 실패하거나 빚을 갚지 못해 파산한 홍상도 많았다. 그래서 꽁홍의 구성원이 고정되어 있지 않았고, 자리가 13개 있었지만 항상 모두 채워져 있는 것도 아니었다.

광조우 당국도 오랑캐의 안전에 신경을 썼다. 상관 구역에 관원과 군졸을 배치한 것은 오랑캐 감시뿐만 아니라 주민들에게 폭행을 당하는 불상사를 막으려는 조치이기도 했다. 이 구역은 밤에도 마음 놓고 걸어 다닐 수 있는 안전지대였다. 골목길의 상점은 늦도록 불을 밝히고 영업했고, 오랑캐들도 주민들과 섞여 어슬렁거릴 수 있었다. 간혹 황푸에서 온 선원들이 술에 취해 싸움을 벌이는 일이 있었지만 큰 불상사는 별로 없었다. 관원들은 싸움을 말리는 쪽을 택했지, 싸움을 시작한 사람을 잡아 벌하려고 들지 않았다. 오히려 통제가 어려운 곳은 황푸였다. 강에는 작은 배에서 수상생활을 하면서 오랑캐 선박에 식량과 물을 공급하고, 세탁 서비스를 하고, 선박 청소를 해 주면서 생계를 꾸리는 사람이 많았다. 이발사, 점쟁이도 있었고, 옥수수

25 리궈룽 지음, 이화승 옮김, 『제국의 상점』, 86~110쪽.

알갱이를 벗겨 주고 몇 푼 받아 가는 사람도 있었다. 가장 하층민에 속하는 이들은 피진 영어조차 모르고 손짓 발짓으로, 아니면 마이빤의 통역을 통해 오랑캐와 소통했다. 선원들도 자기 나라에서는 하층민에 속했고 난폭한 사람들이어서 황푸는 동서양의 하층민들이 소통하고 갈등하는 곳이 되었다. 이 지역에서는 관원의 발길이 촘촘히 미치지 못해서 자잘한 사건이 법률적 갈등으로 비화하는 일이 많아 꽁홍과 동인도회사의 공통적인 골칫거리가 되었다.

상관의 유럽인들은 묘한 관계에 있었다. 돈을 벌기 위해 왔다는 공통점과 같은 유럽인으로서, 또 기독교인으로서의 동질감을 느꼈으며, 함께 갇혀 산다는 점도 이들을 하나의 집단으로 묶어 주었다. 개인적으로는 서로 친하게 지냈고, 일요일마다 모여 성경을 읽고 함께 기도를 했다. 각국 동인도회사는 새로 도착한 배의 선장과 간부들을 위한 만찬에 다양한 국적의 유럽인을 초청했으며, 만찬이 끝나면 노래시합을 벌이기도 하고, 한가할 때에는 광장에서 크리켓 시합도 했다. 그렇지만 그들은 경쟁과 적대 관계에 놓여 있었다. 거래에서 다른 사람보다 더 이익을 얻기 위해 경쟁할 뿐만 아니라 유럽의 정치상황에 따라 적과 동지를 구분했다. 프로테스탄트 국가 출신은 가톨릭 국가 출신과 소원했고, 영국과 프랑스가 전쟁을 할 때에는 양국 출신 상인들이 서로 얼굴을 돌렸다. 때로는 합작해서 거래를 추진하다가도 이해관계가 틀어지면 얼굴을 붉히며 싸웠다. 그들은 집단이면서 개인이었고, 개인이면서 집단인 그런 관계였다.

유럽인들은 여러 위험에 노출되어 있었다. 가장 큰 위험은 질병이었다. 광조우의 여름은 덥고 습도가 높아서 지금도 홍콩 독감, 광조우 독감 등의 유행성 질환이 발생하는데, 당시 유럽인들은 이 기후에 적응하지 못하고 고열로 시달리다가 세상을 등지는 일이 드물지 않았다. 사망자는 현지의 공동묘지에 묻혔다. 후먼 수로 안쪽에 있는 삼각주 두 곳이 영국과 프랑스 선박의 선원을 묻는 장소가 되어 각각 '영국섬English Island(창조우섬長洲島)'과 '프랑스섬French Island(선징섬深井島)'이라는 이름을 얻었다. 마카오에는 가톨릭과 프로테스탄트의 공동묘지가 있어서 포르투갈과 스페인 출신을 제외한 유럽인은 프로테스탄트 묘지에 묻혔다. 가톨릭과 프로테스탄트의 갈등은 중국에서도 여전했고, 저승세계도 이들을 통합하지 못했다. 화재도 무시하지 못할 위험요소였다. 가옥 대부분이 나무로 지은 것이어서 작은 불씨가 큰불로 번졌지만 소방서와 장비가 없어서 피해가 매우 컸다. 4~5킬로미터 떨어진 가옥에서 일어난 불이 삽시간에 강변으로 번져 상관 구역 전체를 잿더미로 만든 일도 있었다.

해난 사고도 위험요소였다. 선박이 흔적 없이 사라지는 일이 잦았고, 그러면 화물을 위탁한 상인은 파산했다. 더 위험한 것은 남중국해의 해적이었다. 베트남 북부에서 광조우만을 거쳐 푸지엔 연안에 이르는 광범위한 해역에서 창궐한 해적은 악명이 높았으며, 중국 수군이 진압하지 못할 정도로 화력을 갖추고 있어서[26] 오랑캐 선박은 남중국해에 들어서면 항상 경계 태세를 유지했다. 나포당하면 선박과 화물을 뺏길 뿐만 아니라 선원과 화물관리인을 인질로 해서 막대한 금액을 요구하는 것이 다반사였다. 그러나 이런 어려움 때문에 무역을 포기할 오랑캐는 없었다. 돈을 벌기 위해서 무슨 짓이든 하려는 상인들은 위험을 무릅쓰고, 규제를 요리조리 피하고, 격리 생활을 나름대로 소화하면서 생활했다. 한편으로는 투덜거리면서도 다른 한편으로는 체제에 순응하는 그런 모습이었다.

광조우 당국은 국적이 다른 오랑캐를 엄격하게 구분하지 않았다. 공식 문서에서 오랑캐는 국적에 관계없이 이런夷人, 양이洋夷, 양런洋人으로 불렀고, 민간에서는 네덜란드와 영국 출신을 홍마오紅毛라 불렀다. 시간이 지나면

---

26 Grace, *Opium and Empire*, pp.59~60.

서 여기에 꿰이鬼가 붙어서 홍마오꿰이, 양꿰이洋鬼라는 말이 생겼고, 나중에는 모든 오랑캐를 판꿰이番鬼라 불렀다.[27] 공식 문서에서 국명을 밝힐 때는 국가를 가리키는 글자에 '입 구口' 변을 붙여 영국인은 잉이嘆夷, 프랑스인은 파이唎夷로 표기했다. 당국은 오랑캐는 한 덩어리이기 때문에 통솔자가 필요하다고 생각했다. 꽁홍을 쫑상이 통솔하듯 오랑캐도 통솔하는 따이빤*大班이 있어야 한다는 생각에 무역량이 제일 크고 머릿수도 제일 많은 영국동인도회사를 따이빤으로 인정했다. 공식적으로 임명하는 절차도 없이 월해관이 꽁홍을 통해 오랑캐에게 연락할 때 수신인을 이 회사로 함으로써 따이빤이 된 것이었다. 예전에는 무역이 끝나면 모든 직원이 귀국했지만 회사가 1770년대부터 방침을 바꾸어 화물관리인 12명 정도를 다음 해 무역 준비를 위해 남아 있도록 했다. 1775년에는 이들 중에서 선임자 3~4명이 지점 운영을 위한 회의체를 구성했고, 1786년에는 이 모임이 공식적인 대표위원회 Select Committee로 발전했다. 위원회는 개인 상인의 면허를 점검하고 불법 무역을 통제하는 권한을 본사로부터 위임받았다. 광조우 당국이 이 위원회를 따이빤으로 여겼기 때문에 위원회는 영국인뿐 아니라 실제로는 상관의 거주자 전체를 대표했다. 꽁홍과 위원회는 대표끼리의 협조적인 관계를 유지하면서 광조우 무역체제를 떠받치는 역할을 수행했다.

상관에서 일하는 현지인들은 이 체제의 유지에 크게 기여하면서도 별로 알려지지 못한 조연들이었다. 상관 개설 초기에 당국은 일꾼의 고용을 금지했다. 비천한 오랑캐 상인이 천조상국의 백성을 고용하는 것은 있을 수 없다는 논리였겠지만, 이 규제는 처음부터 모순이었다. 선박 입출항에는 퉁스, 인쉐이, 마이빤을 반드시 고용하도록 하면서 상관에서 주민을 고용하

---

27 중국인들은 이 말이 경멸의 의미가 아니라 서역을 가리키는 단어인 '龜玆(꿰이즈)'를 광둥 사람들이 잘못 발음한 결과라고 주장했다. Liu, *The Clash of Empires*, pp.80~81.

지 못하도록 한 조치는 처음부터 지켜질 수 없는 규제였다. 오랑캐는 현지인의 도움이 없으면 하루하루 먹고 살기도 어려웠다. 식품을 조달하러 시장에도 갈 수 없었고 상관 구역 밖의 우물에 물을 길러 갈 수도 없었으니, 현지인의 도움이 없으면 굶어 죽으라는 것이나 다름없었다. 그래서 이 규제는 처음부터 깨끗하게 무시되었으며, 얼마 지나서는 회사마다 8명까지 고용할 수 있도록 했지만 이것도 지켜지지 않았다. 동인도회사는 말할 것도 없고 개인 상인도 마이빤과 하인, 청소부, 요리사로 10명 이상 고용했지만 아무 탈이 없었다. 이렇게 많이 고용한 것은 인건비가 턱없이 낮았기 때문이다. 16세기부터 19세기 초까지 인구가 두 배 이상으로 급증한 광조우 주변에는 일자리를 찾는 사람이 많았다. 상관은 저임금 일자리를 많이 만들었으며, 고용 인원이 많아도 오랑캐들에게 큰 부담이 되지 않았다. 화물 하역과 선적, 검사, 운반 등으로 바쁘게 돌아가는 무역 기간에는 오랑캐의 수십 배나 되는 현지인들이 상관을 드나들며 북새통을 이루었다. 서류가 워낙 복잡해서 오랑캐들은 아침 일찍부터 꼭두새벽까지 일했으며, 마이빤과 하인들도 바쁘게 오갔고, 화물 운반을 맡은 쿨리들이 상관을 드나들어 이들이 질러대는 고함으로 상관 전체가 어수선했다. 이 많은 사람들이 모두 광조우 무역 체제의 보이지 않는 조연들이었다. 그리고 이 조연들을 감독하면서 중요한 조연 역할을 맡은 사람이 마이빤이었다.

마이빤은 광조우 무역체제의 핵심 조연인 동시에 수혜자였다. 마이빤은 무역 업무에서 몸으로 때우는 일을 모두 지휘하는 동시에 오랑캐 주인의 살림을 도맡았다. 거래는 홍상과 오랑캐가 구두로 진행했고 상품을 건네주거나 받는 일에서는 그들이 주역을 담당했다. 쿨리를 고용해서 물건을 운반하고 물량을 점검하고 인도 증서를 받아 주인에게 건네기까지의 모든 일을 마이빤이 처리했다. 살림을 위해 하인, 요리사, 청소부를 고용하고 식품, 식수, 생활필수품의 조달도 담당했다. 신임을 받는 마이빤은 거래 대금 출납과 생활비 지출 등의 기록을 맡아 금고를 관리하기까지 했다. 오랑캐 상인 대부분이 보고를 받고 장부와 잔액을 확인하기만 했을 뿐 그들의 충성심을 의심하지 않았다. 간혹 잔액이 부족할 때는 따로 떼어 놓은 부스러기 은을 덩어리로 만들어서 채워 넣었다. 그렇게 하는 대로 맡겨도 마이빤 때문에 사고가 터진 경우는 드물었다. 마이빤은 돈을 제법 벌 수 있는 직업이었다. 그들은 봉급을 받았지만 더 큰 수입원은 따로 있었다. 오랑캐는 물건을 구입할 때 전표를 썼고 그 전표가 돌아오면 마이빤이 은이나 동전으로 지불했는데, 여기에 자신의 수수료를 붙였다. 예를 들어 주인이 10달러짜리 도자기 하나를 사면 다음 날 가게 주인이 전표를 마이빤에게 들고 온다. 마이빤은 10달러를 지불하면서 약간의 수수료를 자신 몫으로 챙기고, 장부에는 합산한 금액을 기재했다. 게다가 그들은 현지인들 사이에서 권력자였다. 운반할 물량에 따라 고용할 쿨리의 인원과 임금을 결정했고, 하인과 청소부도 고용했다. 새로 고용된 사람들이 건네는 사례비도 수입원의 하나였다. 또 다른 수입원은 정보였다. 주인이 다음 배에 어떤 상품을 싣고 들어오는지, 아니면 다음 시즌에 어떤 상품을 구입하려 하는지를 현지 상인들에게 흘려 사례비를 챙기고 때로는 거래를 알선해 줘서 소개비를 챙길 수 있었다. 그들은 뒷날 아편 밀수가 벌어질 때 더욱 중요한 역할을 해서 더 많은 돈을 벌었다. 무일푼이었던 사람이 마이빤으로 취직해서 몇 년 만에 수만 달러를 모았다는 소문이 돌기도 했다.

약점의 노출: 앤슨 함장의 센추리온호

무역을 통한 동서 문명의 접촉이 마냥 평화롭지만은 않았다. 마르코 폴로 Marco Polo의 『동방견문록』이 출판되고 16세기 이래 예수회 신부들의 전갈을 통해 유럽인들은 중국에 대해 막연한 환상을 지니고 있었다. 그러나 유럽인들이 광조우에서 발견한 것은 정반대였다. 그들이 목격한 것은 부패한 관리들이 민간인의 안전과 복지에 무심한 모습이었다. 상관 근처에는 밥 한 그릇으로 하루를 때우면서 일자리를 찾으려고 서성거리는 사람들이 많았지만 아무도 도움의 손길을 내밀지 않았다. 황푸에서 수상생활을 하는 주민들의 생활수준은 비참할 정도였지만 관원들은 이들에게도 돈을 뜯었다. 이런 경험은 유럽인들의 중국에 대한 생각을 바꾸기에 충분했지만 별로 특별한 일은 아니었다. 문명의 접촉에서 자신의 약점은 잊고 상대방의 나쁜 점만 눈에 보이는 것이 일반적이다. 그들이 광조우에서 목격한 빈곤은 유럽에도 있었다. 이 시기 런던과 파리 뒷골목의 생활수준이 황푸보다 더 높았다고 할 수는 없다. 그러나 특별한 사건이 터져 상대방이 약점을 노출하면 부정적 인상이 증폭되고 고정관념은 커지게 된다.

유럽인들이 의외라고 생각했던 것은 중국의 허약한 군사력이었다. 전쟁이 빈발하던 18세기 유럽에서 군사력은 중대 관심사였고, 민간 선박도 대포로 무장해서 상선과 해적, 군함이 뒤얽혀 싸움을 벌였다. 그런 유럽인들이 중국에서 발견한 것은 해상 무력이 극히 취약하다는 것이었다. 유럽식의 해군이 없고 해전이라는 개념도 없었다. 중국 측은 바다에서 침입하는 오랑캐를 주로 육지에서 맞아 싸우는 전략을 택했지만, 17세기에 웨들 선장의 선박 3척의 포격으로 포대가 궤멸되어 버렸다. 그러나 조정은 이 사건을 심각한 교훈으로 삼지 않았고, 이후에도 충분하게 대비할 생각을 하지 않았다. 조정은 오랑캐를 다독거린다는 원칙에 묶여 전력 강화를 중시하지 않았고, 지방 정부는 사건이 터질 때마다 적당히 덮고 넘어갔다.

군사력의 취약성은 중국 사회의 구조적 문제였다. 문인이 관료조직의 핵심을 형성한 중국에서는 군대를 상대적으로 홀시했다. 조정에서 임명하는 전국의 관직 중 무관은 1/4밖에 되지 않았다. 군대는 만주족 출신 팔기영八

旗營과 한족 출신 녹기영綠旗營으로 구성된 상비군 80만 명을 보유했다. 숫자로만 보면 녹기영이 전체의 3/4을 차지했지만 주력은 팔기영이었다. 정예부대인 팔기영은 귀족 계급에 속하는 직업 군인이었다. 그렇지만 18세기 중반의 팔기영은 중국을 정복한 전사의 모습에서 한참 벗어나 있었다. 100년 동안 큰 전쟁 없이 귀족 생활을 누려 온 그들의 군사적 기량은 많이 위축되어 기병이 주축인 팔기영에 말도 못 타는 병사가 많았다. 가족을 데리고 사는 병사들은 주둔지에서 차관이나 식당을 운영해 재산을 불리는 데 골몰했다.

한편 녹기영은 정체가 모호한 군대였다. 군사적 위협이 있는 서북방과 서남방 변경에서는 수비대로 배치됐지만 내륙에서는 경찰, 소방서, 우체국의 역할까지 떠맡았다. 거리를 순찰하고 범죄자를 검거할 뿐만 아니라 역참驛站을 운영하며 우편물을 배달하는 일까지 도맡았고, 재난 상황에서는 구조와 복구 인력으로 투입되었다. 병사들은 팔기군에 비해 보수도 낮고 가족과 떨어져 살았다. 그래서 녹기영은 사기가 낮았고, 훈련도 덜 되고 군기가 해이했다. 특히 캉시황제 이후 평온한 세월이 지속되면서 녹기영의 상황은 더 열악해졌다. 문서상의 상비군이어서 군적軍籍에는 이름이 있지만 실제 사람은 없는 경우가 허다해 실제 병력은 군적의 2/3밖에 되지 않았다고 한다.

그러나 더 큰 문제가 있었다. 15세기 이래 유럽에서는 전투가 화기火器 중심으로 바뀌었다. 화약은 중국에서 유래했지만 중국의 총과 대포는 포르투갈과 네덜란드 상인에게서 들여와 모방해 만든 것으로 보조적인 무기에 지나지 않았다.[28] 소총 보급률이 절반도 안 되었으며 아직 칼과 창, 활이 주요 무기였다. 총의 개선 노력도 별로 없어 16세기에 전래된 화승총은 19세기

---

28 중국인들은 포르투갈에서 전래된 화승총musket을 鳥銃이라 불렀고, 대포를 佛郎機, 紅夷砲로 불렀다.

가 되도록 총구 쪽으로 화약과 탄환을 장전하고 개머리판 쪽에서 심지에 불을 붙여 발사하는 총이었다. 길이가 2미터가 넘어 장전이 쉽지 않았고, 부싯돌로 불을 붙였으므로 훈련된 병사도 장전에서 발사까지 1분에 1~2발 이상은 발사할 수 없었다. 사정거리도 100미터에 불과했고, 착검이 불가능해 백병전에서는 쓸모가 없었다. 게다가 병사들은 소총 휴대를 싫어했다. 허리에 화약주머니를 차고 있다가 실수로 불이 붙으면 온 몸이 불덩이로 변할 수 있기 때문이었다. 더욱이 모든 무기의 규격이 법률로 정해져 있었기 때문에 개선이 쉽지 않았다. 소총의 총신은 법령에 1.8미터에서 2.1미터 사이로 정해져 있어서 이 범위를 벗어날 수 없었다.

대포는 수준이 더 낮았다. 대부분 포르투갈의 대포를 모방해서 만들었는데 제련 기술이 낮아 사격할 때 포신이 갈라지는 경우가 많았다. 이런 문제를 해결하기 위해 포신을 청동으로 주조하면서 대포가 엄청나게 무거워졌다. 전력을 강화할 때 흔히 5,000 내지 6,000근斤 대포를 거론했는데 그것은 무거울수록 위력이 강하다고 생각했기 때문이다. 그렇지만 아무리 커도 화약 성능이 낮아 소용이 없었다. 유럽에서는 화학적 계산으로 화약 성분을 최적화한 표준을 만들었지만 중국에서는 개인적 경험에 의존했기 때문에 표준화를 이루지 못해 사정거리가 유럽의 대포에 비해 1/3밖에 안 되었고, 파괴력도 훨씬 약했다. 더 치명적인 약점은 대포의 사용 방식에 있었다. 대포를 얹는 포차砲車가 없었고 상하 각도를 조정하는 톱니도 없었다. 대포는 나무기둥에 묶어 놔서 각도를 변경할 때는 지렛대로 움직여야 했고, 전후 이동과 좌우 각도 조정은 사람들이 달려들어 포신 전체를 움직여야 했다. 그러니 발사 후 재조준이 오래 걸렸고 정확도가 매우 낮았다. 유럽인들이 보기에 조준도 못하고 멀리 날아가지도 못하는 이 대포들은 운이 좋아야 맞추는 위협용이거나 불꽃놀이용에 불과했다. 무기의 개선이나 신무기 개발은 별로 없었다. 기술 대부분이 비전秘傳되었기 때문에 시간이 지나면 잊히는 경우가 허다했다. 예를 들면 개화포탄開花砲彈이라는 폭파탄이 17세기에 사용되었지만 19세기 아편전쟁 당시 린쩌쉬가 그런 포탄의 존재 자체를 몰랐다는 코미디 같은 이야기도 있다.[29]

군사력에서 중국의 더 큰 약점은 해군력이었다. 중국에는 유럽식 해군이 없었고, 광둥과 푸지엔에 수사영水師營이라는 수군 부대가 있었다. 이 부대는 항해를 담당하는 소수 인원을 제외하면 해상 전투와는 거리가 먼 군졸로 채워져 있었으며, 평소에는 육지에 주둔하다가 필요할 때만 전선을 타고 강이나 바다로 나갔다. 그러나 유목민인 만주족이 득세한 조정은 해상 전투에 거의 대비하지 않아서 그들의 사기는 엉망이었다. 수군에 대한 투자에 인색해서 전선 숫자가 적었으며 유지 상태도 불량했다. 뱃전이 부서지거나 밑바닥이 썩어 물이 새도 수리 비용이 없어 마냥 방치하는 전선이 많았다. 게다가 해금 이래 바다로의 진출을 막기 위해 선박의 크기를 제한한 것이 전투력 약화의 한 요인으로 작용했다. 상선과 전선을 막론하고 500톤을 넘을 수 없었고, 돛대는 2개를 넘으면 안 되었다. 전선은 전투용으로 따로 건조한 배가 아니라 일반 선박을 개조한 것이어서 특별히 빠르지도 않았고, 원양 정크에 비하면 훨씬 작았다.[30] 그러니 5,000근 대포는 엄두를 못 내고 소형 대포 10문 정도를 장착했다. 이 대포들도 포차가 없이 갑판에 고정되어 있어서 움직이는 적선을 겨냥한 발사는 불가능했다. 수군의 핵심 전략은 적선에 배를 붙인 후 군졸들이 넘어가 백병전을 벌이는 것이었고, 대포는 멀리서 겁주는 역할밖에 하지 않았다. 수군의 취약함은 18세기에 창궐한 해적을 토벌하지 못하다가 포르투갈 군함의 도움을 받아 간신히 해결한 데에서도 드러난다. 이런 수군이 유럽 선박과 맞닥뜨릴 때 어떤 상황에 빠질지는

29 茅海建, 『天朝的崩潰』, 45~46쪽.
30 茅海建, 『天朝的崩潰』, 39~41쪽.

쉽게 짐작할 수 있다. 유럽의 상선은 300톤급에서 1,000톤급 동인도 무역선에 이르기까지 규모가 다양했다. 돛대는 2~3개였지만 돛의 숫자와 화력이 비교되지 않았다. 동인도 무역선은 돛대 3개에 18장의 돛을 펼치고 빠른 속도로 항해했을 뿐만 아니라 화력도 상대가 되지 않았다. 일반 상선도 양쪽 뱃전에 36파운드 대포를 30문 이상 장착하고 있었고, 군함은 양쪽으로 2층, 혹은 3층으로 된 포좌에 36파운드와 64파운드 중포를 장착했다. 영국 해군의 1급 전함은 중포 120문을, 2급 전함은 76문을 장착하고 있었으니, 2급 전함 한 척의 화력이 중국의 전선 10여 척을 압도할 정도였다.[31]

광조우 수사영의 허약한 체질은 1742년에 영국 군함이 출현했을 때 적나라하게 드러났다. 그해 조지 앤슨George Anson 함장이 지휘하는 센추리온 Centurion호가 마카오에 입항했을 때 군함을 알아보지 못한 월해관 관리들이 중량세를 부과하려 했다. 이 배는 애초에 중국에 올 배가 아니었다. 스페인과 전쟁 상태에 있던 영국 해군은 남아메리카에서 필리핀으로 가는 스페인 선박을 저지하려고 센추리온호를 기함으로 하는 함대를 파견했다. 그러나 함대는 별 소득 없이 남아메리카 해안을 떠돌다가 풍랑에 휩싸여 기함만 빼고 모두 사라졌다. 기함은 태평양을 표류하다가 수리와 식량 보급을 위해 마카오로 온 것이었다. 센추리온호의 출현으로 난감한 입장에 빠진 마카오 총독은 광조우 당국의 허가를 받아야 한다고 통보했다. 물정 모르는 함장은 직접 광조우로 가겠다고 나섰고, 군함이라는 말에 겁을 먹은 관리들은 곧장 허가를 내줬다. 그렇지만 그 다음이 문제였다. 함장이 영국관에 들어갔지만 보증서를 발급할 홍상을 주선하지 않았기 때문에 당국과 접촉할 길이 없었다. 함장은 상황이 여의치 않다고 판단해서 마카오로 돌아와 양광총독에게 하루 빨리 식량 보급과 수리를 마친 후 떠나고 싶다는 편지를

31 茅海建, 『天朝的崩潰』, 제1장 참조.

보냈다. 월해관은 이 편지를 보고 크게 안도했다. 만약 함장이 영국관에서 계속 버티면 오랑캐 군함의 입항을 막지 못한 죄를 뒤집어쓸 판이었던 그들은 즉각 필요한 것을 모두 제공했고, 센추리온호는 5개월 만에 마카오를 떠났다. 관리들은 이 오랑캐 선박이 자기 나라로 돌아갔다고 생각했지만 그게 아니었다. 3개월 후에 센추리온호가 다시 나타났는데 이번에는 나포한 스페인 선박을 끌고 왔다. 이 배에는 포로 100여 명과 40만 파운드에 해당하는 전리품이 실려 있었다. 이미 경험이 있는 함장은 마카오 총독을 제치고 곧장 후먼 수로로 들어갔다. 수로 입구의 포대는 정비가 되어 있지 않아 대포 한 방 쏘지 못했고, 함장은 수로 중간쯤에서 보급을 요청했다. 관리들은 경악했다. 중국 법률로는 선박 나포가 해적 행위였으므로 그런 배에 보급을 허용할 수 없었다. 힘으로 제압할 수 없다는 것을 잘 아는 관리들은 협상을 택했다. 그들은 다른 배와 마찬가지로 중량세를 바치고 포로를 석방한다면 보급을 고려하겠다고 했다. 함장은 포로 석방에 동의하는 대신 유럽에서는 군함에 세금을 매기지 않으므로 중량세를 면제하라고 요구했다. 월해관이 이를 받아들이지 않아 협상은 서너 달을 끌었다. 기다리다 못한 함장이 선원들을 거느리고 상관에 들어가자 홍상들은 보급이 이루어지도록 노력하겠다고 했고, 영국 상인들은 당국을 자극하지 말라고 애걸했다. 함장이 상관에서 2개월이 넘도록 머무는 동안 양측의 긴장은 점점 높아졌다. 그런데 광조우 당국 입장에서 보면 하늘이 도왔다. 시내에 큰 화재가 발생했을 때 선원들이 진화 작업에서 대활약을 해서 당국의 태도가 돌변했다. 총독이 함장을 면담해 신속하게 보급을 도왔고, 함장은 당국의 요구대로 스페인 포로들을 석방한 후 출항했다. 중량세 문제는 아무도 꺼내지 않았다. 그것은 난폭한 오랑캐를 세련된 방법으로 다독거린 성과여서 협상에 나섰던 관리는 승진의 영광을 누렸다. 동시에 그것은 군사적 승리로 돌변했다. 센추리온호가 수로를 따라 움직일 때 뒤에서 전선 수십 척이 뒤따랐다. 선원들은 그 배들이 자신들의 출항을 축하하는 행렬이라고 생각했지만 망원경으로 보니 갑판의 군관들이 모두 갑옷을 입고 전투 태세를 취하고 있었다. 그것은 오랑캐 선박을 무력시위로 쫓아 보냈다는 보고서를 쓰기 위한 제스처였다. 이렇게 센추리온호는 전설이 되었고, 유럽인들은 이 배가 정박해 있던 지점에 앤슨만Anson's Bay이라는 이름을 붙였다(그림 8-1 참조).

이 전설에서 드러난 것은 광조우 당국이 무력을 사용할 의지도, 능력도 없었다는 점이었다. 그러나 관리들은 이 교훈을 심각하게 받아들이지 않고 협상을 통해 승리했다는 기쁨만을 누렸다.[32] 오랑캐 문제가 터지면 당국은 무력을 동원하겠다고 엄포를 놓았지만 실제로는 오랑캐가 제풀에 기가 죽어 물러가기만 기다렸다. 아편전쟁이 벌어질 때까지 당국이 병력을 동원한 일은 없었다.

야만적 법률: 레이디휴스호 사건

매년 선박 수십 척이 들어오면서 1,000명 이상의 괄괄한 선원들은 자기들끼리, 또는 주민들과 심심치 않게 마찰을 일으켰다. 당국은 오랑캐 사이에 생긴 문제에는 관여하지 않았고, 무역 거래에서 일어난 다툼에도 개입하지 않았다. 그러나 오랑캐와 주민 사이의 형사문제는 손 놓고 있지 않았다. 그것은 자국 국민을 보호한다는 취지에서 볼 때 당연한 것이었으며, 또 국적이 다른 사람들 사이에 범죄가 발생하면 사건이 발생한 국가의 법률을 따른다는 유럽의 규범에도 배치되지 않았다.

그러나 유럽인들은 이것을 받아들이지 않았다. 유럽처럼 판사, 검사, 변

---

32 Coates, *Macao and the British, 1637-1842*, pp.48~53.

호사, 배심원을 갖춘 독립적인 법정이 없는 중국의 법률 제도가 후진적이라고 생각했기 때문이었다. 중국의 사법적 심판은 지현이 사건을 조사해 포정사에 보고하는 방식으로 이루어졌다. 하급 관원이 피의자를 심문하고 증거를 수집하는 과정에서 공개 심문과 피의자의 소명 기회가 적었고 고문은 일상적이었으며, 결정적인 증거가 없을 때 직관으로 판단하는 경우가 많았다. 그러나 법률 제도가 마냥 허술하지는 않았고 특히 사형에는 아주 엄격했다. 사형을 언도하려면 모든 증거와 증언을 구체적으로 갖추어서 황제에게 보고하고 재가를 받아야 했다.

사실 이 시기 유럽의 법률제도가 충분히 선진적이었다고 보기도 어렵다. 『레미제라블』은 프랑스의 법률 적용이 얼마나 막무가내인지를 보여 준다. 영국에는 사형에 처할 죄목이 200가지가 넘었으며, 양을 훔치거나 소매치기 죄로 사형된 사람도 많았다. 변호사 제도는 돈 많은 살인자가 풀려나는 반면, 몇 푼 훔친 소매치기가 사형되는 모순을 초래하기도 했다. 그럼에도 불구하고 유럽인들은 중국 제도를 비난하는 데 열을 올렸다. 유럽인들이 제일 질색한 것은 형벌의 혹독함과 처형 방식이었다. 살인자는 일벌백계—罰百戒의 효과를 내기 위해 사람들이 많은 곳에서 공개적으로 사형을 집행했다. 교수형 당한 시신을 며칠씩 걸어 놓거나, 참수형을 집행한 후 목과 목 없는 시신을 길거리에 방치해서 지나다니는 사람들이 보게 했다. 특히 사람이 많이 다니는 상관 주변이 처형장으로 사용되었기에 유럽인들도 이런 광경을 자주 목격했다. 비슷한 시기에 유럽에서도 마녀사냥을 하면서 공개적으로 화형에 처하는 경우가 있었고 국왕과 왕비까지 길거리 단두대에서 처형했지만 유럽인들은 광조우의 처형을 바라보면서 그런 광경을 떠올리지 않았다. 접촉을 통해 이해보다는 멸시를 낳는 과정이 이렇게 만들어졌다.

자잘한 사건은 특히 황푸에서 많이 일어났다. 난폭한 선원들과 한 푼이라도 더 벌려는 주민들 사이에서 싸움이 끊이지 않았다. 술에 취한 선원들이 행패를 부려 주민들과 패싸움이 벌어지면 관원이 출동했고 해당 선박의 보증을 선 홍상이 화물관리인과 함께 수습해야 했다.[33] 이런 사건은 일상적이었고 큰 문제로 발전하지 않았지만 사람이 죽으면 문제가 커졌다. 중국인이 오랑캐를 죽이면 범인의 사형으로 마무리되었지만 반대 경우에는 문제가 복잡했다. 유럽인에 대한 중국 법률의 적용을 받아들이지 않는 유럽인의 태도가 분쟁을 일으켰다. 1721년에 황푸에서 영국동인도회사 선박의 선원이 주민 한 사람을 죽인 사건이 일어났다. 월해관이 진상을 조사하면서 해당 선박의 화물관리인에게 출두를 명령했지만 그는 숙소를 영국관으로 옮기고 요구에 응하지 않았다. 얼마 후 다른 화물관리인 몇 명이 연명으로 항의 서한을 월해관에 전달했다. 그들은 영국인이 '야만스러운 중국 관리에게 잡혀 가는' 것을 용인할 수 없으며, 월해관이 이런 절차를 고집하면 함대를 불러올 수도 있다고 위협했다. 월해관이 더 이상 밀어붙이지 못해 이 사건은 흐지부지 끝났다. 비슷한 사건이 다음 해에 또 터졌다. 선원이 새를 잡으려고 쏜 총알에 현지인 소년이 맞아 사망한 사건이었다. 관원들이 조사를 벌이자 선원이 잘못을 인정했지만 잡혀가지는 않았다. 소년의 부모가 돈으로 해결하자고 해서 화물관리인이 관원과 협상을 벌여 2,000냥을 주고 무마했다. 화물관리인들은 부모와 관원들이 자꾸만 금액을 높이는 바람에 쓸데없이 돈을 많이 썼다고 불평했다.[34]

마카오의 사법제도도 중국에 종속되어 있었다. 포르투갈인 사이의 사건은 총독이 처리했지만 중국인이 관련된 범죄에는 광조우의 관리가 개입했다. 포르투갈인이 중국인을 살해하면 범인을 공개 처형할 것을 요구했다. 마카오를 관할하는 고아의 식민정부는 강력히 반대했지만 총독이 그 요구

33 Lampe, "The Most Miserable Hole in the Whole World: Western Sailors and the Whampoa Anchorage, 1770-1850", pp.30~36.

34 Liu, *The Clash of Empires*, pp.67~68.

를 거부하기는 어려웠다. 거부할 때 돌아오는 것이 식량 공급 중단이었기 때문이다. 처형 과정에서도 갈등이 있었다. 유럽에서는 교수형을 집행할 때 밧줄이 끊어지면 살려 주는 관례가 있었지만 광조우의 관리들은 그런 걸 몰랐다. 1744년에 포르투갈인을 처형할 때 밧줄이 끊어졌다. 이를 본 가톨릭 신부들이 죄수를 교수대에서 끌어내리려고 달려갔으나 구경하던 군중이 거세게 항의하면서 순식간에 폭도로 변해 날뛰었다. 집행하는 관리들이 몇 번이고 숨이 끊어질 때까지 죄수의 목에 밧줄을 걸었고, 이번에는 구경하던 유럽인들이 분노했다. 1773년의 사건은 더 심각했다. 마카오에서 중국인이 피살되자 현지 관원들이 영국인 방문자 하나를 범인으로 지목하고 총독에게 범인 인도를 요구했다. 분명한 증거가 없었기 때문에 마카오 평의회가 범인 인도에 부정적이었고 동인도회사의 입장도 감안해서 총독은 인도를 거부하고 버티기로 했다. 그 회신이 광조우 당국에 전달된 직후 주민들에게 철수 명령이 떨어졌다. 철수 대상은 마카오에 와서 농사를 짓거나 장사를 하거나 또는 하인 노릇을 하며 사는 사람들이었다. 이들이 철수하자 식량 공급이 끊어졌고, 청소와 하역 업무가 마비되었다. 이번에는 가톨릭 주교가 나서서 한 사람 때문에 모두 죽게 생겼으니 더 버틸 수 없다고 평의회를 설득했다. 일주일이 지나 평의회의 결정을 거쳐 총독이 그 영국인을 인도했다. 철수했던 사람들이 돌아왔지만 그 영국인은 아무 심문 절차 없이 교수형에 처해졌다. 얼마 후 관리들은 오랑캐 사이의 사건에도 개입했다. 네덜란드 선원이 동료를 살해한 사건이 일어나자 관리들이 범인을 넘기라고 요구했다. 협상 끝에 관리들이 배에 올라 입회한 가운데 범인이 교수형을 받았다. 다음 해에는 프랑스인이 동인도 무역선 선원인 포르투갈인을 살해한 사건이 터졌다. 그는 상관에 몸을 숨겼지만 오래지 않아 당국에 인도되어 기소 절차 없이 교수형을 당했다. 경미한 사건에도 관리들의 요구가 거셌다. 술에 취해 거리에서 행패를 부리던 영국동인도회사 직원이 마카오 감옥에 구금되어 있다가 회사가 협상을 벌여 한참 만에 풀려났다. 또 다른 직원은 빚을 받기 위해 무장 선원 몇 명과 파산한 홍상 가게에 갔다가 관원들의 제지를 받았다. 관리들이 그를 상관에서 추방하고 마카오 감옥에 구금하라고 요구했고, 총독은 이를 받아들이지 않을 수 없었다. 주재원들이 인도에 보낸 서한에서 "우리는 어느 전제군주 아래에서보다 더 열악한 상황에 있으며, 제멋대로인 법률에 의한 가혹하고 불의에 찬 대접을 받고 있다. … 우리 개인과 회사가 세계 어느 곳에서도 이런 불명예를 겪은 일은 없었다." 라고 보고했다. 그러나 그게 끝이 아니었다.[35]

1784년 8월에 유럽인들 뇌리에 제일 깊이 각인된 사건이 일어났다. 황푸에 정박 중인 지방무역선 레이디휴스Lady Hughes호를 방문한 동인도회사 직원들이 저녁식사를 마치고 상관에 돌아가기 위해 보트에 오를 때였다. 관례에 따라 예포를 발사했는데 포탄이 옆을 지나가던 거룻배에 맞는 바람에 한 명이 죽고, 다른 한 명도 심한 화상을 입어 며칠 후에 죽었다. 월해관은 관원과 홍상을 파견해서 범인 인도를 요구했지만 선장은 포수를 구금한 채 인도를 거부했다. 며칠 후 월해관 감독이 대표위원회에 범인 인도를 요구하는 서한을 보냈지만 위원회는 해당 선박이 지방무역선이기 때문에 회사의 관할이 아니며 범인이 종적을 감췄다고 회신했다. 그러자 월해관은 범인이 사라졌다는 게 말이 안 되며, 누구든 영국인 한 사람을 인도해야 한다고 통보했다. 며칠 동안 편지가 오고 간 후 사건은 새로운 국면으로 접어들었다. 관리들이 상관에 들른 레이디휴스호의 화물관리인을 잠깐 만나자고 하더니 잡아가서 감옥에 처넣어 버렸다. 그것은 시작에 불과해서 잠시 후에는 군대가 상관을 에워쌌다. 마이빤과 하인이 모두 사라졌고, 황푸와 마카오로 나가는 물길도 봉쇄됐다. 이런 상황이 벌어지자 평소에는 별로 친하지 않던

35 Coates, *Macao and the British, 1637-1842*, pp.67~69·77~79.

오랑캐들이 똘똘 뭉쳤다. 황푸의 선원들에게 무기를 들고 상관으로 모이게 했고, 모든 국적의 오랑캐가 연명으로 포수의 고의적 살인이 아니라 실수였다는 청원서를 제출했다. 그래도 상황은 호전되지 않았다. 총독이 홍상을 통해 영국인을 제외한 오랑캐를 불러 모아 그들에게는 해가 없을 것이라고 다짐했지만 오랑캐들의 단합을 깨지는 못했다. 그러나 상관의 봉쇄가 여러 날 계속되자 더 버티지 못하고 대표위원회가 영국인 한 명을 인도하기로 결정했다. 위원회는 포수를 찾으려 하지 않고, 레이디휴스호의 선원 중에서 제일 나이가 많고 기력이 떨어지는 사람을 골라 범인으로 인도하면서 공정한 재판과 너그러운 판결을 청원하는 편지를 함께 보냈다. 동시에 무장 선원들을 황푸로 돌려보냈다.

관리와 홍상들은 총독이 관대하게 처결할 것이라고 오랑캐를 안심시켰다. 그것은 거짓말이 아니었다. 총독은 황제에게 이 사건이 과실에 의한 것이므로 범인을 영국으로 추방해서 재판을 받도록 하자고 건의했다. 그러나 치엔룽황제의 입장은 단호했다. 오랑캐를 죽인 백성은 사형에 처하므로 반대 경우에도 같은 법을 적용해야 한다고 했다. 더욱이 사건이 터진 후 범인을 인도하기까지 여러 날이 걸린 점에 대해 책임을 물어야 하고, 추방한다 해도 범인이 영국에서 제대로 처벌될 가능성이 높지 않다는 점도 지적했다.[36] 황제는 오랑캐 따이빤이 보는 앞에서 범인을 교수형에 처하라고 명령했다. 오랑캐들은 이런 상황 전개를 전혀 몰랐다. 사건이 터진 후 6개월이 지나 순무가 홍상과 각국 대표 두 명씩을 불러 황제의 판결을 전했다. 그는 중국인 두 명이 죽었지만 황제는 관대하게 오랑캐 한 명의 목숨으로 이 사

---

36 동인도회사가 존재했던 1600년부터 1834년까지 중국에서 범죄를 저지르고 영국에 추방된 후 유죄 판결을 받아 처벌 받은 사례는 한 건도 없었다. Li, "Law, Empire, and Historiography of Modern Sino-Western Relations: A Case Study of 'Lady Hughes' Controversy in 1784", p.34.

건을 마무리 짓는다고 말했다. 오랑캐들이 항의하려고 일어섰지만 그는 내실로 들어가 버렸다. 바로 그 시간에 늙은 선원은 시내 다른 곳에서 공개적으로 교수형을 당했다.[37] 뒷날 영국의 『타임스』는 무장 선원들이 상관에 모였던 사건을 '무고한 사람이 교수형을 당해 일어난 … 광조우의 폭동Riot of Canton'이라는 제목으로 보도했다.

이 사건은 캘커타를 거쳐 런던에 알려져 큰 파장을 일으켰다. 처음 반응은 동인도회사의 무능력에 대한 비판이었다. 죄 없는 사람을 인도해서 목숨을 잃게 한 책임을 회사가 져야 한다는 것이었다. 그러나 얼마 지나지 않아 이 사건은 영국의 자존심 손상으로 확대되었다. 대표위원회는 이 사건을 영국인이 영국 법률의 보호를 받을 수 있는 무역기지가 없어서 일어난 사건이라고 보고했다. 그것은 회사가 중국 무역 독점권을 유지하기 위한 정치적 포석이었지만 별로 도움이 되지 못했다. 오히려 회사가 쓸데없이 덩치만 클 뿐 무능하다는 점을 더욱 부각시켜 여론이 개인 상인에게 더 많은 무역 기회를 제공해야 한다는 쪽으로 기울어졌다. 내각과 의회도 마찬가지였다. 상공업자들의 중국 시장을 확대하라는 압력을 받던 내각은 이 사건을 계기로 중국 무역에 본격적으로 개입하기 시작했다. 내각의 **목표**는 시장 확대를 위한 추가 개항과 영국인의 생명과 재산을 보호할 치외법권이었다. 그것은 동인도회사로서는 달성할 수 없는 일이기 때문에 국가 대 국가의 조약을 필요로 하며, 그러려면 광조우 당국보다 더 윗선과 직접 교섭해야 한다고 생각했다.[38]

---

37 Coates, *Macao and the British, 1637-1842*, pp.79~83.
38 레이디휴스호 사건에 관해서 Li Chen이 양측의 주장과 당시의 상황을 비교하면서 설명했다. 그는 당시 벌어졌던 실제 상황과 사건에 대한 유럽인의 기록 및 증언에는 상당한 괴리가 있으며, 중국의 법률 체계가 야만적이라는 주장은 영국인의 자기중심적인 오만함에서 비롯되었다고 주장했다.

광조우 무역체제의 변화

레이디휴스호 사건이 벌어진 1780년대부터 광조우 무역체제는 서서히 흔들리기 시작했다. 그것은 중국 측의 변화보다 영국 측의 변화로 일어난 현상이었다. 가장 핵심적인 것은 광조우 무역의 큰손인 영국동인도회사의 체질적 변화였다. 회사는 18세기 중반 인도 동부의 벵골 지역을 장악하면서 민간기업에서 식민정부로 탈바꿈했다. 그런데 영국에서 자유무역을 주장하는 목소리가 높아지면서 아시아 무역 독점권에 의존해 온 회사가 여러 가지 도전에 직면하는데, 특히 산업혁명 이후 목소리가 높아진 상공업자들은 회사를 향해 중국의 무역시장을 넓히라고 압력을 가했다. 회사는 인도 식민지에서의 수입을 기대했지만 시간이 흐를수록 식민지 경영은 고비용, 저효율의 구도를 드러냈고 의회는 회사의 활동에 부정적이어서 무역 독점권을 재고하는 움직임을 보였다. 독점권을 무한정 부여하는 게 아니라 10년 단위

로 그 필요성을 심사하기로 했는데 그것은 실적이 시원치 않으면 언제든 독
점권을 철회한다는 의미였다. 회사의 입지가 흔들리면서 많은 사람들이 아
시아 해역의 무역 중개업에 뛰어들었다. 개인 상인으로 출발한 그들은 캘
커타, 마드라스, 봄베이에 중개상Agent Company을 설립해서 동인도회사의
무역량을 잠식했다. 동인도회사의 위상 추락으로 광조우 무역체제에 그늘
이 드리워졌고 인도 식민정부가 아편 수출을 시작하면서 광조우 무역체제
는 혼란 속으로 빠져들어갔다.

영국동인도회사와 중개상

1756년에 영국동인도회사 소속 장교 로버트 클라이브Robert Clive가 플라
시Plassay전투를 승리로 이끌어 무굴 왕조를 무너뜨리고 인도의 벵골, 비하
르, 오리사 지역의 지배권을 장악했다. 이 승리로 회사는 포르투갈을 제치
고 캘커타, 마드라스, 봄베이에 식민정부를 운영하는 인도의 가장 강력한
식민세력으로 떠올랐다. 이제 회사는 민간 무역회사에서 인도 식민정부로
바뀌었다. 각 지역 주재원의 대표president가 총독governor으로 바뀌면서 관
할 지역의 행정권과 조세 징수권을 확보했고, 군대를 보유해 선전포고 권한
도 가졌다. 본국과의 연락선도 이원화되었다. 행정과 외교 사안은 외무성
에 보고해 외상의 지침을 받았고, 무역에 관해서는 런던 본사에 연락해 지
침을 받았다. 회사는 조세 징수권이 충분한 배당을 보장한다는 논리로 부정
적인 투자자를 설득했다.

그러나 벵골 지역을 점령한 후 회사는 여러 방면의 압력에 직면했다. 대
기업의 방만한 경영은 예나 지금이나 다름없어서 회사도 이익이 기대에 못
미치는데도 비용을 너무 많이 쓴다는 투자자들의 비판을 받았다. 그것은 이

유 있는 비판이었다. 무역은 수출과 수입 양쪽에서 이익을 남겨야 하는데 회사는 수입에서만 이익을 남겼다. 18세기 초에는 인도의 면직물을 수입해 큰 장사를 했지만 오래가지 못했다. 산업혁명으로 영국의 공장에서 대량 생산된 면직물과 모직물을 수출하게 되자 인도의 면직물 공업이 무너졌다. 이로 인해 회사는 영국 소비시장과 인도 상품의 수출이 창출하는 세금의 두 가지 수입원을 한꺼번에 놓쳤다. 또한 사람들은 식민지를 황금 달걀을 낳는 닭이라고 생각했지만 인도 식민지의 운영은 남는 장사가 아니었다. 광대한 지역을 연결하는 행정망 유지에 엄청난 비용이 들었고, 대규모 군대의 유지 비용도 상당했다. 반면에 조세 징수권은 큰 도움이 못 되었다. 토후들이 비협조적이었고 주민의 조세 저항도 거셌다. 회사가 무역에서 벌어들인 이익을 식민정부의 유지를 위해 지출해야 했으니, 투자자들에게 돌아갈 배당금이 줄어든 것은 당연했다.

게다가 독점권을 부여할 때 의회가 중국행 회사 선박에 영국 상품을 의무적으로 선적하는 법안을 통과시킨 것도 회사로서는 난감한 일이었다. 중국에서 이 상품을 제값에 처분하는 것은 불가능했다. 면직물로 말하자면 중국은 세계 최고의 경쟁력을 자랑하고 있었다. 비록 기계화되지는 않았지만 저임금을 바탕으로 생산되는 난징南京의 면직물 때문에 수입품이 파고들 여지가 없었다. 모직물은 더 어려웠다. 솜을 누빈 옷을 입고 겨울을 지내는 사람들에게 털실로 짠 옷은 인기가 없었다. 그래서 무역선이 싣고 온 섬유제품은 고스란히 재고품으로 전락했다. 대표위원회는 재고를 소진시키기 위해 홍상에게 떠맡기는 강공책을 썼다. 섬유제품을 떠맡지 않으면 다음 해에 구매할 차의 선금을 주지 않겠다고 협박했다. 홍상은 다음 해의 거래를 하려면 올해 세금을 납부할 현금이 필요했기 때문에 울며 겨자 먹기로 섬유제품을 떠맡았지만, 대부분은 창고에서 썩거나 형편없는 가격에 팔렸다. 그러다 그 홍상이 파산에 이르면 회사는 거래처 하나를 잃게 되어 차의 확보에 차질을 빚는 악순환이 발생했다. 이윤을 남길 상품이 없고 차는 수입해야 하니 악순환의 고리를 끊을 방법이 없었다.

압력은 그뿐이 아니었다. 18세기 후반 애덤 스미스Adam Smith의 『국부론The Wealth of Nations』이 출판된 이래 자유무역의 바람이 강하게 불었다. 정치권에서는 보수적인 토리Tory당이 보호무역을 주장한 반면, 진보 색채가 강한 휘그Whig당은 자유무역을 옹호했다. 이 논쟁에서 회사는 보호무역의 상징으로 자유무역론자들의 타도 대상이 되었다. 회사가 고정된 시장에서 편안하게 장사하려 할 뿐 새로운 시장을 개척해서 영국의 공산품을 더 많이 팔려고 하지 않는다는 비판이 비등했다. 그것은 어느 정도 사실이었다. 독점권 때문에 회사는 큰 노력을 들이지 않고 안정적인 수입을 누린 시기도 있었다. 영국-인도, 영국-중국, 인도-중국의 무역에서 수출입 상품을 반드시 회사 소속 선박으로 운송하고, 현지의 거래도 회사 소속 화물관리인을 거쳐야 했으며, 개인 상인은 회사에 거래를 위탁하고 수수료를 내야 했다. 회사는 면허 없이 끼어드는 상인interloper을 단속하기 위해 무력을 사용했다. 인도 식민정부의 해군 함대와 중포로 무장한 동인도 무역선은 면허 없이 끼어든 영국 선박을 나포해서 선박과 화물을 압수했다. 17세기부터 동인도회사의 역사는 한편으로는 정착지 확보를 위한 정복활동과 다른 한편으로는 끼어든 상들인과의 치열한 전투로 점철되었지만 이제 그런 시절이 지나가는 중이었다.

자유무역의 분위기는 개인 상인에게 더 많은 공간을 허용하는 쪽으로 기울었다. 수출과 수입을 대행하는 중개상을 차려 지방무역에 종사하는 영국 국적의 상인이 늘어났다. 중개상은 수출과 수입의 위탁consignment을 받아 대행하고 커미션을 챙기는 업종이므로 큰 자본이 없어도 시작할 수 있었다. 중개상들에게는 주력 상품이라는 개념이 없어서 뭐든 돈이 되면 취급하는 것이 이들의 속성이었다. 그들은 17세기 포르투갈과 네덜란드 상인의 지방

무역 방식을 따랐다. 예를 들면, 봄베이의 면화를 바타비아에서 후추와 바꾼 뒤 마닐라에서 팔아 은을 확보해 광조우에서 차와 비단을 사서 봄베이로 보내고, 그 다음에는 동인도회사에 화물을 위탁해서 영국으로 보냈다. 광조우에도 개인이 운영하는 중개상이 하나둘 생겨났다. 아직 동인도회사의 독점권이 유효해서 이들의 활동에는 제약이 있었다. 중개상은 회사의 면허를 사야 설립할 수 있었고, 광조우행 화물은 반드시 동인도 무역선에 실어야 했다. 그러나 중개상이 급격히 늘어나면서 회사가 장악했던 시장은 서서히 잠식당했다. 게다가 미국이 독립하자 회사는 폭리를 취하던 거대 시장을 놓치는 동시에 태평양을 건너온 상인들과 경쟁해야 했다. 독점권이라는 무기가 먹히지 않는 미국인들은 무척 공격적이었다. 그들은 같은 영어를 쓰는 영국인에게 동질감을 느꼈지만 사업에서는 만만치 않은 도전자였다. 중개상의 증가와 미국인의 출현으로 광조우에서 회사의 입지가 좁아지고 있을 때 산업계가 끈질기게 청원해 오던 독점권 폐지를 의회가 받아들임으로써 회사는 결정적인 한방을 얻어맞는다. 정확히 말하면 1804년 이후에는 인도 무역 독점권을 연장하지 않기로 한 것이다. 회사는 시한부 인생을 선고받았고, 광조우 무역체제도 흔들리게 되었다.

인도 식민정부

인도 식민정부는 출범 직후부터 재정적 어려움에 직면했지만 본국 정부와 동인도회사 본사는 식민지에서 얻어 낼 이익에만 관심이 있을 뿐 식민지의 재정난은 알아서 해결하라는 태도로 일관했다. 그나마 식민정부의 재정을 지탱해 준 것은 중국 무역 독점권이었다. 식민정부는 차를 인도로 실어 와서 영국으로 보낼 때 관세를 부과해 수익을 거두었다. 숫자로만 보면 수입량이 늘수록 관세 수입도 늘게 되어 있지만 함정이 있었다. 런던 본사는 수입 대금으로 은을 보내지 않고 수출품으로 상계했다. 영국 상품을 팔아 차를 수입하라는 의도였지만 실효성이 없는 조치였다. 식민정부는, 다시 말해서 회사는 은으로 차를 구입해 보내지만 본국으로부터는 은을 받지 못해 통화부족에 빠졌다. 본국 정부에 재정 지원을 요청했지만 정부는 그럴 여유가 없었다. 북아메리카 대륙의 독립운동과 유럽 열강의 각축으로 군비軍費 지출이 커서 정부도 재정적 어려움에 빠져 있었다. 은 부족으로 직격탄을 맞은 것은 차를 가장 많이 수입한 캘커타 식민정부였다.

　캘커타 식민정부의 워런 헤이스팅스Warren Hastings 총독은 해결책을 찾기 위해 골몰했다. 논리적인 해결책은 영국 상품을 인도에서 팔고 인도 상품을 중국에서 팔고 차를 영국으로 가져가는 삼각무역의 고리를 만드는 것이었다. 그것은 환상적인 고리였지만 중간에 있는 인도가 걸림돌이었다. 인도의 면직물 산업이 영국의 대량 생산으로 무너지는 바람에 구매력이 없었다. 인도를 영국 상품의 소비지로 만들려면 구매력을 높여야 하고, 그러려면 인도에서 생산해 중국에서 팔아먹을 상품, 특히 중국에는 없지만 중국인이 원하는 상품을 찾아야 했다. 이렇게 골똘히 머리를 굴려 찾아낸 결과가 아편이었다. 벵골 지역이 세계 최대의 아편 생산지였고, 캘커타 식민정부가 이 특별한 상품의 생산과 판매의 독점권을 갖고 있었다. 그러나 중국에는 금령이라는 장벽이 있었다. 1780년대에 매년 밀반입된 아편의 양은 200상자 수준이어서 뒷날 아편전쟁 직전 몰수된 양의 1/100도 되지 않았다. 게다가 회사는 중국에서 아편을 취급하지 않는다는 방침을 견지했다. 동인도 무역선에 아편을 싣는 것을 금지했고, 광조우의 대표위원회는 직원들이 개인 물품으로 아편을 들여오는 것도 막았다. 아편 밀반입이 적발되면 무역 중단의 빌미를 줘서 차의 안정적 공급에 문제가 생길 수 있기 때문이었다.

　그러나 헤이스팅스는 회사의 방침과 정반대로 행동했다. 그는 1781년 선박 2척에 자신이 직접 투자한 아편 3,450상자를 실어 중국으로 보냈다. 연간 반입량이 기껏해야 200상자 정도에 그치던 당시로서는 최대 규모의 아편 선적이었다. 그중 한 척은 항해 중 프랑스 선박에 나포되어 화물을 모두 뺏겼고, 다른 한 척은 위험을 피해 먼 길을 돌아 1782년 여름에 마카오에 도착했다. 1,600상자를 싣고 있던 선장이 홍상과 접촉했지만 대부분이 밀수품에 고개를 내저었고 그나마 관심을 보인 홍상도 원하는 가격이 달랐다. 선장은 한 상자에 500달러를 요구했으나 홍상은 210달러를 고집해서 거래가 성사되지 못했다. 돌아오는 길에 말라카에서 상자당 340달러에 전량을 처분해 이 실험은 큰 손해로 끝났다. 그렇지만 총독은 그 실패를 통해 잠재적인 아편 시장이 있고 조건만 맞추면 개척이 가능하다는 점을 확인했다. 이 실험은 캘커타 식민정부가 아편의 재배, 수집, 운송 및 가공, 판매와 수출로 이어지는 시스템을 구축하는 계기가 되었다.

　인도 동북부 우타르프라데시Uttar Pradesh주의 베나레스Benares 외곽에 가지푸르Ghazipur라는 작은 마을이 있다(그림 5-1 참조). 워낙 궁벽한 곳이라서 인도 사람들 대부분이 이런 곳이 있는지조차 모른다는 이 마을에 인도에서는 유일하게, 그리고 전 세계에서도 몇 안 되는 공인된 아편 가공 공장이 있다. 이 공장은 18세기 후반부터 가동된 베나레스, 비하르 지역의 파트나Patna, 서부의 말와 등지의 아편 가공 공장 중 하나였고, 지금도 전 세계에서 의약용으로 사용하는 모르핀의 1/3~1/4을 공급하고 있다. 모르핀 추출과정을 제외하면 지금의 공정은 200여 년 전과 크게 다르지 않지만 18세기 말엽 이 공장은 기술 혁신의 상징이었다. 아편을 중국인의 취향에 맞도록 가공해 중국 시장에서 가장 인기 높은 상품을 생산하는 대량 생산체제를 갖추었기 때문이다.[1]

1 Fay, *The Opium War 1840-1842*, pp.3~4.

　캘커타 식민정부는 아편의 계약 재배, 수확물의 운송 및 가공, 그리고 판매에 이르기까지의 과정을 하나의 시스템으로 묶었고, 가지푸르의 공장은 이 시스템의 중간 단계에 있었다. 이 시스템은 매년 여름이 끝날 무렵 동인도회사 직원들을 아편 재배 지역으로 파견하는 데에서 시작되었다. 직원들은 마을 단위로 재배 면적과 수확량을 입도선매 방식으로 계약하고 선금을 지불했다. 재배 계약은 회사가 독점했으며, 계약하지 않은 사람은 생아편을 채취해도 팔 길이 없었다. 경작자들은 매년 겨울이 끝날 무렵 생아편을 채취하고 떨어진 꽃대도 함께 모아 따로따로 후라이팬에 덖었다. 이렇게 덖은 생아편과 꽃대를 공장으로 보내면, 공장에서는 생아편의 불순물을 제거한 후 습기가 30% 이하로 떨어질 때까지 햇볕에 말리고, 충분히 마르면 꽃대와 아편을 차곡차곡 섞으면서 떡을 만드는 공정에 들어간다. 꽃대를 놓고 그 위에 아편을 얹기를 몇 번 반복해서 정해진 크기가 되면 다시 햇볕에 말려, 마침내 꽃대와 아편 사이에서 수분이 말라버리고 표면이 딱딱해지면 가공 공정이 끝난다. 완성된 떡 한 덩어리 무게가 4파운드 정도였고 그중에서 피울 수 있는 아편이 2/3를 차지했다. 완성된 떡은 나무 상자에 40개씩 포장해서 캘기디로 보냈다. 5월에 가공이 시작되어 10~11월에 완제품이 만들어지고 11월에 운송을 시작해서 늦게는 3월까지 계속되었다. 캘커타의 창고에 들어온 아편은 경매를 통해 처분되었다. 경매는 크리스마스가 지난 후 첫째 월요일에 시작해서 2개월마다 열렸다. 경매는 5월에 재고가 소진되면 중단했다가 크리스마스 무렵 다시 열렸다. 식민정부는 경매를 통해 막대한 이익을 챙겼다. 이익률이 계약 재배와 수집, 가공, 운송 등에 소요되는 모든 경비의 4~10배에 달했다.[2] 벵골 지역의 농민들은 형편없는 가격에 계약을 맺었지만 현금으로 받는 선금 때문에 착취와 고된 노동의 덫에서 벗

---

2 Trocki, *Opium, Empire and Global Political Economy*, pp.66~68.

어나지 못했다.

이 시스템은 애초부터 중국 시장을 겨냥한 것이었다. 경매에 나온 아편은 인도에서 소비하는 아크바리가 아니라 순도를 높여 중국인의 소비성향에 최적화된 제품이었다. 아편은 터키와 이란 등지에서도 재배했고, 인도 서부의 말와에서도 재배했지만 생산지에 따라 품질 차이가 있었다. 제일 중요한 것이 모르핀 함량으로 터키 아편은 10~15%였지만 벵골 아편은 3~4%였다.[3] 함량의 차이는 씹을 때는 모르지만 피울 때는 확연히 달랐다. 중국의 소비자들은, 터키와 말와의 아편을 피우면 쓴 맛이 남는 반면에 벵골 아편은 피운 후 입에 향기가 남는다고 했다. 쓴 맛이 남는 아편을 피우면 충격을 받듯 환각이 오지만, 향기가 남는 아편은 환각이 서서히 찾아와 편안하다고 했다. 식민정부는 행선지가 결정되지 않은 아편 상자에 한자로 꽁빤투 公班土라고 인쇄했는데, 그것은 동인도회사가 품질을 보증하는 아편이라는 의미였다. 그 상표를 읽고 이해할 사람은 중국인밖에 없었다.

경매 전까지 식민정부의 재산이던 아편은 경매 후 민간인 소유 상품으로 변했다. 식민정부는 팔려 나간 아편에 대해 깨끗이 손을 떼고 어디로 가서 누구에게 팔리는지 관여하지 않았다. 낙찰자는 대개 런던과 인도의 투자자의 대리인들이었다. 그들은 낙찰된 아편을 당장 넘겨받지 않았다. 경매는 숫자놀음이었고, 낙찰자들은 직접 아편을 만질 사람이 아니었다. 그들은 캘커타의 중개상과 계약을 맺고, 이 중개상이 동인도회사 소속이 아닌 상선의 화물 적재 공간을 확보한 후 계약서를 들고 창고에 가서 물건을 인수해 선적했다. 배가 중국에 도착하면 광조우의 중개상이 화물을 인수하고 처분해서 자신의 수수료를 제외한 나머지 금액을 보내고, 이를 받은 캘커타의 중개상은 운송비용과 수수료를 챙긴 후 나머지를 투자자나 대리인에게 돌

---

3 Dikotter, et. al., *Narcotic Culture*, pp.8~9.

려준다. 그 다음부터는 중국인의 시스템에 따라 움직였다. 아편 상자는 다른 화물에 섞여 광조우에 들어갔지만 홍상의 개입 없이 후먼 수로에 들어갈 수는 없었다. 일부 홍상이 이 과정에 개입했다. 홍상의 입장에서 아편은 발각되지 않으면 고수익 상품인 동시에 세금을 바치지 않는 과외 수입원이었다. 그들은 아편을 다른 상품으로 허위 기재하고 보증서를 발급했다. 그들에게는 통관 현장의 하급 관원들을 매수할 능력이 있었고, 발각된다 해도 무마할 인맥이 있었다. 그런 홍상 뒤에는 비밀결사와 연결된 네트워크가 있었다. 전주錢主, 브로커, 도매상, 소매조직 등으로 복잡하게 얽혀 있는 이 네트워크가 밀반입된 아편을 내륙으로 운반해서 처분하는 역할을 맡았다. 아편 무역 시스템은 식민정부와 투자자, 개인 상인이 운영하는 중개상, 민간 화물선의 선장과 선원, 현지의 브로커 조직을 통해 최종 소비자까지 연결된 거대 시스템이었다. 뱅골의 가난한 경작자가 한 방울 한 방울 채취한 아편이 가공과 경매, 운송을 거쳐 중국의 소비자에게까지 연결되는 이 시스템은 광조우 무역체제를 파고 든 파생상품이었지만 나중에는 그 체제를 무너뜨리는 주범이 된다.

1790년대에 시작된 이 시스템은 기술과 유통망의 개선을 통해 꾸준히 확장되었다. 그것을 부추긴 것은 중개상의 증가와 투기 자본의 등장이었다. 중개상은 화물 위탁량을 늘리기만 하면 더 많은 커미션을 받을 수 있었다. 그들은 중개 수수료를 낮춰 아편 위탁량을 늘리는 경쟁을 벌였고, 그 결과 아편은 거의 밀어내기 방식으로 수출되었다. 그것은 아편이 돈이 된다고 생각한 인도의 토후와 영국인들이 투기 자본을 끌어들여 낙찰 물량을 대거 확보하고 실어 낼 중개상을 찾았기 때문에 가능했다. 캘커타를 중심으로 일어난 투기 바람은 광조우의 아편시장을 흔들었다. 반입량이 늘어나자 가격이 떨어졌고 소비자가 늘어났다. 과거에는 부유층의 전유물이던 아편이 중산층에게까지 퍼져 나갔다. 시장이 넓어지면 더 많은 투기 자본이 들어와 수출 물량이 늘어나고 현지의 소비자 가격이 떨어져 소비량이 늘어나는 사이클이 18세기 말부터 아편의 광풍을 불러일으킨 것이다.

매카트니 특사단과 마카오 침공

영국 정부는 아직 아편 수출에 대해 관심을 보이지 않았다. 그것은 인도 식민정부의 자구책에 불과할 뿐이었다. 영국 정부는 국내의 압력에 더 민감해서 해외 시장 확대를 더 이상 동인도회사에만 맡길 수 없다고 판단하면서 직접 나서기로 결정했다. 각료들은 문제의 핵심이 중국의 폐쇄성에 있다고 봤다. 다른 지역이라면 군대 동원을 생각했겠지만 중국은 그런 곳이 아니었다. 중국에 대한 정보는 극히 빈약했지만 각료들은 중국이 고도로 발달된 문명체이기 때문에 점잖은 방식으로 접근해야 한다고 생각했다. 내각은 특사를 파견해 중국 정부와 직접 교섭해서 무역시장을 넓힌다는 계획을 세웠다. 그것은 국가 대 국가의 대등한 관계라는 유럽의 규범을 중국에 적용하려는 것이었다. 교섭의 목표는 항구적인 무역기지 확보였다. 마카오의 선례를 따라 작은 섬이나 항구 하나를 영국의 자치구역으로 할양받아 영국인의 상시 거주, 자유로운 무역, 치외법권을 보장받는 것이었다. 또 시장 확대를 위해 광조우 이외의 항구 몇 군데를 추가 개방하라는 요구사항도 포함되었다. 겉으로는 점잖은 방식이었지만 인도와 동남아시아의 토후국에 사용한 방법과 다르지 않았고, 차이가 있다면 무력 사용을 염두에 두지 않았다는 것뿐이었다.

중국에 파견한 최초의 특사는 찰스 캐스카트Charles Cathcart 대령이었다. 중국이라는 거대 문명체에 장군도 아닌 대령을 특사로 보낸 것은 중국에 대한 내각의 무지를 보여 주는 사례였다. 그런 무식함은 대령에게 주어진 임무에서도 나타났다. 내각은 특사에게 마카오를 포르투갈로부터 넘겨받는 것을 첫째 임무로 부여했다. 유럽에서 세력을 잃은 포르투갈을 압박해서 마카오를 넘겨받고 중국의 양해를 구하면 된다고 생각했다. 마카오가 매년 상당한 금액을 토지세로 납부한다는 사실도 모른 채 단순히 자치구역으로서의 정착지로 생각했기 때문이었다. 만약 중국이 동의하지 않으면 그 대신 차와 비단의 생산지가 가까운 샤먼이나 근처의 작은 항구의 할양을 협상하라는 지침도 내렸다. 그러나 1788년에 출발한 캐스카트가 항해 중 사망하는 바람에 특사단은 중도에 귀국했고, 마침 프랑스 혁명이 일어나서 이 문제는 잠시 관심에서 멀어졌다.

내각은 4년 후인 1792년에 이름난 외교관인 조지 매카트니George Macartney 백작을 특사로 파견했다. 귀족 가문 출신인 매카트니는 27세 되던 해에 러시아에 특사로 파견되어 예카테리나 여제의 신임을 받았고, 그 뒤에는 아일랜드 지사, 그라나다와 마드라스의 총독을 역임한 저명인사였다. 내각은 지난번과 다른 지침을 주었다. 마카오 접수가 빠진 대신 비단과 차의 생산지 부근에 무역기지로 쓸 항구를 확보하고, 홍상의 가격 담합을 막기 위해 자유무역을 실현힐 길을 열라는 것이있다. 그렇지만 매카트니도 중국에 대한 정보가 별로 없이 여행을 준비했다. 그는 17세기 가톨릭 신부들이 망원경과 총포류를 제일 좋은 선물로 꼽았기 때문에 중국을 과학이 뒤처진 나라로 생각해서 1만 파운드를 들여 최첨단 과학 발명품으로 선물 보따리를 준비했다. 그중에는 열기구熱氣球가 있었고 그것을 띄울 기술자도 일행에 포함되었다.

중국이 유럽 국가의 사절단을 맞이하는 것은 처음이 아니었다. 200여 년 전인 1656년에 네덜란드 사절단을, 1715년과 1752년에는 포르투갈 사절단을 받아들인 적이 있었다. 이 사절단은 모두 마카오에 도착해 황제의 승인을 받아 내륙을 통해 베이징으로 이동했다. 베이징에 도착한 후에는 알현 절차를 확인했는데, 그것은 협상이 아니라 지시였다. 사절단은 환관들이 알려 준 세부 절차를 따라야 했다. 사절단은 해도 뜨기 전인 새벽 5시경에 자금성에 들어가 희미하게 바라보이는 앞쪽을 향해 고두지례를 올렸고, 황제는 먼 나라에서 사절을 보낸 점을 치하하고 함께 아침식사를 했다. 식사가 끝나자 황제는 사라졌고, 사절단은 고위 관리들을 상대로 협상에 나섰다. 그렇지만 협상이라 할 만한 것이 없었다. 중국과 맞먹을 국가는 없기에 대등한 외교 관계 수립은 아예 협상 대상이 아니었고 관리들은 황제가 면담 기회를 준 것을 하늘이 내린 복으로 생각하라고 이야기했다. 얼마 후 황제가 답례로 보내는 선물—대개는 받은 것보다 훨씬 값나가는—이 도착했고 이는 사절단에게 출발하라는 신호였다. 사절단은 선물 이외에 건진 것이 전혀 없었다. 이처럼 네덜란드와 포르투갈은 환관들이 요구하는 절차를 받아들였기 때문에 황제를 알현했지만, 러시아는 그렇지 못했다. 1656년에 러시아 특사로 베이징에 온 페도르 베이코프Fedor Baykov는 고두지례를 거절해 알현은 물론이고 협상의제를 꺼내 보지도 못하고 떠났다.[4]

매카트니 특사단Macartney Embassy은 그런 사정을 모른 채 군함 라이온Lion호를 타고 1793년 6월 마카오에 도착했다. 특사단은 동인도회사 대표 위원회와 전략을 논의해 베이징에 대사를 주재시키고 무역기지로는 조우산舟山(저우산)섬을, 추가 개항지로는 티엔진과 닝뽀를 제안하기로 했다. 월해관은 내륙을 통과하지 않고 북쪽으로 항해하겠다는 특사단의 제안을 받아들였다. 라이온호가 티엔진 앞의 베이징에서 100킬로미터 가까이 떨어져 있는 베이허北河[5] 입구에 도착한 후 일행은 중국 측 관선으로 옮겨 타고 베

---

4 Kwong, "The Chinese Myth of Universal Kingship and Commissioner Lin Zexu's Anti-Opium Campaign of 1839", p.1481.

5 티엔진 옆으로 흘러나오는 황허의 두 줄기 중 남쪽으로 흐르는 지류가 바다와 만나는 지점을 베이허라 불렀다(그림 1-1 참조).

이징으로 향했다. 이 배에는 영국 국기 대신 영국의 조공사절[英吉利朝貢]이라고 쓰인 깃발이 나부꼈다. 83세의 치엔룽황제는 베이징을 떠나 러허熱河의 사냥터에 있었기 때문에 특사단은 그곳으로 향했다. 그것은 영국이 조공국이 아니었기 때문에 자금성이 아닌 별장에서 알현 기회를 베푸는 절차의 일환이었다. 그런데 알현을 앞두고 의전에 관한 논쟁이 벌어졌다. 환관들이 요구한 고두지례를 특사가 거절했기 때문이다. 그는 중국 측에서 자신과 같은 등급의 관리가 국왕 조지 3세King George III의 초상화에 고두지례를 한다면 자신도 황제에게 고두지례를 올리겠다고 했지만 환관들이 이를 받아들일 리가 없었다. 그럼에도 불구하고 9월 14일 새벽에 커다란 천막에서 알현이 성사됐는데 여기에서 이야기가 갈라진다. 환관들이 영국 특사를 너무 몰아세우지 않기 위해 특별히 면제해 줬다는 이야기가 있는가 하면,[6] 특사는 무릎을 꿇었을 뿐인데 환관들이 눈이 어두운 황제에게 고두지례를 했다고 보고해 넘어갔다는 이야기도 있다.[7] 매카트니는 국왕의 친서를 담은 보석이 박힌 상자를 바쳤다. 친서의 내용은 베이징의 대사 주재와 광조우 이외의 항구 개방에 대한 요청이었다. 그 다음은 예전 사절단에 대한 의전과 같았나. 황제가 아침식사를 같이 하고 붓글씨를 선물했을 뿐 협상은 전혀 없었다. 황제는 사동으로 따라온 12살의 조지 토머스 스탠턴George Thomas Staunton이 항해 중 배운 중국어를 하는 것을 보고 칭찬을 아끼지 않았지만 특사의 요청 사항에 대해서는 언급하지 않았다. 특사단은 며칠이나 기다리다가 황제가 베이징으로 돌아가자 그를 뒤따라갔다. 도착해서 보니 원명원에 특사단이 가져온 선물이 진열되어 있었지만 과학 발명품에 대한 호기심이 오래전에 식어 버렸기 때문에 당시의 최첨단 기재에 눈을 돌리는 관리는

6 Coates, *Macao and the British, 1637~1842*, p.88.
7 Fay, *The Opium War 1840~1842*, pp.31~32.

없었다.

알현 결과는 며칠 후 황제가 답례품과 함께 조지 3세에게 보내는 국서國書에서 드러났다. 조공국 왕에게 내리는 칙유勅諭의 어조와 형식으로 되어 있는 칙서에서 황제는 먼 나라에서 '중국 문화를 앙모하여 많은 선물과 함께 사절단을 보낸 것[傾心向化, 特遣使齎表章來祝萬壽, 並進貢方物.]'이 가상하다고 했다. 그러나 대사의 주재와 무역항의 추가 개방에 대해서는 어떤 언급도 없었다. 매카트니는 아무 소득 없이 돌아가게 될까 봐 당황했다. 그는 마지막 시도로 황제의 측근에게 자신의 임무를 기술한 편지를 보냈다. 별로 기대하지 않았지만 특사단이 베이징을 떠나 운하에 접어들 무렵 황제의 답신이 도착했다. 이 편지도 조지 3세에게 보내는 것이었지만 지난번 편지와는 어조가 달랐다. 점잖은 훈계가 아니라 요청 사항에 대해 조목조목 반박하는 표현으로 채워져 있었다. 중국에는 없는 것이 없으므로 굳이 오랑캐와 무역할 필요가 없으며, 설사 닝뽀를 개항한다 해도 통역과 창고가 없는 그곳에서 무역이 가능할 리 없고, 조우산의 할양은 꿈도 꾸지 말라는 어조가 분명했다. 중국은 영토를 엄격하게 관리하고 있으며, 조금이라도 불순한 의도가 보이면 무력으로 몰아내겠다고 했다. 충실히 복종하고 의무를 게을리하지 말라는 훈계였다. 이로써 영국의 특사 파견은 완전한 실패로 끝났지만 중국도 유럽 최강국으로 떠오르던 영국의 실체를 파악할 중요한 기회를 놓쳤다. 양국이 서로에 대한 이해가 없이 자기 방식대로 밀어붙이는 바람에 오해와 불신이 깊어지는 계기가 되었다.

특사단 귀국 후에도 내각은 무역기지 확보의 희망을 버리지 않았다. 국내 산업계의 압력에 직면한 내각으로서는 중국 시장은 포기할 수 없는 카드였고, 마카오를 포르투갈로부터 뺏을 기회와 명분을 찾아 나섰다. 그 기회는 생각보다 일찍 찾아왔다. 1801년에 프랑스와 스페인 연합군이 포르투갈을 침공하자 영국은 포르투갈 식민지를 프랑스가 무력으로 접수할 지도 모른다

는 불안감에 싸여 두 가지 명분을 걸고 출병을 결정했다. 하나는 오랜 동맹
국인 포르투갈의 해외 정착지를 보호하는 것이었고, 또 하나는 마카오에 걸
린 영국의 이해를 보호한다는 것이었다. 1802년 군함 애러건트Arrogant호가
인도 식민정부의 육상부대 병력을 태운 선박 3척과 함께 마카오에 도착했
다. 사령관이 마카오 총독에게 상륙 허가를 요청하는 서한을 보냈지만 이 소
식을 뒤늦게 들은 대표위원회는 상륙을 만류했다. 위원회는 영국군이 상륙
하면 광조우 당국의 반발로 영국의 경제적 이익을 해친다고 경고했고, 마카
오 총독도 허가를 내지 않고 시간을 끌었다. 영국이 마카오를 접수하면 다시
는 포르투갈 국기를 게양할 기회가 없다는 것은 누가 봐도 분명했다. 그런데
마카오 총독, 함대 사령관, 대표위원회가 실랑이를 벌이는 와중에 포르투갈
과 프랑스가 평화협정을 맺었다는 소식이 캘커타에 전해지자 다급해진 인도
식민정부는 군함 2척과 증원군을 보내면서 즉각 마카오를 점령하라고 명령
했다. 이 내용이 알려지자 마카오 총독이 반발하면서 베이징에 연락해서 보
호를 요청했다. 그러나 조정은 즉각 반응하지 않았고, 두 달 가까운 시간이
흘렀다. 함대와 마카오 방위군이 대치하는 동안 유럽에서 아미앵조약 소식
이 도착했고, 영국군은 상륙 기회를 얻지 못한 채 인도로 물러갔다. 마카오
총독의 요청을 베이징에 있던 가톨릭 신부가 쟈칭嘉慶황제(재위 1796~1820)
에게 전달한 것은 상황 종료 후였다. 황제는 양광총독에게 내막을 물었고,
그는 마카오 총독의 과장이라고 보고했다. 조정은 아무 조치를 취하지 않았
고, 침공 시도는 찻잔 속의 태풍으로 끝났다. 조정은 대수롭지 않은 일이 싱
겁게 끝났다고 생각했지만 그것은 다가오는 태풍의 전조였다.

　유럽 국가들은 아미앵조약을 준수할 생각이 없었고 영국 정부도 인도 식
민정부에 경계 태세를 늦추지 말라는 경고를 보냈다. 1807년 10월에 나폴
레옹 군대가 포르투갈을 침공해 우려가 현실로 변하자 인도 식민정부는 예
전의 명분을 되살려 군대를 파견했다. 1808년 9월에 함대가 육상부대 300

명을 태우고 다시 마카오에 나타났을 때 마카오는 전보다 더 어려운 처지에
있었다. 중국의 보호를 기대하기 어려웠고 광조우의 대표위원회도 태도를
바꿨다. 위원회는 지난번 경험을 통해 광조우 당국이 무력행사에 들어갈
가능성이 없다고 판단해서 영국군의 상륙에 반대하지 않았다. 마카오 총독
은 광조우 당국과 함대 사령관을 상대로 줄타기 외교에 들어갔다. 사령관
에게는 보호를 위한 출병에는 감사하지만 마카오가 협정을 맺은 중국의 양
해 없이는 상륙을 허가할 수 없다고 했다. 사실 협정은 거짓말이었다. 그런
것은 아예 없었다. 광조우 당국은 영국군의 상륙을 허용하면 마카오 총독
이 혹독한 징계를 받을 것이며, 만약 영국군이 마카오를 공격하면 중국군
이 방어할 것이라는 답신을 보냈다. 함대 사령관은 총독이 영국과 포르투
갈의 동맹관계를 존중하지 않으면 육상부대가 상륙하고, 중국군이 개입할
때는 그들도 공격 대상이 된다고 위협했다. 마카오 평의회는 저항을 주장
했지만 충분한 병력이 없는 총독은 그럴 마음이 없었고, 결국 영국군의 상
륙을 허가했다.

영국군의 상륙으로 마카오는 무질서에 빠졌다. 술 취한 병사들이 난동을
부리면서 주민들과 패싸움을 벌였지만 아무도 제지하지 못했다. 특히 세포
이 용병이 말썽이었다. 그들은 무덤을 파헤치다가 주민들과 충돌해 몇 명이
목숨을 잃기까지 했다. 며칠 동안 험악한 분위기가 가득했지만 총독은 움직
이지 않았다. 그는 광조우 당국의 조치를 기다렸지만 군대는 오지 않았다.
대신 월해관이 시즌을 맞이한 무역을 중단시켰고, 그래도 반응이 없자 상관
에서 일하는 현지인을 철수시켜 식량과 물의 공급을 끊는 바람에 영국 상인
들은 마카오로 철수해야 했다. 영국군도 병력을 증강하며 버텼다. 그러자
마카오 거주 중국인들이 떠나기 시작했다. 하인, 노점상, 가정부, 목수, 쿨
리 들이 모두 떠나자 식품 가격이 천정부지로 오르면서 마카오는 더 큰 어
려움에 봉착했다. 함대 사령관은 광조우 당국에 영국군의 목적을 설명하는

서한을 보냈지만 답신은 없었고, 대신 대표위원회 대표에게 영국군이 철수하면 즉각 무역을 재개한다는 구두 답신만 돌아왔다. 그것은 오랑캐를 많이 다루어 본 관리들이 상대방의 화를 돋우기 위해 쓰는 전통적 수법이었다. 함대 사령관은 격노해서 광조우를 포격하겠다고 공언하면서 상관에 아직 남아 있는 몇몇 영국인에게 48시간 내에 철수하고 황푸에 정박한 영국 선박은 즉각 수로를 벗어나라고 명령했다. 상관의 영국인들은 이 명령을 따랐지만 선장들은 따르지 않았다. 심지어 동인도회사 소속 선박도 대표위원회의 출항 지시를 따르지 않았다. 그들은 전투가 벌어지면 경제적 이익이 훼손되지만 평화로운 방법으로 접근하면 광조우 당국을 설득할 수 있다고 주장했다. 그사이 마카오 총독이 중국 측이 병력을 집결시킨다는 전갈을 함대 사령관에게 보냈고, 육상부대 장교들은 300명으로는 어림도 없다고 걱정했다. 결국 동인도회사의 화물관리인, 마카오 대표, 그리고 육상부대 지휘관이 회동해 철수 절차를 논의했고, 합의를 이룬 후 육상부대가 배에 올랐다. 중국군은 철수 완료 후에 나타나서 첩자가 남아 있는지를 점검한다고 난리를 피운 다음 황제의 명령으로 오랑캐가 퇴거했음을 엄숙히 선언했다. 며칠 후 무역이 재개되고 모든 것이 원래대로 돌아갔다. 영국군의 마카오 상륙을 막지 못한 죄로 양광총독이 파면당했고, 영국군 통역을 맡았던 신부가 체포되었다가 얼마 후 풀려났다.

단기간에 끝나기는 했지만 이 사건은 중국이 처음으로 유럽의 갈등에 끌려들어 간 사건이었다. 조정이 이 사건에 신경을 썼다면 당시 유럽에서 벌어진 일을 알 수 있었고, 오랑캐를 다룰 방도를 찾을 수 있었을지 모른다. 그러나 조정은 이 사건을 머나먼 남쪽 변방에서 일어난 오랑캐의 소요로 간주했을 뿐이었다. 광조우의 관리들도 무력을 사용하지 않고 겁을 줘서 오랑캐를 고분고분하게 만든 또 하나의 성공 사례로 간주했다. 그렇지만 그것은 낡은 방식이었다. 1808년 중국은 자신의 능력을 제대로 파악할 수 있는 중

요한 기회를 놓친 것도 모른 채 승리의 기쁨을 누리고 있었다.[8]

상관의 변화: 꼬마 코스모폴리탄 사회

　인도에서 불어온 바람은 광조우 상관의 모습을 변화시켰다. 중개상이 늘어나 상관의 오랑캐 인구는 19세기 초에 200명에 육박했다. 개인 상인 숫자가 동인도회사 직원 숫자를 훨씬 넘어섰다. 이 시기에는 무역 기간이 지나도 상관에 계속 체류하는 사람이 많아졌지만 월해관은 별로 따지지 않았다. 새로 들어온 사람 중에는 미국과 스코틀랜드 출신이 많았으며, 먼저 들어와 있는 중개상 직원으로 일하다가 독립해서 회사를 차리는 경우가 많았다. 단기 방문객도 꽤 있었다. 캘커타의 상인들은 시장 파악을 위해, 마닐라의 스페인 상인들은 새 거래처를 개척하려고 상관에 들렀다. 이에 따라 상관은 조그만 코스모폴리탄 사회를 형성했다. 동시에 상관은 단순한 무역 거래의 장이 아니라 생활의 장이었고, 그 생활에 필요한 부수적 기능을 점차 갖추어갔다. 오랑캐들끼리 서로 의존하고 뜯어먹는 사슬이 생긴 것이다.

　개인 상인들에게 광조우 시장은 만만한 곳이 아니었다. 사실 중국에 들여올 상품이 별로 없었다. 홍상들은 황실과 고관들에게 진상할 진기한 물품을 제외하면 섬유제품과 같은 대중적 상품에는 관심을 보이지 않았다. 부유층은 시계에 관심이 많았다. 중국에서는 시계가 시간을 알려 주는 실용품이 아니라 부유층의 장난감이자 장식품이었다. 치엔룽황제가 사망한 후 총애 받던 신하 허선和珅(1750~1799)이 탄핵을 받고 재산을 몰수당했는데, 재산 목록에 시계 수백 개가 들어 있었다고 한다. 부유층은 또 음악상자를 좋

---

8 Coates, *Macao and the British, 1637-1842*, pp.92~101.

아해서 명절이 다가오면 홍상들이 수백 개를 주문했다. 그렇지만 이런 것은 극소수의 사람들을 위한 것이어서 수요가 크게 늘어나지 않았다. 초기에 시계를 들여온 상인은 재미를 봤지만 뒤늦게 뛰어든 상인은 쓴맛을 봤다. 그 다음에 인기를 끈 것은 제비둥지였다. 지금도 비싼 음식 재료인 제비둥지는 당시에도 수요가 많아 품귀 상태였고 무척 비쌌다. 그렇지만 온 세상이 제비둥지로 덮여 있는 것은 아니니 들여올 수 있는 양이 적었고, 아무리 비싸다 해도 큰 장사는 못 되었다. 미국과 네덜란드 상인들이 소량 거래로 찔끔찔끔 이익을 남겼을 뿐이었다. 18세기 말에는 미국인들이 캐나다 서쪽 해안에서 재배한 인삼을 들여와서 잠깐 인기를 누린 적이 있었지만 오래가지 않았다. 또 바다표범 가죽을 들여와 잠깐이나마 선풍을 일으켰지만 그것은 사실 중국의 수요가 폭발한 것이 아니라, 중국인들이 이 가죽을 좋아한다는 점을 알게 된 미국인 에드워드 캐링턴Edward Carrington이 홍상 하나와 손을 잡고 뉴잉글랜드의 바다표범 가죽을 싹쓸이해서 들여온 전형적 투기의 결과였다. 바다표범 가죽은 사회적 신분을 과시하는 물건이었기 때문에 중산층까지 퍼지면서 인기를 끌었지만 오래가지는 못했다. 소문이 퍼지자 바다표범과 수달의 남획이 시작되어 이 불쌍한 동물은 20년 만에 멸종 상태에 빠졌다. 하와이와 피지Fiji에서 단향목檀香木을 수입해서 짭짤한 재미를 본 사람도 있었지만 이것도 잠시 뿐, 인기를 끌면서 집중적인 벌채로 인해 20년이 채 안 되어 벨 나무가 없어져 버렸다.[9] 아편이 밀려오기 전까지는 지속적으로 대량 거래할 수입품이 많지 않아서 개인 상인들은 이 품목에서 저 품목으로 옮겨 다녀야 했다.

　오랑캐 중 일부는 상관의 내부 거래에서 수입원을 찾아 나섰다. 제일 먼저 생긴 것은 초보적인 금융업이었다. 여유 있는 사람이 급전이 필요한 사

9 Downs, *The Golden Ghetto*, pp.89~90; Fay, *The Opium War 1840-1842*, p.54.

람에게 돈을 빌려 주는 일은 원래부터 있었고, 상관에도 돈놀이로 수입을 올리는 상인들이 나타났다. 그런데 이들의 최대 고객은 오랑캐 상인이 아니라 홍상들이었다. 앞에서 이야기했듯이, 중국 사채업의 이율은 유럽의 두 배에 가까웠다. 오랑캐에게 돈을 빌리는 것은 금지 사항이었지만 이율 차이 때문에 홍상들은 돈이 필요하면 오랑캐를 찾아 월 1% 이상의 이자로 자금을 빌렸다. 또 오랑캐 상인들 사이에서는 단순한 금전 거래를 넘어서 국제적인 신용 거래의 관행이 생겼다. 은의 유출이 금지되어 있어서 이익금을 보내는 데 애를 먹던 오랑캐 상인들이 합법적인 송금 수단을 만들어 낸 것이다. 예를 들면 이렇다. 미국 상인이 선적할 자금이 필요할 때 영국 상인이 상품을 담보로 미국에서 현금화할 수 있는 어음bond(bill of credit)을 받고 여유 자금을 빌려 준 후 어음을 할인해 미국의 면화를 구입해 영국으로 보내면 그 면화 대금이 현금으로 은행 구좌에 입금된다. 이런 방식으로 돈을 빌려 준 영국인은 이중으로 이익을 챙겼다. 이런 신용 거래에 필수적인 다국적 중개상(commission house)이 상관에도 생겼고, 그들을 통해 신용 거래가 늘어나면서 광조우 무역은 점점 더 국제적인 무역시장으로 빨려 들어갔다.

중개상들은 보험업에도 진출했다. 19세기 초에 연간 입항 선박이 200척에 육박하면서 보험시장은 자꾸 커졌다. 미국과 영국에서는 중국행 선박에 15%라는 고율의 보험료를 요구했지만 인도에서는 2% 남짓으로 보험을 팔았다. 상인들은 인도 보험회사의 중개권을 얻어 입출항 선박과 화물을 대상으로 보험을 팔고 0.5% 내외의 커미션을 챙겼다. 재수가 좋으면 보험료 전액을 챙길 수도 있었다. 보험증권이 선박보다 늦게 도착하는 일이 종종 있었고, 이럴 때는 인도의 보험회사에 보험료를 납입할 필요가 없어지니까 보험료 전액을 중개상이 차지했다. 그들은 홍상이 내보내는 정크와 화물에도 보험을 팔아 짭짤한 수익을 올렸다.

또 여유 자금이 있는 상인들은 부동산에 눈을 돌렸다. 외국인의 부동산 소유를 금지하는 중국의 법령 때문에 18세기 오랑캐들은 홍상의 토지를 임대해서 건물을 지었다. 19세기 초 미국인들도 이런 관례를 따랐지만 방법이 달랐다. 그들은 건물을 지은 후 유럽인들에게 임대했다. 공간은 제한된 반면 사람이 자꾸 늘어나는 시기여서 임대업은 수지맞는 사업이었다. 건축비용을 2년 만에 임대료로 다 건진 사람도 있었고, 한 동을 짓고 임대한 다음 그 수입으로 또 다른 건물을 짓고 해서 몇 년 만에 건물을 여섯 동이나 가지게 된 사람도 있었고, 토지를 빌려 준 홍상이 토지 임대료보다 훨씬 높은 건물 임대료를 내고 상관 일부를 빌려 쓰는 경우도 있었다. 임대료가 워낙 비쌌기 때문에 건물 한 동을 임대할 엄두를 내지 못하고, 방 하나만 빌려 업무와 숙박을 겸하는 사람도 있었으며, 이런 사람을 대상으로 미국인 선장 출신 윌리엄 메기William F. Megee가 호텔을 열었다. 1810년경에 문을 연 이 호텔은 비싼 숙박료를 받으면서 1822년에 화재로 상관 전체가 소실될 때까지 성업했다. 화재[10] 이후에 새로운 건물이 들어섰는데, 건물주들은 1년에 건축비의 10~12% 정도 수입을 올렸다. 예전 같지는 않았지만 상관의 부동산 가치는 여전히 높은 편이었다.[11]

또 빈번하게 입출항하는 선박을 내상으로 한 사업을 발견한 사람도 있었다. 범선들은 오랜 항해로 여기저기 손볼 곳이 많이 생기기 때문에 수리할 재목과 도료, 돛과 장비가 필요했다. 초기에는 다른 선박에서 재료와 장비를 사거나 빌려 수리했다. 그러나 1820년대에 미국계 회사가 황푸에 선박

---

10 이 화재는 주민들 사이에 홍상과 오랑캐 상인이 워낙 돈이 많다고 알려지는 바람에 과장된 전설을 만들었다. "13행에 큰불이 나서 일주일 동안 화염에 휩싸였는데, 그때 서양 은화가 불에 타며 내뿜는 냄새가 1~2리 밖까지 진동했다고 한다. 이 불로 상관과 행상(홍상)은 4,000만 냥의 재물을 잃었다. 이는 당시 청나라 정부의 1년 재정 수입과 맞먹는 금액이었으니 당시 이곳이 얼마나 번성했는지 상상할 수 있다." 리궈룽 지음, 이화승 옮김, 『제국의 상점』, 57쪽.

11 Downs, *The Golden Ghetto*, pp.90~91. 부동산 투자 이야기는 이 책에서만 보인다.

용 장구 및 재료를 판매하는 가게를 열어 호황을 누렸고, 얼마 후 전문 목수를 고용하면서 본격적인 조선 사업으로 발전했다. 1830년대에 미국 전문가가 마카오에 세운 조선소는 주로 수로에서 움직일 소형 선박을 건조해서 폭발적 호황을 누리던 아편 상인들에게 많이 팔았다.

이 조그만 사회에서도 상업 출판이 출현했다. 1814년에 대표위원회가 처음 인쇄기를 들여와 청구서, 영수증, 화물인수증 따위의 서식과 달력을 인쇄했지만 상업 출판은 없었다. 그러나 수시로 변하는 상품 가격과 선박의 입출항 일정에 대한 정보의 필요성이 높아지면서 1827년에 스코틀랜드 출신인 알렉산더 매더슨Alexander Matheson이 그런 정보를 다루는 주간신문 『캔턴 레지스터The Canton Register』(1827~1846)를 발간했다. 이 신문은 유럽과 마카오, 광조우의 뉴스와 함께 중요 상품의 가격 정보, 선박의 입출항 날짜와 적재 화물 등의 기사를 게재했다. 얼마 후에는 『차이니스 쿠리어 Chinese Courier』(1831~1833)와 『캔턴 미셀러니The Canton Miscellany』(1831~1832)라는 주간지가 출현했고, 1835년에는 또 다른 주간지 『캔턴 프레스 The Canton Press』(1835~1844)가 발행되었다. 이 신문들의 상업성은 그리 높지 않아서 후원자가 있어야만 지속될 수 있었다. 후원자를 찾지 못한 간행물은 몇 호만 내고, 아니면 1~2년을 버티다 폐간되었다.

상관에는 상인이 아닌 사람도 있었다. 황푸에 들어온 배에는 의사가 타고 있었는데, 이들은 배가 정박해 있는 동안 상관에서 단기간 진료 활동을 벌였다. 원래는 유럽인 환자의 진료가 목적이었지만 찾아오는 현지인 환자를 외면하지는 않았다. 이들 중 일부는 마카오에 눌러앉아 조그만 진료소를 운영했고 상관에 환자가 있으면 와서 치료했다. 침뜸과 탕약 중심의 전통의학에 매달리던 중국에서 수술과 약물을 활용하는 서양 의학은 선풍을 일으켜서 마카오와 상관 모두 현지인 환자가 훨씬 많았다. 의사들은 중국의 의료 환경에 놀랐다. 감염의 개념이 아예 없어서 외상이 생기면 고약을 바르거나 침을 놓을 뿐이어서 간단한 수술로 치료할 수 있는 환자들이 병을 키워 죽어 갔다. 예방 접종의 인식도 없어서 유럽에서 치료되는 질병이 중국에서 는 불치병이었다. 1805년에 영국 의사 알렉산더 피어슨Alexander Pearson이 우두 백신을 광조우 아이들에게 접종해서 불치병으로 여겨진 천연두[天花] 를 예방할 길을 열었고 몇 년 후 중국 전역으로 퍼져 나갔다.[12] 그러나 진료 소의 운영은 쉽지 않았다. 약품과 수술 도구를 유럽에서 가져와야 해서 비 용이 많이 들었지만 현지 환자는 대부분 가난한 사람들이었다. 또 의사들이 몇 년 지나면 귀국해서 다음 의사가 올 때까지 공백이 생겼다. 이런 상황은 1834년에 의사 면허를 가진 선교사 피터 파커Peter Parker가 상관에 정착할 때까지 지속되었다.

상관에는 프로테스탄트 선교사도 있었다. 18세기 말까지 중국에서 기독 교는 16세기 후반부터 예수회 신부들이 포교한 가톨릭이 대표했지만, 이 시기 신부들은 예전에 예수회 신부들이 누리던 조정의 환대를 누리지 못하 고 박해의 대상이 되어 있었다. 반면 프로테스탄트 선교사는 신입생이나 다 름없었다. 최초의 프로테스탄트 선교사는 1807년에 런던선교협회London Missionary Society가 파견한 로버트 모리슨Robert Morrison이었다. 그는 말 라카의 중국인 사회에서 중국어를 습득한 후 선교 활동을 시작했다. 뒤이어 미국과 영국의 선교협회가 선교사를 파견해서 1830년대에는 8~10명이 광 조우와 마카오에서 활동했다.

약간 특이한 사람도 있었다. 조지 치너리George Chinnery는 자칭 화가였 는데, 사실은 캘커타에서 진 빚을 갚지 못하고 마카오로 도망친 사람이었 다. 그는 지독한 공처가여서 캘커타에 사는 부인이 마카오에 온다고 하면 상관으로 도망 와서 지냈다. 그는 마카오와 황푸, 광조우의 풍경을 스케치

---

12 리궈룽 지음, 이화승 옮김, 『제국의 상점』, 181~182쪽.

해 팔거나 나눠 주었고 현지인들에게 서양화의 기법을 알려 주었다. 치너리한테 서양화 기법을 배운 화공畫工들의 그림도 유럽에서 환영받았다. 이 그림들은 화공들이 조수를 고용해서 수출용으로 대량 생산했지만, 유럽인들은 중국에서 왔다는 사실 하나만으로 이 그림들을 사들였다.[13]

상관은 중국과 유럽의 상류층 사이의 상품 교류와 문화적 영향의 중개지 역할을 했다. 이 조그만 접촉점을 통해 수출된 상품이 유럽인들에게 새로운 경험을 제공했다. 왕족과 귀족이 도자기로 저택을 화려하게 장식하는 유행을 낳았고, 비단이 상류층 여인의 의상에 변화를 일으켰다. 그것은 일방적 흐름이 아니어서 중국의 황실과 부유층도 유럽 상품에 노출되었다. 황제의 별장인 원명원은 유럽에서 들여온 각종 진기한 물품으로 장식했고, 부유한 사람들도 집안을 유리와 시계로 장식했으며, 유럽인들이 들여온 자단으로 만든 가구로 장식하는 것을 최고의 사치로 여겼다. 극히 일부지만 광조우 주민들도 유럽 문화에 노출되었다. 유럽풍 건물을 모방해서 2층에 베란다가 있는, 기루騎樓라 부르는 건물이 조금씩 생겼다. 서양 음식을 요리해 먹는 사람도 늘었고, 일부 서원에는 서양식 술집도 생겼다고 한다.[14] 선교사들이 들여온 서구 학문도 부분적으로 영향을 끼쳐서 수학, 천문학, 역법 등을 가르치는 서원도 생겼다. 1830년대에 선교사들이 나누어 주는 팸플릿을 유심히 읽는 청년 중에 20년 후에 태평천국太平天國을 일으킨 홍슈취엔洪秀全도 있었다.

그렇지만 오랑캐 숫자가 늘어날수록 주민의 시각은 더욱 부정적으로 변해 갔다. 뿌리 깊은 편견은 오랑캐 의사가 병을 치료해 주어도 불식되지 않았다. 주민들 사이에는 오랑캐에 관한 소문이 많았다. 오랑캐는 기괴하고,

---

13 외소화(外銷畫)라 불리는 이 그림들은 중국에는 남아 있지 않지만, 유럽의 박물관에 소장되어 있다. 리궈룽 지음, 이화승 옮김, 『제국의 상점』, 168~179쪽.
14 리궈룽 지음, 이화승 옮김, 『제국의 상점』, 186~187쪽.

괴팍하고, 지저분하고, 대부분 술주정뱅이며, 그들에게 빌붙어 먹고 사는 마이빠, 하인도 점점 물들어 간다는 인식이 팽배했다. 장기간 가족을 떠나 생활하는 유럽인들은 대부분 마카오에 현지처를 두고 있었다. 그들은 이 여인들과 결혼할 생각은 없었으며, 떠날 때에는 돈을 약간 남겨 줄 뿐 본국으로 데려간 사람은 극소수였다. 이렇게 현지처로 사는 여인들을 두고 주민들 사이에서 이런저런 소문이 돌았다. 오랑캐는 색욕이 너무 강해 매춘부조차 손님으로 받지 않으려 한다고 했다. 오랑캐들은 어린 여자아이를 좋아하고, 남자아이를 사서 괴롭힌다는 소문도 돌았다. 심지어 아기를 삶아 먹는다는 소문이 있었는데 이 소문은 아편이 퍼지면서 더욱 악성으로 변했다. 아편鴉片이란 말은 까마귀 머리를 빻아서 아편에 넣어 까만 색깔을 만들어 냈다는 소문에서 유래한 것이다. 그런데 이보다 더 지독한 소문은 아편을 만들 때 사람 고기를 섞는다는 것이었다. 그것은 유럽인도 마찬가지였다. 그들은 중국인이 거짓말쟁이고, 관리나 민간인 모두 사악하기 짝이 없다고 입을 모았다. 의사들은 열악한 의료 환경을 목격하면서, 선교사들은 주민들이 복음에 무관심한 모습을 보면서 중국이 당시 야만의 상징인 아프리카와 다를 바가 없다고 생각했다.

아편의 검은 바람

　　18세기 끝자락에 캘커타에서 시작된 아편의 검은 바람이 금방 폭풍으로 발전하지는 않았다. 이 시기 중국의 아편시장은 널리 알려져 있지 않아 캘커타 식민정부가 독점한 시장이었다. 식민정부는 독점을 유지하기 위해 세심하게 시스템을 관리했지만 그것이 오래 유지될 수는 없었다. 시장에 비밀은 없어서 이 시스템은 금방 투기자본을 끌어들이는 동시에 경쟁자가 출현했다. 아편의 상품 가치를 알아차린 상인들은 식민정부가 독점하는 벵골 지역을 벗어나 다른 공급처를 찾았다. 그들은 인도 서부의 말와와 터키에서 새로운 공급처를 확보해서 캘커타 식민정부와 경쟁을 벌였다. 경쟁적으로 중국으로 수출되는 물량이 늘어나면서 아편 무역은 새로운 단계로 접어들었고, 1820년대부터는 중국 사회에 아편 중독이라는 폭풍을 일으켰다. 이 폭풍은 아편 무역이 지닌 악순환의 고리를 통해 일어났지만, 근본적으로는 인도에서 벌어진 '그들끼리의 경쟁'이 초래한 결과였다고 해도 과언이 아니다.

폭풍의 시작: 가장 점잖은 투기

19세기 초 캘커타 식민정부는 아편 독점을 유지하기 위해 경매 시가始價를 높이 책정하거나 출하량을 조절하는 방법으로 고가 정책을 폈다. 그것은 중국의 부유층을 주 소비자로 삼아 아편을 고급 상품으로 묶어 두려는 정책이었다. 식민정부는 아편이라는 특수 상품이 지닌 도덕적 민감성에도 주의해서 운송 방식에 규제를 가했다. 동인도회사 선박에는 아편을 싣지 못하게 했고, 회사 직원은 개인 화물로도 반입하지 않도록 통제했다. 회사가 직접 아편을 수출한다는 인상을 피하기 위해서였다. 그래서 아편은 중개상이 임대한 지방무역선으로 다른 화물 틈에 섞여 조금씩 흘러나갔다. 중개상은 한꺼번에 많이 실어 내고 싶었지만 아편은 부피에 비해 고가 상품이어서 보험회사가 제동을 걸었다. 아편을 가득 실으면 화물 가격이 배 값의 몇 배나 되기 때문에 보험에 가입할 수 없었다. 아편 무역은 투기성이 무척 상했고, 투기판의 전형적인 흐름이 고스란히 나타났다. 처음 뛰어든 사람이 떼돈을 벌면 냄새를 맡은 사람들이 너도나도 덤벼들었다가 크게 손해를 봤고, 시간이 지나 재고가 소진되면 가격이 다시 오르고 이 기회를 틈타 들어온 사람은 돈을 벌지만, 그걸 보고 나중에 뛰어든 사람들은 또 손해를 봤다. 이런 사이클은 1780년대 말부터 몇 번이고 반복되었다. 투기시장은 조그만 충격에도 와르르 무너지는 법이다. 1791년에 배 한 척이 당시로서는 드물게 158상자를 싣고 도착하자 소매가격이 폭락하면서 광조우의 아편시장이 잠시 얼어붙기도 했다. 캘커타 식민정부가 수출한 아편은 베나레스와 파트나에서 생산한 것이었다. 경매 자료를 보면 1788년에 파트나 아편 한 상자는

표 5-1 캘커타의 경매 낙찰가 (단위: 루피)

연도	상자당 평균 낙찰가
1788	466
1789	577
1790	595
1791	560
1792	535
1793	628
1794	533
1795	480
1796	236
1797	286
1798	414
1799	775
1800	687
1801	790
1802	1,383
1803	1,124
1804	1,437
1805~1809	(불분명)
1810	1,589
1811	1,639
1814	1,813
1815	2,149
1816	1,975
1818	1,785
1819	2,065
1820	2,489
1821	4,259
1822	3,089

출처: Trocki, *Opium, Empire and Global Political Economy*, p.65.

표 5-2   19세기 아편 반입량과 금액

연도	반입량(상자)	금액(스페인 달러)
1816~17	3,698	4,084,000
1817~18	4,128	4,178,500
1818~19	5,187	4,745,000
1819~20	4,780	5,795,000
1820~21	4,770	8,400,800
1821~22	5,011	8,822,000
1822~23	5,822	7,989,000
1823~24	7,222	8,644,603
1824~25	9,066	7,927,500
1825~26	9,621	7,608,200
1826~27	10,025	9,662,600
1827~28	9,525	10,415,190
1828~29	14,388	13,749,000
1829~30	14,715	12,673,500
1830~31	20,188	13,744,000
1831~32	16,225	13,150,000
1832~33	21,659	14,222,300
1833~34	19,162	12,878,200

출처: Bello, *Opium and the Limits of Empire*, p.39에서 부분 인용했다.

466루피, 그러니까 230달러에 낙찰되었다. 이것이 1793년에는 50% 가까이 올랐다가 1796년에는 절반 가격인 236루피로 떨어졌다가 1799년에는 776루피로 올랐고, 1800년대에 들어서서 1,300루피로 폭등했다(표 5-1 참조). 가격은 그 후에 더 올라가서 1825년에는 4,239루피까지 올라섰다. 반입량은 1800년의 4,000상자 수준이던 것이 1821년까지 5,000상자 수준에서 유지되다가 1820년대 후반부터 1만 상자 이상으로 급격히 늘어났고(표 5-2 참조), 1838년에는 4만 상자로 폭증했다. 광조우의 소매가격은 1802년까지는 500달러 수준을 유지했지만 1803년에 갑자기 1,200달러로 폭등했

다. 같은 해 낙찰가가 1,000루피 선이었으니, 배가 넘는 장사를 한 셈이다. 선박 운임과 브로커의 수수료를 제외해도 이익률이 50% 이상이었으므로 투기자금을 끌어들이기에는 충분했다.

이 시장에 처음부터 영국인이 대거 뛰어든 것은 아니었다. 19세기 초에는 아르메니아와 파르시, 마카오의 혼혈인, 마닐라의 스페인 상인들이 주역을 맡고 있었다. 소규모 중개상을 운영하는 이들 뒤에서 인도의 토후와 인도에 진출한 영국 회사(India House)들이 자본을 대고 화물을 위탁했다. 런던 금융시장은 조심스러워서 연간 반입량이 4,000상자 수준에 이르러서도 선뜻 손을 내밀지 않았다. 이 잔잔한 바람을 폭풍으로 키운 주역은 영국에서 찬밥 신세를 면치 못하던 스코틀랜드 출신 상인들이었다. 그야말로 영세 상인인 이들은 영국과 인도의 시간차를 이용해 아편 무역에 뛰어들었다. 예를들면, 런던의 무역상이 캘커타의 중개상을 끼고 인도에 상품을 수출하면서 2년 만기 채권을 보낸다. 영국과 인도의 왕복에 짧으면 1년, 길면 2년이 걸리는 반면, 6개월이면 캘커타에 도착하는 채권을 받은 중개상에게는 아직 만기가 한참 남아 있었다. 중개상은 채권을 금융시장에서 팔아 아편을 사서 중국으로 보낸 후 광조우의 중개상이 보낸 아편 대금으로 만기가 돌아오는 채권 금액을 지불하면 모든 것이 원래대로 돌아간다. 이 과정에서 두 중개상은 각자 커미션을 챙겼다. 그것은 실제로는 존재하지 않는 가상의 자금을 투자해서 이익을 남기는 방식이어서 일이 잘 되면 돈을 벌지만 사고가 나면 큰돈을 잃을 수도 있는 투기였다. 아무것도 없이 시작한 스코틀랜드 출신 상인들에게 이런 무역은 뿌리칠 수 없는 유혹이었다. 그들은 인도의 면화와 인디고indigo를 이런 방식으로 취급했지만 결과는 시원치 않았다. 정해진 시간에 안전하게 대금을 회수하면서도 이익을 많이 남긴다는 점에서 볼 때 부피도 작고 광조우에서 금방 처분할 수 있는 아편을 따라올 상품이 없었다. 중개상들은 이것을 '가장 점잖은 투기The Most Gentlemanly Speculation'

라고 불렀다. 1799년에 캘커타의 아편 경매에서 낙찰가가 두 배로 뛰어오른 것은 스코틀랜드 출신 중개상들의 공격적인 영업 결과로 해석되고 있다. 이들의 성공 소식이 들리자 더 많은 사람이 뛰어들어서 1802년부터 불과 4년 사이에 아편 가격이 다시 두 배가 뛰었고, 가격 기준으로 인도에서 중국으로 수출하는 전체 상품의 절반을 차지하기에 이르렀다. 이들의 등장으로 잔잔한 바람이 폭풍으로, 다시 광풍으로 발전했다.

폭풍의 또 다른 주역은 미국 상인이었다. 그들은 동인도회사의 독점권에 구애받지 않아서 광조우에서 자유롭게 무역을 할 수 있었고, 뉴욕에서 발행한 채권을 활용해서 유동성이 풍부했다. 그렇지만 미국인은 캘커타의 아편 경매에 참가할 수 없었기 때문에 그들은 새로운 공급선을 찾아 나섰다. 1805년에 미국 선박이 터키의 스미르나Smyrna(지금의 이즈미르Izmir)에서 터키산 아편을 싣고 광조우로 향했다. 물량은 60~70상자에 지나지 않았고, 모르핀 함량이 높아서 고급 소비자들에게는 환영받지 못해 파트나 아편보다 훨씬 싼값에 팔렸지만 저렴한 아편의 등장은 시장을 변화시켰다. 광조우의 브로커들은 이윤이 높고 중독성이 더 강한 터키산 아편을 하층 소비자들에게 공급했고, 이로 인해 시장이 대폭 커졌다.

여기에 세 번째 주역이 있었으니 그들은 봄베이에 거점을 둔 파르시 상인들이었다. 영국인이 들여왔다고 알려진 아편의 상당 부분이 실제로는 영국 국적을 가진 파르시 상인의 네트워크를 통해 들어왔다. 이들은 일찍부터 광조우 무역에 뛰어들었으며 상관에 주재하는 사람도 많았다. 예를 들면 1835년에 상관에 주재하는 영국 국적 소지자가 모두 87명이었는데 이 중에서 영국 출신은 35명에 불과했고 나머지 52명이 파르시 상인이었다.[1] 파르시 상인들은 캘커타의 아편시장이 꿈틀거리자 반대편에 있는 말와의

---

1 Grace, *Opium and Empire*, pp.49~50.

아편에 눈독을 들였다. 인도 중서부 내륙에 위치한 말와(그림 5-1 참조)는 벵골에 비해 생산된 아편을 항구까지 운반하는 데 지리적으로 불리했고 포르투갈 식민지를 거치면서 높은 관세를 내야 했지만 말와는 동인도회사의 아편 독점권이 미치지 않아서 경작지 규모와 생산량에 규제가 없었다. 방대한 토지를 소유한 토후들은 소작인들에게 식용작물보다 환금성 작물의 재배를 권하면서 경작지를 늘렸다. 이 지역 경작자들은 벵골 지역보다 수입이 좋았다. 벵골에서는 1킬로그램에 3~4루피 정도 밖에 받지 못했지만 말와에서는 8루피까지 받았으니, 이 지역에서 아편 재배가 늘어난 것은 당연했다.[2] 캘커타의 낙찰가가 지속적으로 올라서 세금을 포함해 봄베이까지의 운송비용을 계산해도 충분히 경쟁력이 있었다. 말와 아편은 파트나와 베나레스 아편처럼 중국인의 취향에 맞추어 가공하지는 않아서 광조우에서 낮은 가격에 팔았지만 이익을 챙기는 데에는 문제가 없었다. 말와 아편의 반입량 증가에는 봄베이와 광조우를 잇는 파르시 상인과 스코틀랜드 상인이 한데 엮인 네트워크가 결정적 역할을 했다. 중국의 소비자들은 꽁삐투라 부르는 베나레스 아편을 가장 선호했고, 다음으로는 홍피紅皮라 부르는 파트나 아편을 선호했다. 바이피白皮라 부르는 말와 아편은 가격이 낮아 가난한 소비자들이 애용했다.

캘커타 식민정부는 말와 아편의 반입량 증가에 예민하게 반응하면서 다양한 대책을 마련했지만 별 효과를 거두지 못했다. 벵골 지역의 경작지를 대대적으로 확대했지만, 물량이 늘어나자 광조우의 소비자 가격이 1823년에 절반 이하로 폭락하는 결과를 낳았다. 그 다음에는 동인도회사가 말와 아편을 직접 구입해서 캘커타의 경매시장에 내놓았다. 캘커타까지의 운반에 비용이 많이 들었지만 봄베이를 통한 아편 수출을 막기 위한 조치였다.

---

2 Trocki, *Opium, Empire and Global Political Economy*, pp.66~67.

그러나 상인들은 여전히 생산지에서 싸게 구입한 아편을 수출하는 방식을 고집해서 이 조치도 효과가 없어서 결국에는 봄베이에 들어올 때 통행세를 부과하고 봄베이에서의 중국행 아편 선적을 허용하기로 했다. 이 정책 선회가 시장 상황을 바꾸었다. 1823년부터 말와 아편이 벵골 아편의 물량을 추월했고, 즉각적으로 아편의 전체 반입량을 밀어 올렸다. 20년 넘게 유지되던 4,000상자 수준이 일거에 7,000상자로 올라서더니 그 다음에는 12,000상자, 또 2만 상자 수준으로 늘어났다. 반면 1822년에 상자당 2,300달러까지 치솟았던 소매가격은 10년 후 절반으로, 그 다음 10년 후에는 또 절반으로 떨어졌다(표 5-3 참조). 가격 하락으로 하층 소비자가 늘어남에 따라 벵골과 말와 아편의 소매가 격차도 크게 좁아졌다. 결국 광풍은 인도의 동부와 서부 해안에서 벌어진 주도권 싸움으로 물량을 밀어내면서 시작되었다고 할 수 있다.

이 광풍에서 중개상의 영업 방식이 핵심 역할을 했다. 중개상은 위탁물량 기준으로 커미션을 받기 때문에 판매 이익보다 반입 물량 자체가 더 중요했다. 중개상은 소비자 가격이 떨어져도 상자당 20~30달러씩 커미션을 챙기기 때문이다. 소비자 가격이 밀어지면 손해를 보는 것은 위탁한 투자자였다. 이런 수익 구조 때문에 반입량이 5,000상자를 넘어설 무렵부터 중개상이 우후죽순처럼 늘어났고 그들의 밀어내기 영업이 반입량을 증가시켰다. 공급이 실제 수요를 초과한 것은 누가 봐도 분명했지만 중개상끼리의 경쟁은 밀어내기를 더욱 부추겼다.

물량 확대에 혈안이 된 중개상들에게는 해결해야 할 숙제가 있었다. 그것은 더 많은 양을 더 빨리 수송하는 수단이었다. 단순 계산으로는 선박 숫자를 늘리면 반입 물량도 늘어난다. 그리고 임대할 배는 많았다. 영국이 1807년에 노예거래를 금지해서 왕년의 노예운반선들이 놀고 있었다. 그러나 무작정 선박을 투입할 수는 없었다. 아편은 다른 상품에 섞여서 아무리 많아

표 5-3		광조우의 아편 시세	(단위: 1kg당 스페인 달러)
시기	**파트나산**	**베나레스산**	**말와산**
1800	557	525	
1801	570		
1803	1,200	1,200	
1804	1,320	1,300	
1805	1,430	1,430	
1806	1,140	1,140	
1806. 9.	815	793	
1807. 4.	1,000		
1807. 9.	1,200		
1810	1,090		
1817	1,300		
1818	840		680
1819	1,170		
1820. 6.	1,380		
1820. 12.	1,550		1,450
1821	1,700		1,100
1822. 1.	1,850		1,100
1822. 5.	2,350		1,800
1823. 4.	2,100		1,350
1823. 12.	1,000		920
1824. 4.	1,030		830
1824. 8.	950	850	580
1825. 3.	1,450		
1825. 4.	780		580
1825. 10.	970		770
1826. 4.	1,050	1,060	880
1826. 11.	900	1,175	875
1827. 3.	850	1,300	910
1827. 10.	1,200	1,240	1,400
1828. 9.	1,010	980	1,025
1829. 4.	905	870	970
1830	800	795	565
1831	1,025	1,045	645
1832. 3.	945	970	550
1832. 9.	790	769	475
1833. 3.	720	700	640
1834	540	520	605
1835. 12.	750	710	610
1836. 4.	820	740	423
1837. 12.	630	580	480
1838. 3.	465	410	420
1842	580	570	450
1843	835	800	735
1844	750	720	680
1845	640	580	
1846	635	613	620
1848	430	420	520
1849	470	490	730
1850	450	455	605
1854	310	320	410

출처: Trocki, *Opium, Empire and Global Political Economy*, p.81.

도 한 번에 100~200상자 밖에 싣지 못했다. 더 큰 문제는 기후 조건이었다. 계절풍 때문에 인도와 광조우 사이를 1년에 한 번 왕복하는 게 고작이었다. 그래서 밀어내기 경쟁에도 불구하고 1820년대 중반까지 반입량은 일정한 선을 넘지 않았다.

상인들은 악착같이 머리를 굴렸고 1829년에 캘커타의 중개상 하나가 실험에 나섰다. 그는 범선과 증기선을 한 척씩 임대해서 각각 아편과 보급 물자를 싣고 함께 출항시켰다. 바람이 좋을 때는 나란히 항해하다가 바람이 도와주지 않을 때는 증기선이 범선을 끌고 갔다. 이 실험은 실패했다. 증기선이 범선을 끌고 가다가 서로 충돌하면서 범선의 닻이 떨어져 나가 배 옆구리를 찔러 큰 구멍이 났다. 마침 지나가던 범선이 접근해서 아편을 옮겨 실으려 할 때 갑자기 강풍이 불어 구멍 난 범선은 화물과 함께 사라져 버렸다. 이 범선의 선장 윌리엄 클리프턴William Clifton은 선원 일부와 함께 살아남았다. 그는 돛의 배열을 조절하면 바람을 거슬러 갈 수 있다는 점을 발견했고, 캘커타에 돌아가서 새로운 형태의 선박 건조를 제안했다. 그가 제안한 배는 클리퍼clipper라 불렀는데, 선체가 좁고 갑판은 평평했으며, 배 옆구리의 곡선을 줄여 반듯한 모습을 하고, 잎쪽 돌출부가 나른 배보다 훨씬 길었다. 특징적인 것은 주 돛대에는 사각형 돛을 가로로 달고 앞쪽의 보조 돛대에는 삼각돛을 세로로 달았다는 점이다. 배는 그리 크지 않아서 적재량이 250톤 정도였다. 동인도회사는 선장의 아이디어를 환영했고, 식민정부의 윌리엄 벤틱William Bentick 총독이 건조를 위해 선금을 지불하기까지 했다. 레드로버Red Rover호로 명명된 이 배는 클리프턴 선장이 지휘해서 1829년 12월 말에 다른 상품은 전혀 없이 아편 800상자를 싣고 출항해 한 달도 안 되는 1월 26일에 싱가포르에 도착했다. 그 다음부터는 역풍지대여서 지그재그로 항해하면서 2월 17일에 광조우만에 들어섰다. 이 계절에 다른 배들 같으면 자바해, 몰루카 제도, 필리핀 동쪽 해역을 거쳐 빙빙

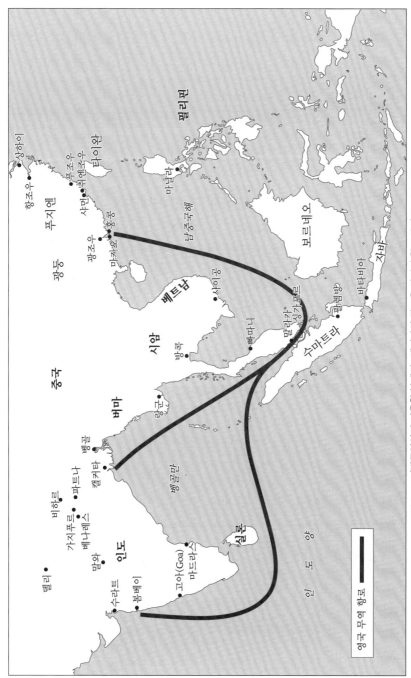

그림 5-1 지방무역상인이 이용한 봄베이, 켈커타와 광조우 사이의 항로 (출처: Trocki, p.36)

돌아가는 항로를 선택해야 했지만 레드로버호는 직항 항로를 운항했다(그림 5-1). 선장은 아편을 내려놓고 아무 것도 싣지 않은 채 출발해서 4월 1일에 캘커타로 돌아왔다. 그 해에 레드로버호는 중국을 세 번 왕복하는 대성공을 이룩했다.[3] 벤틱 총독은 이 성공으로 개인 재산을 1만 파운드나 불렸다. 다른 상인들이 이 항해로를 따라나선 것은 당연했다. 캘커타의 조선소는 상인들이 주문한 200~400톤급의 클리퍼를 건조하느라 바빴다. 클리퍼는 아편 전용선이었고, 그래서 아편 클리퍼Opium Clipper라고 불렀다. 일부 상인들은 클리퍼보다 속도가 더 빠른, 돛대 3개에 삼각돛을 장착한 스쿠너schooner를 주문했다. 클리퍼와 스쿠너의 취항으로 커다란 장애물이 없어지자 아편은 물밀듯이 광조우만으로 흘러들어갔다. 1830년에 20,000상자였던 반입량이 10년이 못 되어 두 배 이상으로 늘어난 데에는 이런 전용선의 활약이 컸다(표 5-2 참조). 아편은 세계 무역에서 단일상품으로는 최대 규모의 교역품목으로 등극했다.

전용선의 등장으로 인도양에서는 치열한 속도전이 벌어졌다. 무조건 빨리 항해하는 것이 아니라 캘커타의 경매 일정에 맞춰 시계바늘 돌아가듯 선박을 운용하는 것이 중요했다. 첫 경매가 크리스마스 직후 월요일에 열리고 낙찰된 4,000~6,000상자를 선적한 클리퍼 선단이 출항해서 대부분 광조우만으로 직행했다. 이들이 물건을 내려놓고 빈 배로 3월 중순에 귀환할 때는 2월 낙찰물량을 적재한 두 번째 선단이 떠난 후였다. 첫 번째 선단은 4월 낙찰물량을 싣고 다시 중국으로 향했고, 그사이 두 번째 선단이 중국에서 돌아와 5월 낙찰물량을 싣고 떠났다. 단순한 속도전이 아니라 선박을 효율적으로 운용해서 왕복 횟수를 늘리는 것이 아편 전용선 운용의 핵심이었다.

3 Fay, *The Opium War 1840-1842*, pp.51~52.

인도양은 탐사가 미진해서 믿을 만한 해도도 없는 위험한 바다였다. 반드시 거쳐야 하는 말라카 해협에는 사주沙洲와 암초가 곳곳에 널려 있었다. 날씨도 변덕스러워서 사이클론을 만난 선박들은 화물을 버리거나 돛대를 잘라야 했고, 사라지는 배도 적지 않았다. 중국 연안은 더 심해서 수심이 얕았고, 개펄이 멀리까지 뻗어 있거나 암초가 삐죽삐죽 튀어나와 있었다. 날씨도 불규칙적이었으며, 특히 여름철에는 태풍이 자주 불어 일본 남단이나 한반도 근처까지 밀려간 배도 적지 않았다. 그러나 아편 전용선에게는 이런 것이 문제가 되지 않았다. 배가 도착하기만 하면 이익의 일부를 선장과 선원이 나눠 가지기 때문에 모두들 억척스럽게 일했다. 악천후 속에서, 또는 역풍을 맞아도 그들은 달리기 선수들처럼 내달았다. 시간을 맞춰야 제 몫을 받는 선장은 소리소리 지르며 선원들을 독려했고, 갖은 무리수를 써 가면서 높은 파도를 헤쳐 나갔다.

레드로버호로 시작된 클리퍼의 운행은 광조우 무역체제에 변화를 가져왔다. 인도의 아편이 중국으로 집중되었다. 1년에 한 번 왕복하던 시절에는 페낭과 싱가포르가 중간 기항지 역할을 했기 때문에 아편 일부를 이 지역에서 내려놓았지만 클리퍼는 중간 기항지에 들르지 않아 페낭과 싱가포르의 아편 거래가 축소된 반면 중국 반입량이 늘어났다. 또 정보 전달의 수준이 달라졌다. 캘커타와 광조우 사이의 정보 전달이 빨라져 광조우 시장이 캘커타 금융시장의 변화에 민감하게 반응했다. 이것은 상인들의 단기 투기를 더욱 부추겼다. 빨리 정보를 취득한 사람이 이익을 얻는 반면 그렇지 못한 사람은 손해를 보는 것이 당연했다. 정보의 혁명은 소수에게 큰 이익을 안겼고, 그것은 전설적인 거대 상인의 출현으로 이어졌다.[4]

1800년 이래 잔잔하던 바람이 광풍으로 변하는 과정에는 이렇게 많은 요

---

4 Trocki, *Opium, Empire and Global Political Economy*, p.105.

소가 개입되어 있었다. 인도 식민정부가 마련한 시스템은 기술과 자본, 사람이 더해지면서 엄청난 투기 시스템으로 발전했다. 공급을 늘려 수요를 창출하는 방식으로 전개된 이 시스템에서 어느 것이 가장 핵심적이었는가를 따지는 것은 무의미해 보인다. 식민정부, 투기자본가, 중개상, 전용선 선장, 중국인 브로커와 소매상, 심지어 중국의 흡연자들 모두가 오케스트라 단원처럼 각각의 역할을 했다. 이 과정을 보면 제국주의 영국이 중국을 마비시키기 위해 아편을 공급했다는 주장은 무색해진다. 아편 취급이 범죄였다면 관련된 모두가 공범이었다. 유혹에 빠진 소비자는 물론 그것을 막지 못한 중국 조정도 공범의 혐의에서 벗어날 수 없다.

풍선효과: 단속과 확산

인도에서 시작된 광풍은 중국의 저항에 부딪혔다. 조정은 1800년부터 의약품으로 신고한 아편의 통관도 금지했고, 1821년부터는 유통과 흡연의 단속에 들어갔다. 그렇지만 금령과 단속은 풍선효과를 발휘해 아편은 더 퍼져 나갔다. 중국 역사가들은 이것을 부패한 만주족 왕조의 실패로 귀결시키지만 현장 상황은 그렇게 단순하지 않았다. 오랑캐 상인들이 적응력을 발휘해 단속을 피해 갔고, 여기에 중국 내의 유통망이 가세하여 풍선효과를 만들어 냈기 때문이다. 오랑캐와 중국인이 합작한 시스템은 단속을 강화해도 쉽게 무너뜨릴 수 없는 것이었다.

아편이 유럽인 손에서 중국인 손으로 넘어가는 장소는 세 번의 변화를 거쳤다. 1820년대 초까지는 황푸와 마카오에 정박한 배에서 아편을 넘겨줬고, 1820년대 중반에는 광조우만의 렝띵*伶仃섬(유럽인들은 Lintin이라 불렀다.) (그림 3-1 참조)에 떠 있는 하역선에서 아편이 움직였다. 그리고 1830년대 중반부터는 광조우만을 벗어나 북쪽의 푸지엔, 저쟝 연안으로 확대되어 아편 판매선에서 은과 아편을 직접 교환했다. 상인들이 단속을 피해 시장을 계속 확대한 것이다.[5]

광조우에서 아편 거래의 출발점은 상관이었다. 브로커가 상관을 찾아와 아편을 주문하고 은으로 대금을 지불하면 오랑캐 상인이 인수증을 써 줬다. 브로커는 황푸나 마카오에 정박 중인 해당 선박으로 가서 인수증을 보이고 아편을 넘겨받았다. 오랑캐들은 아편을 직접 하역할 필요도, 그 브로커가 누구한테 파는지 신경 쓸 필요도 없었다. 브로커들은 인수한 아편을 내륙으로 운반해 도매상에 넘겼고, 도매상들은 다른 지역으로 운송하거나 현지의 소매상에게 넘겼다. 이 과정에는 관원들의 묵인도 한몫했다. 관원들 사이에서 아편 유통은 공개된 비밀인 동시에 호주머니를 채울 수 있는 좋은 기회였다. 황푸에서도 사정은 크게 다르지 않았다. 여러 가지 화물로 가득 채운 선박에서 밑바닥에 감춰 놓은 아편 몇 십 상자를 찾는 것이 쉽지도 않았거니와 눈에 불을 켜고 찾는 관원도 별로 없었다. 검사 전에 오랑캐들이 관행으로 내미는 깜사를 받은 관원들은 대충대충 지나갔다.

정작 아편 거래에 불안을 느낀 것은 동인도회사 대표위원회였다. 위원회는 사고가 터지면 무역이 중단되어 차의 공급에 차질을 빚는 상황을 염려했다. 위원회는 회사 소속 선박과 직원들의 개인 화물에 상당히 신경을 썼다. 그렇지만 실제로는 위원회도 아편 무역에서 윤활유 역할을 담당했다. 아편 상인들은 대금으로 받은 은을 가지고 나가는 것이 쉽지 않았다. 관원들이 아편은 눈감아 주지만 은의 반출에는 엄격하게 굴었다. 몰래 싣고 나간다 해도 남중국해에서 들끓는 해적이나 인도양의 사나운 날씨를 감안하면 수송에 비용도 많이 들고 위험 부담이 컸다. 그런 고충을 대표위원회가

5 Trocki, *Opium, Empire and Global Political Economy*, pp.101~103.

해결해 주었다. 차 구입에 은이 필요한 위원회는 회사 명의의 환어음bill of exchange을 발행해 아편 상인의 은과 맞바꿨다. 그것은 쌍방이 함께 이익을 누리는 거래였다. 위원회는 차를 구입할 은을 충분히 확보했고, 아편 상인은 환어음을 캘커타에 보내 대금을 청산함으로써 위험을 회피하고 비용을 절약했다. 이 방식은 아편 상인의 유동성을 증가시켜 반입 물량도 덩달아 늘어났다. 게다가 홍상이 환어음을 받는 경우가 늘어나면서 광조우는 커다란 환전시장이 되었다. 그 결과 중국으로 향하는 은의 흐름을 끊어 인플레이션을 일으켰다. 대표위원회는 중국의 인플레이션이 발생하는 흐름에 개입되어 있었을 뿐만 아니라 아편 확산에도 중요한 역할을 했다.

  아편 확산에는 중국 특유의 정치·사회·문화적 요인도 깔려 있었다. 중국이 아편을 수입한 유일한 나라가 아니었지만 그것이 심각한 문제로 발전한 곳은 중국밖에 없었다. 아편을 생산하고 일상적으로 소비한 인도와 터키에서는 크게 문제가 되지 않았다. 조정은 아편을 광둥 지역에 국한된 문제로 생각해서 양광총독에게 단속을 독촉했을 뿐 전국적인 문제로 파악하지 않았다. 도덕론에 치중된 정치적 환경에서 조정은 아편 사범을 죄인으로 다스리는 방안에 골몰했을 뿐 확산의 본질이나 사회적 파장에 대한 고려는 거의하지 않았고, 아편 확산의 실상을 구체적으로 파악하지 못했다. 그러나 19세기 초에 아편은 이미 전국적으로 유통되는 상품으로 변해 있었다. 아편은 브로커와 상인조합, 그리고 비밀결사가 복잡하게 얽힌 네트워크를 따라 내륙으로 이동했고 북쪽으로 올라갔다. 양쯔강 중류의 한코우漢口(한커우)에는 아편 전용 보관 창고가 있어서 남쪽에서 올라온 아편을 북쪽으로 이동시키는 중간기지 역할을 했다고 알려져 있다. 이해관계가 걸린 사람도 전국적으로 깔려 있었다. 광조우와 마카오의 브로커에서 시작해 도매상, 소매상, 운반조직, 아편굴 영업자 등이 직접 이해 당사자였고, 여기에 흡연 기구의 생산자와 판매자를 더하면 엄청나게 많은 사람들이 아편 산업이라는 지하경제에 의존해 먹고 살았다.[6] 이 시기에 아편은 어디서든 은으로 바꿀 수 있는 지불수단이었다. 과거에 응시하려고 베이징으로 가는 선비가 아편을 챙겨 가는 일도 제법 있었다. 자신이 피우기도 하지만 베이징의 유력 인사에게 선물하거나 돈이 떨어지면 팔아서 생활비를 만들 수 있었다. 광조우에서는 해적에게 인질로 잡힌 사람의 몸값을 은과 아편을 섞어 지불하기도 했다.[7]

아편은 고수익을 보장하는 상품이어서 많은 사람들을 유통망으로 끌어들였다. 아편굴 운영자가 도매상이 넘긴 아편을 한 번 더 끓여 걸쭉한 장으로 만들어 팔면 이윤이 40%에 달해서 다른 어떤 상품도 그만한 이익을 남기지 못했다. 이런 이익의 유혹 때문에 많은 사람이 아편 유통에 뛰어들어 더 많은 소비자를 찾아 나서는 순환 고리가 만들어졌다.[8] 조정에서 아무리 아편의 해독과 도덕적 타락을 강조하고 엄벌을 천명해도 고수익의 유혹을 막을 수는 없었다. 상류층의 태도도 중요한 확산 요인이었다. 아편을 춘약春藥으로 여기고 고급 아편을 사치스러운 기구로 피우는 것이 신분의 과시라는 생각이 19세기에는 더 널리 퍼졌다. 아편이 귀한 손님을 대접하는 사교 수단인 동시에 개인적으로는 느긋한 쾌락을 즐기는 오락물이었다. 그들에게 금령과 아편 흡연 적발로 유배형을 받은 이야기는 남의 일이었다. 중독으로 피부가 새까맣게 변하고 처참하게 말라빠진 사람을 봐도 개의치 않았다. 아편에 빠져 딸을 매음굴에 팔고, 나중에는 마누라까지 팔아 치운 중독자의 이야기를 들어도 비도덕을 탓할 뿐 아편을 탓하지는 않았다. 금령을 시행해야 할 사람들이 이런 생각을 가졌으니 금령이 효과를 보기에는 애초부터 무리였다.

---

6 Trocki, *Opium, Empire and Global Political Economy*, pp.91~92.
7 Murray, *Pirates of the South China Coast, 1790-1810*, p.85.
8 Bello, *Opium and the Limits of Empire*, pp.122~123.

그러나 가장 치명적인 문제는 단속을 맡은 현장 관원들의 태도였다. 청렴을 강조하며 제도화된 박봉薄俸이 하급 관원들의 구조적 부패를 부채질했다. 특히 경제적 풍요를 누리는 광조우 사회에서 상대적 박탈감을 느낀 하급 관원들은 오랑캐 무역에서 심리적·물질적 부족함을 채우려 들었다. 오랑캐는 죄의식 없이 뜯어낼 수 있는 상대였으며, 특히 밀수품을 들여오면 더 뜯어낼 수 있었다. 상부에서 단속을 철저히 하라는 명령이 떨어지면 그들은 오히려 쾌재를 불렀다. 엄한 단속은 더 짭짤한 뇌물을 의미했기 때문이다. 치엔룽황제가 아편을 금지품목으로 지정한 1729년부터 1817년까지 조정은 아홉 차례에 걸쳐 금령을 반포했지만 현장에서는 아무 변화도 일어나지 않았다(표 6-1 참조). 칙령이 반포될 때마다 고위 관리들이 부산을 떨었지만 현장 관원들은 상관의 체면을 살려 주는 정도 이상의 단속을 벌이지 않았다. 이런 상하의 괴리는 아편 단속이 본격화된 1820년대 이후에도 마찬가지였다. 단속은 느슨해서 적발된 사람이 의약품이라고 주장하면 사면해 줬고, 중독자와 판매상은 한 달 구금했다가 신장이나 헤이룽쟝黑龍江(헤이룽쟝)으로 유배를 보냈다. 그러나 중독자의 유배형은 도리어 역효과를 냈다. 유배지에서도 이편을 찾는 바람에 오히려 확신을 부추겼다.[9] 아편굴 운영자는 사형에 처하기로 했지만 19세기 초까지 사형당한 경우는 드물었다.

그러나 큼지막한 사건이 계속 터지면서 조정의 분위기가 달라졌다. 1807년 쟈칭황제는 광둥의 단속이 느슨해서 아편이 내륙으로 퍼져 베이징에도 이르렀다는 보고를 받자 금령을 강력히 시행하라고 지시했다. 1813년에는 궁정의 환관들과 시위대侍衛隊 일부가 흡연자임이 적발되었다. 조정은 흡연을 중벌로 다스리는 법률을 반포했다. 관원의 흡연이 적발되면 파면과 함께 태형 100대에 처한 다음 2개월 동안 형틀을 채워 구금하도록 했고, 환관이

---

9 Bello, *Opium and the Limits of Empire*, pp.120~121.

적발되면 유배형에 처하도록 했다. 그러나 이런 대책은 대개 황제의 체면을 살려 주는 일회성에 그쳤으며, 얼마 지나면 잊혀졌다. 문제의 진원지인 광둥의 단속도 효과를 거두지 못했다. 1815년에 양광총독은 마카오에 들어오는 선박의 검색에 나서서 아편이 적발된 선박은 즉각 퇴거시키고 이후에는 입항을 허용하지 않겠다고 선언했다. 여러 척이 적발되면 무역을 전면적으로 중단시킨다는 엄포와 함께 입항 선박에 아편을 싣지 않았으며 적발되면 처벌을 감수하겠다는 각서를 요구했다. 이 선언을 대표위원회가 막아섰다. 위원회는 영국 국기를 게양한 선박은 검색과 각서 제출을 거부하라고 명령하면서 이를 어기면 면허를 취소하겠다고 했다. 광조우 당국이 검색을 강행하려 하자 위원회는 대포 74문을 장착한 선박을 후먼 수로로 보내 무력시위를 벌였다. 광조우 당국은 더 이상 대응하지 않았고, 검색과 각서 요구를 슬며시 접었다.

그런데 1821년 다오광황제의 즉위 후 분위기가 달라졌다. 개혁 의지를 지닌 젊은 황제가 아편 문제에 관심을 보이자 단속이 임박했다는 소문이 돌았다. 오랑캐 상인과 브로커들이 사재기에 나서는 바람에 가격이 폭등했다. 소문은 사실이어서 양광총독 루안위엔阮元(1764~1849)이 대대적인 단속을 지시했다. 그런 단속이 처음은 아니었지만 이번에는 전례 없이 삼엄했다. 그런데 그 와중에 한 사건이 터졌다. 황푸에 정박한 미국 선박 에밀리Emily호 선원이 과일행상을 하는 여인과 말다툼을 하다가 기왓장을 집어 던져 머리를 맞은 여인이 넘어지면서 강물에 빠져 익사했다. 여인의 딸과 주변 사람들이 시신을 건지고 뱃전에 떨어져 있던 기왓장을 발견해서 지현에게 고발했다. 지현이 범인 인도를 요구했지만 선장은 그 선원을 선실에 감금한 채 인도를 거부하면서 버텼다. 며칠이 지나 지현이 직접 나섰다. 그는 관리와 홍상을 대동하고 배에 올라 증인들을 불러 심문하는 절차를 진행했다. 조사를 마친 후 지현은 범인의 살인행위가 명백하므로 범인을 인도해야 한다고 주장했다. 그러나 선원들은 동의하지 않았다. 지현이 심문한 증인 중에는 사건 현장에 없던 사람들이 많았다. 또 선원들이 설명을 하려 해도 지현이 통역사의 개입을 저지해서 아무 말도 못했다고 했다. 선장도 지현의 심판이 부당하다고 여겨 즉각 범인을 인도하지는 않았지만 오래 버틸 수는 없었다. 지현이 범인을 인도하지 않으면 무역을 전면적으로 중단시키겠다고 위협했기 때문에 선장은 다른 선박의 선장과 상인들의 압력에 직면했다. 며칠이 지난 후 선장은 그 선원을 인도하고 말았다. 광조우 당국은 이 사건의 조사 결과를 조정에 보고하면서 법률에 따라 사형에 처해야 한다고 주청했고, 황제는 이를 재가했다.[10] 미국 선박의 무역이 모두 정지된 상황에서 그 선원은 얼마 후 교수형을 당한 시신으로 돌아왔다. 그런데 사건이 거기서 끝나지 않고, 조사 과정에서 불똥이 엉뚱한 데로 튀었다. 면허 없이 오랑캐 밑에서 일하던 사람을 심문하다가 마카오에서 아편을 거래한 주민 16명이 검거되어 여러 가지가 밝혀졌다. 어느 홍상이 오랑캐 상인과 결탁해서 아편을 유통시켰는지, 관원들에게 어느 정도 뇌물을 바쳤는지, 관리 중에 누가 뇌물을 받고 유통을 묵인했는지 등이 드러난 것이다. 사실상 새로울 깃도 없는 공개적인 비밀이있지만 그것은 심문 당하던 사람들이 평소에 뇌물을 받아먹던 관리가 보호해 줄 기색이 보이지 않자 복수심이 발동해서 털어 놓은 것이었다. 양광총독은 난감했다. 드러난 사실을 모두 보고한다면 여태까지 뭘 했느냐는 질책을 들을 것이 뻔했고 뇌물을 받은 관리를 처벌하는 것도 쉽지 않았다. 대부분 조정 대신들과 끈끈한 인맥을 가지고 있는지라 그들을 처벌하면 적을 많이 만들어 자신의 앞길에 나쁜 영향을 끼칠 수 있었다. 결국 총독은 적당히 덮기로 했다. 검거된 상인들은 유배형을 내렸

10 中國第一歷史檔案館(編), 『鴉片戰爭檔案史料』 1冊, 28~32쪽; Fay, *The Opium War 1840-1842*, pp.47~48.

고, 관련된 오랑캐 선박 4척에 대해 퇴거 명령을 내리면서 2개월간 전면적인 무역 중단을 선언했다. 아편 거래도 위축되었다. 그렇지만 그뿐이었다. 무역이 재개된 2개월 후에는 더 많은 아편이 쏟아져 들어왔다. 총독이 취한 조치는 아편 밀수를 근절하기 위한 것이 아니라 황제에게 보고할 실적을 만들기 위한 것이었으며, 동시에 뇌물을 받았던 관리를 한꺼번에 사면한 조치나 다름없었다. 모든 화근은 오랑캐로부터 비롯된 것이지, 우리한테 문제가 있는 것은 아니라는 논리였다. 총독이 1826년에 운귀총독雲貴總督(윈난성과 꿰이조우성을 관할했다.)으로 자리를 옮기자 단속은 슬그머니 사라졌다.[11] 그것은 중국의 정치문화가 아편 문제에 어떻게 반응하는가를 단적으로 보여준 사건이었다.

이 사건의 파장을 느낀 곳은 오히려 캘커타의 경매시장이었다. 1821년에 4,000루피를 넘었던 낙찰가가 다음 해에는 3,000루피대로 폭락했다(표 5-1 참조). 그러나 광조우에서는 기회가 왔다고 생각한 사람이 더 많았고, 1822년 여름 소매가격이 전년보다 파트나산은 40%, 말와산은 60% 이상 폭등해서 단속을 피한 상인들은 많은 이익을 남겼다(표 5-3 참조). 거래는 조심스러워졌지만 중독자들은 더 비싼 가격에도 아편을 찾았다. 태풍처럼 지나간 단속이 오히려 튼튼한 아편시장의 존재를 확인해 주었다. 이 시장의 아이러니는 단속이 심해지면 가격이 오르고 이익도 크다는 점이었다. 다만 단속에 걸리지 않으면서 늘어나는 반입량을 처리할 방법이 필요했다. 배 밑바닥에 몇 십 상자를 숨겨 들여오거나, 마카오에서 소량으로 거래하는 방식에 기댈 수는 없었다. 오랑캐 상인들은 단속을 피하면서 아편을 유통시키는 방법을 찾아냈다. 후먼 수로를 벗어나 펼쳐지는 광조우만에는 당국의 손길이 미

---

11 루안위엔의 광조우 재직 기간에 일어난 일에 대해서는 Wei, *Ruan Yuan, 1764-1849*, pp.135~163 참고.

치지 않는 섬이 많이 있었고, 그중에서 렝땡은 선박들이 수로에 들어가거나 나올 때 물과 식량을 보충하는 보급기지로 활용한 곳이었다(그림 3-1 참조).[12] 상인들은 이 섬 앞에 배를 정박시켰다. 돛대를 아예 떼어 버린 배를 1년 내내 닻을 내린 채 움직이지 않는 아편 보관용 수상 창고로 만들었고 인도에서 온 아편을 받는 곳이라 해서 하역선Receiving Ship[躉船]이라 불렀다. 처음에는 2척으로 시작했지만 1830년에는 10척이 넘었고, 1839년에는 22척으로 늘어났다. 쌀을 실은 배는 중량세를 면제하는 혜택이 있었기 때문에 수로에 들어가기 전에 하역선에 들러 쌀을 빌려 싣고 황푸로 향하는 배가 있는가 하면, 합법적인 상품이라도 일단 하역선에 내려놓고 나중에 조그만 배로 조금씩 밀반입해 세금을 피하는 배도 있었다. 그러나 주 임무는 아편 유통이었다. 인도에서 도착한 배들은 우선 하역선에 아편을 내려놓은 후 합법적인 상품만 싣고 수로로 들어갔다. 거래방식은 물품 인도가 황푸에서 하역선으로 바뀐 것 이외에는 예전과 같아서 현지 브로커가 상관에서 대금을 지불하고 인수증을 받아 하역선에서 상품을 인수했다. 이 방식은 얼마 지나지 않아 상관에서는 인수증만 끊어 주고 대금은 하역선에서 지불하는 방식으로 바뀌었다. 그것은 관원의 감시에 신경 쓰지 않고 은을 인도로 곧장 보내기 위해서였다.

광조우의 브로커 조직도 달라졌다. 종래 홍상의 묵인 아래 조금씩 받아 넘기던 브로커들이 이제는 직접 배를 보내 아편을 인수했다. 이 배들은 보

---

12 이 섬이 보급기지가 되기까지에는 사연이 있었다. 황푸에 들어간 선박에는 마이빤이 식량과 물, 생활용품을 조달했다. 이 과정에서 마이빤들은 이익을 챙겼고, 그중 일부를 관원들에게 바쳐야 했다. 그런데 관원들이 갈수록 더 많은 돈을 요구하자 마이빤들이 들고 일어났다. 그러나 마이빤들이 오랑캐 선박에 대한 보급을 끊을 수 없었으므로 관원의 손이 미치지 않는 곳을 찾았고, 그곳이 렝땡이었다. 19세기 초부터 도착한 선박은 여기서 물과 식량을 보충해서 황푸로 들어갔고, 출항하는 선박도 여기에서 물과 식량을 조달한 후 항해에 나섰다. Grace, *Opium and Empire*, pp.89~90.

통 배가 아니었다. 빠롱扒龍(Gathering Dragon), 콰이시에快蟹(Fast Crab)라고 부르는 이 배들은 쌍돛대를 달고 40~50명이 노를 저어 움직이는 쾌속정이 었으며, 한번에 200상자 분량의 아편을 인수해 갔다. 콰이시에와 빠롱은 급격히 늘어나서 한꺼번에 10여 척이 나타나 광조우만을 돌아다녔다. 이 배들은 브로커와 도매상을 겸한 조직인 야오코우窰口가 운영했다. 이 조직은 상당히 큰 자본을 운용하면서 아편 네트워크를 움직였고, 차와 생사를 꽁홍에 공급하는 다른 도시의 상인조합과도 연결되어 있었다고 알려져 있다.

콰이시에와 빠롱의 선원은 대개 중무장 폭력집단이었다. 이 배들은 워낙 빨라서 관선이 쫓아가기 어려웠고, 단속을 하려면 싸움을 각오해야 했으나 실제로 싸움은 드물었다. 콰이시에 선원들과 병사들은 동향 출신으로 낯익은 경우가 많았고, 병사들은 단속보다 뇌물에 관심이 더 많았다. 그래서 관선과 마주치면 쌍방이 싸우기보다는 흥정에 들어갔다. 예를 들어, 200상자를 싣고 가던 콰이시에가 관선을 만나면 50상자를 넘겨줬다. 지휘관은 그중 30상자는 압수했다면서 상부에 바치고, 나머지 20상자를 처분해서 병사들과 나눠 가졌다. 당국도 콰이시에와 빠롱의 활동을 잘 알고 있었다. 1826년에 양광총독 리홍삔李鴻賓이 콰이시에를 모방한 순찰선 선단을 만들어 단속에 나섰지만 효과는 없고 오히려 눈감아 주는 대가가 올라갔을 뿐이었다. 이 선단은 6년 후 해체되었다가 덩팅전鄧廷楨(1775~1846)이 총독으로 부임하자 다시 조직되었다. 그런데 이 선단의 지휘관은 밀수꾼들과 아예 협약을 맺었다. 밀수꾼들이 정기적으로 몇 백 상자를 바치면 지휘관은 일부를 단속 실적으로 상부에 바치고 나머지는 병사들과 나누어 가지는 식이었다. 지휘관 중에는 이런 단속 실적을 공로로 인정받아 총병總兵으로 승진한 사람도 있었다.

하역선의 등장은 아편 거래에서 오랑캐 상인들이 가격 통제 수단을 장악하는 계기를 만들었다. 황푸에서 거래할 때는 출항 전까지 모두 처분해야 하는 부담이 있었다. 출항 때까지 다 팔리지 않으면 손해를 보면서 넘겨야 했고, 단속이 심하면 도로 싣고 가는 수밖에 없었다. 반면에 하역선 등장 후에는 물건을 쌓아 놓고 가격이 오를 때까지 기다릴 수 있었다. 반입량 증가를 걱정할 필요도 없어졌다. 1830년대에 하역선 10여 척이 보관할 수 있는 양은 1만 상자를 훨씬 넘었고, 아편전쟁 직전에는 하역선 22척에 2만 상자가 있었다. 레드로버호와 같은 아편 전용선의 등장도 하역선이 있어서 가능한 것이었다. 연간 세 번 왕복은 하역선에 아편을 내려놓고 곧장 돌아갔기 때문에 가능했지, 마카오와 황푸의 입항 절차를 거쳤다면 아무리 배가 빨라도 불가능했을 것이다. 결과적으로 1821년의 단속은 오히려 반입량이 늘어나는 계기가 되었다. 단속은 하역선을 등장시켰고, 하역선은 반입량 증가를 부추겼으며, 여기에 레드로버호의 실험을 통한 항해술 개선이 더해지면서 반입량이 폭발적으로 늘어난 것이다. 하역선 등장은 아편 단속을 중국인끼리의 갈등으로 발전시키는 결과를 낳았다. 뭍에서 아편을 소지하지 않은 오랑캐는 아편 사범이 아니어서 단속 대상이 아니었다. 당국의 단속 대상은 한간漢奸(반역자라는 뜻)이라 불린 브로커와 운반책을 검거하는 데 집중되었다. 이렇게 뿌리는 뽑지 못하고 가지만 쳐내는 단속은 효과가 없었다. 오히려 당국은 아편 단속을 통해 무수한 한간을 만들어 냈다.

애머스트 특사단과 동인도회사의 석양

영국 정부는 매카트니 특사단의 실패 후에도 방침을 바꾸지 않았다. 특사는 중국이 발달된 문명체이므로 외교적 접근으로 호의적 반응을 이끌어 낼 가능성이 있다고 보고했다. 그러나 그의 귀국 직후에 내각이 유럽의 혼란스러운 정세에 관심을 집중하는 바람에 중국과의 외교 교섭은 뒷전으로 밀렸다. 내각은 나폴레옹 전쟁이 끝나 안정을 찾은 후에야 다시 중국 시장 확대에 관심을 돌렸다. 그러나 내각은 아직도 동인도회사에 일말의 기대를 지니고 있었다. 이 시기에 다른 나라의 동인도회사들은 쇠락의 길을 걸었다. 프랑스동인도회사가 재정 악화로 정부의 지원이 끊어지자 1769년에 해체되었고, 네덜란드동인도회사도 쌓여 가는 적자를 감당하지 못해 1799년에 청산 절차를 밟았다.[13] 그렇지만 영국 정부는 외교 교섭이 성공하면 동인도회사가 여전히 효용성이 있다는 방침을 유지했다. 의회는 1833년에 중국 무역 독점권 연장 여부를 결정하겠다고 했지만 그 이전에 돌파구를 찾으면 회사를 유지할 수 있다고 생각한 내각은 다시 특사를 파견했다.

1816년에 윌리엄 애머스트 경Lord William Amherst(1773~1857)이 두 번째 특사로 런던을 떠났다. 그가 처한 상황은 20여 년 전 매카트니 특사단 때와는 달랐다. 8년 전 마카오 탈취 시도가 실패한 후 중국 조정의 영국에 대한 경계심이 높았다. 내각은 광조우의 동인도회사 직원을 자문관으로 위촉해 애머스트를 돕도록 조치했다. 예전에 매카트니 특사단을 따라 가서 치엔룽황제의 귀여움을 샀던 스탠턴이 지금은 광조우에서 대표위원회의 대표를 맡고 있어서 그를 차석 특사Second Commissioner로 위촉했으며, 선교사인 로버트 모리슨과 4명의 동인도회사 직원이 특사단에 포함되었다. 모두 11명으로 구성된 특사단은 중국 측과의 협의에 따라 배편으로 티엔진까지 간 후 육로로 베이징을 향해 이동했다. 그런데 특사단 내부에 약간의 의견 차이가 있었다. 특사와 보좌관들은 시장을 개척할 수 있다면 웬만한 것은 양보할 수 있다는 입장인 반면, 동인도회사 직원들은 회사에 유리한 현행 무역체제의 유지를 더 원했다. 이런 의견 차이는 잠복해 있다가 고두지례라는 절차에 부딪히자 수면 위로 떠올랐다.

---

13 하네다, 『동인도회사와 아시아의 바다』, 293~299쪽.

조정은 고위 관리 2명을 보내 의전 절차를 논의했다. 관리들은 알현의 예행연습을 위해 가상 황좌에 고두지례를 거행하라고 했지만 특사는 간단한 목례로 대신했다. 특사단 내부에서 의견이 갈라졌기 때문이다. 관리들은 고두지례가 의전 절차에 불과하며 그것을 따르면 황제가 특별한 은혜를 베풀 것이라고 했다. 특사의 보좌관은 시장 개방을 끌어내기 위해 절차를 따르자고 했고 특사도 긍정적이었다. 내각도 사소한 문제로 중요한 이익을 놓치지는 말라는 지침을 내린 바 있었다. 그러나 스탠턴이 강력히 반대했다. 그는 고두지례가 정치적 복속을 의미하며, 그 절차를 따른다고 해서 특혜를 베푼다는 보장도 없고, 따르지 않는다고 해서 특별히 손해를 보지도 않을 것이라고 주장했다. 그는 1806년에 러시아 특사가 고두지례를 거부해 쟈칭황제의 알현에 실패했지만 무역에는 아무 일도 없었음을 예로 들었다. 중간에 낀 특사는 다른 사람의 의견을 물었고, 회사의 직원들이 스탠턴을 지지하자 고두지례를 거부하기로 결정했다. 조정 관리들은 끈질기게 특사를 설득했다. 그들에게도 절박한 사정이 있었다. 앞서 매카트니 특사가 왔을 때 76세의 치엔룽황제는 특사가 고두지례를 했다는 환관의 보고에 그냥 넘어갔고, 그래서 궁중의 기록으로는 매카트니가 이 절차를 거행한 것으로 되어 있었다. 그러나 쟈칭황제는 그런 방식으로 넘어갈 수 없으니 이번에는 고두지례를 제대로 거행하지 않으면 안 되었다.

의전에 합의를 이루지 못한 상태에서 특사단은 상륙 후 20일 후에 베이징의 원명원에 도착했지만 몇 시간 후 황제가 갑자기 알현을 취소했다. 특사단 구성원 모두 화가 나서 펄펄 뛰었지만 그날로 베이징을 떠나야 했다. 며칠 후 조정 관리들이 특사단을 쫓아와 선물 교환을 제안하며 달랬지만 특사단의 분노를 가라앉히기에는 부족했다.[14] 이것이 유화정책으로 중국 조정의

---

14 Gao, "The 'Inner Kowtow Controversy' During the Amherst Embassy to China,

호의를 끌어내려 했던 특사단의 허망한 결과였다. 특사단의 중국에 대한 부정적 인상은 내륙을 거쳐 광조우까지 4개월간 여행하는 과정에서 더욱 굳어졌다. 엄격하게 통제되었던 매카트니 특사단의 행차에 비하면 상당히 자유로워서 특사단은 지나가는 지역을 관찰하고 간혹 여러 계층의 사람들과 접촉할 수 있었다. 특사단은 과거 어느 때보다 오랜 기간에 걸쳐 중국의 여러 지역을 관찰했고 그 결과 15종의 여행기를 작성했다. 이들의 경험담은 공통적으로 중국의 후진성을 부각했다. 그것은 종래 유럽인들이 중국에 대해 가지고 있던 호의적인 인상을 완전히 바꾸어 놓을 정도의 혹평으로 뒤덮였다.

특사단의 눈에 비친 중국은 쇠락의 조짐이 역력해서 매카트니가 보고했던 것과는 판이한 모습이었다. 오래된 건물이 수리를 하지 못한 채 방치되어 있었고 도로 사정도 형편없었다. 길거리에는 지독한 냄새가 풍겼고, 하수도 시설이 없어 질퍽거리는 길을 가마를 타고 이동해야 했다. 일꾼과 군인은 행동이 거칠었고 일반 주민도 길에서 거의 벌거벗은 모습으로 돌아다녔다. 주민들 모습에서는 빈곤이 역력했고 수행하는 관원들이 소리를 지르면 어쩔 줄 몰라 했다. 선교사 모리슨은 그들에게서 경건한 신앙을 찾을 수 없었고, 의사는 사방에서 모기가 들끓는 비위생적 환경에 질색했다. 그들은 군대의 엉성함도 놓치지 않았다. 병졸 대부분이 군인이라고 믿기 어려울 정도로 훈련되어 있지 않았을 뿐만 아니라 무기도 칼과 활뿐이어서 19세기의 군대라고 생각하기 어려웠다. 그럼에도 불구하고 주민들은 중국이 어느 나라보다 우월해서 오랑캐에게 배울 점이 별로 없다고 생각하는 것이 분명했다. 그래서 특사단의 중국인에 대한 이미지는 '이기적이고 비인간적'이라는 쪽으로 굳어졌다. 사람들이 거짓말을 잘 하고 앞에서는 웃다가 뒤에서는 욕한다는 인상이 굳어졌다. 모리슨은 야만이라는 말이 거칠고 잔인하다

1816 - 1817", pp.598~606.

는 의미라면 중국인을 반드시 야만적이라고 할 수는 없지만, 간교하고 남을 속이기 잘 한다는 의미라면 해당되는 점이 많다고 생각했다. 그들 눈에 중국은 아시아의 다른 곳보다는 문명화되어 있지만 유럽과는 비교할 수 없을 만큼 낙후된 곳이었다. 중국 사정을 잘 아는 동인도회사 직원들은 이런 상황이 캉시-치엔룽황제의 전성기[康乾盛世(1662~1795)]가 끝나고 쇠락이 시작된 중국의 조정과 지방 정부의 무능과 오만 때문이라고 설명했다. 그들은 자신들의 임무가 실패로 끝난 것도 쟈칭황제의 변덕 탓으로 돌렸다.[15] 이런 특사단의 인상은 그동안 유럽 사회에 심어져 있던 중국의 이미지와 정반대되는 것이었다. 17세기 예수회 신부들과 라이프니츠, 볼테르 등의 계몽철학자들은 중국을 철학자인 황제가 다스리고 경전과 시詩를 공부한 사람들이 시험을 쳐서 관료로 등용되는 이상적 문명체로 묘사했고 영국인들도 이런 인상에 젖어 있었다. 특사단의 경험은 그런 이미지를 완전히 붕괴시켜 광조우의 상인뿐만 아니라 영국 상류사회에서도 중국이 '덜 문명화된semi-civilized' 문명체라는 생각이 굳어지게 되었다.

광조우에서는 중개상이 늘어남에 따라 대표위원회의 위상이 갈수록 추락했다. 상관 기주지 중에 영국 출신의 개인 상인이 절반을 차지했고,[16] 그 다음으로 큰 집단은 20명 내외의 미국인이었다. 이 시기에는 중개상의 무역량 합계가 동인도회사의 무역량을 넘어섰다. 그것은 회사가 독점하는 차, 생사, 면화의 거래량이 줄어든 반면, 중개상의 아편 거래량이 크게 늘어났기 때문이었다. 이런 역전에는 일부 상품의 독점권 상실도 영향을 끼쳤다. 회사는 1822년에 인도의 생사 수입과 1824년에 난징의 면화 수입에 대한 독점권을 잃었다.[17] 그 결과 1813년부터 1830년까지 회사의 거래액이

---

15 Gao, "The Amherst Embassy and British Discoveries in China".
16 이하 지칭하는 '상인'은 동인도회사 직원을 제외한 개인 상인 및 중개상 직원을 의미한다.
17 Cheong, *Mandarins and Merchants*, p.106.

1,300만 파운드에서 110만 파운드로 줄어든 반면, 중개상의 거래액은 900만 파운드에서 3,000만 파운드로 증가했다. 이에 따라 대표위원회와 영국계 중개상 사이에 갈등이 늘어갔다. 영국계 중개상은 영국 국적 때문에 다른 유럽 상인들에게 적용되지 않는 제약을 받았다. 그들은 회사의 독점권을 넘어서지 못했고, 꽁홍도 그들에게 차와 생사를 팔지 않았다. 그들은 회사처럼 느긋하게 거래할 입장이 아니어서 독점권을 벗어나는 새로운 상품을 발굴해야 했고, 잔챙이에게 더 높은 세율을 매기는 제도를 피하기 위해 꼼수를 써야 했다. 그들은 회사의 견제를 받으면서도 아편을 밀반입했고, 합법적 상품을 취급할 때도 밀수를 시도했다. 이런 꼼수를 미국인들이 따라하면서 시장질서가 혼탁해졌다. 이들은 관원을 더욱 부패하게 만들었고, 아편으로 먹고 사는 대규모 집단을 발생시켜 이 체제의 먹이사슬을 변화시켰다. 단속을 맡은 관원들이 아편 밀반입의 조연으로 등장했을 뿐만 아니라 아편 유통에 관련된 지하조직의 규모가 더 커졌다. 예전에는 당국과 오랑캐가 갈등의 주역이었다면 이제는 당국, 오랑캐, 그 사이에 낀 한간이 삼파전을 벌이는 형국으로 변했다.

월해관은 여전히 대표위원회를 따이빤으로 삼아 오랑캐를 통제했지만 그것은 오해였다. 대표위원회가 영국인을 통제한다 해도 강제력이 없었고, 다른 국적 상인에게는 통제 권한이 없었다. 무역 기간이 끝난 후 월해관이 오랑캐들에게 상관을 떠나도록 압력을 넣으면 위원회도 영국 상인들에게 이 규정을 지키라고 독촉했지만 소용이 없었다. 독촉을 받은 상인 한 사람은 만기가 돌아온 회사 채권을 내밀며 당장 은으로 바꿔 달라고 요구했다. 차를 선적하느라고 은을 모두 써 버린 위원회는 내줄 것이 없었다. 그러자 이 상인은 평소보다 훨씬 높은 이자를 요구했다. 독촉하다가 보복을 당한 위원회는 당장 어쩌지 못하다가 그가 마카오로 가자 총독에게 추방령을 내려 달라고 요청했다. 그러나 회사에 대해 비판적이었던 마카오 총독이 거부했고, 그 상인은 오히려 총독의 허가를 받아 포르투갈 깃발을 걸고 사업을 계속했다. 위원회의 법적 권한도 불분명했다. 절반이 넘는 영국 국적을 가진 상인 중에는 아르메니아 및 파르시 출신이 많았고,[18] 이들의 이름이 하도 복잡해서 누가 누군지를 구별하지 못하다 보니 아무도 이들이 위원회 통제 대상인지 아닌지에 대해 확신이 없었다. 위원회는 아예 손을 놓아 버렸다.

각종 수단을 동원해 통제를 벗어나는 사람도 있었다. 1776년에 프랑스 상인 하나가 정부로부터 영사consul 직함을 얻어 냈다. 그것은 국교도 없고 상대국의 동의도 얻지 않은, 아무 권한도 없는 이름뿐인 직함이었지만 유럽인들 사이에서는 효과를 발휘해서 대표위원회가 이 상인을 예외적으로 대했다. 그러자 스코틀랜드 출신 상인이 오스트리아 시민증과 비엔나의 정부에서 발행한 영사 위촉장을 내밀었다. 다른 영국 상인은 프로이센 영사로 위촉된 파트너와 같이 회사를 운영하면서 프로이센 국기를 내걸었고, 얼마 후에는 스웨덴 영사라고 주장하는 사람도 국기를 내걸었다. 제노아 공화국의 국기를 걸고 회사를 운영하는 영국 상인도 있었다. 19세기 초 상관은 형형색색의 국기가 게양된 무역시장이자 유럽인끼리의 외교 공관을 겸했다.[19] 영사 직함을 가진 사람이 죽거나 사라지면 후임이 임명되는 것도 아니어서 영사의 숫자는 일정하지 않았다. 1830년대에는 미국, 프로이센, 프랑스, 덴마크, 네덜란드의 영사가 남아 있었다.[20] 월해관도 영사의 난립을 알았지만 상관의 오랑캐 전체를 대표하는 것은 대표위원회라고 생각해서 대부분의 연락을 대표위원회로 보냈다.

---

18 파르시 상인은 영국 출신 상인보다 많았다. 1835년 기록을 보면, 영국 출신 상인이 35명인 반면 파르시 상인은 52명이었다. 이들이 현지인을 고용하지 않고 인도인 하인을 데리고 왔기 때문에 이 숫자에는 하인이 섞여 있을 가능성이 있지만 그래도 백인보다는 파르시 상인들이 많았다. Grace, *Opium and Empire*, pp.49~50.

19 Coates, *Macao and the British, 1637-1842*, pp.70~73.

20 Chen, *Merchants of War and Peace*, p.52.

　영국 상인들은 대표위원회의 소극적 태도가 큰 불만이었다. 회사 직원들은 출신 배경이나 영업 태도에서 상인과 다른 부류였다. 귀족 출신도 있었고, 일반 직원도 중산층 출신이 많았다. 공무원 조직이나 다름없는 위원회는 상인들처럼 악착같이 돈을 벌려고 하지 않았다. 위원회는 차를 정상적으로 선적할 수만 있으면 아쉬울 것이 없어서 차 무역에 장애가 될 만한 것은 모두 규제했고, 영국인들이 문제를 일으켜 광조우 당국이 무역을 중단시키는 사태를 막는 데 집중했다. 위원회는 아편 밀수에 대해서도 촉각을 세웠다. 같은 회사의 인도 지점은 아편을 공급하고 광조우의 위원회는 밀반입을 규제하는 모순을 드러냈다. 또한 위원회는 새로운 상품을 개발하거나 시장을 확대하는 데 소극적이었다. 직원들 중에는 중국어에 능통하고 중국 문화를 깊이 이해하며 중국의 무역 정책에 긍정적인 사람이 많았기 때문에 변화보다는 현상 유지를 선호하는 편이었다. 상인들의 눈에는 위원회가 중국이라는 거대 시장을 두고도 광조우에 안주하면서 당국의 횡포에 순종하고 영국인의 이익 확대에는 무관심한 조직으로 보였다. 이런 불만은 한 사건을 계기로 상인들의 집단행동을 야기했다. 1828년에 대표위원회가 상관 앞의 선착장을 확장하는 문제로 관리들과 실랑이를 했다. 위원회가 관리들의 만류에도 확장 공사를 진행하자 고위 관리 2명이 영국관을 찾아왔는데 이때 조그만 사건이 일어났다. 두 사람이 벽에 친 휘장이 궁금해서 걷어 보니 국왕 조지 4세의 초상화가 걸려 있었다. 그러자 고위 관리 하나가 초상화를 등지도록 의자를 돌리라고 했다. 위원회가 반발하면서 항의했고 상인들이 가세했다. 상인들은 위원회와는 다른 방식으로 행동에 들어갔다. 스무 명 남짓 되는 사람들이 공동으로 국왕에 대한 모욕으로 상처를 입었다는 진정서를 의회에 제출한 것이다. 원래 이런 보고는 위원회가 전담해 왔기 때문에 상인이 청원서를 낸다는 것은 예전 같으면 꿈도 꾸지 못할 일이었지만 이제는 달랐다. 청원서는 영국인들이 어려움을 겪고 있으므로 정부가 나서서 문제를 해결해 달라는, 광조우 당국과 대표위원회를 싸잡아 비난하는 논조였다. 의회가 지구 반대편에 있는 상인들의 청원서에 관심을 가졌을 리는 없지만 그것은 추락하는 위원회의 위상을 드러낸 사건이었다. 그런데 또 다른 사건이 터졌다. 대표위원회 소속의 윌리엄 베인즈William Baynes가 부인을 상관에 데리고 왔다. 광조우 당국은 부인을 선착장에서 상관까지 가마를 태워 준 홍상을 체포했다(이 사람은 문초를 받다가 감옥에서 죽었다고 한다.). 부인이 떠나지 않으면 무력을 동원하겠다고 당국이 위협하자 영국 상인들이 황푸의 선원을 불러 모으고 대포와 총을 가져와 상관을 지키겠다고 나섰다. 며칠 후 부인이 마카오로 돌아갔기 때문에 충돌은 일어나지 않았지만 이 두 사건은 상인들의 목소리가 더욱 커지고 대표위원회의 위상은 쭈그러들고 있었음을 보여 준다.[21]

　대표위원회도 완전히 손을 놓고 있지는 않았다. 1832년에 젊은 화물관리인 휴 해밀턴 린지Hugh Hamilton Lindsay가 섬유제품을 싣고 북쪽 해안으로 항해했다. 그들은 연안을 따라 항해하면서 닝뽀, 푸조우, 상하이에 상륙을 시도했다. 현지의 반응은 다양했다. 관리들은 오랑캐 선박의 출현에 놀라 경계 태세를 강화하면서 즉각 퇴거를 요구했지만 호기심에 찬 군중은 신빅 주위에 몰려들어 구경하기 바빴다. 현지 상인들이 모처럼 무역 기회가 왔다고 좋아하면서 접근했지만 면직물과 모직물은 인기가 없었다. 항구 여러 곳을 들렀지만 린지는 항해 비용도 못 건지고 화물 대부분을 고스란히 싣고 돌아왔다. 위원회는 이 항해의 결과를 토대로 중국 시장의 잠재력이 과장되어 있으며 중국 정부가 스스로 장벽을 제거하지 않는 한 시장 확대는 어렵다고 런던에 보고했다. 이 보고서야말로 공기업과 상인의 차이를 극명하게 드러낸 것이었다. 린지가 다녀온 그 해역은 불과 1~2년 사이에 아편시장이

21 Chen, *Merchants of War and Peace*, pp.20~22.

되었다.

그렇다고 영국 상인들의 중국 무역의 미래에 대한 생각이 일치한 것은 아니었다. 영국이 무력시위를 벌여 강제로 개방해야 한다는 강경파와 중국의 질서와 규범을 지키며 무역해야 한다는 온건파가 신문 기고를 통해 논쟁을 벌였다. 『캔턴 레지스터』가 강경파의 의견을 주로 실었다. 이 신문은 매주 게재하는 상품 시세에 금수품인 아편 시세를 포함시켜 광조우 당국의 방침에 간접적으로 도전했다. 온건파의 의견은 『캔턴 프레스』에 주로 실렸다. 이 논쟁은 동남아시아의 영국 식민지에서 발간되는 신문에 자주 인용되었고, 일부는 런던의 신문에도 인용되었다. 강경파의 등장과 그들의 활발한 로비는 영국인의 중국에 대한 시각을 바꾸는 데에, 그리고 뒷날 전쟁을 결정하는 데에 중요하게 작용했다.

변화의 불똥은 홍상들에게도 튀어서 갈수록 무역보다 감시와 사고 예방에 더 신경을 쓰지 않으면 안 되었다. 게다가 오랑캐 상인과의 거래에는 위험한 면이 많았다. 오랑캐들이 들여온 투기성 상품을 받았다가 큰 손실을 본 홍상도 있었다. 동인도회사와의 거래에서는 이런 위험이 없었고 혹 사고가 터져도 회사가 다음 거래에서 벌충해 주는 것이 관례였지만 개인 상인들에게서는 이런 것을 기대할 수 없었다. 게다가 개인 상인의 거래 행태가 시장의 체제를 흔들었다. 이들은 배가 들어오면 순번대로 거래할 홍상을 지정하는 꽁홍의 방식을 따르지 않았다. 그들은 차례가 돌아온 홍상과 거래하지 않고 마음대로 거래 상대를 선택하거나 아니면 꽁홍 밖에서 거래 상대를 찾으려 했다. 여기에 또 아편이 있었다. 에밀리호 사건에서 드러났듯이 홍상들도 아편 거래에서 완전히 벗어나 있지 않았고 장부에 기재되지 않은 검은 돈이 오갔다. 아편은 철저히 투기 상품이어서 시세가 나날이 달랐지만 홍상들은 이런 흐름을 파악하지 못했고 시세가 널뛰기를 하면 홍상들이 입는 손실이 고스란히 오랑캐한테 갚아야 할 빚으로 남았다.

표 5-4   1834년 홍상의 납부 내역 및 액수

내역	액수(냥)
황제에게 바치는 공물 비용	55,000
황허 제방 수리 비용	30,000
베이징 주재 꽁홍 파견단 유지 비용	31,600
황제 탄신일 축하 비용	130,000
월해관 감독 생일 축하 비용	20,000
월해관 감독의 모친 혹은 부인의 선물 비용	20,000
각급 관원의 선물 비용	40,000
토산 인삼의 의무적 구입 비용	140,000
합계	466,600

출처: Chang, *Commissioner Lin and the Opium War*, p.14.

홍상의 더 큰 어려움은 월해관의 쥐어짜기였다. 쥐어짜기는 원래부터 있었지만 19세기에 들어서는 규모가 커졌다. 1832년에는 반란 진압 비용으로 10만 냥을 거두었고, 다음 해는 홍수 피해 복구를 위해 12만 냥을 거두어 갔다. 이런 일은 어쩌다 생겼지만 가장 큰 부담은 매년 거두는 비용이었다. 예를 들면, 1834년에 월해관이 홍상으로부터 뜯어낸 내역과 액수는 표 5-4와 같다.

그래서 홍상은 부침이 심했다. 꽁홍의 최대 구성원은 13명이었고(표 5-5 참조), 하나가 파산하면 다른 사람이 메꾸는 게 원칙이지만 지원자가 없어 비워 놓을 때가 많았다. 여러 세대에 걸쳐 사업을 지속한 홍상은 소수였고, 창업자나 아들 대에 사업을 접는 경우가 더 많았다. 파산한 홍상은 범죄자가 되어 유배형을 받았다. 더욱이 파산은 개인의 문제로 끝나지 않았다. 파산한 사람의 빚을 꽁홍의 기금으로 갚아 줘야 했고, 기금이 부족하면 돈을 더 추렴했다. 18세기 말부터 홍상들이 오랑캐에게 진 빚이 쌓여 갔다. 월해관은 겉으로는 오랑캐와 금전 거래를 금지하면서 안으로는 이를 묵인했다. 빚을 못 받은 오랑캐가 청원서를 제출하면 해당 홍상을 처벌하는 선에서 마

표 5-5   **1837년 꽁홍 구성원 명단**

대표자 이름	상호	관명 (유럽인이 부른 이름)
伍紹榮	怡和行 (Ewo Hong)	浩官 (Howqua)
盧繼光	廣利行 (Kwonglei Hong)	茂官 (Mowqua)
潘紹光	同孚行 (Tungfoo Hong)	潘啓官 (Puankhequa)
謝有仁	東興行 (Tunghing Hong)	鰲官 (Goqua)
梁丞禧	天寶行 (Tienpow Hong)	經官 (Kingqua)
嚴啓昌	興泰行 (Hingtae Hong)	孫靑 (Sunshing)
潘文濤	中和行 (Chungwo Hong)	明官 (Mingqua)
馬佐良	順泰行 (Shuntai Hong)	秀官 (Saoqua)
潘文海	仁和行 (Yanwo Hong)	潘海官 (Pwanhoyqua)
吳天垣	同順行 (Tungshun Hong)	爽官 (Samqua)
易元昌	孚泰行 (Futai Hong)	昆官 (Kwanshing)
羅福泰	東昌行 (Tungchang Hong)	林官 (Lamqua)
容有光	安昌行 (Anchang Hong)	達官 (Takqua)

무리했지만 근본적인 처방은 없었다. 홍상의 빚은 계속 늘어났으며, 아편 전쟁 당시에 영국이 홍상의 채무를 배상금에 포함시킬 때 액수가 200만 달러가 넘었다(지금 가치로 환산하면 미화 4,000만 달러가 넘는 액수였다.).

전설의 탄생: 자딘과 매더슨

아편의 광풍으로 영국 상인들에게 광조우 무역시장은 더 큰 노다지판이 되었다. 1820년 이전에는 몇 년 동안 5만 달러를 벌어 은퇴하면 유명해졌 지만 그건 옛이야기가 되었다. 2만 상자나 되는 아편이 들어오자 시장 규 모가 몇 배 이상 커져 예전의 노다지는 푼돈이 되었다. 상자당 30달러씩 커미션을 받는다고 가정하면 2,000상자 거래로 예전에는 10년에 벌던 돈을 1년 만에 벌 수 있었다. 이런 노다지판에는 전설이 생기는 법이고 1830년대의 광조우 무역시장도 예외가 아니었다. 거부가 된 사람은 여럿 있었다. 홍상 중에는 우사오룽과 판사오광이 선대의 사업을 이어받아 큰 재산을 모았지만 그들의 번영은 아편전쟁으로 끝나고 말았다. 늦게 이 시장에 들어온 미국인 중에 성공한 사람들도 있었는데 그중 하나가 미국-영국-인도-중국을 연결하는 중개무역으로 거부가 된 보스턴 출신의 포브스Forbes 집안이다.[22] 다른 미국인 존 클리브 그린John Cleve Green은 1839년에 광조우에서 벌어들인 900만 달러를 들고 본국으로 돌아가 철도에 투자해 뒷날 미국의 철도왕으로 불렸다. 그러나 이들의 성공은 스코틀랜드 출신의 윌리엄 자딘William Jardin과 제임스 매더슨James Matheson이 이룬 것과는 비교가 되지 않는다.

1830년대에 들어서서 아편 거래는 독과점의 흐름을 보여 영국계의 자딘-매더슨 상사Jardin-Matheson & Co.와 덴트 상사Dent & Co., 미국계의 러셀 상사Russel & Co.라는 3대 거상巨商이 주도하는 구도로 변했다. 이 회사의 설립자들은 빈손으로 광조우에 와서 중개상의 직원으로 일하다가 독립해서 회사를 설립한 후 10여 년 만에 거금을 벌었다는 공통점을 지니고 있었다. 그중에서도 자딘-매더슨 상사는 돈을 제일 많이 벌었을 뿐만 아니라 동인도회사의 황혼기에 상관의 유럽인 사회를 주도했다. 이 회사의 공동 창립자인 자딘과 매더슨이 바로 전설의 주인공이었다. 그들은 중국에서는 악랄한 아편 상인으로 알려졌지만 영국에서는 해외 무역의 첨병이자 모험적 사업가였다.

---

22 오바마 행정부에서 국무장관을 역임한 존 포브스 케리John Forbes Kerry가 이 집안 출신이다.

자딘과 매더슨은 스코틀랜드 출신이라는 인연으로 동업 관계를 맺었다.[23] 당시 스코틀랜드는 한 맺힌 지역사회였다. 1707년에 스코틀랜드 왕국이 잉글랜드 왕국에 합병된 후에 계속된 스코틀랜드인들의 저항은 1746년에 잉글랜드 군대의 대규모 학살로 끝났다. 이 사건으로 1,500명 이상이 전사했고, 귀족 3명이 참수형에, 평민 120명이 교수형에 처해졌으며, 700명 이상이 감옥에서 죽었고, 1,000명 넘게 아메리카 식민지로 끌려갔다. 정부가 이 지역에 농장을 보급하고 공장을 건설하면서 스코틀랜드는 서서히 잉글랜드에 동화되었고, 고유의 전통문화도 잊혀졌다. '북방의 야만인North Barbarian'으로 불리던 스코틀랜드 출신은 사회적 제약을 받았다. 농토를 빼앗긴 사람들은 군대에 입대해서 생계를 도모하거나 아메리카 식민지로 이주했으며, 일부는 잉글랜드 사람들이 내켜 하지 않는 해외 근무로 눈길을 돌렸다. 이런 사람들에게 동인도회사는 좋은 일자리를 제공했다. 1777년부터 1813년까지 회사가 고용한 선장 중 28%가 스코틀랜드 출신이었고, 일반 직원들 중에도 이 지역 출신이 많았다. 이들 중 상당수는 회사에서 몇 년 근무하다가 회사로부터 면허를 취득한 개인 상인으로 변신했다. 혈연관계를 중시하는 이 지역 출신 상인들은 대부분 자기 이름을 따서 회사를 차렸고, 집안사람과 친척을 고용했다. 자딘과 매더슨도 이런 과정을 겪고 독립한 인물들이었다.[24]

월리엄 자딘은 글래스고Glasgow 남쪽의 시골 마을에서 태어났다. 가난한 집안에 태어난 그는 자선단체의 도움으로 학교를 다녔고, 형의 도움을 받아 에든버러Edinburgh의 의과대학에서 2년 공부하고 18세가 되던 1802년에 런던으로 갔다. 어떤 연줄이 있었는지 모르지만 그는 중국으로 떠나는 동

---

23 이하 자딘과 매더슨에 관한 이야기는 Grace, *Opium and Empire*의 2~5장을 요약한 것이다.
24 Grace, *Opium and Empire*, pp.8~13.

인도회사 선박 브런즈윅Brunswick호의 외과의사 조수로 취직했다. 브런즈윅호는 대포 38문으로 중무장한 1,200톤급 대형 선박으로 다른 선박 2척과 선단을 이루어 출항해서 다음 해 4월 말 런던으로 돌아왔다. 브런즈윅호가 다시 출항할 때 자딘은 정식 의사가 되어 배를 탔다. 순탄치 못했던 이 항해가 그의 인생의 전환점이 되었다.

동인도회사 선박은 화물 운송이 중심이었지만 이번에는 달랐다. 브런즈윅호는 실론으로 향하는 병력 수송을 위해 육군이 임대한 배였다. 병력 수송선 3척, 화물선 5척, 호위 순양함 1척으로 구성된 선단은 1804년 봄에 출항했다. 4개월 후 실론에 도착한 후 브런즈윅호는 마드라스로 가서 중국행 면화를 싣고 영국을 떠난 지 7개월 만에 광조우만에 도착해서 황푸에서 하역과 선적을 마쳤다. 정박 기간 동안 선장과 함께 상관을 방문한 자딘은 투자 기회를 놓치지 않고, 의사에게 할당된 3톤의 개인 화물 공간을 중국 상품으로 채웠다. 브런즈윅호는 1805년 1월에 15척으로 이루어진 선단에 섞여 군함의 호위를 받으며 광조우만을 떠났다. 계획대로라면 여름에 영국에 도착 예정이었지만 인도양에 들어서자 문제가 생겼다. 후먼 수로를 나오다가 피손된 부분이 점점 더 크게 벌어져 브런즈윅호는 목적지를 봄베이로 변경했다. 그러나 봄베이 조선소에서는 군함 수리가 먼저였기 때문에 3개월 이상 기다려야 했다. 봄베이 지점은 계획을 변경해서 영국행 화물을 다른 배로 옮겨 싣는 대신 브런즈윅호는 수리를 마친 후 위탁받은 화물을 싣고 광조우로 보내기로 했다. 선장에게는 또 다른 수입을 올릴 기회였으므로 거절할 이유가 없었고, 자딘도 개인 화물을 봄베이에서 처분한 후 배에 올랐다. 브런즈윅호는 1805년 7월에 광조우로 출항했다. 적재 화물이 봄베이의 파르시 상인이 위탁한 것이어서 자딘은 이들의 무역 활동을 눈여겨볼 수 있었다. 특히 승객 중에 잠세티 지지보이Jamsetjee Jejeebhoy라는 젊은 파르시 상인이 있었다. 두 젊은이는 금방 친구가 되었는데, 그것이 평생 지속된 파트너 관계의 출발점이었다. 그러나 그들은 광조우에 도착하지 못했다. 브런즈윅호는 출항 열흘쯤 후 먹잇감을 노리던 프랑스 함대에 나포 당해 끌려가다가 9월에 아프리카 동부 해안에서 난파했다. 프랑스 군함에 구조된 자딘과 선원들은 포로 신세로 프랑스와 네덜란드가 지배하던 케이프타운 Cape Town을 거쳐 세인트헬레나St. Helena섬으로 이동했다가 마침 정박 중이던 영국 군함을 얻어 타고 1806년 1월에 귀국했다. 이 여행에서 자딘은 예전에 개인 화물로 얻은 이익과 이번 항해의 급료를 합쳐 300파운드를 마련했는데, 그것이 미래의 전설을 만드는 종자돈이 되었다. 자딘은 1817년까지 13년간 회사 소속 의사로 런던과 광조우를 왕복하며, 돈을 모으고 인맥을 넓혔다. 1813년에 인도 무역의 독점권 폐지가 결정되자 자딘은 첫 항해에서 만났던 동인도회사의 이사 토머스 위딩Thomas Weeding의 도움을 받아 인도 무역의 중개상 면허를 얻었다. 1819년에 봄베이에 도착한 그는 지지보이의 도움으로 파르시 상인들을 폭넓게 접촉했고, 그중에서 프람지 코와지Framjee Cowasjee를 런던의 위딩과 연결해 주면서 영국, 인도, 중국 사이의 무역을 담당하는 에이전트 생활을 시작했다.

제임스 매더슨은 조금 다른 길을 걸었다. 자딘보다 12세 아래인 그는 중산층 가정에서 태어나 5년제 왕립고등학교를 4년 다니다가 14세가 되던 1810년에 에든버러 대학의 교양과정Faculty of Art에 입학했다. 매더슨도 이 시기 스코틀랜드 학생들 대부분이 그랬듯이 잉글랜드 출신이 관심을 덜 보이는 해외 무역에 관심을 가졌다. 그는 교양학부와 의학과정을 합쳐 3년간 공부하다가 17살에 학업을 중단하고 런던으로 가서 무역회사의 말단 직원으로 취직했다. 그는 친척의 도움을 받아 19세가 되던 1815년에 중개상 면허를 취득하고, 캘커타에서 아저씨뻘 되는 사람이 운영하는 매킨토시 상사 Macquintosh & Company에 취직했다. 그의 직장생활은 실수를 저질러 해고 당하는 바람에 3년 만에 끝났지만 그는 영국으로 돌아가지 않았다. 캘커타

에는 광조우 무역을 목표로 하는 모험가가 많았다. 매더슨은 지방무역선 화
물관리인 로버트 테일러Robert Tayler를 만나 에이전트가 되어, 1819년에
스페인계 로레타 상사Larruleta & Company 소속 선박의 화물관리인 자격으
로 광조우로 갔다. 이 여행에서 그는 아편 무역의 잠재력을 알아챘고, 광조
우에 도착한 후에는 밀수 수법도 어느 정도 터득했다. 사업 파트너인 테일
러가 거액을 떼여 사업이 위기에 처했을 때 젊은 매더슨은 공격적으로 만회
를 시도했다. 그는 덴마크 선적의 선박을 임대해서 봄베이로 향했다. 겉으
로는 중국 상품 수출이 목적이었지만 실제로는 캘커타보다 저렴한 아편을
구입하기 위해서였다. 이때 봄베이에서 이 배의 입항을 주선한 에이전트가
바로 자딘이었다. 매더슨이 캘커타와 봄베이에서 투자자를 구해 아편을 싣
고 광조우로 출발하려 할 때 테일러가 갑자기 병으로 사망했다. 절대절명
의 위기에 놓였지만 매더슨은 항해를 계속했고, 1820년 가을부터 겨울까지
광조우의 아편 가격이 1,500달러까지 치솟아서 매더슨은 큰 이익을 거두어
위기에서 벗어났다. 이 항해에서 매더슨은 마카오 주재 덴마크 영사 자격을
취득했다. 이것은 짭짤한 수확이었다. 영국 시민이면서도 마카오에서 동인
도회사의 독점권에 구애받지 않고 무역을 중개할 수 있었기 때문이다. 그는
스페인계의 이리사리 상사Yrissari & Company의 파트너가 되어 아편을 비롯
한 여러 상품을 취급했으며, 보험 중개업도 병행했다.

　이 시기에 봄베이와 광조우를 왕래하던 자딘은 1820년 이래 매더슨과 긴
밀한 사업관계를 형성했다. 자딘이 코와지를 통해 봄베이의 투자자를 확보
하고 아편을 실어 오면 매더슨이 현지 판매를 맡고 커미션을 분배했다. 차
무역에서는 매더슨이 광조우에서 차를 확보하고 자딘이 반출을 담당했다.
영국인 자딘은 차를 구입할 수 없었지만 덴마크 영사 매더슨은 물량 확보에
문제가 없었다. 게다가 매더슨은 남다른 재주가 있었다. 그것은 은을 어음
으로 바꿔 주는 서비스로 커미션을 챙기는 것이었다. 광조우의 대표위원회

는 필요한 만큼만 은에 대한 환어음을 발행했기 때문에 은을 어음으로 바꾸려는 수요는 항상 있었고 매더슨은 그 틈새를 파고들어 자신이 어음을 발행해 은과 바꿨다. 이 일은 혼자 할 수 있는 것이 아니었다. 매더슨이 발행한 어음을 봄베이, 캘커타, 런던의 은행에서 받아 준다는 보증이 필요했다. 그것을 봄베이와 런던에 인맥을 가진 자딘이 도와주었고, 두 사람은 점점 더 궁합이 맞는 파트너 관계로 발전했다. 그리고 1822년에 자딘이 인도를 떠나 광조우에 정착하면서 두 사람은 사실상 동업관계가 되었다.

매더슨은 아편 광풍의 핵심 인물이었다. 렝뗑의 하역선도 그의 발상이어서 1821년에 당국이 단속을 시작하자 렝뗑으로 물러난 하역선 4척 중에서 3척이 매더슨이 관리하는 배였다. 그의 사업에 대한 열정과 아이디어는 여기에서 그치지 않고 1823년에는 말와 아편을 대량으로 반입하는 모험을 감행했다. 봄베이 투기자본을 무기로 물량 공세를 펴서 파트나와 베나레스 아편을 밀어내려는 시도였다. 하역선의 재고가 많아 신착 물량의 처분이 쉽지 않았기 때문에 그는 북쪽의 푸지엔 연안으로 이동해서 아편 브로커를 물색했다.[25] 첫 항해는 큰 성공을 거두지 못해 8만 달러어치를 파는 데 그쳤지만 그 다음 항해는 달랐다. 두 차례 항해에서 싣고 간 아편을 몽땅 팔아서 북쪽에도 큰 시장이 존재한다는 점을 확인했다. 이것은 잠깐 동안의 실험에 불과했지만 뒷날 자딘과 동업해 전설을 만들어 내는 바탕이 되었다. 매더슨의 아이디어는 여기에서 그치지 않았다. 1825년에 그는 인쇄기와 활자를 주문해 1827년부터 사촌동생 알렉산더 매더슨을 시켜 최초의 영자 신문인『캔턴 레지스터』를 발행했다. 이 신문은 뒷날 아편 전용선 등장 후 인도의 금융 정보와 상품 가격을 신속히 전달하는 기능을 톡톡히 수행했다.

비슷한 시기에 자딘은 유능한 사업가의 평판을 얻어 1825년에 마카오에

---

25 Grace, *Opium and Empire*, p.110.

서 꽤 오래 활동한 매그니악 상사Magniac & Company의 파트너가 되었다. 당시 중국에 진출한 개인 상사는 몇 년마다 회사 이름이 바뀌는 일이 흔했다. 이 회사도 처음에는 런던의 금 세공업자인 제임스 콕스James Cox가 음악상자를 수출하기 위해 세운 조그만 회사에서 시작했다. 음악상자는 한동안 인기를 누리다가 18세기 말부터 시들해졌고, 이 물건을 수입한 홍상 여럿이 파산하면서 회사는 어려움을 겪었다. 회사는 프로이센 상인들과 합작하면서 리드빌 상사Reid, Beale & Company로 바뀌었다가 마지막으로 매그니악 상사가 되었다. 1824년에 이 회사의 주인이 병이 나서 회사를 관리할 사람이 없자 자딘이 맡았다. 그는 회사를 상관의 그리스관Greek Factory으로 옮기고 사업을 확장했다. 비슷한 시기에 매더슨에게 일어난 변화가 두 사람이 동업하는 계기가 되었다. 1826년에 매더슨은 사장인 이리사리가 캘커타에서 사망해서 급히 캘커타로 가게 되자 회사 관리를 자딘에게 신탁했다. 캘커타에서 돌아온 그는 혼자 사업을 끌고 나가기 어렵다고 생각하던 중 자딘이 매그니악 상사의 파트너 자리를 제안하자 흔쾌히 받아들였다. 32세가 된 매더슨에게는 이리사리 상사를 청산한 후 6만 달러의 자산이 있었고, 44세에 접어든 자딘에게는 풍부한 경험과 인맥이 있었다. 그들은 기본적으로 투자자가 위탁한 상품을 사고팔아 커미션을 챙겼지만, 점차 아편과 비단, 쌀과 차에 직접 투자하는 쪽으로 발전해 나갔다. 두 사람은 결혼할 생각도 하지 않고 사업에 몰두했다.[26] 동인도회사의 독점권 폐지가 몇 년 앞으로 다가와서 200명이 넘는 오랑캐 상인들로 붐비는 상관에서 자딘과 매더슨은 가장 유명하고 비중 있는 인물이 되었다.

합작 후 자딘과 매더슨은 그야말로 물 만난 고기처럼 사업을 발전시켰다. 그들은 현지 소비자의 취향을 정확하게 파악하는 동시에 인도의 가격 동향

26 자딘은 평생 독신으로 지냈으며, 매더슨은 1840년대에 영국으로 돌아간 후 결혼했다.

과 자금 사정에 관한 정보를 소상히 파악하고 적절히 활용했다.[27] 아편이 가장 중요한 상품이었지만, 그렇다고 아편만 취급한 것은 아니었다. 옷감과 면화, 인디고를 수입하고 차를 수출했으며, 보험과 금융, 선박 중개에도 뛰어들었다. 그들은 아편을 취급하는 것에 대해 죄의식을 느끼지 않았다. 그들은 영국의 합법적인 상품으로서의 아편을 취급하는 것뿐이며, 소비가 있는 곳에 상품을 공급하는 것이 당연하다고 생각했다. 그들은 아편 사업을 가장 안전하면서도 확실하게 돈을 벌 수 있는 '점잖은 투기gentlemanly speculation'라고 생각했다.

자딘은 사업에서 신뢰를 매우 중시했다. 매그니악 상사의 파트너로 일하다가 6년이 지난 후 이 회사의 간판을 내릴 때 그는 물려받았던 자금과 6년 동안 벌어들인 이익을 깨끗이 정리해서 매그니악 집안으로 보냈다. 이런 처신으로 그는 영국 금융계에서 영향력이 있는 매그니악 집안과 끈끈한 관계를 유지하면서 많은 도움을 받았다. 자딘은 다른 상인들의 뒤처리에도 잡음을 일으키지 않았다. 귀국하는 상인들이 마카오의 현지처와 자녀의 생계를 위해 돈을 신탁하는 경우가 있었는데, 자딘은 이런 돈을 떼어먹는 법이 없었다. 자딘과 매더슨의 파트너 관계도 신뢰에 바탕을 두고 있었다. 나이가 많은 자딘은 보수적이었지만 매더슨의 모험적 투기에 반대하지 않았다. 1830년 봄베이에서 많은 상인들이 인디고 투기에 나섰다가 가격 폭락으로 난리가 났다. 여러 중개상이 파산했고, 예전에 매더슨을 해고했던 매킨토시 상사도 위험에 빠졌다. 이때 매더슨도 회사에 22,000달러의 손해를 끼쳤지만 자딘은 전혀 개의치 않았다. 자딘은 광조우와 마카오의 유럽인 사회에서 자선가로도 알려져 있었다. 그는 의료선교협회의 결성을 위해 상당한 금액을 기부해 주도적 역할을 했다. 선교 활동도 후원해서 로버트 모리슨을

27 Grace, *Opium and Empire*, p.138.

기념하는 교육재단에 기금을 출연했고, 선교사들의 전단 제작에도 도움을 주었다. 그는 상관에 와 있던 괴팍한 화가 치너리의 그림을 후한 값을 쳐서 사 주었다. 그가 의도한 것은 아니지만 이 그림들은 당시의 상황을 잘 보여 주는 귀중한 시각 자료가 되었다.

1832년에 자딘과 매더슨은 매그니악 상사의 지분을 완전히 청산하고 회사 이름을 자딘-매더슨 상사로 바꾸었다. 회사는 선박 10여 척을 움직이며 연간 수백만 달러를 거래할 정도로 규모가 커져서 런던과 캘커타, 봄베이에 있는 16개 회사의 무역 거래를 중개했다. 또 렝펭에 하역선을 배치하고 푸지엔 연안의 시장을 개척해서 아편 거래의 주도권을 장악했다. 1833년에는 최초의 아편 클리퍼 레드로버호의 지분 50%를 확보했다가 1836년에 클리프턴 선장이 은퇴할 때 이 배를 완전히 사들여 경쟁력을 높였다. 경쟁 상대는 덴트 상사와 러셀 상사뿐이었고, 나머지는 상대가 되지 않았다.

이렇게 떠오르는 자딘의 위상을 보여 주는 상징적 사건이 1833년에 터졌다. 자딘-매더슨 상사의 선박이 태풍으로 난파해서 선원들이 어느 섬에 상륙했다가 주민들과 싸움이 벌어졌다. 주민 한 사람이 죽고 선원 한 명이 주민들에게 잡혀가자 관원들이 출동해서 조사를 벌였고 월해관은 무역을 중지시켰다. 대표위원회는 자신들이 제안한 석방 교섭을 월해관이 냉담하게 거절하자 처분을 기다릴 수밖에 없다는 입장을 취했다. 그러나 자딘과 그 배의 선장은 이를 받아들이지 않았다. 그들은 중국인들에게 선원이 맞아 죽는 것을 보고만 있을 수 없다면서 다른 선원들을 규합해서 무장시켜 그 섬으로 갔다. 선원들과 주민들이 대치하자 관원들이 출동했고, 협상이 벌어졌다. 결국 죽은 사람에 대해 보상금을 주는 대신 선원을 석방하는 선에서 협상이 끝났다. 이 과정에서 대표위원회는 광조우 당국으로부터도 더 이상 따이빤으로 대접받지 못했고, 상인들에게는 무력하기 짝이 없음을 드러낸 반면 자딘은 암묵적인 지도자로 등장했다.

아편 거래에서도 자딘과 매더슨의 능력은 탁월했다. 두 사람은 아편시장 확대의 세 번째 단계를 주도한 인물들이었다. 1832년 대표위원회의 린지가 닝뽀와 상하이에서 시장 개척이 어렵다는 보고서를 냈을 때 그들은 생각을 달리했다. 10년 전 북쪽 연안에서 아편을 팔아 본 경험이 있는 매더슨은 오히려 린지의 항해에서 힌트를 얻었다. 그는 자딘에게 새로운 시장 개척을 제안했고 이를 받아들인 자딘은 캘커타에서 막 도착한 아편 클리퍼 실프 Sylph호를 보냈다. 이 배는 싣고 온 아편 중 일부만 하역선에 내려놓고 곧장 출항했다. 실프호는 연안을 따라 북상해서 뽀하이만渤海灣(보하이만)까지 갔다가 다시 남하해서 양쯔강 하구에 머물면서 아편을 팔았다. 그 지역 상인 조합이 알선한 브로커들이 정크를 타고 와서 아편을 사 갔다. 그 광경은 마치 모이를 쪼려고 새들이 몰려드는 것과 비슷했다. 클리퍼 주위로 수십 척이 모여들어 아편을 달라고 아우성을 쳐서 밤을 꼬박 새며 장사를 해야 했다. 실프호는 나흘 만에 싣고 간 아편을 모조리 팔아 치우고 20만 달러가 넘는 은을 싣고 돌아왔다.[28] 자딘은 다른 배 한 척을 또 보냈다. 이 배는 취엔조우 앞바다에 닻을 내리고 접근해 오는 정크에 아편을 팔았다. 이 지역에도 아편 시장이 형성되어 있었고, 특히 브로커 입장에서는 광조우에서 육로로 운반하는 것보다 훨씬 안전하고 싸게 구입할 수 있는 기회였다. 관원들도 매우 협조적이어서, 매년 2만 달러를 받는 대신 거래를 묵인하기로 약속했다. 이렇게 자딘이 동인도회사가 포기한 시장을 자기 것으로 만들면서 아편 거래방식 변화의 세 번째 단계가 만들어졌다. 그것은 새로운 돌파구였다. 황푸에서 렝몡을 거쳐 북쪽 연안까지 시장이 확대되어 중국 전역에 아편 거래 네트워크가 형성되는 시발점이 되었기 때문이다.

새로운 시장에는 새로운 시스템이 필요했다. 자딘은 선박 3척이 한 팀이

---

28 Trocki, *Opium, Empire and Global Political Economy*, p.103.

되는 시스템을 고안했다. 한 척은 렝뗑의 하역선, 다른 한 척은 푸지엔 연안의 판매선, 그리고 나머지 한 척은 그 사이를 운행하는 연락선이었다. 하역선과 판매선이 각각 정해진 곳에 머물러 있고 연락선이 그 사이를 오가는 것이 이 시스템의 핵심이었다. 연락선은 하역선과 판매선을 왕래하며 아편과 보급품, 우편물 등을 전해 주고 판매 대금으로 받은 은을 운반했다. 선박을 잠시도 놀리지 않고 최대한 움직여서 북쪽으로의 흐름이 끊어지지 않도록 하는 이 시스템은 아편 거래에서 획기적인 성과를 가져왔다. 거래량이 2년 사이에 서너 배로 뛰어 자딘은 누구도 넘볼 수 없는 매출 규모를 자랑하게 되었다. 이 바닥에 비밀은 없어서 덴트 상사와 러셀 상사도 같은 시스템을 구축했다. 그렇지만 브로커들 대부분이 제일 먼저 거래했던 자딘의 선박으로 몰려들었기 때문에 후발 주자들도 그 옆으로 모여들었다. 많을 때에는 대여섯 척이 지척에 정박해서 해상 시장을 형성했고, 정크와 거룻배들이 그 사이를 누비고 다녔다. 이 시장에서도 치킨 게임은 계속됐다. 자딘은 선박을 계속 늘려 나가면서 다른 배보다 가격을 낮게 부르라고 지시했다. 한때 상자당 2,000달러까지 갔던 가격이 450달러까지 떨어졌지만 자딘은 옆 배에서 450달러를 부르면 우리는 440달러를 부르라고 지시했다. 그러면서 다른 배를 더 북쪽의 저장 연안으로 보냈다. 거기서는 상자당 600달러를 불러도 팔렸기 때문에 푸지엔에서 본 손해를 상쇄하고도 남았다. 자딘은 여기에 만족하지 않았다. 그는 다른 배를 광조우만의 서쪽 해역, 하이난섬 부근으로도 보냈다. 푸지엔만큼은 아니지만 거기에도 시장은 있었다.

　이렇게 해서 광조우만을 가운데 두고 서쪽과 북쪽 연안으로 세 갈래의 시장이 완성되었다. 광조우만에서는 여전히 콰이시에와 빠롱이 실어 나르는 아편이 광둥 전역으로 흘러갔고, 서쪽 해역에서 팔린 아편은 광시와 윈난 지역으로, 취엔조우 근해에서 팔린 아편은 저장, 장시 지역으로 팔려 나갔다. 자딘의 선박은 타이완에도 진출했고, 닝뽀 맞은편의 조우산 군도에도 침투했다. 이 중에서 북쪽 시장이 제일 활발했다. 서쪽 시장에서는 관원들의 검색이 심했고 뇌물도 잘 통하지 않았다. 광조우만에서도 주기적인 단속이 있어서 시장 상황이 들쭉날쭉했다. 그러나 북쪽 시장은 관리들과 약속이 되어 있어서 가장 많은 물량을 처분했다. 단속이 없지는 않았지만 큰 문제는 없었다. 관원이 뇌물을 거절할 때는 무력시위를 벌였고, 그래도 안 되면 낮에는 먼 바다로 나갔다가 밤에 해안으로 접근하는 방법을 썼다. 일부 선장은 선원들을 시켜 해변까지 배달하기도 했다.

1830년대 중반이 되면 아편시장은 중국의 거대 산업이 되었다. 당시 중국에는 흡연자와 관련된 통계가 없었고, 아편과 관련된 지하경제의 규모도 구체적으로 알려진 바가 없었다. 1820년대에 쑤조우蘇州(쑤저우)에만 10만 명 이상 중독자가 있다는 주장이 있었고, 1830년대 말에 린쩌쉬는 전 인구의 1% 이상이 흡연자였다고 추정했다. 이 무렵 유럽 상인들은 흡연자 규모를 1,200만 명 정도로 추정했다. 이런 숫자보다 더 중요한 것은 사람이 많은 도시에서, 그것도 여유 있는 계층에 중독자가 많다는 점이었다. 정부 관리의 1/5이 중독자라는 추정이 있는가 하면 말단 관원과 군인의 4/5가 중독자라는 추정도 있었다.[29] 결국 중국 전역에 1,000만 명에 가까운 흡연자와 중독자가 있었고, 아편으로 돈을 벌거나 먹고 사는 인구가 수십만에 이르렀다고 할 수 있다. 전체적으로 보면 그것은 기형적인 시스템이었다. 캘커타와 봄베이에서 수백 명 정도가 투자한 아편이 3,000~4,000명의 상인과 선원을 통해 중국 해역으로 들어오고, 그것을 브로커와 뱃사람, 짐꾼 수만 명이 받아가고, 수십만 명이 개입된 유통망을 거치면서 1,000만에 가까운 소비자에게 도달하는 시스템이었다. 거래 규모는 광조우의 합법적인 무역 규모를 훨씬 초과했다. 자딘-매더슨 상사의 추정에 의하면, 아편 거래량이

---

29 Fairbank (ed), *The Cambridge History of China, Late Ch'ing*, Vol.10, pp.178~179.

합법적 무역량의 250%에 달했다고 한다. 이제 아편은 오랑캐의 문제가 아니라 중국인 자신들의 문제였다. 조정은 아편을 광둥과 푸지엔에 국한된 문제로 봤지만, 실제로는 중국 전역이 통제 불능 상태에 빠져 있었다.

무역감독관

1833년에 영국 의회는 동인도회사의 중국 무역 독점권을 심의했다. 그 것은 18세기 말부터 주기적으로 시행한 심의의 일환으로 결과는 미리 정해 져 있었다. 의회는 30년 전에 결정된 독점권 폐지를 재확인했다. 정확히 말 하면 독점권을 더 이상 연장하지 않는다는 법안을 의결한 것이었다. 이 법 안에는 중국 무역의 관리를 위해 정부가 중국무역감독관Superintendent of British Trade in China을 파견한다는 단서 조항이 있었다. 그것은 여왕폐하 의 관리Her Majesty's Officer가 중국에서 영국인들의 무역을 보호하고 통제 한다는 간단한 내용이었다. 이 법안이 전혀 새로운 것은 아니었다. 초안이 몇 년 전에 공개되었고, 법안 통과를 의심하는 사람이 거의 없었기 때문에 광조우의 대표위원회도 그 내용을 미리 월해관에 알려 놓은 터였다. 그러나 월해관은 그것을 오랑캐 따이빤이 교체되는 정도로만 이해했다. 그런데 따이빤의 교체가 간단한 일은 아니었다. 오랑캐 무역은 황제가 직접 관장하는 업무여서 따이빤의 교체 여부와 신임자의 부임에 대해 사전에 일일이 황제의 재가를 얻어야 했다. 월해관은 신임 따이빤의 신원을 미리 보고하고 재가를 얻어 두기 위해 1831년에 후임 따이빤을 임명해서 보고하라고 위원회에 통보했다. 그런데 위원회가 이것을 런던에 전달했을 때 일이 이상하게 돌아갔다. 독점권 폐지로 중국 무역의 제반 사항이 외무성 관할로 바뀌었고, 그래서 위원회가 보낸 편지를 헨리 존 템플 파머스턴Henry John Temple Palmerston 외상이 받았다. 중국 무역이 어떻게 돌아가는지 몰랐던 신임 외상은 후임 따이빤을 임명하라는 요구를 이해하지 못한 채 법률에 따라 무역감독관을 파견하기로 했다. 그것은 "우리가 이렇게 바꾸니까 그쪽도 바꿔라."라는 일방적 요구였다. 그것이 비유럽권을 바라보는 영국의 전형적 태도였다.

네이피어: 초대 무역감독관

파머스턴 외상은 감독관 후보를 물색했지만 쉬운 일이 아니었다. 이 시기에는 인도 총독 후보인 조지 이든 오클랜드George Eden Auckland가 광조우를 '지구상에서 유럽인이 살기에 가장 열악한 곳'이라고 혹평할 정도로 중국에 대한 인식이 나빠서 선뜻 나서는 사람이 없었다. 해외 식민지 근무 경험이 있는 사람들을 접촉했지만 아무도 응하지 않았다. 그런데 지원자가 한 명 있었다. 스코틀랜드 귀족 출신인 윌리엄 존 네이피어William John Napier였다. 마땅한 후보를 찾지 못한 외상은 그를 기용하기로 했다.

네이피어는 다양한 경력을 가진 인물이었다. 청년 시절에 해군에 입대해서 트라팔가 해전에 참전했다가 1815년 대령으로 퇴역한 후에는 양을 키우고 백파이프bagpipe 수리 전문가로, 플루트 연주가로 한가한 시간을 보냈다. 그는 1828년에 가문의 권리를 승계해서 상원의원이 되어 노예제 폐지와 자유무역을 옹호하다가 1832년에 의원직을 끝낸 후 아무 일도 하지 않고 있었다. 엄격하게 보면 네이피어는 적격자가 아니었다. 무역에 관해 전혀 몰랐고, 외교관 경험도 없었으며, 중국에 대해서도 전혀 몰랐다. 그가 무역감독관으로 임명된 데에는 트라팔가 해전에 같이 참전했던 윌리엄 4세William IV의 후광 덕분이라는 소문이 있는가 하면, 당시 수상인 찰스 그레이 경Lord Charles Grey이 그를 적극 추천했다는 소문도 있었다. 네이피어는 연봉 6,000파운드를 받기로 하고 중국에 주재하는 최초의 영국 관리가 되었다.

네이피어의 임무는 무역을 정상적으로 유지해 차의 원활한 공급을 보장하는 것이었지만 현지 상황은 그렇게 간단하지 않았다. 차는 아편과 연동되어 있어서 아편으로 문제가 발생하면 차의 수입도 불가능했다. 정상적인 무역 유지는 아편 밀수의 통제를 전제로 해야 했는데, 내각은 네이피어에게 그런 권한을 부여하지 않았다. 그의 임명 근거가 된 법률 조항에는 '무역감독관이 중국 및 그 해안에서 100마일 이내 공해상에서 영국인이 저지른 불법행위를 처리하는 법정을 주재한다.'라는 문구가 있었다. 이것은 의회가 자의적으로 규정한 영사재판권에 해당되는 문구였다. 이에 따르면, 그는 중국 해역에서 아편 밀수가 범죄인지 아닌지를 판단하고, 범죄라고 판단하면 범인을 체포해서 재판해야 했다. 그러나 내각은 그런 권한에 대해서는 일체 언급하지 않았다. 그레이 수상은 중국 측을 자극하지 말고 설득을 통해 공존을 도모하며, 어떤 경우에도 무력을 통한 적대적 행위를 해서는 안 된다고 못 박았다. 외상의 훈령은 좀 더 구체적이었지만 앞뒤가 맞지 않았다. 그는 무역감독관은 중국의 법률을 준수하면서 광조우에 상시 주재해야 한다고 했는데, 그것은 무역 기간이 끝나면 상관을 떠나야 한다는 현지 규정과 배치되는 것이었다. 상인이 아닌 감독관이 무역 기간에 상관에 주재하는 것도 현지 규정의 위반이었다. 또 감독관이 홍상을 거치지 않고 당국과 직접 대화하는 채널을 만들라는 외상의 훈령도 규정과 배치되었다. 아편 문제에 대해서는 감독관이 부추겨서도 안 되지만 막을 권한도 없다고 했는데 이것도 아편 거래가 불법화되어 있는 중국의 규정을 어기는 것이었다. 외상의 훈령에는 수상과 마찬가지로 군사력 동원을 최대한 자제하라는 사항이 포함되어 있었다. 게다가 외상이 예상하지 못한 현실적 문제도 있었다. 감독관은 외상의 훈령을 받는다는 점에서 대표위원회와는 달랐다. 위원회는 캘커타의 총독에게 보고하고 지침을 받았는데, 이때 서신 왕복은 가장 빠른 클리퍼로 50일 이내에 가능했다. 그러나 감독관이 광조우에서 캘커타로 편지를 보내고 인도 총독이 이것을 외상에게 보내면, 편지가 런던에 도착하기까지 아무리 빨라도 5~6개월이 걸렸고 답신을 받기까지는 1년 이상이 걸릴 판이었다. 그러니 무슨 일을 보고하고 답신을 받을 때는 애초의 사안이 옛날 일이 되기 십상이었다. 무역감독관이라는 자리가 사실상 손발이 꽁꽁 묶인 것이나 다름없었지만 네이피어는 그런 전후 사정을 전혀 몰랐다. 해군 대령 출신 감독관은 힘으로 밀어붙이면 된다는 생각에 빠진 채 자신만만하게 영국을 출발했다.

1833년 겨울에 초대 무역감독관으로 임명된 네이피어는 이듬해 초에 가족과 함께 군함 안드로마케Andromache호를 타고 1834년 7월 15일에 마카오에 도착했다. 그는 도착 직후부터 현지의 규정을 깨끗이 무시해 허가도 받지 않고 화려한 해군 대령 정복 차림으로 마카오에 상륙했다. 상관에서 철수한 대표위원회가 회사 소유 저택에 숙소를 마련했지만 감독관은 자딘의 저택에 묵었다. 그는 다음 날 영국인들을 소집해서 현지 상황을 들었다. 동인도회사의 마지막 선박이 1월 말에 떠난 후 4월 22일에는 대표위원회가 공식적으로 해체되었고, 상관의 영국관은 깃발을 내린 채 비워 둔 상태였다. 감독관은 자신의 임무를 설명하고, 대표위원회의 존 프랜시스 데이비스John Francis Davis, 화물관리인 조지 로빈슨George Robinson, 그리고 자신이 보좌관으로 데리고 온 찰스 엘리엇Charles Eliot을 각각 제1, 2, 3 보좌관으로, 선교사 로버트 모리슨을 통역관으로 임명했다. 그 다음에 감독관이 런던에서 받은 훈령을 설명하자 참석자들은 혼란에 빠졌다. 그것은 서로 상치되는 법률을 동시에 지키라는 지시였기 때문이다. 그들은 감독관이 며칠 안에 상관에 가서 집무를 시작하겠다고 하자 더욱 불안해했다. 먼저 광조우 당국과 연락해서 입국 허가를 받는 게 좋겠다고 했지만 네이피어는 듣지 않았다.

광조우 당국도 감독관의 도착으로 혼란에 빠졌다. 양광총독 루쿤盧坤은 안드로마케호의 도착 이틀 후에 보고를 받았다. 상선과 군함을 구별하지 못한 관원들은 특별해 보이는 사람이 상륙했다고만 보고했고, 총독은 홍상 3명을 마카오로 보내 그 사람이 누구인지 알아보라고 시켰다. 영문을 모르는 홍상들이 마카오에 도착했을 때 문제의 인물은 그곳에 없었다. 그사이 네이피어는 75톤짜리 소형 범선 루이자Louisa호를 구입했다. 감독관은 보좌관들과 안드로마케호로 후먼 수로에 도착한 후 루이자호로 옮겨 타고 황푸까지 가서 다시 거룻배로 바꿔 타고 상관에 도착했다. 수로의 관원들은 감독관의 트렁크를 열어 내용물을 뱃전에 쏟아 버릴 정도로 거칠게 행동했지만 이동을 막지는 않았다. 감독관은 해군 정복 차림으로 7월 25일 이른 새벽에 영국관에 들어와 국기를 게양하고 잠자리에 들었다. 그 시각에 루쿤 총독은 잠에서 깨어 오랑캐가 상관에 상륙했다는 급보를 받았다. 총독이 불호령을 내리며 취한 첫 조치는 이 오랑캐가 어떻게 수로를 통과했는지를 조사하라는 지시였다.

그날 오후 감독관은 광조우 당국에 보낼 편지를 썼다. 자신을 대영제국이 파견한 관리라고 밝히면서 권한이 있는 당국자와의 면담을 요청하는 내용이었다. 이 편지는 통역관 로버트 모리슨이 아들 존 모리슨John Morrison

과 함께 번역했고, 이틀 후 보좌관 일행이 편지를 전달하러 서남쪽 문(오랑캐들은 이 문을 Petition Gate라 불렀다.)으로 갔다. 오랑캐가 예외적인 청원서를 바칠 때 이 문에서 관원이 청원서를 접수해 월해관에 전달하는 것이 일반 절차였다. 그러나 이날은 아무도 편지를 접수하러 오지 않았다. 이유는 간단했다. 관청에 바치는 편지는 겉봉에 '빙티에稟帖'라고 써야 하는데 감독관이 그것을 따르지 말라고 했기 때문이었다. 그는 현지 규정을 따르면 자신의 위치가 격하된다는 생각에 사로잡혀 있었다. 보좌관 일행이 성문 앞에서 기다리는 동안 주변에 구경꾼이 모여들었다. 잠시 후 상급 관원이 나왔지만 편지를 접수할 기색은 없었다. 홍상 몇이 다가와 편지를 접수하겠다고 했지만 보좌관은 책임 있는 관리에게 전달하라는 감독관의 지시 때문에 그들에게 편지를 주지 않았다. 대치 상태는 서너 시간 지속되었고, 결국 어둠이 깔릴 때 일행은 편지를 지닌 채 상관으로 돌아왔다.

그동안 루쿤 총독은 시시각각 보고를 받고 있었다. 이 오랑캐는 여섯 가지 규정을 위반했다. 입국 허가 없이 수로에 들어선 것, 허가 없이 영국관에 들어온 것, 절차를 거치지 않고 편지를 보내려 한 것, 영어 편지를 홍상에게 주지 않고 직접 번역한 것, 편지를 전달할 때 규정대로 2명을 보내지 않고 여러 명을 보낸 것, 그리고 홍상을 통하지 않고 당국과 직접 연락을 시도한 것이었다. 총독은 홍상들을 압박했다. 총독은 홍상들에게 "이 오랑캐가 허가 없이 상관에 들어와 있는 것을 용인할 수 없다. 이것은 나를 무시하는 일이다. 그러니 너희들이 이 오랑캐를 설득해서 마카오로 돌아가게 해라. 안 그러면 너희들을 처벌하겠다."고 으름장을 놓았다. 그것은 단순한 엄포가 아니었다. 예전에도 오랑캐가 사고를 치면 보증을 선 홍상이 투옥되거나 쇠사슬에 묶인 채 군중 사이를 끌려다닌 일이 여러 차례 있었다. 홍상들을 영국관으로 달려가서 총독의 지시를 전달하려고 했지만 감독관은 만남 자체를 거부했다. 당황한 홍상들은 안면이 있는 영국 상인들을 찾아 지시 사항을 전달하려고 애걸하다시피 했다. 홍상들은 총독과 감독관 사이에서 샌드위치 신세가 되어 허둥댔지만 영국인들도 감독관을 설득하지 못했다. 그러나 사실은 총독 자신도 조정과 오랑캐 사이에 낀 샌드위치 신세였다. 오랑캐의 편지를 접수하면 조정에 보고해야 되는 사안이 된다. 위법을 저지르면서 상관에 들어온 오랑캐의 편지를 접수했다는 보고가 올라가면 위법을 예방하지 못했다는 질책을 받을 위험이 있으니 오랑캐를 무시하는 방법으로 다루는 것이 더 안전하다고 총독은 생각했다. 그는 새로 도착한 오랑캐의 신원에 대해서는 그리 관심이 없었다. 오랑캐는 모두 오랑캐일 뿐이었다.

상인들도 샌드위치 신세이기는 마찬가지였다. 그들은 감독관과 당국 사이에 긴장이 고조되자 무역이 중단될까 전전긍긍했다. 영국 상인들 사이에서는 의견이 갈라졌고, 감독관을 자기편으로 끌어들이려는 다툼이 치열하게 벌어졌다. 자딘과 매더슨이 강경책을 주장한 반면 라이벌인 랜슬롯 덴트Lancelot Dent는 유화책을 주장했다. 조무래기 상인들 상당수가 덴트 편이었지만 감독관은 자딘에게 더 기울어져 있었다. 이미 마카오에서 그의 호의를 입었을 뿐만 아니라 자딘은 감독관이 새벽에 상관에 도착할 때 유일하게 강변에 나와 기다리고 있었다. 이런 만남으로 자딘은 감독관의 충실한 조언자가 되었고, 그와 홍상 사이의 중개인 역할을 맡았다.[1] 평소에 군함 몇 척과 해병대 몇 백 명만 있으면 모든 문제를 해결할 수 있다고 장담하던 자딘에게 군인 출신 네이피어가 친밀감을 느낀 것은 자연스러운 일이었다. 감독관은 보좌관으로 임명한 데이비스와 로빈슨이 중국에 동정적이고 광조우 당국의 방침에 복종하는 타성에 젖어 있다고 생각해서 그들의 이야기에 귀를 기울이지 않았다.

그러나 상황은 감독관에게 불리하게 돌아갔다. 통역관 모리슨이 갑자기

---

1 Grace, *Opium and Empire*, pp.152~153.

고열과 복통을 일으켰다. 의사가 아편을 처방했지만 차도가 없었다. 그는 이틀간 심하게 앓다가 8월 1일에 숨을 거두었다. 아들 존이 시신을 수습해서 마카오로 떠나는 바람에 감독관은 가장 유능한 통역사를 잃게 되었다. 중국어에 능통한 사람은 있었지만 모리슨만큼 문언으로 편지를 쓸 만한 통역사는 없었다. 월해관은 거듭 홍상을 보냈지만 감독관은 이를 무시했다. 사태 악화를 감지한 자딘이 태도를 누그러뜨리라고 조언했고, 결국 홍상이 네 번째 들고 온 명령서─모리슨이 사망 직전에 번역해 놓은─를 감독관이 읽었다. 내용은 오랑캐가 허가 없이 입국했으므로 당장 마카오로 물러가서 입국 허가를 신청하라는 것이었다. 광조우에는 병력 4만 명이 주둔하고 있으며 명령에 따르지 않으면 그들을 동원할 수 있다는 위협도 있었다. 그러나 네이피어는 자신을 오랑캐라 부른 것에 분개하며 물러서지 않았다. 사실 이것은 오해였다. 캉시황제 시절에는 공식적으로 유럽인을 시양런西洋人으로 불렀고 치엔룽황제 이래로는 이런夷人이라고 불렀다. 이 말은 멸시하는 투의 훙마오나 양꿰이와는 달라서 변방의 거주민이라는 일반 명칭이었고, 대표위원회는 항상 외국인foreigner으로 번역해 왔다. 그런데 모리슨이 이것을 오랑캐barbarian로, 외국인의 우두머리[夷目]를 '오랑케의 ━barbarian eye'으로 번역한 것이 화근이 되었다.[2] 중국어도 모르고 전후 사정도 모르는 감독관은 이 번역을 보고 펄펄 뛰었고, 더욱 강경한 태도를 취했다.

광조우 당국은 천천히 조여 왔다. 차의 거래가 끝나 상관은 한산했지만 8월 중순에 홍상들이 영국 선박의 하역과 선적을 전면 중단했고, 이를 루쿤 총독이 칭찬했다는 소문이 돌자 영국인들은 불안에 휩싸였다. 그러나 총독은 더 이상 강압적인 조치를 취하지 않고, 상관 내에서 분열이 일어나기를

---

2 Liu, *The Clash of Empires*, p.35. Barbarian Eye라는 번역은 1828년의 『캔턴 레지스터』에서 처음 나왔지만 그 후로는 별로 쓰이지 않았다. 모리슨도 1827년에 편찬한 사전에서 夷를 외국인이라고 번역했다. Chen, *Merchants of War and Peace*, pp.82~85.

기다렸다. 감독관도 당국에 맞서기 위해서 단결해야 한다고 생각해서 영국 상인들을 소집해 영국무역협회British Chamber of Commerce를 결성했다. 상인들은 내키지 않았지만 정부 관리가 주도하는 일에 반대하지 못했고, 매더슨이 초대 회장으로 취임했다. 감독관은 이 협회 명의로 꽁홍에 편지를 보내 타협 의지가 있다는 의사를 넌지시 표명했다. 이런 신경전이 벌어지고 있을 때 군함 이모진Imogene호가 마카오에 도착해서 안드로마케호와 합류했다. 광조우 당국도 군사적 대응 조치로 맞섰다. 선박을 집결시켜 군함을 둘러쌌고, 수로 입구에는 바위로 채운 배들을 집결시켰다. 군함이 수로에 접근하면 가라앉혀서 장애물을 만들 예정이었다.

총독은 여전히 기다렸다. 우선 오랑캐에게 거룻배를 주선한 홍상과 오랑캐를 도왔다는 주민 몇 명을 잡아들였다. 또 이 오랑캐가 어떤 인물이며 무슨 목적으로 왔는지를 파악하기 위해 관리들을 상관으로 보냈다. 감독관은 관리라는 말을 듣고 만나기로 했지만 대화는 처음부터 삐걱거렸다. 감독관이 중국 측 통역을 믿지 못하겠다고 고집했고, 의자 배치를 놓고 한참 동안 말싸움을 벌였다. 가까스로 자리를 정해 앉자 감독관이 일방적으로 관리들을 야단쳤다. 자신이 도착한 지 한참 지났는데 왜 이제야 관리들이 나타났느냐고 따졌다. 자신이 해군 대령 출신이며 군함 2척이 공격 명령을 기다리고 있다고 엄포를 놓았다. "내가 누군지 몰라? 이것들이 정말 ···." 하는 식이었다. 그러나 유능한 통역사가 없었기 때문에 관리들은 그 말을 제대로 알아듣지 못해 네이피어의 직책과 목적을 파악하지도 못하고 떨떠름하게 자리를 떴다. 감독관은 강경 자세를 누그러뜨리지 않았다. 며칠 후 홍상들이 다시 관리들과의 만남을 제안했지만 감독관은 거절했다. 이유는 그들이 관리가 상석에 앉고 감독관이 객석에 앉는 중국식 좌석 배치를 고집할 것이기 때문이었다.

강경론에 기울어진 감독관은 더 공격적으로 나갔다. 그가 택한 전술은 유럽식 여론전이었다. 8월 30일에 감독관은 문건을 작성해서 부친의 장례를 마치고 돌아온 존 모리슨에게 번역을 맡겼다. 그는 자신이 전임 총독의 요청으로 파견된 관리임에도 불구하고 지금의 총독이 무지하고 완고해서 자신을 제대로 대우하지 않는다고 주장했다. 홍상의 선적과 하역 중단이 총독의 사주에 의한 것이며, 이에 따라 많은 주민들의 생계가 위협받게 되었다고 주장했다. 감독관은 이 문건을 거리에서 나누어 주고, 곳곳에 방문榜文으로 붙이게 했다. 그것은 주민들에게 총독을 압박하라는 선전이었지만, 사실 현지 사정을 모르는 소행이었다. 글을 읽을 수 있는 사람이 소수였고, 주민들이 그런 문건으로 동요할 리가 없었다. 그것은 총독에 대한 정면 도전이었으며, 폭풍을 자초한 행위였다.

총독은 격노했다. 즉각적인 대응 조치로 다음 날 곳곳에 네이피어를 거칠게 욕하는 방문을 붙였다. 홍상들이 감독관을 만나지 못하자 자딘을 통해 만남을 주선하려 했지만 월해관의 호된 질책으로 없던 일이 되어 버렸다. 9월 2일에는 총독과 순무 공동 명의로 영국인의 무역을 전면 중단하고 네이피어를 비롯한 모든 영국인의 즉각적인 퇴거를 명령하는 포고문이 내걸렸다. 다른 국가의 백성에게는 무역을 허용한다고 했다. 그 다음 날 총독은 마침내 군대를 동원했다. 9월 3일 저녁에 창과 칼로 무장한 군인들이 상관을 에워쌌다. 마이빤과 하인들이 순식간에 사라지고, 상관 구역 전체가 연금 상태에 들어갔다.

감독관도 물러서지 않고 군함을 부르기로 했다. 우선 안드로마케호에 황푸로 이동해 해병대를 보내라는 명령서를 전달하기 위해 제2보좌관 로빈슨을 보냈다. 혹시 그가 잡힐지도 모른다는 생각에 자정 무렵 존 모리슨을 또 보냈다. 그들이 각각 군함에 도착한 것은 사흘이 지나서였다. 기다리는 동안 감독관은 총독의 포고문에 대한 반박문을 썼다. 중무장한 군함 2척이 곧 도착할 것이며, 이 편지가 제대로 전달되지 않으면 여기저기 방문을 붙이겠다고 엄포를 놓았다. 홍상들이 그 편지를 들고 간 후 압박은 더 심해졌다. 9월 6일에는 홍상 11명 전원이 상관에 와서 총독의 명령을 전달했다. 영국 선박의 출항은 허용하지만 입항은 금지한다는 내용이었다. 감독관은 다시 성명서를 썼다. 영국 상인이 관리를 만난 전례가 없지 않으므로 자신의 요구는 정당한 것이며, 당국의 무역 중단 조치는 부당하다고 주장했다. 그러나 그것이 문서를 통한 신경전의 끝이었다. 감독관은 덥고 습한 광조우의 여름 날씨를 이겨 내지 못해 9월 6일부터 열이 오르기 시작하더니 9월 8일에는 중환자가 되어 버렸다.

연락을 받은 군함들은 바람이 없어 즉각 출발하지 못하고 9월 7일에야 움직였다. 닻을 올리자 중국 측 전선들이 에워쌌고, 군함이 움직이자 전선들이 공포를 쐈다. 군함들이 대응하지 않고 전진하자 전선에서 실탄을 발사했지만 모두 소구경이어서 위협적이지 못했고, 아주 가까운 거리에서 발사해도 명중하는 포탄이 없었다. 군함이 위협사격을 하자 전선들은 촨삐*川鼻(촨비)섬으로 후퇴했다. 안드로마케호가 수로 입구에 접근하자 양쪽 언덕 포대에서 포탄이 날아왔지만 군함에 닿지 못하거나 군함 위를 넘어가서 물에 떨어졌다. 영국군은 34파운드 포로 1킬로미터 떨어진 포대를 두들겼다. 두 시간이 지나자 언덕 위의 포대가 침묵에 빠졌다. 그러나 바람이 잦아들어 군함들은 더 이상 앞으로 나아가지 못했다. 결국 황푸에 도착한 것은 9월 11일이었고, 그 다음 날 아침에 해병대 열댓 명이 상관에 도착했다. 이 전투에서 영국 측은 2명이 전사하고 5명이 부상했다고 기록했고, 중국 측은 피해를 구체적으로 기록하지 않았다. 총독은 황제에게 보낸 보고서에서 오랑캐들이 대포를 쏘며 저항했으나 대단치는 않았다고 간단히 기술했지만[3] 양쪽 산등성이의 포대가 완전히 궤멸되었으니 사상자가 없었을 리가 없다.

---

3 中國第一歷史檔案館(編), 『鴉片戰爭檔案史料』1冊, 151~152쪽.

이 보고서에는 군함들을 곤경에 빠뜨린 총독의 전술이 쓰여 있다. 바위와 목재를 적재한 거룻배를 200척 가까이 동원해서 군함들을 에워싸고 있다가 군함이 움직이면 차례로 가라앉혀 장애물을 만드는 전략이었다. 그러면 군함은 배 밑창이 장애물에 부딪힐까 두려워 함부로 움직이지 못했고, 거룻배로 둘러싸여 전진과 후퇴 모두 막힌 인질 신세가 되었다.

총독의 전략이 먹혀들면서 상황은 중국 측에 유리하게 돌아갔다. 오랑캐가 당국의 신경을 건드려 무역이 중단된 것은 처음이 아니었지만 이번에는 달랐다. 감독관이 군함을 불러들이는 바람에 당국도 완전히 제압하기 전에는 예전처럼 슬그머니 풀어 줄 명분이 없었다. 게다가 광조우의 최고위층은 만만한 상대가 아니었다. 루쿤 총독은 상인들 입에 오르내리는 부패 관리가 아니었으며, 총독으로 부임하기 전에는 신장 지역에서 이슬람교도의 반란을 진압했고, 광둥의 반란을 진압한 경력도 있는 장군이었다. 순무 치꿍祁頃도 장군 출신이었고, 팔기영의 지휘관 하펑아哈豐阿 장군도 신장 반란 진압 작전에 참가했던 장군이었다. 이들은 네이피어 도착 직후부터 정규군을 증강하고 물길에 밝은 선원들을 모아 수상 민병대를 조직하는 등 방비를 강화했다. 비록 구식이지만 대포 200문을 곳곳에 설치했고, 솜괴 목재, 회약을 가득 실은 거룻배[火船]들을 사방에 배치해 놓았다. 장애물로 둘러싸여 움직이지 못하는 군함들은 화공의 좋은 먹잇감이 되어 있었다.

그사이 감독관의 상태는 더 나빠졌다. 고열이 가라앉지 않았고 기력도 약해졌다. 상관의 상태도 엉망이었다. 마이빤과 하인이 사라져 물과 음식을 구하기 어려웠고, 청소도 하지 못해 사방이 지저분했다. 그러나 더 중요한 것은 분위기였다. 9월은 면화 거래의 시기였지만 아무 것도 할 수 없었다. 면화를 선적하지 못하면 캘커타의 화물위탁인들이 난리를 칠 것이 분명했다. 영국 상인들의 감독관에 대한 태도가 시간이 갈수록 부정적으로 변했다. 온건파에 속하는 상인 몇 명이 무역 재개를 요청하는 청원서를 월해관에 보냈지만 돌아온 답은 네이피어가 떠나면 즉각 재개한다는 것이었다.

자딘은 이런 움직임에 가담하지 않았다. 아편 판매선과 연락선은 평소처럼 움직였고, 상관과 하역선 사이의 연락도 현지 브로커의 도움을 받아 원활했다. 의사 경력이 있는 자딘은 감독관의 건강 상태를 더 불안해했다. 그가 감독관에게 위독한 상태라고 이야기하자 네이피어도 더 버티지 못했다. 감독관은 9월 14일에 마카오로 떠나기로 하고 홍상을 통해 월해관에 통보했다. 그렇지만 떠나는 것도 쉽지 않았다. 네이피어는 황푸에 가서 군함을 타고 가리라 생각했지만 총독은 허용하지 않았다. 군함이 황푸를 떠나야 감독관의 출발을 허용하며, 당국이 지정하는 병선兵船을 타야 한다고 조건을 달았다. 병선을 탄다는 것은 중국 군인들에게 둘러싸여 압송되는 것을 의미했다. 감독관은 거절했지만 9월 18일이 되자 더 이상 버틸 수 없었다. 이제는 생명이 위태로웠다. 자딘이 홍상에게 거룻배 한 척을 빌리기로 했다. 월해관은 군함들이 수로 밖으로 물러간 것을 확인한 후 9월 21일 저녁에 홍상을 통해 출항 허가를 보내 왔다. 쇠약해진 네이피어는 혼자 걸음을 옮기기도 어려워서 부축을 받으면서 거룻배에 올랐고, 병선 8척이 에워싸고 따라붙었다. 일행은 지독히도 천천히 움직였다. 병선들이 길을 인도하는 것이 아니라 가로막는 경우가 더 많았고, 군졸들은 밤낮을 가리지 않고 징을 울려 병자를 괴롭혔다. 의사와 통역이 병사들에게 뇌물을 건넸지만 더 빨라지지도, 조용해지지도 않았다. 평소에 이틀 정도 걸리던 물길이 닷새나 걸렸고, 기진맥진한 감독관은 마카오에 도착하자마자 병석에 누워 고열로 신음하다가 10월 11일에 숨을 거두었다. 마카오 총독이 정중한 장례식을 거행했다. 마카오 앞바다에 정박한 선박들이 조포를 발사하고 포르투갈 군대도 조포를 발사했다. 영국의 첫 번째 무역감독관은 이렇게 세상을 떠났다.[4]

---

4 이 사건의 전말에 관해서는 Napier, *Barbarian Eye*에 가장 상세하게 기술되어 있다.

그것은 이이제이以夷制夷 방식을 통해 오랑캐 따이빤을 격리해 항복을 받아 낸 루쿤 총독의 완전한 승리였다. 그는 군대를 풀어 상관을 포위하고 무역을 중단시킨 조치가 효과를 봤다고 자평했다. 황제에게 보낸 보고서에서는 오랑캐가 마침내 잘못을 깨우치고 출국 허락을 애걸했다고 했다. 그런 오랑캐를 군인들이 호송하게 함으로써 모든 절차에서 철저히 체면을 세웠다. 네이피어의 죽음에 대해서는 분사僨死했다고 보고했고, 이후 중국에서는 공식 용어가 되었다. 그렇지만 총독도 쓴맛을 봤다. 네이피어와 신경전을 벌일 때 총독은 사건이 오래가지 않으리라 생각해서 베이징에 보고하지 않고 있다가 오랑캐가 방문을 붙이면서 저항하자 그제야 보고했다. 시간이 지체되었기 때문에 이 보고서는 긴급 배달로 보냈고, 그래서 평소의 20일 남짓보다 훨씬 빠른 13일 만에 조정에 도착했다. 황제는 총독이 취한 조치를 승인하면서 전쟁이 일어나지 않도록 만전을 기하라는 답신을 보냈다. 그러나 그 다음에는 분위기가 달라졌다. 군함이 황푸에 들어왔다는 내용을 본 황제는 총독을 엄하게 질책했다. 군함의 수로 진입을 막지 못한 것은 치욕이며 마땅히 책임자를 처벌해야 한다고 했다. 총독은 어쩔 수 없이 수군의 총지휘관인 제독과 현장 지휘관을 처벌했다. 현장 지휘관은 형틀을 차고 거리를 끌려다니는 수모를 겪었고, 제독은 그때 휴가 중이었지만 파면됐다. 총독 자신도 명예의 상징으로 모자에 꽂는 공작새 깃털[화령花翎]을 박탈당했다. 네이피어가 마카오로 떠난 후에도 총독은 명예를 회복하지 못했다.

찰스 엘리엇: 네 번째 무역감독관

네이피어의 죽음에 대한 영국인들의 생각은 엇갈렸다. 그가 광조우 당국의 박해로 죽음에 이르렀다는 생각에는 동감했지만 그 박해의 근원에 대한 생각은 달랐다. 감독관이 당국과 대치하는 동안 완전히 얼어붙은 시장 분위기가 생각의 차이를 만들었다. 그해 가을의 면화와 아편 거래는 유례없이 위축되었고, 조정이 더욱 강력한 아편 단속을 지시했기 때문에 상관을 찾던 브로커들의 발길마저 끊어졌다. 이런 상황에서 온건파 상인들은 네이피어의 접근 방식에 비판적이었다. 그들은 감독관이 광조우의 상황에 대한 이해 없이 무역 업무와는 동떨어진 대치 국면을 초래했기 때문에 실패를 자초했다고 생각했다. 일부는 네이피어가 자딘을 비롯한 강경파에게 너무 기울어져 사태 판단을 제대로 하지 못했다고 주장했다. 그들은 감독관 사망으로 사건이 끝났기 때문에 하루 빨리 모든 것이 예전으로 돌아갔으면 좋겠다고 생각했다. 그러나 강경파 상인들은 달랐다. 그들은 영국 국왕이 파견한 관리가 현지 당국의 박해로 사망에 이른 사건을 가볍게 볼 수 없다고 주장했다. 감독관에 대한 박해는 곧 영국 국왕에 대한 공격이며, 대영제국에 대한 모욕으로 해석했다. 그들은 영국 정부가 그 모욕을 시정하기 위해 나서야 한다고 주장했다. 광조우 당국의 잘못을 시정하면 무역 환경의 개선도 자연히 이루어진다는 것이 그들의 논리였다. 그 논리는 자신들의 약점을 덮어 주는 역할을 했다. 중국을 야만적으로 묘사하면서 아편 밀수의 부도덕성은 뒷전으로 밀려났다. 광조우 당국이 국가 사이의 대등한 관계를 규정하는 국제질서를 위반한 것에 비하면 아편 밀수는 아무 것도 아니라는 논리였다. 그것은 더 큰 합리화로 발전하여 상인들은 자신들이 밀수를 하는 게 아니라 중국인들이 밀수를 조장한다고 주장했다. 다시 말해 중국인들이 아편을 피우니까 자신들이 밀수하는 것이지, 그들이 안 피우면 자신들도 밀수를 하지 않을 것이라며 중국인이 아편에 취해 있는 한 누구라도 아편을 들여올 것이니 자신들의 아편 반입이 특별한 범죄는 아니라는 논리였다.

서구의 역사학자들은 1834년이 영국의 중국 무역에 관한 정책이 공격적으로 변화한 기점이라고 생각한다. 이런 해석에는 왕왕 제국주의 개념이 개입된다. 그것은 산업혁명을 통해 대량 생산으로 축적된 내부 에너지의 분출구가 필요하다는 논리였다. 대량 생산은 원자재 공급처와 상품 소비처의 확보가 필수적이며, 이것은 해외 무역을 통해서 달성된다는 것이다. 따라서 무역은 교환을 통해 각자 부족한 물자를 보충하는 질서이며, 하늘이 내린 자연법Natural Law에 속하는 권리인데, 이 권리를 존중하는 나라는 문명국이고 거부하는 나라는 비문명국이며, 앞선 자가 뒤처진 자를 계몽하고 이끌어 나가는 것은 자연스러운 일이라는 것이다. 이런 큰 흐름 속에서 네이피어 사건은 계몽하려는 영국의 의도를 중국이 가로막은 이정표와 같은 사건으로, 아편전쟁의 기폭제로 해석하는 시각이 있었다.

　과연 그랬을까? 당시 상황을 보면 꼭 그렇지만은 않다. 네이피어 사건은 그 자체로는 변화를 일으키지 않았다. 사건이 런던에 알려진 것은 다음 해 봄이었는데, 정작 네이피어를 임명했던 파머스턴 외상은 그 자리에 없었다. 감독관이 마카오에 도착했을 무렵에 휘그당 내각이 무너지고 토리당 내각이 들어선 후 외상이 된 워털루 전투의 영웅 아서 웰즐리 웰링턴Arthur Wellesley Wellington은 이 사건이 전임자 파머스턴의 중국에 대한 무지와 네이피어 개인이 판단 차오 및 독단적 행동의 결과에 불과하다고 생각했다. 그는 네이피어가 전례 없이 부적절한 방법으로 중국 정부의 권위에 도전했고, 결과적으로 영국의 명예를 실추시켰다고 비판했다. 언론도 이 사건을 '네이피어의 실패Napier's Fizzle'라는 제목으로 보도했다. 네이피어와 트라팔가 해전의 전우였던 국왕 윌리엄 4세는 영국 관리가 현지 당국의 핍박으로 사망한 사건이므로 전쟁을 고려해야 한다고 언급했지만, 웰링턴은 그 정도 사건으로 지구의 반 바퀴를 돌아가야 하는 전쟁을 할 수는 없다고 했다. 외상은 평화적인 무역의 유지가 영국의 가장 큰 목표이며, 군사력을 동원한 무역 확대는 고려 대상이 아니라는 입장을 견지했다. 얼마 후 토리당 내각이 무너지고 다시 외상으로 복귀한 파머스턴의 생각도 크게 다르지 않았다. 그도 영국의 가장 큰 이해관계는 평화로운 무역의 유지에 있으며, 네이피어 사건으로 전쟁을 일으킬 생각은 전혀 없었다.[5] 외상은 광조우의 상인들이 공동으로 서명해서 보낸 청원서에도 관심을 보이지 않았다. 그 청원서는 자딘과 매더슨이 주도해 작성하고 광조우의 영국무역협회를 통해 지지자의 서명을 받은 것이었다. 상관의 영국 상인 45명 중에서 35명이 서명했고, 황푸에 남아 있던 동인도회사 소속 선장 53명도 서명했다. 청원서는 중국이 네이피어에 가한 모욕을 시정하려면 가만히 있어서는 안 된다는 주장으로 시작했다. 무역 중단으로 영국 상인이 입은 손해를 보상하고, 북쪽의 항구를 추가 개방시키고 꽁홍의 독점 거래를 철폐하기 위해서는 정부가 무역감독관이 아닌 전권대사plenipotentiary를 파견하고, 중국 측을 압박할 해군 함대를 보내 달라는 것이었다. 이 청원서는 건강 문제로 일시 귀국하는 매더슨이 제출하기로 했다. 당시 내각은 신경 쓰지 않았지만 이 청원서의 내용은 5년 후의 전쟁을 예고하는 것이었다.

내각은 네이피어의 제1보좌관 데이비스를 후임 무역감독관으로 임명했다. 그는 소년 시절이던 1813년에 중국에 와서 20년간 홍상과의 소통을 맡아 왔다. 그는 중국어의 읽기와 쓰기에 능통했고, 중국 문화에 대한 이해가 깊은 인물이었다. 데이비스는 광조우 당국의 규정을 준수하기 위해 네이피어가 상관에 설치했던 감독관 사무실을 마카오로 옮겼고, 강경파 상인들의 청원서 제출 소식을 듣고 외상에게 편지를 보내 그들이 이익에 눈이 어두워 지나친 주장을 한다고 비난했다. 그는 상인들과 자주 마찰을 일으켰지만 상관은 이미 아편 상인의 천하가 되어 있어서 감독관에게 도움을 청할 일도 없었고 감독관이 그들을 통제할 힘도 없었다. 마찰이 계속되자 데이비스는 100일쯤 지나 자진 사퇴하고, 네이피어의 제2보좌관 로빈슨을 후임으로 추

---

5 Melancon, "Peaceful Intentions: The First British Trade Commission in China, 1833-5".

천한 후 영국으로 떠났다.[6] 외상이 그 추천을 받아들여 임명한 로빈슨은 동
인도회사 출신이었지만 아무것도 하려고 하지 않아서 상인들은 오히려 후
한 점수를 줬다. 그가 상인들과 원만한 관계를 유지하면서 감독관으로 재직
한 2년 동안이 무역이 가장 활발했고 아편 상인들이 가장 돈을 많이 벌어들
인 기간이었다. 그렇지만 로빈슨의 위치는 어정쩡했다. 외상은 광조우 당국
과 공식 대화 채널을 만들라고 지시했지만 광조우 당국은 물론 마카오 총독
까지도 그의 지위를 인정하지 않았다. 외상은 그에게 상관에 주재하라고 했
지만 광조우 당국은 무역 기간이 지나면 마카오로 나가라고 압박했다. 그는
자신이 상관에 있든 마카오에 있든 다를 것이 없다는 생각을 했고, 얼마 후
에는 네이피어가 구입했던 루이자호를 렝뗑 근처에 정박시켜 선상 사무실
을 꾸리고 오가는 선박의 입출항 서류를 점검하는 일만 처리했다. 간혹 사
건이 터져도 그가 할 수 있는 일은 제한적이었다. 1834년 12월에 영국 상선
의 간부 하나가 홍상이 지정한 거룻배가 아닌 쾌속선을 타고 상관으로 가다
가 관원들에게 체포됐다. 얼마 후에 이 사람이 썼다는 편지를 지참한 사람
이 나타나 돈을 요구했지만 이 소식을 들은 로빈슨은 그 사람을 구금하도록
했다. 로빈슨은 상선의 선장이 납치된 간부를 구출하러 가겠다고 나설 때
그를 만류하고 홍상에게 연락했다. 사건 발생을 모르고 있던 홍상이 그제
야 수소문해서 잡혀 있던 사람은 금새 멀쩡하게 돌아왔다. 상인들은 로빈슨
이 홍상에 기대는 것 이외에는 아무것도 못 한다고 투덜거렸다. 다음 해 1월
에는 영국 선원 12명이 마카오에서 해적에게 납치당하는 사건이 일어났다.
감독관은 차석 감독관 찰스 엘리엇에게 문제 해결을 요청하는 공문을 성문
에서 제출하라고 했다. 관원들은 해군 장교 복장을 한 엘리엇에게 거만하게
굴었고, 몸싸움이 벌어져 엘리엇이 넘어지기도 했다. 엘리엇과 통역은 정문

---

6 런던에 돌아간 데이비스는 1850년대에 영국의 중국학 연구의 제1세대 학자로 변신했다.

이 아닌 쪽문으로 끌려 들어갔고, 관원들이 문서를 통역에게 넘기라고 했으나 엘리엇은 담당 관리에게 직접 주겠다고 맞섰다. 쌍방의 논쟁 끝에 문서는 전달하지 못했지만, 보증을 섰던 홍상이 뒤에서 손을 썼기 때문에 피납자들은 며칠 후 무사히 돌아왔다. 이런 사건에서 감독관은 아무 역할도 하지 못했다. 당국은 오랑캐와 관련된 사건이 터지면 홍상에게 떠넘겼지만 홍상이 감독관과 상의하는 일은 없었다. 홍상에게는 거래 선박의 화물관리인이 더 중요해서 그 사람이 이야기하면 뛰어다니지만 감독관이 이야기하면 아무 반응도 없었다. 게다가 로빈슨은 본국의 정치 풍향에 어두웠다. 그가 감독관이 되었을 때 토리당의 웰링턴 외상이 아편 밀수를 통제하라는 훈령을 보냈고, 이에 대해 로빈슨은 광조우만의 통제로는 부족하므로 인도의 아편 재배를 중단시키자고 건의했다. 그러나 그사이 토리당 내각이 무너져서 이 편지를 읽은 사람은 웰링턴이 아닌 휘그당의 파머스턴 외상이었다. 차의 안정적 공급을 위해 아편을 더 많이 팔아야 한다고 생각하던 파머스턴은 이 편지를 읽고 즉각 로빈슨을 파면하고, 엘리엇을 후임으로 임명했다.

스코틀랜드 출신 엘리엇은 나폴레옹 전쟁의 끝자락에 해군에 입대해서 알제리 해안에서 해적과의 전투에 참전했고, 아프리카 동부 해안에서 노예운반선을 단속했으며, 영국령 기니아에서 노예보호관으로 일했던 사람이었다. 그가 중국에 온 것은 1833년에 대령으로 전역한 그를 파머스턴이 네이피어 일행에 끼워 보냈기 때문이었다. 그는 파머스턴 외상의—외상직에서 물러나 있을 때에도— 중국 정보원이자 비선秘線이었다. 그는 감독관의 공식 보고와는 별도로 파머스턴에게 광조우의 상황을 보고했다. 그러나 그런 역할이 감독관이 된 후에는 족쇄로 작용했다. 1836년 6월에 임명된 35세의 이 감독관은 상인의 탐욕과 아편 밀수를 경멸하는 점에서 전임자들과 비슷했다. 그러나 그는 네이피어의 강경한 태도와 데이비스와 로빈슨의 우유부단한 태도 모두에 비판적이었다. 그는 무역을 유지하려면 중국과의 우호적 관계 및 광조우 당국의 감독관에 대한 신뢰가 필수적이라고 생각했다.

중국 측도 네이피어 사건을 그냥 넘어가지 않았다. 경각심이 높아진 조정은 방어 태세를 강화하기 위해 파면된 수군 제독의 후임으로 꽌티엔페이關天培 장군을 광둥의 제독으로 임명했다. 한족 출신인 제독은 어린 시절부터 군문에 들어가 혁혁한 무공을 세우며 장군까지 승진했고, 이 시기 전국에서 가장 유능한 제독으로 손꼽힌 인물이었다. 그는 1826년에 1,260척의 조운선을 운하를 거치지 않고 해로를 통해 티엔진에 도착시킨 공로로 대장군의 칭호를 받았다. 제독은 광조우에 부임하자마자 바쁘게 움직였다. 무너진 요새를 복구하고 새로운 요새를 구축해서, 대포 숫자가 네이피어 사건 전보다 거의 두 배가 되었다. 제독은 병력을 대폭 확충하고 싶었지만 조정의 긴축 방침 때문에 불가능했으므로, 보갑保甲제도를 활용해 민병대를 대폭 확장했다. 월해관도 오랑캐에 대한 새로운 규제 사항을 첨가했다. 상인이 운영하는 회사는 하인을 여섯 명 이상 고용해서는 안 되며, 개인적으로 일하는 사람은 한 명으로 제한했다. 하인에게는 물을 길어 오고 상관을 지키는 일 이외에는 다른 일을 시킬 수 없도록 규정했다. 그것은 하인들이 몰래 편지를 전달하는 것을 막는 조치로 예전부터 있었던 사항이지만 다시 한 번 강조한 것이었다. 거래 규정은 부분적으로 손질해서 꽁홍이 순번에 따라 거래할 홍상을 지정하던 제도를 폐지하고 오랑캐 상인이 자신이 원하는 홍상을 선택해서 거래하도록 했다. 그러나 월해관은 무역감독관에 대해서는 특별한 관심을 보이지 않았다.

엘리엇은 1836년 12월에 무역감독관의 임명장을 받자마자 광조우 당국과의 직접 대화 통로를 적극적으로 찾아 나섰다. 우선 로빈슨이 사무실로 쓰던 루이자호를 떠나 상관의 영국관에 사무실을 차리기로 했다. 엘리엇은 그해 2월에 루쿤 총독의 후임으로 부임한 덩팅전鄧廷楨 총독에게 보낼 편지를 세심하게 준비했다. 신임 총독은 문인 출신이며 성격도 너그럽다고 알려

져 있었다. 편지는 내용보다 형식이 중요했다. 그는 봉투 겉봉에 '품稟' 글
자를 큼지막하게 쓰고 장중한 문언체로 쓴 편지를 봉하지 않은 봉투에 넣어
홍상을 통해 보내는 빙티에 형식을 준수했다. 그는 자신을 따이빤이 아니라
먼 나라에서 파견한 공직자라는 애매한 표현인 원직遠職이라고 밝혔다. 그
것은 상인의 우두머리도 아니고 정부 대표도 아니라는 뜻이었다.

신임 총독은 이 편지를 직접 읽지 않았다. 그는 관리와 홍상 몇 명에게 편
지를 읽어 보고 마카오에서 그에 대한 평판을 수집하라고 했다. 홍상들은
마카오에서 엘리엇의 주변 사람들로부터 호의적 평판을 수집해 보고했다.
그들은 엘리엇을 이뤼義律라고 번역했는데 이는 네이피어의 라오뻬이勞卑라
는 번역보다 호의적인 이름이었다. 총독은 그가 '특별히 파견된 인물[本國公
署特派遠職來奧]'이라 하면서 영국의 사등관四等官이라고 황제에게 보고했다.
총독은 따이빤이 없으면 무역에 문제가 생긴다는 점을 강조하면서 이 오랑
캐는 공손하기 때문에 따이빤으로 대우해도 좋겠다는 의견을 올렸고 황제
는 이를 재가했다.[7] 그것은 영국의 무역감독관이 광조우 당국의 면접심사를
통과하는 절차에 다름없었다.

입국 허가를 받은 엘리엇은 1837년 4월에 상관에서 집무를 시작했다. 그
는 외상에게 자신이 공식 절차를 통해 체류 허가를 받은 최초의 외국인 공
직자라고 알렸지만 그것은 너무 앞서 나간 오해였다. 총독과 월해관 감독에
게 엘리엇은 오랑캐 따이빤일 뿐이었다. 소통 방식도 달라진 것이 없었다.
그가 보낸 공문은 봉하지 않은 채 홍상이 가져갔고, 회신은 홍상이 수신인
으로 되어 있는 봉투를 그의 면전에서 뜯어 읽으면서 내용을 설명했다. 엘
리엇은 본국 정부와의 대화에도 애를 먹었다. 외상과 특별한 끈을 가진 엘
리엇도 전임자들이 3년 가까이 요구했던 아편 거래 통제의 권한을 받지 못

---

7 中國第一歷史檔案館(編), 『鴉片戰爭檔案史料』 1册, 222~223쪽.

했다. 편지를 보내고 답신을 받기까지 짧아도 7~8개월이 걸렸기 때문에 상황을 보고하고 훈령을 받아 대처하는 것은 불가능했다. 게다가 외상의 답신은 항상 애매했다. 특정 사안에 대한 지침을 요청하면 외상은 영국의 체면을 손상하지 않는 범위 내에서 합법적인 무역을 유지하라는 원론적 답변만 보냈다.

엘리엇은 침몰한 원양 정크에서 구조된 중국인 선원들의 송환을 위해 싱가포르 식민정부가 중국 관리들과 접촉 기회를 찾고 있다는 소식을 듣고 이것이 대화 채널을 만드는 기회가 될 수 있다고 생각했다. 그는 조심스럽게 공문을 작성했다. 자신이 선원의 송환을 돕겠다고 제안하면서 이것을 계기로 영국과 중국이 우호적 유대관계를 맺기를 희망한다고 덧붙였다. 그러나 총독의 반응은 싸늘했다. 오히려 불똥이 홍상들에게 떨어졌다. 총독은 홍상들을 불러 오랑캐가 이런 무례한 편지를 쓰도록 방치한 점을 엄하게 꾸짖으면서 앞으로는 편지를 꼼꼼히 검열하라고 명령했다. 홍상들은 엘리엇에게 총독의 답신에 "보잘것없는 영국이 어찌 우리와 유대관계를 논할 수 있는가?"라는 힐난이 들어 있다고 설명했다. 그 이야기에 엘리엇은 편지 수령을 거부했다. 그러자 편지를 전달하지 못해 혼이 날까봐 겁이 난 홍상들이 애걸복걸했다. 엘리엇은 태도를 누그러뜨려 답신을 접수하고 다시 편지를 썼다. 영국 관리가 보낸 공문을 홍상이 미리 검열하는 것은 받아들일 수 없으며, 당국에서 보내는 공문도 자신이 수신인으로 봉인한 채 직접 수령할 것이며, 나흘 안에 만족할 만한 답신이 오지 않으면 출항 허가 여부에 관계없이 마카오로 떠나겠다고 했다. 이번에는 총독이 태도를 누그러뜨렸다. 홍상들이 엘리엇의 편지를 봉인한 채로 당국에 전달하고 답신도 홍상 3명의 입회 아래 개봉하자고 제안했다. 엘리엇은 이 제안이 총독의 양보라고 생각해서 받아들였다. 광조우 당국은 엘리엇이 네이피어와는 달리 말이 통하는 오랑캐라고 생각했고, 엘리엇도 합리적으로 설명하면 당국도 양보할 가능성이 있다고 판단했다.

그래도 신경전은 계속됐다. 당국은 아쉬운 일이 있어야 공문을 보냈지만, 그것은 대개 부탁이 아니라 명령에 가까웠다. 1837년 8월에 총독은 엘리엇에게 편지를 보내 렝띵의 아편 하역선 정박을 영국 국왕에게 보고하고 근절책을 마련하라고 했다. 홍상이 가져온 공문에 도장이 찍혀 있지 않아서 엘리엇은 이 편지가 국왕을 수신인으로 하는 형식을 갖추지 않았다고 맞섰다. 그는 얼마 전 영국 군함이 푸지엔에 입항하려 할 때 현지 관리들이 총독의 도장이 찍힌 문서를 보낸 사실을 언급하면서 자신에게도 그와 같은 문서를 보내라고 요구했다. 총독이 이 요구를 수락해서 얼마 후 월해관 감독의 도장이 찍힌 공문이 도착했다. 엘리엇은 그것을 중요한 발전으로 간주해서 외상에게 보고했다. 1837년 겨울에는 또 다른 변화가 있었다. 무역 기간이 끝난 후 황푸의 영국 선원들이 소요를 일으켰다. 오랑캐 사이에 벌어지는 일에 개입하기를 꺼려한 당국은 관원들을 출동시키지 않고 기다렸다. 이 소식을 들은 엘리엇은 즉시 황푸로 가서 선원들을 설득해 문제를 해결했다. 이것은 두 가지 규정의 위반이었다. 수로를 통과하는 오랑캐는 매번 통행 허가를 받아야 했는데 이 수속은 열흘 이상 걸렸다. 또 수로의 통행은 반드시 보증을 선 홍상의 배를 이용해야 했다. 사태가 급박해서 엘리엇은 통행 허가도 받지 않았고 루이자호를 타고 갔지만 당국은 문제 삼지 않았다. 오히려 엘리엇이 급한 일이 있을 때는 통행 허가 없이 다닐 수 있게 해 달라고 요구하자, 당국도 긍정적으로 마카오의 관원에게 출항과 도착 시간을 미리 알리는 조건으로 허가했다.

그러나 점점 가까워지던 양측을 파머스턴 외상이 가로막았다. 1837년 11월의 편지에서 외상은 직접 소통 채널을 마련하되 빈티에 형식은 따르지 말라고 지시했다. 그것은 현지 상황을 감안하면 당국과 연락하지 말라는 것이나 다름없었다. 엘리엇은 다른 방법을 찾았다. 그는 '품'이라는 글자 대신

사신私信에서 주로 쓰는 '근정謹로', '정상태전로上台前'이라는 말을 썼다. 이에 대해 총독은 "허락할 수 없다."라고 써서 돌려보냈다. 엘리엇은 다시 같은 형식의 편지를 홍상을 거치지 않고 통역관을 시켜 성문 앞으로 들고 가서 전달하게 했다. 다음 날 홍상이 총독의 편지를 들고 나타나자 감독관은 수령을 거부했다. 홍상은 총독이 전통적 관례에서 벗어나서는 안 된다는 점을 부드러운 어조로 썼다고 설명했지만 엘리엇은 홍상을 통한 연락은 더 이상 받아들일 수 없다고 거절했다. 감독관이 세 번째로 보낸 같은 형식의 편지는 뜯지도 않은 채 돌아왔다. 홍상은 총독이 직접 연락을 피하는 것이 아니라 빙티에 형식에서 벗어나는 것을 허용할 수 없다고 했지만 엘리엇은 물러서지 않았다. 시무룩해진 홍상이 돌아간 후 엘리엇은 마카오로 돌아갔다. 그가 상관에 머물러 있던 7개월간 조금씩 진전을 보이던 대화는 원점으로 돌아가 버렸다.

이 시기에 매더슨은 런던에서 로비를 벌이고 있었다. 1835년 여름에 귀국한 후 그는 다시 집권한 휘그당 내각의 지원을 받기 위해 노력했지만 허사였다. 수상 윌리엄 램 멜버른William Lamb Melbourne과 외상 파머스턴 모두가 중국 무역에 관심이 없었다. 그는 외상을 면담해 중국 상황을 설명하고 소규모 군대를 파견해서 중국을 압박하라고 설득했지만 성과를 거두지 못했다. 얼마 후 그는 상공업계를 대상으로 하는 로비로 선회했다. 이를 위해 매더슨은 『중국 무역의 현황과 전망Present Position and Future Prospects of the British Trade with China』이라는 제목의 팸플릿을 제작했다. 80쪽이나 되는 이 책자는 중국 무역의 역사, 공업도시의 상인들이 수상에게 보낸 서한, 광조우 상인들이 국왕에게 보낸 청원서 등을 수록했다. 매더슨은 중국인을 무능하고 완고하다고 묘사하면서 영국 상인들이 광조우의 불합리한 제도와 부패 때문에 착취당하고 있으며, 네이피어 사건은 중국에서 영국이 국가적인 모욕을 당한 것이라고 주장했다. 그는 협상을 통해서는 변화를 기대할 수 없으며, 정부가 전권대사를 파견해서 베이징 당국과 직접 교섭해야 한다고 주장했다.[8] 그의 주장은 맨체스터, 글래스고, 리버풀 등의 상공업 단체에서 호응을 받았지만 정치권에서는 반응이 없었다. 그러나 매더슨의 활동은 그로부터 3년 후 자딘이 파머스턴을 설득하는 바탕을 마련했으며, 아편전쟁의 발발 과정에서 아편 상인이 상당한 역할을 하는 계기가 되었다.

야만과 계몽

중국을 야만으로 보는 시각은 프로테스탄트 선교사들이 더 강했다. 그들은 대부분 가톨릭 신부들이 심어 놓은 환상에 이끌려 중국에 왔지만, 신부들과는 대척점에 서 있었다. 그들은 예수회 신부들이 베이징의 궁정에서 신임을 받으며 도처에 설치된 교구에서 가톨릭 신자 수십만 명을 확보했다는 이야기를 듣고, 이 거대한 나라가 많은 신자를 약속하는 황금 시장이라고 생각했지만 그건 옛날 일이었다. 18세기 후반에는 신부 대부분이 추방되었고 신자도 대폭 줄어들었으며, 내륙 여기저기에 남아 있는 신부들은 체포와 순교의 위험을 각오하고 숨어서 미사를 집전했다. 신부들은 주민과 섞여 살고 중국의 풍속을 상당 부분 받아들여서 심지어 변발을 한 사람도 있었다. 반면 선교사들은 내륙으로 들어갈 생각이 없이 광조우에서 선교에 주력했다. 그들은 복음을 전달하는 인쇄물을 나눠 주고 관심을 보이는 사람과 대화를 트는 방식을 고집했는데 신부들은 그렇게 인쇄물을 나눠 주는 방식을 조롱했다. 주민들이 종이를 받으며 고맙다고 하겠지만 그 종이를 읽어 보려는 것이 아니라, 대부분 화장실에서 휴지로 쓰거나 포장지로 쓸 것이라며.

8 Grace, *Opium and Empire*, pp.167~170.

선교사들도 처음부터 전단에만 의존하지는 않았다. 1807년에 도착한 로버트 모리슨은 런던선교협회로부터 중국어를 배워 성경 번역을 시작하고 본격적인 선교 활동은 미래를 기약하라는 지침을 받았다. 선교사 신분으로는 입국 허가를 받기 어렵다고 판단한 그는 동인도회사의 통역원으로 신고하고 입국 허가를 받아 광조우의 상관에 정착했다. 그는 문언文言으로 글을 쓸 만큼 중국어를 배운 후 자신보다 7년 늦게 온 윌리엄 밀른William Milne의 도움을 받아 1823년에 성경 번역을 완료했다. 그러나 그 다음 작업이 더 어려웠다. 마카오에 유럽식 인쇄기가 있었지만 알파벳 이외에는 활자가 없었다. 한자 활자를 만들 생각도 했지만 10년도 더 걸린다는 계산이 나와서 목판 인쇄로 돌아섰으나 일을 맡아 줄 각공刻工과 서방書坊을 찾을 수 없었다. 그런 일을 하면 관원이 들이닥쳐 난장판을 만들 것이 뻔했다. 결국 말라카, 페낭, 싱가포르에 있는 중국인 거주지의 인쇄소에 맡겼다. 그러나 막상 인쇄를 해 보니 부피가 어마어마해서 들여와 나눠 주는 것도 보통 일이 아니었다. 이에 밀른이 성경 구절을 요약한 전단을 만드는 것으로 방향을 틀었다. 이것도 마카오에서 인쇄할 수 없어서 말라카에서 인쇄해서 들여왔다. 처음에는 몇 만 장 정도였지만 1830년에는 50만 장이 들어왔다. 이 일은 1822년에 밀른이 세상을 떠난 후에도 후임으로 온 미국 선교사들이 이어받아 계속했다.

전단 배포도 쉬운 일이 아니었다. 1810년에 쟈칭황제가 오랑캐를 도와 서적을 인쇄하거나 종교 단체를 만드는 사람을 처벌한다는 칙령을 반포해서 주민들과의 접촉이 어려워졌다. 전단을 주면서 이야기를 걸려고 하면 관원들이 다가오고, 그러면 사람들이 슬금슬금 사라졌다. 전단을 나누어 주는 작업도 관원의 방해를 많이 받았다. 홍상들이 이를 금지한다는 당국의 통첩을 전달했고 개종한 청년이 과거 시험장 앞에서 전단을 나눠 주다가 체포되어 태형을 받은 일도 있었다. 특히 프로이센 출신 카를 귀츨라프Karl

Gützlaff의 공격적인 전단 배포 활동은 조정에까지 알려졌다. 그는 1830년 대에 10차례 이상 푸지엔과 저쟝의 해안에서 전단을 배포했다. 처음에는 중국인 소유의 정크를 타고 갔지만 그 후에는 아편 판매선에서 한쪽에서 아편을 건네줄 때 다른 쪽에서 전단을 나눠 줬다고 한다.

이런 노력에도 불구하고 선교사들은 큰 실적을 올리지 못했다. 모리슨이 처음 중국인 한 사람을 개종시킨 것은 1814년이었는데, 그 후 30년 넘게 선교사 7명이 개종시킨 사람은 20명이 채 못 되어 같은 시기 버마의 선교사가 매년 100명 이상 개종시킨 것과 비교하면 초라하기 짝이 없었다. 선교사들은 자신들의 실패를 중국인의 외부세계에 대한 무지 때문이라고 생각했다. 선교사들이 바라본 중국 사회는 애머스트 특사단의 경험보다 더 암울했고, 그래서 중국인의 야만성에 대한 생각은 더욱 증폭되었다. 중국인들은 불결하고, 게으르고, 유럽인들이 애완용으로 키우는 개와 고양이를 잡아먹거나 시장에 내다 팔았고, 특히 거짓말에 능한데 우발적으로 거짓말을 하는 것이 아니라 고의적이고 습관적으로 거짓말을 해 댄다고 보았다. 예를 들어, 아편 중독을 비판하던 개종한 젊은이의 방에서 아편 냄새가 풀풀 나는 바람에 그의 본모습이 들통난 일도 있었다는 것이다. 중국의 야만성은 정부도 마찬가지였다. 빈부의 격차가 엄청난데도 당국은 아무런 대책을 세우지 않았고, 광조우성에서 큰불이 났을 때도 당국은 책임질 사람 몇을 체포해서 처형했을 뿐, 정작 집을 잃은 사람들을 위해서는 아무런 조치도 취하지 않는 것을 보며 분개했다. 마카오의 신부가 산책길에 만난 여인이 자기 딸을 사라고 해서 기겁을 했다는 이야기를 선교사들도 자주 입에 올렸다. 신부와 선교사들 모두 이 사회가 복음을 접하지 못해 타락했다는 믿음에 빠져 있었다. 그들은 이 불쌍한 영혼들이 주님을 영접할 기회가 없어 '야만'에 머물러 있으며, 그들을 구제하기 위해서는 중국을 둘러싼 딱딱한 껍질을 부수어 중국을 열어 젖혀야 한다고 믿었다. 그런 생각은 기묘하게도 시장 확대를 원하는 영국 정부, 그리고 자유로운 무역을 원하는 상인들의 생각과 맞아떨어졌다.

전단이 효과가 없다는 생각에 선교사들은 중국어로 제작한 정기 간행물을 통한 계몽을 시도했다. 1815년에 밀른은 런던선교협회의 지원을 받아 말라카에서 『찰세속매월통기전察世俗每月統期傳』이라는 중국어 월간지를 발행했다. 이 잡지는 기독교 교리에 대한 설명을 주로 실으면서 유럽의 과학과 문화, 그리고 중국의 상황에 대한 정보도 함께 게재했다. 밀른이 말라카와 광조우를 왕래하면서 이 월간지는 광조우와 마카오에도 들어왔고 그의 사망 후에도 1826년까지 발행되었다. 무료로 배포한 이 책은 처음에 500부에서 시작해서 많을 때에는 2,000부까지 발행했다. 1827년에는 포르투갈 신부가 중영 대역 월간지인 『의경잡설依經雜說』을, 1828년에는 말라카의 영국 선교사가 『천하신문天下新聞』을 발행했지만 모두 1년쯤 지나 폐간했다.

이즈음 미국에서 갓 도착한 선교사 엘리야 브리지만Elijah C. Bridgeman은 출판물을 통한 계몽에 더 적극적으로 뛰어들었다. 그는 중국인이 바깥 세계에 대해 무지할 뿐만 아니라 자신들의 사회가 얼마나 비참한 상황에 놓여 있는지도 깨닫지 못하고 있다고 생각해서 1831년에 영문 월간지 『차이니스 리포지터리Chinese Repository』를 창간했다. 이 월간지는 광조우에 있는 유럽인들의 원고와 함께 브리지만이 직접 쓴 원고로 채워졌다. 창간 의도가 중국의 참모습을 비추어 주는 거울이 되는 것이었기 때문에 중국에서 벌어지는 각종 사건을 많이 다루었다. 브리지만은 유럽인의 관점에서 중국의 언어, 역사, 지리, 풍속, 정치구조 등을 논평하는 글을 직접 써서 게재하는 동시에 베이징 정가의 소문, 변경 지역의 반란 소식 등을 보도했다. 또 광조우의 사건, 예컨대 아버지가 딸을 사창가에 팔아넘기거나 길에 갓난아기를 유기한 사건, 범죄자의 공개 처형 등에 대한 논평문도 게재했다. 또 유럽의 국제질서, 무역 현황 등을 소개하는 글도 실었다. 그러나 영문으로 발행한 이 월간지를 읽을 수 있는 중국인은 없었다. 이 월간지는 오히려 유럽에 중국을 알리는 창구 역할을 해서 마카오와 광조우에서 200명 정도의 구독자를 확보했고, 미국, 영국, 인도, 버마, 동남아시아의 구독자를 합치면 550명에 이르렀다.[9] 이 월간지는 광조우와 마카오의 유럽인들 사이에서 일종의 토론장 역할을 했으며, 논조가 자유무역 옹호에 기울어져 있어서 동인도회사의 독점권 유지를 지지하는『캔턴 프레스』,『차이니스 쿠리어』와 대립각을 세우는 경우가 많았다.

중국인을 계몽해야 한다는 생각은 상인들도 가지고 있었다. 물론 그들의 출발점은 선교사들과 달랐다. 그들은 무역의 제약이 중국인의 바깥 세계에 대한 무지에서 출발했으므로 그들이 외부 정보에 노출되면 더 자유로운 무역 환경 조성이 가능해진다고 믿었다. 중국인을 정보에 노출시키려면 값싸게 퍼뜨릴 수 있는 매체媒體가 필요했다. 이를 위해 매더슨이 발간하는『캔턴 레지스터』는 1831년에 중국어로 쓴 현상 논문prize essay을 공모하는 기사를 내보냈다. 논문의 내용은 중국인에게 자유무역의 필요성을 역설하면서 동시에 '유용한 지식의 전파를 촉진하는 것'으로 정의했다. 그해에는 아무도 응모하지 않았지만 이 신문은 다음 해에도 광조우의 유럽인들이 중국인에게 문명의 지식을 전파할 매체를 개발해야 한다고 역설했다. 여기에 반응이 있었다. 1833년에 귀츨라프가 중국어로 정기 간행물을 발간할 계획을 발표했고 상인들이 이에 호응해 발간 비용을 모금했다. 그 결과『동서양고매월통기전東西洋考每月統記傳』이라는 월간지가 발간되었다. 이 월간지는 중국 대륙에서 중국어로 발간한 최초의 유럽식 정기간행물로 알려져 있다. 창간호는 500부를 찍었지만 찾는 사람이 더 있어서 300부를 추가로 찍었다. 이 월간지는 정기 구독자 확보를 목표로 했지만 실제로 돈을 내고 구

---

9 Chen, *Merchants of War and Peace*, p.20.

독한 사람은 드물었다. 이 월간지의 특징은 일반인의 관심을 유도하기 위해 쉬운 어투로 재미있는 내용을 소개하는 것이었다. 초기에는 종교 논문이 많았지만 뒤로 갈수록 유럽 문화를 소개하는 내용이 늘어났다.[10] 이 월간지에 대한 유럽인의 시각은 엇갈렸다. 처음 발간 계획을 밝혔을 때『차이니스 쿠리어』는 쓸모없다는 논평을 냈다. 그러나 몇 호가 발행된 후『캔턴 레지스터』는 중국인 독자가 늘어났으며 반응도 좋다고 보도했다. 귀츨라프의 월간지 발행은 '중국에서 유용한 지식 확산을 위한 모임Society for the Diffusion of Useful Knowledge in China'의 결성을 촉진했다. 이 모임은 1826년에 대중에게 저렴한 읽을거리를 제공하기 위해 런던에서 결성된 '유용한 지식 확산을 위한 모임Society for the Diffusion of Useful Knowledge'의 중국 지부에 해당되는 것으로 1834년에 선교사와 상인들이 합작해서 결성했다. 이 모임의 목표는 중국인에게 중국어로 쓴 저렴한 서적을 통해 세계사, 세계지리, 최근의 과학적 발명 등을 소개하는 것이었다. 그러나 애초의 야심찬 계획에도 불구하고 주목할 만한 성과는 별로 없어서『이솝우화』의 번역본 출간을 비롯한 몇 가지 활동에 그쳤다. 다른 한편에서는 중국인을 유럽 방식으로 교육해야 한다는 주장이 제기되었고, 네이피어 사건 와중에 사망한 모리슨을 추모하는 '모리슨교육협회Morrison Education Society'가 1836년에 결성되었다. 이 협회의 목표는 말라카처럼 영국인 교사가 중국인 학생을 가르치는 교육기관의 설립에 있었다. 그러나 몇 년 동안 교사로 지원하는 사람이 없어 지지부진하다가 1839년에 비로소 개교했다. 이런 활동을 선교사들은 '지적 포격intellectual artillery' 사업이라고 불렀지만 실제로 뚜렷한 효과를 만들어 내지는 못했다.

　광조우 주민에게 가장 다가갔던 활동은 의료 선교였다. 선교사들은 마카

---

10 张茜,「鸦片战争前传教士创办报刊的发展趋势及影响」.

오의 중국인들이 진료소에서 치료받고 기뻐하는 모습을 놓치지 않았다. 의술을 통해 선교 가능성을 발견한 그들은 도움을 청했고, 1834년에 미국선교협회가 예일 대학 출신 안과 의사이자 목사인 피터 파커를 파견했다. 그는 싱가포르에서 중국어를 배운 다음 1835년에 상관에 방을 빌려 진료소를 열었다. 처음에는 마취술을 활용해서 눈에 생긴 종양을 제거하고 백내장 수술을 했다. 환자 대부분이 완치되었고 수술 중 사망자는 극소수였다. 얼마 지나서 진료소가 안과 이외의 환자들로 붐벼서 상인들이 기금을 모아 의료선교협회Medical Missionary Society를 결성해 지속적인 지원을 약속했고, 미국선교협회도 의사의 추가 파견을 약속했다. 이런 도움에 힘입어 마카오에 제법 병원다운 병원을 세웠고, 상관의 진료소도 확장했다. 진료소는 가난한 환자로 북새통을 이루었지만 관리와 부자는 진료소에 찾아오지 않고 의사를 불렀다. 파커가 만주족 고관의 부름을 받아 강에 떠 있는 호화 정크로 가서 부인을 진료한 적이 있었는데 병이 완치되자 고관은 좋은 도자기를 선물로 보냈지만 기금을 낼 생각은 하지 않았다. 그것이 파커가 목격한 중국 사회의 한 단면이었다. 그의 눈에 들어온 중국은 의술에 있어서는 아프리카와 다를 것이 없었다. 이렇게 유구한 역사를 가진 사회에서 외과학이 발달되지 않았다는 것도 불가사의였지만, 관리들이 그런 상황의 개선에 관심을 보이지 않는다는 점이 더 큰 불가사의였다. 그런 느낌은 오랑캐들에게 중국의 야만성을 더욱 각인시켰다. 그들은 자신들이 목격한 상황이 중국 전체의 상황이라고 생각했고, 중국이 거대한 야만국이라는 생각은 더욱 깊어졌다.

이렇게 중국 사회를 야만적이고 타락한 영혼의 집합체로 파악한 선교사들이 유럽인의 아편 밀수에 대해서는 상대적으로 관대했다. 그들은 아편의 해악을 잘 알았고 밀수에 대해서도 부정적이었다. 그렇지만 아편 밀수라는 죄악은 중국인의 타락에 비하면 아무것도 아니었다. 밀수는 죄악이지만 그 유혹을 떨치지 못하는 것이 더 큰 죄악이었다. 그들은 오히려 아편 상인의 경제적 도움을 고마워하는 편이었다. 귀츨라프가 월간지를 발행할 수 있었던 것은 자딘 소유의 아편 판매선에서 통역사이자 선상 의사로 일하면서 받은 풍족한 보수 덕택이었다. 이런 점에서는 가톨릭 신부들도 다르지 않았다. 그들이 푸지엔이나 저쟝의 해안으로 갈 때 탈 수 있는 배는 아편 연락선뿐이었다. 아편 상인들은 신부들이 이동할 때 무료로 태워 주는 호의를 베풀었고, 신부들은 너그러운 상인에게 감사하는 기도를 올렸다. 제도적으로도 신부들은 아편 상인들에게 의존했다. 교단은 선교단 비용을 환어음으로 보내 왔는데, 광조우에서 어음을 현금화해 줄 사람은 은을 많이 가지고 있는 아편 상인뿐이었다. 선교사와 신부, 그리고 아편 상인은 야만적이고도 타락한 중국인 사이에서는 한통속이었으며, 우리는 어쨌든 좋고 우리와 다른 너희는 나쁘다는 문명 담론의 등식을 전형적으로 보여 주었다.

아편 논쟁: 엄금론과 이금론

광조우 당국과 영국 무역감독관의 신경전이 벌어질 때 조정에서는 아편을 둘러싼 논쟁이 일어났다. 아편이 특정 지역에 국한되지 않고 전국적인 문제라는 경각심이 부쩍 높아졌기 때문이다. 사실 경각심은 금령 반포 후 지속되었지만, 특별한 사건이 터지면 반짝 높아졌다가 이내 수면 아래로 가라앉곤 했다. 민간의 아편 확산에 대해서는 관심이 없었고, 어쩌다 황실과 고위층의 연루가 적발되면 얼마쯤 호들갑을 떨다가 단속을 강화하라는 황제의 칙령을 새삼스레 반포해서 사건을 마무리하는 것이 일상적 흐름이었다. 1729년 이래 금령은 계속 반포되었지만(표 6-1 참조) 변한 것은 없었고, 금령이 오히려 풍선효과를 일으켜 아편이 전국적으로 퍼져 나가게끔 작용했다.

표 6-1   금령 반포 및 내용

연도	내용
1729(雍正 7년)	아편 흡연, 판매와 아편굴 운영을 범죄로 정함
1780(乾隆 45년)	흡연과 판매 금지
1796(嘉慶 원년)	수입 금지(의약품으로도 수입을 금지함)
1800(嘉慶 5년)	수입 금지 및 경작 금지
1810(嘉慶 15년)	흡연 금지 및 외국 상인의 밀수 차단
1813(嘉慶 18년)	아편 판매 금지 및 처벌 조항 확정
1814(嘉慶 19년)	광둥의 아편 밀수 차단
1815(嘉慶 20년)	외국 선박을 검색해서 아편 반입을 차단
1817(嘉慶 22년)	외국 상인에게 금령을 분명히 알릴 것
1821(道光 원년)	홍상이 외국 상인의 아편 반입을 철저히 감시하도록 할 것
1822(道光 2년)	수군의 아편 밀수 방조를 엄금함
1823(道光 3년)	밀수 방조를 금지하고 처벌 규정을 마련함
1829(道光 9년)	은의 유출과 밀반입 금지에 관한 법률 제정. 영국인의 무역 중지
1830(道光 10년)	아편 소매 금지 및 처벌 조항 제정. 아편 재배 금지
1831(道光 11년)	아편 흡연자의 가중처벌 규정 마련
1832(道光 12년)	바다에서의 아편 밀수 금지
1834(道光 14년)	광둥의 수군에게 하역선을 쫓아낼 것을 명령함
1836(道光 16년)	아편 거래 실상의 철저한 조사를 명령함

출처: 鮑正鵠, 『鴉片戰爭』, 50~54쪽.

그러나 1830년대는 이런 흐름이 유지될 수 없었다. 1832년에 광둥성 내륙 리엔조우連州(롄저우)에서 야오瑤족의 반란이 일어나자 조정은 양광총독에게 병력 1만 명을 투입해서 반란을 진압하도록 했다. 그러나 반란은 1년이 지나도 진압될 기미가 없었다. 조정은 사령관을 문책하는 동시에 감찰관을 파견해 조사를 벌였는데 그 결과가 충격적이었다. 광둥 출신 군졸의 70% 이상이 아편 중독자였으며 지휘관도 아편에 찌들어 있어서 부대 전체가 싸울 생각을 아예 하지 않았다. 이 사건은 아편이 군대에서도 광범위하게 퍼져 있는 실상을 적나라하게 드러냈고, 지금까지 다들 알고 있으면서도 남의 일처럼 생각하던 아편 문제가 조정의 관심사로 부각되었다.

아편 문제는 중독 자체보다 심각해진 은 부족 사태의 원인으로 더 강조되었다. 조정은 1820년대에 무역적자와 통화위기의 징후를 감지했고, 1830년대가 되면 은의 부족을 더욱 뚜렷하게 느꼈다. 아편이 대량으로 들어온 1821년부터 10년간 중국은 200만 달러가 넘는 무역적자를 기록했고, 1830년부터 10년간의 적자는 1,000만 달러나 되었다. 이 시기 무역의 95%를 은으로 결제했기 때문에 무역적자는 곧 은의 유출 및 부족을 의미했다. 이 숫자는 동인도회사와 상인들의 기록을 근거로 산출한 것이지만, 조정은 앙등하는 은의 가치를 통해 무역적자를 실감했다. 18세기 말에는 동전 1,000개로 은 한 냥과 바꿨지만 19세기 초에는 1,600개를 줘야 했다. 인구 증가로 동전의 양도 늘어나 18세기에는 매년 동전 3억 개를 찍었지만 19세기에는 매년 25억 개를 찍었다. 여기에 사제私製 동전이 가세해서 19세기 초에 유통된 동전 가운데 40% 이상이 가치가 낮은 사제 동전이었다고 한다. 반면에 부자들이 은의 가치가 올라가기를 기대하며 은을 퇴장退藏해서 유통량은 더욱 줄어들었다. 조정의 관심은 인플레이션보다 국고 고갈에 더 집중되었다. 국고는 18세기에 3,000만 냥으로 유지되다가 1790년에는 7,000만 냥으로 증가했지만, 1820년이 되면 1,000만 냥으로 줄어들었다. 황허의 범람으로 대운하 수리비가 많이 들어갔고, 이슬람교도가 사는 지역과 남쪽의 소수민족 거주 지역의 반란 진압에 비용을 지출했기 때문이다. 또한 은과 동전의 교환 가치가 너무 크게 벌어져 지방 정부가 징세에 어려움을 겪는 일도 자주 벌어졌다.

그러나 당시 세계적인 은의 흐름을 보면 아편은 은 부족 사태를 초래한 여러 원인 중 한 가지였을 따름이다. 은을 수입해야 하는 중국은 세계적인 흐름에 영향을 받지 않을 수 없었고, 마닐라를 통해 들어온 남아메리카의 은이 통화제도를 떠받쳐 주었다. 그러나 19세기에 라틴아메리카의 독립운동으로 은의 공급량이 줄어들자 중국도 은 부족 사태를 느낀 것이다. 이것은 중국만

표 6-2	1816~1834년 중국의 차와 아편 무역량	(단위: 스페인 달러)
연도	아편 반입액	차 수출액
1816~17	4,084,000	
1817~18	4,178,500	
1818~19	4,745,000	5,483,600
1819~20	5,795,000	5,537,168
1820~21	8,400,800	6,997,225
1821~22	8,822,000	7,593,184
1822~23	7,989,000	8,337,218
1823~24	8,644,603	8,661,321
1824~25	7,927,500	7,735,437
1825~26	7,608,200	7,511,377
1826~27	9,662,600	7,358,814
1827~28	10,415,190	9,585,106
1828~29	13,749,000	8,578,778
1829~30	12,673,500	8,755,547
1830~31	13,744,000	8,554,196
1831~32	13,150,000	7,925,405
1832~33	14,222,300	7,792,274
1833~34	12,878,200	7,795,510

출처: Bello, *Opium and the Limits of Empire*, p.39.

겪는 어려움이 아니었다. 은 부족은 세계적인 경제위기를 불러왔다. 중국은
세계 경제의 환경 변화로 인플레이션을 겪은 것이지, 아편으로 인한 무역적
자가 인플레이션의 유일한 원인은 아니었다. 차와 아편 무역량을 비교할 때
무역적자의 규모가 통화위기를 불러올 만큼은 아니었다(표 6-2 참조). 1830
년대 아편으로 인한 은의 유출은 전체 유출량의 절반 정도에 지나지 않았다
는 주장이 있고,[11] 1860년대 아편 수입량이 7만 상자를 넘었을 때에도 은이
중국으로 흘러들어왔던 것을 보면 무역적자의 원인을 모두 아편에 돌리는

---

11 Dikotter, et.al., *Narcotic Culture*, p.43.

것은 적절하지 않다.[12] 그렇지만 이 시기 아편은 세계 경제에서 매우 중요한 상품이었다. 인도에서 중국으로 흘러들어 가는 아편 물량과 그로 인해 흘러나오는 은의 양이 세계 경제의 흐름에 큰 영향을 끼친 것은 부인할 수 없다. 1837년의 강력한 단속으로 인한 아편시장의 일시적 붕괴가 같은 해 미국과 영국의 금융위기에도 영향을 끼쳤을 것으로 보인다. 아편 무역으로 아시아 시장이 점차 세계 무역시장으로 끌려들어 갔으며, 그래서 아시아에서 시작된 충격이 세계적으로 퍼져 나갔을 가능성이 있는 것이다.[13]

은 부족의 원인을 아편으로 돌린 것은 조정 대신들의 사고방식과 관련이 있다. 조정 대신들은 현상 파악을 통해 해결책을 찾기보다는 희생양을 찾는 데 익숙했다. 어째서 죄를 지었는가보다 어느 녀석이 죄를 지었는가를 따지는 것이 관행이었던 그들은 자연스럽게 위기 조장의 대표적 원인을 찾아 단죄하는 쪽으로 기울었고, 그래서 걸린 것이 아편이었다. 아편은 사회도덕과 기강을 파괴하면서 동시에 은을 유출시켜 경제위기를 불러오는 총체적인 악惡이 되었다. 그들은 아편 문제를 해결하면 은 부족 사태도 따라서 해결된다고 믿었다. 제일 나쁜 놈을 처단하면 다른 나쁜 놈들은 도망간다는 사고방식이었다.

여기에 중국 특유의 의사결정 방식이 작동했다. 황제는 스스로 문제를 제기하지 않고 또 스스로 최종 결정을 내리지 않는다. 누군가 문제를 제기하면 대신들에게 의논하게 한 다음 그중에서 어느 쪽의 손을 들어 주는 방식으로 결정을 내리는 것이 관례였다. 논쟁은 왕왕 권력투쟁으로 발전해서 황제의 동의를 얻는 쪽이 득세를 하고 상대방은 숨죽이고 있어야 했으며, 황제의 생각이 바뀌면 세력 판도가 변했다. 1830년대 아편을 둘러싸고 조정에서 벌

---

12 Lin, *China Upside Down*, p.22.
13 Trocki, *Empire and Global Political Economy*, p.107.

어진 논쟁도 마찬가지였다. 이 시기 베이징의 정치판은 크게 두 세력이 대립하고 있었다. 한쪽은 만주족 출신의 무창아穆彰阿로 대표되는 관료 집단이었다. 이 집단은 특혜를 받아 고위직을 차지한 만주족과 일부 한족 출신 고위 관료로 구성되어 있었다. 군기대신 무창아는 매일 새벽 해 뜨기 전에 황제가 주재하는 회의에 참석하는 최측근 권신으로 만주족 관료의 이익을 대변해서 가능하면 현상 유지 쪽으로 의견을 개진했다. 그에 맞서는 세력은 주로 한족 출신 학사學士 집단이었다. 이들은 담춘집湛春集이라는 문인결사를 결성한 꿍즈천龔自珍, 웨이위엔魏源 등이 황쥐에츠黃爵滋를 중심으로 모여 만주족 관료의 실정을 비판하면서 치엔룽황제 시대의 번영을 되찾기 위한 개혁을 주장했다. 중국 역사학자들은 부패와 청렴을 기준으로 해서 무창아 집단을 수구파, 담춘집을 개혁파로 부른다. 그러나 당시 상황에서 어느 쪽이 수구파이고 어느 쪽이 개혁파였는지는 분명하지 않다. 아편이 전국적인 문제로 떠오르자 두 세력이 의견 차이를 드러내며 충돌했다.[14]

아편 논쟁은 이금론弛禁論과 엄금론嚴禁論의 대립이었다. 이금론은 기존의 금령을 완화하자는 주장이고, 엄금론은 금령을 더욱 엄격하게 시행하자는 주장이었다. 논쟁을 촉발한 것은 이금론 쪽이었다. 1836년에 호광도감찰어사湖廣道監察御史인 왕위에王玥가 이금론을 처음으로 제기했다. 그는 금령으로 인해 관원들이 뇌물을 받아먹고 오랑캐들이 폭리를 취한 반면, 아편 확산을 막지는 못했으니 차라리 아편을 합법화해서 문제를 해결하는 것이 더 좋다는 주장을 폈다. 곧이어 태상시소경太常侍少卿 쉬나이지許乃濟가 상주문을 올려 이금론을 옹호했다. 그는 아편으로 인한 물가 앙등을 중요한 문제로 꼽았다. 밀수는 법을 엄하게 집행한다고 해서 근절될 수 없으므로 아편을 합법화해서 관세를 거두는 동시에 차와 물물교환을 하면 은의 유출을

14 Polachek, *The Inner Opium War*.

막을 수 있다고 주장했다. 황제는 쉬나이지의 상주문을 보고 흔들렸다. 그는 아편의 온상인 광둥을 관할하는 덩팅전 총독에게 이 문제를 검토하라고 했다. 총독은 "제도는 시대 상황에 맞추는 것이 중요하며, 다스림은 우선 폐단을 없애는 데 주력해야 할 것입니다. 그러나 만약 폐단을 없애려 해도 더 커진다면 부득불 정책을 변화시키지 않으면 안 됩니다[立制貴乎因時, 爲政先宜除弊, 若除弊而弊益甚, 則不得不因時急籌變通之策.]."라는 원론으로 시작하는 장문의 의견서를 올렸다. 그는 아편 밀매의 역사를 열거한 후 아홉 가지 방책을 제시했는데, 내용은 현장 실무자 입장에서 쉬나이지의 제안을 구체화하는 쪽으로 기울었다. 아편 재배를 허용하고, 오랑캐가 들여오는 아편은 홍상을 통해 거래하게 함으로써 관세 부과와 물물교환을 통한 은 유출의 방지라는 효과를 동시에 거둘 수 있다고 했다. 반면에 도덕적 해이는 크게 다루지 않았다. 아편을 피우는 자는 어차피 자신에 대한 관심이 없는 자이므로 크게 신경 쓸 필요가 없고 다만 국가 운영과 직접 관련되는 사인士人, 군인, 관리에 대해서는 엄격하게 금지해야 한다고 했다.[15] 황제의 마음은 이금론 쪽으로 조금 더 기울었다.

총독의 의견은 개인적인 것이 아니었다. 당시 광조우의 지식계는 월화서원越華書院과 학해당學海堂으로 양분되어 있었다. 학해당은 1820년대에 루안위엔이 총독으로 있을 때 홍상들의 기부금을 거두어 설립했다. 설립 이후에도 홍상들은 계속 기부금을 냈고 그래서 학해당의 견해는 홍상들의 이해를 반영했다. 설립자이며 강력하게 아편을 단속했던 루안위엔이 광조우를 떠난 후 이금론의 선봉장이 된 점도 학해당의 의견 수립에 작용했다. 이금론을 제기한 쉬나이지도 1820년대에 광조우에서 근무했고, 아편 문제에 대해 학해당의 영향을 많이 받은 인물이었다. 반면 월화서원은 담춘집의 문인들

---

15 中國第一歷史檔案館(編), 『鴉片戰爭檔案史料』 1冊, 205~209쪽.

과 연결되어 있었으며, 이금론에 반대하는 입장을 취했다. 두 학술기관의 입장 차이는 베이징의 정치적 대립을 고스란히 옮겨 놓은 것이었다. 광조우의 역대 총독은 학해당의 의견을 중시했다. 루쿤도 그랬고 덩팅전도 마찬가지였다. 황제의 질문을 받았을 때 덩팅전은 학해당의 문인들과 주로 의논하면서 월화서원의 반대를 무릅쓰고 이금론을 지지하는 방향으로 상주문을 올렸다.

엄금론자도 가만히 있지 않았다. 내각학사內閣學士 주준朱嶟과 급사중給事中 쉬츄許球가 연이어 상주문을 제출했다. 그들은 거듭된 금령에도 불구하고 아편이 근절되지 않는 것은 관리와 백성의 도덕적 해이 때문이며, 이것을 방치하면 사회 기강이 붕괴할지도 모른다고 주장했다. 차와 아편의 물물교환은 현장 상황을 모르는 탁상공론에 불과하며, 일반인의 아편 흡연은 허용하면서 관리와 군인은 안 된다는 것은 불합리하다고 지적했다. 그는 아편 문제를 해결하려면 금령을 강화하고 아편 사범들을 엄벌에 처해야 한다고 주장했다. 그들이 말하는 엄벌은 사형이었다. 그들은 악명 높은 오랑캐 상인 9명의 이름을 거론하기까지 했다. 여기에는 자딘, 덴트, 새뮤얼 러셀 Samuel Russell 등이 들어 있었다. 여기에 강남도어사江南道御史 위엔위린袁玉麟의 상주문이 덧붙여졌다. 그는 아편에 관세를 부과한다 해도 액수가 미미할 것이며, 오랑캐들이 노리는 것이 은이기 때문에 차와 물물교환을 강제해도 밀수는 근절되지 않는다고 주장했다. 아편 거래가 활발한 양쯔강 유역에서의 현장 경험에 근거한 그의 의견은 베이징의 관리들보다 설득력이 강했다. 황제는 다시 엄금론으로 기울었다.[16]

---

16 이금론과 엄금론의 대립이 어느 정도 치열했는지에 대해서는 학자에 따라 의견이 다르다. Polachek은 이것을 만주족 관리와 한족 학자들의 뿌리 깊은 대립으로 파악하면서, 이 대립은 조정의 아편에 대한 정책에 상당한 영향을 끼쳤다고 주장했다. 반면 茅海建은 그런 대립이 실제로는 없었으며, 이금론자도 아편을 단속해야 한다는 데에는 이견이

　이금론과 엄금론의 대립은 실리와 명분의 대립이었다. 중국 역사에서 이런 대립은 드물지 않으며, 대개 명분으로 기우는 경우가 많았다. 고위 관리 중에서 이금론에 찬성하는 사람은 소수였고, 대부분은 엄금론 쪽으로 기울었다. 황제도 명분을 중시하는 사고방식에서 벗어나지 않았다. 1836년 9월에 황제는 금령을 강화하는 칙령을 또 다시 반포하면서 덩팅전 총독에게 아편 거래의 실상을 조사하라고 명령했다.

　오랑캐들은 홍상을 통해 베이징의 변화무쌍한 공기를 파악했다. 처음 이금론이 제기되면서 황제가 총독의 의견을 물었을 때 그들은 낙관적 분위기에 빠졌다. 금령이 완화되면 아편을 공개적으로 거래할 수 있고 그러면 차의 거래 규모도 커질 것이기 때문에 사업 확장의 기회가 올 것이라며 들떠 있었다. 낙관은 금세 실망으로 바뀌었지만 자딘은 반대로 생각했다. 그는 이금론이 득세하면 반입 물량이 늘어나서 가격이 떨어져 오히려 사업성이 떨어지는 반면에 금령이 유지될수록 이익이 더 클 것으로 생각했다. 하급 관원들은 이금론이 알려지자 불안에 빠졌다. 그들에게 이금은 중요한 수입원이 없어지는 것을 의미했기 때문에 아편 거래의 실상을 조사하라는 명령이 반가운 소식이었다.

　그러나 이 논쟁에는 중요한 한 축이 빠져 있었다. 그것은 윈난, 쓰촨, 그리고 새롭게 편입된 신장 지역에서 재배한 아편의 유통이었다. 이 지역에서는 양귀비 재배가 상당히 퍼져 있었고, 이슬람교도와 한족이 연결된 아편 유통망이 활동하고 있었다. 1820년대에 금령을 다시 반포한 후 이 지역 관리들은 지속적으로 아편 단속을 시행했지만 그 규모는 광조우에 비해 매우 작아서 1839년에 윈난성에서 압수한 물량은 200상자 정도였다. 그러나 사람들이 양귀비 경작에 뛰어들었다는 것은 심각한 일이었다. 조정도 현지 관

없었다고 주장했다.

리들의 보고를 통해 상황을 파악하고 있었지만, 엄금론과 이금론의 논쟁에서 이 문제는 등장하지 않았다. 문제의 근원은 광조우에 있으며 광조우를 잡으면 전국을 잡을 수 있다는 분위기가 압도적이었다. 그래서 서부 지역에서 양귀비 재배는 지속되었고, 1860년대부터 이 지역에서 생산된 값싼 아편이 중국을 휩쓸면서 인도 아편이 시장을 잃게 되었다.[17]

거세지는 바람

1836년 황제의 금령 강화 칙서를 받은 덩팅전 총독은 대대적인 단속을 시작해서 렝뗑의 하역선 정박 금지와 악명 높은 오랑캐 아홉 명의 보름 내 퇴거를 명령하는 포고문을 발표했다. 그러나 그 아홉 명 중에서 자딘은 그해 여름 매더슨에게 회사를 맡기고 영국으로 돌아간 후였다. 나머지 여덟 명은 보름이 지나도 상관에 남아 있었고, 렝뗑의 하역선도 꿈쩍하지 않았다. 홍상들도 별로 동요하지 않았다. 그들은 이번 조치도 잠깐 기다리면 슬그머니 없어질 것이라고 생각했다. 광조우의 민간 사회도 냉소적이기는 마찬가지였다. 총독의 다섯째 아들이 배에 총독의 깃발을 꽂고 아편을 거래한다는 내용의 요언謠言이 총독 관저 앞에 나붙었다. 베이징의 고위 관리가 총독을 통해 아편 거래에 투자했다는 소문도 나돌았다. 사람들은 이것을 당국의 단속 의지를 꺾기 위해 아편 밀매 조직이 퍼뜨렸다고 추측했다. 소문과 요언은 아편 장사에 연루된 수많은 사람들의 이해 반영이나 다름없었다. 소문은 소문으로 끝났고, 총독은 소문에 신경 쓰지 않고 단속을 밀어붙였다.

총독이 오랑캐 상인들과 정면으로 충돌하려 하지는 않았다. 대신 대대적

---

17 Bello, *Opium and the Limits of Empire*, pp.1~8.

인 단속령으로 화살을 주민들에게 돌렸다. 야오코우와 운반책, 아편굴 주인 등을 체포했고, 그중 몇몇은 마카오에서 공개적으로 처형했다. 또 아편 창고를 적발해서 수백 상자를 압수했다. 1837년 봄에는 렝뗑을 마주 보는 깜싱문*金星門(Cumsingmun)섬에 새로 포대를 설치해서 오가는 배를 감시하게 했다(그림 3-1 참조). 위협을 느낀 하역선들은 렝뗑을 떠났다. 처음에는 마카오 쪽으로 갔다가 마땅한 곳이 없어 홍콩 옆의 란타오*爛頭(Lantau)섬(공식 지명은 大嶼島)으로 이동했다. 콰이시에와 빠롱이 눈에 띄게 줄었고, 뇌물도 상자당 30달러에서 60달러로 뛰었다. 오랑캐 상인들은 얼마 지나면 다시 원래 상태로 돌아갈 것으로 생각했지만 그 예상은 빗나갔다. 총독의 단속 실적 보고를 받은 황제는 칭찬과 함께 단속을 더욱 강화하라고 지시했다. 많은 전선이 광조우만을 누비고 다니면서 적발한 콰이시에 수십 척을 불태웠다. 푸지엔 연안에서도 단속이 심해 정크 몇 척을 불태웠다. 이런 분위기는 무역 전반에 영향을 끼쳤다. 아편 거래가 위축되자 꽁홍은 차의 가격을 인상했다. 반면에 영국의 면직물이 팔리지 않아서 아편으로 몰래 벌어들인 돈을 면직물에 투자했던 홍상 한 명이 파산 상태에 이르렀다. 매년 100척 이상 들어오던 유럽 선박이 이해에는 20척밖에 오지 않았다.

그래도 오랑캐 상인들은 여전히 총독의 의지를 믿지 않았다. 홍상들은 총독의 경력을 보면 그가 단속을 끝까지 밀어붙일 사람은 아니라고 했다. 실제로 총독은 그렇게 강경한 인물이 아니었다. 난징 출신인 그는 1801년에 진사과에 급제한 후 여러 관직을 역임했지만 항상 유능한 사람은 아니었다. 일을 잘못 처리해서 좌천당했다가 든든한 후원자의 도움으로 다시 일어서기를 반복하면서 총독까지 올라갔다. 그는 행정가라기보다는 시작詩作과 서예를 즐기고 문자학에도 조예가 있는 학자에 더 가까운 인물이었다. 1919년에 출판된 그의 문집을 보면 시와 산문이 대부분인 반면, 정치적인 글은 적었으며 아편 문제에 관한 글은 거의 없었다. 주민들 사이에서는 총독이 압력에 못 이겨 아편을 단속하는 것이기 때문에 조정에 보고할 때는 실적을 부풀린다는 이야기가 공공연하게 나돌았다. 실제로 그것은 총독의 보고가 아니라 단속 현장에서 일어나는 일이었다. 관원들은 아편을 압수하면 일부를 바치고 나머지는 **빼돌려** 팔거나 자신들이 피웠다. 당국에 바친 아편 일부도 야오코우에게로 다시 **빼돌려졌다는** 소문까지 있었다. 소문으로는 총독이 압수한 아편을 소각하도록 했는데 정작 소각 현장을 본 사람은 아무도 없었다. 그래서 총독의 단속이 진행되는 동안 광조우 민간사회는 불신과 의혹으로 가득했다.

단속으로 인해 광조우만의 아편 거래가 위축된 대신 북쪽의 푸지엔 연안이 큰 시장으로 떠올랐다. 오랑캐 상인들이 아편 판매선을 북쪽 해역으로 옮기자 야오코우들도 그쪽으로 정크를 보내 아편을 인수했다. 야오코우가 상관에서 인수증을 받은 후 보낸 정크가 지정된 장소에서 붉은 깃발을 게양하고 기다리는 판매선에 다가가 인수증을 보여 주고 아편을 받아 갔다. 이 해역의 관리들은 대부분 단속할 생각이 없이 평화롭게 뇌물을 받아 챙겼다. 하도 자주 있는 일이라 격식을 갖춘 절차가 생기기도 했다. 아편 판매선이 붉은 깃발을 달고 있으면 관선이 접근한다. 관리가 판매선에 올라 갑판을 둘러보고, 선장 앞에서 즉시 퇴거하라는 명령서를 꺼내 낭독한다. 다음에는 선장이 관리를 선장실로 데려가 포도주와 과자를 대접한다. 둘 사이에 그날의 거래량이 얼마이고 관선의 몫이 얼마인지에 대한 대화가 오간다. 상자당 일정한 금액이 정해져 있어서 다투는 일은 거의 없었다. 선장이 정해진 액수만큼 은과 아편을 관선에 실어 주면 관리는 웃는 얼굴로 떠난다. 관선이 멀어지면 해안에서 대기하던 정크들이 몰려들었다. 가끔 전선이 나타나기도 했지만 판매선에 접근하지 않았다. 사실 접근한다 해도 상대가 되지 못했다. 대개 300톤 정도의 전선에는 대포가 대여섯 문 밖에 없어서 20문 넘는 대포를 가진 판매선과 싸워 봐야 승산이 없었다.

소규모 상인들은 달랐다. 평소 렝뗑의 하역선에 아편을 맡겨 놓고 콰이시에와 빠롱에 넘기는 방식으로 장사해 온 그들은 단속의 직격탄을 맞았다. 그러나 끈질긴 상인들이 그 정도에서 물러날 리 없었다. 제임스 인스James Innes라는 영국 상인이 있었다. 성질이 괄괄한 그는 툭하면 규칙을 무시하며 사고를 쳤고, 사업 파트너를 찾지 않고 혼자 장사하는 인물이었다. 그런 인스가 콰이시에의 왕래가 끊어지자 위험한 짓을 했다. 작은 배에 인도인 선원을 태워 영국 국기를 게양하고 아편을 직접 해안까지 운반해서 넘겨준 것이다. 배가 워낙 작아서 대포는 없고 총 몇 정뿐이어서 습격당하면 속수무책이었고 통역도 없어 검문을 당하면 의사소통이 어려웠지만 그 방식대로 하면 야오코우한테 뜯기는 상자당 70달러의 운임과 커미션이 고스란히 남았다. 그가 몇 번 성공적으로 다녀오자 다른 상인들이 같은 방법으로 덤벼들었다. 그들이 소형 선박을 싹쓸이해서 나중에는 마카오와 상관 사이를 오가는 도항선渡航船까지 임대했다. 그래서 광조우만에서는 오랑캐들이 직접 움직이는 소형 선박 30여 척이 아편 운반의 주역이 되었다. 대부분 유럽인 선장이 인도인 선원 열댓 명을 지휘해서 움직이는 배였고 간혹 검문에 걸려 아편을 압수당하기도 했다. 그러나 상인들은 포기하지 않았다. 압수된 물량이 많지 않았고, 검문이 강화되면 아편 가격이 올라가서 충분히 벌충할 수 있었다.

이런 상황을 지켜보는 엘리엇은 불안했다. 그는 인스에게 몇 번이고 경고했지만 소용이 없었다. 이유야 어떻든 영국인이 검거되거나 생명의 위협을 받는 일은 감독관이 예방해야 했고, 그러려면 군사력이 필요했다. 엘리엇은 파머스턴 외상에게 군함 파견을 여러 차례 요청했다. 외상은 처음에는 무대응으로 일관했지만 같은 편지가 쌓이자 마침내 인도 식민정부에 훈령을 내렸다. 엘리엇이 처음 편지를 보낸 지 1년 반이 지난 1838년 7월에 군함 3척이 마카오에 도착했다. 가장 큰 군함은 웰즐리Wellesley호였다. 대포 74문의 전함인 이 배에는 인도 주둔 해군 사령관 프레더릭 메이틀랜드 Frederick Maitland 제독이 타고 있었다. 다른 2척은 전함 알제린Algerine호 와 경순양함 란Larne호였다. 제독이 타고 있는 함대의 도착은 단순한 방문 이 아니라 영국 정부의 중국 무역에 대한 공식 개입을 의미했다.

광조우 당국은 급박하게 움직였다. 관리 여러 명이 총독의 편지를 들고 마카오에 있는 엘리엇에게 직접 달려갔다. 감독관은 당국과 자신 사이에 직 접 소통의 기회가 왔다고 생각했지만 오해였다. 그것은 겉봉에 '유諭' 글자 를 큼지막하게 쓴, 입항한 배가 무슨 배이며 무슨 목적으로 왔는지를 보고 하라는 명령서였다. 엘리엇이 편지 접수를 거부해서 관리들은 아무 정보도 얻지 못하고 돌아갔지만, 당국은 경계령을 내리고 순찰선을 증강했다. 긴 장 상태에서 사건이 터졌다. 관원들이 영국 국기를 게양한 도항선을 정지시 키고 배에 올라 샅샅이 뒤졌다. 네이피어 사건을 떠올려 혹시 이 배에 중요 한 인물이 타고 있지 않나 의심한 것이었다. 순찰선은 별일 없이 물러갔지 만 엘리엇은 검문이 영국 국기에 대한 모독이므로 무력시위로 항의해야 한 다고 주장했다. 현지 사정을 모르는 제독은 감독관의 말에 따라 함대를 전 진시켰다. 수로 입구에서 꽌티엔페이 제독이 이끄는 전선 서너 척이 막아 섰다. 웰즐리호 앞에 중국 측 전선이 늘어선 상황에서 쌍방은 포문을 열지 않고 대치 상태에 들어갔다. 엘리엇이 영국 정부의 공문을 접수하라고 요구 했지만 꽌 제독은 거부했다. 다음에는 엘리엇이 접수 거부를 문서로 통보 하라고 요구했고, 꽌 제독은 오랑캐에게 공문을 발급할 수 없다고 맞섰다. 이틀에 걸친 대치는 결국 꽌 제독의 명의로 도항선 검문이 관원의 실수였다 는 내용의 비망록을 영국 측에 넘겨주면서 끝났다. 비록 제독의 도장을 찍 지는 않았지만 이것이 중국 관리가 영국 관리에게 직접 교부한 최초의 문서 였다. 메이틀랜드 제독은 답례로 포도주 몇 병을 선물하고 함대를 광조우만 으로 이동시켰다가 얼마 후 인도로 돌아갔다. 그것은 그리 의미 있는 사건이 아니었다. 그때까지 영국은 전쟁을 고려하지 않았고, 파머스턴이 함대를 보낸 것도 중국 무역에 대한 관심 표명에 불과했을 뿐, 무력시위를 통한 압박의 의도를 지닌 것은 아니었다. 영국 정부에게 중국은 아직 변방에 불과했다.

홍상들의 예측과는 달리 총독은 단속을 계속했다. 1836년 겨울에 시작된 단속으로 2년에 걸쳐 2,000명 이상의 판매자와 흡연자를 검거했다. 그것은 단순한 아편 단속이 아니라 한간과의 전쟁이었다. 아편을 팔거나 피우는 것은 영업이나 기호嗜好의 문제가 아니라 오랑캐에 협조하는 반역행위였다. 오랑캐는 경멸 대상이며, 그들에게 협조하는 중국인도 마찬가지로 경멸 대상이었다. 당국은 오랑캐를 줄기로, 한간을 잎으로 보면서 잎을 하나씩 제거하는 조치를 취했다. 간단한 일이 아니었다. 아편 밀매는 조직적이고, 야오코우가 있는 곳은 온 마을 사람들이 아편으로 먹고 사는 게 보통이었다. 관원들이 단속하려 하면 마을 사람들이 몰려와 폭동을 일으키다시피 해서 관원이 죽거나 부상당하는 일도 있었다. 그렇지만 오랑캐를 직접 잡아들일 엄두는 내지 못했다. 오랑캐를 향해서는 엄포만 계속했는데, 그런 엄포가 1838년 겨울 어느 날, 사건으로 터졌다.

12월은 차와 비단의 출하로 상관이 바쁘게 돌아가는 시기였다. 사건은 이렇게 바쁠 때 아주 간단한 일이 빌미가 되어 터졌다. 상관 앞 강변에서 관원들이 거룻배를 검색하다가 소량의 아편을 발견했다. 문초를 받은 짐꾼 2명이 겁에 질려 화물이 말썽꾸러기 인스의 소유이며, 황푸의 어느 배에서 싣고 왔다고 실토했다. 짐꾼들이 선박 이름을 제대로 몰랐기 때문에 관원들은 그 배가 토머스퍼킨스Thomas Perkins호이며, 찰스 탤벗Charles Talbot이라는 미국인이 화물관리인이라고 상부에 보고했다. 이런 일은 평소에도 자주 있었고 대개는 보증 섰던 홍상이 해결하는 게 관례였지만 이번에는 총독이 그냥 넘기지 않았다. 그는 홍상 전원을 소환해 심문했다. 다음 날 그 배에 보증 섰던 홍상을 쇠사슬로 묶어 황푸로 압송하고 인스와 탤벗에게는 사흘 내에 상관에서 떠나라는 명령서를 보냈다. 그 다음 날에는 홍상들이 인스와 탤벗을 공개 비난하는 방문을 사방에 붙였다. 그들이 떠나지 않으면 인스가 세 들어 있는 그리스관에 불을 지르겠다는 위협도 곁들였다. 사실 그리스관은 자딘-매더슨 상사가 임대한 건물이었고, 인스는 방 하나를 빌려 쓰고 있을 뿐이었다. 홍상들이 그것을 모를 리 없었지만 그들은 총독에게 보여 주기 위해 건물 한 채를 몽땅 태우겠다고 위협한 것이다. 그들은 한 걸음 더 나가서 상관의 명목상 대표기구인 영국무역협회—1834년에 네이피어가 급조한—의 대표인 린지에게 두 사람을 추방하라고 압력을 넣었다. 린지는 인스가 협회에 가입하지도 않았고 협회가 감독기구가 아니므로 추방할 권한이 없다고 응수했다. 인스는 결백을 주장하는 편지를 보내려 했지만 누구도 번역을 도와주려 하지 않았다. 그러나 탤벗은 통역의 도움을 받아 자신은 아편과 관계없으며 취급하는 화물이 쌀이라는 청원서를 제출했다. 청원서가 제법 격식을 갖추었기 때문에 총독은 체류기간을 연장하는 관용을 베풀었다. 인스에게도 따로 연락이 없었기 때문에 오랑캐 상인들은 그쯤에서 사건이 마무리되었다고 생각했다.

그러나 사건은 그쯤에서 멈추지 않았다. 열흘 후에 상관이 북적거리는 오전 시간에 관리들이 광장에 나타나서 인부들을 시켜 기둥을 세우고 천막을 설치했다. 잠시 후 쇠사슬에 묶인 죄수 한 명이 끌려오자 관리 하나가 총독의 선고문을 낭독했다. 죄인은 아편굴을 운영하다가 검거된 자로 일벌백계—罰百戒의 의미로 오랑캐들 앞에서 교수형에 처한다는 것과 다른 범죄자에게는 참회(자수)의 기회를 준다는 내용이었다. 처음에는 영문을 몰랐던 오랑캐 상인들이 그제야 알아차리고 맹렬하게 항의하면서 덤벼들어 기둥과 천막을 넘어뜨렸다. 그러자 관리들이 장소를 옮겼지만, 옮긴 장소도 결국은 상관 앞 강변이었다. 한동안 오랑캐들이 관리들과 실랑이를 벌이자 구경하던 군중이 폭발했다. 처음에는 욕설을 퍼붓더니 잠시 후에는 돌멩이가 날아왔다. 오랑캐들이 막대기를 휘두르며 막았지만 군중의 기세는 가라앉지 않았다. 오랑캐들은 상관 건물로 뿔뿔이 흩어져 들어가서 문을 잠갔다. 군중의 함성은 계속됐고, 건물 안으로 돌이 날아왔다. 오랑캐들은 병을 깨서 바닥에 깔고 가구를 눕혀 바리케이드로 삼았다. 군중의 기세는 더 사나워졌다. 상관을 둘러싼 나무 담장을 부수고 들어와서 돌을 던졌다. 누군가가 무역감독관에게 도움을 청하자고 했지만 연락할 방법도 마땅치 않았고 연락이 닿는다 해도 그가 상관에 도착하려면 몇 시간은 걸리므로 실질적인 도움을 기대할 수가 없었다. 스웨덴관에 피신한 젊은이 둘이 지붕으로 올라가 옆 건물로 건너가서 홍로우로 내려가 꽁홍 건물로 달려갔다. 지척에 있는 상관에서 벌어진 일을 전혀 모르고 있던 홍상들이 급히 전갈을 보내자 군대가 출동했다. 그사이 군중은 건물 앞까지 몰려와 밀고 들어오는 것은 시간문제였다. 군대가 도착하기까지 한 시간 동안 오랑캐 상인들은 막대기와 식탁용 나이프 등을 들고 초조하게 기다렸다. 관원들이 도착하고 무장한 군졸들이 건물 앞에 도열하자 군중은 금방 흩어졌다. 소요가 진정된 후 불쌍한 죄인은 상관에서 조금 떨어진 곳에서 조용히 교수형에 처해졌다.

그것은 군중이 오랑캐를 혼내 준 우발적 사건에 불과했지만 오랑캐 상인들은 상당히 충격을 받았다. 그것은 처음으로 유럽인과 현지인이 집단적으로 맞붙은 사건이었다. 개인적인 싸움이야 늘 벌어지는 일이었지만 이렇게 군중이 소요를 일으켜 상관을 에워싼 적은 없었다. 상인들은 군중의 배후에 당국의 사주가 있었다고 추측했고, 공개 처형의 모습을 보고 중국인의 야만성을 거론하는 사람도 있었다. 그러나 아편으로 인해 주민들이 분노하고 있다는 사실을 이야기하는 사람은 아무도 없었다. 오히려 당국이 아편을 핑계로 자신들을 옥죄어 온다고 분개했다. 소요가 진정된 후에도 긴장은 계속되었다. 문제를 일으킨 인스는 마카오로 떠났다. 거기서 아편을 팔면서 상황이 호전되면 돌아올 생각이었지만 그는 상관에 다시 오지 못했다. 탤벗에 대해서 당국은 더 이상 추궁하지 않았지만 당분간 무역을 전면적으로 중단시켰다. 단속도 강화해서 황푸와 상관 사이를 오가는 거룻배를 샅샅이 뒤졌고, 상관 주변의 집을 뒤져 아편을 가지고 있는 사람을 모조리 잡아들였다. 당분간 뇌물은 전혀 통하지 않았고, 광조우의 감옥은 아편 사범으로 초만원을 이루었다.

인스와 탤벗의 사건에서 당국도 오랑캐 따이빤이 없어 난감한 처지를 실감했다. 덩어리였던 오랑캐들이 갑자기 모래알로 변해 어떻게 통제해야 할지, 누구와 이야기해야 할지 알 수 없었다. 영국무역협회는 아무 권한이 없다고 발뺌했고, 무역감독관도 마카오나 황푸에 있어서 쉽게 연락할 수 없었다. 평소 일이 터지면 앞장섰던 자딘-매더슨 상사도 이번에는 침묵을 지켰다. 그 사건은 무역감독관에게도 영향을 주었다. 엘리엇은 자신이 아무 권한이 없다 해도 일이 터지면 당국과 상인들 사이에 서야 한다는 점을 깨달았다. 그는 마카오 총독에게 인스를 추방하라고 요구했다. 그러나 인스는 완강히 버티면서 엘리엇에게 정면으로 도전했다. 아편은 영국 정부가 공식적으로 판매하는 합법적 상품이며, 그것을 취급한 자신은 영국 정부에 도움을 준 것이라고 주장했다. 엘리엇도 반박할 말이 없어 인스의 추방을 포기하고 다음 조치를 취했다. 우선 영국 상인들에게 사흘 이내에 아편을 싣고 수로를 통행하는 소형 선박을 모두 철수시키라고 명령했다. 총독에게는 빙티에 형식의 편지를 보냈다. 수로에서 아편을 적재한 영국 선박이 적발되면 자신은 상인들을 돕지 않을 것이며, 소형 아편 운반선을 자신이 감독하겠다고 했다. 이 소식을 들은 영국 상인들은 분개했다. 감독관이 무슨 권한으로 그런 명령을 내리는가에 대한 항의가 이어졌다. 자딘-매더슨 상사는 정부의 훈령과 지침을 공개해서 과연 감독관에게 그런 권한이 있는지 조사해 보자고 주장했다. 그러나 엘리엇은 흔들리지 않았다. 그에게는 무역 정상화가 최우선 순위였다. 총독은 엘리엇의 제안을 받아들이고, 무역 중단 10여 일 남짓 지난 1839년 1월 1일에 무역을 재개한다고 선포했다.

　그러나 모든 것이 예전으로 돌아가지는 않았다. 홍상들이 일제히 차의 가격을 올리고 흥정에 일체 응하지 않았다. 살 테면 사고 아니면 말라는 태도였다. 영국의 면직물도 거의 사지 않았다. 아편 거래도 크게 위축됐다. 단속 여파로 광조우만의 거래는 완전히 사라졌고 북쪽 연안의 거래도 형편없었다. 하역선에는 재고가 쌓였고, 상인들은 캘커타의 중개상에게 물건을 그만 보내라고 아우성을 쳤다. 1839년 2월에 캘커타에서 들어온 아편 클리퍼는 달랑 30상자만 싣고 왔다. 상인들은 아편을 팔아 받은 은으로 차와 비단을 사야 하는데, 아편이 팔리지 않으니까 그럴 여유가 없어졌다. 홍상이 높은 가격을 불러 위축된 차 무역이 아편 거래의 위축으로 더욱 쪼그라드는 악순환이 지속되었다. 그러나 그것은 다가오는 폭풍에 비하면 아무 것도 아니었다.

린쩌쉬의 폭풍과 역풍

금령 강화를 지시했지만 1838년 봄까지만 해도 황제의 마음은 아직 오락가락했다. 광둥과 푸지엔의 보고를 보면 아편 문제는 여전히 진행형이었고, 이금론자들은 기회가 있을 때마다 황제의 귀를 간질였다. 엄금론자들은 황제의 마음이 언제 돌변할지 몰라 더 적극적인 공세를 취하기로 했다. 1838년 6월에 담춘집의 지도자인 황쥐에츠가 직접 나서서 상주문을 제출했다. 그는 의례적인 언사를 생략하고 곧장 본론으로 들어갔다. 요지는 이렇다. 해안에서 아편을 단속해 봤자 소용이 없다. 몇 천 리나 되는 해안선을 모두 지킬 수는 없어 새는 곳이 있게 마련이다. 오랑캐 선박의 접근을 막아도 먼 바다에서 구매자를 기다리니 효과가 없다. 아편 운반자를 처벌한다해도 관리들이 뇌물을 받아먹고 묵인하는 경우가 많으니 역시 효과가 없다. 아편 재배를 허용해도 흡연자들이 수입품을 선호하는 마당에는 은의 유출을 막을 수 없다. 결국 궁극적인 해결책은 아편을 사는 사람이 없도록 하는 것이다. 잎을 모조리 잘라 줄기가 시들게 만들어야 한다. 지금과 같이 흡연자를 태형에 처하는 정도로는 아편을 근절할 수 없으니 흡연자에게 1년 기한을 주어 중독에서 벗어나게 하고, 그렇지 않으면 전부 사형에 처해야 한다고 했다. 이는 어차피 아편에 중독된 사람들이니 죽여도 국가에는 해가 될 것이 없다는 논리였다.

이번에도 황제는 혼자 결정하지 않았다. 각 성의 총독과 순무에게 황쥐에츠의 상주문을 회람시키고 의견을 제출하게 했다. 4개월 동안 29건의 답신이 올라왔다. 아편 근절의 필요성은 모두가 동의했지만, 흡연자의 사형은 반대가 압도적이었고 찬성은 4건에 불과했다. 여기에서도 도덕적 명분론이 우세했다. 황제는 어진 정치로 백성의 어버이 노릇을 해야 하므로 아편의 해독이 극심해도 사형은 지나치다는 의견이 주류였다. 현실적인 고려도 있었다. 흡연자를 모두 사형에 처한다면 대상자가 수백만 명에 이르고, 특히 광둥에서는 한 마을 성인의 90% 이상을 사형해야 할 판이었다. 그런데 의견을 올린 사람 중에서 광둥과 푸지엔, 저쟝을 제외한 지역의 총독에게는 이 일이 먼 산의 불이었다. 그들은 이금론과 엄금론이 힘겨루기를 하고 있음을 알고 있었으며, 의견 제출은 체면치레와 책임 회피의 방편에 지나지 않았다.[1] 황제가 아편을 심각하게 생각하고 있으니 동조하지 않을 수 없지만 그렇다고 해서 어느 한쪽을 편들기 어려운 것이 그들의 처지였다. 황제가 더 이상 입장을 밝히지 않음에 따라 황쥐에츠의 엄금론은 물밑으로 가라앉았다.

그러나 상황이 황제를 가만두지 않았다. 그해 10월에 궁중에서 황족이 아편을 피우다가 들키는 사건이 일어났다. 진노한 황제는 그를 헤이룽쟝으로

---

1 茅海建, 『天朝的崩潰』, 92~93쪽.

유배했다. 그러나 그게 끝이 아니었다. 11월에 직예총독直隷總督(베이징을 둘러싼 즈리성을 관할했다.) 치산琦善의 보고가 올라왔다. 베이징에서 가까운 티엔진 부근에서 50상자에 가까운 아편을 적발했다는 것이었다. 그것은 이 지역에서 적발된 아편으로는 최대 규모였지만 더 중요한 것은 오랑캐 선박이 남쪽 해역을 벗어나 티엔진 앞까지 진출했다는 점이었다.[2] 황제는 발본색원 쪽으로 마음을 다지고 후베이湖北와 후난湖南을 관할하는 호광총독湖廣總督 린쩌쉬를 불렀다. 그것은 그해 여름 린쩌쉬가 올린 상주문 때문이었다. 황 쥐에츠의 상주문에 대한 의견을 널리 구했을 때 린쩌쉬가 제출한 상주문은 아편 문제에 대한 가장 포괄적인 대책을 담고 있었다. 그는 이 문제를 은의 유출과 백성의 타락이라는 두 가지 방향에서 동시에 접근해야 한다고 주장했다. 단순히 아편 밀매꾼을 단속하는 것은 근본적인 해결책이 아니며 공급자와 소비자를 동시에 단속해야 한다고 주장했다. 그는 아편 중독자들을 위한 치료 프로그램의 도입을 건의했고, 필요하다면 무력을 써서 오랑캐의 아편 공급을 중단시켜야 한다고 주장했다.

흠차대신의 부임

린쩌쉬는 1785년 8월에 푸조우에서 태어났다. 그는 4대째 과거시험에 실패해서 가세가 기울어진 집안에서 태어났지만 그래도 부친은 아들의 교육에 모든 것을 걸었고 린쩌쉬는 3세 때 글을 읽기 시작하여 13세에 향시鄕試에 급제했다. 20세에 성시省試를 통과해서 베이징의 회시會試에서 두 번 낙방하고 세 번째에 급제한 것이 27세 되던 1811년이었다. 과거 급제는 큰

---

2 茅海建, 『天朝的崩潰』, 92쪽.

부자가 될 수 있는 길이었지만 린쩌쉬는 자신에게 엄격해서 축재에 관심이 없었다. 진사進士가 된 후의 경력은 다양하다. 1813년에 첫 관직으로 한림원翰林院 편수編修를 받은 후 여러 곳을 옮겨 다니며 안찰사按察使, 포정사布政司, 하독河督, 순무를 역임했다. 재판관, 재정관, 운하 관리, 지역 행정의 경험을 두루 갖춘 셈이었다. 그는 1837년에 5,500만 명이 사는 지역을 다스리는 호광총독으로 승진했다. 그는 문인답게 시를 짓고 서화를 감상하기도 했지만 특별한 취미 없이 항상 일에 몰두했다. 원칙론자인 그는 청렴과 공평무사를 강조해서 명성이 높았다. 1820년대에 사람들은 그를 린칭티엔林青天, 즉 맑은 하늘 같은 린 대감이라는 별명으로 불렀다고 한다. 그는 담춘집 구성원들과 친밀하게 지냈고, 1830년에 베이징에서 꿍즈천, 웨이위엔 등과 선남시사宣南詩社를 결성했다. 이 모임은 그의 중요한 정치적 후원자이자 두뇌집단으로 작동했다. 대부분의 고위직을 만주족 출신이 차지하던 당시에, 한족 출신인 그가 높은 자리에 오른 데에는 다오광황제의 신임이 크게 작용했다. 황제의 눈에 린쩌쉬는 누구보다 성실하고 충직하며, 청렴한 관리였다. 황제는 1820년대부터 린쩌쉬의 상주문에 감탄과 칭찬을 담은 비답을 여러 차례 내렸다.[3] 그러나 그는 아편 문제의 전문가도 아니었고, 오랑캐를 다루어 본 경험도 없었다. 오히려 1833년에 내륙에서 아편 재배를 허용하자는 의견을 제출한 적도 있었다. 부패 척결에 대해 강경론자인 린쩌쉬는 아편 문제도 부패 척결의 시각에서 접근했다. 밀수와 흡연이 사라지지 않는 것은 법률을 엄정히 시행하지 못한 관리들의 부패가 근본 원인이라 생각했다.

린쩌쉬는 12월 초에 베이징에 도착했다. 그에 대한 황제의 관심은 한 달 사이에 19차례나 접견한 것만으로도 짐작할 수 있다. 황제는 그에게 파격

3 茅海建, 『天朝的崩潰』, 95~96쪽.

적인 대우를 했다. 만주족이 누릴 수 있는 최고의 명예인 말을 타고 입궁하도록 했지만 푸지엔 출신인 그가 승마에 익숙하지 않다는 것을 알고는 8명이 운반하는 가마를 타고 입궁하도록 했다. 그것은 어느 조정 대신도 누려보지 못한 영광이었다. 1838년 12월 말에 린쩌쉬는 흠차대신으로 임명되었다. 흠차대신은 특정 현안을 해결하기 위해 파견하는 전권특사로 파견 지역의 총독을 지휘할 권한을 지닌다. 흠차대신은 황제를 대신해 관방關防이라는 공문에 찍는 도장을 사용한다. 린쩌쉬의 공식적 임무는 광조우의 오랑캐 문제 해결이었지만 실질적으로는 아편의 발본색원이었다. 아편과 관련된 일에는 총독에게 명령을 내릴 수 있으며 군대를 지휘할 권한도 있었다.

흠차대신은 1839년 1월 8일에 베이징을 출발했다. 그의 행차는 고위 관리의 일반적인 행차와는 사뭇 달랐다. 고위 관리가 행차할 때는 적어도 수십 명, 많게는 수백 명의 수행원이 따라간다. 막료, 집사, 요리사, 호위병, 가마꾼과 짐꾼 등이 긴 행렬을 이루어 요란하게 지나가고, 통과하는 도시의 관리들이 일행을 융숭하게 대접하는 것이 상례였다. 모든 수행원의 숙식 비용을 지방 관리들이 지불했고, 선물과 노자도 줬다. 린쩌쉬는 이런 관례를 따르지 않았다. 수행원은 10명이 안 되었고, 모든 비용을 자신이 지불했다. 지방 관리의 대접도 사양했고, 짐꾼을 고용할 때도 집사가 직접 노임을 지불했다. 겨울 여행은 시간이 많이 걸렸다. 날씨가 좋지 않아 배가 움직이지 못하고, 육로에서도 비가 많이 와서 발이 묶일 때가 많았다. 흠차대신은 서두르지 않고 여행길에서도 차근차근 일을 했다. 지인들과 편지를 주고받으면서 정보를 수집했고, 앞으로 할 일에 대한 계획을 세웠다. 광조우 도착 전에 그는 이미 야오코우의 명단을 입수했고, 어느 관리가 상납을 받으면서 아편 운반을 묵인했는지도 파악했다. 또 오랑캐 상인들이 어느 정도 재고를 가지고 있으며, 어느 상사가 가장 활발하게 아편을 거래하는지도 알고 있었다.

덩팅전 총독은 일찍부터 흠차대신의 임명 소식을 알고 있었다. 린쩌쉬와 친분이 있었기 때문에 나쁜 소식은 아니었지만 흠차대신의 임명이 자신의 실패를 지적한 것이나 마찬가지여서 심기가 편안하지는 않았다. 그는 흠차대신의 도착 이전에 단속의 고삐를 죄면서 야오코우와 흡연자의 단속을 더욱 강화했다. 단속의 손길은 오랑캐들에게까지 뻗쳤다. 1839년 2월에 적발한 아편을 문제 삼아 유럽인 한 명을 운반책으로 지목해서 마카오로 퇴거시켰다. 오랑캐에게 보내는 경고문은 꽁홍을 거치지 않고 관원을 시켜 직접 전달하게 했다. 2월 하순에는 상관 앞에서 공개 처형을 시행했다. 지난해 9월 관원들이 아편을 단속할 때 마을 사람들을 선동해서 소요를 일으킨 주동자를 오랑캐들이 보는 앞에서 교수형에 처한 것이다. 분위기에 압도된 오랑캐들은 저항할 생각을 못했다. 다만 이런 모욕에 항의하기 위해 모두 국기를 내리자고 무역감독관에게 제안했고, 그날 밤 영국, 미국, 네덜란드, 프랑스 국기를 내렸다. 그것은 유럽식의 소극적인 항의 표시였지만, 이를 계기로 엘리엇이 상관의 유럽인들을 암묵적으로 대표하게 되었다.

아편 상인들이 불안에 휩싸인 것은 당연했다. 홍상들은 흠차대신의 임명이 전례 없는 일이어서 이번에는 적당히 넘어가지 않을 것이라며 걱정했다. 일부 소규모 상사는 아편에서 손을 떼기로 했지만 자딘-매더슨 상사와 덴트 상사, 러셀 상사는 그럴 수가 없었다. 그들은 하역선 22척에 3만 상자에 가까운 재고를 가지고 있었지만 거래가 얼어붙어 재고를 처리하지 못한 상태였다. 한때 1,000달러까지 올라갔던 가격이 400달러까지 떨어졌으므로 재고가 소진되어도 상당한 손해를 각오해야 했다. 더 큰 문제는 캘커타에서 오고 있는 물량이었다. 2월 경매에서 낙찰된 물량이 3월 말에 도착하면 전체 재고는 5만 상자에 이를 판이었다. 이 물량이 제대로 팔리지 않으면 캘커타와 광조우의 중개상들이 파산할 것이 뻔했다. 얼어붙은 시장을 두고 상인들은 엘리엇에게 화살을 돌렸다. 평소에 감독관의 존재를 못마땅하게 여기던 상인들이었지만 상황이 불리해지자 그의 역할을 주문했다. 자신들은 합법적인 상품을 수입해서 장사를 할 권리가 있다. 중국에서 아편이 불법화되어 있는 것은 그들 사정이고, 합법적인 상품에 대한 단속은 대영제국에 대한 도전이다. 그러니 정부에서 임명한 무역감독관이 영국 시민의 이익을 보호하기 위해 적극적으로 나서야 한다는 것이 그들의 주장이었다. 그러나 엘리엇은 꿈쩍도 하지 않았다. 그는 자신이 보호해야 하는 대상은 합법적인 무역이며 아편 거래는 보호대상이 아니라고 선을 그었다.

흠차대신은 3월 10일에 광조우에 도착했다. 그는 호광총독과 병부상서 兵部尙書의 깃발이 나부끼는 배를 타고 도착해서 총독의 영접을 받으며 뭍에 올라 성안으로 들어갔다. 영빈관에 이르는 길에는 만주족 의장대가 도열해서 예포를 발사하며 그를 맞이했다. 영빈관에 자리를 잡고 난 후에는 총독 덩팅전이 황제에게 하듯 삼궤구고지례三跪九叩之禮를 거행했다. 총독은 흠차대신보다 선배였지만 이 자리에서는 상관에 대한 예절을 거행했다. 오랜 여행에도 불구하고 흠차대신은 도착 다음 날 월화서원에 사무처를 차렸다. 엄금론을 견지했던 서원을 사무처로 선택함으로써 자신의 결연한 의지를 나타내는 상징적 조치였다. 행차 도중에 이미 휘하에서 일할 관리들을 선발하도록 했으므로 그는 즉시 본격적인 집무에 돌입했다. 서원 앞에 흠차대신 명의의 포고문 두 개가 내걸렸다. 첫 번째는 현지의 관리와 관원, 주민을 대상으로 했다. 흡연자는 1년 안에 아편을 끊어야 하며 이것을 지키지 못하면 사형에 처하겠다고 했다. 관원과 군졸들이 아편 반입을 묵인하는 행위를 엄격히 금지하며, 특히 밀매꾼한테서 압수한 아편을 자신이 피우거나 되파는 행위가 적발되면 엄벌에 처한다고 했다. 두 번째는 사무처에서 일하는 관리들을 대상으로 했다. 자신은 광조우 무역에서 생긴 문제를 해결하기 위해 왔으며, 그 이외의 일에는 일체 관여하지 않겠다고 했다. 이것은 청탁을 방지하기 위해서였다. 그는 휘하의 관리들에게도 경고를 내렸다. "월화서원에서 일하는 사람은 모두 서원 내에서 숙식해야 하며, 식사를 비롯한 모든 비용을 스스로 부담해야 한다. 서원에서 일하는 관원이 식사 대접을 받거나 흠차대신과의 만남을 주선하는 대가로 뇌물을 받으면 엄벌에 처한다. 흠차대신에게 청원할 사람은 규정된 형식에 따라 문서를 작성해서 바쳐야하며, 비공식적 경로로 접근하는 것은 일체 용납하지 않는다. 사사로운 일로 투서하는 행위도 용납하지 않으며, 범인을 끝까지 추적해서 죄를 묻는다." 이 포고문으로 인해 광조우의 관료사회는 긴장 상태에 빠졌다.

그의 의도는 하루 이틀 지나면서 더 뚜렷하게 드러났다. 그의 기본 원칙은 아편의 공급과 수요를 동시에 차단하는 것이었다. 수요는 총독이 2년 전부터 벌여 온 단속으로 어느 정도 차단했으므로 공급선인 오랑캐의 밀반입 근절에 주력하는 것이었다. 그는 논리적으로 이 문제에 접근했다. 광조우의 오랑캐는 지엽적인 문제에 불과했다. 그들 뒤에는 인도가 있고, 그 뒤에는 영국이 있다. 그러므로 공급을 원천적으로 차단하기 위해서는 영국이 먼저 아편을 금지하고, 인도가 그것을 따르게 해서 상인들이 들여오지 못하게 해야 한다고 생각했다. 흠차대신은 영국 국왕이 20세를 갓 넘긴 처녀라는 점을 알고 있었고, 그래서 이 젊은 여인을 훈계해서 과오를 뉘우치게 하려고 했다. 그는 이 여인에게 보낼 편지의 초안을 작성했다. 내용은 대충 이랬다.

하늘의 도道는 어느 한쪽으로 치우치는 법이 없어서 한 사람이 자기 이익을 위해 다른 사람을 해치는 것을 용납하지 않는다. 살고 싶어 하고 죽기 싫어하는 것은 누구나 똑같다. 귀국貴國은 우리로부터 이만 리나 떨어져 있다지만 사람의 성정은 마찬가지일 것이다. 우리나라의 인자하신 황제는 아무리 먼 곳 사람일지라도 똑같이 은혜를 베푸신다. 광둥은 해금이 해제된 후 무역이 번창해서 내륙의 사람들이 외국인들과 거래하여 이익을 취하고 즐겁게 살아온 지 이미 100여 년이 되었다. 대황大黃, 차, 생사는 중국에서만 생산되는 보물이다. 외국인들이 이런 물품을 구하지 못하면 어찌 살아가겠는가? 모든 사람에게 자비로우신 황제께서는 이런 물품이 외국으로 반출되는 것을 아까워하시지 않는다. 그러나 일부 사악한 무리가 아편을 반입해서 우둔한 백성을 유혹했다. 그들은 백성의 몸을 해치면서 자신의 이익을 도모하는 사람들이다. 예전에는 아편을 피우는 자가 적었지만 오늘날에는 숫자가 늘면서 서로 전염시키고 해독을 끼치고 있다. 소수의 흡연자가 자신의 건강을 해치는 것을 애석해 할 필요야 없겠지만 천하를 다스리며 민심을 바로잡아야 할 황제께서는 이런 현상을 내버려 두시지 않는다. 앞으로는 아편을 판매하거나 흡연하는 사람을 모두 무거운 벌로 다스려서 아편을 영원히 금하도록 할 것이다. 귀국의 백성이 아편을 만들어 들여오는 것이 국왕의 명령에 의한 것은 아닐 것이고, 모든 국가가 아편을 제조하는 것도 아닐 것이다. 귀국에서도 아편을 피우면 무거운 벌로 다스린다고 들었다. 그러나 흡연을 금지하려면 판매를 금지해야 하고, 판매를 금지하려면 제조를 금지해야 한다. 자신은 피우지 않는 아편을 만들어 중국의 우둔한 백성들에게 파는 것은 다른 사람을 죽음에 빠뜨리면서 자신은 잘살겠다는 생각의 소치이다. 이것은 모든 사람이 한스럽게 생각하고 하늘의 도가 절대로 허용하지 않을 일이다. 관대하신 황제께서는 무력으로 해결할 수도 있지만 먼저 권고를 내리셨다. 중국에서 아편 흡연을 근절시키기 위해서는 속국屬國에서의 제조를 함께 금지해야 한다. 중국인이 흡연으로 피해를 입을 뿐만 아니라 만드는 나라의 사람들도 마찬가지로 해를 입을 것이기 때문이다. 따라서 지금까지 아편을 만든 사람을 귀국의 국왕께서 조사하고 아편을 전부 바다에 던져야 할 것이다. 그러면 쌍방이 피해를 없애고 태평세월을 즐길 수 있으리라. 또 중국에서 흡연을 금지하면 귀국에서 아편을 만들더라도 팔 곳이 없을 터이니 이익을 도모할 길도 없어진다. 그러니 이런 나쁜 짓을 버리고 다른 길로 생업을 도모하는 것이 좋지 않겠는가? 지금 중국에서는 아편을 색출하여 모두 불태울 예정이며, 앞으로도 아편을 싣고 들어오는 선박은 모두 불태울 것이다. 그러면 다른 화물도 함께 타 버릴 것이다. 이는 이익을 거두지도 못하고 자신을 망치는 꼴이 될 것이며, 다른 사람을 해치려다가 자신을 해치는 결과가 될 것이다. 귀국의 국왕께서 이 편지를 받으시면 앞으로 어떻게 아편을 근절할지를 궁리하시고 신속히 알려 줄 것이며, 이런저런 말로 둘러대면서 시간을 끌지 말기를 바란다.[4]

이 편지는 전시戰時에 상대방에게 위협과 권고를 보내는 공식문서인 격문檄文의 형식으로 설득과 위협을 적절히 배합한 800자에 가까운 전아典雅한 문언체로 작성한 것이다.[5] 말미에 쓴 시간을 끌지 말라는 말은 신속히 보고하라는 명령과 다름없었다. 이 편지는 당시 중국의 유럽에 대한 오해를 여지없이 드러냈다. 17세기 이래 동남아시아와 러시아가 대황을 수입하려 해서 수출 물량을 조절하기 위해 협상을 벌인 적이 있었고, 이 경험을 통해 조정에는 모든 오랑캐가 대황이 없으면 못 견딘다는 맹신이 있었다. 린쩌쉬도 그것을 믿어 영국에 대한 위협 수단으로 사용했지만 영국인에게 대황은 전혀 관심 품목이 아니었다.[6]

편지를 완성한 흠차대신은 실무적인 어려움에 봉착했다. 휘하에 편지를 영어로 번역할 사람이 없어서 피진 영어를 쓰는 통역관이 어찌어찌 번역한 후 상관에서 진료소를 운영하는 파커에게 검토를 부탁했다. 파커는 도저히 말이 안 되는 문장을 고치려고 애썼지만 완벽하게 번역하지는 못했다. 파커의 손을 거친 편지를 발송하려 할 때에 또 다른 난관에 봉착했다. 이 편지는 국서에 버금갔기 때문에 사신이 들고 가서 전달해야 했지만 그것은 생각할

---

4 이 편지는 梁廷枏이 편찬한 『夷氛聞記』에 실렸으며, 齊思和·林樹惠·壽紀瑜, 『鴉片戰爭』 6冊, 13~14쪽에 실려 있다.
5 Liu, *The Clash of Empires*, p.92.
6 이 시기 대황에 대한 생각은 張哲嘉, "'大黃迷思'－淸代制裁西洋禁運大黃的策略思維與文化意涵"를 참조한다.

수 없는 일이었다. 외교행랑의 개념을 모르는 흠차대신은 어떻게든 전달만
하면 된다고 생각했고, 사본을 여러 통 준비해서 영국행 배편이 있을 때마
다 선장에게 편지 전달을 부탁했다. 중화제국의 국서가 일반 우편물로 취급
된 것이었다. 그가 영국 정부가 파견한 무역감독관에게 국서를 전달할 생각
을 하지 않았다는 점은 수수께끼로 남아 있다. 그러나 영국으로 직행하는 배
가 드물었기 때문에 이 편지가 들어 있는 우편행랑은 여러 차례 옮겨 실렸
고, 그 과정에서 편지가 사라지고 말았다. 빅토리아 여왕은 흠차대신으로
부터 한 통의 편지도 받지 못했다. 다만 이 편지가 번역되어 『차이니스 리
포지터리』에 게재되었기 때문에 광조우의 유럽인들은 흠차대신이 그런 편
지를 보낸 사실을 알았으며, 시간이 한참 흐른 후에 런던의 신문이 그 내용
을 소개하기도 했다.

흠차대신은 아편 거래의 실상 파악에 나서 홍상의 서기, 퉁스, 마이빤을
차례로 호출했다. 잔뜩 겁을 먹은 그들이 아는 것을 전부 털어놓아서 아편
상인과 하역선의 위치, 재고 물량을 거의 파악했다. 제법 구체적인 정보도
있었다. 미국계 러셀 상사는 아편에서 손 떼겠다고 선언했지만 소속 선박
에 아직 아편이 남아 있다고 했다. 베이징을 출발하면서부터 잡아넣겠다고
마음먹었던 자딘이 이미 떠났다는 사실도 알게 되었다. 상인들도 흠차대신
의 움직임을 알고 있었다. 문초를 받고 돌아온 마이빤들이 돌아다니며 소문
을 전했고, 홍상들도 흠차대신의 의도를 알려줬다. 모든 선박의 아편을 몰
수하고 적발된 선박은 쫓아낸다고 했다. 그래도 아편을 싣고 오는 배가 있
으면 무역을 전면적으로 중단시킬 예정이라고 했다. 그러나 상인들은 반신
반의했다. 예전의 단속이 몇 개월 가지 않았다는 점을 상기하면서 이번에도
적당히 넘어갈 것으로 기대했다.

폭풍의 시작: 상관 봉쇄, 아편 몰수와 폐기

며칠 지나지 않아 폭풍이 거세게 몰아쳤다. 도착한 지 8일째 되던 날 흠차대신이 홍상 전원을 월화서원으로 소환했다. 관리 하나가 홍상들 앞에서 흠차대신의 포고문 두 가지를 낭독했다. 첫 번째는 오랑캐를 향한 것으로 내용은 이랬다. "광조우의 무역을 개방한 것은 서로의 이익을 위한 것이며, 지난 수십 년 동안 무역은 번성했다. 그러나 일부 '나쁜 오랑캐[惡夷]'들이 아편을 들여와서 백성에게 해독을 끼쳐 황제의 심려가 깊어지고 마침내 나를 흠차대신으로 파견했다. 이제 나는 법령을 엄격히 집행하여 이 나쁜 습관을 근절할 것이다. 아편을 피우거나 파는 사람은 사형에 처한다. 사람들은 다른 나라에 가면 그 나라 법률을 따른다. 그러므로 아편을 들여오는 오랑캐도 사형에 처할 것이다. 광둥뿐만 아니라 다른 지역에서도 법령이 엄격히 집행될 것이니 앞으로는 아편을 들여온다 해도 팔 곳이 없어진다. 그렇지만 과거의 잘못을 따질 생각은 없다. 앞으로 아편을 들여오지 않는다면 그것으로 만족하겠다. 그러니 현재 보관 중인 아편의 수량을 기록해서 제출하고, 현물을 바치도록 하라. 명령을 어기면 군대를 동원해서 모든 선박을 검색할 것이다. 반면에 아편을 바치고 회개하는 '양순한 오랑캐[良夷]'들은 과거의 잘못을 묻지 않고, 정상적인 무역을 통해 이익을 도모할 수 있다. 오늘 꽁홍의 우사오룽伍紹榮 등을 통해 이 명령을 전달하노니 사흘 안에 보고하도록 하라. 시간을 끌어 후회하는 일이 없기 바란다." 이 내용을 홍상들이 오랑캐에게 전달하도록 명령하는 것이 첫째 포고문이었다.

두 번째 포고문은 부들부들 떨며 꿇어앉아 있는 홍상들을 준엄하게 꾸짖는 내용이었다. "지난 20년간 금령에도 불구하고 아편이 끊임없이 반입되었다. 그것은 홍상 네놈들이 아편이 있는 줄 알면서도 보증을 섰기 때문이다. 네놈들 소유 상관에서 아편을 거래해 왔고, 네놈들 거룻배에 아편을 싣고 들어왔지만 모른 척 했다. 게다가 은의 유출을 묵인하고 심지어 은을 담을 궤짝을 만들어 팔아서 이익을 본 것도 네놈들이다. 또 오랑캐에게 가마를 타게 해서 버릇을 잘못 들인 것도 네놈들 짓이었다. 오랑캐를 감시하고 잘 가르치라고 황제께서 특별히 무역을 허락하셨음에도 불구하고, 네놈들은 도둑을 지키기는커녕 오히려 함께 도둑질을 했다. 간단히 말하면 네놈들은 모조리 배신자요, 한간이다. 그래서 명령하노니 네놈들이 무슨 수를 쓰더라도 사흘 내에 오랑캐가 가지고 있는 아편을 모두 바치도록 해라. 그렇게 하지 못하면 네놈들 모두를 처단하겠다." 두어 시간 후 홍상들이 심각한 얼굴로 오랑캐들에게 내용을 설명하자 상관 전체가 얼어붙었다. 그것은 아직 미풍에 불과해서 다음 날은 더 거센 바람이 불었다. 흠차대신이 체류하는 동안 모든 오랑캐의 이동을 금지한다는 월해관의 명령서가 도착했다. 마카오에 갈 수 없었고, 황푸의 선박과 연락할 수도 없다고 했다. 상관 전체가 연금 상태에 놓인 것이었다.

오랑캐들은 즉각적으로 반응하지 않았다. 다만 이틀 후인 3월 20일에 영국무역협회 총회를 열어 이 문제를 논의하기로 했다. 정해진 시간에 40명이 영국관에 모였다. 회의장에는 긴장감이 가득했지만 흠차대신의 요구에 순순히 응하자는 사람은 없었다. 대부분 적당히 상대방의 체면을 살려 주자고 했다. 1,000상자쯤 내 놓으면 되지 않겠느냐는 의견이 많았다. 일부는 그것도 곤란하다고 했다. 왜냐하면 재고 물량 대부분이 그들 소유가 아니었다. 러셀 상사의 1,400상자 중에서 2/3는 봄베이 중개상 소유였고 나머지는 런던과 캘커타에서 위탁받은 것이어서 러셀 상사가 직접 소유한 아편은 한 상자도 없었다. 자딘-매더슨 상사와 덴트 상사의 재고도 대부분이 위탁 물량이었다. 그러니 모두들 내 물건도 아닌데 어떻게 내놓느냐고 했다. 논의는 진전을 보지 못했고 마지막에는 투표를 해서 25:14로 흠차대신의 명령에 즉각 반응하지 않고 엿새 후에 다시 회의를 열어 결론을 내리기로 했다. 한구석에서 회의를 지켜보던 홍상들이 결과 보고를 하러 상관을 나섰지만 몇 시간도 지나지 않아 창백한 얼굴로 다시 나타났다. 흠차대신이 진노했으니 유럽인들이 좀 더 성의를 보여야겠다고 했다. 오랑캐들은 밤 10시에 다시 긴급히 모였다. 이번에는 홍상들도 회의에 참석시켰다. 유럽인들은 흠차대신의 의도를 파악하기 위해 홍상 하나하나에게 질문했다. 이 사람이 정말로 아편을 몰수하려고 하는가? 당신들 정말로 생명의 위협을 느끼는가? 홍상 모두가 고개를 끄덕였다. 자신들도 이런 경험은 없지만 기세를 볼 때 예전과는 분위기가 완전히 다르다고 했다. 유럽인들 사이에서 타협론이 우세해졌다. 논의 끝에 1,000상자 남짓을 바치기로 결정하자 홍상들도 그만하면 되지 않겠냐고 했다. 오랑캐들은 상관을 나가 어둠 속으로 걸어가는 홍상들을 보며 문제가 해결됐다고 생각했다.

그러나 새벽녘에 보고를 받고 냉소한 흠차대신이 순서에 따라 다음 조치를 취하자 상황은 더 얼어붙었다. 관원들이 정기적으로 수로를 왕래하는 도항선을 정지시켜 화물을 압수하고 배를 광조우로 예인해서 파괴했고, 상관과 황푸 사이를 운항하는 거룻배도 모두 막았다. 황푸에서 출항하려던 선박은 도선사를 구하지 못해 발이 묶였다. 육지에서는 군대가 몰려와서 상관 주변을 에워쌌다. 3월 22일에는 더 본격적인 압력이 왔다. 아편 거래 규모가 두 번째로 큰 덴트에게 월해관에 출두해서 심문을 받으라는 통보가 왔다. 덴트는 가겠다고 했지만 사람들이 말렸다. 여럿이 상의한 끝에 홍상을 통해 그의 안전을 보장한다는 흠차대신의 공문을 요청했다. 반응은 즉각적이었다. 다음 날 아침 홍상 두 사람이 목이 쇠사슬로 묶인 채 상관으로 끌려왔다. 그들은 덴트가 즉각 출두하지 않으면 자신들이 교수형을 당한다고 애걸했다. 덴트가 출두하지 않겠다고 버티자 줄다리기가 계속됐다. 점심이 지나서는 지현을 비롯한 관리 몇 명이 덴트의 건물에 들어섰다. 그들은 1층에 앉아서 덴트가 소환에 응하지 않으면 일어나지 않겠다고 우겼다. 관리와 홍상의 농성은 오후 내내 계속되었다. 저녁 시간이 되어 오랑캐들이 차려 준 식사를 끝낸 후에도 그들은 일어나지 않았다. 밤이 깊어 상인들이 침대를 준비하겠다고 하자 일부는 자리를 떴지만 몇 명은 그래도 남아 있다가 자정이 지나서야 마침내 포기하고 상관을 나갔다.

그런데 농성이 벌어진 그날 오후에 무역감독관 엘리엇이 갑자기 나타났다. 마카오에 가 있어서 상관에서 벌어진 일을 모르고 있다가 이틀 전에 소식을 듣고는 부랴부랴 돌아온 것이었다. 마카오를 출발하기 전에 감독관은 두 가지 조치를 취했다. 긴급 행낭으로 파머스턴 외상에게 사태를 보고했고, 다음에는 마카오 외곽에 정박 중인 대포 18문짜리 경순양함 란호에 전갈을 보내 엿새 안에 소식이 없으면 적절히 행동하라고 했다. 그것은 아편 하역선이 공격당하면 대응하라는 의미였다. 그는 아편 거래에는 부정적이었지만, 영국인의 생명을 보호해야 한다는 의무에는 충실했다. 해군 대령 복장으로 상관에 도착한 엘리엇은 영국 국기를 계양하고, 덴트를 감독관 집무실로 불러 보호 연금 조치를 취했다. 홍상과 관리의 농성으로 인한 줄다리기는 그가 도착한 후 끝났지만 그것은 시작에 불과했다. 그의 도착으로 중국과 영국의 관리가 정면으로 대치하는 상황이 시작됐다.

감독관은 영국인들에게 상관을 떠날 준비를 하라고 일렀다. 네이피어 사건을 직접 경험했던 그는 인질로 잡히는 상황을 경계했다. 그러나 떠나려면 절차를 밟아야 했다. 월해관이 오랑캐의 여권을 보관했기 때문에 떠나려면 여권 반환을 문서로 신청해야 했다. 불안한 상인들이 여권을 돌려주지 않으면 어떻게 하느냐고 묻자 감독관은 군함이라도 동원하겠다고 큰소리쳐 안심시킨 후 총독을 수신인으로 해서 여권 반환을 요청하는 공문을 꽁홍에 보냈다. 관례대로 사흘 내에 여권을 반환하라고 하면서, 만약 받아들여지지 않으면 적절히 행동하겠다는 엄포도 섞었다.

흠차대신에게 그것은 가소로운 짓이었다. 그는 다음 날 병력을 증강시켰고, 강에는 전선을 배치했다. 상관 앞의 병졸들은 계속 징을 울려대며 위세를 과시했다. 오후가 되자 하인들이 사라지기 시작했고, 저녁에는 퉁스가 사방으로 뛰어다니며 마이빤, 하인, 요리사들에게 상관을 떠나라고 외쳤다. 그 다음 날은 분위기가 더 험악해졌다. 군대가 주변 거리를 봉쇄하고 통행을 막았다. 광장에는 몇 백 명이나 되는 새로운 부대가 등장했다. 그들은 군인이 아니라 어제까지 상관에서 일하던 하인과 짐꾼들이었다. 그들은 제법 질서 있게 편성되어 낮에는 훈련을 받고 밤에는 조를 짜서 상관 주변을 순찰했다. 홍상들이 순번을 정해 돌아가며 밤낮을 가리지 않고 가마에 앉아 지키면서 이들을 감독했다. 상관 뒤편 썹쌈홍가이에는 화승총을 든 무장 군인들이 **빽빽**했고, 상관 앞 강변에는 거룻배들을 쇠사슬로 묶어 어떤 배도 못 지나가게 해 놓았다. 상관은 완전히 감옥으로 변했다.

평소 마이빤과 하인의 시중에 익숙했던 상인들은 생활의 어려움을 피부로 느꼈다. 부엌에 들어가 본 적이 없는 사람들이 식사를 준비하다가 달걀을 새까맣게 태웠고, 청소를 하다가 힘들어 중간에 그만두었다. 파르시 상인들은 데리고 있는 인도인 하인 몇 명을 유럽인들에게 빌려 주었다. 일손 부족 이외에도 식품과 물을 조달하는 것이 큰일이었다. 평소에는 마이빤이 식재료를 사 왔고, 물은 하인들이 우물에서 길어 왔는데 지금은 나갈 수가 없으니 언제까지 버틸 수 있을지 몰랐다. 그러나 최악의 상황은 아니었다. 뒷날 영국 정부는 상관의 포위로 인해 유럽인들이 기아와 절망에 빠져 생명의 위협을 느꼈다고 했지만, 현지에서 경험한 사람들의 말로는 전혀 사실이 아니었다. 흠차대신이 오랑캐들을 굶겨 죽일 생각은 아니었고, 현장 분위기가 그렇게 살벌하지도 않았다. 홍상들이 몰래 음식물을 들여보냈고, 광장을 지키는 하인들이 관원의 눈을 피해 물을 길어다 주었다. 유럽인들이 산보를 나가면 광장의 부대에서 낯익은 하인이 나타나 필요한 것이 없냐고 묻기도 했고, 때로는 어울려 놀기도 했다. 군졸들도 그리 적대적이지 않았다. 군졸들은 홍상의 하인이 식재료를 들고 오거나 물을 길어 와도 막지 않았다. 그들은 오랑캐와 마주치면 웃는 얼굴로 대하다가 군관이 나타나면 무서운 표정으로 돌변하곤 했다. 순번대로 가마에 앉아 있는 홍상들도 마찬가지여서 주변에 관리가 없을 때는 오랑캐와 친근하게 이야기를 나누었다. 이 과정에서 오랑캐의 평소 행실에 따라 반응이 달랐다. 평소에 하인과 마이빤에게 관대했던 사람들은 도움을 받았지만 빡빡하게 굴었던 사람들은 그렇지 못했다.

현장의 분위기와는 달리 압박은 계속됐다. 월해관은 여권 반환 요청을 거절했다. 감독관은 관리와의 대화를 제안하는 편지를 보냈고, 꽁쏘에 가면 관리를 만날 수 있다는 답이 돌아왔다. 엘리엇은 자신이 움직이면 항복으로 비쳐질 수 있다고 생각해서 가지 않았다. 며칠 사이에 엘리엇은 사태를 분명히 파악했다. 이 시점에는 누구를 만나도 소용이 없다. 지현은 아무 힘이 없고 총독을 만나도 효과가 없으며, 해결의 열쇠는 오직 흠차대신만이 쥐고 있었다. 상관 주변에는 아편을 바치라고 재촉하는 포고문이 또 붙었다. 포고문은 점잖은 문언으로 작성되었고 어조도 절제되어 있었다. 엘리엇은 존 모리슨이 번역한 포고문을 읽으면서 행간에 숨어 있는 흠차대신의 의도를 느꼈다. 지금은 아편이 아니라 상인들의 생명이 걸려 있는 상황이었다. 아편 상인 대부분이 영국인이어서 대영제국의 관리인 감독관이 아편을 모르는 척 할 수는 없었다. 그는 상인들이 아편을 지키려다가 목숨을 잃는 일은 막아야 한다고 생각했다. 또 모래알 같은 상인들을 단결시켜 힘을 모아야 한다고 생각하면서 결정적인 조치를 준비했다.

다음 날 감독관은 보좌관 알렉산더 존스턴Alexander R. Johnston을 시켜 상관의 여러 건물에 퍼져 있는 영국인들에게 통지문을 전달했다. 소유와 위탁을 불문하고 보유하고 있는 물량을 감독관에게 인도하라는 명령서였다.

상사들이 선박의 이름과 적재 물량을 서류로 제출하면, 기재된 물량을 영국 정부의 재산으로 이관시키고, 사태가 가라앉은 후 영국 정부가 결정하는 비율에 따라 대금을 지불하겠다고 했다. 서류 제출 시한을 그날 오후 6시로 못박고, 서류에 기재되지 않은 아편은 감독관이 관여하지 않으며 몰수당해도 보상하지 않는다고 했다. 영국인들의 반응은 제각각이었다. 대부분은 겁에 질린 감독관의 과민반응이라고 생각했다. 그저 몇 천 상자만 넘겨주고 넘어갈 일이지 전부 내놓는 것은 말도 안 된다고 했다. 홍상들도 깜짝 놀라면서 "No wantee so much!"라 했다. 일부는 딴 생각을 했다. 거래가 워낙 위축되어 잔뜩 쌓인 재고 물량을 당장 팔아 치울 수도 없고 인도로 돌려보낼 수도 없으니 차라리 모조리 바치고 나중에 보상받는게 더 남는 장사라고 생각했다. 그해 1월 캘커타의 낙찰가를 적용하고 후하게 이자를 계산해서 나중에 이만큼 받을 수 있겠다는 분홍빛 계산을 하는 사람도 있었다. 이리저리 머리를 굴리던 영국인들은 결국 감독관의 명령을 따랐다. 일은 신속하게 진행됐고, 마감시간 이전에 감독관은 서류상으로 20,283상자를 확보해 당국에 보냈다. 흠차대신은 오랑캐가 아편을 몰래 빼돌릴지도 모른다고 생각해서 봉쇄를 더욱 강화했다. 인부들을 동원해 상관 주변의 거리에 벽돌 담장을 쌓아 출구를 막고 군대를 더 풀어서 황푸, 마카오, 그리고 아편 하역선과의 연락을 엄격히 차단하도록 했다. 오랑캐들은 외부와의 연락을 위해 별별 수단을 다 썼다. 주민에게 50달러를 주고 시가에 편지를 돌돌 말아 내보낸 사람도 있고, 거룻배를 움직이는 현지 선원의 신발 밑창에 편지를 넣어 보내기도 했다. 이런 편지가 전달된다는 보장은 없었으며, 편지를 지닌 사람이 관원에게 걸려 고문 끝에 죽었다는 소문도 돌았다.

흠차대신은 신중했다. 하역선이 22척이므로 2만 상자는 얼추 들어맞는 물량이지만 그것이 전부라고는 할 수 없었다. 그는 우선 2만 상자를 몰수하기로 했지만 즉각적으로 상관의 봉쇄를 풀지는 않았다. 전체 물량의 1/4을 인도하면 하인들을 돌려보내고, 2/4를 인도하면 도항선의 통행을 재개하고, 3/4의 인도가 끝나면 무역을 재개하고, 전량 인도 후에는 모든 것을 예전처럼 되돌린다고 통보했다. 봉쇄 조치는 오랑캐 모두를 대상으로 했으며 예외는 없었다. 미국인 선교사가 자신은 아편과 관계없으니 통행 제한을 풀어달라고 했으나 기각되었고, 네덜란드 상인이 아편을 싣지 않았으니 출항을 허용해 달라고 했지만 마찬가지로 기각되었다.

그런데 쌍방 간에 심각한 오해가 있었다. 흠차대신은 아편을 몰수했지만 감독관은 인도했기 때문이다. 흠차대신에게 불법상품인 아편의 몰수는 문자 그대로 빼앗아 버리는 것으로 보상은 아예 생각하지도 않았다. 흠차대신은 오랑캐들이 과오를 뉘우치고 자신의 명령에 따랐다고 생각해서 칭찬의 표시로 비단과 차를 선물로 보냈다. 그는 엘리엇이 서류상의 물량을 영국 정부의 재산으로 이관시킨 것을 몰랐고, 설사 알았다 해도 관심을 가지지 않았을 것이다. 그러나 엘리엇의 생각은 달랐다. 애초 아편은 중국의 관할권이 미치지 않는 바다에 떠 있었으므로 여전히 영국인 소유의 합법적 상품이었고, 그것을 내놓으라는 명령은 국제법 위반이었다. 그는 아편을 몰수당한be confiscated 것이 아니라 연금된 영국인의 생명을 지키기 위해 영국 정부가 몸값을 지불하는 수단으로 인도한surrender 것이었다. 이런 인식 차이는 몰수와 인도 과정의 신경전으로 나타났다. 흠차대신은 하역선을 수로 입구까지 끌고 와서 관리들이 직접 배에 올라 아편을 압수하는 징벌적 몰수를 시행하라고 지시했다. 반면 엘리엇은 영국 정부의 재산을 중국 정부에 인도하는 것이므로 그에 상응하는 절차를 밟아야 한다고 맞섰다. 그는 영국 관리가 입회한 상태에서 정해진 물량을 인도하고 인수증을 받아야 한다고 주장했다. 며칠을 끌던 신경전은 흠차대신이 엘리엇의 제안을 수용함으로써 끝났고, 월해관은 엘리엇의 보좌관인 존스턴이 마카오로 가는 것을 허용했다. 이것을 엘리엇은 중국과 영국 정부 사이에 이루어진 최초의 공식 교섭의 타결이라고 정의했지만 흠차대신은 오랑캐의 체면을 살려 주기 위한 관대함이라고 생각했다.

몰수와 인도 절차를 시작하기까지는 시간이 많이 필요했다. 문제는 서류에 기재된 물량이 모두 하역선에 고스란히 쌓여 있지 않다는 점이었다. 서류상의 물량을 채우려면 광조우만에서 푸지엔 연안까지 흩어져 있는 아편을 모아들여야 했고 연락을 받은 운반선이 광조우로 오기까지 시간이 많이 걸렸다. 존스턴이 감독관의 명령서를 들고 직접 푸지엔 연안으로 가서 아편 운반선을 끌고 와야 했다. 흠차대신은 휘하 관원을 20개 조로 나누어 각 조가 100상자씩 몰수하는 조직 재편에 들어갔다. 관원들이 몰수한 아편을 몰래 빼돌릴 우려가 있었기 때문에 실제 물량과 서류상의 숫자가 일치하게 감시를 철저히 하도록 했다. 선박의 동원도 간단한 일이 아니어서 2만 상자를 운반하려면 거룻배 수백 척이 필요했고, 관선으로는 부족해서 민간 선박을 임대해야 했다.

몰수와 인도는 4월 9일에 시작됐다. 존스턴은 아편 선박 40여 척을 마카오에 집결시킨 후 2척씩 수로 입구로 보냈다. 아편 상자를 거룻배에 내려놓고 영수증을 일일이 챙겼는데 거룻배가 작아서 하루에 1,000상자를 소화하기가 버거웠다. 또 날씨가 좋지 않아 작업이 더욱 지체되었다. 흠차대신은 몰수 상황을 매일 보고 받았고 일기에 그날 몇 상자를 받았는지를 상세하게 기록했다.[7] 작업을 완료한 것이 5월 21일이니 첫 인도일부터 꼬박 43일이 걸린 셈이었고, 흠차대신 도착 후 63일이 지나서였다. 그 과정이 순탄하지는 않았다. 1/4이 인도된 후에도 하인들은 돌아오지 않았고 절반 가까이 인도한 4월 말에도 도항선의 통행이 재개되지 않았다. 엘리엇은 이에 항의하

7 林則徐 著, 中山大學歷史系 中國近代現代史教研組 研究室(編), 『林則徐集－日記』, 336~341쪽.

기 위해 사흘간 작업을 중단했다. 그러나 흠차대신은 끄덕도 하지 않았다. 엘리엇이 문서를 통해 신고한 선박 절반이 아직 나타나지 않았으므로 봉쇄를 풀지 않았다. 영국인들의 사정도 있었다. 7,000상자를 내놔야 할 자딘-매더슨 상사는 재고 대부분이 푸지엔 연안에 있었는데, 지난해 자딘이 영국으로 떠나기 전에 자신의 명령이 없으면 일체 움직이지 말라고 지시했기 때문에 선장들은 전갈이 와도 움직이지 않다가 존스턴이 직접 명령서를 들고 온 다음에야 닻을 올렸다. 하루빨리 봉쇄를 풀려고 뛰어다니던 엘리엇이 이 배들을 마냥 기다릴 수는 없었다. 그는 미국 상인한테 상자당 500달러에 아편을 구입했지만 여전히 부족해서 애를 태우다가 마침 캘커타에서 갓 도착한 아편을 임시로 변통해서 간신히 물량을 맞추었다.

상관이 부분적으로 정상화된 것은 4월 말이나 되어서였다. 마이빤과 하인들이 돌아왔고, 흠차대신이 식용 가축 수백 마리를 선물로 보냈다. 그러나 광장에는 짐꾼의 부대가 여전히 늘어서 있었고, 강에도 쇠사슬로 연결된 병선들이 떠 있었다. 봉쇄는 5월 6일이 되어서야 완전히 해제되었다. 관리들이 상관 앞에서 당국의 명령서를 낭독한 후 짐꾼들이 기거하던 움막을 철거하고, 병선을 묶었던 쇠사슬을 끊었다. 상관 앞의 가마에서 교대로 숙직하던 홍상들도 물러갔고, 도항선 4척이 출항했다. 다음 날부터 오랑캐들이 상관을 떠나기 시작했다. 그러나 흠차대신이 지목한 핵심 인물 16명은 떠날 수 없었다. 월해관은 몰수 절차가 완전히 끝난 후 중국으로부터 추방하는 조건으로 그들의 여권을 돌려주겠다고 했다. 그들은 5월 24일이 되어서야 엘리엇과 함께 마카오로 떠났다. 떠난 사람들은 다시 돌아올 생각을 하지 않았다. 가구와 집기를 모두 챙겨 갔고, 『차이니스 리포지터리』를 발간하는 브리지만은 인쇄기까지 싣고 떠났다. 5월 말이 되자 상관에는 영국인 대여섯 명과 미국인 열댓 명, 그리고 의사인 파커까지 합해서 30명 정도가 남았다.

흠차대신에게는 몰수한 아편을 처리할 일이 남아 있었다. 고위 관리는 언제나 의혹의 눈길에서 자유롭지 못했고 특히 2만 상자나 되는 아편 때문에 흠차대신은 더욱 조심스러웠다. 오랑캐의 굴복에 황제가 크게 기뻐한 것도 오히려 부담이었다. 그는 의혹 차단을 위해 전량 베이징으로 운반해서 폐기하는 방안을 제안했다. 그러나 그것은 현실적인 제안이 아니었다. 무게가 1,500톤이나 되는 아편을 육로로 운반하자면 짐꾼이 4만 명 이상 필요했고, 운하를 이용하면 대형 선박 100척 이상과 선원 2,000~3,000명이 필요해서 엄청난 비용이 드는 방안이었다. 조정은 운송 자체를 반대했는데 그것은 사실 막대한 비용보다 관원에 대한 불신 때문이었다. 운반 도중에 아편을 도둑맞을 것을 걱정했는데, 그것도 밖에서 오는 도둑이 아니라 안에 있는 도둑을 더 걱정했다. 결국 황제는 현지에서 아편을 처리하되 모든 것을 투명하게 하라고 지시했다.

아편 폐기는 일반적으로 소각으로 알려져 있지만 실제로는 불에 태우는 것이 아니었다. 아편을 태우면 찌꺼기가 흙 속에 스며들고, 그 찌꺼기에서 20~30%를 회수할 수 있기 때문에 완전한 폐기 방법이 되지 못한다. 아편을 철저히 폐기하려면 화학적 방법을 써야 했고, 찌꺼기를 회수할 수 없도록 바닷물에 흘려보내야 했다. 흠차대신은 후먼 근처 산등성이에 적당한 장소를 물색했다. 그는 우선 해신海神에 제사를 올려 바닷물을 더럽히고 물고기를 괴롭히는 점에 대해 양해를 구한 다음, 장정들을 동원해 가로세로 15장丈, 깊이 5장이 되는 구덩이를 세 군데 파게 했다. 구덩이의 사방 벽에 튼튼한 판자를 두르고 바닥에는 돌을 두껍게 깔았다. 완성된 후에는 물을 가득 채우고 아편 덩어리를 잘게 쪼개서 던져 넣은 다음 석회와 소금을 넣고 장대로 젓게 했다. 그러면 아편 덩어리가 소금과 석회에 녹아 끓어오르면서 하얀 연기가 피어올랐다. 아편이 완전히 녹으면 썰물 때에 바다로 물을 흘려보냈다. 물이 다 빠지면 출구를 닫고 같은 작업을 반복했다. 산등성이에서 피어오르는 하얀 연기는 바다에서도 잘 보였고, 사람들은 그것을 아편을 태우면서 피어난 연기라고 생각했다.

폐기 작업은 6월 3일에 시작해서 20일 넘게 공개적으로 진행했다. 관리들과 유력 인사들을 초대해서 작업을 지켜보게 했고, 근처 주민들에게도 현장을 개방했다. 많은 사람들이 작업을 지켜봤으며, 지나가던 미국인도 관리들의 초대를 받아 참관했다. 아편을 녹이는 구덩이 옆에 울타리를 세워 작업자 이외에는 누구도 접근하지 못하게 했다. 혹시 누군가 던져 넣을 아편을 슬쩍 집어가지나 않을까 해서였다. 산등성이의 하얀 연기는 중국이 거둔 승리의 상징으로 알려져 있지만 실제로는 중국인 상호간 불신의 상징이나 다름없었다. 동시에 그 연기는 영국 정부가 전쟁을 결정하게 만드는 도화선이 되었다.

후폭풍과 충돌

폐기 작업이 끝났어도 흠차대신의 임무는 끝나지 않았다. 주민의 아편 거래와 흡연을 발본색원하는 작업이 남아 있었다. 흠차대신은 부임 직후부터 많은 밀정을 고용해서 5월 중순까지 1,500명이 넘는 흡연자를 검거하고, 아편 파이프 4,000개를 압수했다. 이와 더불어 광조우 당국은 7월 15일에 아편 단속 관련 법률을 종합한 금연장정禁煙章程 39조를 선포했다. 흡연자에게는 18개월의 기한을 주고 그 안에 끊지 못하면 처벌하도록 했다. 아편 판매와 운반에 관련된 사람은 모두 한간으로 규정해서 사형에 처하도록 했다. 오랑캐도 예외가 아니었으며, 범위도 상관과 황푸에 그치지 않고 수로 밖에서도 이 규정을 적용한다고 했다. 흠차대신은 오랑캐 상인에 대한 추가 조치로 수로에 진입하는 모든 선박이 아편을 싣지 않았다는 각서를 제출하라고 요구했다. 사실 그것은 새로운 조치가 아니라 지난 20년간 지속되어 온 것이었지만 이번에는 아주 강력했다. 아편이 적발되면 선박과 화물을 몰수하고 관련자 전원을 사형에 처한다는 문구가 들어 있었기 때문이다. 그것은 오랑캐도 아편 사범으로 적발되면 사형하겠다는 엄포였다. 흠차대신은 오랑캐의 반항에 대비해 마을 단위의 민병대 조직인 보갑제도를 재정비했다. 관병을 신뢰하지 못해 전투가 벌어지면 민병대를 투입할 생각이었다. 또 대포를 사들여 포대를 보강하고, 병선을 확보해서 수로 입구에 전진 배치했다. 무관이 아닌 그는 의기투합한 꽌티엔페이 제독에게 군사 작전을 모두 맡겼다. 그렇지만 자금이 충분하지 않았다. 광조우의 재정관은 황제의 재가가 있어야 자금을 풀 수 있다면서 시간을 끌었다. 흠차대신은 홍상을 압박해 자금을 거두어서 대포를 구입하고 병력을 충원해야 했다.

마카오로 철수한 영국인들은 부글부글 끓었다. 그들은 아편 2만 상자의 가격을 제멋대로 계산해서 사람에 따라 600만, 800만, 1,000만 달러까지 올라갔다. 이런 금액을 정부가 흔쾌하게 보상하리라고 믿는 사람은 없었다. 상인들은 감독관을 압박했다. 자신들의 손해를 어떻게든 만회해야 하며 그러려면 정부가 움직여야 한다. 그것도 외교 차원을 벗어나 군대를 동원해서 압박해야 한다는 것이 그들의 주장이었다. 반대 의견도 있었다. 군대를 동원하면 전쟁이 일어나고 그러면 아편뿐만 아니라 차 무역도 중지되니 피해야 한다는 주장이었다. 그러나 대세는 전쟁을 촉구하는 로비 쪽으로 기울었다. 그런 이야기는 상관이 봉쇄되어 있을 때 돌기 시작했지만 이제는 실행하자는 사람이 더 많았다. 상인들은 자금을 갹출해서 정부를 대상으로 로비 활동을 벌이기로 했다. 예전에는 무력 사용에 소극적이었던 엘리엇도 점차 강경론으로 기울었다. 흠차대신이 영국 정부의 재산을 강제로 몰수한 상황에서 모든 것이 예전으로 돌아갈 수는 없었다. 엘리엇은 자신이 인도한 재산의 보상을 받아 내야 한다고 생각했다. 그러나 그가 생각하는 보상 주체는 흠차대신이 아니라 본국 정부였다. 본국 정부의 설득에는 시간이 필요했지만 그것을 기다리는 동안 더 큰일이 일어나서는 안 되었다. 그는 한편으로는 파머스턴 외상에게 상황을 보고하는 편지를 보내면서, 다른 한편으로는 영국 상인에게 수로에 접근하지 말고 흠차대신이 요구하는 각서에 절대로 서명하지 말라고 명령했다. 상인들은 몇 번 회의를 열어 논쟁을 벌였지만 결국 감독관의 명령에 따르기로 동의했다. 이에 따라 영국인의 무역은 정지되었고, 영국 선박의 수로 진입도 완전히 끊어졌다. 그렇지만 엘리엇은 아직 전쟁을 생각하지는 않았다. 인도 총독에게 전함과 병력을 파견해 달라고 편지를 보냈지만, 그는 여전히 무력시위를 통한 압박에 비중을 두고 있었다.

이즈음 마카오의 실비에라 핀토Silviera Pinto 총독은 좌불안석이었다. 마카오에 아편 거래자가 있고, 특히 상관에서 말썽을 일으킨 인스가 여전히 아편을 소규모로 팔고 있었다. 인스는 "어째서 영국 정부가 공급하는 합법적인 상품을 영국 관리가 압수할 수 있는가?"라는 내용의 탄원서를 여왕에게 보내기까지 했다. 핀토 총독은 인스의 악명 때문에 단속의 손길이 마카오까지 미칠 것을 우려했다. 경계선에 있는 치엔산前山의 군영에 병력이 늘어나고 있다는 보고를 받고 걱정은 더 깊어졌다. 마카오에는 세포이 용병 400명, 아프리카 노예 400명 정도 밖에 없어 중국군과 전투를 치를 규모가 아니었기 때문이다. 그러나 더 불안한 사람들은 가톨릭 신부들이었다. 평소 교단에서 보낸 환어음을 아편 상인들로부터 현금화했기 때문에 아편 거래가 위축되면서 곤란을 겪었다. 그뿐이 아니었다. 마카오와 주변 마을의 수백 명에 달하던 신도들이 이탈하는 조짐을 보였다. 흠차대신의 강경책이 아편 단속에 그치지 않고 한간 제거로 뻗칠지 모른다는 소문이 돌면서 신도들이 겁에 질려 있었다.

그렇지만 아편 거래가 근절되지는 않았다. 여전히 흡연자가 있었고, 묵

인하는 관원이 있었다. 몰수에 늦게 응하는 바람에 재고를 보유했던 자딘-
매더슨 상사는 오히려 실적이 좋아졌다. 품귀 상태가 지속되고 인도에서 들
어오는 배도 없어 가격이 뛰어 판매량이 적어도 많은 이익을 거두었다. 운
도 좋았다. 캘커타와 봄베이에서 800~2,300달러까지 갔던 가격이 흠차대
신의 조치 이후 250달러까지 폭락했다. 매더슨이 기회를 놓치지 않고 클
리퍼 한 척을 싱가포르로 급파해 250달러에 구입한 700상자는 푸지엔에서
2,500달러에 팔려 나갔다. 배 한 척으로 15만 달러를 벌어들인 도박이었
다. 그러나 달라진 면도 있었다. 란타오의 하역선도 안전하지 못하다고 생
각한 매더슨은 마닐라를 중개기지로 삼았다. 아편을 마닐라에 쌓아 놓고 소
형 범선을 이용해서 중국 연안에 유통시키는 방법이었다. 그것은 배를 여러
척 굴리는 회사만 가능한 방법이어서 소규모 상인들은 따라 하지 못하고 도
태되었다. 이에 따라 아편 거래는 자딘-매더슨 상사와 덴트 상사가 독점하
는 체제로 굳어졌다. 이들은 아주 조심스러웠다. 흠차대신이 눈치채지 않
도록, 캘커타에 문제가 알려지지 않도록, 그리고 본국에서 아편 무역에 비
판적인 여론이 일어나지 않도록 여러 방법을 썼다. 판매선과 연락선 선장
에게 보내는 서류에서 아편이라는 단어가 완전히 사라졌다. 아편의 종류를
가리킬 때는 섬유제품의 용어를 썼다. 파트나산은 백색 원단whites, 베나
레스산은 회색 원단greys, 그리고 말와산은 광택무명chintzes이라고 표기했
다. 영국과의 연락에서는 아편을 'under the rose'라고 표기했다.[8] 은을 인
도로 반출할 때에는 반드시 밤에만 움직였고, 배들이 접선할 때는 멀찌감치
떨어져 기다리다가 안전이 확인된 후 다가가게 했다. 하역선은 광조우에서
최대한 멀리 떨어뜨리기로 했다. 란타오는 흠차대신의 수상 민병대가 접근
할 수 있을 뿐 아니라 여름철 태풍이 다가올 때 피할 곳이 없고 보급품을 조

8 Fay, *The Opium War 1840-1842*, pp.168~169.

달하기 쉽지 않았다. 그들은 더 동쪽의 홍콩을 주목했다. 광조우만을 벗어나 마카오와 정반대 쪽에 거의 버려져 있다시피 한 이 섬은 급경사의 바위산이 우뚝 서 있고 어촌 몇 군데에 주민 1,000~2,000명 정도가 있었다. 섬의 남쪽은 남중국해를 정면으로 바라보고 있어서 태풍에 완전히 노출되어 있지만 까오롱*九龍(주룽)반도를 바라보는 북쪽에는 U자형으로 푹 파인 만灣이 있었다(그림 3-1 참조). 여기는 수심이 깊어 큰 배가 정박할 수 있었고, 특히 태풍이 올 때 섬 중앙의 바위산이 방패막이 역할을 했다. 까오롱반도에서 식량과 물을 구할 수 있는 것도 이점이었다. 영국인들은 아편 하역선과 판매선을 모두 홍콩으로 이동시켰다. 그러자 인도에서 오는 클리퍼들이 모여들었고, 시간이 지나면서 일반 상선도 이 해역을 정박지로 이용해서 홍콩 앞바다는 서서히 영국인의 해상 정착지로 변해 갔다. 배마다 마이빤과 요리사, 하인들이 시중을 들었고, 야오코우도 사무실로 쓰는 배에서 은을 지불하고 하역선으로 가서 아편을 넘겨받았다. 그야말로 상관이 고스란히 홍콩 앞바다로 옮겨 간 모습이었다.

이런 변화는 엘리엇에게 새로운 숙제를 안겼다. 해상 정착지는 육상 정착지와는 다른 방어수단이 필요했지만 감독관이 가진 것은 경순양함 란호뿐이었다. 마음이 급해진 그는 거래가 쪼그라들어 쉬고 있는 아편 운반선 2척을 구입해서 전투용으로 개조했지만 그래봐야 대포가 모두 30여 문에 불과했다. 그런데 6월에 예전 동인도회사 소속이었던 케임브리지Cambridge호가 면화와 아편을 싣고 도착했다. 이 배는 다양한 구경의 대포 36문을 장착한 대형 선박이었으며, 선장이 해군 장교 출신이고, 희망봉 동쪽 해역에서는 보기 드물게 선원이 모두 전투 경험이 있는 유럽인이었다. 이 배는 화물관리인이 따로 없이 선장이 직접 화물을 관리했으며, 싣고 온 화물이 팔리지 않으면 다음 행선지가 정해져 있지 않았다. 엘리엇은 선장에게 임대 계약을 제안했고, 선장은 홍콩 앞바다의 방어를 맡겠다고 나섰다. 이렇게 해서 감독관은 중무장 선박 1척과 경무장 선박 3척을 갖추었다. 광조우 당국도 영국 선박이 홍콩에 모여드는 것을 알고 있어서 까오룽반도의 관리들이 배를 띄워 감시했다. 홍콩과 까오룽 사이 해협에는 마이빤이 식재료를 조달하러 가거나 물을 길러 가는 보트들의 왕래가 잦았다. 이런 보트가 움직일 때마다 병선이 따라붙었고, 때로는 검문도 했다. 사건도 심심치 않게 터졌다. 6월에 어느 배의 마이빤이 식재료를 사러 갔다가 잡혀간 사건이 있었다. 이런 자잘한 사건은 자주 일어났지만 심각하지는 않았다. 그러나 1839년 7월 7일의 일은 자잘한 사건이 아니었다.

그날 흠차대신이 상관에 행차했다. 그사이 남아 있던 영국인도 모두 철수해 미국인 몇 명만 남아 있는 상관 주변은 중국인 거리로 변했다. 엉터리 영어 간판과 벽보를 없앴고 건물 뒤편 테라스를 철거했으며, 광장은 구역별로 정리되었다. 흠차대신이 이렇게 정리된 상관 구역을 시찰하던 바로 그 시간에 홍콩에서는 미국, 영국, 인도 선원들이 떼를 지어 까오룽에 상륙했다. 이들은 찜사쪼이*尖沙嘴(첨사추이)라는 마을에서 술에 취해 사당을 때려 부수고 마을 사람들과 대판 싸움을 벌였다. 그들이 돌아간 후 린웨이시林維喜라는 중년 남자가 죽은 채 발견되었다. 관원들이 시신을 수습하는 동안 마이빤 하나가 감독관에게 이 일을 알렸다. 엘리엇은 다급하게 현장에 달려가서 돈으로 수습하려고 했다. 피해자 가족에게 1,500달러, 현장 목격자에게 200달러, 마을 사람들에게 100달러, 담당 관원에게 400달러를 뿌려 무마하려 했다. 돈벼락을 맞은 마을 사람들은 대환영이었지만 그것으로 일이 끝나지 않았다. 사건이 상부에 보고되어 흠차대신에게까지 보고가 올라가서 광조우 당국이 범인 인도를 요구했다. 엘리엇은 관련 선원들을 불러 전말을 조사했지만 분명한 것은 하나도 없었다. 대부분 술에 취해 기억이 불분명해서 누가 때렸는지를 확인할 수 없었다. 영국인은 미국인이 그랬다 하고 미국인은 영국인과 인도인이 그랬다고 했다. 레이디휴스호 사건을 생각하면 범인으로 지목된 사람은 사형을 피할 수 없었고, 특히 흠차대신이 버티고 있는 상황에서는 도저히 빠져나갈 길이 보이지 않았다. 엘리엇은 고민에 빠져 있다가 결국 범인 인도를 거부하고 대신 선상에서 특별재판을 열기로 했다. 자신이 재판관을 맡고 상인 몇 명을 배심원으로 세워 영국 선원 5명을 폭행과 소요 혐의로 기소하기로 했다. 재판 기일을 8월 12일로 정하고 광조우 당국에 입회 관리를 파견해 달라고 요청했다. 당국은 흠차대신과 총독 공동 명의의 포고문을 통해 엘리엇의 재판권을 인정하지 않는다고 선언했다. 엘리엇은 이를 묵살하고 예정대로 재판을 진행했다. 재판 결과 선원 5명에게 3개월 중노동과 벌금 30파운드를 선고하고 즉각 영국으로 추방시켰다(이들은 영국 도착 후 다시 재판을 받았는데 판사는 엘리엇에게 재판권이 없어서 홍콩에서의 선고는 무효이므로 즉각 석방하라고 판결했다.).

흠차대신은 재판 결과를 듣고 격노했다. 오랑캐 따이빤이 아직 진심으로 회개하지 않았다고 판단한 그는 추가적인 조치를 지시했다. 8월 15일부터 영국인을 대상으로 하는 판매 행위가 금지되었다. 생활필수품과 물도 예외가 아니었다. 영국인 밑에서 일하는 사람들에게 철수 명령이 떨어지자 하루 만에 마이빤과 하인들이 사라졌다. 홍콩 앞바다에 전선과 병선이 부쩍 늘어났고, 까오룽의 우물에는 '독을 풀었다.'라는 글귀가 붙었으며, 두레박을 올려 보면 풀과 쓰레기가 잔뜩 들어 있었다. 일은 여기에서 끝나지 않았다. 흠차대신이 직접 마카오 외곽의 샹산香山에 행차해서 현장 상황을 점검했다. 이 소식이 들려오자 마카오의 영국인들이 동요했다. 흠차대신이 더 강경하게 나오리라 예상한 그들은 짐을 쌌고, 8월 23일에 일부가 배에 올라 홍콩으로 이동했다. 흠차대신은 8월 25일에 핀토 총독에게 모든 영국인을 마카오에서 추방하라고 통고했다.

상관에서 시작된 사태가 찜사쪼이를 거쳐 마카오까지 불똥이 튄 상황에서 또 사건이 터졌다. 도항선이 습격당해 인도인 선원 대부분이 죽고, 영국인 한 명과 인도인 한 명만 부상을 입은 채 살아남았다. 광조우 당국은 이 사건을 해적의 소행으로 단정했지만 영국인들은 믿지 않았다. 황푸와 마카오를 오가는 도항선은 화물이 없고 우편물만 싣고 있어서 돈을 노리는 해적의 습격 대상이 아니었다. 영국인들은 이 사건이 흠차대신이 조직한 수상 민병대인 쉐이용水勇의 소행이라 생각했다. 추측에 불과했지만 이 사건은 핀토 총독을 자극했다. 흉흉한 분위기 속에서 치엔산에 병력이 증파되었다는 보고를 받은 총독은 세포이 부대에 전투 태세 명령을 내리는 한편, 안전을 보장할 수 없으므로 영국인은 모두 떠나라고 엘리엇에게 통보했다. 그것은 같은 유럽인이면서도 아편 문제를 일으킨 불편한 친구를 쫓아낼 기회였다. 그는 중국 군대가 들어와서 집집마다 수색해서 영국인을 모조리 잡아들일 계획이라는 소문을 퍼뜨렸다. 소문은 삽시간에 퍼져 나갔고 영국인들은 불안에 떨었다. 실제로 흠차대신은 그런 의도를 가지고 있지 않았다. 그의 목표는 영국인들이 아편에서 손 떼고 각서에 서명해 합법적인 무역에 종사하게끔 압박하는 것에 지나지 않았다. 그러나 총독의 개입으로 인해 사태는 엉뚱한 방향으로 흘러갔고, 전쟁의 제일 중요한 핑계가 되어 버렸다.

8월 26일 아침, 마카오 부두에서 영국인 250명이 배에 올랐다. 남은 영국인은 병이 심해 움직일 수 없는 여인 한 명뿐이었다. 포르투갈 사람을 제외하면 남은 오랑캐는 미국인 몇 명뿐이었다. 프로이센 출신 귀츨라프는 떠나지 않겠다고 고집하다가 주변 사람들이 영국인으로 오해받기 쉽다고 해서 할 수 없이 배에 올랐다. 그러나 비가 오고 바람이 불어 선박들은 출항하지 못했다. 29일에 인도에서 대포 26문의 군함 볼레이지Volage호가 도착해 다른 군함 히야신스Hyacinth호도 곧이어 도착한다는 소식을 전했다. 배들은 8월 30일이 되어서야 볼레이지호, 케임브리지호, 란호의 호위를 받으며 홍콩으로 출발했다. 흠차대신에게는 반가운 소식이었다. 생존에 꼭 필요한 것이 물인데, 이제 오랑캐들이 바다에 떠서 생활하면 물 부족 때문에 더 빨리 굴복할 것으로 생각했다. 샹산에 와 있던 그는 내친 김에 마카오로 행차했다. 핀토 총독의 부관이 세포이 군악대가 늘어선 가운데 흠차대신을 영접했다. 군대의 긴 행렬이 그를 뒤따랐다. 그러나 남아 있던 미국인들 눈에는 그 군대가 엉성하기 짝이 없었다. 활과 칼이 가장 많았고 총을 든 병사는 몇 없었으며, 대오도 엉성했다. 흠차대신은 위엄을 갖추었지만 군대는 전혀 그렇지 못했다.

9월 초 홍콩 앞바다에는 다양한 국적의 선박 70여 척이 **빽빽하게** 정박해 있었고, 배에서 생활하는 인구는 수천 명에 달했다. 엘리엇이 까오룽으로 가서 식량과 식수 공급 단절에 항의하려 했으나 관원들은 권한이 없다면서 문서 접수를 거부했다. 엘리엇은 책임 있는 대화 상대가 나타나지 않으면 군함으로 광조우만을 봉쇄하겠다고 선언한 후 뱃머리를 돌렸다. 그러자 중국 측 병선 서너 척이 따라붙어서 전투가 벌어졌다. 비록 소규모였지만 그것은 엘리엇이 감독관으로 부임한 후 처음으로 일어난 무력 충돌이었다. 일부 역사학자들은 이것을 까오룽 해전이라고 부르면서 아편전쟁의 시점으로 간주하지만, 사실 해전이라고 부르기에는 부족했다.

이 충돌에 대한 양측 기록에는 차이가 있다. 흠차대신이 황제에게 보고한 내용은 이렇다. 이날 엘리엇이 식품과 물을 구한다는 명분으로 선박 다섯 척을 거느리고 찜사쪼이 근처에 접근했으나 관원이 그의 요청을 거절하자 먼저 발포해서 병사 2명이 사망했다. 이에 병선과 해안 포대가 일제히 응사해서 쌍돛대 선박 한 척을 명중시켰고, 이 배가 빙빙 돌며 가라앉을 때 오랑캐 여러 명이 물속으로 떨어지는 것을 목격했다. 잠시 후 다른 오랑캐 선박이 포격을 시작했지만 병선들이 이리저리 피하다가 일제히 포탄을 퍼부어 상대를 격퇴했다. 오랑캐들이 물에 빠진 사람을 구하는 광경을 목격한 사람이 많았다. 이렇게 끝난 전투에서 중국 측은 사망 2명, 중상 2명, 경상 4명의 피해를 입었다. 병선은 물이 새거나 돛대가 부러졌지만 모두 수리 가능한 정도였다. 오랑캐는 배 한 척이 가라앉고, 시체 17구를 수습했지만 그 후에도 어부들이 여기저기 시신이 둥둥 떠다닌다고 보고했다.[9] 그러나 영국 측 기록은 이렇다. 영국 측이 따라붙은 병선에 위협사격을 했지만 더 가까이 다가와 발포해서 포탄 몇 개가 돛대에 맞았다. 이에 영국 선박이 방향을 바꾸어 측면 포를 발사하자 접근해 있던 병선들이 피하지 못하고 모두 침몰했다. 영국 측은 사망자는 없고 부상자만 소수 발생했다.[10]

그런데 이 전투 직후에 홍콩과 까오룽반도는 치안 공백 상태에 접어들었다. 선원들이 찜사쪼이에 상륙해도 관원들이 제지하지 않았고, 우물에 독을 풀었다는 글도 사라졌다. 병선이 늘어나지도 않았고, 남아 있는 병선도 아편 하역선 근처를 돌며 징을 울리기만 했지 단속은 하지 않았다. 상부의 엄중한 분위기에도 불구하고 현장 관원들이 적당히 넘어가는 모습이 역력했다. 주민 중에 오랑캐에 협조하는 사람도 제법 많았다. 당국은 이런 내부 균열을 모른 채 현장 관원들이 올리는 거품이 잔뜩 낀 보고에 의존했고, 흠차대신은 그 내용을 베이징으로 보냈다.

그렇지만 흠차대신의 압박은 계속됐다. 엘리엇을 향해 찜사쪼이 사건의 범인 인도를 거듭 요구하면서 수상 민병대를 계속 증강했다. 민병대는 물길에 밝은 장정들을 은 6냥씩 월급을 주기로 하고 조직했다. 주민들 사이에서 민병대가 흠차대신의 비호를 받으면서 오랑캐 선박을 습격한다는 소문이 돌았다. 9월 중순에 터진 사건도 관원들은 해적의 소행으로 결론 내렸지만 실제로는 민병대의 소행이라는 소문이 돌았다. 그것은 마카오 앞바다에서 스페인 상선 빌바이노Bilbaino호가 습격당해 불타 버린 사건이었다. 이 배는 합법적인 상품을 싣고 온 상선이었지만 그 전날 마카오에 잠입한 아편

---

9 中國第一歷史檔案館(編), 『鴉片戰爭檔案史料』 1冊, 678~681쪽.
10 Fay, *The Opium War 1840-1842*, pp.175~176.

운반선이 야오코우에게 물건을 넘겨주고 떠난 직후 입항하는 바람에 착각한 민병대가 습격했다는 소문이 떠돌았다. 소문의 진위는 단정할 수 없지만 1839년 9월 홍콩 앞바다에서 관원들은 손 놓고 있고 민병대가 게릴라전을 벌이는 상황이 전개되고 있었다.

광조우의 무역이 완전히 중단된 것은 아니었다. 흠차대신은 이이제이의 전략과 정직성의 원칙을 적절히 배합해서, 각서를 쓰겠다고 한 미국인들에게 무역을 허용했다. 미국기를 게양한 선박은 통행을 허가했고, 미국인에게는 아편이 적발되면 사형을 감수하겠다는 문구가 없는 각서에 서명하게 했다. 그는 마카오 당국을 통해 영국인들에게도 관용의 손짓을 보냈다. 영국인들도 아편을 거래하지 않는다면 각서를 못 쓸 이유가 없을 것이니 각서를 쓰면 미국인들처럼 사형 조항을 없애 줄 수 있다고 했다. 마카오 철수와 까오롱 전투 이후 신경전이 계속되는 동안 상관은 미국인의 독무대가 되어 활발하게 돌아갔다. 그들에게는 일상적인 무역 외에도 알토란 같은 장삿거리가 있었다. 그것은 황푸에서 홍콩까지의 환적운송trans-shipping이었다. 영국인들은 마카오의 대리인을 통해 홍상과 차를 거래했지만, 싣고 나오는 데에는 미국 선박 이외의 다른 선택이 없었다. 미국 선박의 화물관리인이 홍상에게서 상품을 인도받아 수로를 나와서 곧장 홍콩에 들러 영국 상인에게 화물을 인도했고, 수로에 들어갈 때도 홍콩의 영국 선박에서 화물을 옮겨 싣고 황푸로 가서 홍상에게 인도했다. 미국인들은 이 짧은 거리의 운임을 호되게 매겼다. 황푸에서 마카오까지 80마일밖에 되지 않았지만 운임은 런던에서 희망봉을 돌아 광조우까지 오는 운임의 2/3나 되었다. 미국인들은 조금이라도 더 싣기 위해 짐칸뿐만 아니라 배 밑창까지 짐을 채우고 갑판에도 빼곡 쌓아서, 그야말로 침몰 직전까지 짐을 실었다. 차와 비단의 거래를 중단할 수 없는 영국 상인들은 배가 아팠으나 다른 방법이 없었다.

까오롱 전투 이후 엘리엇도 잠시 평온을 되찾았다. 광조우 당국이 찜사쪼이 살인범의 인도를 계속 요구했지만 무력 사용의 조짐은 보이지 않았으므로 애초 8개월로 되어 있던 케임브리지호의 임대 계약을 중도에 해지했다. 그의 제일 중요한 과제는 무역 정상화였다. 상인들은 감독관이 무역 정상화를 위해 아무것도 하지 않는다고 불평을 늘어놓았지만 정작 아편 거래의 중단은 받아들이지 않았다. 감독관이 아편 하역선을 철수시키라고 했지만 이 배들은 근처를 맴돌면서 떠나지 않았다. 게다가 사람마다 생각이 달랐다. 덴트는 런던의 차 가격이 폭등하면 대박을 칠 수 있다고 생각해서 무역 중단 상태가 더 지속되기를 희망했다. 반면에 폭넓은 거래선을 가지고 여러 상품을 취급하던 자딘-매더슨 상사는 무역 재개를 고대했다.

무역에 관해서는 흠차대신도 광조우의 민간 사회로부터 보이지 않는 압력을 받았다. 무역으로 먹고 사는 사람이 워낙 많아서 그들의 이해를 무작정 무시할 수는 없었다. 그래서 10월 초에 엘리엇이 까오롱의 관원을 통해 홍상들과 접촉할 때 흠차대신은 이를 묵인했다. 엘리엇과 홍상들 사이에 영국 선박의 아편 적재 여부를 검사한 후 수로 진입을 허용한다는 잠정 합의가 이루어졌다. 각서 이야기는 없었는데, 그것은 아편이 없으면 각서도 필요 없다는 암묵적 합의가 있었기 때문이다. 엘리엇은 이런 합의를 가지고 상인들을 설득하려 했다. 그러나 10월 중순의 사건으로 이 합의는 없던 일이 되어 버렸다.

10월 13일에 영국 상선 토머스쿠츠Thomas Coutts호가 마카오에 도착했다. 런던의 유명한 은행가 토머스 쿠츠가 자신의 이름을 붙인 이 배는 예전에는 동인도회사 소속이었지만 지금은 중개상이 임대한 선박이었다. 런던을 출발해서 봄베이를 거쳐 도착한 이 배에는 면화와 등나무가 실려 있었고 아편은 없었다. 싱가포르에 기항했을 때 선장은 그곳 변호사로부터 영국 법률에 의하면 각서를 쓰지 말라는 무역감독관의 지시를 꼭 따라야 하는 것은 아니라는 이야기를 들었다. 선장은 마카오 도착 후 각서에 서명하고 황푸로 직행해서 화물을 하역하고 차를 선적하는 절차에 들어갔다. 흠차대신은 이 소식을 듣고 기대했던 오랑캐의 분열이 마침내 일어났다고 생각하면서 기뻐했다. 모처럼 정직한 오랑캐 선박이 나타났다고 생각한 그는 영국 국왕에게 보낼 두 번째 편지를 써서 선장에게 전달을 부탁했다(선장은 6개월 후에 외무성으로 편지를 가지고 갔지만 접수를 거절당했다.). 그는 각서에 서명하는 영국 선박에게 무역을 허용할 것이지만, 서명하지 않는 선박은 사흘 안에 광조우만에서 물러가라는 포고문을 반포했다. 또 각서를 제출한 상선이 수로에 들어오려 하면 영국 군함이 저지할지도 모른다고 생각해서 제독에게 수군의 출동을 요청했다.

엘리엇은 당황했다. 각서에 서명하겠다고 나선 배가 토머스쿠츠호만 아니었다. 자바에서 쌀을 싣고 곧 도착할 예정인 로열색슨Royal Saxon호가 각서에 서명하고 수로에 진입할 예정이었다. 또 홍상과의 협상이 타결 직전이라는 소문 때문에 영국 선박들이 수로 쪽으로 이동하고 있었다. 문제는 그 중에 아편을 감추고 있는 배가 적발되면 인질이 되거나, 최악의 경우 처형될 가능성도 있었다. 그러나 무엇보다 중요한 것은 자신의 권위였다. 선박들이 명령에 따르지 않으면 자신의 위치가 흔들리고, 그러면 앞으로 사건이 터질 때 자신이 개입해서 해결할 길이 없어진다. 그는 황급히 볼레이지호에 승선해서 히야신스호와 함께 광조우만을 거슬러 올라가 모여드는 상선들을 지나쳐 11월 2일 오전에 촨삐 앞에 도착했다.

수로 입구에는 꽌 제독이 직접 지휘하는 선단이 포진하고 있었다. 선단은 전선 16척과 화선火船 13척으로 구성되어 있었고, 제독의 깃발이 걸린 전선은 대포 12문을 장착했다. 양측은 하루 내내 대치하며 메모를 교환해 상대방의 의도를 파악하려 했다. 그러나 제독은 휘하에 제대로 된 통역사가 없었고, 최전방의 관원들이 메모를 전달하는 사람의 계급을 따지는 바람에 의사 교환은 진척이 없었다. 11월 3일 아침에 중국 측 전선들이 영국 군함의

뒤쪽에 모여 있는 상선들 쪽으로 움직이기 시작할 때 남쪽에서 로열색슨호
가 엘리엇의 시야에 들어왔다. 볼레이지호가 로열색슨호를 향해 경고사격
을 하면서 중국 측에도 물러서라는 신호를 보냈다. 그러나 전선들은 더 다
가왔다. 제독의 의도는 로열색슨호에 방어막을 제공해 다른 배들이 따라 들
어오도록 하는 것이었다. 반면 엘리엇은 제독이 영국 군함 사이를 빠져나가
각서를 거부하는 선박을 공격하려 한다고 생각했다. 그것은 볼레이지호가
뒤로 빠져 상선들을 보호하거나 아니면 그 자리에서 제독의 선단을 저지하
는 방안 중 하나를 선택해야 하는 상황이었다. 엘리엇은 제독과 교섭을 계
속하면서 뒤로 빠지자고 했으나 함장은 더 이상의 교섭이 무의미하다고 주
장하며 전투 대형을 갖추고 제독의 선단을 막아섰다.

　점심 무렵에 영국 군함들이 50미터 거리에서 먼저 측면 포를 발사했다.
중국 선단은 대형이 무너지면서도 맹렬히 응사했다. 그러나 상대가 되지 않
았다. 첫 포격에서 화선 한 척이 가라앉고, 잠시 후에는 전선 한 척이 화약
고에 불이 붙어 폭발했다. 볼레이지호가 바싹 다가가서 포격을 가하자 중국
선단은 완전히 무너졌다. 그 뒤를 따른 히야신스호가 중국 선단 사이로 비
집고 들어가면서 양 방향으로 근접 포격을 가했다. 전선 3척이 또 가라앉고
병사들이 겁에 질려 물에 뛰어들었다. 남은 전선들이 뒤로 물러섰지만 제독
은 칼을 뽑아 휘두르며 독전했다. 제독의 배가 대포를 쏘며 버텼지만 얼마
지나지 않아 곳곳에 구멍이 뚫려 침몰 직전에 이르렀을 때 볼레이지호가 사
격 중지 깃발을 올렸다. 상선들에 대한 위협을 제거했으므로 더 싸울 필요
가 없었다. 중국 선단이 퇴각했고 영국 군함도 물러섰다. 영국 측 기록으로
는 볼레이지호의 선수와 돛대가 파손되었고, 히야신스호는 중간 돛대에 포
탄을 맞았으며, 선원 한 명이 부상을 입었다. 중국 측 전선과 화선 29척 중
에서 자력으로 움직이는 배는 3척뿐이었다고 했다. 반면 흠차대신이 황제
에게 보낸 보고서 내용은 달랐다. 이날 제독은 각서를 쓰고 들어오는 상선

을 저지하는 영국 군함이 먼저 포문을 열자 친히 돛대 앞에 서서 칼을 빼들고 '도망치는 자는 당장 목을 베겠다!'라고 소리를 질렀다. 그때 돛대에 맞은 포탄 파편으로 손을 다쳤지만 그는 개의치 않았다. 그는 은덩어리를 꺼내 갑판에 쌓아 놓고 대포를 적함에 명중시키는 사람에게 두 덩어리씩 상으로 주겠다고 했다. 병사들이 대포를 쏴서 오랑캐 여럿이 바다로 떨어졌고, 배 뒤쪽에 포탄이 명중하자 오랑캐들이 낙엽처럼 바다로 떨어졌다. 군함의 돛이 떨어져 내렸고, 깃발이 기울자 오랑캐들이 퇴각해서 중국 전선도 퇴각했다. 오랑캐 선박은 겉에 구리판을 씌워서 포탄이 명중해도 뚫고 들어가지 못해 침몰시키지는 못했다. 전투가 끝난 후 바다에서 모자 21개를 건졌는데 통역사들 말로는 그중 2개가 장교가 쓰던 것이라 했다. 그 외에도 오랑캐 물건이 수도 없이 바다에 둥둥 떠 있었다고 했다. 중국 측 피해는 포탄에 맞은 전선에서 9명이 죽고, 배 한 척의 화약이 폭발하는 바람에 6명이 또 죽었다고 했다. 다시 말하면 중국 측 피해가 경미한 반면 오랑캐는 큰 피해를 입었고, 제독은 용감하게 싸운 반면에 오랑캐들은 황급히 퇴각했다는 것이었다.[11]

일부 역사학자들이 촨삐 해전이라고 부르는 이 전투를 아편전쟁의 시발점으로 생각한다. 그것은 까오롱 전투와는 달리 처음으로 양측이 군함을 동원해 맞선 전투였다. 객관적으로 보면, 중국 측이 자국 해역에서 취한 법률적 조치를 영국 측이 저지한 것이기 때문에 영국의 국제법 위반이었다. 그러나 엘리엇은 외상에게 보고할 때 로열색슨호에 대한 언급 없이 상선 보호를 위해 군함을 동원했다고만 했다. 그것은 훈령 위반이었지만 결과적으로 영국 정부가 예전처럼 관망하거나 발을 빼지 못하고 더 적극적인 군사행동을 취하게 만드는 빌미가 되었다.

---

11 中國第一歷史檔案館(編), 『鴉片戰爭檔案史料』1冊, 731쪽.

전쟁의 함성

흠차대신의 부임으로 야기된 위기 상황이 영국에는 그리 빨리 알려지지 않았다. 3월에 발송한 편지가 7월 중순에야 도착했다. 당시에는 정부 우편물이 민간 우편물보다 반드시 먼저 들어간다는 법이 없었다. 특히 무역감독관이 보낸 공식 문건은 인도 총독을 거쳐 영국으로 배달되었고, 그래서 공식 문서가 민간 우편물보다 늦게 도착하는 일이 더 많았다. 그해 광조우의 소식도 민간인들이 먼저 받아 소문이 퍼지고 신문에 보도되었지만 내각은 보도된 것 이상 아는 게 없었다. 더욱이 그해는 소식이 일찍 도착했다 해도 신경 쓸 사람도, 겨를도 없었다. 프랑스가 지중해 함대를 증강해 영국과 팽팽하게 대치했고, 이집트와 터키가 갈등을 빚으면서 카스피해 연안에서 러시아의 군사력이 팽창했기 때문에 외무성의 관심이 온통 그쪽에 집중되어 있다. 중국 무역을 직접 관할하는 인도 식민정부의 관심도 아프가니스탄에 집중되어 있었다. 1838년에 카불을 점령한 토착세력이 위협으로 떠오르자 식민정부는 카불 탈환을 위해 대규모 원정대를 파견했다.[12] 상관 봉쇄 소식이 캘커타에 도착한 것은 인도 총독 오클랜드가 원정대의 카불 탈환 소식을 듣고 안도할 무렵이었다. 총독은 중국의 소식에 대해 심드렁했고 외상에게도 간단히 언급하는 데 그쳤다. 상관 봉쇄와 무역 중단은 간단히 넘어가고 아편 수출을 포기할 수 없음을 강조했을 뿐이다. 그렇지만 캘커타의 시장

---

12 이 원정대는 그 당시 아시아 지역의 최대 규모 부대였다고 한다. 원정대는 병력 1만 명으로 구성되었지만 실제 인원은 연대별로 따라간 하인 4,000명을 포함해 16,500명이나 되었다. 호화판 원정대는 장교 1명의 짐 운반을 위해 낙타 60마리를 동원할 정도였다. 이 원정대는 1839년 5월에 카불을 탈환했지만 3년 후에는 토착세력의 공격으로 참담하게 궤멸했다. 원정대와 지원 병력까지 합쳐 인도를 출발한 16,500명 중 살아 돌아온 사람이 단 한 명이었다고 한다. Fay, *The Opium War 1840-1842*, pp.181~183.

은 예민하게 반응했다. 한때 상자당 700~800루피까지 올라갔던 낙찰가가 400루피로 폭락했다. 중개상들이 경매를 중단하라고 아우성이었지만 총독은 거절했다. 경매는 예정대로 진행되었고, 폭락한 가격으로 낙찰된 아편이 계속 실려 나갔다. 중개상들은 거래가 위축되어 막대한 재고를 떠안아 부도 위기에 내몰릴 판이었다.

광조우의 상황이 런던에 알려진 것은 한참 지나서였다. 흠차대신의 부임 소문을 전하는 엘리엇의 편지는 5월 말에야 외상에게 전달됐고, 3월 하순의 상관 봉쇄와 아편 몰수 소식이 도착한 것은 7월 하순이었다. 그 소식도 외상이 아니라 어느 회사가 먼저 받아 8월 1일 신문에 기사가 실렸고 이를 통해 알려졌다. 그날 오후 상하원 연석회의에서 의원 하나가 이 기사를 언급하며 수상에게 구체적인 정보를 요구했지만 수상은 아는 것이 없었다. 외상이 아편을 바치라는 흠차대신의 요구를 전하는 엘리엇의 편지를 받은 것이 8월 29일이었지만,[13] 그 후에는 한동안 소식이 뚝 끊어졌다. 봉쇄 상황에서 편지를 보낼 수 없었기 때문이다. 정부가 보상하는 조건으로 2만 상자를 인도했다는 소식이 들어온 것은 9월 말이었다. 내각은 이 편지를 받고서야 무슨 일이 있었는지를 파악했지만 예민하게 반응하지 않았다. 즉각 내각회의를 소집하거나 외상이 긴급하게 수상과 협의했다는 기록은 없다. 이 사건은 지구 반대편에 있는 80~90명의 영국인이 분란에 휩싸인 것에 지나지 않았으며, 그 지역을 관할하는 인도 식민정부가 적절히 처리할 사건이었다. 그렇지만 선정적인 뉴스에 굶주리는 신문들이 이 사건을 대서특필했다. 기사 내용은 사건의 본질에서 한참 벗어나 있었다. 밀수와 단속 사실은 밀려나고 영국인들이 감금당해 생명과 재산을 위협받고 영국 국기가 모욕

---

13 이 날짜는 분명하지 않다. 9월 21일이라는 주장도 있는데, 여러 정황을 볼 때 8월 하순일 가능성이 더 크다.

당했다는 논조가 전면에 등장했다.

여론은 상인들의 로비 활동이 벌어지면서 더욱 들끓었다. 봄베이와 캘커타 상인들의 관심은 몰수당한 아편 대금에 집중되었다. 자신이 직접 투자했거나 아니면 위탁을 받은 아편에 자금이 물린 이들은 빨리 대금을 지불하라고 아우성을 쳤다. 6월에 봄베이상인협회가 여왕에게 보낸 청원서가 도착했지만 관심을 끌지 못했다. 그러나 곧이어 도착한 캘커타무역협회의 청원서는 큰 관심을 끌었다. 이 청원서는 영국인의 생명과 재산에 대한 위협이 1623년의 암보이나 학살 사건을 상기시킨다는 점을 강조하면서 아편 대금을 인도 식민정부가 결제하고 나중에 정부가 정산하라고 제안했다. 런던에 와 있던 자딘도 움직였다. 그는 상관이 봉쇄되었을 때 상인들이 모은 로비 자금으로 우호적인 기사를 쓸 필진을 확보해서 여러 신문에 여왕 폐하의 백성이 부당하게 감금당하고 재산을 몰수당했다는 논설문을 게재했고, 팸플릿으로 인쇄해서 배포했다. 그는 당시 베스트셀러 작가인 새뮤얼 워렌 Samuel Warren을 포섭해 『아편문제The Opium Question』라는 팸플릿을 발간했다. 왕년에 동인도회사에서 일했던 린지도 『중국과의 전쟁이 정당한가?Is the War with China a Just One?』라는 팸플릿을 썼고, 그 외에도 서너 종의 전쟁을 옹호하는 팸플릿이 자딘의 주선으로 발간되었다.[14] 이런 글은 중국 정부가 부당하게 외국 상인을 핍박하고 생명을 위협하면서 영국 정부의 재산을 몰수했다는 독설로 가득 찼다. 근거 없는 이야기도 많았다. 아편 단속이 사실은 흠차대신이 소유한 농장에서 재배한 아편을 팔아먹기 위한 꼼수라거나, 아편을 소각한다면서 실제로는 뒤로 빼돌려 자신의 비밀조직을 통해 팔아 치웠다는 등의 이야기였다.

사실 이번 로비는 새로울 것이 없었다. 그것은 1828년 대표위원회의 청

---

14 Chen, *Merchants of War and Peace*, pp.120~121.

원서, 1830년 상인들의 집단 청원, 그리고 1836년 매더슨의 로비의 연장선이었다. 영국인들이 모욕과 부당한 대우에 시달리고 있으며, 중국 정부가 인류의 기본권에 속하는 자유로운 무역의 권리를 제약하고 있어서 영국인들이 큰 손해를 감수하고 있다는 내용이었다. 파머스턴 외상도 로비의 내용을 잘 알고 있었다. 엘리엇의 보고를 통해 광조우의 영국인들의 주장과 불평 사항을 알고 있었으며, 1836년에 네이피어 사건 후 귀국한 매더슨을 만나서 이야기를 듣기도 했다. 그렇지만 그의 생각은 바뀌지 않았다. 그는 여전히 중국을 발달된 문명체로 생각해서 외교적 협상을 통해 무역관계를 유지하는 데에 비중을 두었다.

그러나 1839년 자딘의 로비는 예전과 다른 점이 있었다. 그는 아편에 물린 돈을 받으려면 정부를 움직여야 하지만 아편을 중심에 놓으면 안 된다는 것을 잘 알고 있었다. 국가적 자존심과 이익이라는 분명한 명분이 있어야 정부가 움직인다는 점에 주안점을 두고 자신이 가진 정보와 최근 사태에 대한 해석을 종합해 논리적 구조를 만들었다. 왕년의 아편 밀수꾼이 자유무역으로 국익을 도모하는 애국자로 변신하는 중이었다. 그렇지만 자딘의 그런 논리가 사기 행각은 절대 아니었다. 그는 영국의 시장 확대를 위해 전쟁을 각오해야 한다는 신념에 차 있었을 뿐만 아니라 실행을 위한 구체적인 정보와 청사진을 가지고 있었다. 그것은 상관의 강경파 상인들이 『차이니스 리포지터리』의 기고를 통해 수립한 것을 나름대로 정리한 것이었다. 그는 아편 판매선의 운항을 통해 얻은 중국 연안의 지리정보와 중국군의 군사력에 대한 나름의 평가를 무기로 외상을 설득하고자 했다. 자딘은 예전에 자신의 런던 에이전트로 일하다가 하원의원이 된 아벨 스미스Abel Smith를 통해 외상과의 만남을 추진했다. 외상은 선뜻 응하지 않았다. 면담을 약속했다가 두 번이나 취소하면서 2개월을 끌었고, 세 번째 약속을 잡은 9월 27일에도 자딘 일행을 두 시간 이상 기다리게 만들었다.

마침내 성사된 면담은 자딘이 말하고 외상이 듣는 방식으로 진행됐다. 자딘은 꽁홍의 독점체제와 관세제도 등으로 영국인이 핍박받고 자유무역이 제약받고 있으므로 정부가 나서야 한다고 역설했다. "자유무역을 확대하려면 무력시위를 통해 항구적 무역기지를 확보하는 동시에 광조우 이외의 항구를 추가 개방하도록 해야 한다. 그것은 비용이 많이 드는 일이 아니다. 중국군이 워낙 약해서 중간 규모의 원정대를 파견해도 목표를 달성할 수 있다. 무력시위를 위한 원정대의 규모로는 전열함戰列艦(3중 갑판에 대포 74문 이상을 장착한 함선) 2척, 순양함과 증기선 몇 척, 그리고 병력 7,000명이면 충분하다."고 주장했다. 자딘은 구체적인 전략도 언급했다. 원정대가 해안을 따라 북상하면서 거치는 항구마다 협상 제안 편지를 보내 어디든 받아들이는 곳이 있으면 협상을 시작하고, 그런 곳이 없으면 계속 북상해서 티엔진 앞바다에 진을 치고 베이징에 직접 압박을 가하는 것이었다. 항구적 무역기지로는 닝뽀 맞은편에 있는 조우산을 후보로 제시했다. 이 섬은 입구와 출구가 편리하고 닝뽀, 상하이, 푸조우 등의 중요 항구와 가깝기 때문에 무역기지로서 가장 좋은 조건을 갖추고 있다고 했다.

외상은 면담 내내 자신의 의견을 이야기하지 않고 간혹 질문만 했고, 해도를 비롯한 자료를 받아 든 후 아무런 언질 없이 면담을 끝냈다. 그렇지만 이 면담을 계기로 외상은 뚜렷한 방향을 잡았다. 자딘의 경험과 정보가 엘리엇의 보고 내용과 크게 다르지 않아 신뢰할 만하다고 생각했다. 그는 전쟁의 명분을 위한 포괄적인 논리를 구성했다. 엘리엇과 자딘의 정보를 종합하면 핵심은 불공정무역이었다. 중국이 불공정무역을 고수하기 위해 정당하지 못한 폭력으로 영국인을 핍박하고 재산을 침해하면서 영국의 권위를 손상했으므로 영국 정부가 이를 시정하는 조치를 취하는 것이 그가 정리한 명분이었다. 그것은 중국의 개방으로 향하는 입구였다. 인도의 경험을 통해 볼 때 개방된 중국을 영국의 상품시장과 원자재 공급기지로 만드는 것은 어려운 일이 아니었다. 더욱이 정복이 아니라 개방이라면 적은 비용으로 큰 이익을 기대할 수 있다. 그러려면 시간을 질질 끄는 협상이 아니라 신속하고도 압도적인 무력을 사용해서 단기간에 상대방을 협상 테이블로 끌어내야 한다. 이렇게 파머스턴은 생각을 정리했다.

외상은 조심스럽게 움직였다. 9월 마지막 날 내각 회의가 열렸지만 외상은 이 문제를 거론하지 않았다. 다음 날 회의에서 이 문제를 꺼냈을 때 중요한 화두는 돈이었고, 특히 엘리엇이 중국 정부에 인도한 아편에 대해 정부의 보상을 약속한 것이 중요한 화두였다. 몰수당한 아편 대금을 세금으로 보상하는 것은 생각할 수 없었지만 정부가 임명한 무역감독관의 약속을 무효로 돌릴 수도 없는 일이었다. 현실적인 문제도 있었다. 몇 년간 정부 재정이 적자에 허덕여 의회가 보상금 지출을 승인할 가능성이 없었다. 인도 식민정부도 아편 수입 감소와 아프가니스탄 원정으로 여유가 없었다. 각료들은 이 문제에 대해 심각하지 않았다. 대외 문제는 외상의 책임이니 알아서 하라는 식이었다. 그렇지만 이야기가 오가면서 중요한 원칙이 서서히 모습을 드러냈다. 그것은 영국 정부의 재산을 몰수한 중국 정부가 대금을 지불하게 해야 한다는 원칙이었다. 누군가가 농담조로 던진 이 말은 또 다른 농담, 그러니까 중국 정부를 압박하는 비용까지 중국이 지불하게 하자는 것으로 이어졌다. 그리고 농담은 진담이 되었다. 그것은 지금까지 생각해 본 적이 없는 개전開戰 결정이나 다름없었다.

그렇지만 아편이 여전히 걸림돌이었다. 외상은 그다지 도덕적인 인물도 아니고 신앙심이 깊지도 않았으며, 아편의 해악도 심각하게 생각하지 않았다. 당시 영국에서 아편은 오래전부터 통증 치료에 효과적인 약물로 알려져 있었다. 사람들은 어디서나 살 수 있는 로데넘을 진Gin이나 브랜디Brandy와 다르지 않다고 생각했다. 인도인들이 아편을 일상적으로 복용하면서도 아무 문제가 없으니 중국인도 마찬가지일 것이라는 생각이 지배적이었다. 그러나 지난 몇 년 사이 아편의 중독성이 알려지면서 상황이 달라졌다. 저명한 문필가인 새뮤얼 테일러 콜리지Samuel Taylor Coleridge와 토머스 드 퀸시 Thomas De Quincy가 중독을 고백하면서 아편 중독이 사회적 관심거리로 떠올랐다. 지식계와 복음주의 교회가 아편 수입과 중독에 대해 신랄하게 비판했고, 일부 신문이 인도산 아편의 중국 반입에 대해 비판적 칼럼을 게재했다. 아편 중독은 개인적 불행이었을 뿐 죄는 아니었지만 아편 수출은 도덕적 타락의 상징이었다. 외상이 아무리 불공정무역 해소를 목표로 내건다 해도 아편 문제는 여전히 정부의 아킬레스건이었다. 그런 상황에서 자딘의 적극적인 로비가 외상의 결정에 도움을 주었다. 외상과의 면담 이후 자딘은 내각을 압박하기 위해 공격적인 여론몰이에 나섰다. 그는 중국의 불공정무역이라는 소재를 가지고 기업인 조직을 집중적으로 파고들었다. 반응은 즉각적이었다. 맨체스터의 39개 공장주와 런던의 기업주 96명이 각각 공동청원서를 제출했으며, 그 후에도 여러 단체의 청원서가 계속 쏟아져 들어왔다. 연일 신문들이 기사를 쏟아 내자 여론의 추이를 조심스럽게 관찰하던 외상은 적극적인 정책으로 방향을 잡았다.

파머스턴은 은밀히 준비를 시작했다. 수상과 본격적 의논을 시작하기도 전인 10월 중순과 11월 초에 원정대 파견 가능성을 알리는 편지를 엘리엇에게 보냈다. 그의 편지는 노련한 정치가가 전쟁의 명분을 차곡차곡 쌓아 나가는 면모를 보여 준다. "영국 정부는 중국 정부가 아편을 금지하는 권리는 존중하지만 몰수의 정당성을 인정하지는 않는다. 아편 확산의 책임은 금지 정책에 실패한 중국 정부에 있다. 그럼에도 아편을 핑계로 항해의 자유를 훼손하고 영국인을 폭력적으로 핍박했다. 광조우 당국은 영국인을 감금해서 굶주림에 지쳐 죽을 지경으로 몰아넣었으며, 덫에 걸린 영국인들은 목숨을 유지하기 위해 아편 2만 상자를 내놓았다. 영국 정부는 아편 단속에 반대하지는 않지만 영국인의 생명에 대한 위협은 그냥 지나칠 수 없으며,

지금까지의 불의와 모욕을 바로잡고 재산 피해를 복구하기 위해, 그리고 나아가서는 영국과 중국 사이에 자유롭고도 호혜적인 무역 환경을 조성하기 위해 행동에 나설 것이다." 대충 이런 내용이었다. 비록 완곡한 표현을 썼지만 그 내용은 "우리 잘못은 접어 두시고 당신들 잘못을 따져 봅시다."라는 아편 상인들의 논리와 별로 다를 것이 없었다.

그러나 그것이 지난 5년간 네이피어와 엘리엇의 군함 파견 요청을 묵살해 왔던 외상이 갑작스럽게 입장을 바꾼 유일하고도 절대적 이유는 아니었다. 그 뒤에는 당시 국내의 복잡한 속사정이 있었다. 휘그당과 토리당이 대립하는 가운데 영국 사회는 1820년대의 차티스트 운동Chartist Movement의 급진적 요구에 제대로 대응하지 못해 동요하고 있었고, 1837년부터는 지독한 경제 불황이 시작되어 파업이 줄을 이었다. 1838년에는 반곡물법연맹Anti-Corn Law League이 곡물 가격의 보호정책을 맹렬히 비판했고, 작황이 좋지 않자 폭동이 일어났다. 식민지에도 문제가 많았다. 아일랜드에서 일어난 반란을 간신히 진압하자 자메이카와 캐나다에서도 반란이 연이어 터졌다. 진보를 내세우는 휘그당은 입장이 난처했다. 모든 요구를 한꺼번에 들어줄 수 없는 상황에서 노동자들은 정부가 시간을 끌고 있다며 반발했다. 토리당도 맹렬히 공격했다. 진보를 내세우고 집권한 휘그당 내각이 진보 진영을 통제하지 못해 폭동이 일어나니 "그건 당신들이 얼마나 무능한지를 보여 주는 증거가 아닌가?"와 같은 공격이 의회에서 난무했다. 휘그당은 경기 불황, 재정 적자, 그리고 사회적 무질서라는 악재 속에서 허우적대면서 야당의 공격을 버텨 내야 했다. 경기가 풀릴 기미는 보이지 않았고, 재정이 흑자로 바뀔 희망도 없었으며, 차티스트들은 갈수록 강경해져 폭력화되고 있었다. 여기에 더하여 정치적 스캔들도 있었다. 1837년에 18세의 빅토리아 여왕이 즉위한 후 휘그당의 멜버른 수상이 사임하자 여왕이 토리당의 로버트 필 경Sir Robert Peel에게 조각을 요청했다. 필은 조건을 내걸었다. 여왕 즉위 후에 새로 뽑은 시녀들 대부분이 휘그당 사람의 부인이나 딸이었는데, 이들 중 일부를 내보내라고 요구했다. 그것은 휘그당에 기울어진 여왕에게 토리당의 집권에 정치적 신임을 약간이라도 표명해 달라는 요청이었지만 여왕이 이를 거절하자 필도 수상직을 거절해 멜버른이 계속 수상 자리를 지키게 되었다. 이 사건으로 여론이 들끓었고, 언론은 이 사건을 '침실의 위기Bed Chamber Crisis'라고 대서특필하면서 독자를 끌어모았다. 여왕이 총리인 멜버른 경과 너무 밀착해 있다 해서 여왕을 '미세스 멜버른Mrs. Melbourne'이라고 비아냥거리기도 했다. 젊은 여왕에 기대어 정권을 유지하는 인기 없는 집권당은 돌파구가 필요했다.[15] 중국 문제에 대한 외상의 결정은 그런 돌파구를 노린 것이었다. 외상의 입장에서는 자딘이 때맞춰 나타났고, 흠차대신도 적절한 시기에 아편을 몰수한 셈이었다.

외상은 자딘을 두어 번 다시 만나 그의 말에 귀를 기울였으나 그건 전쟁에 대해 이야기할 때뿐이었다. 몰수된 아편 대금 이야기가 나오면 외상은 딴 사람으로 돌변했다. 런던의 아편 상인들은 하루빨리 보상금을 받아 내려고 안달이었다. 그들은 캘커타의 자금난을 호소하면서 정부가 부분적으로라도, 아니면 몇 년에 나누어서라도 대금을 지불하라는 청원서를 제출했다. 이런 청원서가 외상에게는 아예 전달되지도 않았고, 의회도 대답이 없었다. 11월에 들어서야 재무성이 보상금을 지급할 재원이 없으며 의회에 예산을 신청할 용의도 없다는 공식 입장을 발표했다. 일부 상인들은 엘리엇이 서명한 인수증을 채권시장에서 팔아 현금을 마련했다. 1843년 정부가 아편 대금을 청산할 때까지 인수증은 주인이 수십 번 바뀌었고, 소유자들 중에는 중국이 어디에 있는지조차 모르는 사람이 수두룩했다. 정부는 아편 상인들과 거리를 유지했고, 외상도 해군성에 정보를 넘길 때 자딘의 이름을 밝히

15 Woodward, Llewellyn, *The Age of Reform, 1815-1870*, pp.104~106.

지 않고 '현지 사정을 가장 잘 아는 어느 개인'이라고만 했다.

엘리엇이 외상의 편지를 받은 것은 1840년 2월이었다. 전쟁에 대한 소문이 조금씩 퍼지면서 차 무역은 널뛰기를 했다. 촨삐 해전 후 특수를 누리는 미국인들이 영국 상인들의 화물을 운반하기 위해 영국 선박을 마구 사들였다. 영국인들도 가만히 있지 않고, 다른 나라 상인들의 명의를 빌렸다. 프랑스, 프로이센, 스웨덴 상인들이 영국계 상사의 어음을 받아 자국 국기를 게양하고 수로 안으로 들어갔다. 이런 대리무역이 짭짤하다는 소식을 듣고 마닐라에서 달려온 스페인 선박도 있었다. 그래서 차는 통상적인 규모로 런던으로 향했지만 가격은 널뛰기를 했다. 전쟁의 낌새를 챈 투기꾼들이 사재기를 시작했기 때문이다. 차 가격은 파운드당 1실링 정도였는데 외상이 자딘을 만났을 때에는 2실링으로 올랐고, 이듬해 2월에는 3실링까지 치솟았다. 그렇지만 4,000톤이 도착하자 투기꾼들이 재고를 팔아 치워 가격이 폭락했다. 그러다가 영국인의 무역을 영구적으로 중단한다는 흠차대신의 포고문 소식이 들려오자 다시 3실링으로 폭등했다가 3월에 차를 선적한 배가 광조우를 떠났다는 소식이 들어온 후 다시 2실링으로 내렸다. 잔뜩 사재기를 했던 투기꾼들은 큰 손해를 보고 공황 상태에 빠졌다. 차의 가격은 4월에 다시 오르고 5월에는 떨어지다가 여름이 되면서 2실링 바로 밑에서 안정되었다. 그해 들어온 물량은 12,000톤으로 광조우 사태 이전보다 1/6 정도 줄어든 물량이었다.

차와 함께 광조우의 소식도 왔다. 1839년 봄부터 가을까지 일어난 일이 겨울에서 이듬해 봄까지 차례로 전해졌다. 아편 폐기, 상관 철수, 찜사쪼이 살인 사건 등이 신문에 보도될 때마다 여론은 계속 들끓었다. 절정은 영국인의 마카오 철수였다. 그것은 단순한 철수가 아니었다. 신문들은 영국인이 중국 정부의 압박으로 가족을 데리고 홍콩 앞바다에서 선상 생활을 하면서 기아와 절망, 생명의 위협에 빠졌다는 선정적 기사를 쏟아 냈다. 그것은 타오르는 불길에 기름을 쏟아붓는 효력을 발휘했다. 뒷날 버큰헤드Birkenhead 호의 전설[16]을 만들어 낸 영국 사회에서 여론을 폭발시키기에 충분한 불쏘시 개여서, 아편은 사라지고 여자와 아이들의 비극만 남은 상태에서 여론은 점 점 더 무력 보복으로 치달았다. 바로 파머스턴이 기다리던 상황이었다. 그 는 수상의 결심을 기다리지 않고 자신의 생각을 실행에 옮겼다.

1840년 2월 하순에 외상이 인도 총독에게 전쟁명령서를 보냈다. 중급 이 상 전함 3척, 순양함 6척, 무장 증기선 4척과 수송함을 포함해 총 74척의 선단을 구성하고, 영국과 아일랜드, 인도, 오스트레일리아에서 병력 4,000 명을 차출해서 육상부대를 구성하라고 지시했다. 연대별로 배속된 하인을 포함해 수송 인원이 6,000명이 넘었고, 대포가 540문에 달했다. 외상은 조 지 엘리엇George Eliot 제독을 원정군 사령관에 임명하고, 무역감독관 찰스 엘리엇을 제독과 함께 전권대사로 임명했다. 두 사람은 사촌지간이었다. 전쟁계획에 관해서는 원정대가 1840년 6월까지 광조우만에 집결한 후 광조 우와 닝뽀, 양쯔강의 입구에 대한 해안 봉쇄를 단행하고, 조우산을 점령해 서 원정대의 기지로 만든 다음 베이허로 진격해서 협상을 통해 상하이, 샤 먼(아모이), 닝뽀, 푸조우의 개방을 이끌어 내라고 했다. 이것은 자딘의 전쟁 계획 규모를 일부 축소해서 채택한 것이었다. 뒷날 원정대가 자딘의 계획과 외상의 명분을 따라 순서대로 움직임으로써 이 전쟁은 결과적으로 정부와 군대, 아편 상인이 합작해서 기획하고 실행한 전쟁이 되었다.

전쟁명령서에는 편지 세 통이 첨부되어 있었다. 한 통은 중국 정부에 보 내는 편지였고, 나머지 두 통은 전권대사 두 사람에게 각각 보내는 편지였 다. 중국 정부를 향한 편지 제목은 '중국 황제의 대신에게To the Ministers of

---

16 1852년 수송선 버큰헤드호가 침몰할 때 여자와 아이들을 구명보트에 태워 보내고 선장 과 선원 400명이 가라앉는 배와 운명을 같이한 사건이다.

Emperor of China'였다. 이 편지는 광조우 당국의 무역 정책과 중국이 영국을 종속국으로 간주한 처사를 문제 삼으면서 요구사항을 나열했다. 불법적으로 영국인, 특히 부녀자의 안위를 위협한 점에 대해서, 그리고 영국 국왕과 국기 모독에 대한 사과를 요구하면서, 강제로 물품을 몰수당한 상인들에 대한 보상을 요구했다. 외상은 물품goods이라고만 했지, 아편이라고는 하지 않았다. 여기에 덧붙여 꽁홍의 독점체제를 폐지해서 무역 환경을 개선하라고 요구했고, 마지막으로 중국 해역에서 안전하고도 자유로운 무역을 보장하기 위해 적절한 통제를 요구했다. 전권대사에게 보내는 편지는 요구사항을 중국 정부에 전달하고 이를 관철할 수 있도록 필요한 모든 군사적·외교적 조치를 실행하라는 지시였다.

외상은 여론전에도 뛰어들어 자신에게 우호적인 언론인들을 동원해 여론을 유도하면서 아편 밀수의 비도덕성에 대한 비판을 희석시켰다. 이번 사태에서 아편은 깃털에 지나지 않으며, 중요한 것은 영국의 명예와 자유무역이라는 기사가 신문 지면을 도배했다. 언론인들은 아편 밀수가 도덕적으로 심각한 문제가 아니라고 주장했다. 아편은 인도 식민정부의 유지를 위해 필수불가결하며, 차 수입 비용의 상당 부분을 아편 판매 대금으로 결제하고 있으니 영국으로서는 좋은 상품이라는 논리가 대세였다. 좀 더 전문지식을 가진 사람들은 영국 식민지뿐만 아니라 영국령 밖의 토후들도 아편을 재배하므로 영국이 중국에 대한 아편 수출을 중단해도 다른 나라 상인들이 아편을 반입할 것이니, 영국만 손해를 볼 필요가 없다고 주장했다. 아편 문제는 영국인이 아니라 중국인 자신들이 만든 것이라고 주장하는 사람도 있었다. 단속을 맡은 관원들이 뇌물을 받고 묵인하고, 아니면 스스로 밀반입하는 상황에서 누가 누구를 탓할 수 있느냐의 논리였다.

이 문제에서 의회의 권한은 전쟁을 위한 예산 승인에 국한되어 있었다. 1840년 1월에 의회가 열려 이 문제에 대한 질문이 있었지만 외상은 말을 아겼다. 몰수된 아편 대금에 관해서도 외상은 그런 예산을 요청할 생각이 없다고 못 박았다. 의원 한 사람이 아편으로 야기된 상황을 종합적으로 조사하자고 제안했지만 다른 의원들의 동의를 끌어내지 못해 논의는 그쯤에서 끝났다. 그렇지만 중국 관련 신문 기사가 늘어나자 야당 의원들이 관련 문건의 공개를 요구했다. 외상이 이런 요구까지 무시할 수는 없었다. 외무성은 지난 6년간 쌓인 무역감독관의 보고서와 외상의 훈령, 상인들의 청원서와 증언록 등을 묶은 백서白書를 3월에 발간했다. 이를 통해 광조우 사태의 내막과 인도 식민정부의 전쟁 준비 사실이 알려졌다. 여러 신문에 "중국에 전쟁을 선포하다."라는 제하의 기사가 실렸고, '아편전쟁Opium War'이라는 단어도 이때 처음으로 출현했다. 야당은 전쟁에 동의하지 않았다. 제임스 그레이엄James Graham 의원은 신문에 보도된 촨삐 해전의 보고서가 어째서 백서에 없느냐고 따졌고, 외무성은 공식 보고가 아직 접수되지 않았다고 답변했다. 중국에 전쟁을 선포할 것인가에 대한 질의에 전쟁성 장관이 아직 확인해 줄 수는 없지만 인도 식민정부에 만약의 사태에 대비하라는 지시를 했다고만 응답했다. 그러자 야당 지도자 필이 질문했다. 전쟁이 일어난다면 영국이 선포하는 전쟁인가, 아니면 인도 식민정부의 무력시위에 국한되는가 하는 것이었다. 군대의 동원이 국가 이익을 위한 전면적 조치냐, 아니면 국지적 분쟁의 해결을 위한 임시 조치냐는 질문이었다. 외상은 만약 전쟁이 일어난다면 그것은 여왕 폐하의 의지가 반영된 것이라고 애매하게 대답했지만, 그것은 사실상 중국에 대한 국가 대 국가의 전쟁 선언을 의미했다. 야당은 전쟁의 정당성을 인정할 수 없다는 입장을 정하고 행동에 들어갔다.

1840년 4월 7일에 토리당은 전쟁계획에 관한 불신임 투표vote of censure를 발의했고, 하원House of Common이 사흘간의 토의에 들어갔다(사흘간 집에 가지 않고 철야로 진행하는 회의였다.). 사실 야당의 입장은 명쾌하지 않았다. 아편 문제로 말하자면 야당도 공범이었다. 동인도회사의 독점권 폐지 후에도 인도 식민정부의 아편 독점 및 경매를 허용한 것이 토리당 내각이었기 때문이다. 그래서 토리당 지도부는 사전 모임에서 아편 문제를 직접 건드리지 않고, 전쟁 자체에도 초점을 맞추지 않기로 가닥을 잡았다. 아편으로 인한 전쟁에 초점을 맞추면 내부 분열 가능성이 있기 때문이었다. 대신 정부의 실책과 전쟁의 도덕적 명분을 집중적으로 공략해 전쟁을 막기보다는 내각에 흠집을 내자는 전략을 세웠다.

회의는 시작부터 진지했다. 여느 회의처럼 야유하는 일도 없었다. 야당의 첫 발언자는 그레이엄 의원이었다. 그는 동인도회사의 독점권을 폐지할 때 각료로 있었기 때문에 자신이 결정에 참여했던 정책을 비판해야 하는 처지에 있었다. 그의 세 시간에 걸친 발언은 정부의 무능과 안목 부족에 집중되었다. "중국은 인구 3억이 넘는 거대 시장이며, 영국은 중국 무역을 통해 400만 파운드(지금 가치로 1억 6천만 파운드) 이상의 수익을 올렸다. 이만한 시장을 유지하려면 현지 법률에 신경 썼어야 했음에도 정부는 무역감독관에게 적절한 권한과 책임을 부여하지 않아 이 시장을 놓칠 위기를 자초했다. 네이피어는 오히려 중국을 협박하는 실책을 범했고, 아편 밀수를 중단해야 정상적인 무역이 지속 가능하다는 엘리엇의 1837년 11월 보고서를 정부가 주목했어야 했다." 그레이엄의 발언이 끝나자 전쟁상Secretary of State for War인 토머스 배빙턴 매콜리Thomas Babington Macaulay 의원이 나섰다. 저명한 수필가이자 정치평론가인 그는 어째서 엘리엇에게 권한을 부여하지 않았는지에 대해 설명했다. "우선 1838년 당시 중국 정부가 아편 합법화를 논의하고 있었기 때문에 그 결과를 기다려야 했다. 보다 근본적으로는 무역감독관에게 권한을 부여한다 해도 아편 밀수의 근절은 기대할 수 없다. 아편 문제 해결은 중국 정부의 지속적이고도 강력한 조치에 달려 있다. 예를 들어 6,000명 이상이 영국 세관에서 일하지만 브랜디가 여전히 밀수되고 있다. 그러니 무역감독관에게 권한을 부여한다는 종이쪽지 하나로 문제가 해결되겠는가? 그렇다고 해서 영국 정부가 막대한 비용을 들여 중국 해역을 순시해야 하는가? 또 영국 정부가 밀수를 방조한다거나, 전쟁을 일으키려고 밀수를 권장한다는 소문을 들먹이는 사람도 있는데 그게 말이 되는가? 게다가 중국이 아편을 금수품목으로 지정한 점에 대해서도 생각해 봐야 한다. 아편은 통증을 잠재우고 질병 치료에 도움을 주는 약물이라는 점을 잊어서는 안 된다. 중국 정부는 은의 유출을 걱정하는데, 역사적으로 어떤 제도도 사치품의 유입과 그로 인한 재화의 유출을 막지 못했다. 영국이 군대를 동원해서 예방 조치를 한다 해도 중국이 적극적으로 나서지 않으면 밀수는 근절되지 않고 은의 유출도 막지 못한다. 흠차대신이 밀수 근절을 선언한 것은 정당하지만 절차에 문제가 있었다. 수십 년간 유지되어 온 관행을 하루아침에 무효화시키면서 영국의 재산을 정당하지 못한 방법으로 몰수했으며, 우리 국민을 감금하고, 정부의 대표인 무역감독관을 모욕했다. 이제 정부가 어떤 행동을 해야 할 시기가 도래했다. 영국인은 영국 국민이라는 자존심으로 살아간다. 그리고 정부는 모든 국민의 보호자 역할을 해야 한다. 우리 국민은 아무리 멀리 떨어져 있어도, 아무리 많은 적에게 둘러싸여 있어도, 정부가 있기 때문에 머리카락 하나도 다치지 않는다고 믿고 있다. 정부는 이런 믿음에 확신을 줘야 한다." 강력하고 다양한 수사로 가득한 그의 연설이 끝나자 여당 쪽에서 큰 박수가 터져 나왔다.

그러자 야당에서 아시아에서의 활동 경험이 있는 윌리엄 웨브 폴릿 William Webb Follet 의원이 나섰다. 그는 엘리엇에게 권한을 부여하지 않은 점을 집중적으로 따졌다. "외상이 상인들의 활동에 대해 개입하지 말라는 훈령을 내렸으므로, 감독관이 불법 행위를 내버려 둘 수밖에 없었다. 중국 정부는 특별한 경우가 아니면 상인들의 활동에 개입하지 않는데, 이는 자신들의 법률과 관습을 유럽인들에게 그대로 적용해서는 안 된다는 것을 잘 알

기 때문이다. 그런데 지금 영국은 유럽의 국제법을 중국에 적용하려고 한
다. 이것이 어떻게 정당화될 수 있는가?" 이런 요지였다. 그러자 여당에서
매카트니 특사를 따라갔었고 동인도회사에서 근무했던 스탠턴 의원이 발언
했다. "아편 밀수는 오래되었지만 린쩌쉬가 이전에는 시행하지 않던 법률
을 갑자기 들이대며 영국인을 핍박했다. 이것은 영국에 대한 모독이며, 만
약 이 상황에서 중국 정부에 고개를 숙인다면 영국의 명예는 더욱 훼손된
다." 그러자 야당의 젊은 의원인 시드니 허버트Sidney Herbert가 발언했다.
그는 직설적이어서, "이번 상황을 보면 중국이 더 문명화되어 있는 반면에
영국이 덜 문명화되어 있고, 영국이 건전하지 못한 무역의 유지를 위해 준
비하는 전쟁은 명분이 없다."고 주장했다. 이에 다른 여당 의원이 이미 언
급된 내용을 반복하며 반론을 폈다. "아편은 영국만 수출하는 것이 아니다.
영국이 아편 수출을 금지해도 다른 나라들이 계속 수출할 것이다. 아편 중
독을 근절하려면 중국이 단속을 엄격히 해야지, 그 책임을 우리가 떠맡을
필요는 없다."는 것이었다.

야당 발언의 하이라이트는 윌리엄 글래드스턴William E. Gladstone 의원의
발언이었다. 아직 젊었지만 뒷날 19세기의 유명한 수상으로 알려진 그는
유창한 언변과 온갖 제스처를 동원하는 인물이었고, 의회에서 중요한 연설
을 할 때 담력을 키우려고 로데넘을 마시고 나오기도 했다. 그는 토리당의
웰링턴이 외상으로 있을 때 네이피어에게 보낸 훈령을 언급하며 연설을 시
작했다. "당시 웰링턴은 무력 사용을 배제하면서 중국 측과 교섭하라고 지
시했지만 네이피어는 무력을 사용했다가 실패했다. 파머스턴도 엘리엇에게
같은 훈령을 주면서 아무런 권한을 부여하지 않았다. 반면에 중국은 밀수가
근절되지 않으면 무역을 중단할 것이라는 경고를 여러 차례 전해 왔고, 광
조우 당국은 최후의 순간까지 인내심을 보여 왔다. 그러나 권한이 없는 무
역감독관은 그런 경고에 대응해 아무것도 하지 못했다. 이것은 외상의 책임

이다. 게다가 밀수 근절이 중국 측의 의지에 달려 있다는 주장은 억지에 가깝다. 아편은 대부분 영국령 인도에서 반입되고 있으니 영국이 책임을 면하기 어렵다. 그러니 지금 계획하는 전쟁은 정당성을 결여하고 있으며, 전쟁이 일어난다면 영국 역사에 지울 수 없는 오점을 남길 것이다. 정부는 중국이 불법화한 아편 무역을 어떻게든 유지하려고 법률을 위반한 영국인들에게 식량 보급을 끊은 것을 잘못이라고 주장하는데 이 논리를 도저히 이해할 수 없다." 그가 중국인들이 우물에 독을 풀 권리가 있다고 역설하는 대목에서는 각료와 여당 의원들이 한동안 웅성거렸다. 그의 연설은 다음과 같은 웅변으로 끝났다.

> 본인은 지금까지 이처럼 그 원인이 정당하지 못하고 동시에 이 나라에 영원히 불명예를 안기게끔 계산된 전쟁을 어느 책에서도 읽은 적이 없습니다. … 아무리 중국 정부가 오만하다고 해도 본인 생각에 정의는 그들의 것입니다. 그런 이교도이자 덜 문명화된 야만인들이 정의를 지니고 있는 반면에 우리 개명하고 문명화된 기독교도들은 정의와 종교적 신념을 내팽개친 채 특정 목표를 향해 치닫고 있습니다.

그 다음에는 필이 야당의 입장을 요약했다. 그는 지극히 실용적으로 접근했다. 아편이나 도덕적 명분 같은 것은 안중에 두지 않고 전쟁의 결과에 대해 우려를 표했다. 권한도 없고 해군의 지원도 받지 못하는 무역감독관을 파견했기 때문에 불법적으로 이익을 추구하는 소수의 개인들이 중국 무역 전체를 파국으로 몰고 가게 된 것이라고 말했다. 그는 1833년에 정부가 무역감독관에게 현지 법정을 개설하는 권한을 부여했음을 언급하면서, 중국 땅에서 영국인에게 영국 법률을 적용하는 것이 중국의 주권을 침해한다는 외상의 해석은 오류라고 주장했다. 우선 중국 정부의 논리를 이해할 필요가 있고, 또 지금의 조치가 장기적으로 양국 관계에 어떤 영향을 끼칠지도 심각하게 고려하여 전쟁을 하더라도 최대한 온건하게 진행해야 하며 상대방의 피해를 최소화하는 것이 중요하다고 주장했다.

마지막으로 외상이 답변에 나섰다. 그는 차분하게 구체적인 증거를 조목조목 들면서 연설을 이어 나갔다. "중국이 주권 국가로서 아편 수입을 금지하는 것에 도전할 의사는 없으며, 무역감독관도 밀수를 중지시키기 위해 노력을 기울여 왔다. 그렇지만 형사 소추권과 해군력 사용 권한의 부여는 자칫하면 권력남용으로 흐를 수 있다. 중요한 것은 1833년에 제정된 영사재판권을 내가 1837년에 중국에 확대 적용하자고 제안했지만 그것을 막은 당사자가 야당이었다. 당시 야당은 주권 국가의 동의 없이 형사법정을 개설하는 것은 있을 수 없다고 주장했다. 결국 엘리엇에게 권한을 부여하지 않은 것은 내가 아니라 야당이었다. 또 권한을 부여해도 현지의 영국인들이 복종한다는 보장이 없으며, 복종시키려면 무력을 사용해야 하는데 무역감독관의 무력 사용에 대해 중국 측이 동의할 리 없다. 마찬가지로 중요한 것은 중국이 아편 무역을 금지하면서도 스스로 아편을 재배하고 있다는 사실이다. 중국의 아편 밀수에 대한 민감한 반응은 은의 유출과 자신들이 재배하는 아편을 보호하기 위한 것이다. 엘리엇의 보고에 의하면 아편 몰수는 중국 내에서 아편 거래의 합법화로 귀결될 가능성이 크다고 한다. 이런 상황에서 영국이 무력을 동원해 중국 해역에서 아편 밀수를 단속해야 하는가? 어째서 영국인의 세금으로 중국인의 안위를 도모해야 하는가? 또 영국이 아편 수출을 금지한다 해도 미국과 다른 국가의 상인들이 아편을 반입할 것이니 영국만 손해 볼 필요가 있는가?" 이 대목에서 외상은 광조우의 미국 상인들이 정부에 보낸 청원서, 그러니까 미국도 군대를 파견해서 영국과 연합군을 결성하자는 청원서를 인용했다. 미국 상인들은 광조우에 정부 관리를 파견하고, 상하이 등의 항구를 개항하며, 무역 중단으로 인한 손실을 보상받기 위해 미국 정부가 강력한 함대를 파견해야 한다고 주장했다. 영국과 미국이 중국 해역에서 '서구인'의 이익을 보호하기 위해 연합해야 한다고 주장한 것이었다. 마지막으로 그는 실제로 무력을 사용할 가능성은 낮으며, 설사 전투가 벌어져도 피해는 크지 않을 것이라고 단언했다. 물론 야당 무마용 발언이었다.

외상의 연설은 많은 박수를 받았다. 몇몇 의원이 발언을 신청했으나 이미 사흘 낮밤을 의석에 앉아 있던 의원들이 그만 집에 가자고 아우성을 쳤다. 그래서 표결을 시작했고, 토리당이 제출한 전쟁 준비 중지 동의안은 271대 262로 부결되었다(이 숫자는 자료에 따라 약간 차이가 있다. 여기서 인용된 숫자는 근소한 차이로 부결됐음을 나타낼 뿐이다.). 전반적으로 야당은 전쟁이라는 주제를 집요하게 물고 늘어지지 않았다. 상원House of Lords에서도 야당은 별로 적극적이지 않아서 전쟁의 정당성을 따지는 발언이 호응을 얻지 못했다. 대부분 중국인이 그토록 아편을 사려 하는 판국에 여러 공급선 중 하나를 막는다고 문제가 해결되지는 않는다는 쪽으로 기울었고, 결국에는 야당의 웰링턴까지도 영국이 당한 모욕과 불의를 시정해야 한다는 쪽으로 기울었다.[17] 토론은 내부 정쟁으로 그쳤고, 지구 반대편의 중국을 전화戰禍 속으로 끌어들이는 절차에 불과했다.

17 Fay, *The Opium War 1840-1842*, pp.202~206.

느슨한 전쟁
압박과 협상

아편전쟁의 발발 시기에 대해서는 의견이 엇갈린다. 1839년 11월의 촨삐 해전이 시점이었다는 견해가 있는가 하면, 1840년 여름 영국군 원정대의 조우산 공격이 전쟁의 시작이었다는 견해도 있다. 사실 이것은 그리 중요하지 않다. 촨삐 해전 후 광조우만에는 불안한 평화가 유지되었지만 전쟁의 분위기는 이미 무르익고 있었다. 이때부터 1841년 여름까지 전쟁의 전반부가 진행되었는데, 이 시기의 움직임은 본격적인 전투가 아닌 압박과 협상의 과정이었다. 이 시기 영국군은 전쟁보다는 무력시위를 통해 중국을 협상장으로 이끌어 내는 데 주력했고, 무역감독관이자 차석 전권대사인 찰스 엘리엇이 이 과정을 주도했다. 반면에 중국 측은 영국군을 해적이나 반란군 정도로 치부하면서 소탕에 주력했다. 그러나 황제가 주화파와 주전파 사이를 오락가락하면서 주도적 인물을 교체하는 바람에 중국 측은 일관적으로 대응하지 못했다.

원정대

1839년 봄부터 다음 해 초여름까지 흠차대신 린쩌쉬는 아편을 몰수해 폐기함으로써 영웅이 되었고 황제가 가장 신뢰하는 인물이었다. 1840년 1월에 황제는 아편 문제를 완전히 해결하라는 의미로 그를 양광총독으로 임명하고, 덩팅전을 양강총독兩江總督(쟝쑤성, 쟝시성과 안훼이성을 관할했다.)으로 전보 발령했다. 이로써 린쩌쉬는 흠차대신이라는 한시적 임무에서 광동과 광시를 실질적으로 통치하는 자리에 올랐지만 영국 오랑캐를 다루는 일은 쉽게 끝나지 않았다. 린쩌쉬와 엘리엇의 위상 차이는 너무 컸다. 엘리엇은 2,000만 인구를 지닌 영국의 퇴역 해군 대령이었던 반면, 린쩌쉬는 흠차대신으로 부임하기 이전에 5,500만 인구를 통치하던 호광총독이었다. 또 영국 원정대의 규모는 지원부대까지 합쳐 6,000명 정도였지만 린쩌쉬가 동원할 수 있는 병력은 15,000명 이상이었다. 이런 위상과 군사력의 불균형을 객관적으로만 보면 전쟁 초기 영국군이 절대적 열세에 있었음이 분명하지만 뒷날 벌어진 상황은 정반대였다.

인도 식민정부는 의회의 표결보다 훨씬 전인 1840년 2월에 원정대 구성에 착수해 본국과 식민지 여러 곳에서 차출한 군함과 육상부대를 캘커타에 집결시켰다. 지중해 작전에 붙들려 있어서 대포 120문을 탑재한 1급 전함을 보낼 여력이 없던 해군성은 74문짜리 전함 웰즐리Wellesley호, 블렌하임Blenheim호와 멜빌Melville호, 그리고 42문짜리 전함 블론드Blonde호와 경순양함 2척을 투입했다. 여기에 오스트레일리아에서 차출된 44문짜리 순양함 드루이드Druid호와 26문짜리 앨리게이터Alligator호가 가세했고, 인도 식민정부 소속의 소형 포함 5척과 무장 증기선 4척을 추가했다. 영국에서는 포병과 해병을 파견했지만 3,600명으로 이루어진 육상부대의 주력은 인도 식민 정부가 맡았다. 캐머런Cameron 연대라 불리는 900명 규모의 26연대, 파트나 지역 670명의 49연대, 벵골 출신 세포이 공병 2개 중대, 유럽인으로 구성된 포병 2개 중대, 트링코말리Trincomalee의 아일랜드 병사로 구성된 18연대가 캘커타에 모여들었다. 아일랜드 출신을 제외한 영국인의 비율은 낮았고 인도 출신 용병의 비율이 압도적으로 높았다. 수송선에는 2개월간 버틸 수 있는 물과 식량, 다량의 화약과 탄약을 실었고, 증기선은 석탄을 6,000톤이나 실었다. 보급품이 워낙 많아서 지방무역선 여러 척을 임대해 수송선으로 써야 했다. 영국으로서는 규모가 대단히 큰 원정대가 아니지만 그 당시까지 중국 연안에 출현한 오랑캐들 중에서는 최대 규모의 군사력이었다.

원정대는 예정된 날짜에 집결하지 못했다. 영국을 출발한 군함들이 케이프타운에 들러 선원과 대포를 보충하느라 시간이 걸려 4월에야 인도양에 들어섰다. 그해 4월에는 강력한 사이클론이 불어 수송선 몇 척이 캘커타로 회항하는 바람에 또 시간이 지체됐다. 증기선도 골칫거리였다. 하도 석탄을 많이 소비해서 중간에 연료가 다 떨어져 버리자 벽을 뜯고 보조 돛대까지 잘라 내 때면서 간신히 페낭Penang에 도착해서 연료를 보충했다. 봄베이에서 싱가포르로 직행하던 군함과 수송선은 사이클론을 만나 지그재그로 항해했는데, 그중 마리온Marion호는 주 돛대가 부러져 보조 돛대만으로 항해하느라고 시간이 걸렸다. 마리온호는 헨리 오글랜더Henry Oglander 중령이 지휘하는 26연대와 함께 병사들의 봉급을 줄 은과 의료품을 싣고 있었기 때문에 이 배가 늦어지면서 작전 전체가 지연되었다. 원정대는 몇 척, 혹은 한두 척씩 따로따로 싱가포르에 도착했고, 선단의 모습을 제대로 갖추고 도착한 것은 선발대뿐이었다. 이 선단에는 그해 1월에서 4월까지 낙찰된 아편 1만 상자를 적재한 아편 클리퍼들이 섞여 있었다. 웰즐리호는 마리온호가 도착하자 뒤처진 원정대 사령관인 엘리엇 제독이 승선한 멜빌호를 기다리지 않고 싱가포르를 출발했다.

그사이 홍콩의 아편 거래는 잠시 얼어붙었다. 야오코우의 발길이 완전히 끊어지자 상인들은 물과 식량을 공급하는 거룻배를 상대로 아편을 팔았지만 처분할 수 있는 양은 미미했다. 그해 봄 싱가포르에서 도착한 클리퍼 한 척은 한 상자도 처분 못하고 북쪽으로 이동했지만 거기도 사정이 형편없어 거저나 다름없는 상자당 268달러에 팔아 치웠다. 그렇지만 원정대의 소문이 퍼지면서 분위기가 달라지고 야오코우들이 콰이시에를 홍콩까지 조심스레 보냈다. 한꺼번에 보내지 않고 다섯 척이 물건을 받아 간 후 별 탈이 없으면 또 다섯 척을 보내 왔다. 4월 말에 시드니에서 온 드루이드호가 도착했다는 소문이 사실로 밝혀지자 밀매 조직의 활동이 더 왕성해졌고, 상인들은 하역선의 아편 재고를 늘려 나갔다.

엘리엇은 원정대가 도착할 때까지 외상이 지시한 정보 수집을 진행했다. 지난해 편지에서 외상은 양쯔강 유역의 항로, 수로의 지형, 조류와 수심 등 구체적인 정보를 수집하라고 했지만 그 지역은 유럽인에게는 낯선 곳이어서 아무나 보낼 수 없었다. 그는 자딘-매더슨 상사에 도움을 청해 최근 그 지역을 다녀온 적이 있는 헬라스Hellas호를 빌렸다. 회사는 감독관을 도우면서 아편을 팔 수 있어 쾌히 응했다. 처음에는 모든 것이 순조로웠다. 그러나 5월 하순 헬라스호가 연안에 정박하고 있을 때 정크 몇 척이 접근했다. 선장은 그 지역 야오코우가 보낸 배라고 생각했지만 정크들은 가까이 접근하더니 갑자기 공격했다. 선미 쪽으로 공격했기 때문에 측면 포를 쏠 수 없었고, 바람이 없어 배를 움직일 수도 없었다. 중국인들은 총을 쏘고 화관火罐[1]을 던지면서 배에 오르려 했지만 선원들이 맹렬히 저항하는 동안

---

1 인화물질을 채운 나무통에 불을 붙여 던지는 것으로, 화염병과 비슷하다.

바람이 불기 시작해 헬라스호는 탈출에 성공했다. 선원 25명이 중경상을 입었고, 선장도 턱뼈가 부러지는 부상을 입어 계획을 포기하고 홍콩으로 돌아갔다.

흠차대신도 원정대의 소문을 듣고 대비책을 세웠다. 흠차대신은 사람과 사람이 맞붙어 싸우지 않을 것이라는 점을 알고 있었다. 오랑캐들은 튼튼한 배와 강력한 대포를 동원해서 상대방을 제압하는데, 중국은 그런 전투에 익숙하지 않았다. 흠차대신은 그런 오랑캐를 상대할 수전水戰에 각별히 신경을 써서 민병대를 주축으로 수상 전투력 강화에 힘을 쏟았다. 물길에 밝은 장정 5,000명을 민병대로 규합했고, 10명 정도가 탈 수 있는 거룻배를 사들여 화선으로 개조한 후 민병대를 태워 수로 곳곳에 배치했다. 수로 바닥에는 굵은 나무기둥 40여 개를 세우고 쇠사슬로 묶은 장애물을 삼중으로 설치했다. 육상 전투를 위한 민병대도 따로 조직했다. 아편 단속과 무역 중단으로 실업자가 많이 생겨 인력자원은 충분했다. 직업이 없는 사람들을 민병대로 흡수했는데, 아편 단속에 걸려 한간으로 낙인 찍힌 사람들도 '반역자들을 이용해서 반역자들을 치는' 흠차대신의 방침에 따라 졸지에 충성스러운 민병대원이 되었다.

흠차대신은 무기에도 관심을 쏟았다. 그는 오랑캐의 특징인 선견포리船堅礮利, 즉 배가 견고하고 대포가 강력하고 정확한 것을 배우려고 했다. 5,000근 이상 나가는 서양식 대포를 200문 이상 주조해서 수로의 요새에 배치했고, 촨삐 해전 후 임대계약이 해지되어 놀고 있는 케임브리지호를 구입했다. 엘리엇이 대포를 모두 철거하고 배만 넘겨주도록 했기 때문에 흠차대신은 싱가포르에서 영국식 대포 34문을 구입해서 장착했고, 배를 움직일 선원이 없어 인도와 필리핀 출신 선원을 임시로 고용해 황푸에서 조금 떨어진 곳으로 옮겨 정박시켰다. 흠차대신은 이 배를 공격용이 아닌 수비용으로 사용하다가 가라앉혀서 수로를 봉쇄할 작정이었다. 이런 조치는 모두 흠차대신의 방어에 치중하는 전략을 반영했다. 그는 바다로 나가 오랑캐와 싸우면 승산이 없으므로 육지에서 맞아 싸워야 한다고 생각했다. 그는 멀리서 온 오랑캐가 육지에서 싸우다가 지칠 때까지 기다렸다가 대규모 병력을 동원해서 반격하는 이일대로以逸待勞의 전략을 구상하고 있었다.

1840년 초여름에 미국인 몇 명만 남아 있는 상관은 조용했지만 홍콩 앞바다는 긴장감이 가득했다. 소형 대포로 무장한 거룻배 수십 척이 상선들과 대치하다가 6월 8일에 충돌이 일어났다. 상선들 사이로 화선 몇 척이 침투했지만 너무 가까워 대포를 쏠 수 없었던 히야신스호와 볼레이지호가 보트를 내려 화선을 밀어냈다. 화선들이 어느 정도 밀려가자 대포를 발사해서 서너 척이 가라앉았다. 정박해 있던 상선들이 혼란에 빠져 일부는 닻을 올려 빠져나가려 했고, 상인 일부는 가족을 임시로 홍콩에 상륙시켰다. 그 와중에 군함 한 척이 선단 사이로 조용히 들어왔다. 싱가포르를 출발한 순양함 엘리게이터호가 먼저 도착해 원정대가 곧 도착한다고 알렸다. 6월의 남중국해는 바람이 도와주지 않아서 범선은 속도를 낼 수 없었기 때문에 증기선이 먼저 도착했다. 6월 16일에 증기선 마다가스카르Madagascar호가 검은 연기를 뿜으며 광조우만에 나타났다. 나흘 후에 다른 배들이 속속 도착했고, 6월 24일에 마침내 기함 웰즐리호가 광조우만에 들어섰다. 엘리엇이 웰즐리호에 승선하자 원정대의 지휘부가 갖춰졌다. 그는 이제 무역감독관이 아니라 조지 엘리엇 제독을 보좌하는 차석 전권대사였다. 제독이 탄 멜빌호가 아직 도착하지 않았지만 엘리엇은 임시사령관 고든 브리머Sir Gordon Bremer 준장과 작전 협의를 시작했다.

해안 봉쇄와 딩하이 점령

원정대는 파머스턴이 인도 총독에게 보냈던 전쟁명령서의 지침에 따라 움직였다. 외상은 베이징의 압박을 목표로 해서 원정 초기에 하이난에서 베이허까지 해안선을 봉쇄하고 닝뽀 맞은편에 있는 조우산을 점령하라고 했다. 자딘의 조언을 반영한 이 지침은 해군성의 반대에 부딪혔다. 해군성은 해안선이 워낙 길어 봉쇄가 현실성이 없고, 베이허 일대의 수심이 얕아서 군함의 접근이 어렵다고 주장했다. 베이징을 압박하려면 육상부대가 함대의 지원 없이 내륙으로 전진해야 하는데, 그러려면 수천 명으로는 어림도 없기 때문에 광조우만에 화력을 집중해서 홍콩을 점령하고 수로를 장악해 광조우를 압박하는 것이 낫다고 주장했다. 그러나 외상은 생각을 굽히지 않고 베이징 당국과 협정을 맺기 전까지는 전쟁 상태를 지속할 것이며, 지침을 수정하려면 외무성의 승인을 받아야 한다고 못 박았다. 차석 전권대사 엘리엇은 해군성의 의견에 더 기울어져 있었지만 뒤늦게 도착한 엘리엇 제독은 외상의 지침에 따라 군함 몇 척을 광조우만에 남겨 두고 주력함대는 조우산으로 이동할 것을 명령했다.

흠차대신은 영국 함대의 움직임을 보고받았지만 무슨 목적으로, 어떤 방향으로 움직이는지는 파악하지 못했다. 관원들의 삼엄한 방비를 보고 오랑캐들이 겁에 질려 도망갔다고 보고했지만, 그는 푸지엔, 저쟝, 쟝쑤의 당국자와 순무에게 오랑캐의 출현을 경고하는 연락문을 보냈다. 반면, 영국 함대의 출현으로 광조우의 아편시장은 기지개를 켰다. 흠차대신의 시퍼런 서슬에도 불구하고 마카오와 홍콩 사이 해역에서 쾌이시에의 왕래가 활발해졌고, 푸지엔과 저쟝에서 아편을 사러 오는 정크도 늘어났다. 해안 봉쇄 임무를 받고 광조우만에 남은 군함들이 이 해방구를 더욱 안전하게 만들었다.

단속을 걱정하지 않는 클리퍼들이 줄지어 도착해 아편 재고가 몰수 이전의 수준을 회복했다. 자딘-매더슨 상사는 거래 위축을 도약의 기회로 활용했다. 헐값에 매물로 나온 클리퍼를 맹렬하게 사들여서 이제는 인도 동쪽의 어느 항구든 회사 선박이 한 척 이상 정박해 있을 정도였다. 주력함대가 조우산으로 이동할 때 매더슨은 선박 몇 척을 수송선으로 쓸 수 있도록 빌려주면서 아편 판매선 여러 척을 원정대에 끼워 넣었다. 엘리엇 제독은 아편 거래를 금지했지만 현장 지휘관들은 신경 쓰지 않았다. 함대가 이동할 때 아편 판매선은 일정한 거리를 유지하며 계속 아편을 팔았고, 군함들은 접근하는 중국 선박을 막지 않았다. 오히려 중국인들이 군함과 판매선을 혼동하는 일이 많아서, 군함 갑판에 은 자루를 던지고 인수증을 보이면서 아편을 내놓으라고 떼쓰는 일도 일어났다. 매더슨은 또 다른 수입원을 발굴했다. 원정대는 병사들의 급료와 보급품 조달로 매일같이 은을 지출했는데 마리온호에 실려 있는 은이 언제까지 견딜지 가늠이 되지 않았다. 계획이 지연되면 은이 다 떨어지고 그러면 제독 명의로 어음을 발행해서 은을 구입해야 했다. 그만한 은을 보유한 사람은 아편 상인밖에 없고, 그중에서도 가장 많이 보유하고 있는 것이 자딘-매더슨 상사였다. 회사가 보유한 은이 부족하면 어음과 아편을 맞바꿀 수도 있었다. 원정대가 아편을 다른 상인에게 넘기고 대금으로 은을 받을 수 있기 때문이다. 이렇게 매더슨은 원정대를 상대하는 금융업에 뛰어들었고, 전쟁 상황을 감안해서 높은 수수료를 챙기면서 짭짤한 수익을 올렸다.

주력함대는 북쪽으로 이동하면서 해안 봉쇄를 단행했다. 원래 해안 봉쇄란 봉쇄를 선언한 후에 선박을 나포하는 것이지만 중국에서는 의미가 없었다. 미리 선언하지도 않았거니와 선언할 상대도 없었기 때문에 함대가 전진하다가 마주치는 선박을 모조리 나포하는 해적 행위에 지나지 않았다. 중국 측에서 보면, 해안 봉쇄는 웃기는 일이어서 영국 함대의 출현이 알려지자 연안의 항구들이 스스로 출항을 금지시켰다. 물자 운송을 운하에 의지하는 중국은 해상 운송의 의존도가 낮아서 출항을 금지해도 문제가 없었다. 이렇게 되니 누가 누구를 봉쇄하는지 분명하지 않았다. 영국군이 나포할 만한 배는 닝뽀, 푸조우와 말라카를 오가는 원양 정크 수백 척 정도였고, 이 항로를 차단하면 압박을 받는 쪽은 중국이 아니라 동남아시아의 항구였다. 함대가 정크 몇 척을 나포하자 싱가포르 총독이 정크가 도착하지 못하면 그곳 경제가 엉망이 된다고 강력히 항의해서 고스란히 풀어 줄 수밖에 없었다.

그러나 광조우는 달랐다. 이곳은 선박 운송 비율이 높았고 특히 소금과 쌀을 싣고 온 배들을 순양함 드루이드호가 나포하자 당국이 호전적으로 변해 영국인에게 현상금을 걸었다. 군함 선장을 잡아 오면 은 5,000냥, 병사, 선원, 상인을 사로잡아 오면 100냥, 목을 들고 오면 20냥을 상금으로 준다고 했다. 다만 여기에도 인종 차별이 있어서 백인[白鬼]을 잡아 오면 100냥이지만 인도인[黑鬼子]을 잡아 오면 상금이 반으로 줄었다. 주민이 자기 배를 화선으로 개조해서 대포 74문 전함을 불태우면 상금이 1만 냥이었고, 작은 배를 불태우면 100냥을 준다고 했다. 이와 함께 한간에 대한 대대적인 단속이 벌어졌다. 이제 한간은 아편 사범에 국한되지 않고, 영국인과 접촉하는 모든 사람을 자칭했다.[2] 관원들은 홍상, 퉁스, 마이빤을 모두 오랑캐에게 보급품을 조달해 주고 정보를 제공하는 한간으로 지목해 감시했다. 그러나 한간으로 지목된 사람들은 대부분 애매한 처지에 있었다. 그들은 평범한 주민이었으며 국가적 이해나 도덕적 책무에 대해서는 관심이 없었다. 그저 무역을 통해 먹고 살 길을 찾았고, 기회가 닿아 오랑캐 밑에서 일자리를 얻어 자신도 모르게 정보원이 되어 버린 사람들이었다. 그래서 한간에 대한 단속은 심각한 내부 균열을 일으켰다. 당국이 이들에게 화살을 돌림으로써 오히

---

2 金峰,「鸦片战争时期清政府处理汉奸问题措施研究」.

려 오랑캐에 대한 정보를 가진 사람들을 적으로 만드는 동시에 오랑캐와 한 간이라는 두 갈래의 적과 동시에 싸워야 하는 상황을 스스로 만들었다. 주민들은 오랑캐보다 당국을 더 원망했다. 관원과 관병은 주민들로부터 외면당했고, 자발적으로 전투에 참가하려는 사람들도 없었다. 전투가 벌어졌을 때 "그건 너희들 일이지, 내 일이 아니다."라고 생각하는 사람들이 훨씬 많았다. 그것은 광조우에 국한된 상황이 아니어서, 뒷날 전투가 벌어진 모든 지역에서 관官과 민民은 대립하거나 충돌했다.

마카오도 긴장에 싸였다. 광조우 당국의 적대적 조치가 마카오의 오랑캐 전체를 겨냥했기 때문이다. 오랑캐를 대상으로 하는 습격 사건이 자주 일어났다. 승마를 하던 미국인이 습격당해 말에서 떨어졌고, 길 가던 해군 장교의 목에 누군가 칼을 들이댄 일도 있었다. 그해 8월에는 특히 험악한 사건이 일어났다. 젊은 사람 몇이 수영을 하러 나갔다가 스탠턴Stanton이라는 청년이 납치되었다. 이 청년이 수로에서 옷이 찢기고 피를 흘리는 모습으로 끌려가는 것이 목격되자 모두들 현상금을 노린 소행이라고 생각했다. 소식을 듣고 달려온 드루이드호의 선장이 핀토 총독에게 협조를 구했고, 총독은 연락관을 광조우로 파견했다. 그러나 광조우 당국은 연락관을 상대조차 하지 않았다. 그는 마카오로 돌아오는 길에 치엔산의 병력 증강 상황을 목격했다. 그 병력은 흠차대신이 민병대 중 일부를 관병에 편입시킨 부대였다. 흠차대신은 스탠턴을 직접 심문하기도 했으며, 이제 마카오에 본격적으로 압력을 가할 준비를 했다. 그는 적당한 기회를 봐서 군대를 마카오로 진격시킬 생각이었다.

그러나 영국군이 선수를 쳤다. 8월 18일에 드루이드호 선장이 병력을 집결시켰다. 드루이드호와 경순양함 3척, 그리고 뒤늦게 도착한 벵골 용병 180명과 해병을 합쳐 350명 정도의 육상 병력이 있었다. 다음 날 아침 육상부대가 무장 증기선 엔터프라이즈Enterprise호에 승선해 군함 네 척과 함께 마카오 동쪽 해안선을 따라 움직였고, 육상부대 일부가 해안선을 따라 도보로 전진하면서 함대를 엄호했다. 마카오 인근 해안 포대를 바다와 육지에서 포위하는 작전이었다. 함대가 접근하자 해안 포대도 전투 태세에 돌입했지만 육지 방향으로 배치되어 있던 대포의 방향을 급히 바꿔야 해서 병졸들이 우왕좌왕했다. 경순양함이 해안에서 600미터 정도 거리를 유지하면서 32파운드 포를 발사했다. 중국군도 응사했지만 포탄이 닿지 못했다. 군함들이 한 시간 동안 느긋하게 포탄을 퍼부어 해안 포대를 궤멸시킨 후 육상부대가 상륙해서 포대를 점령하고 대포를 파괴했다. 잠시 후 육상부대가 다음 진지로 방향을 틀어 공격을 시도했지만 여기는 성벽이 있어서 쉽게 진격하지 못했다. 그사이 바다 쪽에서 중국 측 전선이 다가와 대포를 쐈고, 성벽에서도 포탄이 날아왔다. 육상부대가 일제 사격으로 성벽을 제압하고 경순양함이 방향을 틀어 측면 포를 발사하자 전선들이 퇴각했다. 산등성이에서 전투를 구경하던 군중이 진지가 무너져 퇴각하는 병사들과 함께 흩어졌다. 육상부대는 성벽 근처의 막사를 불태우고 돌아왔다. 영국 측은 전사자없이 4명이 부상을 입었다고 기록했다. 중국 측은 소수의 인명 피해가 있었지만 오랑캐가 많은 인명 피해를 입었고 군함들이 파손된 채 퇴각했다고 기록했다. 규모는 작았지만 이 전투는 영국군 육상부대가 최초로 중국군과 벌인 전투였다.

북쪽으로 항해하는 원정대는 외상의 친서를 중국 측에 전달하는 임무를 수행해야 했다. 외상은 군사적 충돌을 피하고 외교 협상에 기대는 '문명적 교섭'을 위해 권한을 지닌 고위 관리에게 자신의 친서를 전달하라는 지침을 내렸다. 이에 따라 사령부는 순양함 블론드호를 광조우에서 가장 가까운 샤먼으로 보냈다. 7월 2일 샤먼 앞바다에서 블론드호에 접근한 관원들에게 함장이 백기를 게양하고 해안으로 간다고 알렸다. 그러나 관원들은 백기의 의미를 몰랐다. 함장과 통역관이 보트를 타고 해안에 다가갈 때 모여든 군중이 욕설을 퍼부었고, 험악한 분위기를 눈치챈 함장은 그냥 돌아왔다. 함장은 다음 날 아침 블론드호를 해안에 더 가까이 접근시켰다. 중국 측도 해안 포대의 대포를 장전하고 병선에 대포를 실어 전투에 대비했다. 블론드호가 해안에서 몇 백 미터 떨어진 곳까지 접근해서 닻을 내린 후 통역관이 백기를 꽂은 보트를 타고 해변으로 갔다. 전날보다 더 많은 군중이 욕을 퍼부었고 화살과 총알이 날아왔으며, 군졸 몇 명이 보트를 잡으려고 물로 뛰어들었다. 그러자 블론드호가 대포 2발을 발사했다. 날아온 포탄으로 몇 명이 넘어지고 군중이 흩어지는 동안 통역관은 그냥 돌아갔다. 잠시 후 블론드호가 측면 포를 일제히 발사했다. 해안 포대도 응사했고 병선의 대포도 불을 뿜었지만 블론드호에는 미치지 못했다. 두 시간 넘게 계속된 포격전으로 해안 포대와 가옥 여러 채가 파괴되었지만 포대 뒤의 산등성이에는 사람들이 모여 전투를 구경했다. 통역관은 친서의 사본을 병에 넣고 밀봉해 물에 띄웠다. 어부 하나가 병을 건져 가는 것을 본 후 블론드 호는 닻을 올리고 출발해서 함대와 합류했다. 중국 측에서 9명이 죽었고 영국 측은 1명이 죽었다고 했다.

조우산 군도는 닝뽀에서 바다로 튀어나온 곳의 맞은편에 있다(그림 9-1 참조). 군도는 200여 개의 조그만 섬으로 이루어져 있지만 조우산은 길이가 40킬로미터, 폭이 9~15킬로미터로 제법 컸고, 섬의 남쪽에 저쟝성 소속으로 5만 명 정도의 인구를 가진 딩하이定海현이 있다. 이 항구는 남과 북을 잇는 해상 운송의 중간 기항지 역할을 하는 요지여서 동남 연안에서 북방으로 향하는 선박들이 바람과 조류를 살핀 후 북쪽으로 이동하기 위해 들르는 곳이었다.[3] 이 해역에는 예전부터 유럽 선박이 자주 드나들었고 아편 거래가 활발한 곳이어서 항해 정보는 충분했다. 원정대는 큰 어려움 없이 7월 1일

---

3 茅海建, 『天朝的崩潰』, 157쪽.

에 조우산 군도의 남쪽에 집결했지만 여기서부터는 섬과 섬 사이를 지나야 하므로 쉽지 않았다. 섬들이 조밀하게 분포되어 있고 암초도 많았으며, 조류도 세차서 웰즐리호와 같이 큰 배는 함부로 들어갈 수 없었다. 이 해역에 자주 왔던 아편 판매선도 내부 항로에는 익숙하지 않았다. 원정대는 증기선 애틀랜타Atlanta호를 앞장세워 수심을 측량해 항해 가능한 항로를 찾아냈고, 그 다음에는 증기선이 웰즐리호를 딩하이가 보이는 곳까지 예인했다.

딩하이는 바깥세상에서 큰일이 벌어져도 모르고 지나칠 정도로 평화로운 포구였다. 그래서 지현 야오화이샹姚懷祥은 오랑캐 선박이 나타나자 무척 놀랐다. 처음에는 2척이던 것이 얼마 후에는 13척으로 늘어났다. 영국군 장교가 포구의 병선에 투항 권고문을 전달하자 지현은 비로소 그 배들이 군함이라는 사실을 알았다. 그는 총병總兵(주둔군 사령관)인 장차오파張朝發를 파견했다. 그날 저녁에 총병이 웰즐리호에 오르자 선장이 귀츨라프를 시켜 사령부의 통첩문을 전달했다. 귀츨라프는 중국어 실력을 최대한 발휘하여 수준 높은 문언으로 통첩문을 작성했고, 세부적인 표현에서도 상대방에 대한 예의를 최대한 갖추었다. "중국 측이 광조우에서 무도하게 영국 관리를 모욕하고 영국인의 재산을 침탈했기 때문에 불법을 시정하기 위해 대영제국이 함대를 파견해 딩하이를 점령하고자 한다. 영국군은 쓸데없는 살상과 주민의 생업 파괴를 원하지 않으므로 항복하면 살육은 없을 것이지만, 저항하면 무력으로 점령할 것이다. 내일 아침까지 항복 의사를 밝히지 않으면 공격하겠다."는 내용이었다. 선장은 총병 일행을 안내해서 선박 내부, 특히 갑판 밑의 포대를 보여 줬다. 총병은 영국이 강하고 중국이 약한 것은 분명하지만 결코 항복하지 않겠다는 말을 남기고 돌아갔다. 시한은 다음 날 오후 2시였다.

총병의 보고를 받은 지현은 장군들을 소집했지만 동원 가능한 병력은 얼마 되지 않았다. 명부에 기록된 병사가 1,600명이었지만, 정규군은 몇 백 명이 안 되었고, 나머지는 1년에 한두 번 모여 창과 칼로 훈련 받고 흩어지는 민병대였다. 딩하이는 해안에서 약간 떨어진 성벽으로 둘러싸인 도시였으며, 해안의 방어 시설은 방파제 뒤에 있는 원형 포대뿐이었다. 방파제 너머에는 야트막한 산이 있었지만 그곳에는 포대가 없었다. 지현은 주민을 동원해 방파제에 곡물부대를 쌓고 중앙의 원형 포대를 보강했다. 병선이 몇 척 되지 않아 어선과 상선을 모조리 징발해서 방파제 앞에 포진시켰다. 육지에서 대포를 가져와 병선에 장착했지만 그래봐야 웰즐리호의 한쪽 측면과 비슷한 30문밖에 되지 않았다. 그래도 수비대는 횃불을 밝히고 밤새도록 진지를 보강했다.

다음 날 아침 웰즐리호가 해안에 바싹 접근했고, 정오에는 모든 군함이 해안선과 나란히 포격 자세를 취했다. 사령부는 파편이 많이 튀는 포도탄 grapes 대신 성벽 공격용인 26파운드 원형탄을 장전하도록 했다. 정오가 지나도 해안에서는 아무런 기척이 없었다. 오후 2시가 조금 넘어 웰즐리호가 원형 포대를 향해 경고 사격을 하자 병선이 공포로 응사했다. 잠시 후 웰즐리호에 공격 개시 깃발이 오르면서 모든 대포가 일제히 불을 뿜었다. 원형 포대와 병선들도 응사했다. 날아온 포탄이 군함 몇 척에 맞았지만, 어느 장교의 회상에 따르면 해안 포대는 포격 시작 후 정확히 9분이 지나 응사를 멈췄다고 했다. 해안의 진지가 무너졌고, 병선 2척이 부서지고 원형 포대도 파괴되었다. 육상부대가 무너진 방파제 사이로 상륙했지만 저항은 없었다. 제일 먼저 상륙한 아일랜드 연대는 곧장 방파제 너머의 산으로 향해 3시경에 정상에 깃발을 올렸다. 전투 개시 한 시간 만에 영국 국기가 역사상 처음으로 중국 땅에서 나부끼는 모습이 연출되었다.

육상부대가 해안에서 딩하이까지 1킬로미터 남짓 깔려 있는 논을 가로질러 전진했다. 산등성이의 포병이 엄호할 계획이었지만 저항은 없었다. 성벽에 다가간 선발대가 9파운드 소형 대포를 성안으로 발사하자 성안에서도 징소리가 요란하게 울리면서 포탄이 날아왔다. 석양이 가까웠으므로 부대는 해안으로 물러났다. 다음 날 아침 후속부대가 상륙을 마칠 때 성에서는 주민들이 북문을 통해 피난 가고 있었다. 소규모 정찰대가 남쪽 성문에 접근해도 아무 반응이 없어서 사다리를 타고 성벽에 올라가 보니 성루는 텅비어 있었다. 성문이 열리고 주력부대가 입성하는 것으로 딩하이는 점령되었다.

수비군은 첫날 포격으로 사실상 궤멸 상태에 빠졌다. 인명 피해 때문이아니라 병사들이 도망쳤기 때문이었다. 첫날에는 일부가 저항했지만 둘째날 아침에는 모든 병사들이 피난민에 섞여 도망쳤다. 지현 야오화이샹은 마지막까지 남아 있다가 영국군 주력부대의 입성을 보고 피난민에 섞여 북쪽 성문으로 나가서 조용한 불사佛寺의 연못에 몸을 던져 생을 마감했다. 총병 장차오파는 첫날 포격전에서 다리를 잃어서 부하들이 닝뽀로 데리고 갔지만 며칠 후 숨을 거두었다. 오히려 놀란 것은 원정대 사령부였다. 해군성은 전쟁이 그리 간단하지 않을 것이라 경고했지만 예상 외로 너무 쉽게 첫 전투를 끝냈기 때문이다. 장교들은 첫날 조그만 원형 포대에 포탄을 너무 쏟아부어 주변 마을까지 쑥밭을 만들었다고 생각했다. 영국군에게 이 전투는 중국인의 이해할 수 없는 반응을 목격한 첫 경험이었다. 약세가 분명함에도 투항하거나 협상하지 않고 싸운 것도 이해할 수 없었고, 지현의 자살은 더욱 이해하기 어려운 일이었다.

해안가 마을은 쑥대밭이 되었지만 딩하이성은 큰 피해를 입지 않았다. 시가지에는 크고 작은 집이 사방 1킬로미터의 길 양쪽으로 늘어서 있었다. 집안에는 찻잔에 차가 남아 있거나 음식을 먹다가 급히 떠난 흔적도 많았다. 관청의 창고에는 곡물이 쌓여 있었고, 무기고에는 총, 활, 폭죽, 갑옷 등이 있었다. 총은 대부분 대장간에서 두드려 만들었음직한 구식이었다. 시가지에는 인적이 끊겼고 사람이 남아 있는 집도 문을 걸어 잠갔다. 장교들은 병사들의 통제에 애를 먹었다. 상륙 첫날에도 마을에서 술을 발견해 만취한 2,000명이나 되는 병사들이 시가지를 헤집고 다니면서 여기저기서 사건이 터졌다. 집단 학살까지는 가지 않았지만 피난길에서 사살된 사람이 꽤 많았고, 세포이 용병의 강간 사건도 몇 건 발생했다. 약탈은 상식이었다. 약탈을 뜻하는 'loot'라는 단어는 원래 힌두어의 'lut'에서 유래했는데, 딩하이 전투를 계기로 점령지에서의 합법적인 약탈을 의미하는 영어 단어로 정착되었다고 한다. 세포이 용병에 이어 영국군 병사들도 뒤따라 모든 가옥을 대상으로 돈이 될 만한 것은 모조리 약탈했다. 점령군만이 아니었다. 성 밖으로 도망쳤던 사람 일부가 몰래 들어와서 물건을 훔쳐 나갔다. 처음에는 못 본 체했지만 점점 숫자가 늘어나는 바람에 나중에는 발각되면 사살한다는 포고문을 곳곳에 붙였고 실제로 몇 명을 사살했다. 어떤 젊은이는 돌아가신 어머니의 시신을 성 밖에 묻어 드리겠다고 애걸해서 들여보냈는데, 성문을 나설 때 보초병이 관을 열어 보니 시신 대신 비단 수십 필이 들어 있었다.

사령부는 큰 저택에 주둔군 본부를 차리고 귀츨라프를 민정관으로 임명해서 치안 유지를 맡겼다. 그러나 약탈과 강간 소문이 퍼지면서 딩하이는 유령도시로 변했다. 시장이 열리지 않아서 점령군은 식품 보급을 위해 보급조를 성 밖으로 파견해야 했다. 바깥은 평소와 다름없이 농사를 짓는 전원이었다. 그러나 주민들이 점령군에 적대적이어서 돈을 준다 해도 식품을 팔려 하지 않았다. 노인이 나서서 빨리 물러가라고 점잖게 타이르는 마을도 있었지만 그것은 드문 일이었다. 바다 건너 닝뽀 당국이 현상금을 내걸고 저항을 유도해서 주민은 위협적 존재로 변했다. 자딘-매더슨 상사의 마이빤이 식품을 구하러 나갔다가 실종되자 사령부가 수색대를 파견했다. 이들은 이틀간 섬 전체를 샅샅이 뒤졌지만 실종자를 발견하지 못했다. 사흘째 되던 날 어느 마을에 들어서자 주민들이 몰려나와 그들을 둘러싸고 함성을 지르며 위협했다. 수색대는 공포를 쏴 군중을 해산시켰지만 수색을 계속할 분위기가 아니어서 급히 돌아왔다.

이 상황에서도 악착스러운 아편 상인들은 장사를 했다. 엘리엇 제독이 점령지에서 아편 거래를 금지했지만 상인들은 아랑곳하지 않고 새로운 시장을 개척하려고 안간힘을 썼다. 점령 후 며칠이 안 되어 자딘-매더슨 상사의 아편 판매선이 속속 도착해 딩하이와 주변 마을에서 한 상자에 100달러라는 헐값에 아편을 팔면서 새로운 고객을 유혹했다. 딩하이 점령으로 시장이 확대될 것이라 확신한 상인들은 캘커타에 계속 주문을 보냈다. 1840년 8월부터 11월까지 도착한 아편 클리퍼가 48척, 실려 온 물량은 12,000상자에 달했다. 이와 별도로 인도양에는 3만 상자를 적재한 운반선이 항해 중이어서 예전 재고까지 합치면 몰수 이전 물량의 서너 배를 넘어섰다. 선교사들도 새로운 가능성을 발견했다. 피터 파커의 전례를 따라 런던선교협회가 파견한 의사들이 진료소를 차려 몇 개월 내에 중국인 환자 1,600명을 치료했다. 점령지 딩하이에 아편과 복음이 함께 들어온 것이다.

원정대는 딩하이에 얼마간 머물러야 했다. 전권대사 두 명이 탄 기함 멜빌호가 바닥을 긁어 커다란 구멍이 뚫려서 본격적으로 수리해야 했다. 멜빌호를 수리하는 동안 사령부는 외상의 친서 전달을 위해 블론드호를 대안對岸의 쩐하이鎭海(전하이)로 파견했다(그림 9-1 참조). 쩐하이의 수비대는 전투 태세를 갖추고 있었으나 포격은 하지 않았다. 관리들이 와서 친서를 받아 갔으나 얼마 후 개봉하지도 않은 채 도로 가져왔다. 그들은 오랑캐 문건을 접수하는 것만으로도 문책의 위험이 있어서 감히 나서지 않았다. 블론드호는 이번에도 목적을 이루지는 못했지만 충돌 없이 돌아왔다. 7월 21일에 블렌하임호가 영국을 떠난 지 5개월 만에 도착해서 주력함 3척이 모두 모였다. 멜빌호가 수리를 마치자 함대는 딩하이에 주둔 부대를 남겨 두고 8월 1일에 조우산 군도를 빠져나와 북쪽으로 방향을 잡았다. 목적지는 베이허였다.

그런데 함대가 출발한 후 딩하이 주둔군의 악몽이 시작되었다. 인도에서는 하인들이 해 주던 세탁과 음식 준비 등을 병사들이 직접 해야 했고, 무거운 장비를 휴대하고 순찰을 돌아야 하는 등의 고달픈 상황이 이어졌다. 주둔군 사령부가 진지 구축 작업에 투입한 병사들은 더욱 고단한 시간을 맞이했다. 아일랜드 출신 18연대가 산등성이에 포대를 구축하기 위해 경사면을 깎는 작업을 했는데, 이곳이 공동묘지여서 삽질을 하자 관이 무더기로 나왔다. 파낸 관을 한쪽에 모아 놓으니 하루 이틀 사이에 악취가 진동했고, 견디다 못한 병사들은 시신을 불태웠다. 주둔군은 숙영지 때문에도 골치를 썩였다. 주민들의 습격을 우려해 병사들을 성 밖에서 숙영하도록 한 조치가 문제였다. 숙영지로 택한 해안가 마을은 생선 썩는 냄새가 지독했다. 또 포병대와 공병대, 벵골 출신의 용병들은 논바닥에 천막을 쳤기 때문에 밑에서 올라오는 습기로 잠을 잘 수 없을 지경이었다. 식품 조달도 큰 문제였다. 인도인 병사들의 보급에는 딩하이에서 노획한 쌀이 도움이 되었지만 영국인 병사의 보급이 큰 문제였다. 싣고 온 밀가루와 빵이 먹을 수 없을 정도로 부패했지만 현지에서 밀가루를 구할 수 없었다. 싣고 온 가축도 거의 다 잡아먹어서 남아 있는 건 썩은 냄새가 진동하는 절인 고기뿐이었다. 쌀을 안 먹는 영국인 병사들은 썩은 고기와 벌레가 우글거리는 빵으로 끼니를 때워야 했다. 근처의 아편 상선에는 신선한 고기와 채소, 밀가루가 있었지만 장교들이나 가끔 초대 받아 식사 대접을 받았을 뿐 병사들에게는 차례가 돌아오지 않았다. 그러나 가장 치명적인 것은 물이었다. 딩하이 밖에는 우물이 드물고 농로에 흐르는 물밖에 없었다. 그 물은 근처에 가면 코를 막을 정도로 썩은 냄새가 진동했다. 일부 병사들은 할 수 없이 논바닥의 물을 한두 시간 가라앉혀 마셨다.

　주둔군은 이런 낯선 상황에 제대로 적응하지 못했다. 시간이 지나면서 이질이 퍼져 설사와 고열에 시달리는 병사들이 늘어갔다. 고열은 논바닥에 우글거리는 모기가 옮기는 말라리아였지만 군의관들은 아직 정확한 병명을 몰랐다. 나이 많은 장교와 병사들이 먼저 쓰러졌다. 8월 한 달에 열댓 명이 사망했고, 9월에는 사망자가 30명을 넘었다. 입원한 사람이 사망자의 10배가 넘었고, 9월 하순에는 전체 병력의 1/3이 병원 신세를 졌다. 상황이 나빠지자 사령부가 방침을 바꿔 병사들을 딩하이성 안의 빈집으로 이동시켰다. 성안의 우물물을 마시면서 이질 환자도 줄었고, 10월이 되면서 말라리아 환자도 줄어들었다. 그러나 날씨가 더 서늘해지자 병자의 상태는 오히려 악화되었다. 사령부는 환자 400명을 캘커타로 보냈지만 절반은 가는 도중에 사망했고, 나머지도 상륙할 때 제 발로 걷기 어려울 정도였다. 상태가 비교적 좋은 환자 400명은 필리핀으로 보냈지만 1824년에 콜레라 창궐로 혼이 났던 스페인 식민 당국이 환자들의 상륙을 허가하지 않았다. 이들이 탄 배는 몇 주일을 바다에서 떠돌다가 결국 광조우만으로 향했다. 1840년 겨울에 딩하이에는 애초에 주둔했던 3,300명 중에서 1,900명만 남아서 전투력은 그야말로 바닥이었다. 그해 겨울 인도에서 조우산으로 향하던 증원군 900명은 태풍을 만나 몇 개 중대가 사라지는 바람에 절반도 도착하지 못했다. 조우산은 영국군의 무덤이 되었고, 점령군은 툭 건드리면 쓰러질 판이었다.

닝뽀의 관리들도 이런 상황을 파악했다. 그렇지만 그들은 공격할 생각은 하지 않고 영국군의 곤경을 단순히 질병이 아니라 애국심이 강한 주민들의 공적으로 과대 포장했다. 민병대가 우물과 시냇물에 독약을 풀어 2,000명이 넘는 오랑캐가 죽었다고 조정에 보고했다.[4] 그것은 사실이 아니었지만 주둔군이 주민들에게 위협을 받고 있었던 것은 사실이다. 민정관을 맡은 귀츨라프는 난징 출신 중국인 몇 명을 보좌관으로 고용했는데 이들은 민정관의 위세를 등에 업고 주민들에게 모질게 굴어 주민의 원성이 높았다. 그런 위세도

---

4 中國第一歷史檔案館(編), 『鴉片戰爭檔案史料』 3冊, 438~440쪽.

성안에서의 일이었을 뿐 성 밖으로 조금만 나서면 오랑캐와 한간은 위협을 받았다. 패잔병도 많이 남아 있었고 현상금을 노리고 닝뽀에서 들어온 장정들도 있었다. 이들이 항상 영국군을 노렸기 때문에 성 밖에서 병사들이 습격 당하는 일이 여러 차례 있었다. 9월에는 장교가 납치되는 사건도 있었다.

9월 16일에 마드라스 연대의 필립 안스트루더Philip Anstruther 대위가 인도인 선원 한 명을 데리고 성 밖으로 나갔다가 납치됐다. 그림 그리기를 좋아한 그는 딩하이 주변의 풍경을 스케치하거나 산에 올라 간단한 지도를 그리곤 했는데, 이날도 교외로 나가 스케치를 하고 돌아오다가 습격을 당했다. 주민들에게 둘러싸인 대위는 도망치다가 잡혔고, 뒤처진 인도인 선원은 현장에서 돌에 맞아 죽었다. 주민들은 대위를 발도 뻗지 못할 정도로 조그만 나무우리에 가두어 닝뽀로 압송했다. 몸을 움직이기도 어려운 나무우리에 갇혀 욕설에 시달리며 닝뽀에 도착한 대위는 관원의 심문을 받았다. 이 자리에는 점령 초기에 납치된 마이빤이 통역으로 나타났다. 심문이 끝나자 관원들이 대위를 좁은 감방에 가두었는데 거기에는 다른 영국인 포로들이 있었다. 마드라스에서 보급품을 싣고 온 수송선 카이트Kite호의 선원들이었다. 카이트호는 딩하이에 보급품을 내려놓고 양쯔강 정찰에 나섰다가 좌초했다. 선장이 사망하고, 그의 부인과 장교, 선원 10여 명이 살아남아 가까운 해안에 상륙했다가 주민들에게 붙잡혀 갖은 고초를 겪으면서 닝뽀로 압송되었다. 모두 안스트루더 대위와 마찬가지로 작은 나무우리에 실려 이송되었으며, 선장 부인은 침 세례를 받고 머리끄덩이를 잡히는 수모를 당했고 결혼반지도 뺏겼다고 했다. 그들도 닝뽀에서 심문을 받고 안스트루더 대위와 같은 감옥에 갇혀 있었다. 중국인 아편 사범과 함께 수감된 감방은 좁고 불결했으며 음식도 형편없었다. 포로들은 협상을 통해 풀려날 때까지 감옥에서 몇 달을 지내야 했으며, 안스트루더 대위는 감옥 생활을 상세하게 기록으로 남겼다.

베이허의 협상

조공국이 아닌 서양 오랑캐에 관련된 모든 결정권은 황제에게 집중되어 있었다. 황제는 매일 새벽에 4명의 군기대신과의 회의에서 서양 오랑캐 문제를 상의하고 결정했지만 파벌로 갈라진 군기대신들의 의견 차이로 쉽게 결정을 내리지 못하는 경우가 많았다. 또 황제는 독자적 정보 채널이 없어 지방 총독과 순무의 보고서에 전적으로 의존했다. 명나라 시절에는 환관들이 비선秘線 정보를 제공했지만, 청 황실은 환관의 발호를 싫어해서 그것을 운영하지 않았다. 그런데 총독과 순무의 보고는 구체적인 실무 정보보다 수사修辭가 더 큰 비중을 차지했다. 이들은 고향이 아닌 지역에서 일정 기간 근무한 후 다른 곳으로 옮겨 갈 사람들이어서 관할구역의 일에 대해 심각하게 생각하지 않았다. 무슨 일이 생기면 못 본 체하거나 그 지역 출신 관리들에게 해결을 맡겼다. 베이징의 조정에는 적당한 선까지만 알렸다. 너무 구체적으로 알리면 조정에서 미리 대비하지 않았다는 질책이 쏟아질 가능성이 컸기 때문에 처음에는 적당히 얼버무리다가 조정에서 구체적인 정보를 요구해 오면 그때 수위를 조금 높여 보고하는 것이 관례였다. 총독과 순무는 자신들의 관할구역에 조정이 관심을 보이는 것을 싫어했고, 그래서 문제가 있어도 자신이 먼저 문제를 개선하자고 나서는 일은 별로 없었다. 황제는 이런 보고에 파묻혀 있었으며, 그래서 실제 상황과 보고 내용이 판이하게 다른 경우가 드물지 않았다.

우편제도에도 문제가 있었다. 중국의 역참驛站제도는 여러 등급이 있는데 보통 등급은 광조우에서 베이징까지 30~35일이 걸렸다. 특급 중에서 '사백리가급四百里加急'으로는 20일 이상, '오백리가급五百里加急'으로는 16~19일이 걸렸다. 하루에 600리, 800리를 달리는 등급도 있지만 말이 죽을 염려가 있어서 특별한 일이 아니면 사용하지 않았다.[5] 당연히 등급에 따라 비용 차이가 컸으며 특급을 이용한다는 것 자체가 관할구역에 문제가 있음을 의미하기 때문에 어지간한 일이 아니면 최고 등급의 배달을 주문하지 않았다. 그래서 각 지역에서 발송한 보고서가 도착하는 날짜가 뒤죽박죽이었고, 도착후에도 황제에게 전달되기까지 또 시간이 걸렸다. 이런 상황에서 조정이 특정 사건의 전개 과정을 순서대로 추적하는 것은 불가능했다. 상황이 종료된후에야 상황이 시작됐다는 보고를 받는 일도 비일비재했다. 그런 제도와 관료문화가 뒤섞여 혼란기에는 심각한 정보 암흑 상황을 야기했다. 딩하이 함락 직후 조정에서 벌어진 혼란은 이런 요인들이 한꺼번에 작용한 결과였다.

다오광황제에게 딩하이 함락은 충격인 동시에 혼란의 시작이었다. 7월부터 8월 중순까지 영국 오랑캐에 대한 보고가 뒤죽박죽 들어오면서 조정은 도대체 무슨 일이 벌어지는지를 파악하지 못하고 허둥대며 시간을 낭비했다. 아편을 폐기할 때만 해도 황제는 흠차대신의 보고가 대부분 낙관적이어서 그가 모든 일을 차곡차곡 수행하고 있다고 믿었다. 그런 생각은 6월에 영국 함대가 도착했을 때에도 달라지지 않았다. 딩하이가 함락될 무렵 받은 보고는 광조우에 나타난 배들이 아편 상선이며 강력한 방비 태세를 보고 도망쳤다는 내용이었다. 블론드호가 샤먼에 출현했을 때도 민절총독은 아편선박을 대포를 쏴서 내쫓았다고 보고했다. 블론드호가 쩐하이에 접근했을 때에도 마찬가지였다. 그런 보고에 묻혀 있던 상황에서 갑자기 딩하이 함락소식이 들어오자 조정이 혼란에 빠진 것은 당연했다.

딩하이 함락은 12일이 지나도록 조정에 알려지지 않았다. 딩하이가 함락된 그날 황제는 린쩌쉬가 6월 중순에 오랑캐의 소형 선박을 불태웠다는 보고서에 흡족하다는 비답을 내렸다. 그로부터 사흘이 지난 7월 20일에 오랑

---

5 茅海建, 『天朝的崩潰』, 164쪽.

캐 3,000명 이상이 딩하이에 상륙했다는 보고가 왔지만 황제는 위기감을 느끼지 않았다. 그는 린쩌쉬의 말대로 이들이 광조우에서 쫓겨난 아편 상인이라는 생각을 버리지 않고 방어 태세를 강화하라고만 지시했다. 7월 24일에 저장에서 온 보고서로 사태가 분명해지자 황제는 민절총독과 양강총독에게 병력을 파견해서 딩하이를 수복하라고 지시했다. 8월에 들어서자 블론드호의 쩐하이 출현이 알려졌고, 린쩌쉬의 영국군 북상 가능성을 경고하는 보고서도 들어왔지만 조정은 아직도 영국 함대의 정확한 위치나 방향을 파악하지 못했다.[6] 지방에서 올라오는 보고는 사실과 동떨어진 것이 많았다. 절강순무浙江巡撫는 오랑캐들이 딩하이를 무역기지로 삼으려고 점령 후 포구를 정비하고 시장을 열어 오랑캐 물품을 팔고 있다고 보고했다. 쟝쑤의 순무 위치엔裕謙의 보고는 더 상세했다. 영국인이 포르투갈인에 비해 불이익을 받았다고 불평해 왔으며 마카오에서 세금을 내는 포르투갈인과 달리 영국인들은 꽁홍을 통해 세금을 납부하는 점을 치욕으로 여겨 왔다고 했다. 그들이 불이익을 만회하려고 다른 항구와의 교역 기회를 찾다가 광조우의 무역 중단을 핑계로 방비가 허술한 딩하이를 점령했다는 것이었다. 그 내용은 거의 소설에 가까웠지만 조정의 인식도 이를 벗어나지 않아서 딩하이 함락을 오랑캐들이 무역을 애걸하다가 뜻을 이루지 못하자 일으킨 폭동 정도로 생각했다. 황제는 현지 관리 몇 명을 문책하고, 병력을 보강해서 딩하이를 탈환하라고 명령했다. 그것은 영토 탈환 명령이 아니라 손상된 체면을 복구하라는 명령이었다.

그런 생각은 며칠 만에 말도 안 되는 오해라는 것이 밝혀졌다. 8월 초에 도착한 린쩌쉬의 보고는 딩하이에 나타난 배가 모두 군함이며 이들이 티엔진으로 향할 가능성이 있다는 경고를 담고 있었다. 흠차대신이 이 보고서를

6 茅海建, 『天朝的崩潰』, 165~167쪽.

보통 등급으로 보냈기 때문에 한 달 이상 걸려서 베이징에 도착한 것이 치명적 실수였다. 비슷한 시기에 영국 군함들이 베이허에 나타났다는 보고가 들어왔기 때문이다. 오랑캐가 베이허로 간다는 경고와 그들이 코앞에 나타났다는 보고를 거의 동시에 받아 든 황제는 큰 혼란에 빠졌다. 황제는 베이징 주변을 관할하는 직예총독 치산에게 오랑캐 문제를 처리하라고 명령했다. 오랑캐가 유순하게 굴면 광조우에서 무역 재개를 허가할 것이며, 그렇지 않으면 무력으로 격멸하라고 지시했다. 총독은 급히 대비 태세를 갖추라고 지시했지만 실제로는 아무것도 하지 못했다. 연락이 너무 늦어 현지 부대가 행동에 착수하기도 전에 영국 군함이 나타났다는 추가 보고가 올라왔기 때문이다.

혼란 속에서 황제의 생각은 이리저리 흔들렸다. 샤먼에서 영국인이 무슨 편지를 전달하려 했다는 보고와 린쩌쉬의 상주문이 함께 도착했다. 린쩌쉬는 영국 오랑캐가 넓은 바다에서는 강하지만 좁은 수로로 유인하면 그물에 갇힌 물고기 신세가 되어 쉽게 격멸할 수 있다고 장담했다. 그러나 황제는 린쩌쉬의 상주문보다 샤먼의 소식에 더 관심을 보였다. 그는 티엔진에 가 있는 치산에게 만약 오랑캐들이 샤먼에서처럼 편지를 전달하겠다고 하면 직접 자신에게 가져오라고 명령했다. 그것은 오랑캐 문제에 대한 황제의 시각이 바뀌는 신호였으며, 린쩌쉬에 대한 신임을 거두어들이는 전조였다.

8월 1일에 조우산을 떠난 영국 함대는 산둥山東반도 남단까지 800킬로미터가 넘는 거리를 닷새 만에 주파했다. 그러나 반도의 동쪽 끝에서 다시 서북쪽으로 방향을 튼 후의 해역은 해도도 없는 낯선 곳이었다(그림 1-1 참조). 함대는 수심을 측정하면서 전진과 정지를 반복하다가 바닥이 얕은 지점에 이르러 완전히 정지 상태에 들어갔다. 해안선이 전혀 보이지 않는 바다 한복판이었지만 정크들이 자주 지나가고 있었다. 사령부는 지나가는 정크 한 척을 나포해 그 선원들을 증기선 마다가스카르호에 태워 도선사 역할을 맡

겼다. 갯벌과 모래톱이 많아 썰물 때는 배를 움직이지 못한다고 해서 함대
는 밀물 때를 기다려 천천히 움직였다. 보트 여러 척이 수심을 재며 앞서 나
갔고 웰즐리호가 그 뒤를 따랐다. 어느 정도 전진하자 물위로 대나무 장대
가 여기저기 솟아 있었는데, 이것이 수로의 안내 표지였다. 선발대가 좀 더
전진하자 멀리 해안선이 나타났고, 잠시 후에는 양쪽으로 제방이 드러났
다. 8월 11일에 영국 함대가 베이허의 수로 입구에 도착했다(그림 1-1 참조).

　중국 측은 영국 함대의 도착을 즉각 포착했다. 치산은 먼 바다에 오랑캐
선박 7척이 나타났고 작은 배 한 척이 앞장서서 해안에 접근한다는 보고를
받았다. 총독은 관리를 보내 상황을 파악하게 했다. 그들은 증기선 마다가
스카르호를 만나 영국군과 접촉했다. 이 접촉에 관해 치산은 오랑캐들이 광
조우에서 당한 억울한 일을 호소할 길이 없어 먼 길을 왔으며, 이 사정을 호
소하는 문서를 전달해 줄 것을 간청하면서 식량과 물을 애걸했다고 보고했
다. 총독은 문서를 받아 오고 오랑캐 두목에게 황제의 재가를 받아 답할 때
까지 기다리라고 명령했으며, 식량 부족을 두고 볼 수 없어 자신의 돈으로
구입해 보내고 황제가 은혜를 베풀었다고 했다.[7] 오랑캐 두목은 차석 전권
대사 엘리엇이었고, 전달할 문서는 파머스턴 외상의 친서였다.

　그러나 치산은 서두르지 않았다. 오락가락하는 황제의 모습에 익숙한 총
독은 보고의 득실을 계산했고, 시간을 끌면서 오랑캐의 호감을 사는 쪽으로
행동했다. 그는 부관 바이한장白含章을 시켜 신선한 고기와 채소를 보냈다.
딩하이 출발 후 보급품을 조달할 길이 없어 곰팡이가 잔뜩 낀 빵을 먹던 선
원들은 이 선물을 무척 반가워했다. 이틀 후 총독은 다시 바이한장을 보냈
다. 영국군은 낯이 익은 이 사람을 캡틴 화이트Captain White라 불렀다. 그
의 전갈은 문서를 공식적으로 접수하지만 베이징의 답신을 받으려면 열흘

---

7 中國第一歷史檔案館(編), 『鴉片戰爭檔案史料』 2冊, 258쪽.

이상 기다려야 한다는 것이었다. 엘리엇 제독은 친서를 바이한장에게 넘겨 주고 함대를 바다로 이동시켰다. 딩하이에서 퍼 온 더러운 물에서는 지독한 냄새가 났고, 신선한 음식 재료의 확보도 시급했기 때문이었다. 제독이 각 자 보급품을 조달하라고 지시해서 함대는 잠시 흩어졌다. 웰즐리호는 멀리 가지 않고 부근의 섬에서 고기와 채소를 찾았지만 일부 함정은 멀리 랴오둥 遼東(랴오둥)반도까지 진출했다. 보급품은 구입하도록 했지만 주민들이 팔려 고 하지 않으면 뺏는 것이 보통이었다. 해안에는 약탈을 막을 군대가 없었 고 치산도 영국군의 약탈에 신경 쓰지 않았다. 완전히 흩어졌던 함대는 8월 27일에 다시 베이허 입구에 집결했다. 해안은 조용했고 선박의 왕래는 끊 어졌다. 이미 기한이 지났으므로 사령부는 무력시위로 총독을 압박하기 위 해 전투 태세를 명령했다. 그런데 그날 오후 바이한장이 나타나 8월 30일에 총독과 전권대사의 회담을 제안해 왔다. 그것은 황제가 처음으로 서양 오랑 캐와의 공식적인 만남을 허용한 회담이었다.

　회담 제안은 지난 한 달 사이 베이징의 분위기, 더 정확히 말하자면 황제 의 생각이 급선회한 결과였다. 황제가 파머스턴 외상의 친서를 읽은 것은 8 월 19일이었다고 하는데, 사실 분위기의 급선회는 그 전부터 감지되고 있 었다. 그 변화의 핵심은 린쩌쉬에 대한 시각의 변화였다. 흠차대신으로 파 견한 후 황제는 그의 조치를 적극적으로 지지하고 칭찬을 아끼지 않았다. 아편을 몰수해서 소각했을 때에는 "속이 시원하다[大快人心]."라고 비답을 내렸고, 화선을 동원해서 군함에 불을 붙이는 전략을 보고 탁월하다고 칭찬 했다. 딩하이 함락 소식이 알려졌을 때까지도 황제의 생각은 변함이 없어서 민절총독을 질책할 뿐이었다. 8월 8일에는 저장의 순무에게 오랑캐를 불쌍 히 여기지 말고 모조리 쫓아내라고 엄명했다. 그런데 바로 다음 날 분위기 가 정반대로 바뀌었다. 오랑캐가 문서를 가져오면 즉시 자신에게 보내라고 치산에게 지시한 후 황제는 오랑캐에 대한 강경책을 거두어들였다. 푸지엔에서 포대를 보강하자는 제안이 들어왔지만 허용하지 않았고, 오히려 오랑캐가 해안에 나타나면 그들이 싸우러 왔는지, 아니면 청원을 하러 왔는지를 조심스레 살피되 함부로 공격하지는 말라는 지시를 내렸다.

황제가 파머스턴의 친서를 어느 정도 꼼꼼히 읽었는지는 분명하지 않지만, 결과를 보면 외상이 요구한 영토 할양, 추가 개항, 배상금 지불 등의 요구를 하나하나 짚어 가며 읽었던 것 같지는 않다. 그는 오랑캐가 광조우에서 당한 억울함을 풀어 주면 문제가 해결된다는 맥락으로 이해한 것으로 보인다. 그것은 학정虐政 때문에 폭동이 일어나면 해당 탐관오리를 처벌해서 군중을 해산시키는 것과 같은 수준의 생각이었다. 불만을 제공한 장본인을 문책해서 오랑캐의 상한 마음을 풀어 주면 된다는 생각은 8월 21일에 린쩌쉬의 상주문에 대한 비답에서 드러났다. 황제는 린쩌쉬를 혹독하게 질책하면서 다음과 같이 말했다.

(그대가) 밖으로는 (아편) 무역을 근절하겠다고 했지만 아직 근절되지 않았고, 안으로는 (아편) 범죄를 근절시키겠다고 했지만 아직 완수하지 못했다. 그대는 공허한 말로 핑계를 일삼고 있을 뿐이며, 제대로 이루어 내는 것 없이 파란만 불러일으키고 있다. 이런 모든 것을 생각하면 끓어오르는 분노를 참을 수 없도다. 그대는 이제 나에게 또 무슨 말을 하려는가?[8]

린쩌쉬도 분위기 변화를 감지했지만 그냥 물러서지 않았다. 싸늘한 비답에도 불구하고 계속 상주문을 올려 황제의 마음을 돌리려고 노력했다. 그는 영국군이 넓은 바다에서는 강하지만 좁은 수로에서는 힘을 쓰지 못한다는 점을 강조했다. 영국군이 몸에 꽉 끼는 복장을 하고 있어서 넘어지면 혼자

---

8 中國第一歷史檔案館(編), 『鴉片戰爭檔案史料』 2冊, 178~179쪽.

서 일어나지 못할 정도로 취약하기 때문에 이들을 육지로 끌어들여 시간을 끌면서 싸우는 전략이 유효하다고 주장했다. 그러나 이 상주문이 도착했을 때 이미 형부刑部에 린쩌쉬의 과오를 조사하라는 황제의 지시가 내려졌고, 오랑캐 문제를 다룰 사람이 린쩌쉬에서 치산으로 변해 있었다.

1840년 8월에 전권대사 엘리엇과 마주 앉은 치산은 적임자가 아니었다. 오랑캐를 다루어 본 경험도 없었고, 특별한 무공도 없는 인물이었다. 그는 대대로 특별 대접을 받던 만주족 출신으로, 18세에 첫 관직을 받은 이래 30년 동안 남들이 선망하는 자리를 돌아가며 경력을 쌓았다. 29세에 이미 총독의 반열에 올랐고, 1831년에는 정치적으로 가장 안전하면서 황제의 측근인 직예총독에 올라 10년을 재임했다. 그러나 그의 경력은 여러 가지 실패로 얼룩져 있었다. 1820년에는 황허의 치수에 실패해서 총독 자리에서 물러났고, 1827년에 양강총독으로 있다가 운하 관리에 문제가 발견되어 파면되었다. 그러나 황제가 명망 있는 만주족 가문 출신의 오랜 친구를 버리지 않아서 그는 잠시 몰락했다가 오뚝이처럼 일어서는 과정을 반복했다.

8월 30일의 회담은 해안 포대 근처의 공터에 세운 천막에서 열렸다. 그것은 매카트니 특사가 치엔룽황제를 만날 때의 모습과 비슷한, 오랑캐를 대등한 국가로 여기지 않는 전통의 표현이었다. 중국 측에서는 치산이, 영국 측에서는 찰스 엘리엇이 대표로 나왔다. 원정대 사령관인 엘리엇 제독은 중국 사정도 모르고 이 원정에 관심이 없어서 나서지 않았다. 직예총독이 퇴역 해군 대령과 마주 앉는 것은 격에 맞지 않았지만 엘리엇은 광조우에서 흠차대신과 맞섰던 인물이었고 그의 뒤에는 영국 함대가 있었다. 엘리엇은 장교 몇 명, 수병 및 해병을 대동하고 회담장에 도착했다. 중국 측은 오랑캐들을 커다란 천막으로 인도해서 진수성찬으로 대접했고, 식사 후에는 병사들의 무예 시범을 보여 줬다. 치산과 엘리엇은 다른 천막에서 통역만 배석시킨 채 회담에 들어갔다.

이날 회담 분위기에 대한 묘사는 엇갈린다. 중국 측은 오랑캐가 오만하며 포악해서, 회담장에서 "웃다가 화를 내고 욕을 하며, 앉은 자리에서 총과 칼을 휘두르면서 요구 조건을 받아들이라고 핍박했다."고 기록했다.[9] 반면에 엘리엇은 치산이 은근하면서도 점잖은 태도를 유지하며 노련하게 대화를 이끌어 나갔고, 엘리엇도 최대한 예의를 지키고 상대방의 체면을 세워 주려고 노력해서 서로 언성을 높인 일이 없었다고 했다. 분위기가 어쨌든 양쪽 입장이 팽팽하게 대립했고 통역을 거쳐야 했기 때문에 회담은 6시간이나 걸렸다. 회의 벽두에 총독은 회담의 격을 거론하면서 자신과 엘리엇의 대좌가 중국과 영국의 동등하지 않은 지위를 나타내는 것이라고 했다. 엘리엇은 이를 받아들일 수 없으며, 자신은 매카트니와 애머스트와 마찬가지로 대등한 국가 사이에 파견된 대사라고 응수했다. 대화는 가장 긴급한 현안으로 넘어갔다. 총독은 조우산 문제를 거론하면서 황제가 점령을 절대 용인하지 않을 것이라고 했고, 엘리엇은 중국 측이 조건을 수락하면 철수할 수 있다고 응답해서 이 문제는 비교적 간단하게 넘어갔다. 그렇지만 아편 문제는 쉽지 않았다. 총독은 여왕이 아편 수출을 금지할 용의가 있느냐고 직설적으로 물었고, 엘리엇은 자신이 대답할 문제가 아니라고 응수했다. 또 영국령 이외에서 반입되는 물량이 많기 때문에 영국이 중단한다고 해서 해결될 문제가 아니며, 아편 밀수를 근절하려면 중국인이 아편을 끊어야 한다고 응수했다. 마지막 쟁점은 배상금 문제였다. 외상은 몰수한 아편의 대금뿐만 아니라 영국인이 입은 피해에 대한 포괄적 보상과 홍상의 부채, 원정대의 비용을 합친 금액을 배상할 것을 요구했다. 엘리엇은 이 조건을 수락하지 않으면 전쟁이 불가피하다고 으름장을 놓았다. 총독은 분명하게 답하지 않고 황제에게 사정을 설명하겠다고 하면서 넘어갔다. 회담은 그렇게 끝났다.

9 齊思和·林樹惠·壽紀瑜, 『鴉片戰爭』 5冊, 89~92쪽.

천막을 나서면서 총독이 악수를 청해 엘리엇이 오히려 당황하는 일이 벌어졌다.

두 사람 모두 회담의 즉각적인 효과를 기대하지는 않았다. 회담 내내 양측의 화법은 평행선을 달렸다. 엘리엇이 외교관계와 자유무역, 영국 정부 재산의 불법적 몰수에 초점을 맞춘 반면에 총독은 영국인의 억울함 호소에 초점을 맞추었다. 외상의 요구 사항 중에서 중국 측이 승낙할 만한 것은 하나도 없었다. 배상금 문제를 황제에게 보고하겠다는 총독의 말은 실제로는 어림없는 일이니 포기하라는 의미였다. 그렇지만 총독은 대화의 끈을 놓지 않으려고 엘리엇을 다독거리는 입장을 취했다. 그는 광조우의 일은 광조우에서 해결하는 것이 좋다는 말과 함께 자신이 광조우에서 엘리엇을 다시 만날 수도 있음을 암시하는 말도 했다. 그것은 오랑캐를 대하는 방식의 하나였을 뿐만 아니라 당시 조정의 분위기를 반영한 발언이기도 했다.

총독이 파악한 베이징의 분위기는 다음과 같았다. 딩하이 함락 소식이 들어오자 린쩌쉬의 아편 단속과 영국 오랑캐의 추방이 화禍의 근원이었다는 주장이 조심스럽게 제기되었다. 이 주장을 계기로 예전의 아편 논쟁이 주화파와 주전파의 대립으로 바뀌었다. 주화파는 황제의 생각 변화를 가늠해 가며 노련하고도 세련된 수사를 동원했다. 그들은 아편 문제는 지엽적인 것에 불과하며 더 중요한 것은 딩하이 함락과 오랑캐의 베이허 출현으로 인한 황제의 체면 손상이라고 주장했다. 신하는 황제의 심기가 불편해지지 않도록 오랑캐의 베이허 접근을 막아야 했고, 그 이전에 딩하이 점령도 막아야 했다. 오랑캐가 베이허까지 진출한 원인은 광조우의 갈등이었고, 그 원인은 린쩌쉬의 무리한 강경책이었다. 린쩌쉬의 잘못된 조치로 격분한 오랑캐들이 억울함을 호소하려고 베이허에 이르러 황제의 심기를 어지럽혔으니 문제 해결을 위해서는 화의 근원을 제거해야 한다는 것이었다. 그들은 무력으로 오랑캐를 쫓으면 오히려 불러들이는 법이니 차라리 특정 구역을 허용해서 오랑캐를 다독거리자고 주장했다. 그것은 광조우의 무역을 회복하면 문제가 해결된다는 논리였다. 영국 함대의 출현이 알려졌을 때 행동을 개시한 주화파는 며칠 사이에 린쩌쉬의 실책을 조사하고 탄핵해야 한다는 주청奏請을 밀어 넣었다. 주청의 물결이 워낙 거셌고 황제의 마음이 워낙 급하게 바뀌어서 주전파들이 손을 쓸 겨를도 없었다.

치산은 변덕스러운 황제의 생각을 묶어 놓는 동시에 오랑캐를 다독거리기 위해 이중二重 플레이를 했다. 황제에게는 위협과 회유를 병행해서 목구멍과 같은 티엔진에서 오랑캐와 대결하는 것은 부담에 비해 효과가 없다고 주장했다. 문제의 핵심을 '억울함의 호소[伸寃]'로 얼버무리고 다른 요구 사항은 덮어 버리는 전략이었다. 오랑캐 문제에서 그는 파머스턴의 요구 사항에 신경 쓰지 않았다. 그가 가장 신경을 쓴 것은 황제가 만족하는 결과였고, 그것은 오랑캐의 철수와 조우산의 탈환이었다. 그것도 무력을 통한 탈환은 아예 생각하지 않고, 오랑캐를 달래서 제 발로 걸어 나가게 하는 것이 제일 좋다고 생각했다. 상황은 당분간 치산에게 유리하게 돌아갔다. 그가 조우산 반환과 광조우에서의 추가 회담을 보고하자 황제는 이를 재가했다. 조정은 광조우에서 오랑캐의 억울함을 들어 보고 해결 방책을 찾을 것이라는 내용의 공문을 보냈다. 그것은 오랑캐의 압력 때문이 아니라 오랑캐의 사정을 불쌍히 여겨서 해결책을 찾겠다는 조정의 입장, 다시 말해서 중국 측 체면을 살리는 문건이었다. 반면 치산은 비공식 편지를 보내 엘리엇을 달랬다. 마치 어른이 아이한테 훈계하듯 점잖고도 완곡한 어투로 쓰인 편지에는 강경과 온건이 섞여 있었다. 치산은 이 편지에서 광조우에서 원만한 해결책을 찾아보자며 다음과 같이 말했다.

… 그대가 아편 대금을 요구하지만 그것은 금지된 물품이어서 황제께서 대금 지불을 윤허하실 가능성이 없다. 그러나 아편 몰수 및 소각 과정을 살펴보면 또 다

른 곡절이 있을 것이다. 장래에 흠차대신이 광조우에 가서 모든 사안을 조사하면 그대들의 억울함이 밝혀질 수 있다. … 귀국이 군사를 일으킨 점에 대해 우리도 이미 대비하고 있음을 그대도 보았을 것이다. 연안의 요충지마다 방어태세를 갖추고 있다. 그러나 하늘 아래 모든 사람이 황제의 백성이니, 황제께서 엄한 뜻을 세우면 모든 상인들이 귀국과 교역을 하지 않을 것이다. 지난해 광조우에서 황제의 뜻을 받들어 항구를 폐쇄한 후 2년간 교역이 중단된 사실을 보지 않았는가? … 귀국이 군대를 파견한 것은 예전처럼 교역하기를 원해서이지만 지금처럼 딩하이를 점령하고 있다면 이것은 교역을 하지 말자는 뜻이나 다름없다. 현명한 사람은 심사숙고해서 만전의 대책을 세워야 하는 법. 그대들이 고집을 꺾지 않으면 해결책이 나오지 않을 것이다. 그리고 그대들이 말하는 억울함을 해결할 길도 없어질 것이다.[10]

이 편지를 받은 원정대 사령부는 논의에 들어갔다. 해군 장교들은 아직 소득이 없으니 해안 봉쇄를 계속해 베이징 당국을 밀어붙이자고 했다. 그러나 육군 장교들은 난색을 표했다. 육상 작전에는 전함의 엄호가 필요한데 수로가 워낙 얕아서 대포 74문을 장착한 전함의 지원을 기대하기 어려웠다. 육상부대가 단독으로 내륙으로 진격하는 것은 병력의 열세 때문에 엄두를 낼 수 없었다. 해군 장교들이 산둥반도의 봉쇄를 검토했지만 해안선이 길어 불가능하다는 판단에 도달했다. 엘리엇은 본격적인 전투보다는 협상을 통한 해결을 선호해서 기다리는 것도 나쁘지 않다고 생각했다. 논쟁을 지켜보던 엘리엇 제독이 사촌동생의 의견에 따라 광조우만으로의 남하를 결정해서 함대는 9월 16일에 베이허를 떠났다.

황제는 안도하며 기뻐했다. 영국 함대의 철수뿐만 아니라 조우산 반환 약

---

10 『籌備夷務始末』 道光朝 卷14; 齊思和·林樹惠·壽紀瑜, 『鴉片戰爭』 5冊, 90쪽에서 재인용.

속까지 얻어 낸 치산은 영웅이 되었고, 황제의 머리와 가슴을 주화파가 완전히 장악했다. 황제는 린쩌쉬를 해임하고 치산을 후임 흠차대신으로 임명하면서 오랑캐의 억울함을 풀어 주는 것에만 전념하고 다른 요구사항은 일체 들어주지 말라고 지시했다. 연안의 총독과 순무에게는 영국 함대가 나타나더라도 섣불리 포격하지 말라고 명령하면서 방어 강화의 주청은 모두 기각하고 이미 배치했던 군대도 철수시키라고 명령했다. 황제의 돌변은 저쟝의 순무를 파면하고 베이징으로 압송하는 데에서 절정에 달했다. 저쟝의 순무는 북쪽으로 올라가던 오랑캐가 전달하려던 문서를 접수하지 않았다는 죄목으로 형부에서 심문을 받았다.[11]

린쩌쉬는 모든 정보를 종합해서 분위기를 되돌리려 했다. 딩하이 주둔군이 질병으로 죽어 가고 있으며 함대도 오랜 원정으로 지쳐 있으니 광조우만에 도착할 때쯤 공격하면 승산이 있다고 주장했다. 오랑캐는 하나를 주면 또 하나를 요구하는 습성이 있으므로 처음부터 주지 말고 강력하게 밀어붙여야 한다고도 했다. 그러나 한번 기울어진 황제의 마음은 돌아서지 않았다. 9월 하순에 황제는 린쩌쉬를 흠차대신에서 파면하고, 베이징으로 압송해 심문하라고 명령했다. 10월 초순에 칙서가 도착하자 린쩌쉬는 담담히 관방을 인계하고 짐을 정리했다. 그가 배에 오를 때 많은 사람들이 나와 행차를 지켜봤다. 선물을 전달하려는 사람들도 많았지만 모두 사양했다. 그는 광동순무 이량怡良이 베풀어 준 송별연에서 양강총독으로 옮겨 갔던 덩팅전도 함께 소환되었음을 들었다. 그런데 그사이 황제의 마음이 또 변해서 배편을 기다리는 린쩌쉬에게 광조우에 남아 있으라는 명령이 전달됐다. 후임 흠차대신이자 양광총독으로 임명된 치산과 오랑캐 문제에 대해 상의하라는 명령이었다. 황제의 변덕은 체면 때문이었을 가능성이 크다. 린쩌쉬

11 茅海建, 『天朝的崩潰』, 169쪽.

는 딩하이 함락으로 손상된 체면을 회복하기 위한 희생양이었지만 그를 압송해서 심문하는 것은 또 다른 체면의 손상이었다. 극진한 호의를 베풀면서 흠차대신으로 파견해 영웅으로 떠올랐던 인물을 불명예스럽게 퇴진시켜 단죄하는 것은 자신의 사람 보는 눈이 잘못되었다는 것을 증명하기 때문이다. 황제는 그를 광조우에 남아 있게 함으로써 불명예를 덜어 주는 동시에 자신의 체면도 유지하는 길을 택했다. 그러나 치산은 린쩌쉬와 모든 일을 상의하라는 지시를 깨끗이 묵살했다.

황제가 모르는 것이 또 있었다. 주화파의 손을 들어 준 뒤 그는 오랑캐에 관한 정보를 치산에게 의지했지만 사실 치산이 특별한 정보를 가지고 있는 것이 아니었다. 그의 판단은 대부분 아전인수我田引水에 불과했다. 파머스턴의 의도나 영국 함대의 움직임에 대해 자기 편한 방식으로 해석했을 뿐 무슨 특별한 정보를 바탕으로 한 것이 아니었다. 그는 엘리엇의 이야기 대부분을 흘려들으면서 자신이 오랑캐를 쥐락펴락할 수 있다고 자신했다. 황제와 조정 대신들은 그의 장담과 부풀린 정보를 기반으로 오랑캐 문제를 해결하려 했고, 그것은 뒷날 재앙의 씨앗이 되었다.

남하하던 원정대는 딩하이 주둔군의 비참한 소식과 안스트루더 대위를 비롯한 영국인들이 닝뽀에 갇혀 있다는 소식을 들었다. 장교들이 즉각 닝뽀를 공격해서 포로를 구출하자고 했지만 제독은 승인하지 않았다. 주력함 3척 모두를 수리해야 했고 병사들이 질병에 시달리고 있었다. 제독은 사촌동생 엘리엇에게 포로 석방 교섭을 위임했다. 9월 하순에 영국군 사령부가 보낸 포로 석방을 요구하는 편지에 회답한 사람은 기대 이상의 고위직에 있는 민절총독 이리뿌伊里布였다. 총독은 포로 석방의 대가로 딩하이 철수를 요구했으며, 양측은 10월 중순까지 이런 편지를 주고받았다. 그러다가 10월 21일에 총독이 부관 천즈깡陳志剛과 장시張喜(본명은 張士淳)를 실무대표로 파견했다. 티엔진 출신의 장시는 관직이 없는 총독의 개인 집사여서 이런 일

을 맡을 자격이 없었지만 총독은 육품관六品官의 관복을 입혀 보냈다.[12] 실무
대표의 임무는 원정대가 원하는 것이 무엇인지 파악하는 것이었다. 엘리엇
은 영국군이 딩하이에 영구 주둔할 생각은 없고 추가 개항이 이루어지면 철
수한다고 대답했다. 그러나 더 급한 포로 석방을 위해 자신이 결정권을 가
진 고위 관리와 만나야 한다고 주장했다. 총독이 이 제안을 받아들여 11월
초에 엘리엇이 쩐하이에서 총독과 대좌했다. 총독은 베이허의 회담장에서
치산을 보좌했기 때문에 엘리엇에게도 낯선 인물이 아니었고, 나이가 많고
경험이 풍부한 터에 성질도 너그러워 대화는 험악하지 않았다. 해변에 설치
한 천막에서 마주 앉은 두 사람은 포로 석방 문제를 집중적으로 논의했다.
그러나 베이허회담과는 달리 이리뿌는 서두르지 않았다. 엘리엇이 베이허
에서 약속한 평화를 유지하려면 포로를 석방해야 한다고 주장했지만 총독
은 오히려 영국인의 구금이 정당하다고 반격했다. 안스트루더 대위는 딩하
이 부근의 지도를 그리다가 잡혔으니 정탐죄를 저질렀고, 카이트호의 선원
들도 양쯔강을 정찰하다가 잡혔으니 마찬가지였다. 더욱이 선원들이 상륙
해서 중국인을 살상한 죄도 있으니, 죄인을 구금하는 것은 정당한 일이라는
것이다. "만약 중국인이 비슷한 죄를 저질러 영국 감옥에 갇혔을 때 중국
관리가 요구하면 그를 석방하는가?" 총독이 이렇게 질문하자 엘리엇은 할
말이 없었다.

　그러나 결실이 없지는 않았다. 양측이 베이허회담의 결정을 존중해서 적
대행위를 중단하기로 했다. 영국 측이 해안 봉쇄를 풀고 선박의 나포를 중
단하기로 했으며, 닝뽀의 포로에 대해서는 중국 측이 대우를 개선하기로 약
속했다. 엘리엇 제독은 11월 초에 해안 봉쇄에 투입했던 군함을 주력부대
에 합류시켜 남쪽으로 향했다. 닝뽀 당국은 포로들을 감옥에서 도교사원으

12 Teng, *Chang Hsi and the Treaty of Nanking*, 1842, pp.5~9.

로 옮겨 지내게 했다. 음식이 훨씬 좋아졌고, 때때로 마당에서 운동도 할
수 있었다. 이유는 모르지만 중국인들이 카이트호 선장 부인을 빅토리아 여
왕의 동생이라고 믿어서 특별히 여종을 배치했다. 그렇지만 여기에도 차별
이 있었다. 영국군 장교와 병사들은 비교적 쾌적하게 생활한 반면 인도 출
신 선원들은 그렇지 못했다. 인도인들이 손으로 밥을 먹는다 해서 멸시했고
음식도 형편없었다. 안스트루더 대위는 장교의 품위를 잃지 않아 사람들의
존경심을 받았고, 관원들에게도 인기가 좋았다. 그림 솜씨가 좋은 그는 관
원들의 초상화를 그려 주고 만두 10개씩 받았다고 했다. 또 영어로 뭔가 써
주면 모두들 좋은 선물을 받았다고 싱글벙글했다.

　원정대가 11월 하순 광조우만에 집결할 때까지 사령부는 내내 논쟁에 휩
싸였다. 치산의 약속이 외상의 요구와 동떨어져 있다는 비판이 제기되자 엘
리엇은 요구사항 모두를 충족시키지 않더라도 무역을 재개한다면 그것이
큰 성과라고 맞섰다. 그는 중국 측이 항구를 추가 개방해 무역이 확대되면
아편 거래의 금지도 고려할 필요가 있다고 했다. 아편 상인들은 강력히 반
발하면서 장교들을 향해 불만을 털어놓았다. "이만한 병력을 동원해서 얻
어 낸 것이 기껏 항구 몇 군데의 추가 개방이라니 말이 되는가? 이왕 군대
를 동원했으면 끝장을 봐야 하지 않는가? 어째서 영국의 합법적인 상품인
아편을 포기하라는 말인가?" 그러나 엘리엇에 대한 가장 강력한 반대는 인
도에서 왔다. 인도 총독 오클랜드는 함대가 추가 협상을 위해 베이허에서
철수했다는 소식을 듣고 공개적으로 실망을 표명했다. 인도 식민정부의 유
지를 위해 아편을 포기할 수 없으며, 오히려 무역 확대를 통해 아편 거래를
더욱 확대해야 한다는 것이 그의 입장이었다.

　오클랜드는 진작부터 전쟁을 피할 수 없다고 판단해서 비밀리에 신무기
를 마련했다. 주력함대가 영국을 떠날 때 이미 신무기를 발주해서 1840년
11월 함대가 광조우만에 재집결했을 때 합류시켰다. 그것은 무장 증기선

네메시스Nemesis호였다. 중국에 처음 나타난 증기선은 1836년에 자딘-매더슨 상사가 봄베이와 마카오를 연결하는 정기우편선으로 발주한 58톤의 자딘Jardine호였다. 이 배는 1835년 9월에 돛에 의지해서 마카오에 도착한 후 엔진을 장착했고, 다음 해 1월 1일에 검은 연기를 뿜으면서 후먼 수로에 나타났다. 연기를 본 포대에서 경고사격을 했지만 자딘호는 유유히 수로를 거슬러 항해했다. 잠시 후 꽌티엔페이 제독이 출동했지만 바람이 잦아들어 증기선을 제지할 수 없었다. 오히려 자딘호가 밧줄을 던져 병선을 예인해 주었고 탄복한 제독이 통행 허가를 발급했다. 제독은 이런 배가 미래의 전투를 완전히 바꾸리라 상상도 못했다.

네메시스호는 길이 184피트, 폭 29피트, 배수량 660톤의 증기선이며 60마력의 엔진으로 양쪽 물바퀴를 돌려 움직였다. 돛대가 두 개 있어서 범선과 증기선의 기능을 혼합해, 맞바람이나 무풍지대에서도 일정한 속도로 항해할 수 있었다. 당시 증기선은 대부분 선체를 나무로 만들었지만 이 배는 갑판 바닥과 문짝, 돛대 등을 빼고는 모두 철판을 사용한 철선鐵船으로, 당시로서는 최첨단 기술의 산물이었다. 범선이 대개 선수와 선미가 높고 중간이 푹 파인 모습을 하고 있지만 이 배는 선수에서 선미까지가 평평했다. 배 밑바닥도 평평해서 최대 적재 상태에서도 밑바닥이 흘수선吃水線에서 6피트밖에 잠기지 않기 때문에 수심이 얕아도 항해가 가능했고 좌초 가능성도 훨씬 적었다. 이 배는 완전한 군함이 아니었다. 함장과 선임장교, 차석장교는 해군 소속이었지만 선원은 모두 민간인이었다. 선원 수는 경순양함의 절반이지만 적재량이나 전투 능력은 경순양함을 훨씬 능가했다. 특히 대포가 갑판 밑에 고정되어 있지 않고, 갑판 위의 회전식 포대에 얹혀 있어서 범선처럼 포격 자세를 취할 필요 없이 어느 방향으로든 발사할 수 있었다. 네메시스호는 비밀에 싸인 선박이었다. 1840년 3월 28일에 포츠머스Portsmouth항을 떠날 때 무장 상선으로 공시했고, 공식 행선지는 흑해의 오데사Odessa였다.

그러나 케이프타운에 정박했다가 떠날 때에는 행선지가 오스트레일리아로 바뀌었고, 그 후로는 행선지를 밝히지 않은 채 광조우만으로 직행했다.

최첨단 선박이었지만 네메시스호의 항해는 고달팠다. 7~8노트 정도로 항해하는 데 필요한 석탄 때문에 2주마다 기항해야 했지만 케이프타운을 떠나 인도양에 들어서면서 한동안 기항지가 마땅치 않아 어려움을 겪었다. 또 높은 파도에 취약해 물바퀴가 물에 잠기면 엔진이 꺼졌다. 아프리카 동부 해안을 따라 항해할 때에는 심각한 사고를 당했다. 폭풍으로 한쪽 물바퀴의 고정 장치가 떨어져 나갔고, 얼마 후에는 암초를 만나 측면 철판이 갈라졌다. 그 틈새가 점점 벌어져 배 밑바닥에 물이 차올라서 계속 항해하다가는 배가 두 동강이 날 지경이었다. 틈새를 판자로 막고 철판으로 땜질을 했지만 새어 들어오는 물을 완전히 막지는 못했다. 네메시스호는 갖은 어려움을 견디면서 간신히 아프리카 동부 해안의 포르투갈령 마푸투Maputu(현재 모잠비크의 수도. 당시에는 Lourenço Marques라고 불렀다.)에 들러 파손 부분을 수리했다. 그 다음부터는 비교적 순탄하게 항해해서 11월 25일 아침에 광조우만에 모습을 드러냈다. 자그마치 242일이나 걸려 도착한 이 배는 중국 해역에 나타난 최초의 철선이었다.[13]

광조우: 협상과 전투

신임 흠차대신 치산은 12월 초에 광조우에 도착했다. 베이징에서 56일 걸려 도착한 여정은 전쟁 상황에 어울리지 않는 느긋한 행차였다. 흠차대신은 조언을 듣는다는 핑계로 산동에 머무르는 동안 빠오펑包鵬이라는 인물

---

13 Fay, *The Opium War 1840-1842*, pp.261~263.

을 만났다. 그는 덴트 상사에서 마이빤으로 일하면서 개인적으로 아편을 팔다가 동료와 돈 문제로 다툰 뒤 그 동료가 고발하겠다고 위협하자 산동으로 도망친 사람이었다. 치산을 만난 빠오펑은 자신이 어릴 때부터 영어를 잘했으며 오랑캐 사정에도 정통하다고 큰 소리를 쳤다. 실제 영어 실력은 피진 영어 수준이었지만 치산은 빠오펑의 전력을 파악하지도 않은 채 보좌관 겸 통역으로 임명했다. 중국의 최고위 관료가 가진 인적 자원이 그 정도였다. 광조우 도착 후에도 치산은 시간을 끌었다. 자신의 도착을 영국 측에 즉각 알리지 않고 있다가 며칠이 지나서야 움직였다. 그의 첫 조치는 린쩌쉬가 조직한 민병대와 수상 민병대를 해체하고, 수로 주변에 배치했던 병선을 철수시키고, 수로 바닥의 장애물을 철거한 것이었다. 그의 전략은 엘리엇을 비롯한 지휘부와 관계를 돈독히 한 후에 협상을 시작하는 것이었다.

이즈음 원정대에도 변화가 있었다. 조지 엘리엇 제독이 원정대 사령관과 수석 전권대사를 사임했고, 찰스 엘리엇이 단독 전권대사가 되어 원정대의 결정권을 장악했다. 엘리엇은 군함을 수로 근처에 배치하고 육상부대를 상륙시켜 전투훈련을 실시하는 무력시위를 했지만, 중국의 꽌시關係가 오랑캐에도 통한다고 믿는 치산은 유화책을 지속했다. 자신이 부임하기 전에 있었던 불상사에 대해 사과의 뜻을 전달하고, 여름에 마카오에서 납치되어 갇혀 있던 스탠턴을 자신의 숙소로 데리고 와서 거창한 식사를 대접한 후 석방했다.

양측은 12월 중순이 되어서야 편지를 보내고 답하는 방식으로 협상을 시작했다. 엘리엇이 빙티에 방식을 무시했지만 치산은 그의 편지를 거절하지 않았다. 신경전이 없지는 않았다. 치산이 마카오 접경 치엔산에서 문서를 주고받자고 제안했지만 엘리엇은 대등한 국가 사이의 교섭에 적절하지 않다면서 거절했다. 그는 기함 웰즐리호에서 문서를 접수하고 광조우로 문서를 보내겠다고 했다. 결국 치산이 양보해서 바이한장이 웰즐리호로 문서를 가져오면 엘리엇이 읽고 답신을 작성해서 보내는 방식으로 결정했다. 이때부터 양측은 한 달간 10통 넘게 편지를 교환했다. 협상에서 가장 활발하게 움직인 사람은 빠오펑이었다. 그는 화려한 관복을 차려입고 왕년의 주인 앞에 거만한 모습으로 나타났다. 빠오펑은 흠차대신이 서면으로는 곤란한 사항을 해결하는 권한을 줬다고 큰 소리를 쳤다. 마카오에서 옛 주인 덴트를 만났을 때 그는 이렇게 말했다.

"You thinkee my one smallo man? No! My largo man, my have catchee peace, my have catchee war my hand, suppose I opee he, make peace, suppose I shuttee he, must make fight."

당신 내가 아무것도 아닌 사람 같아? 아니야! 난 중요한 사람이야. 내 손바닥에 평화도, 전쟁도 달려 있는 거야. 내가 높은 양반한테 잘 이야기하면 아무 일 없이 평온하지만, 그 양반한테 험하게 말하면 싸움 나는 거란 말이야.

치산은 빠오펑이 영어를 잘 해서 엘리엇과 좋은 관계를 맺으리라고 기대했지만 그것은 오해였다. 실제로 그가 한 일은 양쪽을 오가면서 정보를 흘리고 돈을 요구하는 것이었다. 엘리엇에게는 흠차대신이 어떤 생각을 하는지, 베이징에서 어떤 지시가 왔는지를 일러 바쳤고, 치산에게는 오랑캐가 그의 위엄에 눌려 꼼짝 못하며, 오랑캐 병사들이 병에 걸려 싸울 수 없다는 등의 달콤한 소리를 늘어놓았다. 치산은 그의 정보를 믿으면서 협상 내내 느긋하게 시간을 끌었다. 그는 오랑캐가 싸울 의지가 없고 무역만 재개하면 물러간다고 굳게 믿었다. 주변 사람들은 치산의 빠오펑에 대한 신임에 혀를 찼고, 그에 대해 험담을 한 관리는 강등당했다. 주민들은 흠차대신이 스스로 한간을 데려왔다고 비아냥거렸다.

그가 만들어 낸 한간은 빠오펑뿐이 아니었다. 그는 사실상 한간에 둘러싸여 있으면서 한간의 색출에 열을 올렸다. 무역 중단은 주민들의 관청, 관원, 관병에 대한 반감을 부채질했다. 선박의 도선을 돕거나 화물 하역으로 먹고 살던 사람들이 일자리를 잃어 곤궁해졌고, 아편으로 먹고 살던 사람들도 수입원이 끊긴 상태였다. 린쩌쉬의 민병대에 들어갔던 장정 수천 명도 치산의 조치로 하루아침에 실직 상태에 빠졌다. 불만에 가득 찬 사람들에게 애국심 같은 것은 없었다. 어느 쪽이든 몇 푼이라도 건질 수 있으면 그 쪽에 붙었다. 오랑캐에게 음식물과 일용품을 팔지 말라는 당국의 지시는 깨끗이, 그리고 공개적으로 무시되어 함대 주변에는 물건을 팔러 오는 거룻배가 줄을 이었다. 관원들도 막지 않고 오히려 거들면서 자신들의 몫을 챙겼다. 원정대는 이런 사람들에게 후한 값을 쳐주고, 푼돈을 얹어 주면서 정보를 수집하여 수로 안쪽의 방비 상태, 대포의 숫자와 관리 상태, 병사의 숫자와 사기, 수로의 수심, 암초와 모래톱의 위치 등을 상세하게 파악했다.

  협상 안건은 파머스턴의 요구사항이 중심이었고, 여기에 닝뽀의 포로 석방과 딩하이 철수가 추가되었다. 치산과 엘리엇은 재량권이 없다는 점에서 입장이 비슷했다. 엘리엇은 외상의 요구사항 중에서 영토 할양을 제외한 모든 것을 얻어 내야 하는 입장이었고, 치산은 오랑캐의 억울함을 풀어 줄 뿐 다른 요구는 받아들이지 말라는 황제의 지시를 받은 상태였다. 엘리엇은 무역 재개에만 중점을 두었고 치산은 오랑캐가 노리는 것이 배상금이므로 돈만 주면 끝난다고 생각했다. 두 사람 모두 적당한 선에서 타협을 생각했지만 원하는 것은 완전히 달랐다. 몰수한 아편의 배상금 문제는 예상 외로 쉽게 풀렸다. 치산은 500만 달러를 12년에 나누어 지불하겠다고 했고, 엘리엇 700만 달러를 6년에 나누어 지불하라고 해서 결국 600만 달러를 6년에 나누어 지불하는 것으로 잠정 합의했다. 그러나 엘리엇이 딩하이 철수와 추가 개항을 맞바꾸자고 제안하자 치산의 태도가 굳어졌다. 편지를 보내 오는 간격이 늘어졌고, 뜯어보면, "몸이 아파 며칠 쉬어야겠다, 베이징의 지시를 기다린다"는 등 이런저런 핑계로 시간을 끌어 협상은 지지부진했다.

이 시기는 무역 기간이었지만 원정대는 광조우만의 봉쇄를 풀지 않았다. 황푸를 출발하는 유럽 선박들은 영국 함대의 허가를 받아야 했다. 12월 말에 영국 상인의 위탁화물을 선적한 미국 선박 2척이 통행 허가를 받았는데 한 척은 수로를 빠져나왔으나 다른 한 척은 모래톱에 걸려 버렸다. 이 배를 끌어내리면 작은 배로 짐을 옮겨 실어야 해서 당분간 수로에서의 군사 작전이 불가능해졌다. 사령부는 기다리기로 했지만 영국 상인들은 불공평하다는 불만을 터뜨렸다. 무역감독관이 영국인의 이익을 보호하지 않고 중국 측 이익을 대변한다는 공격이 난무했다. 상인 일부는 인도 총독에게 보낸 탄원서에서 엘리엇이 'negotiator'가 아니라 'no-gotiator'라고 비아냥거리기까지 했다. 장교들의 시선도 곱지 않았다. 베이허를 출발할 때부터 엘리엇의 결정에 공개적으로 반대했고, 광조우만에 도착해서도 2개월 가까이 아무것도 하지 않는 것에 불만을 토로했다. 소문도 좋지 않았다. 조우산에서 돌아온 연락선이 베이징의 분위기가 다시 주전론으로 돌아서서 연안 포대에 대포와 병력을 증강시키고 있다는 소문을 전했다. 사방이 적으로 둘러싸인 엘리엇은 치산의 지연 작전을 한없이 기다리고 있을 수 없었다. 그는 1841년 1월 5일에 전권대사의 자격으로 공격 명령을 내렸다. 다음 날 촨삐 근처의 정찰을 마치고 1월 7일에 공격을 개시하기로 했다. 그것은 내부 불만을 잠재우기 위한 공격이었다.

후먼 수로에는 세 겹으로 된 방어선이 있었다(그림 8-1 참조). 제1선은 수로 밖의 촨삐섬과 다이꼭*大角섬을 연결하는 방어선이었다. 두 섬에서 튀어나온 곳이 서로 3마일 정도 떨어져 있어서 양쪽에서 협공을 할 수 있었다. 촨삐에는 사꼭*沙角 포대가 두 군데 있었다. 해안 가까이에 아래쪽 포대가 있고, 산등성이에 위쪽 포대가 있었다. 다이꼭에도 포대가 두 군데 있었다. 두 섬 사이를 지나 수로 입구에 이르면 아렁호이*亞娘鞋섬과 왕똥*橫檔섬을 연결하는 두 번째 방어선이 있었다. 아렁호이에 포대가 있고 왕똥의 북쪽

그림 8-1 후먼 수로 입구 (출처: Fay, p.16 일부)

섬에도 포대가 있었으며, 섬 사이 물길에는 쇠사슬로 묶은 뗏목들이 설치되어 있었다. 그 다음부터는 수로가 동쪽과 서쪽으로 갈라진다. 황푸로 향하는 동쪽 수로는 바닥에 쇠사슬이 쳐져 있고, 안쪽에는 전선과 화선이 집결해 있었다. 서쪽 수로는 장애물도 없고 포대도 허술하지만 수심이 아주 얕아서 유럽 선박이 들어간 적이 거의 없었다. 함대가 진입할 수 있는 동쪽 수로는 영국군에게 쉽지 않은 경로였다. 이 방어선은 꽌티엔페이 장군이 네이피어 사건 이후 6년에 걸쳐 구축한 것이었다. 제독은 오랑캐에 비해 대포가 취약하다는 점을 알았지만 숫자에 승부를 걸어 대포와 병력을 증강했다. 또 린쩌쉬의 의견에 따라 장애물을 설치하고 화선을 배치해 수상 게릴라전을 준비했다. 오랑캐 선박이 장애물에 걸려 주춤거릴 때 포대와 화선이 육지와 바다에서 협공하는 것이 그의 작전이었다.

그러나 치명적인 약점은 피할 수 없었다. 화약의 질이 낮아 다이꼭과 찬삐의 포대 모두 수로 한복판까지 포탄을 날릴 수가 없어서 협공이 불가능했고, 한쪽 포대가 공격당할 때 다른 포대가 지원사격을 할 수 없었다. 게다가 산을 등지고 부채꼴로 전개되어 있는 포대 대부분이 엄폐되지 않고 노출되어 있었다. 보병이 공격할 때 포대 주변을 방어할 지원부대가 없다는 약점도 있었다. 그러나 더 큰 문제가 병사들의 사기였다. 평소 병력 관리에 빈틈이 많아 병적의 인원과 실제 병력 사이에 차이가 많았다. 군관들이 병적에 허위 인물을 기재하고 급료를 착복했기 때문이다. 군관들이 병사들의 급료를 떼어먹어 몇 달이고 급료를 받지 못한 병사들이 군관에게 항의하거나 폭행하는 일도 드물지 않았다. 무역 중단 이후에는 관세 수입이 줄어들자 광조우 당국이 병력 증강을 위한 지출을 중단해서 숫자로 승부하려는 제독의 계획에 차질이 생겼다. 병력 증강은 고사하고 정원을 채우는 것도 불가능해졌다. 더욱이 린쩌쉬의 실각 이후 치산이 민병대를 해산시켰기 때문에 가뜩이나 부족한 병력이 더 줄어들었다. 수상 민병대 해체로 전선과 화선을 움직일 병력이 절반으로 줄어서 제독의 계획은 쓸모가 없었다.

1월 7일 동틀 무렵에 영국군 육상부대 1,500명이 증기선 3척을 타고 촨삐 남쪽에 상륙해서 두 갈래로 능선을 올라갔다. 병력을 하선시킨 네메시스호와 경순양함 4척이 위쪽 포대를 공격하는 위치에 정렬했다. 반대편에서도 경순양함 4척이 다이꼭 포대를 측면으로 바라보며 사격 위치를 잡았다. 수심이 얕아서 주력함 3척은 뒤에 처져 있었다. 10시경에 육상부대가 촨삐의 동쪽 능선에서 계곡 너머로 위쪽 포대가 보이는 곳에 도착해 나무와 흙으로 쌓아 올린 방책과 마주쳤다. 선발대가 방책을 향해 사격하는 동안 세포이 용병들이 측면으로 진격했다. 곧이어 군함들이 포격을 시작해서 육중한 68파운드 포탄이 포대를 때렸다. 포대에서도 응사했지만 포탄은 하늘 높이 올라갔다가 수면으로 떨어졌다. 몇 분 지나지 않아 위쪽 포대가 침묵에 빠졌고 포격이 그치자 해병 연대가 포대 밑에까지 접근했다. 해병대는 두 줄로 진격하면서 앞줄이 일제사격 후 물러서면 뒷줄이 나서서 일제사격을 가했다. 그 다음에는 재장전을 마친 앞줄이 다시 나서서 사격을 가하면서 전진했다. 얼마 후 중국군의 노란 깃발이 사라지고 영국 국기가 올라갔다.

위쪽 포대에서 전투가 벌어질 때 경순양함들이 아래쪽 포대를 공격했다. 네메시스호도 이동했으나 위치를 잡기도 전에 포대가 완전히 제압되었다.

곧이어 상륙한 육상부대는 심한 저항을 받아 치열한 전투가 벌어졌지만 영국군이 거세게 밀어붙이자 포대의 병사들이 하나둘 쓰러졌다. 남은 병사들은 강변으로 밀려나서 물에 잠긴 채 육지와 군함에서 날아온 총탄에 쓰러졌다. 점령된 포대에는 시체가 세 겹, 네 겹으로 쌓였고 강물에는 익사체가 둥둥 떠다녔다. 영국군은 도망가지 못한 중국군 병사들 대부분을 사살했다. 전투에 익숙한 영국군 장교들 눈에도 그것은 처참한 광경이었다. 그사이 반대편의 다이꼭 포대도 공격을 받았다. 포대의 대포가 한동안 불을 뿜었지만 경순양함 4척이 일제사격을 퍼붓자 금세 잠잠해졌다. 육상부대가 상륙하자 포대에 남아 있던 병사들은 모두 도망쳤다. 영국군은 대포를 모두 파괴하고 철수했다. 촨삐와 다이꼭에서 중국 측은 300명이 넘게 전사했고, 600명 이상이 부상했다. 반면 영국 측은 전사자 없이 20여 명이 부상을 입었다고 했다.

이날 오후에는 수상 전투가 벌어졌다. 촨삐 너머는 수심이 얕아 범선이 들어가기 어려웠지만 네메시스호는 문제가 없었다. 수로를 거슬러 올라가던 네메시스호가 밧줄로 연결해서 버티고 있던 전선 10여 척과 마주쳐 포격을 시작하자 전선들도 응사했다. 네메시스호에는 갑판의 발사관으로 발사하는 로켓이라는 강렬한 화염을 일으키는 신무기가 있었다. 로켓 몇 발이 전선 한 척에 명중했고 잠시 후 화염이 화약통에 옮겨 붙어 강력한 폭발이 일어나 화염에 휩싸였다. 다른 배들이 밧줄을 끊고 후퇴하려 했지만 병사들이 이미 도망쳐 배를 움직일 사람이 없어 그 자리에 서 있는 배도 몇 척 있었다. 해병대가 보트를 타고 접근해서 남겨진 배들을 모두 불 질렀다. 그사이 네메시스호가 수로 안쪽으로 전진하자 양쪽 제방에서 구경하던 군중이 사방으로 도망쳤다. 네메시스호는 근처의 정크 한 척을 불태우고 다른 한 척을 나포해서 돌아왔다. 그것은 철갑 증기선 한 척이 중국군 전선 10여 척을 궤멸시킨 사건이었다. 이 조그만 배가 그런 위력을 발휘할 줄은 아무도 상상하지 못했다.

엘리엇은 그쯤에서 공격을 중지시켰다. 상대방의 화력 열세가 명백해서 불필요한 살상을 피할 뿐만 아니라 무역 상황도 고려해야 했다. 영국으로 갈 700톤의 차를 선적한 미국 선박이 모래톱에 걸려 있는데, 전투가 계속되면 중국 측이 이 배를 불태워 버릴 가능성이 있었다. 그렇게 되면 이번 겨울철 차 무역이 무위로 끝나고, 런던의 차 가격이 폭등해서 난리가 날 것이다. 그것은 무역감독관이 피해야 할 상황이었다. 그날 밤 엘리엇은 포로 몇 명을 석방하면서 전투 중지와 협상 재개를 제안하는 전갈을 보냈다. 그는 이 사실을 사령부의 몇몇 장교에게만 알렸고, 사령부는 회답이 오기 전까지는 전투 태세를 유지하기로 했다. 다음 날 아침 함대가 움직였다. 이번에는 주력함들도 증기선의 인도를 받아 촨삐 너머의 수로로 향했다. 선두에 선 보트들이 수중 장애물을 제거하면 함대가 서서히 이동해서 두 번째 방어선인 아렁호이와 왕똥을 공격할 위치에 정렬해서 포격을 시작했다. 그러나 첫 번째 포격이 끝났을 때 기함 웰즐리호에서 포격 중지 깃발이 올라갔다. 수로에서 작은 배 한 척이 다가왔다. 꽌 제독이 엘리엇의 제안을 받아들인다는 답신을 가져온 배였다. 답신을 받아든 엘리엇이 전투 중지 명령을 내리고 함대의 후진을 명령하자 장교들은 투덜거렸다. 엘리엇은 갈수록 인기 없는 지휘관이 되어 갔다.

영국군이 점령한 포대에서 시신을 묻어 주고 화약을 수거하는 동안 치산과 엘리엇 사이에 문서가 오갔다. 1월 20일에는 촨삐협약의 초안이 완성됐다. 영국이 딩하이에서 철수하고 중국이 홍콩을 할양하며, 배상금 600만 달러를 6년에 나누어 지불하고, 영국과 중국이 대등한 외교관계를 수립하며, 음력 설날 직후에 무역을 재개한다는 내용이었다. 모든 일이 금방 끝날 것처럼 보였다. 다음 날 영국군이 점령했던 포대를 반환하고 함대가 광조우만으로 이동했고, 군함 한 척이 철수 명령을 전달하기 위해 조우산으로 떠났다. 중국 측도 구금했던 프랑스 신부 한 명을 석방해서 화답했다. 양측은 1월 25일에 수로 내의 중간지점에서 만나기로 했다. 그곳은 수로에 있는 삼각주의 하나인 얼토우탄이었다(그림 3-1 참조, 중국 기록에서는 이곳을 리엔화청 蓮花城으로 표기했다.). 그날 아침 엘리엇이 장교, 선원, 군악대를 포함해 100명을 데리고 네메시스호로 도착하자 미리 와 있던 치산이 관리들을 대동하고 네메시스호에 승선해서 내부를 둘러봤다. 중국 측은 장교들에게 음식과 술을 대접하고 무술 시범을 보였고, 영국 측도 군함의 화력 시범을 보였다. 다음 날에는 홍상들이 네메시스호 내부를 둘러봤다.

　회담은 모래섬에 닻을 내린 총독의 배에서 열렸다. 치산과 두 번째로 대좌한 엘리엇은 이 만남이 협약 초안을 확정하는 절차라고 생각했지만 회담은 의외로 순조롭지 않았다. 그날 치산은 아무런 언질도 주지 않았고, 나흘이 지나도록 여러 핑계를 대며 도장을 찍으려 하지 않았다. 배상금 문제는 큰 쟁점이 아니어서 치산이 '영국 전권대사의 중국에 대한 예절 바른 태도와 이런 절차를 만들기까지 영국 외상이 보여 준 절제된 행동을 가상하게 여겨 황제께서 지불을 윤허할 것'이라는 수사를 동원했고, 엘리엇도 반대하지 않았다. 가장 큰 쟁점은 홍콩이었다. 엘리엇은 홍콩을 영국 영토로 귀속시킬 것을 주장했지만 치산은 마카오와 같은 지위를 주장했다. 실질적으로는 넘겨주면서도 중국이 관할한다는 명분으로 체면을 살리려는 의도였다. 회담이 쉽게 끝나지 않자 원정대 사령부는 이 섬을 접수하는 실질적 조치를 취했다. 1월 26일에 주력부대가 홍콩에 상륙해서 중앙의 산봉우리에 영국 국기를 게양했다. 2월 1일에는 홍콩이 영국의 영토이며, 이 섬에 거주하는 모든 사람이 영국 국민이라는 포고문을 발표했다. 이 섬에서 대대로 살아온 어부들이 하루아침에 영국 국민으로 둔갑했다. 현지 주민들은 무슨 소리인지 몰랐지만 이는 150년간 지속된 식민지 홍콩의 시작이었다. 그러나 홍콩 앞바다에서 1년 넘도록 선상생활을 해 온 상인들은 불만이었다. 그들은 바위투성이 섬의 점령에 아무런 의미를 부여하지 않았다. 그들은 협약 초안에 추가 개항이 빠져 있다는 문제를 제기하면서 본국 정부에 투서를 보냈다. 무역감독관이 인도 총독과 상의도 없이 협약문을 결정했으며, 영국의 이익을 돌보지 않고 중국 측에 끌려다니기만 한다는 비난이었다. 엘리엇은 갈수록 내부에서 많은 적에 둘러싸여 입지가 흔들렸다.

되살아난 주전론: 반격 시도

입지가 흔들리기는 치산도 마찬가지였다. 광조우에서 그는 주전론자들에게 둘러싸여 있었다. 린쩌쉬는 치산과 대면할 기회가 없었지만 베이징의 후원자들에게 비판적 의견을 보내 여론을 불러일으켰다. 치산이 군사력으로 오랑캐를 제압하는 것이 불가능하다고 생각하며, 꽌 제독이 병력 증강을 위해 요청한 예산 배정을 거절했다고 주장했다. 또한 치산이 민병대를 해산시켜 한간을 늘리고 있다고 비판했다. 치산이야말로 모든 것을 망쳐 버린 반역자라는 여론은 황제의 귀에까지 들어갔다. 촨삐 해전 이후 비판은 더욱 거세졌다. 이 전투에서 큰 피해를 본 것은 오랑캐의 대포 때문이 아니라 치산이 만들어 낸 한간들 때문이었다는 소문이 돌았다. 민병대 해산으로 일자리를 잃은 장정 2,000명이 오랑캐에 가담해 촨삐 공격의 선봉에 섰다는 소문이 돌았기 때문이었다. 치산도 보고서에서 한간 수백 명이 다이꼭 포대 공격의 선봉에 섰다고 거론했다. 그것은 확인되지 않은 소문에 불과했지만 패전의 책임을 돌리기에는 좋은 소재였다.

치산도 자신의 입장을 방어하려고 많은 이야기를 늘어놓았다. 그는 광조우를 불순한 무리가 들끓는 곳으로 묘사했다. 사람들이 거짓말쟁이이며, 많은 한간이 정보를 유출시키고, 수군은 형편없어서 배만 타면 멀미를 할 정도이고, 전투가 벌어질 때 병사들이 자리를 지키게 하려면 돈을 줘야 하

고, 포대가 엉성하고 대포도 빈약해서 도저히 오랑캐와 싸울 수 없는 상황
이라고 했다. 그렇지만 1월 하순에 들어서서 치산은 무척 어려운 처지에 빠
졌다. 촨삐협약의 초안을 본 황제는 오랑캐의 요구가 지나치므로 앞으로는
어떤 문건도 접수하지 말라고 명령했다. 궁지에 빠진 치산은 거짓 보고로
시간을 끌면서 돌파구를 찾으려 했다.

치산은 엘리엇과의 얼토우탄회담을 미리 보고하지 않았고, 그 내막을 보
고하라는 지시가 왔을 때 거짓 보고를 했다. 회담을 미리 예정한 것이 아니
라 자신이 수로를 점검할 때 우연히 오랑캐 두목과 마주쳤는데 그들이 아
침을 먹지 못한 것을 불쌍히 여겨 간식을 제공했다고 둘러댔다. 또 영국군
의 홍콩 점령도 보고하지 않았지만 다른 경로로 황제에게 그 소식이 들어갔
다. 그는 광동순무 이량과 전혀 상의하지 않았고 광조우의 관리들을 자기편
으로 만들지도 못했다. 그러니 협상에서 배제된 이량이 호의적인 보고를 할
리가 없었다. 2월 1일 영국군이 홍콩에서 포고문을 발표한 사실을 알린 사
람이 이량이었다.

흠차대신이 광조우에 부임한 이후 어떻게 일을 처리하는지에 대해 저에게 알린 적
이 없습니다. 그런데 엘리엇이 홍콩에 국기를 게양하고 모든 주민이 영국의 백성
이라고 선포했다는 소문이 갑자기 들려왔습니다. 아직 소문을 확인할 수 없어 많
은 사람들이 의심하고 있습니다. 저는 수군제독과 장군들을 시켜 전말을 확인한
후 분노를 금하지 못했습니다. 명 왕조 시기부터 마카오에 오랑캐가 거주한 지 오
래되었지만 여전히 지현이 관할하고 있습니다. 그 방법을 좋은 계책이 아니라고
하는 사람도 있습니다. 그런데 이번에는 오랑캐가 한발 더 나가서 폐하의 백성을
위협하면서 이 섬을 모두 차지했습니다. 이 섬은 후면과 가까워서 조그만 돛배로
도 쉽게 접근할 수 있습니다. 또 해안의 각 현에서 방비를 갖추어야 할 뿐 아니라
오랑캐들이 많은 문제를 일으킬 소지가 있습니다. 그래서 홍콩이 점령되면 여러

가지 법률을 엄격하게 시행하지 못할 가능성이 큽니다. 더욱이 오랑캐는 성질이 고약하고 변덕이 심해서 요구를 들어주지 않으면 무례하게 행동할 것입니다.[14]

그러나 치산은 이런 사실을 모르고 여전히 연막 전술을 썼다. 이량의 상주문이 베이징으로 향하는 그 시간에 치산은 오랑캐가 무역을 애걸하므로 마카오의 예를 따라 섬 전체가 아니라 해안에 국한한 거주 허용 방안을 고려한다는 보고를 보냈다. 치산은 엘리엇에게도 지연 전술을 썼다. 협약 초안의 문구를 문제 삼고, 닝뽀에 있는 영국인 포로의 석방을 주선한다면서 시간을 끌었다. 엘리엇이 포로 석방을 재촉하면 딩하이 철수가 끝나기를 기다린다고 답했다. 그의 지연 작전은 효과가 없었다. 황제는 이미 신임을 거두어들였고, 엘리엇도 더 이상 기다리지 않았다.

지난해 여름 린쩌쉬를 실각시켰던 바람이 6개월도 되지 않아 치산에게 닥쳐왔다. 오랑캐의 요구가 억울함을 씻는 것을 훨씬 벗어난다는 것이 분명했고, 오랑캐는 하나를 들어주면 더 많은 것을 요구하는 족속이라는 린쩌쉬의 경고가 현실로 드러났다고 생각한 황제는 다시 힘으로 누르는 방식으로 돌아갔다. 분위기 반전에는 조정의 암투가 작용했다. 주화파가 일시적으로 득세하는 동안 주전파는 린쩌쉬와 긴밀하게 연락하면서 현장의 상황을 살피다가 촨삐의 패배 소식이 전해지자 기회를 잡았다. 그들은 치산을 방비 태세를 해제하고 병력 증강을 거절한 한간으로 탄핵했다. 황제가 우물쭈물할 때 그들은 치산이 오랑캐 두목에게 뇌물을 받고 방어 태세를 해제했을 뿐만 아니라 홍콩까지 넘겨줬다고 결정타를 날렸다. 이제 주화파와 주전파의 논쟁에서 핵심은 홍콩의 할양이었다. 황제와 조정 대신, 그리고 상주문을 올린 사람들 중에서 홍콩이 어떤 섬이며 어디에 있는지를 아는 사람은

---

14 中國第一歷史檔案館(編),『鴉片戰爭檔案史料』3冊, 92쪽.

거의 없었다. 그런 홍콩이 베이징에서 논쟁의 핵심으로 떠오른 것은 실용론과 명분론의 대결이 다시 벌어졌기 때문이다. 실용론자들은 오랑캐를 힘으로 제압하기 어려우니 쓸모없는 섬 하나를 떼어 줘서 평화를 유지할 수 있다면 나쁘지 않다고 생각했지만, 명분론자들은 아무리 쓸모없는 섬이라도 힘에 밀려 영토를 떼어 준다는 것이 국가적 수치라고 주장했다. 오랑캐가 아무리 강력해도 수치를 참으면서 그들을 다독거리는 것은 더 큰 수치라는 것이 그들의 주장이었다. 이번에도 명분론이 실용론을 눌렀다. 정치적·군사적 실패는 그런대로 용인되지만 도덕적 부패는 절대 용인하지 않는 것이 중국의 정치문화여서 뇌물을 언급한 상주문은 폭발력이 컸다. 치산에 대한 의혹이 주화론에 대한 의혹으로 번지면서 황제는 주전론으로 선회했다.

변화의 조짐은 치산이 영국인 포로 석방을 교섭할 때 이미 나타났다. 민절총독 이리뿌가 관병 수천 명을 대기시키고 민병대 1,000명을 딩하이 주변에 잠복시켜 오랑캐가 약속을 지키면 포로를 인도하고 딩하이를 접수하지만, 그렇지 않으면 민병대가 공격해서 궤멸시키고 포로들을 법에 따라 처형하겠다는 계획을 보고하자 황제는 칭찬하는 비답을 내렸다. 황제는 "아편 대금을 한 푼도 줄 수 없고, 땅을 한 치도 줄 수 없다[煙價一毫不許, 土地一寸不給]."는 생각을 굳히고 협상과 관계없이 딩하이 공격을 재촉했다. 그러나 이리뿌는 섣불리 움직이지 않고 줄타기를 했다. 한편으로는 치산의 입장을 대변해서 홍콩의 할양을 건의하면서, 다른 한편으로는 대포와 병력 증강을 핑계로 시간을 끌었다. 사실상 그는 오랑캐를 상대하는 게 아니라 다오광황제를 상대하는 일에 더 치중하고 있었다.[15] 그러나 황제는 이리뿌의 행동을 기다리지 않고, 치산을 양광총독에서 해임하고 베이징으로 압송하라고 명령했다. 후임으로 만주족 출신 치꿍[祁墳]을 임명하는 동시에 대규모 병력 동

---

15 茅海建, 『天朝的崩潰』, 197~199쪽.

원령을 내려 가깝게는 장시에서, 멀리는 쓰촨과 꿰이조우貴州(구이저우)에서 각각 병력 수천 명을 파견하라고 명령했다. 그리고 자신의 조카뻘인 이산奕山을 정역장군靖逆將軍으로, 역시 만주족 출신인 룽원隆文과 꿰이조우 출신의 양팡楊芳을 참찬장군參贊將軍으로 임명해서 오랑캐 토벌을 맡겼다. 이들이 통솔할 병력은 만주족 정예부대를 포함해서 6만 명이나 되었다. 황제의 생각은 극히 단순했다. 압도적인 병력으로 대규모 공격을 감행해 순식간에 오랑캐를 바다로 몰아내는 것이었다. 그의 머리는 여전히 숫자가 지배하고 있었다.

엘리엇은 2월 중순에 치산의 실각과 지원 병력 파견 소식을 들었다. 정보는 대부분 홍상들이 전해 줬다. 무역 재개를 간절히 원하는 홍상들은 광조우 당국보다 영국군이 무역 재개를 앞당길 것으로 생각해서 영국군에게 더 협조적이었다. 그들은 대부분 베이징의 유력자와 연결되어 있어서 정보도 빨랐다. 그러나 이번에는 엘리엇이 시간을 끌어야 했다. 그는 딩하이 주둔군의 철수가 완료되기 전에는 아무것도 할 수 없었다. 만연한 질병으로 허약해진 주둔군이 혹시라도 기습을 받을지 몰라 함대를 섣불리 이동하지 못했다. 실각 소식은 들었지만 치산이 떠나기 전에 협상을 마무리하고 싶었던 엘리엇은 2월 13일에 협상을 빨리 끝내자고 재촉하는 편지를 보냈다. 그날은 치산이 엘리엇의 편지를 읽을 여유가 없었다. 자신의 파직과 소환을 명령하는 칙서가 도착한 날이었다.

엘리엇이 치산의 답신을 기다리는 동안 2월 15일에 딩하이의 철수 준비 완료 소식이 들어왔다. 그렇지만 닝뽀 당국이 포로 석방을 질질 끌었으므로 안심하기는 일렀다. 영국 측이 포로를 데리고 철수하겠다고 했지만 닝뽀의 관리들은 그 말을 믿지 않았다. 포로를 먼저 석방했다가 영국군이 철수하지 않으면 낭패를 볼 것이기 때문이다. 닝뽀 당국은 2월 24일에 영국군의 철수를 직접 목격한 후에야 포로들을 딩하이로 보냈고, 이들을 태운 수송선이 마지막으로 딩하이를 떠났다. 그러나 엘리엇이 철수 완료 보고를 받은 후에도 치산은 아무 전갈을 보내지 않았다. 엘리엇은 함대에 전투 준비를 명령했다.

2월 25일 아침에 함대가 수로 쪽으로 전진했다. 지난 전투에서 촨삐와 다이꼭을 잇는 방어선이 붕괴되었기 때문에 함대는 아렁호이와 왕똥을 잇는 두 번째 방어선으로 곧장 향했다. 왕똥은 남쪽과 북쪽 섬이 있는데 북쪽 섬의 정상에 포대가 있는 반면 남쪽 섬에는 아무런 방어시설이 없었다. 린쩌쉬가 여기에 집결시켰던 병선과 화선을 치산이 모두 철수시켰던 것이다. 왕똥을 마주 바라보는 아렁호이에는 징위엔靖遠 포대, 그러니까 멀리까지 평정한다는 포대가 있고 꽌 제독이 직접 지휘했다(그림 8-1 참조). 제독은 오랑캐의 동향을 미리 파악하고 포대를 최대한 보강했으며, 2월 초에 후난에서 도착한 지원군도 이 포대에 배치했다.

그러나 치산 해임 후 광조우는 일시적으로 지휘부 공백 상태에 빠졌다. 병력 보강을 위해 자금 지원을 결정할 사람도 없고 부대 사이의 지원을 통제할 사람도 없어서 제독은 휘하 병사들만 데리고 홀로 싸워야 하는 처지가 되었다. 그런데 병사들이 더 큰 문제였다. 촨삐 해전으로 오랑캐의 화력에 압도된 병사들의 사기가 땅에 떨어지고 도망자가 속출해서 남은 병력이 2/3 밖에 되지 않았다. 제독은 병사들을 붙들기 위해 필사의 노력을 했다. 자신의 전포戰袍를 전당포에 저당 잡혀 빌린 은 3,000냥을 부관에게 맡기고 전투가 벌어질 때 병사들에게 나누어 주라고 했다. 그러나 부관이 전투 전날 밤에 그 돈을 들고 도망가 버렸고, 돈을 받지 못한 병사들이 싸우지 않겠다고 농성을 벌이기까지 했다. 그래도 남아 있는 병사들은 나름대로 저항을 시도했다. 그들은 제독의 명령에 따라 긴 대열을 이루어 포대와 진지 주변을 행진했다. 행진이 끝나면 일제히 옷을 갈아입고 다시 행진하면서 한없이 병력을 부풀려 보이려고 했다.

2월 26일이 밝아 오자 네메시스호를 타고 왕똥의 남쪽 섬에 상륙한 육상 부대가 고지에 대포를 설치했다. 이날은 공격이 없었지만 북쪽 섬의 포대는 벌써 흔들렸다. 지휘를 맡은 군관들이 먼저 도망갈 준비를 했다. 어둠이 깔리자 군관들이 근처의 모든 배를 징발한 후 탈영을 방지한다는 핑계로 병사들에게 포대의 기둥에 몸을 묶도록 명령하고 자신들은 뒤에서 서성거렸다. 다음 날 아침 영국군이 남쪽 섬 고지에서 북쪽 섬 포대를 향해 대포를 발사하자 군함들이 움직였다. 웰즐리호와 드루이드호가 북쪽 섬 뒤편을 포격했고, 멜빌호는 아렁호이의 포대를 포격했다. 아렁호이의 포대가 맹렬히 응사해서 군함의 뱃머리와 돛대가 부서졌지만 심각한 타격은 입히지 못했다. 그러나 왕똥의 포대는 순식간에 궤멸되었다. 남쪽 섬에서 포격을 받아 일부가 파괴된 상태에서 군함 2척에서 64파운드 포탄이 날아오자 포대는 아수라장으로 변했다. 군관들이 지난밤에 징발했던 배로 먼저 도망쳐서 뒤에 남은 병사들은 우왕좌왕하다가 고스란히 포탄의 제물이 되었다. 함대가 한 시간 이상 포탄을 쏟아부어 중국 측 포대가 완전히 침묵하자 육상부대가 상륙했다. 해병대와 세포이 용병이 남쪽 섬에서 북쪽 섬으로 건너가자 다시 지옥 같은 상황이 벌어졌다. 남아 있던 병사들이 저만큼 도망치는 군관의 배에 총을 쏘다가 영국군이 다가오자 저항할 생각을 하지 않고 도망쳤다. 지리에 밝은 광둥 출신이 먼저 도망가고 지리를 모르는 후난의 지원 병력이 뒤따랐다. 그러나 좁은 다리에 병사들이 한꺼번에 몰려들자 일부가 강물에 뛰어들었고 다른 병사들이 그 머리들을 밟고 건너가는 아수라장이 벌어졌다. 머리를 밟힌 병사들 대부분이 익사했다. 여기에서도 영국군은 포로를 잡지 않았다. 특히 세포이 용병들은 달아나는 병사들뿐만 아니라 부상당해 움직이지 못하는 병사들도 사살했다. 그들은 장교들이 말려도 막무가내였다.

꽌 제독이 칼을 뽑아 들고 독전한 아렁호이의 징위엔 포대는 마지막까지 저항했다. 제독은 소수 병력을 이끌고 끝까지 버티다가 가슴에 총탄을 맞아 칼을 움켜쥐고 서 있는 자세로 죽음을 맞았다. 오후에 육상부대가 다이꼭에 상륙해서 포대에 접근했지만 그곳은 텅 비어 있었다. 영국군이 포대에 지른 불길은 밤새 타올랐다. 이 전투에서 중국 측은 600명 이상 전사하고, 대포 460문을 잃은 반면에 영국군은 10여 명이 부상하는 정도의 피해를 입었다고 한다. 다음 날 아침 꽌 제독의 유족이 시신을 수습하러 왔다. 사령부는 이를 허락하고 시신을 실은 거룻배가 출발할 때 전함에 조기를 게양하고 조포弔砲를 발사해 최대한 예의를 표했다.

방어선을 완전히 붕괴시킨 영국군은 수로 깊숙이 진출했다. 보트들이 앞서 나가 강물 속 쇠사슬을 끊고 서로 묶어 놓은 병선들을 해체한 다음 소형 군함이 천천히 전진했다. 네메시스호를 타고 전진하던 엘리엇은 린쩌쉬가 구입해 방어용으로 정박시켜 둔 케임브리지호를 발견했다(그림 3-1 참조). 닻을 내린 케임브리지호는 떠 있는 진지와 다름없었다. 주변에 전선들이 포진하고 뒤쪽 갯벌에 포대가 설치되어 있었다. 그러나 전선들은 네메시스호가 발포하자 금방 흩어졌고, 갯벌의 포대도 잠잠해졌다. 강변에 접안되어 있는 케임브리지호는 측면 포를 쏘지 못하고 정면을 향한 서너 문을 간간히 발사할 뿐이었다. 영국군이 케임브리지호에 올랐을 때 선원들은 저항하지 않았다. 배 안을 점검한 장교들은 모든 것이 잘 정돈되어 있고, 전투 준비도 완벽했으며, 특히 대포가 효율적으로 배치되어 있음을 보고 놀랐다. 중국 측이 이 배를 띄워 광조우만으로 나왔다면 함대에 상당한 위협이 되었을 정도였다. 엘리엇은 케임브리지호를 불태우라고 명령했다. 네메시스호에서 로켓을 발사해 화염이 일고 잠시 후 불길이 화약고에 옮겨 붙어 폭발이 일어났다. 왕년에 동인도 무역선의 위용을 자랑하던 케임브리지호는 이틀간 불길에 싸여 재로 변했다. 이렇게 해서 2월 27일 저녁에 수로 장악을 위한 전투가 종료되었다.

영국군은 함대를 재편했다. 주력함은 뒤로 처지고 대포 42문의 블론드호

가 경순양함 몇 척과 소함대를 구성해서 황푸로 향하는 동쪽 수로를 따라 전
진하면서 마주치는 포대를 공격하고 장애물을 제거했다. 저항은 별로 없었
지만 수로가 복잡하고 수심이 얕아서 10여 마일밖에 안 되는 거리를 전진하
는 데 며칠이 걸렸다. 황푸를 지나서는 더 나아갈 수가 없어서 소함대는 황
푸로 돌아와 서쪽 수로를 탐색했다. 그 수로는 주민들이 마카오와 광조우를
왕래할 때 이용하는 수로여서 영국군에게는 아무런 정보가 없었다. 서쪽 수
로에도 포대가 여기저기 있었지만 중국군은 싸울 생각을 하지 않았다. 어느
날은 보트를 타고 이동하는 수색대에게 맞은편 포대에서 편지를 보내 왔다.

"My chin-chin, you no fire plum, my do all same piegon, that no
can do; my can fire six piece gun no plum got, save Emperor's
face then makee walkee?
(정확하게 번역하기는 곤란하지만 당시 영국군은 이렇게 읽었다고 한다.) "안녕
하시오? 당신도 쏘지 않고 우리도 쏘지 않으면 좋은데 그럴 수는 없겠지요. 우리
가 공포 6발을 쏴서 황제 폐하 체면을 세워 드리면 어떨까요?(그러면 당신들이
계속 쳐들어오지 않겠지요?)"

그것은 지휘관이 싸울 생각은 없고, 상부에는 그럴 듯하게 보고하기 위해
연출한 코미디였다(물론 본인은 심각했겠지만). 중국군 병사들은 영국군 보트가
지나갈 때 제방에 나와 구경하기도 했다. 엘리엇은 그런 제안이 오면 대꾸
하지 말 것이며, 구경하는 병사들을 공격하지도 말라고 명령했다.

방어선이 무너진 지 20일이 넘도록 치산은 전갈을 보내지 않았다. 사실
대답할 처지가 못 되었다. 그는 꽌 제독의 전사를 알리는 상주문을 보낸 후
총독으로서의 활동을 모두 중지했다. 그런 사정까지는 몰랐던 엘리엇은 중
국 측이 증원군이 올 때까지 지연 작전을 쓴다고 생각했다. 그 작전에 말려

들지 않으려면 서둘러 광조우를 공략해야 했고, 그러려면 함대가 통과할 수 있는 길을 찾아야 했다. 며칠을 궁리하던 그는 7년 전 네이피어가 마카오로 압송되었던 서쪽 수로를 떠올렸다. 엘리엇은 3월 13일에 네메시스호를 타고 마카오에서 출발했다. 처음에는 서쪽으로 가다가 얼마 후 북쪽으로 방향을 틀었다. 수심이 얕았지만 밑바닥이 평평한 네메시스호는 무리 없이 지나갔다. 포대가 공격하면 대포로 격퇴했고, 제방에서 총탄이 날아오면 육상부대가 상륙해서 격퇴했다. 어느 지점에 이르자 수로가 인구 3만 명의 샹산香山을 관통했다. 그날 밤에 정박한 곳은 수심이 워낙 얕아 배를 돌려 나오기도 어려운 곳이었지만 중국 측 공격은 없었다. 이틀째 되던 날도 네메시스호는 수로를 따라 가면서 간간이 전투를 벌였다. 그날은 장애물이 많았다. 바위로 쌓은 둔덕과 마주쳤을 때는 선원들이 내려가서 일일이 치워야 했다. 사흘째 되던 날 수로는 더욱 좁아지고 수심도 도저히 나아갈 수 없을 만큼 얕아져서 후진해 동쪽으로 방향을 틀었는데 그것이 절묘하게 맞아 떨어졌다. 점심 때쯤에 배가 수로의 본류에 들어섰다. 선장이 사흘간의 항해일지와 측량기록을 종합해서 함대가 광조우로 진격할 수 있는 경로를 완성했다(그림 3-1 참조).

중국군의 신임 지휘부는 방어선이 무너진 후에야 도착했다. 그들은 도무지 서두르는 기색이 없었다. 3월 초순에 양팡 장군이 먼저 도착했지만 총사령관인 이산과 룽원은 한참 지나서야 모습을 드러냈다. 황제는 양팡 장군에게 이산과 룽원의 도착을 기다릴 필요 없이 서둘러 오랑캐를 격멸하라고 지시했지만 장군은 움직이지 않았다. 세 사람 중에서 문신인 이산과 룽원은 전투 경험이 없었고, 양팡이 유일하게 전투 경험이 있는 무장이었지만 오랑캐 문제에 대한 생각은 출신 배경과 정반대였다. 광조우로 오는 길에 양팡은 딩하이 수복 후에는 통상을 허용해 예전으로 돌아가는 것이 좋겠다는 의견을 보낸 반면에 이산과 룽원은 군대를 동원해서 오랑캐를 끝까지 격멸해야 한다고 주장했다. 무장이 화의를 주장하고 문신이 강경책을 주장하는 기묘한 조합이었다. 이미 주전론으로 기울어진 황제는 세 사람에게 오랑캐를 격멸해서 바다로 쓸어 내고 홍콩을 탈환하라고 지시하면서 자신의 개인 금고에서 300만 냥이라는 거금을 내놓겠다고 했다. 양팡에게는 "그대 가슴속에 통상이라는 두 글자를 품고 있다면 임무를 어기는 것이며, 그러면 화禍가 따를 것이다."라고 경고했다.[16]

양팡은 혁혁한 무공으로 빛나는 인물이었다. 그는 15세에 군대에 들어가 많은 전투에 참가해 남방의 소수민족 반란, 서북방의 백련교도 반란을 진압하는 공을 세웠고, 변방 수비대의 반란을 진압한 경험도 있었다. 1828년에는 3년이나 지속된 이슬람교도 반란을 진압하고 지도자 자항기르Jehangir를 베이징으로 압송해 대장군의 명예를 얻었다. 이런 경력의 장군이 부임하자 광조우는 한동안 낙관적 분위기에 빠졌다. 그러나 1841년 봄에 그는 이미 예전의 장군이 아니었다. 71세의 나이로 청력을 잃어 필담으로 소통해야 했고, 도술道術에 심취해서 가는 곳마다 도교 사원부터 찾아다녔다. 광조우에 도착해서도 유명한 사원을 찾아가 향을 피우고 도사와 이야기를 나누면서 작전을 구상했다. 사실 이 시기에 도술에 관심을 둔 것은 양팡만이 아니었다. 린쩌쉬도 도교의 호흡법을 익히면 하루 종일 잠수할 수 있다고 믿었다. 흠차대신 시절에 그는 실제로 이렇게 장정들을 훈련시켰지만 대부분은 얼마 견디지 못함에 따라 호흡법이 얕은 물에서만 가능하다는 결론을 내리고 이 계획을 취소한 적도 있다.

양팡은 상황을 도교의 논리에 따라 해석했다. "우리는 주인이고 오랑캐는 손님이다. 우리는 땅에 있고 저놈들은 물에 떠 있다. 그런데 저놈들 대포는 우리를 맞히지만 우리 대포는 저놈들을 맞히지 못한다. 어째서 그럴

---

16 中國第一歷史檔案館(編), 『鴉片戰爭檔案史料』 3册, 13~131쪽.

까? 저놈들이 사술邪術을 쓰기 때문이다. 사술에는 음기淫氣로 맞서야 한
다.”이런 결론을 내린 장군은 여인들이 사용한 요강을 사들여 뗏목 위에
쌓아 올리고, 뗏목 뒤에 인화물질을 가득 채운 화선을 배치하는 작전을 계
획했다. 요강을 쌓아 올린 뗏목들이 음기를 발산해서 오랑캐의 눈을 가리게
해 대포를 무력화시킨 다음 화선을 돌격시켜 적선을 불태우자는 계획이었
다. 광조우 사람들은 군관들이 요강을 사러 다니는 모습을 보고 냉소하면서
기대를 접었다.

　엘리엇이 서쪽 수로를 탐사하던 3월 14일에 치산이 베이징으로 떠났다.
죄인으로 압송당하는 그는 온갖 수모를 감수해야 했다. 고위 관리를 압송할
때는 평민과 마찬가지로 목에 쇠사슬을 묶고 군중 사이를 지나지만 성을 벗
어나면 쇠사슬을 풀어 주고 일반인처럼 여행하도록 허용하는 것이 관례였
다. 그러나 치산에게는 그런 대우를 금지한다는 엄명이 내려왔기 때문에 관
원들은 성을 벗어나서도 쇠사슬을 풀어 주지 않았다. 인기 없는 총독의 출
발이었기에 환송 나온 사람도 없이 무표정한 군중이 그의 출발을 지켜봤다.
치산은 혼자가 아니었다. 그의 충복 빠오펑도 역시 쇠사슬에 묶여 함께 압
송되었다. 그날 출발한 것이 치산에게는 오히려 다행스러운 일이었다. 며
칠만 지체했어도 영국군의 공격을 목격했을 것이기 때문이다. 불똥은 이리
뿌에게도 튀었다. 황제는 딩하이 공격 명령을 어겼다는 죄로 그를 해임하고
베이징으로 소환했다. 그도 혼자가 아니었다. 장시와 천즈깡이 함께 투옥
되어 심문을 받고 그해 7월에 유배형에 처해졌다. 유배생활은 길지 않았다.
불과 4개월 후 영국군이 양쯔강 유역으로 진출할 때 이리뿌는 복권되어 흠
차대신으로 임명되었다.

　영국군은 치산이 광조우를 떠나기 전날 행동을 개시했다. 소형 함정과 상
륙용 보트로 구성된 선발대가 전진해서 광조우로 가는 길목의 우용烏涌에
이르러 포대를 공격했다(그림 8-2 참조). 이곳은 상관에서도 포성이 들릴 정

도로 가까운 곳이었으며, 2,000명 가까운 병력이 배치된 요지였지만, 전투
는 영국군의 일방적인 포격으로 끝났다. 선발대는 계속 전진해서 사흘째 되
던 날 포대 한 곳을 점령하고 전선 여러 척을 나포했다. 닷새째 되던 날 선
발대가 광조우의 강변에 도달해서 배들을 묶었던 쇠사슬을 끊고 거룻배 수
백 척을 불태웠다. 성 밖의 포대가 제대로 저항도 못하고 파괴된 후 해병대
가 상륙해서 상관을 점령했다. 엘리엇이 3월 20일에 상관에 도착해 영국 국
기를 게양하고 일방적으로 무역 재개를 선언했다.

양팡은 포성이 울리면 요강을 쌓은 뗏목을 적선에 접근시킨 후 뒤에 매복
한 군사들이 일제히 기습하라고 명령했지만 아무도 실행하지 않았다. 영국
군함이 대포를 쏘면 군관들이 먼저 도망쳤고, 병사들이 뒤를 따랐다. 요강
을 쌓은 뗏목은 제자리에 떠 있었다. 여기저기 흩어져 있는 포대와 진지의
병사들은 각자 알아서 싸우거나 도망쳐야 했다. 지원군도 없었고 부대끼리
합동 작전이라고 할 것도 없었으며, 병사들은 목숨을 걸고 싸울 생각을 하
지 않았다. 장군 자신도 강변에 있다가 멀리서 포성이 들리자 병력을 이끌
고 성안으로 들어가 버렸다. 그 다음에는 모든 책임을 제일 먼저 도망친 군
관에게 돌리면서 참수하겠다고 으르렁거렸다. 불쌍한 군관은 동료들의 도
움으로 목숨을 건졌지만 그 후로는 누구도 나가 싸울 생각을 하지 않았다.
이 며칠 사이에 중국군은 수백 명이 죽었으나 영국군 사망자는 5명에 불과
했다. 영국군은 보충병이 도착해서 원정 초기의 전투력을 거의 회복했다.
또 지휘부에도 변화가 있어서 휴 고프Hugh Gough 소장이 육상부대 사령관
으로 부임했다. 그는 60세가 넘었지만 여전히 활기 왕성한 군인이었다. 다
만 그는 전권대사의 자격이 없어서 최종 결정권은 엘리엇이 여전히 쥐고 있
었다.

무역은 즉각 재개되었다. 3월 20일 저녁부터 거룻배들이 면화와 직물,
차를 싣고 상관과 황푸 사이를 오갔다. 교외로 피신했던 홍상들이 돌아오지

않아서 새로운 거래는 시작되지 못했다. 월해관은 여전히 미국인에게만 무역을 허용하겠다고 했지만 엘리엇은 깨끗이 무시했다. 미국인들의 달콤한 시기는 끝났고 엘리엇은 미국 선박이 영국행 차를 싣고 나올 때 환적 운임을 받지 않는 조건으로 수로 통과를 허가했다. 상관이 다시 다국적 오랑캐로 붐볐고, 마이빤과 하인들도 돌아왔다. 4월 중순에 수로 안에는 영국 선박 26척, 미국 선박 11척, 프랑스 선박 1척이 들어와 있었는데, 이것은 무역 중지 이전의 수준에 근접하는 것이었다. 하역과 선적을 방해할 만한 일은 일어나지 않았다. 광조우 시내는 평온했고, 상점은 사람들로 북적거렸으며, 성 밖의 마을도 오랜만의 평화를 누렸다. 황푸에서 선원 하나가 중국인을 살해한 사건이 있었다. 예전 같으면 교역이 정지될 만한 사건이었지만 이번에는 보상금을 지불하고 적당히 넘어갔다.

아편 거래도 활기를 회복했다. 사실 전투가 계속된 1월과 2월에도 아편 거래는 활발했다. 함대를 따라가는 아편 판매선이 어느 지점에 도착하면 야오코우의 거룻배들이 다가와 짐을 받아 갔다. 중국군 군관과 병사들도 전투 현장에서 아편을 실어 날랐다. 현지의 목격자들은 군관들이 일부러 공포를 쏴 연기가 자욱해지면 야오코우들이 접근했고, 연기가 걷힐 때에는 이미 거룻배들이 사라졌다고 했다. 캘커타의 첫 경매 물량이 도착한 3월 하순부터는 아편 거래가 완전히 양성화되었다. 클리퍼들이 속속 들어오면서 가격도 상자당 400달러까지 내려갔다. 아편 판매선이 광조우만에서 활개 치며 다녔고, 홍콩 앞바다의 하역선에 야오코우의 배들이 다가와서 아편을 받아 갔다. 더 이상 서류에 백색 원단, 회색 원단 같은 위장용 단어를 쓸 필요도 없었다. 엘리엇은 아편 거래를 규제하려 했지만 원정대 사령부는 이를 거절했다. 인도에서 합법적인 상품이 중국에 왔다고 해서 불법이라 할 수는 없으며, 물위에 떠 있는 아편은 합법적 상품이고, 중국 땅에 올라가야만 불법 상품이 된다는 것이 사령부의 논리였다.

양팡은 엘리엇의 일방적 무역 재개를 속수무책으로 바라보고만 있었다. 무역을 통제할 힘도, 의지도 없는 그가 두려워한 것은 오랑캐가 아니라 황제의 질책이었다. 그는 자신에게 유리하도록 얼버무린 보고서를 보냈다. 부임 직후에는 사방을 순시하면서 병력을 배치했기 때문에 오랑캐도 겁에 질려 정탐선 몇 척을 보냈을 뿐이라고 했다. 아무것도 모르는 황제는 "그대가 나를 안심시킨다."라고 비답을 내려 만족을 표했다. 우용 전투에 대해서는 군관들의 허위 보고를 그대로 옮겨 적었다. 치열한 포격전을 벌였고, 포대가 무너진 후에는 1,000명의 병사들이 단병접전을 벌여 오랑캐의 피해가 중국 측보다 훨씬 컸다고 했다. 오랑캐의 삼판선 2척이 침몰하고, 헤아릴 수 없이 많은 오랑캐가 물에 빠져 죽었으며, 군함 한 척은 중간 돛대가 부러졌고, 오랑캐들은 겁이 나서 퇴각했다고 했다. 결과적으로 이 전투는 패전이 아닌 승전으로 둔갑했다. 황제는 오랑캐의 소요가 시작된 후 이만한 승리가 없었다고 기뻐했다. 황제는 "나는 밤낮으로 동남방에서 좋은 소식이 오기를 기다리고 있노라.", "양팡이 아니면 누가 이런 공을 세울 수 있겠는가?"라는 비답을 내려 칭찬했지만 거기에서 만족하지 않았다. 그는 아직도 광조우에서 100여 리 떨어진 곳에 머물고 있는 이산과 룽원에게 지원군을 독려해서 하루빨리 도착시키라는 명령을 몇 번이나 보냈다. 황제의 명령은 오랑캐를 바다로 몰아낸 후 퇴로를 차단해서 배 한 척도 온전히 돌아가지 못하게 하라는 것이었다.

양팡은 점점 더 궁지에 몰렸고, 그의 상주문은 점점 더 설득 조로 변해 갔다. 3월 하순에 양팡은 미국 영사가[17] 서한을 보내 무역 재개를 애걸했다고 보고했다. 미국인들은 영국인과 달리 공손해서 제도와 법규를 잘 지키고 있

---

17 여기에서 말하는 미국 영사는 정부에서 파견한 영사가 아니라 미국 상인의 대표였을 것이다.

으니 무역을 허용하는 것이 좋겠다는 의견이었다. 그는 영국 오랑캐와 싸워 이기기 힘든 여덟 가지 이유를 나열하는 상주문을 별도로 보냈다. 첫째, 아군이 전선과 대포를 많이 잃었으므로 단기간에 회복하기 어렵고, 둘째, 우리는 육지에서 위치가 정해져 있는 반면에 적은 항상 이동하므로 어디에서 나타날지 모른다는 점을 지적했다. 셋째, 후면의 포대가 파괴된 후 병사들의 사기가 떨어진 반면 한간들이 군대에 침투해서 관병을 믿을 수 없으며, 넷째, 지원군이 온다 해도 지리에 생소해서 작전에 투입하기 어렵고, 다섯째, 광둥 사람들이 장삿속 때문에 각자 자기 이익을 도모할 뿐 뭉쳐서 싸울 생각을 하지 않으며, 여섯째, 광조우 내성內城은 성벽이 두껍지 않아 방비가 어렵다는 점을 들었다. 성 밖의 상황을 살피려 해도 오랑캐 군함이 버티고 있어 제대로 정찰할 수 없다는 것이 일곱 번째 이유였고, 오랑캐가 딩하이에서 철수한 주둔군으로 병력을 보충했다는 점이 여덟 번째 이유였다.[18]

이 상주문을 받은 황제의 비답이 싸늘하게 변했다. 4월 초순에 양팡이 영국 상인들이 이제는 문제를 일으키지 않을 것이라고 보고했을 때 황제는 "그런 말은 들을 필요가 없다. 나는 소剿라는 글자만 알지, 나머지는 전혀 믿지 않는다."라는 비답을 보냈다. 광조우의 쌀 부족을 감안해서 통상을 허락하는 것이 좋겠다는 대목에 황제는 "누구를 속이려는 수작인가? 생각만 해도 화가 치솟는다."라는 비답을 내렸다. 같은 날짜의 다른 상주문에 대한 비답에서 황제의 의구심은 분노로 변했다. 지원군이 육상 전투에는 익숙하지만 수상 전투에서는 오랑캐를 대적하기 어려우니 무역 재개를 허용하는 은혜를 베푸심이 좋겠다는 건의에 황제는 "이제 와서 무역을 허용한다면 여태까지 무엇 때문에 장군과 병사들을 동원했으며, 무엇 때문에 치산을 체포

---

18 中國第一歷史檔案館(編), 『鴉片戰爭檔案史料』 3册, 266~267쪽.

해서 문초했겠는가? 그대의 의견은 정말 형편없구나."라고 응수했다.[19] 그로부터 10여 일 후 황제는 양팡을 해임하는 칙서를 보냈다. 그를 참찬장군 직위에서 해임하고 당분간 광조우에 남아 실수를 만회할 기회를 기다리라는 명령이었다.

정역장군 이산은 4월이 되어서야 룽원과 함께 광조우에 입성했다. 광조우로 오는 동안 그는 문서로 지원군을 어디에 배치할지를 지시했다. 그러나 그의 지시는 광조우의 지리를 거의 모르는 상태에서 이루어졌다. 광조우 도착 직후 그가 착수한 일도 조금 엉뚱했다. 그는 대대적인 한간 색출령을 내리고 전임 총독 치산의 죄과를 조사했다. 엘리엇과 협상할 때 누가 배석했으며 통역을 누가 맡았는가를 따지면서 치산의 실책을 찾아내려고 애썼다. 그것은 전투보다는 한간 색출에 더 골몰한 모습이었고 지원군이 모두 도착할 때까지 시간을 끄는 방법이었다. 5월이 되자 지원군이 차례로 도착해 광조우의 병력은 2만 명을 훨씬 넘어섰다.

치산과 마찬가지로 이산도 이 상황을 해결할 수 있는 인물은 아니었다. 만주족 출신의 특권층으로 신장에서의 장기 근무에 불만이 많았던 그는 광조우로 가라는 명령을 받았을 때 기회가 찾아왔다고 기뻐했지만, 실제로 광조우에서 어떤 일이 벌어지고 있는지는 전혀 몰랐다. 그는 50명이 넘는 수행원을 이끌고 베이징을 출발해 느릿느릿 움직였다. 들르는 곳마다 거창한 대접을 받으며 며칠씩 머물러 광둥에 들어서기까지 47일이 걸렸다. 거기에서 또 신임 총독 치꿍을 기다린다는 명분으로 열흘 이상을 지체해서 광조우까지 57일이 걸렸다. 그 기간은 베이징과 광조우 사이의 특급 배달 기간의 네 배나 되었고, 런던을 출발한 전권대사가 광조우에 도착하는 데 걸리는 시간과 비슷해서 도저히 전쟁을 치르러 가는 사람의 여정으로 보기 어

19 中國第一歷史檔案館(編), 『鴉片戰爭檔案史料』 3冊, 309~312쪽.

려웠다. 사람들은 그에게 별로 기대를 걸지 않았다. 이산도 이 지역 사람들을 불신했다. 그는 광조우 사람들이 모두 오랑캐에게 정보를 팔아넘기는 배신자라고 믿었고, 그래서 한간 색출에 더 열을 올렸다. 오랑캐 문제에 관해 건의한 사람은 의심을 받고 심지어 처벌을 받기까지 했다. 주민 한 사람이 건의문을 올렸다가 배신자로 낙인찍혀 옷이 벗겨진 채 길거리를 끌려다니고 태형을 받은 일도 있었다.

광조우의 상황은 여러 지역에서 도착한 지원군의 행패로 악화일로를 걸었다. 성 단위로 지역 방위를 맡는 관병은 오래전부터 민폐의 근원이었지만 다른 지역에 지원을 나가면 그 행패가 더 심해졌다. 현지 당국이 모든 비용을 부담했기 때문에 지원군의 도착은 막대한 재정 압박을 의미했고 지원군 병사들이 민간인을 약탈하는 일이 비일비재했다. 1841년 봄 광조우의 상황이 바로 그랬다. 병사들이 시내에서 가게를 약탈했지만 아무도 손쓸 생각을 하지 못했다. 서로 말도 통하지 않고 생활문화도 다른 병사들은 사소한 일에도 패싸움을 벌였지만 통제할 장군이나 군관은 별로 없었다. 주민들 사이에서는 영국 오랑캐보다 지원군 병사들에 대한 적개심이 더 높았지만 이산은 개의치 않았다. 광조우를 구하러 왔다고 자부하는 그는 주민들이 지원군에게 반항하면 안 된다고 생각했다. 황제의 독촉이 심해서 그는 방어가 아닌 공격을 준비해야 했다. 오랑캐의 대포가 강력하다는 정보에 그는 정면 공격을 피하고 기습 작전에 매달렸다. 그렇지만 그는 기습 작전을 준비하는 장군과는 딴판으로 행동했다. 자신의 작전이 먹혀들 것이라고 확신했고, 만나는 사람 모두에게 작전을 설명했다. 그뿐만이 아니라 공격 당일 저녁에 광조우의 문무 관료들을 강변으로 초대해 전투를 구경하도록 했다. 그러니 기습 작전은 공개된 비밀이 되었다. 유력인사뿐만 아니라 홍상과 마이빤들도 공격 날짜를 대충 알았고, 심지어 엘리엇의 귀에도 들어갔다.

엘리엇은 무역 재개 이후 샤먼을 공격하려던 원래 계획을 수정했다. 상대방의 대규모 지원군이 도착하는 와중에 주력부대를 움직이는 것이 불안했다. 그는 외상의 지침대로 북쪽으로 진출하기 전에 광조우를 완전히 장악해야 한다고 생각했다. 고프 장군과 해군 장교들은 내키지 않았지만 전권대사의 의견을 무시할 수 없었다. 홍콩으로 물러가 있던 함대에 전투 준비 명령이 떨어져 군함들이 다시 수로 쪽으로 이동했다. 낌새를 눈치챈 도선사들과 부표 노릇을 하던 거룻배들이 순식간에 사라져서 함대는 자체적으로 수심을 재면서 전진했다. 웰즐리호는 왕통 부근에서 정지했지만 블렌하임호는 앞서가는 경순양함을 따라 수로 안쪽으로 들어서서 바람이 불 때는 돛으로, 바람이 없으면 증기선이 예인해서 전진했다. 며칠 후 블렌하임호는 돛대 꼭대기에서 광조우성이 보이는 곳까지 진출했다. 이만한 규모의 전함이 이렇게 깊숙이 들어온 것은 처음이었다. 네메시스호와 경순양함 7척은 이미 상관 앞 강변에 도착해 있었다. 상관에서는 무역이 진행되고 있었지만 군함들이 다가오자 긴장감이 고조되었다. 5월 21일에 엘리엇은 영국 전권대사의 자격으로 모든 유럽인에게 철수 권고를 보냈다. 남아서 차를 선적하겠다고 고집을 부리는 미국인 몇을 빼고는 유럽인 전부가 네메시스호에 올랐다. 상관이 텅 비고 광장이 괴괴하게 변한 그날 저녁 홍상들이 이산의 휴전제안을 전달해 왔다. 엘리엇과 고프 장군의 의견이 다시 엇갈렸지만 결국에는 휴전 제안을 수락하기로 했다. 배에 타고 있던 상인들이 휴전 소식을 듣고 최대한 물건을 실어 나르기 위해 잽싸게 상관으로 달려갔다. 고프 장군은 휴전 제안이 기만 전술이라고 판단해서 경계를 늦추지 말라고 명령했다.

그것은 정말로 기만 전술이었다. 휴전 개시 다음 날인 5월 22일에 날이 어두워질 때 강변에서 포성이 한 번 울리자 유황, 기름을 뿌린 목재와 솜을 가득 실은 화선들이 조용히 노를 저어 움직였고 대포를 장착한 전선들이 뒤따랐다. 처음에는 작전이 순조로워 화선들이 군함 몇 미터 앞까지 다가갔다. 그러나 화통을 던지기에는 약간 먼 거리에서 영국군 보초가 화선을 발견했다. 거리가 너무 가까워서 대포를 쏠 수 없는 영국군은 소총 세례를 퍼부으면서 화선을 막았다. 중국군 병사들이 다급하게 던진 화통은 강물로 떨어져 버렸고, 다른 화선에서는 병사들이 배에 불을 붙이고 물로 뛰어들었다. 영국군은 장대로 다가오는 불덩어리를 밀어내고, 잠시 후에는 군함 주위에 그물을 쳐서 화선의 접근을 차단했다. 결국 군함에 도달한 불덩어리는 하나도 없었다. 썰물 때였고 바람이 없어 움직일 수는 없었지만 군함들은 타오르는 화선의 불빛으로 시야를 확보해 전선과 포대를 포격했다. 중국 측은 계속 화선을 내보냈고, 잠시 후에는 군함들이 화선에 둘러싸였다. 화선이 다가오면 방어 수단이 소총과 그물 밖에 없는 상황에서 네메시스호가 구세주로 움직였다. 바람이 없어도 움직이는 이 배가 강을 오가며 회전식 대포를 마음 놓고 쏴 대는 바람에 모처럼 가까이 다가왔던 화선들이 화염에 휩싸였다. 새벽녘이 되자 공격이 잦아들면서 포격으로 불에 탄 강변의 가옥과 불붙은 채 떠다니는 전선의 모습이 드러났다. 강물에는 중국 측 병사들의 시체가 여기저기 떠 있었고 불탄 화선의 잔해들이 수북이 떠 있었다. 영국 군함도 강변 포대에서 날아온 포탄에 맞아 돛줄이 끊어지고 갑판이 부서지는 피해를 입었다.

그날 저녁 공격이 시작될 때 강변에는 구경꾼들이 모여 있었다. 강이 잘 보이는 곳에는 이산이 승리를 확신하며 초대한 유력인사들이 자리를 잡았고, 그 뒤에는 호기심에 찬 군중이 빽빽이 모여 있었다. 그러나 얼마 지나지 않아 군함들이 포격을 시작하자 군중은 혼비백산했다. 실망한 관리들이 먼저 자리를 떴고, 잠시 후에는 포격당한 진지와 포대에서 도망친 병사들이 군중 속에 섞였다. 포탄이 인근의 가옥까지 날아오자 군중은 흩어지면서 순식간에 폭도로 변해 상관으로 몰려갔다. 엘리엇의 철수 권고에도 남아 있던 미국 상인들이 졸지에 희생양이 되었다. 그들은 몰려오는 군중을 보고 강가로 달려갔지만 보트에 오르지 못하고 잡혔다. 군중은 10명 남짓한 미국인에게 집단폭행으로 분풀이를 한 후 꿍훙회관으로 끌고 갔다. 이 과정에서 소년 하나가 칼에 맞아 목숨을 잃었다. 상관에 들이닥친 군중은 닥치는 대로 부수면서 돈이 될 만한 것은 모조리 집어 갔다. 건물 내부는 난장판이 되었고, 건물 한 동이 완전히 무너져 내렸다.

기습은 실패했지만 공격은 간헐적으로 계속되어 화선이 접근하다가 저지당하는 일이 반복되었다. 왕퉁 근처에서 웰즐리호에 화선이 접근했지만 불을 붙이지는 못하고 대신 근처를 지나가던 상선에 불이 붙어 인도인 선원 10여 명이 화상을 입었다. 그런 공격은 오랑캐 격멸이 목표가 아니라 황제에게 보고하기 위한 체면치레에 가까웠다. 조정에 올라오는 보고서만 보면 광조우에서는 매일같이 전투가 벌어져 오랑캐들이 죽어갔지만 현장의 분위기는 전혀 그렇지 않았다. 특히 2만 명이 넘는 지원군 병력은 전투에 나가는 일 없이 성 외곽에서 먹고 자며 시간을 보냈다. 이산은 아무 대책 없이 오랑캐의 공격을 기다리는 상황으로 빠져들어 갔다.

광조우: 포위와 항복, 싼위엔리 전투

기습 실패 후에 이산은 오랑캐의 보복에 대비해 지원군 대부분을 황푸를 바라보는 강변에 배치했다. 오랑캐가 강변에 상륙해 성으로 향할 것으로 예상해서 강변에서 성까지 긴 방어선을 쳤다. 그러나 2만 명이 넘는 군대의 실제 전투력이 어느 정도인지는 아무도 몰랐다. 출신지가 다른 지원군 부대는 각각 따로 놀아서 협동 작전은 꿈도 꾸지 못했고, 병사들은 자기 부대 지휘자의 명령이 아니면 꿈쩍도 하지 않았다. 지원군 병사들의 행패가 갈수록 심해 주민들이 집단 시위를 벌이는 사건도 발생했다.

고프 장군의 생각은 달랐다. 강변에 상륙해서 성으로 쳐들어가는 것은 쉬운 일이 아니었다. 아무리 쥐어짜도 동원 가능한 육상부대가 2,000명 남짓이어서 2만 명이 넘는 중국군에 비해 수적 열세였을 뿐만 아니라 사방에 질척거리는 논이 펼쳐져 있는 지형도 문제였다. 백병전이 벌어진다면 상당한 피해를 각오해야 했으므로 결코 유리하지 않았다. 성을 점령한다 해도 그다음이 문제였다. 병사들이 술에 취해 포위를 당하면 오히려 자신들이 성에 갇히는 꼴이 될 수 있었다. 영국군에게 가장 중요한 것은 고지高地 확보였다. 성안으로 포탄을 날려 보낼 수 있으면 굳이 육박전을 치르지 않고 항복을 받아 낼 수 있다는 것이 그의 계산이었다. 강변에는 고지가 없었고, 성을 내려다볼 수 있는 고지는 성 너머 북쪽에 있었다. 그 고지로 가려면 서쪽으로 성을 우회해야 했는데, 그쪽 수로는 누구도 가 본 일이 없었다. 그래도 장군은 그 고지를 목표로 삼았다. 이번에도 네메시스호가 나서서 서쪽 수로 입구에서 발견한 배 한 척을 조용히 따라갔다. 오른쪽으로 성벽을 끼고 전진하다가 성벽이 끝나자 수로 양쪽으로 논이 펼쳐졌고, 계속 전진하자 수로가 북쪽으로 이어져 얼마 후에는 칭푸靑浦라는 마을 근처에 이르렀다(그림 8-2 참조). 그곳은 목표로 삼은 고지에서 가까우면서도 상륙에 편리했다. 사령부는 네메시스호의 정찰 결과를 바탕으로 작전계획을 세웠다. 경순양함 5척을 동쪽 수로를 따라 상관 쪽으로 보내 중국군을 붙들어 매면서 육상부대를 서쪽 수로를 통해 칭푸에 상륙시키는 계획이었다. 영국군은 빅토리아 여왕의 생일인 5월 24일에 작전을 개시했다. 그날 정오에 전 부대가 모여 국기를 게양하고 기념식을 거행한 후 순양함 5척으로 구성한 소함대가 동쪽으로 출발했다. 소함대는 상관 앞 강변까지 진출해서 포격 위치를 확보하고 캐머런 연대 300명이 상륙해서 만신창이가 된 상관을 점령했다. 소함대는 다시 황푸 쪽으로 이동했다. 며칠 사이에 중국 측이 진지를 구축하고 전선을 배치했기 때문에 이들을 제거하는 것이 목표였다. 포대와 진지가 견고하게 구축되어 있었으며 저항도 격렬해서 치열한 전투가 벌어졌다. 소함

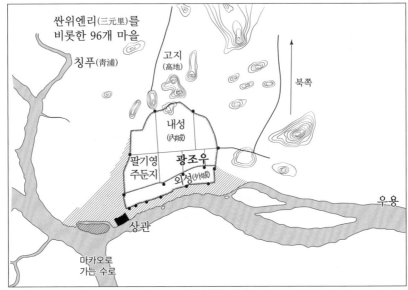

그림 8-2 광조우성과 부근 (출처: Fay, p.284)

대는 전선 몇 척을 불태우고 포대 몇 군데를 파괴했지만 더 이상 공격하지
않고 시간을 끌기만 했다.

고프 장군이 직접 지휘하는 주력부대는 소형 수송함과 보트, 현지에서 나
포한 거룻배에 나누어 타고 서쪽 수로를 따라갔다. 그것은 상당한 모험이었
다. 성벽을 벗어나면 수로 양쪽이 탁 트이고 수심이 얕아서 배를 돌려 나오
기도 어렵기 때문에 보트에 탄 병력은 완전히 노출된 표적이 되었다. 그러
나 서쪽 수로에는 진지나 포대가 없었고, 마주치는 사람은 거의 민간인이었
다. 사령부는 작전이 알려지는 것을 방지하려고 수로에서 마주친 배를 모두
나포해서 네메시스호가 끌고 가도록 했다. 마지막에는 나포한 배가 70척이
나 되어 네메시스호의 속도가 아주 느려졌다. 주력부대는 아무 저항도 받지
않고 해질 무렵 칭푸에 도착했다. 1개 연대가 먼저 상륙해서 숙영지를 마련
하고 포병대와 보급대가 뒤따라 상륙했다. 주력부대는 다음 날 새벽에 상륙

해서 동쪽과 남쪽으로 나누어 전진했다.

물론 그 지역도 안전하지는 않았다. 영국군은 사방으로 현상금을 노리는 주민들에게 둘러싸여 있었다. 간혹 칼을 든 주민이 나타났지만 대열을 향해 덤벼들지는 않았는데, 인도인 하인 하나가 목이 잘린 채 발견되는 사건이 있었다. 그러나 주민들이 성으로 달려가 군대에 알리는 일은 없었다. 그것은 군대와 민간인 사이의 관계를 생각하면 자연스러운 일이었다. 주민들이 뛰어가서 오랑캐의 출현을 알리면 공을 군대가 차지하고 주민에게는 돌아오는 것이 없었다. 주민들은 낙오한 오랑캐를 잡아 현상금을 받으려고 영국군 행렬을 따라다닐 뿐이었다. 중국 병사들도 오랑캐의 출현을 지휘부에 알리지 않았다. 주력부대가 출발한 후 칭푸에 남아 있던 부대가 중국군의 공격을 받아 한 시간 가까이 싸워 격퇴했는데, 패한 중국인 병사들은 성으로 달려가서 보고할 생각을 하지 않고 사방으로 흩어졌다.

주력부대의 행군은 더뎠다. 논바닥 사이로 나 있는 길 곳곳에 무덤과 비석이 있어서 24파운드 대포를 움직일 수 없었다. 마지막까지 끌고 간 것은 12파운드 곡사포 4문, 9파운드 직사포 2문, 박격포와 로켓 발사통 5문 정도였다. 10킬로미터도 안 되는 성의 동북쪽 모퉁이까지 다섯 시간이나 걸려 도착했다. 거기에서는 200미터 높이의 고지가 보였다. 그렇지만 고지에 올라갈 때 지나야 하는 성벽 옆길에는 여기저기 중국군 포대와 진지가 있었다. 고프 장군은 해병대에게 동북쪽의 포대를, 육군 2개 연대에게 그보다 더 동쪽의 포대를 공격하라고 명령했다. 포병대가 먼저 포격하고 해병대가 전진하자 중국군 포대도 응사했고, 성벽 위에서도 포탄이 날아왔다. 중국군 병사들이 강하게 저항해서 전투가 몇 시간이나 계속됐고 영국군도 꽤 큰 피해를 입었다. 그러나 남아 있던 2개 연대가 합세하자 중국 측 방어선이 무너지고 병사들이 뿔뿔이 흩어져 도망쳤다. 영국군 15명이 전사하고 100명 이상이 부상을 입는 전투 끝에 그날 오후 영국군이 고지에 올라 광조우

시가지를 내려다봤다.

고프 장군은 섣불리 움직이지 않았다. 12파운드 소형포와 로켓 정도로는 압도적인 화력 지원이 어려웠고, 측면과 후방을 지킬 병력도 부족했다. 게다가 병사들이 모두 지쳐 있었다. 논바닥을 헤쳐 나오느라고 피곤하기도 했지만 습하고 더운 날씨에 설사병을 앓는 병사가 많았다. 그래도 사흘째 아침에 고프 장군은 병사들을 공격 위치에 배치했다. 그때 엘리엇이 36시간 전에 보낸 편지를 지참한 전령이 도착했다. 불필요한 민간인 살상을 피하기 위해 당분간 공격하지 말라는 내용이었다. 장군은 불만이었지만 기다리기로 했다. 오전 10시쯤 관원이 백기를 들고 와서 휴전을 제안했다. 장군은 협상 권한이 있는 고위 관리가 나타날 때까지 전투행위를 중지하겠다고 답했다. 쌍방은 백기를 게양하고 몇 시간 동안 기다렸지만 중국 측에서는 아무도 나타나지 않았다. 오후가 되어 장군은 백기를 내리고 공격 준비를 시작했지만 중국 측은 백기를 내리지 않았다. 막상 공격을 하려니까 지형이 상대방에 유리했다. 칭푸에서 탄약을 운반하는 부대가 성벽 옆을 지나와야 하므로 중국군의 공격에 노출되어 있었다. 영국군은 탄약 보급이 끊어지면 포탄이 금방 바닥날 상황이었다. 그래서 양측은 저녁까지 움직이지 않고 대치 상태를 유지했다.

그동안 성안은 극도의 혼란에 빠졌다. 사실 혼란은 기습이 실패했던 그날 이미 시작되었다. 영국군의 포격으로 사방에 불길이 치솟고 강변에 포진했던 병사 수천 명이 다투어 성안으로 퇴각하는 바람에 대오가 흐트러지고 기강이 무너져 아비규환의 상황이 벌어졌다. 소속 부대를 이탈해 먼저 성안으로 들어가려는 병사들이 민간인들을 짓밟았고, 지리도 모르고 말도 통하지 않는 병사들은 오랑캐보다 더 악랄한 약탈자로 변했다. 길거리에 나선 병사들이 싸움과 약탈을 벌이자 겁먹은 군관들은 민간인 가옥으로 숨어들었다. 민간인 수백 명이 살해당했고 겁탈당한 여인도 적지 않았다. 영국군과의 전투는 뒷전이었다. 다급해진 양팡 장군이 휘하 병력 2,000명을 집합시켰지만 군관 중 어느 누구도 나가 싸우려고 하지 않았다. 결과적으로 지원군을 통제하지 못한 광조우성은 내전 상태에 빠졌다. 심지어 엉뚱한 소문 때문에 민병대가 민간인 보호를 위해 지원군 부대와 맞서면서 후난 출신 부대를 습격해서 수십 명을 죽이는 사건도 일어났다.[20] 습격당한 병사들이 가만히 있지 않고 주민에게 분풀이를 하는 바람에 길거리마다 난리가 벌어졌다. 혼란은 영국군의 고지 점령 후 절정에 달했다. 불안감에 휩싸인 주민들이 떼를 지어 관공서 앞에서 시위를 벌이다가 때마침 아문衙門을 나서던 이산을 둘러싸고 어째서 관병의 약탈과 살인을 막지 않는지, 오랑캐들의 공격을 막을 방도가 무엇인지를 다그쳤다. 화가 난 이산은 그 자리에서 몇 명을 붙잡아 목을 베었지만 군중은 더욱 험악해져서 아문으로 밀고 들어가 난장판을 만들었다. 이산은 수행원의 도움을 받아 간신히 현장을 빠져나갔다.

상륙 나흘째 되던 날 고프 장군의 인내심이 바닥났다. 그는 아침 7시에 포격을 시작하고 8시에 보병을 전진시키기로 했다. 그런데 포격 개시 직전에 중국군 진지에 백기가 걸리더니 거의 동시에 고지 밑에서 엘리엇의 이름을 외치는 소리가 들렸다. 장군이 포병에게 대기명령을 내리고 기다리자 잠시 후 장교 한 명이 가쁜 숨을 몰아쉬며 고지에 올라와 엘리엇의 편지를 전달했다. 그 편지는 전날 밤 10시까지 전달되어야 했지만 그 장교가 칭푸에 도착한 후 길을 잃고 밤새 헤매는 바람에 아침이 되어서야 도착한 것이었다. 그것은 광조우 당국과 협상 중이니 공격을 중지하고 현 위치에서 대기하라는 전권대사의 지시였다. 장교들이 투덜거리는 목소리가 더욱 높아졌지만 장군은 공격 명령을 취소했다.

---

20 후난 출신 병사들이 나병에 걸린 여인을 데리고 살다가 병이 전염되면 치료하려고 어린 아이들을 삶아 먹는다는 소문이 퍼진 것이 원인이라고 한다. 근거 없는 소문이었지만 혼란이 극심해지자 주민들이 그들을 표적으로 삼아 공격한 것이었다.

엘리엇은 민간인 피해와 무역 중단을 우려해 광조우성의 공격에 찬성하지 않았다. 무역 중단으로 광조우의 자금이 고갈되면 아편 배상금도 물 건너간다고 생각했다. 병력 2,000명으로 성을 공격하는 위험 부담도 컸다. 포격전으로는 승산이 있지만 시가전이 벌어지면 승리를 장담할 수 없고, 승리해도 피해가 커서 양쯔강으로의 원정이 불가능해진다. 엘리엇은 이산을 위협해서 굴복시키는 쪽이 더 안전한 방법이라 생각했다. 이산은 엘리엇의 예상대로 반응했다. 협상을 시작해서 하루 만에 협정문의 윤곽을 잡았다. 중국 측이 상관의 피해, 미국인의 구타와 구금으로 인한 피해, 2년 전에 불태운 스페인 선박 빌바이노호의 피해 등을 모두 합해 600만 달러를 보상하고 지원군을 철수시키는 대신, 영국 측은 점령한 진지를 반환하고 군함들을 수로 밖으로 내보낸다는 것이 골자였다. 몰수한 아편 대금, 홍콩과 조우산, 무역 재개와 대등한 외교관계 같은 것은 전혀 언급하지 않았다. 이 협정문은 광조우의 긴장을 해소하는 데에 국한된 임시 방편이었다. 중국 측이 패배를 인정하지 않고, 홍콩의 할양도 언급하지 않고, 대등한 외교관계의 수립도 약속하지 않고, 그냥 돈으로 때운 협정문이었다.

곧이어 광조우성의 행정책임자인 광주지부廣州知府 위빠오춘余保純이 협상 대표가 되어 웰즐리호에서 엘리엇과 세부사항을 논의했다. 위빠오춘은 600만 달러 중에서 일부를 즉각 지불하고 나머지는 6년에 나누어 지불하겠다고 제안했지만 엘리엇은 일언지하에 거절했다. 이날 협상은 다음 날까지 중국 측이 진전된 안을 내놓지 않으면 고지의 영국군이 포격을 시작한다는 엘리엇의 협박으로 끝났다. 보고를 받은 이산은 공황 상태에 빠졌다. 그는 고지에 어떤 대포가 있는지도 몰랐다. 순무가 다음 날 다시 엘리엇을 찾아와 협상은 급진전했다. 어제 6년이었던 배상금 지불 기간이 하루 만에 엿새로 바뀌었다.

다음 날부터 성문 앞에서 두 줄의 행렬이 교차했다. 강변으로 은을 실어

나르는 행렬과 반대편으로 철수하는 지원군의 행렬이었다. 군함에 은 상자
가 쌓일 때 양팡 장군은 주변 마을에서 지원군의 철수를 지켜봤다. 광조우
당국은 약속대로 엿새 만에 600만 달러의 지불을 완료했다. 그런 거액을 당
국이 현찰로 가지고 있었을 리가 없었다. 닥치는 대로 긁어모았지만 액수를
채울 수 없어 이산은 월해관에 200만 달러를 요구했는데, 월해관은 이 부담
을 고스란히 꽁홍으로 전가시켰다. 린쩌쉬의 요구로 엘리엇이 상인들에게
아편 물량을 할당했던 상황이 꽁홍에게 고스란히 반복되었다. 홍상들이 각
자 일정 금액을 갹출해서 200만 달러를 채웠다. 쭝상을 맡고 있던 우사오룽
伍紹榮은 혼자 70만 달러를 부담했지만[21] 다른 홍상들은 빚을 내서 바쳤다.
엘리엇은 아편 상인 덴트에게 런던까지 은의 수송을 위임했다. 덴트는 재빨
랐다. 그는 수령한 은에서 자신에게 할당됐던 아편 500상자의 대금을 미리
챙겼다. 그래도 조금은 양심적이어서 가격을 높게 매기지 않고 그날의 시장
가격으로 126,000달러를 계산했다. 다른 상인들은 엘리엇이 당장 대금을
청산하지 않을까 하고 은근히 기대했지만 그런 일은 없었다.

　광조우는 평온을 되찾았지만 부글부글 끓는 분위기는 가라앉지 않았다.
그러나 여기에도 온도 차이가 있었다. 돌아가는 상황을 알고 있는 사람들은
관병 2만 명이 행패만 부리다가 2,000명의 오랑캐와 제대로 싸워 보지도 않
고 무릎을 꿇은 점에 분개했다. 반면 주민들로서는 지원군 철수가 반가운
일이었고, 무역으로 먹고 사는 사람들은 살 길이 트였다고 좋아했다. 그렇
지만 성 밖의 분위기는 달랐다. 농사를 지으며 가족과 노인을 공경하고 조
상에게 제사를 지내며 살아온 그들은 성안의 사람들에 대해 장사에 빠져 돈
만 밝힌다는 반감이 있었다. 마을에서는 관직에 나갔다가 귀향했거나 공부

---

21 이워훙怡和行을 일으킨 우빙지엔伍秉鑒이 아직 살아 있어서 여러 책에 그가 돈을 바쳤
　다고 기술되어 있지만 실제로 당시 대표는 우사오룽이 맡고 있었다. 우빙지엔은 1843년
　에 세상을 떠났다.

를 했지만 관직을 마다하고 고향에 눌러 사는 신사紳士가 영향력을 행사했다. 그들은 오랑캐만큼이나 광조우 사람들을 미워했고, 관병은 더 미워했다. 이들은 광조우의 위기에 대해 관심이 없었으며, 패전 소식이 들려올 때마다 냉소했다. 광둥은 씨족 간 싸움이 잦아서 유력한 신사는 원래부터 사병私兵을 거느리고 있었다. 사병은 씨족 간의 싸움뿐만 아니라 산적의 습격과 관병의 행패를 막는 역할을 했고, 사병이 부족할 때는 마을 주민을 규합해서 민병대를 조직하는 것이 일반적이었다. 관병을 불신한 이산이 부임 후 민병대 강화를 장려해서 그해 5월 하순에는 마을마다 민병대가 상당한 규모로 조직되어 있었다. 민병대는 몇 백 명 단위로 조직되었고, 각 단위는 '의義'라고 쓴 깃발과 마을 이름을 쓴 깃발을 나란히 세워 집합했다. 5월 하순에 영국군의 칭푸 상륙 소식을 들은 신사 10여 명이 모여 대책을 논의했다. 그들은 힘을 합치기로 피로써 맹세한 후 사방으로 연락해서 사람을 모으고 작전을 의논했다. 모여든 사람들은 대부분 삽이나 괭이를 든 농민이었고, 칼과 창, 화승총을 지닌 사람은 소수였다. 그들은 오랑캐에 대한 적개심에 불탔지만 그렇다고 광조우를 구출할 생각은 없었다. 그들은 국가에 대한 충성심으로 싸우는 것이 아니라 자신들의 공동체에 위협이 가해질 때에 비로소 행동에 들어가는 집단이었다.

5월 말에 그런 사람들을 자극하는 사건이 터졌다. 고프 장군이 배상금 지불이 완료될 때까지 부대를 고지 위에 잔류시켰기 때문에 각 부대는 보급품 조달과 정찰을 위해 소규모 병력을 주변 마을로 보냈다. 순찰대는 멋대로 행동했다. 약탈이 기본이었지만 주민들이 제일 질색한 것은 무덤을 파헤치는 것이었다. 뒷날 몇몇 장교들이 '과학적 관찰을 위해' 무덤을 파헤쳤다고 했지만 그것은 둘러대기에 지나지 않았다. 무덤에 값비싼 물건이 있다는 믿음 때문에 인도 출신 병사들이 곳곳에서 무덤을 파헤치고 다녔다. 이 소식이 퍼져 나가자 인심이 흉흉해졌고, 오랑캐에 대한 증오심이 높아졌다. 이런 분위기 속에서 5월 28일에 순찰대가 싼위엔리三元里의 촌락에서 나이든 여인을 윤간하는 사건이 터졌다(그림 8-2 참조). 그것은 민병대를 자극하기에 충분한 사건이었다. 날이 어두워질 무렵 싼위엔리 주변 96개 마을 대표들이 모여 봉기를 결의했고, 사람들이 깃발과 횃불을 들고 모여들었다. 투지를 불태우며 밤을 지새운 민병대는 동틀 무렵에 영국군 진지를 향해 움직였다. 5,000명에 가까운 사람들이 영국군을 내려다보는 산봉우리에서 함성을 질러댔다. 영국군이 경계태세를 취하는 동안 군중의 규모는 계속 커졌고, 얼마 후 선두가 서서히 영국군 쪽으로 다가갔다. 고프 장군은 단순한 소요로 생각하고 군중 해산을 시도했다. 전진 명령을 받은 선두 중대가 군중을 향해 위협사격을 가하자 군중은 뒤로 흩어졌다. 상황이 종료되었다고 여긴 장군이 중대를 원대 복귀시켰지만 그게 아니었다. 양측의 거리가 영국군 사정거리를 넘어서면 군중이 다시 다가왔고, 위협사격을 하면 물러섰다가 다시 다가오는 상황이 몇 번이고 되풀이됐다. 영국군 병사들은 더운 날씨로 헐떡거렸고, 장교 한 명이 열사병으로 쓰러졌다. 그러나 군중은 계속 불어나서 눈에 들어오는 고지마다 깃발이 펄럭였다. 영국군이 고지를 향해 로켓을 몇 발 쐈지만 상황은 변하지 않고 영국군 숙영지 앞쪽으로 활 모양의 포위망이 점차 만들어졌다. 고프 장군은 그제야 원정대가 처음 겪는 이 상황을 전투 상황으로 인식했다. 그는 부대별로 전열을 정비해서 전진하라고 명령했다. 26연대가 왼쪽을, 37연대가 정면을, 그리고 벵골 용병대가 오른쪽을 맡아 전진하자 군중이 뒤로 물러섰다. 영국군이 어느 정도 전진했을 때 갑자기 하늘이 어두워지더니 폭풍이 불며 세찬 비가 쏟아졌다. 앞을 못 볼 정도로 쏟아지는 빗줄기 사이로 요란한 천둥소리와 함께 번개가 번쩍거렸다. 장군이 급히 후퇴 명령을 내렸지만 전진하던 연대는 혼란에 빠졌다. 쏟아지는 빗줄기 속에서 물이 가득한 논바닥을 걸어 후퇴하느라고 대오가 흩어졌다. 병사들이 논바닥에서 서로 앞서가려고 허우적거릴 때 군중은 빗줄기에 아랑곳하지 않고 함성을 지르며 다가왔다. 영국군은 성냥이 젖어 총을 쏠 수 없었고 아직 군중과는 거리가 있어 총검도 무용지물이었다. 병사들은 논바닥에 무릎까지 빠졌고 논두렁길도 워낙 좁아 일렬로 걷는 바람에 군중과 영국군 사이는 점점 좁혀졌다. 군중은 측면과 뒤쪽에서 다가와 오랑캐 병사를 낚아채려고 기다란 갈고리를 뻗었다. 뒤처진 병사 하나가 갈고리로 끌려가 군중 속에서 산산이 찢겨 죽었다고 한다.

서너 시간 후 지칠 대로 지친 영국군이 숙영지에 집결했다. 장군은 한 중대가 보이지 않아 해병대 수색대를 파견했다. 장교 3명이 지휘하는 세포이 용병 중대가 퇴로를 차단당하고 군중에게 완전히 포위되어 있었다. 비가 쏟아지고 어둠이 깔리는 상황에서 중대는 어디에서 달려들지 모르는 군중의 공격에 대비해야 했다. 이미 1명이 죽고 15명이 중상을 입은 상태에서 세포이 용병들이 터번을 찢어 젖은 소총을 닦아 사방을 향해 위협사격을 가하면서 버텼다. 군중은 사격을 가하면 뒤로 물러섰다가 다시 다가왔다. 병사들이 사각형 대열을 갖추고 일제사격으로 버티고 있을 때 해병대가 도착해서 지원사격을 가했다. 뒤에서 사격을 받은 군중이 흩어지면서 고립되었던 중대는 탈출에 성공했다. 모든 부대가 귀환한 것은 밤 9시가 되어서였다.

이날 전투를 주도한 싼위엔리 사람들은 오랑캐를 밀어붙여 허둥지둥 퇴각하게 만들었다는 승전보를 사방에 퍼뜨렸다. 소식은 순식간에 퍼졌고 더 많은 장정들이 합류했다. 다음 날 아침에는 주변의 103개 마을에서 모여든 군중이 주변 고지를 가득 메웠다. 영국군은 군중의 규모를 12,000명 정도로 추산했지만, 주민들은 4만 명이 모였다고 주장했다. 고프 장군은 더 이상 밀리면 희망이 없다고 생각해서 부대를 전진시켜 공격 대형으로 배치했고, 다른 한편으로는 광조우 당국에 전투가 벌어지면 협상을 무효화하고 성을 포격하겠다는 전갈을 보냈다. 전갈을 받은 이산은 황급히 위빠오춘을 파견했다. 그는 영국군 진지로 달려와 장군에게는 백성들이 협상 타결을 모른

채 모인 것이라고 설명한 후, 군중에 다가가서 신사들을 모아 놓고 협상이
타결되어 영국군이 철수할 예정이라고 설명했다. 그 말을 들은 신사들이 하
나둘 돌아가자 군중도 스르르 해산했다. 다음 날인 6월 1일에 배상금 지불
이 완료되어 영국군도 고지에서 철수했다. 그들은 위빠오춘이 제공한 짐꾼
800명 덕택에 올 때보다 편안하게 이동했다.

이것이 중국 측 표현으로는 '싼위엔리 주민의 영국에 대한 투쟁[三元里人民
反英鬪爭]', 영국 측 표현으로는 '싼위엔리 사건Sanuyanli Incident'의 전말이
다. 표현의 차이에서 드러나듯 이 전투에 대한 양측의 기록과 해석은 사뭇
다르다. 중국 측은 이 전투를 애국심에 불타는 농민이 일제히 봉기해서 거
둔 위대한 승리라고 주장했다. 첫날 전투에서 오랑캐 200명 이상이 죽고 수
많은 문건과 황금 칼 한 자루, 소형 대포 2문을 노획했으며 오랑캐 사령관
브리머 준장이 죽었다고 했다(그는 인도에 가 있었다.). 소문은 여기에서 그치지
않았다. 포위를 풀어 오랑캐가 칭푸에서 배에 옮겨 탈 때 민병대가 습격해
서 100명 이상을 죽이고 대포 2문과 총 900정을 노획했다고 했다. 또 다른
민병대가 영국군 진지에 독기를 품은 연기를 뿜어서 10명 이상이 기절하고
거룻배 한 척이 불탔다고 했다. 다른 곳에서는 화선 3척으로 촨삐의 함대를
공격해 군함 한 척이 불붙은 후 화약고가 폭발하면서 재로 변했다고 했다.
또 함대가 수로를 빠져나갈 때 모래톱에 걸린 선박을 주민들이 습격해서 불
태웠다고도 했다. 이런 소문이 전해질 때마다 사람들이 거리에 격문을 붙여
이 사건을 알렸고, 격문이 새로 나붙을 때마다 새로운 소문이 추가되었다.
오랑캐의 인명 손실이 처음에는 200명이었다가 300명으로 불었고, 나중에
는 750명으로 불어났다. 격문마다 오랑캐의 신음이 계곡을 진동시키고, 죽
음에 몰린 오랑캐들이 살려 달라고 빌었으며, 호랑이 같은 군중의 함성이
천지를 진동시켰다는 묘사가 덧붙여졌다. 갑작스러운 폭우는 하늘이 도와
준 조짐으로 발전했다. 그것은 애국적인 농민의 자발적인 봉기라는 영웅담

에서 무수한 오랑캐를 죽인 전설이 되었다가 최후의 승리를 예고하는 신화로 발전했다. 위빠오춘이 나서지 않았다면 오랑캐를 모조리 바다로 쓸어 넣을 수 있었다는 아쉬운 신화였다. 신화는 전국으로 퍼져 나갔고 베이징에도 도달해서 싼위엔리의 농민 봉기를 예찬하는 시와 문장이 넘쳐났다. 1957년에 아잉阿英이 편찬한 『아편전쟁문학집鴉片戰爭文學集』에는 이 사건을 주제로한 수백 편의 시와 산문이 수록되어 있다. 싼위엔리의 신화는 국가적인 열풍을 불러일으켰고, 향촌의 민병대가 정치적 존재로 부각되는 계기를 만들었다. 지금도 이 사건은 중학교 이상의 역사 교과서에 수록되어 중국 근대사의 중요한 이정표로 남아 있다.

여기에서 '애국적'이라는 말에는 논쟁의 여지가 있다. 봉기는 싼위엔리 주민들이 윤간사건에 예민하게 반응하면서 당국과 관병에 대한 불신과 멸시를 표출한 사건이었다. 봉기를 유도하는 격문에는 관병이나 국가의 도움도 필요 없으니, 관리와 관병도 모두 죽여 버리자는 문구도 있었다. 군중이 해산한 후에는 광조우의 행정 책임자가 영국군을 구출했다는 냉소적 문구도 등장했다. 관리들은 난감한 입장에 빠졌다. 이산과 위빠오춘을 비롯한 관리들이 모두 매국노이자 한간으로 낙인찍혔다. 6월 1일에 배상금 지불을 완료하고 위빠오춘이 엘리엇을 만나러 갈 때는 관복이 아닌 평복을 입고 비밀리에 움직여야 했다. 또 그해 9월에 광조우의 공원貢院에서 과거 시험이 거행될 때 감독관을 맡은 위빠오춘이 등장하자 수험생들이 먹을 던지며 항의하는 사건이 벌어졌고, 배석 관리들이 말리자 욕설과 야유가 쏟아졌다. 평상시에는 도저히 일어날 수 없었던 이 일로 인해서 위빠오춘은 사임해야했다.

영국군은 이 사건을 대수롭지 않게 생각했다. 그것은 병력의 열세를 감안하면 5명 전사, 23명 부상이라는 작은 피해를 입은 '사건'이었을 뿐이었다. 소문과는 달리 군함은 전혀 피해를 입지 않았다. 영국 측 자료에는 이 사건의 원인이 된 약탈, 도굴, 윤간에 대한 구체적인 기록이 별로 없다. 평소 비교적 사실에 가깝게 보도하던 『차이니스 리포지터리』도 윤간 사건을 "입에 담기도 부끄러운 사건[doings of which it is a shame even to speak]"이라고 둘러대며 지나갔다. 일부 장교들이 광조우성의 공격 불발을 아쉬워했지만 며칠 전투를 통해 600만 달러를 건졌으니 나쁘지 않다는 것이 사령부의 생각이었다.

이산은 이 사건을 주민이 관병을 도와 오랑캐를 무찌른 사건으로 보고했다. 군사적 패배와 배상금 지불 사실이 알려질 때의 질책을 두려워한 그는 화려한 거짓말로 포장된 보고서를 연이어 보냈다.

… 오랑캐들이 군함을 앞세워 성을 공격하려 할 때 … 이 몸은 백성들에게 오랑캐를 잡아오면 은 200냥을 상으로 주겠다고 했습니다. 마침 군관들이 물길을 탐색하던 오랑캐 20여 명을 잡아왔기에 이 몸이 직접 심문한 결과 오랑캐들이 한간들을 모아서 수로를 따라 성을 공격하려 한다는 것을 알았습니다. 이에 기회를 놓치지 않기 위해 먼저 공격하기로 결정했습니다. … 각 부대가 곳곳에 매복하고 있다가 삼경三更이 지나면서 중앙과 좌측, 우측으로 나뉘어 동시에 공격을 시작했습니다. 오랑캐들은 어둠 속에서 사방으로 공격을 받자 당황했고, 우리 쉐이용들은 물속에 몸을 감추고 갈고리로 오랑캐 배를 낚아채면서 화탄火彈과 화통을 던졌습니다. … 순식간에 화염이 치솟으며 … 오랑캐들이 몇 리 밖에서도 들릴 정도로 비명을 지르며 수없이 물속으로 떨어졌습니다. … 서쪽의 공격에서 오랑캐 대형 병선 2척, 대형 삼판선 4척, 작은 배 수십 척을, 동쪽에서는 소형 삼판선 여러 척을 불태웠고, 공격을 받거나 물에 빠져 죽은 오랑캐는 셀 수가 없을 정도였습니다. … 상륙하려던 오랑캐에 포격을 가해 여러 명을 죽였습니다. 날이 새자 오랑캐가 군함 여러 척과 증기선을 동원해서 공격해 왔지만 … 병사들이 죽기로 싸워 삼판선 한 척을 불태우자 후퇴했습니다. … 다만 오랑캐는 성질이 고약

하고 교활해서 언제 다시 쳐들어올지 모릅니다. … 광조우의 구성舊城은 튼튼하지만 신성新城은 약해서 걱정입니다.[22]

… 광조우 신성이 약해 걱정이고 … 더욱이 한간이 사방에 매복하고 있다가 기회를 노려 방화할 가능성도 있어서 군대를 교대로 배치했습니다. … 광조우로 통하는 요충지에 나무 기둥을 설치하고 화선을 배치했지만 … 한간들이 화선 몇 척을 끌어내 불태웠습니다. … 오랑캐 병선이 삼면에서 포격을 하자 신성과 구성에 포탄이 떨어져 불길이 치솟았지만 … 군관들이 공격해서 화륜선(증기선) 한 척을 격침했습니다. … 날이 어두워지자 한간들이 화탄을 던져 강변의 가옥에 불을 질렀습니다. 우리 병사들이 죽음을 무릅쓰고 화탄을 던지며 돌진해서 배 한 척을 불태웠고, 동쪽 포대에서도 돛배 하나에 포격을 가해 오랑캐 4~5명이 물에 빠졌습니다. … 백성이 피난 가는 등 혼란이 있는데 그 와중에서 … 한간들이 우리 군대의 움직임을 탐지해 오랑캐들에게 알려 주고 있는 바 … 이 몸이 몇 명을 잡아 효수梟首하려 합니다.[23]

… 광조우성 북쪽으로 통하는 수로는 진흙탕이 많아 병사를 주둔시키기 어렵습니다. … 그런데 오랑캐들이 병선 38척을 동원해서 북쪽에 상륙했습니다. … 병사들이 포격해서 오랑캐 10여 명을 죽였습니다. … 그런데 날이 밝자 오랑캐 몇이 성벽 앞에 나와서 손을 흔드는 것이 뭔가 하고 싶은 말이 있는 듯했습니다. 그래서 군관을 내보냈더니 여러 명이 손가락으로 하늘을 가리켰다가 자기 가슴을 가리켰다가 했지만 군관이 뜻을 알 수 없었습니다. 그래서 통사通事를 불러 알아보았더니 대장군께 어려운 사정을 호소하려 한다는 것이었습니다. 총병總兵 딴융푸段永福가 "우리 대장군께서 어찌 너희를 만나겠는가?"하고 고함을 지르자 오랑캐 두목이 모자를 벗어 들고 예를 올리면서 좌우를 돌아보자 모든 병사들이 무기

22 中國第一歷史檔案館(編), 『鴉片戰爭檔案史料』3册, 444~445쪽.
23 中國第一歷史檔案館(編), 『鴉片戰爭檔案史料』3册, 446~448쪽.

를 땅에 던지고 성을 향해 예를 올렸습니다. 이 몸이 통사를 보내 꾸짖자 … 무역을 허락하지 않아서 물자를 유통시키지 못해 자본이 떨어졌지만 (홍상에게 빌려 준) 돈을 받을 길이 없어 곤궁하던 터에 신성 양쪽의 포화로 인해 하소연할 수 없어서 대장군계 황제의 은혜를 간청하기 위해 왔다고 했습니다. 그리고 빚을 돌려받고 통상을 허락받은 후 즉각 후먼 밖으로 물러나며 점령한 포대를 모두 반환하겠다고 했습니다. … 이 몸이 이리저리 생각해 보니 이들의 말을 들어줘서 백성을 구하는 것이 좋겠으며 … 광조우의 무역을 잘 관리하면 매년 거두는 세금이 300만 냥 이상이니 수년 내에 (오랑캐에게 주는 돈을) 모두 회복할 수 있겠습니다. … 그래서 광주지부 위빠오춘을 보내 협상을 시작했습니다. …[24]

이렇게 그해 5월의 전투는 곤궁에 빠져 애걸복걸하는 오랑캐에게 황제가 은혜를 베푼 사건으로 둔갑했다. 관리들이 합작해서 만들어 낸 거짓말에는 앞뒤가 맞지 않는 부분이 많았다. 수로를 탐지하던 오랑캐 20여 명을 잡았다는 보고는 그 이후 중국 측 기록에서 완전히 자취를 감추었다. 협상 타결 후 풀려난 사람은 상관에 남아 있던 미국 상인들뿐이었으며, 영국군 포로 20여 명을 석방했다는 기록은 없다. 군함이 불타고 무수한 오랑캐가 물에 빠져 죽었다는 전과 보고는 대부분 군관들의 허위 보고를 그대로 옮긴 것에 불과했다. 더욱이 이산의 전과는 시간이 갈수록 풍선처럼 부풀었다. 7월에 보낸 보고서에서 그는 이번 전투를 결산하면서 대형 선박 9척, 대형 삼판선 11척, 소형 삼판선 18척, 증기선 1척을 격침시켰다고 했다. 그는 선박의 크기로 인원을 대충 짐작했다. 그 계산에 따라 침몰 선박의 인원이 3,000명이 넘고 그중 절반이 죽었다고 가정하면 원정대 병력의 1/3이 물귀신이 됐다는 이야기가 된다. 육상부대의 인명 손실에 대해 이산은 흑백 오랑캐 900

---

24 中國第一歷史檔案館(編), 『鴉片戰爭檔案史料』 3冊, 461~463쪽.

여 명, 한간 1,500명, 그리고 장교 10여 명이 죽었다고 했다. 그중에는 이름이 알려진 사람 다섯 명이 포함되어 있었지만 이들은 모두 멀쩡하게 살아 있었다. 게다가 물에 빠져 찾지 못한 자와 병들어 죽은 자는 숫자를 헤아릴 수 없을 정도라고 했다.[25] 이 숫자를 모두 합치면 영국군 주력이 거의 궤멸되었다는 말이 된다. 그러니 이산은 오랑캐 주력을 전멸시키고도 마지막에는 오랑캐의 애원을 들어주어 600만 달러를 지불한 셈이다.

이산은 완전한 승리를 거두지 못한 이유를 한간의 준동에 돌렸다. 자신은 요충지에 군대를 배치해서 대비했지만 오랑캐가 한간을 규합해서 간첩으로 활용하며 배후를 공격해서 일을 그르쳤다는 논리였다.[26] 그것은 촨삐 포대가 함락될 때 치산이 써먹었던 핑계의 복사판이었다. 이 기간에 한간으로 간주된 사람이 많이 늘어난 것은 사실이다. 그것은 현지의 분위기 때문이었고, 그런 분위기를 만든 것은 당국이었다. 린쩌쉬 재임 기간에 한간은 아편 사범을 가리키는 말이었지만 치산이 부임한 이래 당국은 오랑캐에게 협조하는 모든 사람을 한간으로 치부했다. 당국이 조금이라도 의심스러우면 한간으로 몰아붙여 억울한 죄인을 양산하다 보니, 평소 서로를 의심하던 사람끼리 서로를 한간으로 몰아 당국에 밀고하는 사건들이 빈발했다. 싼위엔리 사건이 터진 후 이 지역에서만 1,200명이나 되는 사람들이 한간으로 몰려 죽임을 당했다. 주민들 사이에서는 관원들이 오랑캐를 격퇴하지 못하자 분풀이로 멀쩡한 사람을 한간으로 만들었다는 불평이 만연했다. 당국은 오랑캐와 한간이라는 두 줄기의 적과 전투를 벌이면서 주민 상당수를 적으로 만들었다. 이것은 광조우뿐만 아니라 영국군과 전투가 벌어지는 모든 곳에서 일어난 상황이었다.

---

25 中國第一歷史檔案館(編), 『鴉片戰爭檔案史料』3冊, 604~607쪽.
26 金峰, 「鴉片战争时期清政府处理汉奸问题措施研究」.

황제는 이 거대한 거짓말에 속아 넘어갔다. 배를 격침시키거나 오랑캐를 죽였다는 대목에서는 "기쁘다."라고 했고, 한간의 준동 때문에 피해를 입었다는 대목에서는 "통탄스럽다."는 비답을 내렸으며, 한간을 잡아 사형에 처하겠다는 대목에서는 "모조리 죽여라."라고 했다. 그런 반응은 광조우의 사태를 먼 산의 불로 보는 베이징의 분위기와 맞물려 있었다. 오랑캐들이 예의를 차리면서 애걸했다는 이산의 거짓말을 믿은 그들은 상황이 종료되었다고 생각했다. 600만 냥의 지불은 심각한 일이 아니었다. 이산의 보고에 의하면 그 돈은 어차피 줘야 하는 돈이었고, 특히 홍상들이 무역을 통해 벌었던 돈을 토해 내는 것이라면 아무 문제가 없다고 생각했다. 결과적으로 이산은 황제의 위신을 유지하면서 오랑캐 문제를 원만히 처리한 영웅이 되어 명예로운 포상을 받았으며, 관리와 군관들도 상을 받거나 승진했다. 이렇게 해서 1841년 5월의 전투는 쌍방이 모두 승리의 기쁨을 만끽하는 코미디로 끝났다.

홍콩에 닥친 태풍

배상금 지불이 완료된 후 6월 5일에 엘리엇이 영국의 입장을 발표했다. 협약으로 광조우에서의 전투는 종료하지만 무역시장 확대와 관련된 문제가 모두 해결될 때까지 전쟁 상황을 유지한다는 것이었다. 또 홍콩에 대한 실질적 지배 체제 구축의 일환으로 6월 7일에 홍콩 북단의 토지 경매를 시행했다. 영국 정부의 재산으로 변한 홍콩의 토지를 민간인들이 장기 임대하는 제도를 만든 것이다. 영국 상인들 대부분은 냉담했다. 그들은 이 보잘 것 없는 섬의 토지가 무슨 가치가 있느냐고 반문했다. 그러나 매더슨은 달랐다. 그는 수심이 깊은 바다를 끼고 있는 이 섬의 가치에 주목했다. 최초의 경매에서 낙찰된 34필지 중에서 자딘-매더슨 상사는 가장 노른자 필지를 낙찰받아 건물을 세웠다. 그것이 오늘날까지 번성하고 있는 홍콩 중심가 중환中環(Central District)의 시작이었다.

전투가 끝났지만 오랑캐 목에는 여전히 광조우 당국의 현상금이 걸려 있어서 영국군 병사들은 위험에 둘러싸여 있었다. 군함들이 열흘이나 걸려 수로를 빠져나오기까지 경순양함들이 사방을 순찰하며 주민들의 접근을 막았다. 함대가 홍콩으로 돌아온 후에도 상황은 좋지 않았다. 병사들은 지쳐 있었고, 각종 질병에 시달렸다. 설사가 이질로 발전했고, 고열에 시달리는 환자가 늘어났다. 선원이 100명이나 되는 군함에서 작업에 동원 가능한 인원이 20명밖에 되지 않았다. 6월 중순에는 웰즐리호의 센하우스 함장이 과로와 고열로 신음하다가 사망했다. 민간인도 예외가 아니어서 선교사와 상인들이 병상에 누웠고, 상관에서 쫓겨나 마카오에 와 있던 아편 상인 인스가 병이 나서 죽었다. 센하우스와 인스는 지금도 마카오의 공동묘지에 묻혀 있고, 자딘이 인스를 위해 세워 준 비석도 그대로 남아 있다.

6월 말이 되자 질병이 조금 수그러들었고, 싼위엔리 전투에서 죽었다고 소문이 났던 브리머 준장이 캘커타에서 외상의 훈령을 지참하고 귀환했다. 외상은 브리머 준장을 공동 전권대사로 임명하고 북쪽으로의 원정을 지시했다. 엘리엇은 군함 2척이 배상금으로 받은 은을 싣고 런던과 캘커타로 떠난 직후 작전계획을 세웠다. 그는 외상에게 7월 중순에 북쪽으로 출발할 예정이라고 보고했지만 원정대는 제날짜에 출발하지 못했다. 병력 재편성과 보급 물자 조달에 시간이 걸렸지만, 그것보다도 주민들이 태풍을 예고했기 때문에 출발 일자를 섣불리 정하지 못했다. 장교들이 투덜거렸지만 그렇게 시간을 끈 것이 영국군에게는 큰 행운이었다. 성급하게 출발했더라면 영국 함대는 7월 20일에 닥쳐온 태풍으로 크게 망가졌을 것이다.

그날 엘리엇과 브리머 준장은 경순양함으로 마카오에서 홍콩으로 이동중이었다. 오전에는 날씨가 쾌청했지만 오후가 되자 바람이 잦아들고 조류가 바뀌는 바람에 홍콩에 도착하지 못하고 란타오 근처에 닻을 내렸다. 저녁이 되자 날씨가 험악해졌다. 갈수록 구름층이 두터워져 검은색으로 변했고, 어두워진 후에는 바람이 맹렬한 돌풍으로 변했다. 그렇게 시작된 태풍이 다음 날 새벽에 홍콩을 강타했다. 선박 수십 척이 일제히 혼란에 빠졌다. 거센 바람과 높은 파도로 대형 군함도 뱃전이 물에 잠길 정도였다. 닻을 내린 배들은 한없이 요동쳤고, 닻줄이 끊어진 배는 이리저리 휩쓸리다가 다른 배와 충돌했다. 돛대가 활처럼 휘었다가 부러져 공중을 날아다녔다. 주민들의 생활 터전인 조그만 배들은 속수무책이어서 파도에 휩쓸려 나타났다 사라지기를 반복하다가 결국에는 홍콩 쪽으로 떠밀려 가서 바위에 부딪혀 산산조각이 났고, 타고 있던 사람들이 눈앞에서 빠져 죽었지만 아무도 구조할 엄두를 내지 못했다. 육지도 마찬가지였다. 막 짓기 시작한 건물이 넘어지면서 사람들이 깔렸고, 산 위에서 거센 물줄기가 쏟아지면서 바위와 진흙이 시장과 목조 가옥을 덮쳤다. 모습을 갖추어 가던 시가지가 순식간에 폐허로 변했고, 해안에는 부서진 배의 잔해가 시체와 함께 나뒹굴었다. 태풍은 그날 오후 잠잠해졌지만, 사나흘 변덕스러운 날씨가 지나간 후 다시 몰려왔다. 홍콩은 막대한 피해를 입었고 사망자도 많았다. 선박 피해도 만만치 않아서 소형 선박 여러 척이 서로 충돌해 파손되거나 닻줄이 끊긴 채 표류하다가 난파했다. 자딘-매더슨 상사의 은을 싣고 오던 배 한 척이 가라앉았고 아편 판매선 한 척은 흔적도 없이 사라졌다. 늠름하게 버틴 것은 네메시스호뿐이었다. 이 배는 다른 배와 충돌해도 끄떡없이 검은 연기를 내뿜으며 파도를 헤치고 다녔다. 그러나 이 태풍은 홍콩의 가치를 증명했다. 바람이 요란하고 비가 세차게 쏟아졌지만 정박하고 있던 군함과 상선은 한 척도 침몰하지 않았다. 해상의 사망자는 거룻배를 타고 있던 중국인들이었고 육지의 사망자도 대부분 건축공사에 동원된 인부들이었다. 반면 대형 선박에 타고 있던 유럽인들은 인명 피해를 입지 않았다. 태풍이 닥쳐올 때 홍콩이 좋은 피항지라는 점이 분명해진 것이다.

그러나 엘리엇과 브리머 준장은 평안하지 못했다. 태풍이 불어오던 새벽에 그들이 탄 경순양함은 닻줄이 끊어져 표류하다가 이름 모를 섬에 부딪쳐 침몰했고 함장과 선원 일부가 익사했다. 엘리엇과 준장은 생존 선원들을 이끌고 그 섬에 상륙해서 어둠 속을 헤매다가 어부의 집을 발견해 잠을 자고 아침을 얻어먹었다. 엘리엇이 어부에게 마카오로 데려다 달라고 부탁하자 어부는 600달러를 요구했다. 그 액수는 날이 새자 3,000달러로 올라갔지만 엘리엇은 순순히 응했다. 다음 날 오후 바람이 잦아들자 어부는 오랑캐들을 배에 태우고 출발했다. 마카오에 도착하기까지 사흘간 관선과 세 번이나 마주쳤지만 어부는 아무 말도 하지 않았다. 당시 엘리엇에 걸린 현상금이 10만 냥, 준장에 걸린 현상금이 1만 냥이었지만 어부는 그들을 관원에게 넘기지 않고 3,000달러로 만족했다. 일행은 비참한 몰골로 마카오에 도착했다. 엘리엇에게는 그것이 중국 해역에서의 마지막 항해가 되었다. 봄베이에서 도착한 아편 클리퍼 편에 그를 전권대사직에서 해임한다는 외상의 훈령이 도착했기 때문이었다. 아무도 예상 못한 일이었다.

엘리엇은 런던에 친구가 많았다. 그렇지만 엘리엇이 중국에서 6년간 일하면서 지구 양편에 생긴 적들이 공격할 때 보호막이 되지는 못했다. 가장 가까이 있는 적은 아편 상인들이었다. 그들은 엘리엇이 자신들의 사업에 방해가 된다고 여겨 무역감독관이 시장을 넓힐 생각은 하지 않고 규제에만 힘쓴다는 투서를 줄기차게 보냈다. 현지 사정을 모르는 런던의 자유무역 옹호론자들은 이런 험담을 곧이곧대로 받아들였다. 또 다른 적은 원정대 장교들이었다. 그들은 눈앞에 승리가 보일 때마다 전권대사가 가로막았다고 불평했다. 이런 비난은 동료 장교나 가족, 친지에게 보낸 편지를 통해 전달됐고, 일부는 언론에도 공개되었다. 그렇지만 엘리엇의 파면에 가장 결정적인 역할을 한 것은 그를 임명했던 외상의 태도 변화였다. 애초 외상은 이 전쟁을 단순하게 생각했고, 자딘의 이야기에 따라 해안 봉쇄와 포격으로 상대방을 압도한 후 협상으로 항구를 추가 개방하는 단기 원정을 계획했다. 그런데 현지에서 들려오는 엘리엇의 행보는 계획에서 한참 벗어났다. 외상은 함대가 베이허에 진출했다가 아무 소득 없이 광조우로 돌아왔다는 소식에 실망했다. 베이허까지 간 이상 치고 들어가 베이징을 굴복시켰어야 했다고 생각했다. 촨삐협약의 내용을 받은 후에는 실망이 더 커졌다. 추가 개항 약속을 받아 내지 못한 채 번듯한 성이 있는 조우산을 포기하고 바위 덩어리 홍콩을 얻은 것은 바보 같은 짓이라고 생각했다. 더욱이 협약을 보면 홍콩이 영국 영토로 귀속된다는 문구가 없으니 그것은 조약도 아니고 영토의 획득도 아니었다. 배상금 600만 달러는 몰수한 아편 대금일 뿐 원정대의 비용에는 턱없이 모자란다고 생각했다. 질병으로 많은 병사가 죽었다는 보고를 받았을 때 그의 실망은 최고에 달했다. 외상은 이 전쟁이 영국군이 어디에서도 경험해 보지 못한 이상한 전쟁이라는 엘리엇의 보고를 받고 코웃음을 쳤다. 그에게 이상한 전쟁이란 없었다. 어디에서건 영국군의 전략으로, 영국의 이익을 위해 싸워 이기면 정상적인 전쟁이었다. 외상은 실망을 거듭한 끝에 엘리엇이 훈령을 무시하고 독단적으로 행동하면서 그것을 합리화한다고 결론지었다. 엘리엇이 중국에 동정적이고 간교한 중국인에게 휘둘리는 나약한 절충주의자이기 때문에 더 이상 임무를 맡기지 말아야 한다고 생각했다. 그런 생각은 1841년 이른 봄에 이미 굳어졌고, 4월 말 내각회의에 이 문제를 상정해 파면과 소환을 결정했다. 이로써 베이허와 광조우에서 마주 앉았던 양측 협상대표가 모두 불명예스럽게 퇴장했다. 그러나 엘리엇이 귀국 후 받은 비난은 치산이 겪은 수모와는 비교가 되지 않았다.

치산은 그해 5월부터 혹독한 심문에 시달렸다. 형부에서 파견한 감찰어사監察御史가 여러 항목의 혐의를 구체적으로 적시하며 심문을 진행했다. 처음에는 심문이 민병대 해산, 포대 보강 중지, 그리고 전투가 벌어졌을 때 지원병을 보내지 않아 꽌티엔페이 제독의 죽음을 초래한 실책에 초점을 맞추었다. 이 심문의 보고서는 패전 이후 각지에서 한간이 준동하고 비적이 출몰해서 민간인을 살상하고 부녀자를 겁탈하는 사건이 벌어졌다고 언급함으로써 치산이 어쩔 수 없었다는 점도 부각했다.[27] 그러나 엿새 후의 보고서를 보면 분위기가 달라져서 15항의 혐의를 제시하면서 치산의 해명을 요구했다. 그 내용을 요약하면 다음과 같다.

1. 치산은 광조우 도착 후 현지 관리, 상인들과 의논하기로 되어 있었는데 이량의 보고에 의하면 전혀 상의한 바 없다 하니 그 이유가 무엇인가?

2. 부임 직후 수상 민병대와 방어 시설을 모두 철수시키고 전투가 벌어지자 지원군을 보내지 않아 무수한 병사의 죽음과 함께 제독의 죽음을 초래했다. 그렇게 한 이유가 무엇인가?

3. 치산은 어째서 리엔화청(얼토우탄)에서 오랑캐 두목에게 연회를 베풀었는가? 그날 치산은 빠오펑 한 사람만 데리고 회담에 임했던 반면에 다른 사람들은 일찍 돌아가거나 밖에서 기다리고 있었으므로 대화 내용이 알려지지 않았다. 국가의 중대 사안을 처리하는 사람의 종적이 비밀에 싸여 있으니 무슨 이유인가?

4. 빠오펑은 전임 총독(린쩌쉬)이 범죄자로 지목했던 무뢰배인데 치산은 어째서 그를 신임했는가?

5. 홍콩에 관해 치산은 오랑캐가 군대를 주둔시키고 포대를 구축할 가능성이 있어 내줄 수 없다고 보고하였는데, 후에는 무슨 이유로 내주었는가? 앞뒤가 모순되지 않는가?

27 中國第一歷史檔案館(編), 『鴉片戰爭檔案史料』 3冊, 448~449쪽.

6. 영토는 한 치도 내줄 수 없는 것인데 치산은 어찌해서 미리 허락도 받지 않고 거주 허락을 약속하고 이제 와서 되돌리기 어렵다고 하는가? 해상 요충지를 사사로이 오랑캐에게 내준 이유가 무엇인가?

7. 임무를 맡은 이후 오랑캐의 문서를 접수하지 말라 했음에도 이를 접수하고 오랑캐를 대신해서 황제의 은혜를 간청하는 것은 무슨 생각을 했기 때문인가?

8. 오랑캐는 언제 태도를 바꿀지 모르기 때문에 믿을 수 없어 일찍부터 병력을 동원해서 몰아내야 했음에도 치산은 시간을 끌며 관망하였으니, 그는 오랑캐를 격멸할 생각이 없었던 것인가?

9. 치산은 어째서 (닝뽀의 포로 석방을 청하는) 엘리엇의 문서를 접수해서 저쟝의 이리뿌에게 보냈는가? 이리뿌는 그 문서를 받고 격멸을 늦추지 않았는가?

10. 푸지엔의 샤먼(아모이)은 매우 중요한 곳이라는 점을 치산이 몰랐을 리 없었거늘 왜 이곳에서의 통상을 허락하자는 주청을 보냈는가?

11. 치산은 어째서 오랑캐에게 푸지엔으로의 여행 허가를 내주어 음식과 물을 구할 수 있도록 했는가?

12. 치산은 엘리엇과 친밀한 관계를 유지했고 티엔진과 광조우에서 오랑캐의 선물을 받았다고 하는데 자신은 어떤 선물을 보냈는가?

13. 치산은 광둥의 군대와 장비를 믿을 수 없어 따로 병력을 구성해야 한다 했는데 이런 위협적인 언사를 늘어놓은 이유가 무엇인가?

14. 다이쪽과 사쪽의 포대를 점령당한 후 치산은 장정사조章程四條(촨삐협약을 가리킨다.)에 관방을 찍었다. 오랑캐가 얼마 후 또 다른 요구를 할 때 어찌 대처하려 했는가?

15. 치산은 빠오펑을 신임해서 그를 통해서만 오랑캐와 소통한 반면에 다른 사람은 내용을 전혀 모른다. 치산이 빠오펑을 시켜 어떤 이야기를 전달했으며,

엘리엇은 무슨 말로 치산을 위협했는가?[28]

심문은 치산에게 국한되지 않고 많은 사람에게 불똥이 튀었다. 베이허와 광조우에서 연락관으로 활동해서 영국군이 캡틴 화이트라 부르던 바이한장도 소환되어 심문을 받았다. 치산은 모든 혐의에 대해 변명으로 일관했다. 제독에게 지원병을 보내지 않은 것은 오랑캐들이 눈치채는 것을 막기 위해서였다. 엘리엇과 회담할 때 빠오펑만 배석시킨 것은 광조우의 통역사를 믿을 수 없어서였다. 홍콩에 대해서는 오랑캐들이 부두를 짓고 거주할 집을 세울 정도의 땅을 애걸해서 허락한 것이지, 섬 전체를 내주겠다고 하지는 않았다고 주장했다.[29] 그러나 이런 심문은 절차에 불과했고, 치산의 운명은 애초부터 정해져 있었다. 그가 무슨 변명을 해도 후먼 포대의 궤멸과 홍콩의 점령은 움직일 수 없는 사실로서 황제의 체면을 손상시킨 사건이었다. 그것은 누군가가 책임져야 하는 사안이었고, 치산은 희생양의 운명을 피할 수 없었다. 더욱이 치산에 대한 심문 절차는 단순한 사법적 절차가 아니었다. 그것은 담춘집 중심의 문인집단에게 관료집단의 무능을 성토하는 기회를 만들어 주었다. 문인들은 치산을 둘러싼 문제를 끊임없이 제기했으며, 특히 그를 오랑캐 통제에 실패한 관리가 아니라 뇌물을 받아먹고 국가를 배신한 파렴치한으로 몰아갔다. 치산에게 호의적인 군기대신 무창아가 따로 광조우의 회계장부를 조사해서 치산이 병력 증강을 위해 사용했다는 액수가 대부분 정확했다고 변호했지만 효과가 없었다.[30] 심문이 진행되면서 그가 어마어마한 재산을 축적한 것이 드러났기 때문이었다. 토지 5억 평, 금 250킬로그램 등을 비롯한 그의 재산은 1,000만 파운드 이상의 가치로 뒷날

28 中國第一歷史檔案館(編), 『鴉片戰爭檔案史料』3冊, 457~459쪽.
29 中國第一歷史檔案館(編), 『鴉片戰爭檔案史料』3冊, 472~476쪽.
30 中國第一歷史檔案館(編), 『鴉片戰爭檔案史料』3冊, 459~461쪽.

난징조약으로 중국이 배상한 금액 전체와 맞먹을 정도였다. 치산의 재산에
대한 보고를 받은 황제는 격노해서 몰수를 명령했다. 이만한 재산을 가진
사람이 엘리엇의 뇌물 때문에 홍콩을 넘겨줬다는 주장은 우스운 이야기지
만, 아무도 그런 것에 신경 쓰지 않았다. 그는 황제의 명령을 무시한 한간
이자 뇌물을 받고 홍콩을 넘겨준 배신자였으며, 지위를 이용해 막대한 재산
을 긁어모은 부패 관리의 전형이 되었다.

새로운 전쟁
점령에서 조약까지

엘리엇의 해임은 단순히 전권대사의 교체만을 의미하지 않았다. 끊임없이 무능하다는 비판에 시달리던 휘그당 내각은 1841년 여름에 선거를 앞두고 이 전쟁을 엘리엇의 방식대로 느슨하게 끌고 갈 처지가 아니었다. 자잘한 승전보라도 긁어모아 비판을 잠재워야 하는 절박한 처지에 있던 내각은 빠른 시일 내에 이 전쟁을 마무리 짓는 쪽으로 방향을 바꿨고, 이에 따라 원정의 성격도 변했다. 무력시위를 통한 협상 압박에서 본격적인 전쟁을 통해 항복을 받아 내는 것으로 목표가 바뀌었다. 임무를 수행할 인물도 달라졌다. 파머스턴은 엘리엇이 물러난 자리를 무역감독관이 아닌 군사전략가로 채웠다. 그것이 이 전쟁의 수행에서 외상이 취한 마지막 조치였다. 선거에서 참패한 휘그당 내각이 무너지고 토리당 내각이 들어섰지만 지난해 맹렬히 전쟁을 반대했던 토리당 내각은 전쟁 중단을 고려하지 않았다. 오히려

군함과 육상 병력 증파를 통해 전임 외상이 임명한 전권대사에게 힘을 보태
주면서 조속한 승리를 주문했다. 그래서 엘리엇이 수행했던 전쟁이 끝나고
새로운 전쟁이 시작되었다.

원정대 재편: 샤먼과 딩하이 공략

휘그당 내각은 조지 엘리엇과 찰스 엘리엇의 후임을 한꺼번에 임명해야
했다. 일찌감치 사임한 조지 엘리엇 제독의 후임은 진작부터 퇴역 해군 제
독 윌리엄 파커 경Sir William Parker으로 결정되어 있었다. 내각은 찰스 엘
리엇의 후임으로 퇴역 육군 대령 헨리 포틴저 경Sir Henry Pottinger을 접촉
해 전임자의 배가 되는 6,000파운드의 연봉을 제시했고, 51세의 퇴역 장교
는 흔쾌히 수락했다. 파커와 포틴저는 6월에 영국을 떠나 봄베이에서 증기
선으로 갈아타고 8월 9일에 마카오에 도착해 바로 다음 날 엘리엇을 만나
고 상인들을 면담했다. 엘리엇과 브리머 준장은 2주 후 영국으로 출발했다.
이렇게 해서 원정대는 전권대사 포틴저, 해상 작전 사령관 파커, 육상 작전
사령관 고프가 역할을 분담하는 체제로 재편되었다. 세 사람 모두 오랜 군
인 경력을 가진 사람들이었다. 포틴저는 12살에 해외로 나가 15살에 인도
에서 사관생도가 되었고, 육군 정보장교로 30년 가까이 활동해 명성을 쌓
은 인물이었다. 1839년 아프가니스탄 침공에서 봄베이 군단을 조직한 것이
은퇴 직전 마지막 작품이었다. 파커는 12살에 보조선원으로 출발해서 장
교를 거쳐 31살에 해군 대령이 되었고, 제독으로 은퇴한 후 큰 농장을 사서
은퇴생활을 즐기고 있었다. 고프는 14살에 민병대에 들어가 15살에 초급장
교 생활을 시작해서 육군 소장까지 올라간 인물이었다. 군대에서 잔뼈가 굵
은 직업군인 출신 지휘부가 호전적인 것은 당연했고, 그래서 전쟁은 새로운

국면으로 접어들었다. 협상은 뒷전으로 밀려났고, 불필요한 민간인의 희생을 피하는 따위의 교전원칙은 깨끗이 사라졌다. 원정대의 분위기는 무자비하게 공격해서 적을 굴복시키고, 점령지에서는 마음껏 약탈하는 쪽으로 기울었다.

파커와 포틴저가 도착했을 때는 아직 모든 것이 어수선했다. 태풍이 지나간 후 갑판에는 대포와 보급품이 뒤섞여 뒹굴었고, 병사들이 기진맥진해서 전투력도 충분하지 않았다. 전투의 피해는 크지 않았지만 병으로 죽은 사람이 많아 전투 병력이 애초의 절반밖에 되지 않았다. 북쪽으로의 진출을 목표로 사령부는 부대를 재편성하고 군함을 수리하고 보급품을 조달했다. 인도 식민정부도 병력 부족을 알고 있어서 지원부대 파견을 서둘렀다. 인도의 육군 병력 전부를 고프 장군 휘하로 편입하고 1개 연대를 우선 출발시켰다. 8월 초순에 이 병력을 태운 수송선이 화약 수십 톤, 32파운드 포탄 수천 발, 신형 소총 수백 정을 싣고 도착했다. 장교들은 비오는 날에도 쏠 수 있는 격발식 신형 소총을 무척 반겼다. 식량 사정도 훨씬 좋아졌다. 신선한 밀가루와 절인 고기가 도착해서 병사들은 오랜만에 입맛을 되찾았다. 약품도 도착해서 환자 치료에 속도를 낼 수 있었다.

중국 측은 이런 움직임에 어두웠다. 조정은 광조우의 소요 사태가 끝났다고 여겨 밀린 일을 처리하는 분위기에 빠져 있었다. 6월에는 광조우에 머물러 있던 린쩌쉬와 민절총독에서 해임된 덩팅전을 신장의 이리伊犁에 유배시키고, 싼위엔리 전투를 이끈 신사와 장정들에게 상을 내렸으며, 병이 들어 은퇴를 요청한 양팡 장군에게 명예를 하사했다. 황제가 여전히 홍콩의 조속한 수복을 지시했지만 이산은 여러 핑계를 대면서 현상 유지를 주장하는 보고서를 계속 올렸다. 그는 홍상들이 홍콩에서 무역을 진행하자는 제안을 받아들이지 않았기 때문에 오랑캐들이 오래 버티지 못할 것이라고 장담했다. 홍콩 점령 후 영국은 출입하는 모든 선박에 세금을 매겨 다른 국가 오랑캐들이 불만에 차 있으며, 관병과 민병대를 보강해서 영국인의 상륙을 막고 물과 음식을 끊으면 얼마 가지 않아 스스로 물러갈 것이라고 황제를 설득했다. 신임 양광총독 치꿍도 이에 동조했다. 그는 흉흉해진 민심을 수습하고 수로의 포대를 재건할 시간이 필요하므로 홍콩의 조속한 수복이 쉽지 않다고 보고했다. 7월 하순의 태풍은 이산의 낙관론에 힘을 보태 주었다. 태풍의 피해가 부풀려져 보고되자 황제는 하늘이 도왔다고 기뻐하면서 이산에게 향香을 하사해 묘당에 나가 감사의 기도를 올리라고 지시했다.

그렇지만 다른 지역 총독들은 의구심을 품었다. 특히 민절총독 옌뿌다오顔伯燾는 정역장군과 양광총독의 보고를 신뢰하지 않았다. 그는 광조우에서 실제로 벌어진 일을 소상히 파악해서 황제에게 알렸다. 치산이 민병대를 해산시키고 방어시설을 철거한 일부터 시작해서 영국군이 서쪽 수로에 진입했을 때 관병이 모두 도주한 사실, 그리고 싼위엔리 주민이 봉기했을 때 위빠오춘이 엘리엇의 편지를 받고 직접 나가서 주민을 해산시킨 사실을 상세히 기술했다. 그것은 당시에 작성된 보고서 중에서 가장 사실에 가까운 내용이었다.[1] 황제는 이 보고서를 받고 진상 조사를 명령했지만 그 조사가 끝나기 전에 이미 상황이 더욱 악화되어 아무 소용이 없었다.

포틴저의 부임은 무척 빨랐다. 임명 직후 5월에 런던을 출발해서 67일 만에 마카오에 도착했으니 치산의 광조우 행차 시간과 비교해 열흘밖에 차이나지 않았다. 상인들도 놀랐지만 엘리엇은 자신을 해임하는 공문이 도착하고 이틀이 지나 후임자가 도착했으니 더 놀랐다.[2] 포틴저는 도착 직후인 8월 12일에 포고문을 통해 영국의 목표가 달성되지 않아서 아직 전쟁이 진행 중이며, 광조우 당국을 신뢰할 수 없기 때문에 언제든 전투가 벌어질 수

---

1 中國第一歷史檔案館(編), 『鴉片戰爭檔案史料』 3冊, 552~555쪽.
2 茅海建, 『天朝的崩潰』, 328~329쪽.

있다고 경고했다. 다음 날에는 광조우 당국에 서한을 보내 파머스턴 외상
이 요구한 사항을 모두 얻을 때까지 전쟁을 계속하겠다고 통보했다. 이산은
그리 심각하게 생각하지 않아서 8월 18일이 되어서야 위빠오춘을 마카오로
보냈다. 그러나 포틴저는 중국 측이 자신과 대등한 전권대사를 파견하지 않
는 한 만나지 않겠다고 했다. 위빠오춘이 아무 소득 없이 돌아오자 예전의
거짓말이 드러날까 걱정한 이산은 소설 같은 거짓 보고를 올렸다. 그 내용
을 요약하면 다음과 같다.

새로 온 영국 오랑캐의 영사領事가 문서를 보내 왔습니다. 위빠오춘이 직접 마카
오로 가서 새로 온 영사 푸띵차(嘆嘛査)를 찾았더니 이미 군함을 타고 바다로 나간
뒤였고 부영사 마꿍(嗎啌)이 남아 회답을 기다리고 있었습니다. 그래서 마꿍에게
전하기를 "지금 우리 총독과 장군께서 그대들을 위해 무역 재개를 청해 황제께서
은혜를 베푸셔서 예전처럼 무역을 하게 되었노라. 그런데 그대들은 무엇이 더 필
요해서 북쪽으로 나간단 말인가? 무역은 황푸에서 하는 것이며 북쪽으로 간들 할
곳이 없도다."라 했습니다. 부영사는 그 말을 듣고 고개를 끄덕이며 좋다고 했습
니다. 그리고 즉시 출발해서 영사를 쫓아가 그 말을 전하겠다고 했습니다. 통사
의 보고로는 부영사가 즉각 출발하면서 전임 영사인 이뤄(찰스 엘리엇)에게 그 이
야기를 했더니 이뤄도 황제 폐하의 은덕을 입어 무역을 재개했으니 빨리 가서 그
말을 전하는 게 좋겠다고 했답니다. … 제가 추측하기로는 이뤄가 파직된 것에
앙심을 품고 푸띵차에게 무역이 재개된 사실을 알리지 않아 푸띵차가 빨리 무역
을 하기 위해 북쪽으로 가지 않았나 합니다. …[3]

그러나 이 보고서가 도착한 9월 초순에 황제는 그것을 읽을 겨를이 없었

3 中國第一歷史檔案館(編), 『鴉片戰爭檔案史料』 4册, 15~16쪽.

다. 8월 하순부터 푸지엔 연안의 오랑캐 출현 소식이 연거푸 들어왔기 때문
이다. 그렇지만 조정은 아직까지도 사태를 파악하지 못하고 연안 지역의 방
어군 축소 방침을 유지했다.

원정대는 병력 충원과 부대 편성을 마치고 8월 21일에 북쪽을 향해 출발
했다. 주력함 웰즐리호와 블렌하임호가 순양함 20척을 이끌고 선두에 섰
고, 3개 보병연대와 포병대, 공병 및 해병을 태운 수송선 15척, 그리고 보
급품과 석탄을 적재한 수송선 6척과 증기선 4척이 뒤를 따랐다. 네메시스
호는 여기저기 상처를 입었지만 엔진은 최상의 상태를 유지했다. 함대는 때
마침 불어온 순풍을 타고 샤먼까지 500킬로미터를 나흘 만에 주파했고, 샤
먼 외곽에 도착한 후에는 보트를 보내 편지를 전달했다. 내용은 베이허의
협약 조건이 충족될 때까지 샤먼의 군사시설을 점거하겠다는 통첩이었다.

샤먼은 일구통상 이후에도 타이완, 일본, 마닐라와 무역을 유지한 특구
였지만 군사적으로는 주목받지 못한 곳이었다. 이 항구는 1839년까지만 해
도 무방비 상태여서, 항구의 남쪽과 서북쪽의 요새에 소규모 부대가 배치되
어 있을 뿐이었다. 바다를 바라보는 초소의 배치 인원이 기껏해야 30명 남
짓이었으며 심지어 병사 혼자 망을 보는 곳도 있었다. 그러나 민절총독 옌
뽀다오는 해안선을 따라 북상하는 영국군의 동향을 보고 샤먼의 전략적 중
요성을 깨달았다. 그는 광조우에서 전투가 벌어지던 무렵 직접 방어 준비를
지휘해서 신병 5,000명을 충원하고 수상 민병대 8,000명을 규합했으며, 병
선 50척을 새로 건조했다. 해안에는 길이 2킬로미터에 가까운 성벽을 쌓았
고, 항구 밖의 꾸랑위鼓浪嶼(구랑위)섬에도 포대를 구축했다. 대포는 성벽과
꾸랑위, 그리고 해안 이곳저곳의 진지에 분산시켜 배치했는데 성벽에 배치
된 대포가 100문이 넘었다. 그것은 접근하는 선박의 정면뿐만 아니라 측면
과 배후를 표적으로 삼아 포격할 수 있는 배치 구도였다. 그것은 조정의 방
침에 배치되는 조치였지만 영국군 함대가 도착했을 때 샤먼은 대포 400문

으로 무장한 병력 15,000명이 방어하고 있었다. 이 중에는 만주족 정예부대인 팔기군 부대도 포함되어 있었다.[4]

영국 함대는 8월 26일 오후에 포격을 시작했다. 순양함 3척이 꾸랑위를 포격하는 동안 주력함 3척이 해안 성벽에 400미터까지 접근해서 포문을 열었다. 꾸랑위와 성벽의 포대에서도 맹렬히 응사했다. 이날은 파도가 높아 흔들리는 배에서의 포격은 명중률이 높지 않았다. 꾸랑위의 포대는 한 시간이 넘어서야 제압되었고, 성벽의 포대를 침묵시키는 데에도 두 시간이 넘게 걸렸다. 두 방향의 포대가 침묵한 후에도 해안 곳곳에서 포탄이 날아와 육상부대는 상륙하지 못했다. 고프 장군은 정면을 피해 방어진지가 없는 해안의 북쪽 끄트머리로 육상부대를 상륙시켰다. 상륙부대가 측면에서 공격하자 해안의 방어진지는 금방 무너졌다. 그러나 팔기군과 맞닥뜨렸을 때에는 달랐다. 팔기군 병사들이 화승총을 쏘며 맹렬히 저항해서 상륙부대는 한동안 해변에 묶여 있어야 했다. 승패를 가른 것은 소총의 차이였다. 영국군의 신형 격발식 소총에 비해 팔기군의 화승총은 사정거리와 화력이 훨씬 뒤처졌다. 사격전이 계속되자 팔기군의 부상병이 늘어난 반면 영국군은 거의 피해를 입지 않았다. 결국 팔기군 지휘관이 퇴각 명령을 내렸다. 그는 부하들이 질서정연하게 퇴각하는 것을 지켜본 후 칼을 뽑아 들고 바다로 걸어 들어갔다. 홀로 전함에 도전해서 순절殉節하려던 지휘관은 그날따라 유난히 높은 파도에 휩쓸려 사라졌다. 해안을 장악한 영국군은 성벽을 향해 전진했다. 선두 소대가 성벽을 올라가 대포 사이에 옹기종기 모여 아편을 피우고 있는 중국군 병사 40~50명과 맞닥뜨렸다. 그들은 영국군이 사격을 가하자 저항하지 않고 시내 쪽으로 도망쳤다. 성벽의 다른 곳에 있던 중국군 병사들도 영국군이 가까이 가면 모두 무기를 버리고 도망쳤다. 영국군은 성벽 위에서

---

4 茅海建,『天朝的崩潰』, 334~336쪽.

밤을 보낸 후 다음 날 오전에 아무런 저항도 받지 않고 시내로 진군했다.

처음 포격전이 시작될 때 총독은 낙관적인 보고를 받았다. 접근하는 영국 함대에 삼면에서 포탄을 퍼부어 증기선 1척과 범선 5척을 침몰시켰다고 했다. 그러나 시간이 지나자 보고는 비관적으로 변했다. 포대가 궤멸되었으며 상륙을 막지 못했고, 병선을 출동시켰지만 오랑캐 전함을 부수지 못하고 불타거나 가라앉았다고 했다. 해안의 전투가 치열해져 지휘부 막사가 포격으로 불타는 지경이 되자 총독은 후퇴 명령을 내렸다. 영국군이 성벽에서 숙영하던 밤에 관리들은 공금으로 쌓아 놓은 은을 모두 싸들고 성을 떠났다. 이 소식이 알려지자 주민들도 피난길에 나섰고, 그런 상황에서 시작된 혼란이 다음 날 영국군이 시내에 들어섰을 때는 극도에 달했다. 질서가 무너진 틈을 타서 약탈과 강간이 자행되어 오히려 영국군이 경찰 노릇을 해야 할 지경이었다. 고프 장군은 모든 부대에 약탈과 민간인 살상을 엄격히 금지했고, 영국군 병사들이 시내를 순찰하면서 약탈자들을 쫓아냈다. 약탈을 못했다고 투덜거리는 병사도 있었지만 사실 샤먼에는 남아 있는 것이 별로 없었고, 그럴 시간도 없었다. 샤먼은 중요 목표가 아니기 때문에 점령 다음 날 꾸랑위에 소규모 수비대를 주둔시키고 모든 병력이 수송선에 올랐다.

그러나 바람이 불지 않아 함대는 움직이지 못했다. 며칠 지나서야 바람이 불었지만 출항 후에도 멈추었다 움직이기를 반복하다가 폭풍으로 파도가 거세지고 안개가 끼는 바람에 함대는 뿔뿔이 흩어졌다. 전함과 수송선이 북쪽으로 멀리 밀려갔고 증기선들은 석탄이 바닥나 해안을 따라 움직이면서 땔감을 조달했다. 네메시스호는 조우산에서 약간 떨어진 곳까지 진출해서 마주친 정크를 불태우고 해안의 포대를 파괴하면서 연료를 확보했다. 다른 군함 한 척이 조우산 근처를 헤맬 때 아편 판매선을 만나 보급품 조달을 위해 상륙했던 선원의 실종을 알게 되었다. 함장은 수색대를 해안으로 보내

일대를 수색하면서 마을을 습격해서 불을 질렀다. 수색대는 다음 날 내륙으로 들어가 제법 큰 마을 하나를 수색했지만 실종자를 찾지 못하자 보복으로 마을 전체를 불태운 후 귀환했다. 함장은 마침 조우한 네메시스호와 합동으로 규모가 더 큰 수색대를 파견했다. 그들은 수색보다 보복 작전에 치중했다. 이번에는 마을 한두 군데가 아니었다. 수색대가 지나간 모든 마을과 인근 계곡이 불길에 휩싸였다. 파커 제독은 적절한 보복을 통해 납치 시도를 예방할 수 있다고 칭찬했지만 이 작전은 주민들을 자극했다. 주민들 사이에서 민병대가 오랑캐 몇 명을 죽였다더라 하는 소문이 무성했다. 보복 작전을 펼치는 영국군도 안전하지는 않아 습격과 보복의 악순환이 계속되었다.

뿔뿔이 흩어졌던 함대는 9월 25일에 조우산 맞은편의 쩐하이 앞에 집결했다. 쩐하이에는 최근 흠차대신으로 부임한 위치엔의 군영이 있었다. 그는 몽골족 출신으로 과거에 급제하고 쟝쑤, 쟝시, 안훼이의 행정을 담당했던 귀족으로 오랑캐에 대해 강경책을 주장했다. 황제는 1841년 1월에 위치엔을 저쟝 지역을 방어하는 흠차대신으로 임명하고 쩐하이에 병력을 증강해서 딩하이 수복을 준비하라고 명령했다. 2월 하순에 부임한 위치엔은 영국군이 철수한 딩하이를 접수한 후 혹독한 복수극을 벌였다. 마이빤으로 일하거나 점령군에게 정보를 제공한 한간을 붙들어서 효수형에 처했다. 점령군이 묘지를 파헤친 데 대한 복수로 병사한 영국군 시체를 파내서 조각조각 내어 바다에 버렸다. 3월에는 영국군의 철수 사실을 모른 채 보급품을 가지고 상륙한 스테드Stead 대위가 잡혀 왔다. 위치엔은 그를 군중이 보는 앞에서 몸에 천 번 칼질하는 천칼형으로 처형하고 목이 잘린 시체를 시장 거리에 걸도록 했다. 9월에는 지나가던 아편 운반선의 영국인 선장과 인도인 선원이 붙잡혀 왔다. 위치엔은 선장을 산 채로 팔과 등의 가죽을 벗긴 후 수백 번 칼질해서 죽이고, 잡혀 오는 도중에 숨이 끊어진 인도인 선원의 머리를 자르고 가죽을 벗겨 시체를 거리에 걸었다. 위치엔은 이 가죽으로 자신의 안장을 만들었다고 했다.[5] 그의 적개심은 타이완에서도 잔혹하게 적용되었다. 9월 말 영국군 수송선 한 척이 항로에서 벗어나 지룽基隆 앞바다에서 난파했다. 구명보트를 내렸지만 최대 승선 인원이 20여 명에 불과했다. 선장은 백인 장교와 병사들만 보트에 태우고 인도인 선원과 세포이 병사 270명을 가라앉는 배에 남게 했다. 남겨진 사람들은 물에 뛰어들어 절반이 잔해에 매달려 닷새를 버티다가 해안에 도착해 포로가 되었다. 다음 해 3월에는 조우산에서 아편 운반선이 좌초해서 미국인과 영국인 14명이 체포되었다. 이들은 난파선 생존자와 같은 감옥에 갇혔다. 타이완 지현은 영국 전함과 전투를 벌여 다수의 포로를 잡았다고 거짓 보고했고, 조정은 장교 9명을 베이징으로 압송하고 나머지는 알아서 처리하라고 지시했다. 관원들은 포로들을 혹독하게 다루면서 한 명씩 차례로 처형했다. 수송선 선장이 구조되어 난파 사실이 알려진 후 원정대가 수색대를 보냈지만 생존자를 찾지 못했다. 타이완에 포로가 있었다는 사실은 전쟁이 끝날 무렵에야 알려졌지만 그때는 너무 늦어서 생존자가 없었다. 150명 이상이 희생된 이 사건은 전쟁 기간에 가장 많은 영국군이 목숨을 잃은 사건이었으며, 뒷날 난징조약을 맺을 때 중국 측이 책임을 면할 수 없는 사건이 되었다. 보트에 백인만 태웠던 수송선 선장은 사건의 전모가 드러나 투옥되었다.

위치엔은 용맹한 장군이자 지략에 밝은 문인이었지만 영국 오랑캐에 대해서는 당시 조정 대신들이 지닌 편견에서 벗어나지 못해서 이 싸움을 해적을 진압하는 정도로 생각했다. 그래서 해안에 나타난 영국인을 역이逆夷라 불렀고, 영국군 병사를 이비夷匪라 불렀다. 위치엔도 린쩌쉬와 마찬가지로 오랑캐가 육지에 올라오면 움직이지 못한다고 믿었다. 오랑캐가 마을을 습격하는 사건이 빈발하자 위치엔은 군관을 파견해서 정보를 수집했지만 영

---

5 中國第一歷史檔案館(編), 『鴉片戰爭檔案史料』 4冊, 84~85쪽.

국군이 어디로 향하는지 파악하지 못했다. 9월에 그는 오랑캐가 티엔진으로 향할 가능성이 있다고 경고하면서, 광조우에 남은 영국군이 소수이므로 정역장군 이산이 공격하는 것이 좋겠다고 황제에게 건의했다. 그러나 이산은 움직이지 않았다. 그는 오랑캐의 대포가 강력하므로 공격보다는 수비가 상책이라고 주장하면서 1,000명도 되지 않는 영국군을 바라보기만 했다.

위치엔은 딩하이를 지키면 오랑캐들이 배후 공격을 두려워해서 감히 쩐하이에 나타나지 못할 것으로 생각해서 조우산과 쩐하이를 잇는 방어선을 설계했다. 그렇지만 딩하이 방어 계획에는 특별할 것이 없었다. 위치엔은 딩하이성에서 포구와 산등성이까지 폭 20미터, 높이 4미터에 이르는 흙벽을 3마일에 걸쳐 쌓아서 방어벽을 구축하라고 지시했다. 군관들은 이 계획에 반대했다. 오랑캐 대포 앞에 흙벽은 쓸모가 없으며, 방어선이 길게 늘어져 화력이 분산되면 측면 공격을 막을 수 없다고 했다. 그들은 해안은 포기하고 딩하이 성벽을 더 높이 쌓아 농성전을 벌이는 것이 좋겠다고 제안했다. 딩하이 방어 책임을 맡은 꺼윈페이葛雲飛 장군도 이 방안에 기울어졌지만 위치엔이 승인하지 않아서 그의 지시를 따를 수밖에 없었다. 장군은 관병과 민병대를 합친 병력 5,600명을 흙벽을 따라 배치했지만 대포가 부족했다. 위치엔이 대포 300문을 약속했지만 영국 함대가 쩐하이 앞에 나타난 9월 25일까지 설치한 대포는 80문에 불과했다.

영국 함대가 북상할 때 해상에는 강력한 동북풍이 불었다. 포틴저는 역풍을 뚫고 쩐하이로 가기보다 먼저 딩하이를 공격하기로 했다. 사흘 후 함대가 높은 파도를 뚫고 조우산 군도에 들어섰다. 증기선이 전함을 예인해서 해안에 다가가 포격 위치를 잡을 때 산등성이 포대가 먼저 발포했다. 포탄이 전함의 돛대를 부러뜨려 함대는 뒤로 물러났다. 9월 30일에도 전함 2척이 해안에 접근했으나 포탄이 날아오자 응사하지 않고 물러났다. 10월 1일에는 군함 20여 척이 접근해서 해안선과 나란히 자세를 취했다. 곧이어 모든 측면 포가 일제히 불을 뿜었다. 산둥성이 포대는 포격 한 번으로 회복 불능 상태에 빠졌고, 흙벽의 방어선도 여기저기 허물어져 내렸다. 증기선들이 해안에 바싹 다가가서 엄호사격을 하는 사이 네메시스호가 보병을 상륙시켰다. 이들이 흙벽을 기어올라가서 중국군과 전투를 벌이는 동안 영국군 2개 연대가 서쪽 측면으로 상륙해서 방어선을 따라 구축한 진지들을 공격했다. 방어군은 예전과 달리 격렬하게 저항했다. 백병전이 벌어져 초기 전투에서 영국군 장교 몇 명이 전사하거나 부상을 입었으며, 딩하이성의 지원 병력 3,000명이 가세하자 상륙부대는 잠시 후퇴했다. 그러자 전함에서 32파운드 중포를 일제히 발사해서 중국군 진지를 순식간에 초토화했다. 상륙부대가 무너진 진지를 돌파하면서 전세는 완전히 기울어졌다. 꺼윈페이 장군은 전투 중에 사망했고, 팔기영 지휘관은 후퇴를 명령한 후 스스로 칼로 목을 그어 자살했다. 전투가 끝난 후 영국군은 산둥성이에 대포를 설치했다.

다음 날 아침 영국군은 두 갈래로 딩하이를 공격했다. 1개 연대가 논둑을 따라 진격했고 다른 연대는 아직 군데군데 남아 있는 진지를 공격했다. 산둥성이의 포대가 성을 향해 포탄을 날리는 동안 딩하이로 향한 연대가 정오쯤 성벽 밑에 도달하자 방어군이 흔들리며 병사들이 도망치기 시작했다. 성벽 밑의 전투에서 패색이 짙어지자 군관들이 병력을 성 뒤편으로 후퇴시켰다. 영국군이 성안으로 밀고 들어갈 때 방어군 부사령관 쉬꿰이푸徐桂馥 장군은 성에 남아 마지막까지 저항하다가 병사들을 후퇴시킨 후 자신은 목을 매 자살했다. 이렇게 딩하이성은 다시 점령되어 평온을 되찾았다. 점령 사흘째에 시장이 열렸고, 주민들의 왕래가 활발해졌다. 주민 중에는 낯익은 영국군 장교를 보고 반가워하는 사람도 있었다.

영국군에게 이 전투는 대단한 것이 아니었다. 먼저 증기선이 해안에 접근해 적군의 화력을 측정했고, 소규모 육상부대가 상륙해서 전투를 벌이면서 진지가 어느 정도 견고한지, 병력은 얼마나 되는지를 탐지했고, 마지막에는 전 함대가 일제 포격으로 적을 제압한 후 보병이 상륙해서 마무리 지은 전투였다. 영국 측 기록으로는 피해 규모가 전사 2명, 부상 28명인 반면에 중국 측은 1,000명 이상이 전사했다고 했다. 그러나 위치엔의 보고는 달랐다. 오랑캐 출현 후 둘째 날 군함이 포격을 퍼부었으나 병사들이 바위 뒤에 숨어서 피해를 입지 않았다. 오히려 포격 후에 오랑캐들이 삼판선을 타고 상륙했을 때 대포를 쏴서 무수한 오랑캐를 죽였다고 했다. 오랑캐들이 산등성이에 천막을 치고 밤을 지냈지만 다음 날 병사들이 대포를 쏴서 천막 5개를 불태우고 오랑캐 10여 명을 죽였으며, 나흘째 되던 날에는 포탄을 맞은 증기선의 화약에 불이 붙어 배가 전소했다고 했다. 그날 방어군은 세 줄기로 쳐들어오는 오랑캐를 맞이해 진지 하나가 무너지면 다음 진지로 옮기면서 죽기를 각오하고 격렬하게 싸웠지만 장군들이 여럿 전사한 반면 오랑캐 병력은 더 늘어났다고 했다. 푸지엔과 광조우에서 투항한 1,000명 넘는 한간들이 검은 옷을 입고 선봉에 섰으며 오랑캐는 뒤에서 지휘했다는 것이다. 결국 방어군은 치열하게 싸웠지만 중과부적으로 성을 넘겨주고 후퇴할 수밖에 없었다는 것이 위치엔의 보고였다.[6] 오랑캐들이 한간을 앞세워 공격하는 바람에 패배했다는 이야기는 광조우에서부터 익숙한 핑계였고 위치엔의 보고도 예외가 아니었다.

양쯔강으로: 쩐하이와 닝뽀

영국군의 딩하이 점령은 지난번과 의미가 달랐다. 이번 점령은 무역기지 확보가 아니라 내륙 공략의 전초기지이자 보급기지의 확보를 의미했다. 여

---

6 中國第一歷史檔案館(編), 『鴉片戰爭檔案史料』 4冊, 135~137쪽.

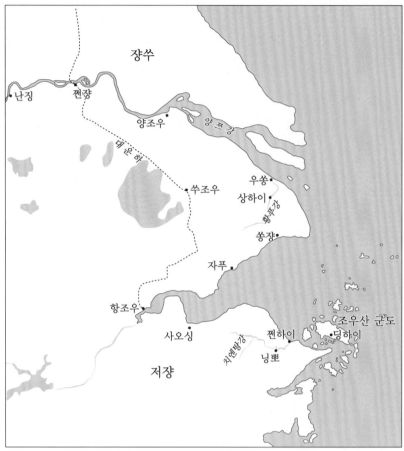

그림 9-1 **조우산 군도와 양쯔강 유역** (출처: Fay, p.220)

기에서 포틴저는 베이허 공략과 양쯔강의 운하를 장악하는 방안 중에서 한 가지를 선택해야 했다. 첫째 방안은 해군성이 반대했고 엘리엇도 위험성을 경고했었다. 전함의 화력이 장기인 영국군에게는 둘째 방안이 더 유리했으므로 포틴저는 운하 공략을 선택했다. 목표인 닝뽀를 점령하려면 쩐하이를 거쳐야 했다.

쩐하이는 치엔탕錢塘(첸탕)강 하구와 바다 사이로 튀어나온 반도에 있는 항구였다(그림 9-1). 치엔탕강에서 온 배는 바다로 나가 다시 용勇강으로 들어가야 이 항구에 도착할 수 있다. 이 강이 자오빠오산招寶山(자오바오산)과 리산笠山 사이로 흐르기 때문에 쩐하이는 천혜의 방어 조건을 갖춘 곳이었다. 자오빠오산은 반도의 끝머리에 60미터 넘는 암벽으로 예전에 왜구의 침입을 막으려고 세운 요새가 있었고, 그 밑의 바다가 너무 얕아서 주력함이 사정거리 내로 접근하기 어려웠다. 또 리산은 강을 내려다보면서 공격하기 좋은 지형을 가지고 있었다. 쩐하이에는 위치엔이 직접 지휘하는 병력 4,000명이 있었는데, 위뿌윈余步雲 장군의 2,000명이 자오빠오산에, 시에차오언謝朝恩 장군의 2,000명이 리산에 배치되어 있었다. 유리한 지형 조건에도 불구하고 위치엔은 근심에 빠졌다. 병사들의 사기가 큰 문제였다. 4,000명이라고는 하지만 실제 전투에 투입할 수 있는 병력은 1,000명 남짓에 불과했다. 게다가 한쪽 축을 맡은 위뿌윈 장군이 큰 문제였다. 그는 오랑캐와의 화의를 주장했다. 딩하이를 뺏긴 후 위치엔이 사당에서 제사를 지내고 군관들에게 끝까지 싸울 것을 피로 맹세하라고 하자 위뿌윈은 부인이 병들었고, 집안을 이을 아들도 없고, 다리를 다쳐서 걷기도 힘들다고 핑계를 대면서 끝까지 맹세를 하지 않았다.

영국 함대는 10월 10일 동틀 무렵 밀물을 이용해 쩐하이 앞 1,200미터까지 접근해서 양쪽 제방을 향해 사격 위치를 잡았다. 파커 제독은 샤먼에서의 낮은 명중률을 만회하기 위해 닻을 내리고 정지 상태에서 포격하라고 명령했다. 32파운드 대포는 사정거리가 길어서 방어군의 포탄을 걱정하지 않고 포탄을 날려 산봉우리의 요새를 하나둘 침묵시켰다. 11시경이 되자 1,500명의 상륙부대가 리산 쪽으로 상륙해서 제방을 올라갔지만 시에차오언 장군이 지휘하는 방어군이 격렬하게 저항해 영국군은 고지에 이르지 못했다. 그러나 맞은편의 위뿌윈 장군은 영국 함대가 포격을 개시하고 해병대가 상륙하자 백기를 게양하고 병사들에게 저항하지 말라고 명령했다. 해병대가 암벽 꼭대기에 도달하자 장군이 먼저 도망쳤고, 병사들이 뒤를 따랐다. 위치엔은 격노해서 도망치는 병사들을 향해 대포를 쏘라고 명령했다. 자오빠오산을 점령한 영국군이 대포를 설치해서 리산 쪽으로 포탄을 날리자 시에차오언 장군의 부대도 더 버티지 못했다. 장군은 포격으로 전사했고 남은 병사들은 뿔뿔이 흩어졌다. 봉우리를 점령한 영국군은 쩐하이 성벽을 내려다보는 위치에서 마음 놓고 포탄을 날렸고, 보병이 성벽에 접근하자 방어군은 완전히 무너졌다. 상륙 세 시간 만에 영국군은 성문을 통해 시가지로 들어가서 성 밖에 남아 있는 진지들을 공격했다. 위치엔은 피난민에 섞여 성을 빠져나간 후 연못에 몸을 던졌다. 그러나 부관들이 황급히 건져 내는 바람에 뜻을 이루지 못하고 닝뽀로 옮겨졌다. 그는 이틀 후 아편 덩어리를 삼키고 자살했다고 한다.

중국 측은 전사자만 1,500명이 넘는 피해를 입었고, 포격으로 인한 민간인 사망자도 많았다. 수백 명이 포로로 잡혔는데 영국군은 이들의 변발을 자르고 석방했다. 영국군 병사들은 자른 변발을 기념품으로 삼았지만 중국군 병사들은 크나큰 수치심에 빠진 채 흩어졌다. 후퇴한 군관들이 오랑캐 수백 명을 죽였다고 보고했지만 영국 측 기록으로는 피해가 전사자 16명과 부상자 소수에 불과했다. 위치엔의 자살 시도로 방어군 지휘부는 완전히 붕괴되었다. 그가 성을 빠져나갈 때는 병사 열댓 명이 호송했지만 시간이 갈수록 호송부대가 급격히 불어나서 성을 벗어났을 때는 수백 명이 되었다. 도망갈 구실을 찾던 병사들이 호송부대에 달라붙어 대감을 호위한다고 큰소리치면서 성을 빠져나간 것이다. 지휘부가 빠져나간 성은 무법천지로 변해 무뢰배들이 가옥을 약탈하고 피난민 대열을 습격했다. 민간인들은 영국군의 포격보다 약탈자들의 습격으로 더 큰 인명 피해를 입었다고 했다. 닝뽀로 후퇴한 지휘부는 패전에 대한 여러 핑계를 만들었다. 군관들은 위뿌윈이 도망친 것을 패인으로 지적했지만 위치엔의 죽음으로 잠시 닝뽀의 지휘부를 장악한 위뿌윈은 다른 핑계를 만들었다. 그해 여름 유난히 비가 많이 와서 성 밖 진지에 있던 화약과 대포를 성안으로 옮겨 놓았기 때문에 오랑캐가 쳐들어올 때 효과적으로 대응할 수 없었고 성 밖에 주둔했던 병사들이 밀물 때에 배를 타고 성으로 들어오려 했으나 성문을 열지 못해 주춤거릴 때 오랑캐 군함이 다가와 포격하는 바람에 병력 상당수를 잃었다고 했다. 위뿌원은 닝뽀에 대해서도 비관적인 보고를 올렸다. 딩하이와 쩐하이 방어를 위해 대포를 옮겼기 때문에 닝뽀에는 남은 대포가 없고 가뜩이나 병력이 부족한 판에 쩐하이와 딩하이의 패잔병 중에 군영으로 돌아온 병사가 열에 둘도 안 된다고 했다. 그러나 그런 핑계를 댈 필요도 없었다. 이틀 후 네메시스호가 강을 따라 올라가며 수심을 측량했고, 그 다음 날에는 증기선이 순양함을 예인해서 닝뽀의 동쪽 제방에 병력을 상륙시켰다. 위뿌원이 영국군 출현 소식을 듣고 도망가자 그나마 남아 있던 병사들도 뒤를 따랐다. 총성 하나 울리지 않고 집집마다 백기가 걸린 닝뽀 시가지를 영국군이 질서정연하게 행진하면서 점령했다.

쩐하이와 닝뽀 함락 소식은 초특급으로 배달되어 여드레 만에 조정에 도착했다. 황제는 분노에 떨며 희생양을 찾았다. 처음에는 위치엔을 생각했지만 자살 소식을 듣고는 그를 영웅으로 만들었다. 시호諡號를 내리고 후손에게는 세습 작위를 하사하고, 쩐하이가 수복되면 사당을 세우도록 했다. 대신 위뿌원을 잡아들여 위치엔에게 화의를 주장하던 내용을 조사하게 했다. 위뿌원은 자신이 격렬하게 싸우다가 포탄에 맞아 다리를 잃었다고 주장했지만 관원들은 그가 황급히 도망치다가 다친 것이라고 보고했다. 위뿌원은 구금되었다가 1843년 정월에 참형에 처해졌다.

닝뽀 점령 후 영국군은 당분간 움직이지 않았다. 그것은 포틴저가 런던을 떠날 때 파머스턴에게서 받은 훈령 때문이었다. 외상은 포틴저에게 자신의 편지를 책임 있는 관리에게 전달해 조정대신과 협상을 시도하라고 했다. 외상의 훈령대로라면 쩐하이와 닝뽀 점령은 애초의 작전계획에는 없었다. 닝뽀 점령은 포틴저가 파악한 이 도시의 전략적 가치 때문에 외상의 훈령에서 잠시 벗어난 작전이었다. 그러나 점령 작전을 계속하기에는 병력이 부족했다. 원정대 병력 2,500명에서 꾸랑위, 딩하이, 쩐하이에 남긴 수비대 병력을 빼면 동원 가능 병력이 턱없이 부족했다. 그동안 전투에서 생긴 병력 손실도 있었지만 더 심각한 것은 질병으로 인한 손실이었다. 말라리아로 앓아 누운 병사를 제외하면 전투 병력은 700명 남짓에 불과했다. 게다가 닝뽀는 광조우 이후 점령한 제일 큰 도시로 인구가 30만 명이 넘었다. 그러니 700명 남짓 병력으로는 점령지의 통제조차도 쉽지 않았다. 또 양쯔강의 본류로 들어가려면 바다로 나갔다가 다른 입구로 들어가야 하는데, 강과 바다가 마주치는 곳은 조수의 변덕이 심했다. 증기선 한 척이 바다에서 직접 들어가다가 조수에 떠밀려 좌초 위기를 맞은 일도 있었다. 사령부에서는 작전계획을 놓고 격론이 벌어졌다. 고프 장군은 닝뽀에서 철수하자고 했지만 포틴저는 상대방이 후퇴로 간주할 위험성이 있다고 반대했다. 결국 닝뽀에서 겨울을 보내고 봄이 되면 작전을 재개하기로 결정했다.

주둔 결정이 내려지자 1년 넘게 항해와 전투에 시달리던 병사들에게 평화로운 시간이 찾아왔다. 사령부는 관아 건물을 접수해 사무실을 차리고 비어 있는 가옥에 병사들의 숙소를 마련했다. 병사들은 오랜만에 답답한 선실이나 축축한 숙영지를 벗어나 실내에서 잘 수 있게 되었다. 11월 초에 서리가 내리고 눈도 내리자 말라리아 환자도 눈에 띄게 줄어들었다. 날씨가 더 추워져 강이 얼어붙자 스케이트를 타러 나가거나 교외로 사냥을 나가는 병사도 있었다. 담요와 겨울 코트가 없었지만 병사들은 주민들처럼 솜을 누빈 장옷으로 추위를 피했다. 땔감 걱정도 없었다. 중국군이 남기고 간 탄약이 훌륭한 땔감이었고, 비어 있는 집의 가구와 문짝도 땔감이 되었다. 영국인 포로들이 갇혀 있던 감옥을 허물어 생긴 재목도 좋은 땔감이었다. 안스트루더 대위는 자신이 갇혀 있던 나무우리를 발견해서 기념품 삼아 캘커타로 보냈지만 나머지는 모두 땔감으로 썼다.

닝뽀 주둔은 병사들에게 합법적인 약탈 기회를 제공했다. 약탈은 병사들이 시작한 게 아니라 포틴저가 제안했다. 그는 약탈을 통해 전쟁이 길어지면서 부족해진 전비를 보충하는 동시에 베이징을 압박할 수 있다고 생각했다. 파커 제독과 고프 장군은 영국군의 명예를 더럽힌다면서 반대했지만 원정대는 닝뽀의 풍부한 재화를 외면하지 못했다. 약탈은 12월부터 사령부가 남아 있는 주민들을 대상으로 개인 재산 10%를 징수함으로써 시작되어 체계적으로 진행되었다. 관아 창고의 쌀을 주민들에게 팔아 현금을 만들었다. 관아에 은 덩어리는 없었지만 16만 달러에 해당하는 동전을 발견했다. 또 불사佛寺의 거대한 종을 녹여 캘커타로 보냈다. 관아의 기물을 모두 압수했고 강변의 선박도 전부 징발했다. 그것은 시작에 불과했다. 약탈이 합법적으로 공표되자 점령군 전원이 조직적이고도 체계적인 약탈에 가담했다. 사정이 괜찮은 가옥이 모두 약탈 대상이어서 사람이 있는 집에도 들어가 돈이 될 만한 것은 모조리 집어 갔다. 사령부도 개인적 약탈을 제도적으로 도왔다. 병사들이 약탈한 물건을 회계관에게 가져가면 가치를 매겨 장부에 기재하고 물건을 접수한 후 주민들에게 되팔든가 아니면 인도로 보내 처분했다. 병사들은 인도에 돌아가서 자신의 몫을 받기로 되어 있었기 때문에 모두 한밑천 잡는다는 희망에 부풀었다. 점령군만 약탈한 것이 아니었다. 주민들 중에 영국군을 따라다니며 미처 집어 가지 못한 것을 챙기는 무리가 많았다. 그래서 오랜만에 편안한 겨울을 보내는 영국군과는 정반대로 주민들에게 닝뽀는 불안과 고통의 현장이었다. 주민들은 언제 약탈자들이 몰려올지 몰라 불안에 떨었고 순찰하는 영국군도 이런 약탈자를 막을 생각을 하지 않았다. 오히려 점령군은 주민들의 불안과 고통을 즐겼다. 사령부는 닝뽀 주민들이 고통에 빠지면 조정이 협상에 응할 가능성이 커진다고 믿었지만 황제와 조정은 눈도 깜짝하지 않았다. 베이징이 약탈당하지 않는 한 조정이 움직일 가능성은 전혀 없었다.

사령부는 딩하이에서 민정관을 맡았던 선교사 귀츨라프를 닝뽀의 민정관으로 임명했다. 중국어에 능통한 그는 주민들 사이에서 왕처럼 행세하고 대접받았다. 그는 관아의 창고에 있는 쌀을 주민들에게 싸게 파는 동시에 주변 마을의 농작물 반입을 허용해 민심을 얻었으며, 임시 법정을 개설해서 도둑을 잡고 소동을 일으킨 영국군 병사를 구속하기도 했다. 주민들 중에 민정관이 공정한 재판을 한다고 칭송하는 사람도 제법 있었으며, 그를 칭송하는 노래도 있었다.[7] 심지어 영국군을 돕겠다고 나서는 사람도 있을 정도로 그의 선무공작은 효과를 거두었다. 귀츨라프의 역할은 여기에서 그치지 않았다. 선교사 출신이지만 그는 정보 수집에 관심이 많았다. 1832년에 주민을 매수해서 입수한 수로의 지도를 아편 상인에게 비싸게 팔아넘겼던 그는 주민 중에서 협조자를 확보해서 치안 유지를 맡기는 동시에 밀정 조직을 구축해 정보를 수집했다.

그렇지만 점령군이 안전한 것은 아니었다. 계속되는 약탈로 주민들의 적개심이 높았고, 특히 강간을 일삼는 인도 출신 병사에 대한 적개심이 높았다. 주민들은 순찰대와 마주치면 고분고분하게 굴었지만 혼자 다니는 병사를 만나면 덤벼들었다. 사령부가 혼자 다니는 것을 금지했지만 습격은 근절되지 않아 장교들은 권총이나 대나무 회초리를 들고 다녔다. 성 밖에서는 분위기가 더 험악했다. 항조우 당국이 오랑캐에게 현상금을 걸었기 때문에 납치 사건이 심심찮게 일어났다. 그해 겨울에 성 밖에서 납치되어 항조우로 끌려간 인원이 40명에 가까웠다. 점령군도 납치 사건이 일어나면 주변 마을을 습격해서 보복을 가했다. 그렇지만 양측이 모두 대규모 전투를 시도하지는 않았다. 영국군은 겨울을 보내면서 지원 병력의 도착을 기다렸고, 중

---

7 阿英(編), 『鴉片戰爭文學集』 2冊, 24쪽.

국 측은 반격 준비를 하고 있었다.

반격과 실패

닝뽀 함락으로 조정은 충격에 빠졌다. 그것은 광조우 함락과는 의미가 달랐다. 먼 산의 불이 발등으로 옮겨 붙은 꼴이었다. 이제는 변방의 수비가 아니라 베이징의 안전이 위협받는다는 생각이 퍼졌다. 황제는 다급하게 대책을 강구했다. 10월 18일에 만주족 출신 이부상서吏部尙書 이징奕經에게 양위장군揚威將軍의 칭호를 내리고 "오랑캐의 간담을 서늘하게 해서 후환이 없도록 하라."고 명령했다. 그러나 이징은 그런 칭호에 어울리는 인물이 아니었다. 그는 치엔룽황제의 증손으로 다오광황제의 조카뻘이었다. 황실의 인척으로 태어나 각종 특혜를 누린 인물로 황제의 수렵장을 관리하는 일을 맡고 있었지만 군사 업무에는 경험이 거의 없었다. 양위장군으로 임명된 직후 그가 소집한 막료들도 대부분 만주족 출신의 비슷한 성향을 가진 사람들이었다. 이들은 모두 전쟁에는 관심이 별로 없었다. 11월에 들어서 황제는 전국 각 성省의 병력 차출을 명령했다. 산시陝西, 후베이, 쟝시, 안훼이의 정예부대를 보내 이징의 휘하에 배속시키고, 12월에는 허난河南, 산시山西, 깐쑤甘肅(간쑤), 쓰촨에도 병력 파견을 명령했다. 이징은 중국 전역에서 차출된 2만 명이라는 거대 연합군의 총사령관이 되었다. 그러나 문제가 있었다. 재위 내내 긴축을 강조한 다오광황제가 이 거대한 병력을 움직이는 데 드는 비용을 국고 지원 없이 현지의 세금으로 충당하라고 한 것이다. 그래서 오랑캐 토벌 작전은 처음부터 삐끗거렸다.

이징의 출발은 화려했다. 임명 직후 그는 수백 명의 막료와 수행원을 거느리고 베이징을 출발해서 12월 초에는 쑤조우에 도착했다. 쑤조우는 닝뽀에서 약 400킬로미터 떨어진 문학과 예술, 그리고 향락의 도시였다. 이징은 여기에서 지원 병력의 도착을 기다린다는 핑계를 대면서 2개월 이상 머물렀다. 그는 매일 기생을 불러 막료들과 연회를 즐겼을 뿐 현지 관리를 만나지도 않았고 군대의 상태를 점검하거나 전투 준비도 서두르지 않았다. 그것은 황제에 대한 태업怠業에 가까웠다. 병력이 부족하고 예산도 부족해서 작전계획을 세우기 어렵다고 했지만 실제로는 싸울 의지가 별로 없어 시간만 끌었다. 결국 마음이 급한 황제가 먼저 손을 내밀어 자신의 개인 금고에서 300만 냥을 보내 공격을 독촉했다.

더 이상 시간을 끌기 곤란했던 이징은 계획 수립에 착수했다. 그는 항조우의 관아 앞에 상자를 놓아 두고 오랑캐 토벌에 대한 계책을 헌상하게 했다. 짧은 시간에 400여 건의 제안이 쏟아져 들어오자 그중에서 142건의 계책을 채택하고, 제안자들을 고문으로 임명해 참모진에 합류시켰다. 이 조치는 참모진의 덩치를 키웠지만 동시에 문제를 일으켰다. 이징이 베이징에서 데리고 온 기껏해야 육품六品이나 칠품七品 정도의 말단 막료들이 장군의 위세를 믿고 스스로 소흠차小欽差라고 부르고 서로 대인大人이라 부르면서 지휘부를 휘젓고 다녔다. 그러자 현지에서 참모진에 합류한 사람들도 자신들을 소성사小星使라 부르며 으스댔다. 얼마 지나지 않아 이런 아마추어들의 행각에 지휘부는 혼란에 빠졌다.[8] 이 사람들은 오랑캐 토벌보다는 화려한 생활에 더 관심이 많았고, 참모진에 합류한 것을 기회로 자신들의 주머니를 채우기에 바빴다. 그들은 양위장군의 위세를 이용해서 주민들의 돈을 뜯어 기생집을 드나들었다. 당시 유행하던 노래를 보면 급조된 아마추어 관원들의 모습이 잘 드러나 있다.

---

8 茅海建, 『天朝的崩潰』, 382~383쪽.

항조우의 기생들 허풍이 제일 세지,	杭州娼妓最堪誇,
내년이면 소흠차의 애기를 낳을 거라고.	明年養出小欽差.
사오싱의 기생도 이름을 떨칠 거야,	紹興娼家亦有名,
내년이면 애기 병정을 낳을 테니.	明年養出小兵丁.
불쌍해라, 닝뽀의 울고 있는 기생들아,	惟有寧波娼家哭不止,
너희는 내년이면 꼬마 오랑캐를 낳겠구나.	明年養出小鬼子.[9]

양위장군의 출현은 이 급조된 애국자들에게 돈 잔치의 기회가 되었다. 장군이 민병대를 규합하라고 지시하자 현지 사정에 밝은 소성사들이 전면에 나서서 마구잡이로 이름을 군적에 올리고 병사에게 지급할 봉급과 급식, 훈련과 무장 비용을 자기 호주머니에 넣었다. 많이 챙긴 사람은 서너 달 사이에 12,000냥이나 챙겼다고 한다. 그렇게 조직한 민병대는 1만 명이나 되었지만 실제로는 훈련과 무장이 형편없었다. 이들은 봉급을 받지 못하자 나름대로 먹고 살 길을 찾느라고 강도로 돌변해서 주민들을 약탈했다. 이런 돈 잔치가 벌어진 것은 장군의 군영 운영 방식 때문이었다. 장군은 한간을 극도로 경계해서 모든 문서를 일회용으로 만들었다. 모든 지시와 보고는 대리석판과 상아에 써서 보여 주고 읽은 후에는 지우도록 했다. 종이에 쓴 보고서와 명령서는 모두 폐기 처분했다. 회계 처리도 예외가 아니었다. 필요한 예산 지출을 승인하면 은을 내주고 기록을 모두 없애 버렸다. 쌓여 있는 은을 못 집어 가는 놈이 바보였다. 장군은 얼마를 썼고 얼마가 남았는지도 파악하지 못했고 막료 중 누구도 책임지는 사람이 없었다. 뒷날 감사관들은 회계 보고가 몽땅 엉터리라는 것을 알았지만 대부분 매수된 사람들이어서 파헤치지 않고 덮어 버렸다.

---

9 齊思和·林樹惠·壽紀瑜, 『鴉片戰爭』 3冊, 209쪽.

1842년 1월 하순이 되면서 각 성의 지원군이 속속 도착했다. 그런데 지원군의 도착은 축복이 아닌 악몽의 시작이었다. 지난해 광조우에서 일어났던 상황이 고스란히 재현되었다. 지원군은 지나가는 마을마다 엄청난 민폐를 끼쳤고 사오싱紹興과 항조우에 들어서서는 더욱 횡포를 부렸다. 모든 부대가 짐이 많다는 핑계로 병사 한 명에 민간인 네 명을 징발했고, 일부 부대는 항조우의 진영에 들어설 때 병사들이 민간인의 등에 업혀 왔다고 한다. 이렇게 도착한 병사들은 전투에 도움이 되지 않았다. 모두 먼 길에 지쳐 있었고 현지 지리에도 어두웠으며 서로 말도 통하지 않았다. 각 성 출신 병사들은 끼리끼리 따로 놀았고, 다른 성 출신과 패싸움을 벌였으며, 군관들은 지휘부의 지시에 따르지 않고 같은 성 출신 장군의 지시만 따르겠다고 했다. 심지어 순찰을 돌다가 길을 잃고 헤매는 산시山西 출신 병사들을 후베이 병사들이 습격해서 몇 명이 목숨을 잃는 사건도 일어났다. 이징이 쑤조우에서 환락을 즐기며 시간을 끄는 동안 지원군과 민병대가 배치된 사오싱에서 항조우에 이르는 지역은 난장판으로 변해 갔다.

닝뽀의 영국군 사령부는 귀츨라프의 밀정을 통해 이런 사정을 파악했다. 밀정들은 중국 측 지휘관의 사람됨(비겁하거나 청렴하다는), 군비와 예산 규모, 양곡 수송로, 수비대의 배치 상황과 병력, 군대의 사기 등을 구체적으로 보고했다. 그렇지만 밀정들도 돈이 목적이었기 때문에 영국군이 좋아할 정보를 주로 가져왔다. 어떤 사람은 과거에 응시하기 위해 베이징에 갈 노자를 마련할 목적으로 밀정이 되기도 했다. 그러니 그들이 가져온 정보에는 과장이 많이 섞였다. 이징의 군대는 대포 몇 방만 쏘면 도망칠 것이며, 현지 관리들이 군대를 전혀 신뢰하지 않는다고도 했다. 항조우의 팔기군 지휘관은 전선으로 이동하라는 명령을 받자 병력 수백 명을 막사 근처에 배치해 누구든 출전을 강요하면 대포를 쏘겠다고 위협했다고 했다. 관원의 수탈에 지원군의 약탈이 더해지면서 주민들이 폭발 직전에 이르렀고, 민병대가 봉급을 받지 못해 반란 직전 상태에 있다는 내용도 있었다.

이징은 전투와 협상 사이에서 오락가락했다. 어떤 때는 싸우겠다고 하다가 어떤 때는 오랑캐를 다독거리는 것이 좋겠다고 했다. 정면 대결을 피하고 오랑캐를 괴롭혀 지치게 하자는 제안이 들어왔을 때 좋다고 했지만 실행에 옮기지는 않았다. 그는 여전히 대규모 병력을 동원해 적을 격파하는 전술에만 관심이 있었다. 게다가 그는 주술呪術과 민간신앙을 맹신하여 홍콩에서 태풍으로 많은 오랑캐가 죽었다는 소식을 듣자 호랑이 머리를 호수에 던지며 제사를 지냈다. 그것은 용왕이 상극인 호랑이 머리를 보고 격노해서 큰바람을 일으켜 오랑캐를 격파시켜 줄 것이라는 기대를 담은 행사였다. 어느 날은 오랑캐가 육지를 떠나 바다로 나가는 꿈을 꾸었다고 하면서 길조라고 했다. 이야기를 들은 막료 한 사람이 자신도 같은 꿈을 꾸었다고 하자 길조라는 믿음이 더욱 강해진 이징은 전투를 결심하고 사오싱으로 이동했다. 그렇지만 여기에서도 쑤조우에서와 마찬가지로 환락을 즐길 뿐 전투 준비를 서두르지 않았다. 이징은 병사들을 시켜 화통을 많이 만들어 놓았지만 그해에는 눈이 특히 많이 와서 화통이 모두 젖어 못 쓰게 되었고, 길이 질척거려 병력 이동에 시간이 많이 걸렸다. 그래서 전투 준비는 또 지체되었다. 분명한 계획을 확정하지 못하고 있던 이징은 관우關羽를 모신 사당에 들러 점을 쳤다. 그가 얻은 점괘는 "호랑이 머리를 한 사람이 나타난 후 출전하면 반드시 승리한다."는 내용이었다. 그런데 얼마 후 쓰촨에서 도착한 병력 일부가 호랑이 머리로 투구를 만들어 쓴 것을 보고 이징은 점괘를 확신했다. 공교롭게도 그해가 호랑이 해인 임인년壬寅年이었으므로 인월寅月, 인일寅日, 인시寅時를 따져 3월 8일 새벽 3~5시를 공격 시간으로 결정했다.

이징은 부임 이래 민병대 9만 명을 규합했다고 황제에게 보고했다. 이것이 사실이라면 그에게는 10만 명 이상의 병력이 있었던 셈이지만 실제 작전 계획에 나타난 공격 부대는 1/4밖에 되지 않았다. 그는 정예부대의 60%를

자신의 휘하에 두고 필요할 때 지원군으로 활용한다는 핑계로 사오싱에 주
둔시켰다. 그는 쩐하이의 남북쪽에 각각 2,000명을 배치해서 협공을 시도
하고, 닝뽀 성 밖과 북쪽의 산에 각각 2,000명씩 배치해서 공격하게 하고,
1,000여 명을 닝뽀와 쩐하이 중간 지점에 투입해서 길을 차단하게 했다. 이
부대의 측면에는 2,000명을 배치해서 오랑캐가 쳐들어오면 막으라고 했고,
다른 4,000명에게 민간인 복장을 하고 닝뽀 성에 잠입해서 시간에 맞추어
내응하라고 했다. 딩하이 공격을 위해서는 병선 200여 척에 3,000명을 태
워 보냈다. 계획을 보고 받은 황제는 매우 흡족해하면서 "나는 동남쪽으로
몸을 기울여 좋은 소식을 기다리노라."하는 비답을 내렸다. 이징은 휘하의
군관과 문인들을 소집해 승전 보고서의 경연 대회를 열어 멋들어진 보고서
를 쓴 사람에게 상을 내렸다. 그렇지만 허점이 있었다. 발각을 두려워해서
공격 부대의 병사들에게 총과 화약, 화통의 휴대를 금지하고 칼과 창, 단검
만을 휴대하도록 했다. 귀츨라프는 기습 예정 날짜뿐만 아니라 내응하려고
잠입한 부대가 피아 식별을 위해 흰 깃털을 달기로 했다는 것까지 알아냈지
만 사령부를 설득하는 데에는 애를 먹었다. 지휘관들은 밀정들이 포상금을
노리고 허위 보고를 남발한다고 생각해서 귀츨라프의 경고에 귀를 기울이
지 않았다.

공격은 3월 7일 밤에 시작됐다.[10] 닝뽀 공격 부대가 쏟아지는 비를 무릅
쓰고 조용히 성으로 접근했다. 이날은 영국군 순찰대가 성 밖으로 나오지
않아 발각되지 않고 새벽에 남문과 서문에서 동시에 공격을 시작했다. 남
문의 영국군이 성문을 뺏기고 후퇴하자 공격부대가 시내로 진입했다. 그러
나 내응하기로 한 부대가 움직이지 않았다. 이들은 쏟아지는 빗줄기 때문

10 영국 측 기록에 의하면 이것이 3월 9일 밤으로 기록되어 있기도 하다. 그러나 호랑이날
   을 따지면 본격적인 공격이 3월 8일에 시작되어야 하기 때문에 3월 7일 밤에 병력이 움
   직이기 시작했다고 볼 수 있다.

에 총과 화약이 젖어서 아무것도 할 수 없었다. 그런 사정을 모르는 공격부대가 시장 거리에 이르렀을 때 황급히 도착한 영국군 지원군이 곡사포로 산탄을 날렸다. 가까운 거리에서 겨냥한 산탄이 터지자 일대가 피바다로 변했다. 100명 이상이 현장에서 사망했고 총이 없는 공격부대는 영국군의 소총 사격에 꼼짝 못하고 퇴각했다. 남문의 전투는 이렇게 끝나고 말았다. 서문에서는 영국군이 소총 사격으로 진지를 고수하며 동틀 때까지 버텼다. 날이 밝아 올 무렵 영국군이 성문 앞 넓은 공터를 장악하고 전진하자 후퇴하던 중국군 부대가 가마 한 대도 지나가기 어려운 좁은 골목길에 갇혀 버렸다. 영국군은 3열 횡대로 서서 교대로 일제사격을 가했다. 불과 10분 만에 부대가 전멸해서 시체가 겹겹이 쌓였다. 서문 공격도 이렇게 끝났다. 남문과 서문 공격에서 중국군 500명 이상이 전사했다. 남문 공격의 선봉대 뒤에는 예비 병력이 있었지만 지휘관이 아편 중독자였다. 그는 눈앞에서 곡사포가 작렬하자 긴장을 이기지 못하고 아편을 피워 물었고 포성이 멎을 때쯤 제정신이 돌아왔지만 그때는 이미 패잔병이 밀려 나오고 있었다. 남문과 서문의 공격이 모두 실패하자 전 부대가 후퇴해서 닝뽀 북쪽 언덕에 진지를 구축하고 병력을 재편성했다. 도망치던 병사를 수습해서 8,000명 정도의 병력을 진지에 배치했지만 대부분 전의를 상실한 상태여서 영국군 1,200명 정도가 치올라 오자 버티지 못했다. 영국군이 언덕 위로 올라가자 진지가 혼란에 빠지고 병사들이 도망치면서 삽시간에 근처 언덕과 계곡이 피바다로 변했다. 팔기군 500명 정도가 끝까지 저항하다가 전멸했다. 도망치던 병사들은 언덕을 점령한 영국군과 강변에 접근한 네메시스호의 사격으로 쓰러졌다. 영국군은 부상병은 물론 무기를 버리고 도망가는 병사들까지도 총으로 쏘거나 대검으로 찔렀다. 이 언덕에서만 1,000명 이상이 사망했다. 이렇게 해서 닝뽀 공격부대는 완전히 궤멸했다.

쩐하이 공략도 마찬가지였다. 공격 초기에는 잠입부대의 내응에 힘입어 공격부대 일부가 성안으로 밀고 들어갔다. 그러나 공격부대가 칼만으로는 전투가 곤란하다고 생각해서 뒤늦게 소총과 화약을 가지러 가는 바람에 빈틈이 생겼다. 그들이 소총을 들고 도착했을 때 영국군이 대포를 쏘면서 반격을 시작했다. 공격부대가 후퇴하면서 인근 부대에 지원을 요청했으나 아무도 응하지 않았고, 결국 사흘 후 지휘관이 전사하고 부대가 궤멸 상태에 빠졌다. 딩하이 공격부대는 아예 전투를 벌이지도 않았다. 이 부대에 배치된 병사들은 대부분 북방 출신으로 항해 경험이 없어 멀미에 시달리며 전투 능력을 상실했다. 할 수 없이 지휘관이 해안에서 어부들을 고용했지만 그들도 조우산 군도의 조류나 암초 등은 알지 못해서 도움이 되지 않았다. 공격 시간이 닝뽀와 마찬가지로 3월 8일 오전 4시로 잡혀 있었지만 그때는 썰물 시간이어서 배가 접근할 수 없었다. 밀물 시간이 되었을 때 닝뽀와 쩐하이의 패배 소식이 전해지자 지휘관은 공격을 포기하고 배를 돌렸다. 그 후 공격부대는 영국 함대와 마주치지 않으려고 한 달 이상 먼 바다를 빙빙 돌기만 하다가 돌아왔다.

실패 뒤에는 많은 이야기가 남았다. 이징의 막료 하나가 5,000냥이면 닝뽀 주민을 규합해서 내응부대를 조직할 수 있다고 큰 소리를 쳐서 돈을 줬지만 정작 공격이 시작될 때 그 부대는 흔적도 보이지 않았다. 이 사람이 귀츨라프에게 동전 6만 개를 은으로 바꿔 주겠다고 하고는 동전을 넘겨받은 후 종적을 감췄다는 소문도 있었다. 닝뽀의 시가전에서 사상자가 많이 생긴 것은 영국군이 첩자를 통해 미리 공격 시간을 알아내서 공격군을 시내로 유인했기 때문이라는 소문도 있었다. 내응부대의 지휘를 맡은 군관이 길을 잃고 헤매다가 역참에서 길을 물었지만 사람들이 알려 준 길은 반대쪽이어서, 그는 공격부대가 닝뽀에서 철수할 때에야 도착했다고도 한다. 쩐하이 공격을 맡은 산시山西 출신 지원군은 어둠 속에서 길을 잃고 헤매는 바람에 전투가 끝난 후에도 아직 10킬로미터 밖에 있었다고 한다. 또 기습 직전 영국군 통역관이 누군가로부터 쪽지를 전달 받고 경계령을 내려 공격부대가 별로 싸워 보지도 못하고 퇴각했다고 했다. 모든 뒷이야기는 중국군의 무능과 배신에 집중되었고, 사람들은 차라리 영국군 지배 아래에서 편안하게 살 수 있으면 좋겠다고 푸념을 늘어놓았다.

이징은 항조우로 후퇴하면서 수습책에 골몰했다. 황제에게는 기습이 완전히 실패로 끝나지는 않았다는 보고를 보냈다. 그는 500명 가까운 오랑캐를 죽였지만 오랑캐 병력이 17,000명 이상이어서 달리 방법이 없었다고 했다. 한간들에게도 책임을 돌렸다. 악독한 한간들이 정보를 오랑캐에게 팔아넘겼고, 전투가 벌어질 때 진지에 불을 질러 할 수 없이 퇴각해야 했다는 것이었다. 또 패배 때문이 아니라 내륙 방비를 위해서 후퇴할 수밖에 없었다고 둘러댔다. 허위 보고의 압권은 딩하이 파견대의 승전 소식이었다. 이 부대의 지휘관은 화선을 동원한 공격으로 대형 군함 한 척과 소형 선박 여러 척을 불태워 오랑캐 200명 이상이 물에 빠져 죽고, 무수한 오랑캐가 불타 죽었다고 보고했다. 얼마 후에는 이 숫자가 대형 군함 5척, 익사자 600명으로 늘어났다. 황제는 이징에게 모자에 공작 깃털 2개를 달 수 있는 명예를 하사했다. 딩하이 공략 부대 지휘관도 상을 받고 승진의 영광을 누렸다. 저장의 관리가 이런 보고를 믿을 수 없다면서 조사를 건의했지만 이징이 지나간 일을 들추어 사기를 떨어뜨릴 필요가 없다고 달랬다.

기습은 실패로 끝났지만 영국군은 계속 위협에 시달렸다. 닝뽀에서는 병사들이 독약이 든 음식을 먹어 한 명이 사망했다. 순찰하던 병사와 인도인 선원이 납치되는 사건도 일어났다. 귀츨라프가 협조자들로 구성한 치안조직도 와해되었다. 치안책임자로 임명한 사람이 납치되어 심한 고문을 당하고 밀정 40여 명의 이름을 고백했다. 고백에도 불구하고 그는 목숨을 건지지 못했고, 정체가 드러난 밀정들도 모조리 잡혀 죽었다. 점령군도 점차 폭력적으로 변했다. 영국군 병사가 살해된 현장에서는 용의자를 체포한 후 인근 가옥에 불을 질렀다. 그나마 남아 있던 주민들은 험악해지는 상황을 보고 하나둘 성을 빠져나갔다. 빠져나가지 못한 사람들이 빈집을 털고 불을 질러 시가지는 오가는 사람 없이 썰렁했다. 사령부는 병사들의 잔혹행위에 대해 신경 쓰지 않았고 전황보고에도 기록하지 않았다. 오히려 모든 상황이 순조로우며 닝뽀의 분위기도 밝다는 보고서만 작성했다. 중국군의 기습 실패 후 며칠 지나서 영국군은 강을 따라 이동을 시작했다. 선두부대가 어느 작은 마을에서 소규모 부대와 마주쳐 전투를 벌였다. 중국군 병사들은 예전과 달리 격렬하게 덤볐다. 군함의 포격으로 부대가 후퇴한 후에도 몇 명이 숨어 있다가 간간히 습격을 시도했다. 영국군도 포악해졌다. 병사들은 도망가는 중국군 병사에게 사격을 퍼붓고 누워서 신음하는 부상자를 총검으로 찔러 죽였다. 병사들의 잔혹함은 장교들이 막을 수 없을 정도여서 만류하는 장교에게 이놈을 살려 두면 언젠가 다시 공격해서 자신을 죽일 것이라고 소리를 지르면서 명령을 묵살했다. 1842년의 이른 봄은 그렇게 잔인한 시간이었다. 중국군 병사뿐만 아니라 많은 민간인이 죽었고, 무수한 민가가 불탔다. 아마도 기록에 남지 않은 사건이 더 많을 것이다.

그러나 전선에서 비켜난 홍콩은 활기가 넘쳤다. 본격적으로 개발이 진행되어 섬 북단의 동쪽에서 서쪽으로 해안을 따라 4마일에 이르는 도로가 건설되었다. 마차가 다닐 수 있는 이 도로를 퀸스로드Queen's Road라고 명명했는데, 이 이름은 지금도 사용하고 있다. 해안에는 선착장과 창고가 건설되었고, 선구점船具店, 식당, 술집, 윤락가 등이 들어섰다. 도로 건너편에는 경사면을 따라 중국인 거주지가 조성되었다. 섬 한가운데 우뚝 솟아 있는 봉우리를 처음에는 퀸스타워Queen's Tower라 부르다가 얼마 후에 빅토리아피크Victoria Peak로 이름을 바꾸었다. 이 봉우리에서 까오롱을 바라보는 경사면에 감옥, 재판소, 토지국, 우체국 등의 벽돌 건물이 들어섰다. 또 도로와 해안이 내려다보이는 경사면에 영국인의 주택이 하나둘 들어섰다. 자딘-매더슨 상사와 텐트 상사도 동쪽 해안에 벽돌 건물을 여러 채 지었다. 개발의 주역은 까오롱과 광조우에서 일자리를 찾아온 중국인 노동자였다. 홍콩 주민보다 훨씬 많은 수천 명이 몰려와서 영국에서는 상상할 수 없는 낮은 임금을 받고 공사장에서 일했다. 그렇지만 전권대사 포틴저는 개발 사업에 대해 적극적이지 않았다. 내각이 중국과의 협상이 타결되면 홍콩을 반환할 예정이어서 꼭 필요한 일이 아니면 세금을 낭비하지 말라는 훈령을 내렸기 때문이다. 그래도 당분간은 원정군과 상인들의 안식처였고, 개발 사업이 진행되면서 미국, 프랑스, 네덜란드 사람들이 모여들어 홍콩은 조그만 유럽 사회로 탈바꿈하고 있었다.

그렇지만 날씨가 유럽인들을 괴롭혔다. 여름에는 열기가 대단했고 연중 습도가 아주 높았다. 지금은 홍콩 독감으로 알려진 질병이 사람들을 괴롭혔다. 이 병은 겨울이 되면 호전되었다가 여름이 되면 다시 악화되었다. 주둔군이 많은 환자를 처리하지 못하고 인도로 보내기로 하자 멀쩡한 병사들도 귀국 신청을 했다. 홍콩의 또 다른 문제점은 차 무역을 장악하지 못한 것이었다. 차 교역은 광조우에서만 가능했고 상관에는 영국인이 없어서 프랑스와 미국 상인들을 중간에 세워 물량을 확보한 후 황푸에 선박을 보내 싣고 나와야 했다.

이 시기 홍콩 무역의 꽃은 합법적인 화물로 취급된 아편이었다. 항만감독관이 입항 선박의 화물을 공시할 때 아편도 쌀, 석탄과 마찬가지로 공시 대상에 포함시켰다. 광조우와 마카오에서는 아직 아편을 단속했기 때문에 모든 아편이 홍콩으로 들어왔다. 반입 물량이 예전보다 크게 늘지는 않았고 가격도 상자당 300~400달러에서 제자리걸음을 하고 있었지만 아편 클리퍼는 계속 들어왔다. 그것은 영국에 보낼 차를 확보하는 유일한 방법이었다. 광조우 당국이 배상금 600만 달러를 만들려고 철저히 쥐어짰기 때문에 홍상들은 현금이 바닥나 있었다. 그들은 차 교역에서 철저히 물물교환을 고집했지만 그 요구에 맞추려면 엄청난 면화와 직물을 들여와야 했는데, 설사 들여온다 해도 인수할 능력이 없었다. 차를 사려면 은으로 지불해야 하는데 아편 이외의 다른 상품을 팔아 은을 그만큼 확보하기는 불가능했다. 지속적으로 은을 벌어들일 수 있는 상품은 아편뿐이었고 중국인들도 여전히 아편의 유혹에서 벗어나지 못했기 때문에 상인들은 더 악착같이 아편 거래를 밀어붙였다. 이제는 유럽인들이 하역선에서 아편을 받아 직접 실어 날랐다. 푸지엔에서도 내륙까지 직접 실어 나르는 상인이 있었다. 이것을 위해 상인들은 작고 빠른 배를 주문했다. 이런 배들은 대개 100톤 미만이거나 아무리 커도 200톤을 넘기지 않았다. 이에 따라 자딘-매더슨 상사는 사업 영역을 더욱 다변화해서 선박 건조와 차 구매 자금을 대출하는 은행업에 본격적으로 뛰어들었다. 홍콩에 있던 유럽 상인 대부분이 이 회사의 대출 고객이었다.

군함들도 빈번히 출몰하는 해적의 위협을 막아 아편 거래에 도움을 줬다. 아편 상인이 내륙까지 직접 아편을 운반하면서 납치와 살인 사건도 심심치 않게 일어났다. 주민들에게는 영국인을 생포하거나 익사 시체를 발견하면 돈이 생기는 일이었다. 1841년 9월에 증기선 마다가스카르호에서 불이 나서 선원들이 배를 버리고 해안에 상륙했다. 관원에게 잡힌 선원들은 자신이 미국인이라고 우겨서 죽음은 면했지만 상당한 몸값을 치른 후에야 풀려났다. 납치나 살인 사건이 터지면 주변에 있던 군함이 수색대를 파견했고, 피납자를 찾지 못하면 인근 마을에 불을 질러 보복하는 것이 관례가 되었다.

원정대에도 변화가 있었다. 기함 웰즐리호가 멜빌호, 히야신스호, 란호를 거느리고 귀환한 후 같은 급의 콘월리스Cornwallis호가 도착했다. 유럽인 사회에도 변화가 있었다. 상관에서 일하던 사람들이 하나둘 떠났다. 자딘의 귀국 후 회사를 운영하던 매더슨도 영국으로 떠났다. 그러나 가는 사람보다 오는 사람이 더 많았다. 새로 도착하는 사람은 대부분 마카오보다 홍콩을 목적지로 했다. 마카오에서 병원과 학교를 운영하던 선교사들도 홍콩으로 옮겨 왔다. 그들에게 홍콩은 오랫동안 원했던 활동 무대를 제공했고, 딩하이, 꾸랑위에서도 주민들을 상대로 선교 활동이 가능하다는 것을 발견했다. 홍콩의 새로운 구성원에는 가톨릭 신부들도 있었다. 이들이 마카오가 아닌 홍콩으로 온 데에는 이유가 있었다. 교황청이 영국군의 홍콩 점령 소식을 듣고 새로 교구를 설치하자 포르투갈 국왕이 강력한 항의를 제기하면서 포르투갈 신부 이외에는 마카오 입국을 불허했다. 그래서 프랑스와 이탈리아에서 파견된 신부들은 마카오에 가지 못하고 홍콩으로 와서 성당을 개설했고, 가톨릭 신자인 아일랜드 병사들이 대거 미사에 참석했다.

선교사와 신부는 종교적 대립에도 불구하고 중국에 관해서는 생각이 같았다. 그들에게는 유럽인만이 하느님이 선택한 인종이며 중국인은 복음을 접하지 못해 영혼이 타락한 종족이었다. 아편은 세계적으로 유통되는 상품이지만 중국만큼 중독자가 많고 사회적으로 큰 문제를 일으키는 곳이 없다는 것이 영혼 타락의 증거였다. 그들은 아편을 빌미로 벌어진 전쟁에 관대했고, 심지어 이 전쟁을 불쌍한 사람들에게 복음을 전달하는 성전聖戰으로 생각했다. 아편이 영혼의 치유를 유도하는 계기이며, 그래서 이 전쟁은 하느님을 섬기는 문명인의 당위적인 의무가 되었고, 약탈과 강간으로 얼룩진 영국군은 십자군과 같은 하느님의 군대로 변모했다. 이런 점에서는 신부들이 선교사보다 적극적이었다. 그들은 프랑스 정부에 청원서를 제출해서 영국군과 같은 침략군이 아니라 복음 전파를 지원할 진정한 하느님의 군대를 보내 달라고 요청했다. 프랑스 정부도 관심을 보였지만 지중해의 분쟁에 묶여 함대를 파견하지는 못하고 순양함 한 척을 보냈다. 이 배는 1841년 여름 파커 제독의 함대에 섞여 북상했다. 얼마 후 프랑스는 대포 46문을 장착한 전함 한 척을 또 보냈다. 함장은 1842년 2월에 광조우의 관리와 면담했고, 3월에는 프랑스 특사가 이산과 치꿍을 만났다. 중국 측은 의전 절차를 고집하지 않고 악수만 했다. 프랑스로서는 아주 쉽게, 아무 비용도 들이지 않고 광조우의 고위 관료를 만난 셈이지만, 이 만남은 쌍방이 서로 오해한 결과였다. 이산은 이이제이의 속셈으로 프랑스 특사를 만났지만 특사는 엉뚱한 소리를 했다. 중국이 현실을 직시하고 항구를 추가적으로 개방해야 하며, 프랑스 국왕이 영국과 중국 사이에서 중재 역할을 맡을 용의가 있다고 했다. 프랑스 오랑캐가 중국의 일시적 패배를 이용할 생각임이 분명해지자 이산과 치꿍이 경계 태세에 들어가서 면담은 아무 결실 없이 끝났다. 이 접촉은 프랑스와 중국 사이의 첫 번째 정부 차원의 접촉으로 기록됐지만, 프랑스로서는 한번 건드려 보는 것에 불과했다. 제대로 된 함대를 보낸 것도 아니고, 특사에게 권한을 준 것도 아니었다. 특사에게는 항구의 추가 개방을 시도하라는 임무를 부여했지만 실제로 광조우에 프랑스 상인은 드물었다. 또 프랑스 사람들은 차를 마시지 않았고 아편을 팔지도 않았기 때문에 무역량이 극히 미미해서 추가로 항구를 개방한다 해도 득이 될 것이 없었다.

그러나 홍콩 점령은 새로운 시장에 대한 관심을 고조시켰다. 서구 세계는 영국의 행동을 지켜보면서 각자 자신이 얻을 수 있는 이익을 계산했다. 미국도 예외가 아니었다. 미국 상인들은 영국인이 쫓겨났을 때 재미를 봤지만 그들도 변덕스러운 관세와 뇌물에 불만이 쌓여 있기는 마찬가지였다. 1839년에 상관이 봉쇄되었을 때 그들은 본국 정부에 대사관 설치와 추가 개항 압박을 위해 해군을 파견해 달라는 청원서를 보냈다. 미국 정부는 청원서를 접수하고 의회에도 전달했지만 적극적으로 나서지는 않았다. 마침 영국 신문들이 미국이 영국군의 원정에 편승해서 이익을 꾀한다는 의혹을 제기했기 때문에 정부는 신중했고 하원도 청원서를 기각했다. 일부에서는 이 전쟁을 비도덕적인 것으로 규정하면서 반대했고, 다른 쪽에서는 영국이 추가 개항을 이루어 내면 그 다음에 이익을 챙길 기회를 찾자고 했다. 의회에서는 이 전쟁이 아편 때문이 아니라 중국의 고두지례를 요구하는 고압적 태도 때문에 일어났다는 의견이 우세했다. 그래서 미국 정부는 본격적인 개입을 배제하고, 중순양함 컨스틸레이션Constellation호를 파견해서 현지 상황을 탐색했다. 이 배는 1842년 봄에 황푸에 입항해서 2개월간 머무르면서 광조우 당국과 접촉했다. 함장은 중국과 영국 사이의 분쟁은 일체 언급하지 않고, 지난 3년간 미국인이 입은 피해의 보상만을 요구했다. 특히 1841년에 영국군이 상관을 점령할 때 미국 소년이 죽고 다른 사람들이 부상을 입은 사실에 대한 보상을 요구했다. 광조우 당국은 순순히 요구에 응했고, 그래서 컨스틸레이션호는 프랑스 전함이 영국 함대를 따라 북상할 즈음 조용히 귀국길에 올랐다. 서구 국가들이 영국이 어떻게 전쟁을 끝내고 그 다음 어떤 상황이 벌어지는지를 지켜보고 있는 상황에서 컨스틸레이션호의 출항은 뒷날 중국이 겪을 수탈의 전주곡이었다.

1842년 봄 런던의 분위기는 지난해와 달랐다. 집권당인 토리당 내각은 자신들이 반대했던 전쟁을 중단시키지 않고 오히려 중국에서 자유롭고 신뢰할 수 있는 무역환경을 조성해야 한다고 주장했다. 신문의 논조도 달라졌다. 전쟁 초기 무관심했거나 비판적이었던 논조가 많이 바뀌었다. 귀국한 장교들의 경험담이 기사로 실렸고, 청동 대포와 같은 노획품들이 박물관에서 전시되어 관람객을 끌었다. 특히 광조우에서 배상금으로 받은 은 600만 달러의 도착은 큰 뉴스가 되었다. 무게가 130톤이 넘는 은을 제련소로 운반하는 광경이 상세하게 보도되자, 아편 상인들이 몰수당한 아편 대금의 지불을 청원했지만 내각은 거들떠보지도 않고 배상금 전액을 국고로 귀속시켰다.

난징을 향해: 자푸, 우쏭, 쩐쟝

내각은 이 전쟁을 빨리 끝내려고 동원 가능한 자원을 모두 투입했다. 인도 식민정부가 보유한 대포 74문의 전함과 증기선 8척, 순양함 10여 척을 증파했고, 육상 병력으로는 중국에 있는 4개 연대를 재편성하고 인도에서 7개 연대와 포병대를 증파했다. 영국과 인도에서 각각 출발한 증원부대는 1842년 6~7월까지 도착할 예정이었지만 닝뽀의 원정대 사령부는 5월부터 병력 재편성을 시작했다. 꾸랑위의 수비 병력에서 일부를 차출하고, 딩하이 주둔군에서 지원병을 모집해서 병력을 보충해 작전을 개시했다. 영국군은 첫 번째 목표를 항조우만 북쪽에 있는 자푸乍浦로 삼고 5월 7일에 닝뽀에서 철수했다. 이 소식을 들은 이징은 오랑캐가 황제의 위엄에 겁을 먹고 도망쳤다는 보고를 보냈다.

다오광황제도 오랑캐 문제를 빨리 끝내고자 했다. 이징의 화려한 보고에도 불구하고 반격 실패가 분명했기 때문에 무력으로 문제를 해결하기는 어렵다고 생각했다. 황제는 쩐하이 함락 후 자살한 위치엔의 후임을 구해야 했지만 그가 쓸 수 있는 인재가 거의 바닥나서 새로운 인물을 찾지 못하고 만주족 출신 장군 치잉耆英을 발탁했다. 치잉은 황족은 아니지만 황실과 매우 가까운 인물이었다. 그러나 오랑캐를 다룬 경험이 전혀 없었다. 황제는 치잉을 항주장군杭州將軍으로 임명했지만 그것만으로는 부족하다 싶어 흠차대신의 관방을 주면서 이리뿌를 다시 불러 치잉을 보좌하게 했다. 71세가 된 이리뿌는 2년 전 오랑캐 문제로 파면되어 유배생활을 했고, 1841년에는 치산과 엮여져 2개월간 심문당한 경험이 있었다. 예전 같았으면 영광이었겠지만 노쇠한 그에게 황제의 이번 부름은 반갑지 않았다. 베이징으로 향하면서 이리뿌는 현장의 상황, 특히 영국 오랑캐의 강력한 면모를 직언하겠다고 생각했지만 그럴 기회는 없었다. 황제가 4월 초에 그를 면담하겠다고 했지만, 정작 그가 베이징에 도착했을 때 돌연 면담을 취소해서 현장의 실제 상황을 파악할 수 있는 기회를 황제 스스로 걷어차 버렸다.[11] 흠차대신 치잉

11 茅海建, 『天朝的崩潰』, 428~429쪽.

은 이리뿌와 함께 5월 초순에 항조우에 도착했다.

자푸는 항조우와 100킬로미터 남짓 떨어져 있으며, 원元 왕조 시절인 1367년에 대외무역항으로 개항해서 해금 이전까지 무역으로 번성한 도시였다(그림 9-1 참조). 만주족이 명 왕조를 멸망시킬 때 이 도시는 큰 비극을 겪었다. 마지막까지 항쟁하던 항조우가 함락되자 정복군은 그 일대를 약탈하면서 대규모 학살을 자행했다. 항조우에서 자푸에 이르는 운하와 교량이 시체로 뒤덮였고 80만 구의 시체를 화장했다는 기록이 있을 정도였다. 그러나 혼란이 가신 후 청 왕조는 이 도시를 상당히 배려했다. 왜구의 침범에 대비해 성을 쌓고 팔기영을 주둔시켰다. 닝뽀 함락 후 조정은 오랑캐가 자푸로 향할 것을 예상하고 이리뿌에게 방비 상태를 점검하게 했다. 이리뿌는 기존의 포대로는 오랑캐를 이길 수 없다고 판단해서 베이징에 와 있던 러시아 건축가를 초빙해서 유럽식의 튼튼한 진지를 구축했다. 이번에는 위치 선정부터 예전과 달랐다. 종래에는 대포를 일자형一字形으로 배치했지만 자푸에서는 십자十字포화를 염두에 두고 대포를 배치했다. 진지 바닥에 돌을 깔고 그 위에 굵은 모래와 목재를 덮은 다음 점토를 부어 다져서 굳게 만들었다. 이리뿌는 새로 구축한 포대에 병력 8,000명을 배치하고 팔기군 1,700명을 자푸 방어의 주력군으로 배치했다. 그런데 이 시기의 팔기군은 예전과 달랐다. 오랜 평화로 군기가 해이해져서 치엔룽황제 시절부터 조정은 이미 팔기군에 대한 기대를 접었고, 다오광황제 시절에는 팔기군 병사들의 아편 밀수와 흡연을 막기에 급급했다. 더욱 중요한 것은 한족 출신·병사들과의 관계였다. 팔기군의 특혜 때문에 한족 병사들의 원성이 높았고, 서로에 대한 적대감이 높았다. 이리뿌가 현장을 떠나자 팔기군 지휘관은 주력을 안전한 성안에 주둔시키고 한족 병사들을 선봉에 세워 성 밖에 배치했다.

강에서 바라보면 자푸의 성벽은 서쪽에서 동쪽으로 길게 이어져 있고, 성벽이 끝나는 곳에 언덕이 몇 군데 솟아 있었다. 서쪽 성벽에는 포대가 있었고 동쪽 언덕에 진지가 있었다. 서쪽 강바닥은 수심이 얕았고 갯벌이 깔려 있었으나 동쪽은 수심이 깊어서 선박의 접근이 가능했다. 5월 중순 영국군은 증기선을 보내 수심을 측량하고 중국군의 배치 상황을 탐지한 후 파커 제독이 지휘하는 함대가 서쪽 성벽을 포격하는 동안 육상부대가 동쪽 진지의 오른쪽으로 상륙해서 배후에서 공격하는 계획을 세웠다. 다음 날 아침 전함과 증기선이 서쪽 성벽에 포격을 시작했다. 포대에서도 맹렬히 응사했지만 함대까지 포탄이 날아오지 못했다. 포대가 하나둘 무너졌고, 튼튼하게 구축된 진지가 무너지기도 전에 병사들이 겁에 질려 도망쳤다. 그사이 해병대가 동쪽 강변에 상륙해서 언덕 위의 진지를 공격했다. 중국군 병사들이 맹렬하게 저항해서 전진이 쉽지 않았지만 그때마다 강변에 바싹 접근한 증기선이 대포와 로켓으로 지원사격을 가했다. 중국군은 신형 소총으로 무장한 영국군의 진격에 버티지 못하고 퇴각했다. 언덕을 넘어 다음 언덕으로 향하던 선봉대는 천존묘天尊廟라는 사당에서 발이 묶였다. 석벽으로 둘러싸인 사당 안에서 팔기군 병사들이 화승총을 쏘며 맹렬히 저항해서 적지 않은 영국군 병사들이 쓰러졌다. 다음 언덕으로 진격하려면 이 사당을 돌파해야 했지만 보병이 휴대한 로켓과 6파운드 야포로는 벽을 깨뜨리지 못했다. 영국군은 사당 벽에 화약을 설치해 불을 붙였다. 폭발로 벽이 무너지고 불길이 2층으로 옮겨 붙어 사당이 불길에 휩싸이자 만주족 병사들이 혼란에 빠져 불붙은 솜옷을 벗고 허리에 찬 화약통을 풀려고 허둥댔다. 팔기군 276명 중에서 43명이 생포되고 나머지는 모두 전사했다. 영국군도 전사 10명, 중경상 70명의 피해를 입었다. 그것은 지금까지 벌어진 가장 격렬하고도 처참한 전투였지만, 얼마 후 자푸 성에서는 더 처참한 상황이 벌어졌다.

동쪽 언덕을 장악한 영국군이 성벽으로 다가가서 동쪽 문을 공격했지만 완강한 저항에 부딪혀 물러서야 했다. 그러나 다른 상륙부대가 공격한 남문에서는 중국군 병사들이 싸울 생각을 하지 않고 물러섰다. 성문이 열려 영국군이 진입하자 성안은 대혼란에 빠졌다. 군관과 병사, 민간인들이 섞여 도망치면서 서로 밟고 밟히는 아수라장이 벌어졌다. 모두들 항조우 쪽으로 도망가는 동안 주민 일부는 빈집을 약탈했다. 영국군이 시가전을 벌이면서 팔기군 주둔 구역에 접근하자 남아 있던 만주족 병사들은 더 이상 저항하지 않고 자살을 선택했다. 가족을 먼저 죽이고 자살한 병사도 있었지만 영국군의 만행이 두려워 독약을 마시거나 목을 매어 자살한 부녀자들이 더 많았다. 아이들을 목 졸라 죽이거나 우물에 던져 익사시킨 후 자살한 엄마도 있었다. 거대한 무덤으로 변해 버린 팔기군 주둔지에서 영국군은 1,500구 이상의 시체를 매장했다. 영국군의 민간인 살상에 대한 풍문도 많았다. 신분이 확실하지 않으면 총으로 쏴 죽였고 길에서 마주친 여인을 칼로 베어 죽였다고 했다. 중국인의 수치심을 자극하는 일도 비일비재했다. 중국인에게 가장 치욕적인 것은 변발을 자르는 것이었지만 여기에서는 포로로 잡힌 병사들의 변발을 서로 묶어 끌고 다녔다고 했다.

자푸 점령 직후 사령부는 잠시 망설였다. 정찰 결과를 보면 범선이 주축인 함대가 항조우 방향으로 강을 거슬러 올라가는 것은 위험했다. 곳곳에 갯벌이 있었고, 강폭이 좁아지는 곳은 기습 가능성이 있었다. 특히 이 지역 방어군은 광조우와 달라서 계속 저항했다. 진지 하나가 무너지면 다음 진지로 옮겨서 저항하면서 시간을 끌었고, 여기저기에서 소규모 부대가 나타나 납치를 시도하면서 영국군을 괴롭혔다. 육로로 전진하는 방안을 생각했지만 고프 장군은 전함의 포격 지원 없이 육상부대를 움직이려 하지 않았다. 사령부는 자푸에서 항조우로 연결된 강줄기를 포기하고, 바다로 나가 곧 도착할 지원군과 합류한 후 다른 강줄기를 찾기로 결정했다. 이에 따라 영국군은 점령 이틀 후 자푸를 떠나 조우산 군도에서 집결하기로 했다.

사실 영국군의 운하 장악이 조정으로서는 급박한 위협이 아니었다. 그해의 양곡 운송은 5월 말에 완료되었고, 베이징에는 보통 3년분의 양곡이 비축되어 있기 때문이었다. 그러나 중국 측은 여전히 오랑캐에 대한 정보에 어두웠다. 오랑캐의 병력과 선박 숫자를 파악하지 못했고 왜 떠났는지, 어디로 갔는지에 대해 추측만 난무했다. 항조우에 내걸린 포고문에는 대포 80문의 전함을 뺏어 오면 은 2만 냥을 지급하되 80문보다 적으면 대포 하나에 100냥씩 깎는다고 했다. 그러나 80문 짜리 전함은 아예 없었으니 74문 짜리 콘월리스호를 뺏어 가면 19,400냥을 받을 수 있었다. 항조우의 장군들은 그런 일이 일어날 가능성이 없음을 알고 있었지만 황제에게 방비 태세를 보고하기 위해서는 그런 조치가 필요했다.

영국 함대는 6월 초순에 조우산 군도 근처에 집결해서 이번에는 상하이 쪽으로 방향을 틀었다. 날씨가 좋아지기를 기다리는 동안 네메시스호가 우쏭吳淞(우쏭) 쪽을 정찰했다. 우쏭은 상하이를 관통하는 황푸강 입구에 있는 전략적 요충지였으며(그림 9-1 참조), 강남제독江南提督 천화청陳化成 장군이 지키고 있었다. 그는 "강남의 백만 대군은 안 무서워도, 천 장군 한 사람은 무섭다네[不怕江南百萬名, 惟恐一人陳化成]."라고 할 만큼 유명한 장군이었다. 그러나 딩하이 점령 엿새 전에 도착한 장군에게는 우쏭이 낯선 부임지였다. 더욱이 쩐하이와 닝뽀 함락 때 진영이 크게 동요하면서 병력의 절반 이상이 도망쳐 버렸다. 장군은 부임 직후 우쏭에서 진지 보강과 병력 충원을 진두 지휘했다. 그는 8,000근 짜리 60문을 포함해서 대포 250문을 동쪽과 서쪽의 고지에 배치하고, 최대로 동원한 5,000명을 여러 진지와 병선에 배치했다. 배후에는 양강총독 뉴지엔牛鑑이 지휘하는 부대가 있었지만 장군은 이 부대를 최전선으로 데리고 오지 않았다. 그는 우쏭에서 오랑캐와 결전을 벌이고 필요하면 이 병력의 지원을 받기로 총독과 약속했다.

범선 30여 척과 증기선으로 구성된 영국 함대는 6월 13일에 강과 바다가 만나는 지역에 접근했다. 수심이 얕고 바위가 많아 예전에 증기선이 난파한 적이 있는 곳이어서 함대는 아주 조심스럽게 움직였다. 소형 선박들이 해안 양쪽의 제방을 따라가면서 부표 역할을 하고 함대는 잠깐 움직이다가 정지해서 수심을 재고 또 움직이기를 반복했다. 방어시설도 없고 저항도 없었지만 50킬로미터 정도 전진하는 데 이틀이 넘게 걸렸다. 함대는 6월 16일 새벽에 우쑹이 바라보이는 강에 들어섰다. 증기선이 콘윌리스호와 순양함을 예인해서 다가가자 천화청 장군이 직접 지휘하는 서쪽 포대에서 대포를 발사했다. 군관들이 초기 포격에서 군함 2척이 가라앉고 오랑캐가 300명 가까이 죽었다고 보고했지만 영국 측 기록으로는 수병 몇 명이 죽었을 뿐 침몰한 선박은 없었다. 전함들이 날아오는 포탄을 무릅쓰고 포격 위치에 정렬해서 닻을 내린 다음 측면 포를 일제히 발사했다. 포대도 맹렬히 응사했지만 두어 시간을 버티지 못하고 침묵에 빠졌다. 오전 8시경에 함대가 포격을 멈추자 해병대가 상륙해서 강변에서 중국군과 격렬한 전투를 벌였다. 강변 돌파가 쉽지 않다고 판단한 지휘부가 다른 연대를 동쪽 측면으로 상륙시켰다. 여기에는 배후에서 지원하기로 했던 뉴지엔 총독의 부대가 있었지만 전투 대형을 갖추지 못하고 있다가 영국군이 포격을 가하자 수천 명의 부대가 일시에 와해되었다. 총독이 후퇴하는 병사들 틈에 섞여 황망히 도망치면서 동서 양쪽에서 협공한다는 애초의 계획은 완전히 무너졌다. 천화청 장군의 서쪽 진지는 고립되고 강변의 방어선도 무너졌다. 영국군이 산 위의 포대에 도착했을 때는 사방에 부셔진 대포와 화승총, 활과 화살이 어지럽게 널려 있었을 뿐 저항은 없었다. 천화청 장군은 포대가 무너질 때 병사들이 도망치는 모습을 보고는 후퇴하자는 부관의 만류를 뿌리쳤다. 그는 몸소 깃발을 휘두르며 마지막까지 대포의 점화봉을 들고 직접 발사하다가 날아온 포탄에 맞아 전사했다. 천화청 장군의 사망은 꽌티엔페이 제독의 사망과 함께 이 전쟁에서 입은 가장 큰 손실로 여겨졌다. 무인으로서는 최고위직에 올랐고, 가장 용맹하다고 알려진 두 사람이 영국군의 공격에 맞서 마지막까지 싸우다가 장렬히 전사한 것이다. 당시 사람들은 노래로 이들의 죽음을 슬퍼

하면서 도망자들을 비웃었다.

용강(쩐하이 앞의 강)에서 처음 싸울 때는	一戰甬江口,
총독이 죽고 제독은 도망가더니,	督臣死, 提臣走,
우쏭에서 다시 싸울 때는	再戰吳淞口,
제독이 죽고 총독은 도망쳤다네.	提臣死, 督臣走.

　패배의 원인은 예전과 다름없었다. 대포가 많아도 종류가 잡다했고, 관리도 엉망이어서 포탄이 100야드도 못 날아갔다. 병사들의 사기도 문제였다. 천 장군 휘하에는 군적상 영국군의 3배나 되는 병력이 있었지만 대부분 허위 등재였다. 그래서 전투에 투입된 병력은 영국군이 중국군보다 훨씬 많았고, 그나마 남아 있던 군관과 병사들도 포성이 울리면 도망칠 생각부터 했다. 그래서 사령관이 전사한 이 전투가 실제로는 그리 치열하지도 않았고 사상자 규모도 크지 않았다. 영국군도 전사자 2명, 부상자 20여 명의 피해를 입는 데 그쳤다. 그러나 달라진 구석도 없지는 않았다. 영국군은 점령한 포대에서 대포를 원형 포대에 얹어서 좌우로 움직이게 해 놓은 것을 발견했다. 네메시스호도 수동으로 물바퀴를 돌리는 포선砲船과 마주치기도 했다. 엔진은 없었고 사람이 페달을 밟아 나무 물바퀴를 돌리는 이 배는 속력이 무척 느렸지만 일반적인 병선과는 달랐다. 그것은 중국이 영국의 기술을 조금씩 모방하는 증거였다.
　우쏭 함락이 알려지자 상하이는 혼란에 빠졌다. 소문이 더 빨라서 주민들이 먼저 빠져나가고 관리들도 이들과 뒤섞여 도망쳤다. 주민 일부가 아문으로 몰려가서 대책을 따졌지만 누구도 나서지 않았다. 이 도시에는 수비군 수천 명이 있었고 대포도 400문 가까이 있었지만 저항은 전혀 없었다. 관리들이 떠난 후 관병들이 약탈자로 변했고 여기에 피난 가지 못한 주민들이 가세해 빈집을 털었다. 영국군은 6월 19일에 일렬로 행진해서 상하이에 입성했다. 지나치는 길에 있는 포대는 모두 텅 비어 있었다. 영국군이 시내에 들어서자 피신 못한 관리들이 나와 저항의사가 없음을 밝히고 영국군이 공격하지 않는 대가로 50만 냥을 내겠다고 제안했다. 고프 장군은 이를 수락하고 병사들에게 공격당하지 않는 한 총기를 사용하지 말라고 명령했다. 그것은 약탈의 자유를 의미했다. 상하이는 연안 운송으로 번성한 도시여서 닝뽀보다 약탈할 것이 많았다. 병사들은 돈이 될 만한 것을 약탈하고 막사를 세우기 위해 민간 가옥에서 목재를 뜯어냈다. 부잣집의 화려한 장식물도 땔감으로 변했다. 영국군이 지나간 자리에는 잔류 주민들이 몰려들어 남아 있는 것을 모조리 집어갔다. 세포이 용병은 장교들의 눈을 피해 주민들과 뒤섞여 약탈을 자행하고 부녀자를 강간했다. 영국군은 주민들을 징발해서 대포의 이동과 군수물자의 운반에 동원했다. 주민들이 저항하지 않았기 때문에 민간인의 피해는 닝뽀나 우쏭보다 적었다. 전권대사 포틴저는 포고문을 내걸어 자신들이 중국인과 싸우는 것이 아니라 중국 정부와 싸우는 것이며, 저항하지 않는 주민들은 해치지 않는다고 천명했다.

그런데 이 시기 상황은 조금 묘했다. 전투가 치열하게 벌어졌지만 뒤에서는 협상 이야기가 조금씩 흘러나왔다. 닝뽀에서 겨울을 보내는 동안 포틴저가 이징에게 편지를 보내 자신의 요구를 받아들인다면 협상이 가능함을 알린 적이 있었다. 이 편지에 이징은 응답하지 않았다. 기습 공격을 준비할 때이기도 했지만 그의 진영에 영어 편지를 읽을 사람이 없다는 문제도 있었다. 그렇지만 이징도 손을 내밀기는 했다. 기습 직전에 상대를 기만하기 위해 돈으로 문제를 해결하자는 제안을 보냈지만 이번에는 포틴저가 응답하지 않았다. 양측의 분위기에는 차이가 있었다. 포틴저는 포괄적인 지침을 받고 현지 사정에 따라 대처할 수 있는 재량권이 있었다. 반면 치잉과 이리뿌, 이징은 재량권이 없었다. 고위 관리가 오랑캐와 직접 협상해서는 안 되고 하급 관리들이 협상해서 결과를 흠차대신에게 보고하면, 흠차대신은 황제의 재가를 받아야 했다. 황제의 지시는 오랑캐 문제를 적절히 해결하라는 것뿐이었지만 베이징의 공기는 수시로 변하기 때문에 치잉은 그 변화에 민감하게 대응해야 했다. 황제는 여전히 주전파와 주화파 사이를 오가면서 하루는 주전파, 다음 날은 주화파에 귀를 기울였다. 황제는 우쑹의 함락 소식을 듣고 이리뿌와 치잉에게 현지 사정을 고려해서 강화를 시도하라고 지시했지만, 기본 지침은 여전히 "먼저 격멸하고 다음에 다독거리는[先剿後撫]"것이었다. 영국군이 자푸를 공격할 때만 해도 아직 보고를 받지 못한 황제가 홍콩 탈환을 지시했지만 며칠 후 자푸에서 팔기군이 전멸했다는 소식이 전해지자 이 지시는 없던 일이 되어 버렸다. 우쑹과 상하이 함락 후에는 홍콩 탈환 이야기를 다시 꺼내는 사람이 없었다. 그해 봄까지만 해도 오랑캐를 이길 수 없다는 이야기를 꺼낸 사람은 처벌을 각오해야 했지만, 5월이 지나가면서는 병력 증강이나 오랑캐의 격멸을 이야기하는 사람이 없어졌다. 황제도 군사적인 희망이 없음을 깨닫고 있었다. 특히 저장의 순무 류윈커[劉韻珂]의 상주문을 받은 후 황제는 더욱 강화 쪽으로 기울었다. 지난해만 해도 맹렬한 주전파였던 류윈커가 이제는 무력으로 오랑캐를 제압할 수 없다는 의견을 보내 왔기 때문이다.

영국군은 6월 23일에 상하이를 출발했다. 기다리던 증원군이 모두 도착해서 전체 병력이 12,000명에 이르렀으며, 9,000명이 격발식 신형 소총을 소지했다. 우쑹 앞에 집결한 함대는 수송선 48척과 전함, 순양함 등을 합쳐 75척의 대선단이 되었다. 증기선 한 척이 황푸강을 거슬러 올라가며 수심을 측량하고 수로에 표시를 했다. 7월 6일에는 전 함대가 강을 거슬러 항해를 시작했다. 함대 전체를 다섯 선단으로 나누고 각 선단에 전함 한 척씩을 배치했다. 항해를 시작할 때 함대는 선두에서 후미까지 3마일 이상 늘어진 상태에서도 기함에서 올리는 신호기에 따라 일사불란하게 움직였다. 그렇지만 크기가 다른 선박 75척이 강을 따라 수백 마일 항해하는 것은 쉬운 일이 아니었다. 우쏭을 출발할 때만 해도 강폭이 넓었지만 수로에 들어서 자 강폭이 좁아졌고, 100킬로미터쯤 가자 양쪽 제방이 서로 가까워졌고 제 방이 강 복판으로 툭 튀어나온 곳도 있었다. 선도 함정이 계속 표시를 했고 증기선도 수심을 측량하면서 함대를 인도했지만 수송선처럼 덩치가 큰 배 는 강바닥을 자주 긁었다. 이런 일이 생기면 손상 정도에 관계없이 전 함대 가 정지해서 기다렸다. 거의 모든 배가 두서너 번씩 이런 일을 겪었고, 특 히 기함이 강바닥을 긁었을 때는 전 함대가 하루 종일 정지했다. 바람이 멈 추거나 역풍을 만날 때도 멈춰야 했고, 물살이 급해지는 곳에서는 소형 함 선이 속수무책으로 떠내려갔다. 증기선이 근처에 있으면 예인하지만 그렇 지 않으면 다른 배와 부딪혀 기함에 정지 깃발이 올라가곤 했다. 정체가 거 듭되면서 출발 당시 3마일 정도였던 함대의 행렬이 얼마 후에는 30마일 이 상으로 늘어났다. 그것은 멀리서 보면 흰 돛과 시커먼 연기가 어우러진 장 관이었지만 강변의 중국인들에게는 무시무시한 광경이었다.

그러나 배에 타고 있는 사람들의 상황은 그런 모습과 달랐다. 그들은 더 위와 모기에 시달리며 고통을 겪고 있었다. 게다가 이 항해는 상당한 위험 을 무릅쓴 도박이었다. 한 줄기 수로를 따라 늘어서 있는 선박 75척은 중국 군의 좋은 먹잇감이었다. 강변에서 대포 대여섯 문을 겨누지 않고 발사해도 한두 척은 맞힐 수 있을 정도였다. 화공에도 노출되어 있었다. 조그마한 배 가 군함 사이에 끼어들어와 불을 붙이고 좌충우돌하면 피할 방법이 없었다. 그것은 린쩌쉬가 주장한 바와 같이 오랑캐를 내륙으로 유인해 보급선이 길 어진 틈을 타서 결정적인 공격을 퍼부을 수 있는 상황이었다. 그러나 공격 은 없었다. 어쩌다 강변에서 대포를 쏜 병사들은 첫 발을 쏜 후 영국군이 대 응사격을 시작하기도 전에 도망쳐 버렸다.

중국군 지휘부는 영국군의 전진을 예상하지 못했다. 닝뽀 함락 후 양강총독 뉴지엔은 오랑캐가 더 이상 강을 따라 올라오지 못한다고 장담했다. 수로가 구불구불하며 갯벌도 많아서 오랑캐 군함이 움직이기 어렵다고 생각했다. 그는 우쑹에서 오랑캐를 막을 수 있다고 장담했고, 우쑹 함락 후에도 여기가 끝이라고 주장했다. 이징과 치잉도 현지 총독의 말에 이의를 제기하지 않았다. 오랑캐 선박이 통과할 때 수로 양쪽에서 공격하자는 제안도 있었지만 치잉은 듣지 않았다. 그는 오랑캐는 오지 못할 것이며, 주민들을 믿을 수 없기 때문에 당분간 지켜볼 수밖에 없다고 황제에게 보고했다. 그런 오랑캐가 떼를 지어 수로를 거슬러 올라오자 조정은 동원 가능한 군대를 모두 베이징 근처에 집결시켰다. 이제 조정의 관심은 베이징의 수비에 집중되었다.

영국군은 수로를 거슬러 올라가다가 또 한 차례 치열한 전투를 벌였다. 난징까지 70킬로미터 남은 곳에 쩐장鎭江(전장)이라는 성벽을 갖춘 도시가 있었다(그림 9-1 참조). 쩐장은 쑤조우의 운하 지류가 본류와 만나는 교통의 요지여서 팔기군 1,200명이 다른 성에서 온 지원병 4,000명과 함께 방어선을 치고 있었다. 그런데 방어 책임을 맡은 팔기군 지휘관 하이링海齡 장군은 이즈음 심기가 불편했다. 포대 수리와 병력 증강을 위한 경비를 요청하자 뉴지엔은 오랑캐가 양쯔강을 거슬러 올라올 리가 없다면서 거절했다. 닝뽀 함락 후 장군은 다시 수상 민병대 조직을 위한 경비를 요청했으나 또 거절당했다. 이런 상황에서 우쑹 함락이 알려지자 장군은 나름대로 대비 태세에 들어갔다. 그의 대비책은 내부의 적을 색출한다는 명분으로 민간인을 대거 잡아들이는 것이었다. 병사들은 조금이라도 낯선 사람이 있으면 체포했고, 도망가거나 반항하는 기색이 있으면 현장에서 목을 베었다. 무심코 팔기군 앞을 지나가다가 목숨을 잃은 여인이나 아이들도 많았다. 그 와중에 강도들이 시내를 돌아다니며 약탈을 자행했지만 장군은 신경 쓰지 않았다. 갈수록 민심이 흉흉해지자 장군은 한간의 무장 봉기를 막는다는 명분으로 성문을 봉쇄했고, 쩐장은 피비린내가 진동하는 거대한 감옥이 되었다. 7월 중순양강총독 뉴지엔이 쩐쟝에 도착해서 대비 태세를 점검했다. 그는 성안에 가득한 공포와 혼란을 한간의 책동으로 돌리고 포고문을 반포해서 한간의 유언비어에 속지 말라고 당부했다. 총독은 쩐쟝에 머물지 않고 성벽이 두터운 난징으로 물러갔고, 하이링 장군은 이 도시의 왕이 되어 한간 색출을 더욱 독려하는 바람에 영국군이 쳐들어오기도 전에 많은 사람이 목숨을 잃었다.

영국 함대는 7월 15일에 쩐쟝의 성벽이 시야에 들어오는 곳까지 진출했다. 함대가 나타나자 팔기군은 더욱 극렬하게 한간 색출에 나섰고, 장군은 성 밖에 있던 대포를 들여와서 성벽에 배치했다. 성문 봉쇄를 강화하자 식품 반입이 끊겨 전투가 벌어지기까지 사나흘 동안 병사들은 굶주리며 기다려야 했다. 7월 17일에 먼저 도착한 영국 군함이 간헐적으로 포격을 가했지만 장군의 방침에는 변화가 없었다. 장군은 오랑캐를 겁주기 위해 병사들을 도열시켜 성 밖을 행진하게 했는데 여기에 동원된 녹기영 병사들은 굶주림 때문에 거의 반란 일보 직전이었다. 일부 병사들은 성으로 들어가서 장군을 잡아 죽이겠다고 소리를 질렀고, 주민들 중에는 오랑캐 군대가 빨리 쳐들어오기를 간절히 바라는 사람도 있었다고 했다.

영국군은 7월 21일 오전에 세 방향으로 공격을 시작했다. 쩐쟝의 북쪽 강변에 육상부대 7,000명이 상륙해 1개 연대가 오른쪽으로 성 밖 언덕의 진지를 공격했고, 다른 연대가 왼쪽으로 북문을 공격하는 동안 가운데의 주력부대는 성의 남문을 공격했다. 강변의 수비군 2,700명은 순식간에 와해됐고, 언덕 위에 있는 진지에서는 잠시 저항이 있었지만 지휘관이 먼저 도망쳤다. 그러자 병사들이 서로 먼저 도망치려는 바람에 혼란이 벌어졌고, 그 뒤의 진지에 있던 병사들도 덩달아 도망쳤다. 영국군이 언덕 위로 대포를 옮겨 와 성벽에 포격을 가하는 동안 육상부대가 서문을 점령하고 점심쯤에는 서쪽 성벽을 완전히 장악했다. 반면 남문을 공격한 주력부대는 상당히 고전했다. 수비군이 흔들리지 않고 완강히 저항했기 때문에 좀처럼 진격하지 못했다. 수비군은 언덕에서 날아온 포탄이 성문을 부수자 비로소 흔들렸다. 좌측의 북문에서는 팔기군이 성벽을 오르는 영국군을 맞이해 치열한 백병전을 벌였다. 수비군 2,000명이 영국군 5,000명과 맞붙은 이 전투는 두시간 넘게 계속된 끝에 중국군이 수적 열세를 극복하지 못하고 밀려났다. 일부 병사들은 영국군이 성벽을 점령한 후에도 도망가지 않고 죽을 때까지 싸웠으며, 영국군이 점령했던 진지를 탈환해서 버티다가 결국에는 무너졌다. 북문의 팔기군이 무너지자 남문에서 마지막까지 버티던 수비군도 무너졌다. 전세가 기울자 팔기군 병사들이 후퇴했고 잠시 후 자푸와 마찬가지로 팔기군 주둔 구역이 처참한 무덤으로 변했다. 이 구역 점령 후에 영국군은 한 집에서 시신 15~20구를 무더기로 발견했다. 하이링 장군은 불탄 채로 발견되었다. 그는 가족을 살해한 후 모든 문서를 쌓아 놓고 그 위에 올라앉아 불을 붙였다고 했다. 그렇지만 주민들 사이에서는 그가 목을 매달아 자살했다는 소문이 돌았고, 심지어 병사들이 장군을 죽였다는 소문도 돌았다. 조정은 장군을 영웅으로 추존했지만 주민들에게는 증오의 대상이었다.

쩐쟝 전투로 중국 측에서 2,000명 이상이 사망했다. 영국군의 피해도 상당해서 40명 이상이 죽고 130여 명이 부상당해 개전 이래 전투에서 입은 최대의 인명 피해로 기록되었다. 그러나 전투 종료 후 상황은 더 참혹했다. 많은 인명 피해를 입은 점령군이 도처에서 학살을 자행했고, 시체가 사방에 널린 시가지에서 약탈에 나섰다. 약탈에는 출신 구분이 없었다. 잘 훈련 받은 영국군 병사들도 세포이 용병, 인도인 선원과 함께 약탈과 강간을 벌였고, 살아남은 주민들도 약탈 대열에 참가했다. 시가지 절반이 불길에 휩싸여 폐허로 변하면서 사령부도 통제할 수 없는 상황이 벌어졌다. 전투에 이골이 난 고프 장군도 이 광경에는 질색하며 고개를 돌렸고, 포틴저는 아예 양쯔강을 벗어나 곧장 티엔진으로 가자고 주장하기까지 했다. 1년 전에 광조우를 약탈하지 못해 화를 냈던 고프 장군도 정반대로 돌아서서 사령부가 약탈과 강간 금지령을 내리는 동시에 약탈품을 돈으로 바꿔 주는 것도 중지했고, 명령을 어긴 세포이 용병 2명을 본보기로 처형했다.

　쩐쟝의 전투는 중국 사회의 분열을 적나라하게 노출한 사례였다. 만주족과 한족 병사들의 갈등이 이 전투에서만큼 분명하게 드러난 적은 없었다. 녹기영은 팔기군이 공격을 받아도 지원할 생각을 하지 않았고, 자신들이 공격 받으면 쉽게 허물어졌다. 영국군 측 조사로는 이 전투에서 팔기군은 30% 이상이 전사했지만 한족 병사들의 전사 비율은 10%에도 못 미쳤다. 국가보다 가족의 보호를 중시하는 민병대는 영국군보다 팔기군과 더 많이 싸웠다. 하이링 장군의 잔혹한 한간 색출을 목격한 주민들도 군대를 도울 생각을 하지 않았다. 그들에게는 우리 군대라는 생각이 없었고, 자신에게 위험이 닥쳐 도망치기 직전까지 전투는 남의 일이었다. 몇 백 미터 떨어진 곳에서 전투가 벌어질 때에도 주민들은 일상생활을 계속했다. 쩐쟝 교외의 어느 마을에서는 전투가 치열하게 전개될 때 사람들이 평소와 같이 물건을 사고팔았으며, 쿨리들이 한구석에서 밥을 먹고 있었다고 했다. 성벽에서 전투가 진행 중일 때 근처 언덕에는 구경하는 인파가 가득했다. 그러다가 팔기군이 시내로 후퇴하자 그들 주둔 구역으로 몰려가서 가족을 죽이고 약탈을 해서 복수한 사람들도 있었다. 시가지를 태운 불길이 영국군이 아닌 약탈자들의 소행이었다는 소문도 돌았다.

　쩐쟝 점령 후 함대는 더 이상 전진하지 않고, 군함 일부를 상하이와 우쑹 쪽으로 내려보냈다. 쩐쟝과 난징 사이에는 방어선이 거의 없었지만 사령부는 난징을 공격하기보다 상하이에서 쩐쟝까지의 운하를 봉쇄하는 쪽을 택했다. 마주치는 배를 모조리 나포하고 육상부대가 강변 마을을 약탈했다. 이번 봉쇄는 곡물과 소금 등 필수품 운송을 마비시켜 베이징을 압박하는 것이 목표였다. 고프 장군이 곡물 운송선은 제외하자고 했지만 파커와 포틴저가 느슨한 조치를 취하면 중국 측이 지연 작전을 쓸 우려가 있다고 주장하며 동의하지 않았다. 그러자 운하를 통해 필수품을 조달하는 도시와 마을에서 난리가 났다. 이곳 사람들은 점령군에 맞서 싸울 수단이 없으니 돈으로 해결하자고 나섰다. 특히 염상鹽商의 도시 양조우揚州(양저우)는 영국군이 공격하지 않는 대가로 돈을 내겠다고 제안했다. 사령부가 협상 대표로 보낸 통역관 모리슨이 은 60만 냥을 요구했지만 염상들은 끈질기게 버티면서 협상을 질질 끌었고, 결국에는 절반으로 깎는 데 성공했다. 관청의 공금이 아니라 염상들이 염출해서 내놓은 돈 덕택에 양조우와 주변 마을은 공격 대상에서 제외되었다.

사실 이 협상은 영국군이 처한 곤경 덕분에 가능했다. 그것은 모든 선박에 만연한 질병 때문이었다. 가장 더운 여름철에 강을 거슬러 올라가면서 군함과 수송선에 환자가 무더기로 생겼다. 육상부대는 상륙해서 깨끗한 물과 신선한 식품을 얻을 수 있었지만 해군은 그렇지 못했다. 선박마다 쥐가 들끓고 식량이 썩으면서 악취가 진동했다. 설사와 이질, 말라리아를 앓는 병사가 많았고, 콜레라가 의심되는 병사들도 있었다. 어떤 수송선 한 척은 선장과 사관, 선원이 모두 죽고 3명만 살아 있을 정도였다. 이런 상황에서 함대가 난징까지 수로를 거슬러 올라가는 것은 불가능해 보였다. 사령부는 기동 가능한 군함을 수로 봉쇄에 동원하면서 수송선은 닻을 내린 채 떠 있도록 하고, 질병 감염을 예방하기 위해 육상부대를 강변에서 숙영하도록 했다.

다시 협상으로: 난징조약

쩐쟝의 함락 소식은 초특급으로 나흘 만에 베이징에 도착했고, 조정은 크게 흔들렸다. 황제는 그제야 무역이 아니라 왕조의 붕괴를 걱정해야 할 처지에 놓였음을 깨달았다. 그런 조짐은 황제가 연안 지역 총독에게 영국이 어떤 나라이며 어떻게 스무 살 처녀가 국왕으로 앉아 다스릴 수 있는지 등의 질문을 쏟아 내던 5월 초부터 나타났다. 지난 3년간의 전쟁으로 두통거리가 된 적군에 대해 그제야 정확한 정보를 얻으라고 독촉하는 황제의 모습은 처량하기까지 했다. 치잉에게는 어떤 대가를 치르더라도 오랑캐가 더 들어오는 것을 막으라고 지시를 내렸다. 그것은 협상과 양보를 의미했다.[12] 사실 현장의 지휘부는 이런 지시가 오기 훨씬 이전부터 양보를 전제한 협상을 시도하면서 그해 2월부터 포틴저와 간헐적으로 편지를 주고받았지만 포틴저가 중국 측에서 자신처럼 전권대사가 나와야 협상하겠다는 입장을 굽히지 않아 협상을 시작하지 못하고 있었다. 그러다가 영국군의 공세가 강화된 5월 이래 협상이 급물살을 탔다. 이리뿌가 1840년 베이허에서 치산과 협상하고 남하하던 엘리엇을 만날 때 파견했던 천즈깡을 연락관으로 보냈고, 영국군이 이에 화답해 6월부터 8월 사이에는 편지 왕래가 잦아졌다. 편지 전달이 쉬운 일은 아니었다. 6월에 영국군 포로를 석방하며 딸려 보낸 편지가 도착했을 때는 자푸가 시체로 뒤덮이고 영국군이 우쏭 공격을 위해 떠나 버린 후였다. 이리뿌가 포로들을 쩐하이로 보냈지만 역시 영국 함대를 만나지 못했고, 이징도 우쏭 함락 후 뉴지엔을 보냈지만 영국군이 상하이로 간 후여서 또 만나지 못했다. 이렇게 상대방을 만나지 못하고 허둥대기를 거듭하던 지휘부는 마침내 귀츨라프를 만나 협상 의사를 전달했다. 그러나 포틴저는 냉담했다. 그는 하급 관원이 심부름꾼으로 와서 전하는 편지를 믿고 협상을 시작할 수 없다는 입장을 굽히지 않았다.

중국 측 지휘부는 절차 문제에 부딪혀 오도 가도 못했다. 그들에게는 전권을 위임한다는 개념이 없을 뿐만 아니라 고위 관리가 오랑캐와 직접 협상한 전례가 없었다. 그래도 오랑캐를 만난 경험이 있는 이리뿌가 조금 더 적

---

12 茅海建, 『天朝的崩潰』, 429~30쪽.

극적이었다. 오랑캐도 친밀한 관계를 맺으면 태도를 바꾼다고 생각해서 아직 넘겨주지 못한 영국군 포로를 상하이 북쪽에 있는 영국군 사령부까지 데려다 주면서 영국인 병사에게는 30냥, 인도인 병사에게는 15냥씩 위로금을 전달했다. 그 정도로 포틴저가 입장을 바꾸지는 않아서 중국 측 지휘부가 이러지도 저러지도 못하는 사이에 또 쩐장이 폐허로 변했다. 협상을 맡을 인물이 절실하게 필요한 이리뿌는 티엔진에 있는 장시를 불렀지만 그는 병을 핑계로 오지 않았다. 이리뿌는 계속 편지를 보냈고, 6월에는 애걸 반, 협박 반의 편지를 보낼 정도가 되었다. 장시는 7월에야 티엔진을 떠나 협상 전면에 나섰다.

7월 하순에 영국 함대가 아무런 저항도 받지 않고 다시 강을 거슬러 올라갔다. 기함 콘월리스호가 난징의 성벽이 바라보이는 곳에 닻을 내린 것은 우쏭 출발 후 30일이 지나서였고 마지막 수송선이 합류한 것은 36일째 되던 날이었다. 함대는 8월 5일에 난징의 성벽이 바라보이는 강변에 정렬하고 포격 위치를 잡았다. 치잉과 이리뿌는 난징에서 한참 떨어진 우시武錫에서 오랑캐가 이틀 후 포격을 시작한다는 소식을 들었다. 이리뿌는 장시에게 오품관五品官의 관복을 입혀 난징으로 급파했다. 장시는 배를 타고 떠나서 말로 갈아탔다가 마지막에는 걸어서 이틀 만에 난징에 도착했다. 그사이 난징의 관리들이 고기, 차, 비단과 은을 보내면서 요령 있게 오랑캐를 다독거렸고, 영국군도 후속 부대를 기다리느라고 포격하지 않았다. 장시보다 하루 늦게 난징에 도착한 이리뿌는 장시를 보내 포틴저와 만나게 했다. 포틴저는 콘월리스호에서 통역관 귀츨라프, 모리슨과 함께 장시를 만났다. 이 만남은 처음부터 삐끗댔다. 포틴저가 파머스턴의 친서와 자신이 상하이에서 반포한 포고문의 내용을 언급했지만 이리뿌의 개인 집사에 불과한 장시가 그런 것을 알 턱이 없었다. 통역관들이 인내심을 발휘해서 내용을 설명하자 장시는 화를 내며 바닥에 침을 뱉고 소리를 질렀고, 자신이 장군이라면 오랑캐를 모두 잡아서 천 번 만 번 찢어 죽이겠다고 큰소리쳤다. 장시의 계급을 모르는 통역관들은 그 발작에 가까운 반응을 포틴저에게 그대로 전달하지는 않았다. 포틴저는 점잖다고 알려진 이리뿌의 특사였기 때문에 이야기를 계속했지만 진전은 없었다. 저녁이 되어 장시가 떠날 때 포틴저는 당분간 포격하지 않는 대가로 300만 달러를 요구했다. 그 액수는 앞서 뉴지엔에게 요구했던 액수가 10배로 불어난 것이었다. 이리뿌에게 돌아온 장시는 극렬한 주전파로 변해서 시간을 끌다가 화공으로 기습하자고 주장했다. 이것은 새로운 이야기가 아니었다. 그는 포틴저에게도 화공으로 으름장을 놓았기 때문에 그가 돌아간 후 함대에 경계령이 떨어져 있었다.

다음 날 이리뿌는 자신의 권한을 설명하는 문서를 보냈지만 포틴저는 전권 위임 문서가 아니라며 돌려보냈다. 함대는 난징 성벽에 더 다가가서 포격 위치를 잡았고, 육상 병력 1개 여단이 상륙해서 동쪽 성벽으로 전진하는 동안 포병대가 성벽을 향해 곡사포를 설치했다. 8월 10일 자정에 영국군 사령부가 다음 날 새벽에 포격을 개시한다는 최후통첩을 보냈다. 중국 측은 난징이 너무 가난해서 그렇게 많은 배상금을 낼 수 없다는 애걸에 가까운 편지로 응수했다. 영국군도 당장 포격할 태세는 아니었다. 난징은 다른 도시와는 비교할 수 없이 큰 성이어서 대형 야포가 도착하기 전에는 섣불리 움직이기 어려웠다. 또 인도에서 갓 도착한 마드라스 기병연대의 말이 도착하지 않아 공격력이 부족하다고 생각했다. 그것은 오해였다. 난징의 수비 병력은 2,800명 정도에 지나지 않았고 대포는 열악하기 짝이 없었다. 영국군이 공격했다면 난징은 순식간에 처참하게 무너질 상황이었다.

8월 11일 새벽까지 난징은 극도의 긴장 상태에 빠져 있었다. 그날 새벽 이리뿌는 장시를 보내 300만 달러 지불과 추가 개항, 대등한 국가 간 관계 설정 등의 요구조건을 수락하겠다고 알렸다. 포틴저는 다음 날 양측이 협상을 통해 구체적인 사항을 논의하자고 했다. 8월 12일에 포틴저의 부관이 난징 교외의 불사佛寺에서 장시와 마주 앉았다. 이날 협상은 영국 측 초안의 전달로 마무리했다. 이 초안에서 영국 측은 ① 린쩌쉬가 몰수한 아편 대금과 홍상의 부채, 전쟁 비용 등을 합쳐 2,100만 달러를 배상금으로 지불할 것이며, ② 홍콩을 할양하고, ③ 광조우, 샤먼, 닝뽀, 푸조우, 상하이를 개항하며, ④ 영사관을 개설하고 양국 관리가 대등한 관계로 교섭하며, ⑤ 관세율을 표준화하고, ⑥ 한간으로 지목되어 투옥된 사람들을 석방하라고 요구했다. 중국 측 협상대표가 황제로부터 전권을 위임받았다는 문서를 제시하는 동시에 협정서에 국새國璽를 찍어야 한다는 항목도 있었다. 포틴저는 이 문서가 접수된 후 24시간 내에 회답하라고 압박했다.

그날 오후에야 난징에 도착한 치잉은 황제가 이런 협정을 재가할 리가 없다고 참모들을 나무라면서 지연 전술을 쓰자고 했다. 그런데 여기에서 코미디와 같은 상황이 벌어졌다. 치잉은 포틴저에게서 온 초안을 읽어 보지도 않았다. 구두로 설명하는 내용을 들은 후 치잉은 초안을 막료에게 넘겼고, 막료들은 잡다한 문서들 사이에 적당히 쑤셔 넣었다. 장시는 오랑캐가 애초에 3,000만 달러를 요구했지만 자신이 2,100만 달러로 깎았다고 거드름을 피웠다(영국 측 기록에는 전혀 언급이 없다.). 그런데 이리뿌가 갑자기 호전적으로 변했다. 그는 관세율 표준화와 홍상의 부채 상환은 받아들일 수 있지만 전쟁 배상금은 한 푼도 주면 안 된다고 주장했다. 황제의 위임장이나 협정서에 국새를 찍는다는 것도 생각할 수 없는 일이라고 했다. 그래서 지휘부 내의 논의는 정체 상태에 빠졌다. 다음 날 포틴저의 부관이 다시 장시와 마주 앉아 위임장을 가지고 왔느냐고 묻자, 장시는 조정에서 보낸 위임장이 아직 도착하지 않았다고 둘러댔다. 부관은 초안에 대한 중국 측의 반응을 물었고 내놓을 것이 없는 장시는 베이징에 초안을 보내 황제의 허락을 받아야 한다고 대답했다. 협상이 소득 없이 끝나자 포틴저는 속았다고 화를 냈고, 고프는 다음 날 새벽에 공격하겠다고 통첩을 보냈다. 치잉과 이리뿌는 경악했다. 그들은 황급히 협정서 초안을 다시 검토하기로 했지만 정작 담당 막료가 그 문서를 어디에 뒀는지 몰라 허둥지둥 사방을 뒤졌다. 한참 지나서 문서를 찾아오자 치잉은 처음으로 그 문서를 읽었다.

이런 코미디가 벌어진 후 상황은 완전히 기울었다. 이리뿌가 끝까지 싸우겠다고 열을 올렸지만 편들어 주는 사람은 없었다. 치잉은 모든 조건을 수락하며, 황제에게 초특급 전령을 보내 재가를 받은 후 협정서에 조인하겠다는 문서를 작성해서 공격 3시간 전에 장시를 급파했다.[13] 동시에 황제에게는 오랑캐가 고지에 대포를 설치하고 언제든 공격할 태세라는 보고와 함께 초안의 사본을 보냈다. 그것은 황제가 오락가락하지 않도록 못박기 위한 전략적 거짓말이었다. 사흘도 걸리지 않아 보고를 받은 황제는 다른 도리 없이 협정서를 재가했지만 그것은 형식적 절차에 불과했다. 영국군이 공격하겠다고 통고한 8월 14일 오후 이미 양측이 협정서에 조인하고 각각 황제와 국왕의 재가를 받은 비준서를 교환하기로 결정했기 때문이다.

그날 오후 협상은 중국의 중간급 관리들과 영국군 장교들이 진행했다. 양측이 마주 앉자 관리 한 명이 황제의 칙서가 담긴 상자를 들고 한없이 경건한 걸음걸이로 협상장에 들어섰다. 상자 속에는 치잉에게 전권을 위임한다는 문서가 들어 있었으나 이 문서는 위조된 것이었다고 한다. 중국 제도에는 이런 위임장이 아예 없으며, 그 문서는 전날 밤에 치잉과 이리뿌의 지시로 부랴부랴 만든 것이었다. 영국군 장교들이 황제의 가짜 도장을 찍은 위

---

13 장시가 이런 중책을 맡았던 데에는 고위 관리들이 정상적인 절차를 거치기보다 가신家臣을 더 신임하는 정치문화가 작용한 결과였다. 장시는 난징의 협상 과정에서 겪은 일을 일기로 적었고, 그 수고본手稿本이 1936년에 『무이일기撫夷日記』라는 제목으로 베이징의 문전각서장文殿閣書莊에서 출판되었다. 서구의 학자들은 그의 일기가 당시 관료사회의 일상생활과 난징조약 체결 과정에서의 비화를 담고 있는 중요한 자료지만, 과장이 심하고 영국 측 자료에 전혀 없는 내용이 많아서 완전히 신뢰하기는 어렵다고 본다. Lovell, *The Opium War*, pp.230~231.

임장을 세밀히 검토할 때 중국 측 관리들은 들킬까 봐 안절부절했다. 이런 사정을 모르는 장교들은 위임장을 접수하고 빅토리아 여왕의 관인이 찍힌 위임장을 제시했다. 위임장 문제가 해결되자 협정서 초안을 영어와 중국어로 작성해서 세부 사항에 대한 논의를 계속하기로 했다. 이때부터 협상장의 분위기가 화기애애하게 바뀌었다. 중국 관리들은 전쟁이 끝났다고 안도하면서 다루기 힘든 오랑캐를 돈으로 다독거리는 것은 오랜 전통이라고 스스로를 합리화했다.

이날 이후로 협상은 한쪽에서 적대감 해소를 위한 의례를 거행하면서 다른 쪽에서는 구체적인 논의를 진행했다. 포틴저가 8월 17일에 전투 금지 명령을 발표했고, 중국 측에서는 8월 19일에 치잉, 이리뿌, 뉴지엔이 관리들을 인솔하고 콘윌리스호를 방문했다. 그것은 치산과 엘리엇이 베이허에서 마주 앉은 후 처음으로 양측 지휘부가 얼굴을 맞대는 자리였다. 중국 측 관리들은 콘윌리스호의 내부를 시찰하고 차와 술을 대접받았다. 도중에 빅토리아 여왕의 초상화를 발견하자 관리들 전원이 바닥에 꿇어앉아 절을 했다. 치잉은 별말 없이 시무룩했고 고령의 이리뿌도 힘들어 했지만, 뉴지엔은 장교들이 부어 주는 브랜디를 여러 잔 마시며 즐거워했다. 며칠 후에는 영국군 지휘부가 치잉이 베푼 연회에 참석했다. 포틴저는 치잉이 제공한 으리으리한 가마를 타고 입장했으며 닝뽀에서 포로 생활을 했던 안스트루더 대위가 이리뿌와 반갑게 악수하는 장면도 연출되었다. 장교들은 끝없이 들어오는 요리를 다 먹지 못해 거의 고문을 받는 것 같았다. 며칠 후에는 포틴저가 난징성으로 들어가 치잉과 이리뿌를 만났다. 이날 세 사람은 장시간에 걸쳐 아편에 대해 이야기를 나누었다. 치잉이 어째서 영국이 아편을 금지하지 않는지 물었을 때 포틴저의 답은 아편 상인들의 논리와 다르지 않았다. "아편은 인도에서만 생산하는 게 아니기 때문에 영국이 아편을 금지한다 해도 다른 나라의 아편이 계속 흘러들어올 것이다. 아편 문제는 결국 중국 정부와 주민의 의지에 달린 것이지, 영국 정부의 문제가 아니다. 중국인이 선량하다면 아편의 유혹을 떨쳐 낼 수 있으며, 관리들이 청렴하다면 단속을 엄하게 해서 유통을 막을 수 있다. 그러나 두 가지 요건이 모두 충족되지 않은 상태에서는 차라리 아편을 합법화해서 세금을 물리면 재정 확대에 도움이 된다."는 것이었다. 그러나 치잉은 백성들에게 해독을 끼치는 아편을 합법화해서 세금을 거두는 것이 비도덕적 행위이기 때문에 받아들일 수 없다는 입장을 견지했다. 포틴저도 영국에서의 도덕성 논란을 의식해서 아편 합법화를 밀어붙일 생각이 없었다. 다른 한편에서 진행된 실무협상은 그다지 화기애애하지 않았다. 8월 19일에 모리슨이 초안의 중국어 번역본을 내밀었다. 그러나 중국 측은 오랑캐의 즉각적인 퇴거가 보장되지 않는 한 협정에 동의할 수 없다고 맞섰고, 결국 영국 측이 퇴거를 약속하는 조항을 삽입했다.

그 와중에도 치잉은 황제와 오랑캐 사이에서 줄다리기를 해야 했다. 황제는 아직도 현장 상황과 동떨어진 지시를 내렸다. 8월 중순에는 흠차대신이 오랑캐 두목을 직접 만나서는 안 된다고 했고, 얼마 후에는 개항 대상에서 푸조우를 취엔조우로 바꾸고 개항하더라도 오랑캐가 영구히 거주할 수는 없게 하라고 지시했다. 또 협정서에 국새 대신 흠차대신의 관방을 찍으라고 했다. 이런 지시는 하나도 먹히지 않았다. 하루빨리 협정을 마무리하고 싶어 하는 관리들 중 누구도 그런 지시 사항을 관철하려는 사람이 없었다. 치잉과 이리뿌도 언제 황제가 변덕을 부려 강경 노선으로 돌아설지 모르기 때문에 그런 지시를 무시하면서 협상을 밀어붙였다. 그들은 사실 협정의 구체적인 내용에 큰 관심이 없었다. 하루빨리 이곳을 떠나고 싶었고, 협정 내용보다 협정문을 황제의 체면을 살리는 문안으로 채우는 데 더 집중했다. 치잉은 각종 미사여구를 동원해 황제를 다독거렸다. 오랑캐가 무역에만 관심이 있어서 협상 과정에서 매우 양순하고 복종하는 태도를 취했다고 하면서 홍콩 할양, 배상금, 꽁홍 폐지는 아예 언급하지도 않았다. 황제는 마지막까지 저항하다가 결국에는 손들고 말았다. 그리고는 2,100만 달러의 배상금을 어떻게 마련할까에 대해 궁리하기 시작했다. 그 액수는 연간 세수의 절반이나 되는 어마어마한 액수였다.

마침내 13개조로 구성된 협정서의 최종안이 확정되었다. 중국 측이 몰수한 아편 대금으로 600만 달러, 홍상의 부채 상환용으로 400만 달러, 영국군의 전쟁 비용으로 1,100만 달러, 모두 합해서 2,100만 달러를 지불하기로 했다. 영국 측이 요구한 5개 항구를 개방해 영국인의 영구적 거주와 무역활동을 허용하고, 항구마다 영사관을 개설해서 영사재판권을 부여하며, 꽁홍 제도를 폐지하고 추후 협의를 통해 합리적인 관세제도를 마련하기로 했다. 중국과 영국은 대등한 외교관계를 수립하고, 홍콩을 영국에 양도하며 조우산과 꾸랑위는 배상금 지불이 완료되는 즉시 반환하고, 영국 함대는 첫 번째 600만 달러의 지불이 완료되면 철수하기로 했다. 아편이라는 단어는 아편 대금 이외에는 전혀 거론하지 않았다. 그것은 아편 합법화를 거부하는 황제의 강경한 입장과 '아편전쟁'이라는 단어에 대한 영국 정부의 거부감이 맞아떨어진 결과였다. 협정서는 영문과 중문으로 작성했는데, 상호 양해를 전제로 약간씩 표현을 다르게 한 곳이 있었다. 중문 협정문에서는 황제의 체면을 살리기 위해 모든 항목을 황제가 허가하는 사항으로 만들었기 때문이다. 황제가 영국 측에 배상금 지불을 허가했고, 또 개항과 영사관 설치 및 외국인 거주를 허락했으며, 홍콩에 대해서는 먼 거리를 항해한 유럽 선박이 수리할 필요가 있으므로 그런 목적을 위해 영국이 영구히 관리하도록 허락했다고 했다. 영사재판권과 아편 거래 묵인에 대해서는 중국의 전례가 있었기 때문에 중국 측의 반대가 심하지 않았다. 신쟝 접경의 코칸트Kokand에서 아편 단속으로 인한 갈등이 벌어졌을 때 아편을 거래하는 코칸트 상인을 단속하지 않는다는 합의가 중국과 코칸트 사이에 맺어진 일이 있었기 때문이다. 합의 이후에 관원들은 중국 경내에서 한족 상인만 단속했

고, 적발된 코칸트 상인은 코칸트 당국에서 처벌하도록 조치했다.[14]

8월 27일에 황제가 협정문을 재가했다. 그러나 이리뿌가 앓아누워서 조인 날짜가 이틀 늦추어졌다. 8월 29일에 중국 대표단이 콘윌리스호에 올랐다. 중국 관리들과 영국군 장교들이 좁은 선실에서 서로 몸을 비비면서 도열한 가운데 비단 네 폭에 쓰인 협정문이 펼쳐졌다. 영국 측에서 포틴저의 도장을 찍었고, 중국 측에서도 치잉의 도장을 찍었다. 다음에는 포틴저가 서명하고 치잉, 이리뿌, 뉴지엔이 함께 서명했다. 조인이 끝나자 영국 측이 점심식사를 대접했다. 기함의 주 돛대에 영국 국기가, 보조 돛대에 중국의 황색기가 올라가고 예포 21발을 발사하면서 조인식이 끝났다. 조인식에는 1841년에 도착한 프랑스 전함의 함장도 참석해서 모든 절차를 지켜봤다.

전쟁은 이렇게 막을 내렸다. 18세기 후반부터 광조우 무역체제에 유럽인의 불만이 쌓이다가 네이피어 사건으로 국가 간 갈등이 일어나고, 린쩌쉬의 아편 소각과 영국인 추방으로 급격히 폭발해 버린 전쟁이었다. 중국은 3만명 가까운 인명 피해를 봤고 영국군도 2,000명 가까이 목숨을 잃었다. 그러나 일방적으로 공격한 영국군이 전투에서 입은 인명 손실은 전체의 1/3 밖에 되지 않았고, 나머지는 질병과 난파로 인한 사망자였다. 반면 중국의 인명 피해는 대부분 전투에서 발생했다. 우쏭, 자푸, 쩐쟝의 전투에서 많은 병사들이 영국군의 월등한 화력을 이기지 못하고 전사했다. 비극적인 것은 민간인 인명 피해가 컸으며, 특히 그중 상당수가 영국군이 아닌 중국군에 의해 한간으로 몰려 죽었다는 점이다. 점령지의 재산 피해도 엄청났다. 닝뽀와 상하이에서는 영국군이 조직적으로 약탈을 벌였고, 중국인 약탈자들의 가세로 피해가 더욱 커졌다.

협정서 서명으로 모든 것이 끝나지는 않았다. 난징의 관리들이 황제의 비

14 Bello, *Opium and the Limits of Empire*, pp.204~208.

준을 받기 위해 협정서를 베이징에 보냈고, 영국 원정대도 빅토리아 여왕의 서명을 받기 위해 협정서를 런던으로 보냈다. 영국 함대는 배상금의 첫 번째 지불액 600만 달러를 받을 때까지 닻을 내린 채 기다렸다. 이 기간 고프 장군은 병사들에게 외출 금지 명령을 내렸다. 주민들과의 마찰보다 질병에 대한 걱정이 더 커서였다. 그러나 시간이 갈수록 환자는 더 늘어났고, 더 기다릴 수 없다고 판단한 파커 제독이 지불 완료 이전에 출항 명령을 내렸다. 강을 따라 내려가는 군함과 수송선단은 떠 있는 관槨으로 변했다. 질병의 정도는 배에 따라 달라서 육상부대가 탄 전함은 지옥이나 다름없었다. 함대가 강을 따라 내려가는 며칠 사이에도 많은 병사와 선원들이 목숨을 잃었고, 바다로 나왔을 때는 사망자가 훨씬 늘어났다. 꾸랑위의 수비대도 마찬가지여서, 그해 8월 중순에 병력의 반 이상이 환자 신세였다. 홍콩에서도 연례적인 홍콩 독감이 기승을 부려 많은 사람이 죽었다.

승리한 영국군이 질병으로 죽어갈 때 난징의 병사들에게는 안도와 기쁨이 찾아왔다. 외지에서 온 병사들은 기쁨에 젖어 귀환을 서둘렀다. 대부분 싸움 한 번 하지 않았던 병사들은 무수한 전설을 만들어 냈다. 오랑캐들을 조각내서 죽였다거나 혼자서 전함을 침몰시켰다고 자랑을 늘어놓은 병사들이 많았다. 많은 사람들이 그런 이야기를 사실로 믿었고, 베이징의 학자들 중에도 그런 이야기를 전하는 사람이 있었다. 그렇지만 황제와 조정 대신들은 그런 분위기에 휩싸이지 못했다. 9월 6일에 협정문을 받은 황제는 "그대들이 나를 추락시키고, 나라를 추락시켰다."고 하면서 비통해했다. 황제는 분노를 달래기 위해 희생양을 찾았고, 결국 뉴지엔을 저쟝의 방비를 허술히 했다는 죄목으로 투옥했다. 현장에서도 분위기의 차이가 있었다. 치잉은 영국 함대가 난징을 떠나자 그렇게 어렵던 일을 쉽게 풀어서 수백만의 목숨을 구했다고 자화자찬했다. 반면 이리뿌는 재앙의 씨앗이 뿌려져서 앞으로 독이 끊임없이 흐를 것이라고 예언했다.

뒷이야기

　　그해 여름부터 조우산 해역은 아편을 사러 온 배로 넘쳐났다. 브로커들이 관원의 단속을 무시하고 공개적으로 아편을 실어 갔다. 황푸에도 1820년대에 자취를 감췄던 아편 운반선이 정박하고 아편을 합법적인 상품처럼 거래했다. 그렇지만 광조우의 분위기는 평화롭지 않았다. 10월에 상선 선장들이 규칙을 무시하고 부인들을 상관에 데리고 오자 군중이 폭동을 일으켜 영국관을 습격해서 국기를 불태우고 미국관을 습격했다. 일부 상인이 총을 쏴서 5명이 죽고 광조우 당국이 군대를 급파했지만 군중은 물러서지 않았다. 군중에게 조약은 딴 나라 일이었다. 영국 함대가 아직 홍콩에 있었지만 고프 장군은 이 사건을 새로운 분쟁의 빌미로 삼지 않았다.

　　포틴저가 신축한 총독 관저에 앉아 바라보는 가운데 영국 함대가 12월 20일에 각각의 목적지를 향해 홍콩을 출항했다. 다오광황제가 비준한 협정서가 증기선 오클랜드호 편으로 런던에 도착한 것은 그해의 마지막 날이었

고, 협정서에 영국의 국새를 찍음으로써 모든 절차가 마무리되었다. 그 전
부터 언론은 환호했다. 전쟁은 영웅적 승리로 귀결되었고, 전쟁 결과는 양
국 모두에게 유리한 것으로 포장되었다. 그렇지만 영국인의 반응은 다양했
다. 일반인은 런던 항구에 전시된 정크와 전리품을 보며 중국에 대한 경멸
감을 키웠다. 지식계의 많은 사람들이 이 전쟁을 휘그당이 일으킨 불명예스
러운 전쟁이라고 생각했다. 그들은 비유럽 지역을 정복하면서 기독교의 우
월성에 대한 자긍심을 지녔지만 이번 전쟁은 정부가 마약을 팔기 위해 벌인
전쟁이라면서 불편해했다. 그러나 이 전쟁을 정당화하는 목소리도 높았다.
일부 학자와 상인, 선교사, 외교관들은 이 전쟁이 변화를 수용하지 않는 잔
인하고 비열한 중국인을 징벌한 전쟁이라고 주장했다. 그들은 이 전쟁이 아
직 완전히 끝난 것이 아니며, 앞으로도 필요하다면 한 차례 더 전쟁을 치
를 각오를 해야 한다고 목소리를 높였다. 배상금으로 받은 은을 실은 군함
이 도착하자 언론이 이를 대서특필했고 많은 사람들이 부두에 몰려와 구경
했다. 은의 도착을 가장 반가워한 사람은 토리당 내각의 필 수상이었다. 수
상이 되면서 휘그당 내각이 쌓아 온 적자를 물려받은 그에게 배상금은 가뭄
끝의 소나기였다. 내각은 배상금으로 4년 만에 적자에서 탈출했다. 그러나
몰수된 아편 대금을 기다려 온 상인들은 아직 한참을 더 기다려야 했다. 지
난 3년 동안 상인들의 끈질긴 로비에 시달리면서도 지불을 거부했던 정부는
이번에도 최대한 시간을 끌었다. 결국 아편 대금 지급을 시작한 것은 1843
년 4월이나 되어서였다. 아편 상인들이 엘리엇으로부터 발급받은 후 주인
이 무수하게 바뀌면서 유통되어 온 영수증 소유자들은 한 상자에 300달러
씩 계산해서 대금을 수령했다. 가격이 낮다고 불평하는 사람도 있었지만 대
부분은 1839년 봄에 광조우에서 대폭락 사태가 일어났을 때의 가격을 생각
하면 괜찮은 편이라고 여겼다.

 광조우의 영국인들은 장밋빛 미래에 대한 기대로 들떠 있었다. 상인들은

큰돈을 벌 수 있다고 믿었고, 선교사들은 중국을 복음이 충만한 땅이 될 것이라고 생각했다. 아편 상인들은 더 큰 기대에 부풀었다. 단속이 거의 무의미해졌기 때문에 장사가 잘 될 것이라고 생각했다. 그러나 토리당 내각은 아편 수출에 부정적이었다. 야당 시절에 아편을 무기로 집권당을 깎아내렸던 필 수상은 인도 총독에게 아편 수출을 금지시키라고 요구했다가 강한 반발에 부딪혔다. 아편 수출로 인한 수입이 식민정부 연간 예산의 1/5을 차지하기 때문에 절대로 포기할 수 없다는 것이었다. 포틴저도 홍콩에 반입되는 아편에서 나오는 관세 수입이 상당했기 때문에 쉽게 포기하지 못했다. 포틴저는 반입 물품 목록에서 아편을 제외하는 제스처를 써서 내각의 요구를 피해 갔고, 내각은 아편 수출에 반대한다는 상징적 담화를 발표하고 슬그머니 물러섰다.

새로 개항한 상하이와 푸조우에서도 아편 거래가 활발해서 시장은 더욱 커졌다. 인도산 아편 반입량이 계속 늘어나 정점을 찍은 1860년대에는 연간 8만 상자에 달했다. 중국 정부는 1858년에 제2차 아편전쟁을 겪으면서 아편 합법화를 단행해서 수입뿐만 아니라 재배도 허용했다. 그러자 인도산 아편은 경쟁력을 잃어 갔다. 자딘-매더슨 상사는 이런 변화에 발 빠르게 대응했다. 1842년에 전쟁이 끝나고 아편 상인들이 기대에 부풀어 있을 때 이 회사는 아편 거래의 황금기가 지났다고 판단하여 일반 무역과 부동산업, 금융업으로 영역을 확장했다. 아편 거래를 부수적인 사업으로 격하시켰고, 1870년대에는 아편 거래에서 완전히 손을 씻었다.

유럽인들과 달리 중국인은 전쟁 이후 달라진 것이 별로 없었다. 영국의 우월한 무력을 경험했음에도 그들의 세계관은 변하지 않았다. 전쟁의 아픔이 수그러들 무렵에는 모든 것이 예전으로 돌아갔으며, 오랑캐에게 본질적인 양보를 한 것은 없다고 생각했다. 난징조약 비준 후 양측 관리들이 각 조항을 구체화하기 위한 협의에 들어갔지만 진전은 매우 더뎠다. 양측 실무대표들은 관세의 표준세율, 영사관의 개설과 권한, 외국인 거주 조건 등의 문제를 놓고 심각한 갈등을 벌였다. 영국 측 대표는 상대방이 조약의 정신을 이해하지 못한다고 투덜댔고, 중국 측 대표는 오랑캐가 거만하게 군다고 불평이었다. 여러 해를 끌면서 영국 측은 요구조건 대부분을 관철시켰지만 그들이 기대하던 환경은 만들어지지 않았다. 영국인은 여전히 이인夷人이었고 그들과 관련된 일은 이무夷務였다. 오랑캐들은 여전히 광조우와 상하이 성 안으로 들어가지 못하고 성 밖의 특정 구역에서 주민들과 격리된 상태로 살아야 했다. 변화가 있다면 예전에 동인도회사 대표위원회와 무역감독관이 맡았던 따이빤 역할을 영국 영사관이 넘겨받은 것이었다. 조정은 영국의 거듭된 요구에도 불구하고 협정문에서 명시하지 않았다는 이유로 대사관 개설을 거부했다. 베이징에 대사관이 개설된 것은 난징조약으로부터 20년이 지난 후였고, 그때도 대사가 고두지례를 올리지 않으면 황제를 알현하지 못했다. 고두지례를 거치지 않고 황제를 알현하는 것은 1870년대에 들어서야 가능해졌다. 영국인들은 이런 차별을 국가 간 대등한 관계 수립이라는 조항의 위반이라고 주장했고, 그것은 제2차 아편전쟁의 빌미가 되었다. 제2차 아편전쟁의 결과로 티엔진조약을 체결할 때 영국과 프랑스가 이인과 이무라는 명칭을 양인洋人과 양무洋務로 바꿀 것을 강력이 요구한 것도 이런 배경 때문이었다.

지속적인 갈등에는 경제적 이해관계도 걸려 있었다. 조약 체결 직후인 1843년에 흑자로 돌아섰던 영국의 무역수지는 1852년에 다시 적자로 돌아섰다. 영국인들이 차와 비단에 빠져 있는 반면 중국인들은 영국 상품을 선호하지 않았기 때문이지만, 영국인들은 이것이 내륙의 거대한 시장이 잠겨 있기 때문이라고 생각했다. 영국이 흑자를 유지하는 상품은 아편밖에 없었다. 아편은 당시 세계 경제를 떠받치는 3대 상품의 하나로 중국에서 아편 거래가 끊어지면 세계 경제가 붕괴할 수도 있었다. 영국 정부는 중국이 다시 강력한 아편 단속으로 돌아설지도 모른다는 불안감에 싸였고 휘그당 내각의 집권으로 수상 자리에 오른 파머스턴은 1857년의 애로호 사건을 핑계로 제2차 아편전쟁을 벌여 불안감을 해소했다.

패배의 주역들은 무거운 처벌을 받지 않았다. 1840년 가을에 흠차대신에서 파면된 린쩌쉬는 난징조약이 체결된 1842년에 신장에서 유배생활을 하고 있었다. 그는 1845년에 사면되어 다시 공직을 맡았고, 1850년에 지방의 반란을 진압하라는 명령을 받고 이동하다가 사망했다. 치산도 촨삐협약이 문제가 되어 흠차대신에서 파면된 후 국가를 배신하고 오랑캐에게 뇌물을 받았다는 죄목으로 막대한 재산의 몰수와 사형을 선고받았다. 그러나 황제는 오랜 친구인 치산을 죽음으로 몰지 않았다. 사형을 선고한 지 며칠 지나지 않아 슬그머니 유배형으로 감형했다. 치산은 아무르강 유역에서 2년간 유배생활을 하다가 1842년에 황제의 사면으로 복권되었다. 이후 그는 광조우를 제외한 여러 지역의 총독을 역임하다가 1854년에 편안히 숨을 거두었다. 이산과 이징도 마찬가지여서 패전 직후에는 견책을 받았지만 얼마후 복권되어 벼슬자리에 올랐다. 그러나 치산의 충복 노릇을 한 빠오펑의 운명은 달랐다. 그는 가장 천한 반역자로 몰려 혹독한 심문을 받은 후 처형되었다. 패배한 군사 지휘관들도 대부분 해임이나 강등 처분을 받았다. 책임을 지고 처형된 사람은 위뿌윈 장군뿐이었다.[1] 다오광황제는 난징조약비준 후 패배의 모든 원인이 자신에게 있다고 인정했다. 그는 30년에 걸친 재위 기간이 아편전쟁과 반란, 폭동으로 점철된, 고달픈 황제였다. 난징조약 후에도 황제는 계속되는 오랑캐의 압력에 시달려서 1843년에는 미국의 압력을 받아 몽하*望廈조약Mongha Treaty에 도장을 찍어야 했고, 다음 해에는 프랑스의 압력으로 황푸黃埔조약Huangpu Treaty을 비준해야 했다. 그는

---

1 茅海建, 『天朝的崩潰』, 375쪽.

태평천국의 난이 일어나던 1850년에 세상을 떠나면서 후손에게 엄청난 짐을 유산으로 남겼다. 영국뿐만 아니라 미국과 프랑스에도 최혜국대우를 인정하는 조약을 허용함으로써 중국이 열강의 먹잇감으로 전락한 것은 잘 알려져 있다. 1860년대에 들어서면 유럽 국가 대부분이 난징조약을 근거로 중국을 압박했고, 그로부터 100년 가까이 광조우만과 양쯔강 유역은 유럽 각국의 상선과 포함으로 북적거렸다.

　중국인들이 아편전쟁을 일으킨 천하의 악당으로 일컫는 찰스 엘리엇은 무역감독관에서 파면되어 귀국한 후 한동안 비난에 휩싸였다. 그러나 그는 동요하지 않고 사교활동에 활발히 참여했으며, 자신의 입장을 담은 팸플릿을 발간하기도 했다. 휘그당 내각 붕괴 후 토리당 내각은 그를 버리지 않았다. 엘리엇은 신생 텍사스 공화국의 공사 및 총영사로 임명되었다가 후에는 버뮤다, 트리니다드, 세인트헬레나의 총독을 역임하며, 비록 런던 사교계와는 멀어졌지만 편안하고도 풍족한 여생을 보냈다. 엘리엇을 파면했던 파머스턴은 휘그당이 재집권하자 1850년에 수상이 되었는데, 그는 전쟁을 할 팔자였던 모양이다. 외상으로 재직 중이던 1839년에는 중국에 원정대를 파견했고, 1850년대에는 크림반도에서 러시아와의 전쟁을 수행했으며, 1857년에는 제2차 아편전쟁을 일으켜 승리했다. 1865년에 사망한 그는 19세기의 가장 걸출한 영국 수상으로 알려졌다. 아편전쟁의 승리로 초대 홍콩 총독에 부임한 포틴저는 마드라스 총독으로 자리를 옮긴 후 빛을 보지 못했다. 반면에 육상부대를 지휘한 고프는 승승장구했다. 그는 인도 주둔군 총사령관으로 승진해서 이슬람 반군을 제압했으며 자작 작위를 받았다. 사망 후에는 더블린의 공원에 그를 기리는 동상이 세워졌는데, 그 동상에는 그가 중국에서 가져온 대포를 녹인 구리도 섞여 있었다고 한다.[2] 후먼 수로에서

---

2 Fay, *The Opium War 1840~1842*, pp.368~369.

맹활약을 했던 네메시스호는 철선답지 않게 단명했다. 난징조약 후 이 배는 포함 외교와 해적 소탕에 사용되다가 건조 20년이 지난 1854년에 폐선의 운명을 맞았다. 이 배는 캘커타 근처 강변에 버려져 녹슬어 가다가 사라졌다고 한다.[3] 아편 광풍의 주역을 담당했던 레드로버호도 오래 살아남지 못했다. 이 배는 1853년에 벵골 만에서 돌풍을 만나 사라졌다.[4]

아편 상인의 거두였고 홍콩 탄생의 계기를 마련했던 윌리엄 자딘은 승리의 기쁨을 만끽하지 못했다. 1839년에 귀국한 후 하원의원이 되어 파머스턴이 외상으로 재직하는 기간 내내 충실한 협조자 역할을 했지만, 종전 후 정부가 아편 대금을 지급하기 직전인 1843년 2월 59세로 세상을 떠났다. 결혼도 하지 않았던 그의 죽음은 세간의 관심을 끌지 못했다. 당시 선원들 사이에서는 아편으로 돈을 벌면 언젠가 불행을 맞이한다는 미신이 떠돌았고, 자딘이라는 이름은 이런 이야기에서 단골로 등장했다. 그러나 파트너였던 제임스 매더슨은 귀국 후 풍족하면서도 의미 있는 여생을 보냈다. 자딘의 의석을 물려받아 하원의원으로 활동했고, 일찌감치 구입한 부동산 가격이 폭등해서 영국에서 둘째가는 땅 부자가 되었다. 그는 아일랜드에서 감자 기근으로 많은 사람이 굶어 죽을 때 소작인들을 구휼한 공으로 귀족 작위를 받았다. 또 런던대학에 거액을 기부해서 중국학 석좌교수 자리를 만들어 제2차 아편전쟁에서 협상 대표단의 일원이었던 제임스 웨이드James Wade가 최초로 그 자리를 차지했다. 아편 상인에서 존경받는 신사로 변신한 매더슨은 1887년 91세로 세상을 떠났다. 자딘과 매더슨의 이름이 붙은 회사는 주인이 여러 차례 바뀌었지만 지금까지도 홍콩과 싱가포르에서 활발하게 움직이고 있다. 1990년대에 자딘-매더슨 그룹은 케스윅Keswick 가

---

3 이 이야기는 Marshall, Adrian G., *Nemesis the First Iron Warship and Her World*(Ridge Books, 2016)의 마지막 장에서 언급되었다고 하는데 필자는 이 책을 읽지 못했다.

4 Grace, *Opium and Empire*, p.120.

문이 대주주로 10개 회사로 구성되어 있었는데, 1994~1995년에 홍콩 증권시장에서 상장을 철회하고 싱가포르 증권시장에 상장했다. 19세기 초의 창설자가 광조우 당국에 맞섰던 것처럼 지금도 중화인민공화국 정부와 비우호적 관계인 이 그룹은 1997년의 홍콩 반환을 앞두고 중국에 우호적인 재벌 기업가 리카싱의 적대적 M&A를 피해 싱가포르 증권시장으로 옮긴 것으로 알려졌다.[5]

중국인의 아편에 대한 집착은 난징조약 체결 이후에 더욱 심해졌다. 제2차 아편전쟁 시기에 합법화된 후에는 흡연자가 더욱 늘어났으며 아편 생산과 유통이 거대한 산업을 형성했다. 아편굴도 엄청나게 늘어나서 1870년대 상하이에는 아편굴 수천 곳이 성업 중이었다. 아편 흡연이 사회적 활동의 하나로 자리 잡아서 모든 계층에서 생활화되었다. 부유층의 연회에서는 식사가 끝난 후 다 같이 아편을 피우는 것이 관례였다. 흡연 도구도 갈수록 사치스러워져서 부자들 사이에서는 누가 더 화려한 흡연 도구를 사용하는가의 경쟁이 벌어졌다. 어느 학자는 19세기 후반의 아편 흡연을 '맥도널드화McDonaldization'라고 표현하기도 했다.[6] 20세기 초 아편 흡연은 중국의 사회문화를 대표하는 풍속으로 자리 잡았고, 부유층에서는 애첩을 끼고 비스듬히 누워 함께 아편을 피우는 사진을 벽에 거는 것이 유행이었다. 1904년에 미국 세인트루이스에서 개최된 만국박람회의 중국 전시관에 대표적 공산품으로 아편 흡연 도구가 진열되었을 정도였다. 아편 흡연자의 통계는 1930년대에 처음 발표되었다. 1935년의 통계를 보면, 전체 인구 4억 7,900만 명 중에서 7.7%에 해당되는 3,700만 명이 아편 흡연자로 조사되었다. 아편 흡연자 대부분이 도시에 집중되어 있었으므로 도시 거주자의 10% 이

---

5 Caverhill & Chan, "Jardine Metheson Group's Delisting from the Stock Exchange of Hong Kong".

6 Zheng, *The Social Life of Opium in China*, pp.161~164.

상이 흡연자였고, 어린이를 제외하면 성인 4명 중 1명이 아편 흡연자였다는 것이다.

아편 재배도 활발해졌다. 합법화 이후 농민들이 수익이 높은 아편 경작으로 쏠리면서 1860년대부터는 자체 생산량이 수입량을 능가해 10년 후에는 시장을 완전히 장악했다. 이 무렵부터 아편은 중국 정치사에서 중요한 역할을 했다. 태평천국의 난을 평정한 리훙장李鴻章이 금지된 상품인 아편에 세금을 부과해서 군자금을 조달했고, 그 이후 아편은 재정 수입의 핵심이 되었다. 20세기에 들어와서도 군벌들은 아편 판매를 독점하거나, 아니면 아편 판매에 세금을 부과해서 군대를 유지했다. 쟝지에스蔣介石(장제스)와 마오쩌뚱毛澤東(마오쩌둥)도 다르지 않았다. 쟝지에스의 국민당 정부는 강력한 아편 통제정책을 써서 정치와 경제 모두에서 이익을 챙겼다. 국민당 정부는 상하이에 아편금지국을 설치했다. 그것은 표면적으로는 아편을 금지하기 위한 것으로 포장했지만 사실은 아편 판매를 독점하기 위한 것이었다. 아편금지국은 유통과 흡연의 허가권을 쥐고 있었는데, 민간 브로커에는 허가를 내주지 않고 쟝지에스 소유 회사에만 아편의 유통을 허가했다. 지방 정부도 마찬가지여서 경작지가 제일 많았던 쓰촨성은 아편에서 거두어들이는 세금으로 재정을 크게 확충했다. 일본도 19세기 말부터 아편 유통에 뛰어들었다. 일본 정부의 대리인들이 남만주에 아편전매회사를 차렸고 헤로인을 판매해 얻은 이익이 만주국 괴뢰정부 연간 세수의 1/6에 해당되었다고 전해진다. 중국 공산당도 마찬가지였다. 장정長征 기간에 홍군紅軍은 아편을 통제하고 유통시키면서 이동했다. 홍군의 이동 경로는 아편의 주요 경작지와 일치했으며, 장정 이후 근거지로 삼았던 옌안延安에서도 아편 재배가 활발했다. 홍군은 장정 기간과 옌안 시기 모두 그 지역에서 생산된 아편을 국민당과 일본군 점령 지역에 내다 팔아 자금을 조달했기 때문에 아편이 없었다면 홍군은 유지되지 못했을 것이다.[7] 마오쩌뚱은 1949년 이후 강력한 조치를 통해 아편을 근절하면서 공산당이 한때 아편에 손댄 것이 큰 과오 중의 하나였다고 인정했다.[8]

중화인민공화국 성립 후 중국은 마약청정국으로 알려져 왔다. 50그램 이상을 소지한 마약 사범은 내외국인을 가리지 않고 사형 선고를 받았고 실제로 형을 집행한 경우가 많았다. 그러나 개혁 개방 이후 중국 사회에 다시 마약의 유혹이 퍼졌다. 당국의 강력한 단속으로 확산 속도는 제한적이지만 도시 지역에서 마약이 은밀히 거래되고 있음이 분명하며, 전국적으로 마약 중독자가 200만 명이 넘는다는 추측도 있다. 그런 조짐이 다오광황제가 아편 소굴로 지목했던 광둥성에서 나타났다. 2013년에 선쩐深圳(선전)에서 멀지 않은 뽀서춘博社村에서 대규모 마약 소탕 작전이 전개되었다. 무장경찰 3,000명이 인구 14,000명의 작은 마을에 들어서서 레이팅雷霆 작전을 진행했다. 장갑차와 헬리콥터, 특공대까지 동원한 이 작전에서 마약 완제품 3톤과 원료 23톤이 적발되었다. 그 물량은 그해 중국 전역에서 적발한 마약 총량의 1/3에 해당되었고, 우리 돈으로 계산하면 5,000억 원어치나 되었다. 마을 주민의 20% 이상이 마약 제조와 유통에 관여했고, 지역 인민대표, 공산당 간부, 현지 경찰이 모두 연루되어 있음이 드러났다. 마약상들은 푸지엔과 저장에서 원료를 들여와 가공했고, 완제품은 보트를 이용해서 홍콩과 마카오로 반출해 중국 내륙으로 퍼져 나가서 전국적으로 유통되었다. 그것은 1830년대와 크게 다르지 않은 유통체계였다.[9]

이런 사건에도 불구하고 왕년의 전쟁터에 전쟁의 기억은 남아 있지 않다. 상관이 있었던 강변에는 수많은 고층 건물이 들어서서 밤이 되면 휘황찬란

7 Lovell, *The Opium War*, pp.323~327.
8 Zheng, *The Social Life of Opium in China*, pp.190~202.
9 국내에서는 『조선일보』가 2015년 1월 23일에 이 사건을 보도했다.

한 야경을 연출해 유람선을 탄 관광객의 시선을 압도한다. 강변의 거리에는 술집거리[酒吧街]가 들어서서 젊은이들과 관광객을 유혹한다. 상관의 흔적은 남아 있지 않고 근처에 조그만 박물관이 하나 있을 뿐이다. 다만 '썹쌈홍'이라는 명칭은 광조우의 대형 의류 도매시장에 붙여져 살아남았다. 영웅적인 봉기의 현장으로 각인되어 있는 싼위엔리 일대는 고층 아파트로 뒤덮였고, 전쟁의 기억은 아파트 사이에 덩그러니 서 있는 기념비로만 남아 있다. 엘리엇이 항해 가능한 수로를 찾기 위해 네메시스호를 타고 돌아다녔던 수로도 완전히 변했다. 꾸불거리던 수로는 반듯해졌고 곳곳을 매립해서 고층 빌딩이 들어섰다. 린쩌쉬가 몰수한 아편을 폐기했던 곳은 공원으로 변해서 저녁 무렵이면 태극권을 하는 사람들이 모여든다. 공원 복판에 서 있는 린쩌쉬의 동상이 이 사람들을 내려다보며 전쟁의 기억을 되새길 뿐이다.

3년에 걸쳐 전쟁이 벌어졌던 지역은 21세기에 대국굴기[大國崛起]의 현장으로 변모했다. 식민지 홍콩은 고도의 경제적 번영을 누렸으며, 중국에 반환된 후 자치구역으로 남아 선쩐과 광조우를 연결하는 경제발전의 핵심벨트를 이루고 있다. 2018년 11월에는 홍콩, 마카오, 주하이를 잇는 교량이 완공되어 엘리엇이 태풍으로 표류했던 지역을 자동차로 이동할 수 있게 되었다. 영국군이 동아시아에서 처음으로 국기를 게양했던 조우산도 크게 바뀌었다. 이 섬과 안스트루더 대위가 갇혀 있던 닝뽀를 연결하는 50킬로미터에 육박하는 해상 연륙교 건설 공사가 진행 중이다. 조우산 군도는 중국 유일의 해양개발구역으로 지정되어 컨테이너와 유류 제품의 환적기지가 되어 있다.

서구의 학자들은 아편전쟁의 결과를 중시하는 경향이 강하다. 이 전쟁으로 중국이 세계의 무역질서에 편입됨으로써 16세기 이래 진행된 세계화가 완성되었다는 것이 통설로 자리 잡고 있다. 반면 이 전쟁이 동서 문명 사이의 오해와 경제적인 탐욕 때문에 벌어졌다는 점에 대해서는 덜 주목한다.

역사를 되돌릴 수는 없지만 이 전쟁 이후에 벌어진 상황을 보면 영국의 전쟁 결정이 성급했다는 생각을 지울 수 없다. 이런 생각은 영국인들이 차 재배에 성공한 역사를 반추한 결과이다. 벵골 지역의 차 재배가 전쟁으로부터 불과 10여 년 후에 이루어졌으니, 만약 영국이 네이피어 사건에서 보여 준 인내심을 1838년에 다시 발휘했다면 아편전쟁이라는 비도덕적인 전쟁을 일으킨 당사국이라는 오명을 감수할 필요가 없었을 것이다. 물론 교통과 통신의 발달로 언젠가는 중국이 세계시장으로 끌려들어 왔겠지만 그것이 전쟁을 거치지 않고 이루어졌다면 역사가 다른 방향으로 전개되어 오늘날의 상황도 많이 달라졌을 것이다. 이런 점에서 볼 때 아편전쟁의 무수한 공범 중에서 가장 두드러지는 인물은 찰스 엘리엇이다. 몰수당할 아편을 영국 정부의 재산으로 이관시킨 것은 즉흥적인 조치였지만, 그로 인해 영국 정부가 그 전에는 생각해 본 적이 없는 전쟁에 끌려들어 갔다. 그것은 흔히 말하는 역사의 우연성이었다. 그가 마카오에서 느긋한 생활을 하루 이틀만 더 즐겼어도 이미 봉쇄된 상관에 들어갈 수 없었고, 그랬다면 린쩌쉬가 영국 정부의 재산을 몰수하는 일은 벌어지지 않았을 것이기 때문이다.

전쟁으로 중국을 열어젖힌 영국이 막대한 이익을 거둔 것은 분명하다. 다른 유럽 국가와 미국도 이에 편승해서 이익을 거두었다. 그것은 100년이라는, 역사에서 보면 길지 않은 기간에 거둔, 그래서 단기적인 이익이었다. 이 시기에 중국은 왕조국가의 굴레를 벗어나 근대국가로 변했고, 서구 지식인들은 서구 문명의 중국 역사에 대한 기여라고 자랑했다. 그러나 이 변화는 엄청난 희생과 비극을 수반했다. 중국 사회에서 서구는 침략자로 각인되어 강렬한 외국인 혐오증을 배태했다.[10] 서구 사회도 언젠가는 중국이 보복

---

10 Basu, "Chinese Xenology and the Opium War: Reflections on Sinocentrism", pp.928~930.

할지 모른다는 두려움에 휩싸였다.[11] 그래서 결과적으로 볼 때 아편전쟁 이후 서구는 중국을 상존하는 위협체로 만들었고, 그 우려는 21세기에 중국이 G2로 등장해서 현실이 되었다. 경제적 착취라는 눈앞의 달콤함 때문에 서구는 자신이 열어젖힌 중국이 어떤 괴물로 커 나갈지를 전혀 예상하지 못했다. 중국은 아편전쟁을 괴물로 성장하는 과정의 기점으로 삼아 그 아픈 기억을 증폭시키면서 철저히 활용했다.

21세기의 중국에서 아편전쟁은 객관적인 역사 탐구의 주제가 아니다. 그것은 역사학자가 더 깊이 들여다보는 것을 허용하지 않는 주제이다. 더 정확히 말하자면, 아편전쟁은 과거의 아픈 기억을 증폭시켜 중국인을 거대한 희생자 집단으로 만들어 결속을 강화하고 공산당의 집권을 정당화하는 정치적 슬로건으로 활용되고 있다. 그러나 처음부터 그랬던 것은 아니다. 애초에는 그리 큰 사건으로 치부되지 않았던 것이 100여 년에 걸쳐 변화하면서 선전구호로 변모했다. 이 변모하는 과정은 중국이 괴물로 성장하는 과정과 궤도를 같이한다. 전쟁을 직접 경험한 세대보다 180년이나 늦게 세상을 사는 세대가 그 아픔을 더 강하게 느끼는 것이 아편전쟁의 특수한 단면이다. 그것은 이 전쟁에 관한 관심의 방향과 수준이 시대에 따라 변한 정치적 풍향에 의해 결정되었기 때문이다.

19세기 후반 중국에서는 '아편전쟁'이라는 단어를 쓰지 않았다.[12] 지식인들은 이 전쟁을 경자년의 싸움[庚子之役](1840), 임인년의 수치[壬寅之恥](1842) 등으로 불렀다. 이 전쟁은 만주족 왕조의 마지막 세기를 괴롭힌 많고 많은 사건 가운데 하나에 불과했다. 당시에는 누구도 미래의 세대가 자신의 위치를 정립하는 데에 이 전쟁을 역사적 이정표로 사용할 것을 예상하지 못했

---

11 'Yellow Peril[黃禍]'이라고 부른 이 두려움 때문에 서구와 중국은 지금까지도 끊임없는 갈등을 겪고 있다는 것이 일부 학자의 견해이다. Lovell, *The Opium War*, Chapter 16.
12 '전쟁'이라는 단어는 19세기 말 일본인의 번역어가 중국에 소개된 후 쓰이기 시작했다.

다. 이 전쟁이 다른 사건으로부터 구별되어 각별한 의미를 부여받은 것은 1920년대였다. 군벌의 할거로 혼란스러웠던 시기에 아편 중독에 대한 비판과 국민당 정부의 선전활동이 어우러지면서 아편전쟁이 특별한 의미를 지닌 역사적 사건으로 떠올랐다. 20세기 초 유럽 사회의 환각물질에 대한 경계심이 전해지면서 중국의 지식인 사회에서 아편이 혼란과 낙후의 주범이라는 생각이 퍼져 나갔고, 국민당 정부도 표면적으로는 아편을 근절하려는 조치를 시행했다. 쿠데타로 상하이를 점령한 국민당 정부는 정권의 정통성 확립을 위해 강력한 선전활동을 전개했다. 침략자에 대한 증오를 강조해 민족적 분노를 일으킴으로써 당시 정권 중심의 단결을 목표로 한 선전 전술에서 아편전쟁을 치욕의 시발점으로 내세웠다. 국민당 정권은 아편이 중국을 약화시키려고 제국주의가 오랫동안 계획적으로 침투시킨 해악이라는 논리를 개발했다. 아편전쟁은 청 왕조의 저항을 영국이 무력으로 제압한 사건이었으며, 그것은 중국의 허약함을 노출시켜 제국주의 열강이 침략에 나서게 만드는 계기가 되었다. 그래서 이 전쟁은 중국인의 희생을 상징하는 기념비적 사건으로 변모했다. 일본군도 이 전쟁을 정치 슬로건으로 활용했다. 1939년 일본군 점령하의 베이징 괴뢰정부는 군중대회를 개최해서 영국 제국주의가 일으킨 아편전쟁을 규탄했다. 그것은 중국인이 일본이 아니라 영국에 맞서 싸워야 한다는 메시지를 퍼뜨리기 위해서였다. 1949년 이후 아편전쟁에 대한 해석은 또 한 차례 변화를 거쳤다. 공산당 정권은 국민당의 선전 논리에 자신들의 해석을 덧붙이는 방법으로 아편전쟁의 의미를 증폭시켰다. 아편전쟁이 단순히 고통스러운 경험에 그치지 않고 사회주의의 최종적인 승리에 이르는 투쟁 과정의 시발점이었다는 논리를 덧붙인 것이다. 이 전쟁으로 제국주의에 대한 적개심에 불타는 인민대중이 반제반봉건 투쟁에 대해 각성하고 지속적인 투쟁에 매진해 마침내 영광스러운 사회주의의 승리를 이끌어 냈다는 것이다. 이런 논리적 구도에서 싼위엔리 전투가

자발적 봉기를 통한 인민대중의 자각을 보여 주는 최초의 사례로 주목받았
다. 기묘한 것은 이 구도에서 영국은 해악을 끼친 악마인 동시에 최후의 승
리를 인도한 구원자가 되었다. 아편전쟁에 대한 이와 같은 해석은 중국 정
부의 공식적 견해가 되어서 역사 교과서의 근대사 부분 앞머리에 놓이는 필
수적 내용이 되었다. 아편전쟁을 활용한 정치선전은 1989년의 민주화 시위
이후 더욱 강화되었다. 1990년대 초 중국 공산당의 핵심부는 이 시위의 원
인을 교육의 실패로 규정하면서 역사적 치욕에 대한 교육 강화를 결정했다.
이 조치로 역사 교과서에서 아편전쟁에 대한 서술이 더욱 자세해지고, 사
적의 재정비가 이루어졌다. 제2차 아편전쟁으로 폐허가 되어 방치된 원명
원을 차지하고 있던 돼지우리와 채소밭을 제거하고 공원으로 단장해서 안
내원이 단체 방문객에게 정부의 견해를 설명한다. 중국 정부가 아픈 기억을
통해 애국심을 고취하는 작업에서 아편전쟁은 난징 대학살과 함께 양대 산
맥을 이루고 있다. 반발이 없지는 않았다. 2006년에 중산대학中山大學의 위
엔웨이스袁偉時 교수가 『중국청년보中國青年報』의 주말 부간副刊인 『빙점氷點』
에 당국의 역사 교육을 비판하는 글을 실었다. 이 사건으로 『빙점』이 당분
간 정간되고, 편집자가 해임되는 파동을 겪었다.[13]

2020년 현재 중국을 둘러싼 일이 여럿 벌어지고 있다. 미국과의 무역
갈등이 엎치락뒤치락하면서 결말을 보지 못하고 있다. 서구의 논평가들
은 1999년에 클린턴 대통령이 중국의 세계무역기구WTO; World Trade
Organization 가입을 허용한 것을 실수로 거론한다. 그것은 중국이 이 기구
에 가입하면 공정한 무역질서를 지키면서 세계 시민의 일원으로 등장하고
내부적으로도 민주주의를 달성할 것이라는 당시의 예측이 오해였다는 지적
이다. 가입 후에도 중국은 민주주의 사회로 이행하지 않았고, 중국 기업에

13 Lovell, *The Opium War*, pp.319~321.

대한 불공정 특혜 및 외국 기업의 지적 재산권 침해, 강제적 기술 이전 요구 등을 일삼았다는 것이다. 한마디로 중국은 세계무역기구 가입의 이점을 이용해서 단물을 빨아먹기만 했을 뿐 공정한 무역질서 정착에는 역행했다는 논리이다. 이런 비판은 2019년 여름부터 시작된 홍콩의 민주화 시위에 의해 더욱 강화되었다. 중국이 약속했던 일국양제一國兩制의 원칙이 지켜지지 않아 발생했다고 알려진 이 사태는 홍콩보안법이 시행되면서 아직 끝이 어디인지를 알 수 없다.

중국에 관해 우리가 접하는 논평은 대부분 서구 편향적인 논객의 의견일 뿐이다. 그러나 요즈음의 무역갈등은 180년 전 아편전쟁이 일어나기까지의 과정을 상기시켜 준다. 당시나 지금이나 변하지 않은 것은 힘센 놈이 상대에게 '우리 식으로 해라.' 하고 요구하는 것이다. 2020년 현재 우리가 목격하는 상황은 180년 전 중국과 영국이 서로 오해하고 대치하던 상황과 크게 다르지 않다는 생각이 든다. 지금의 상황을 단순히 강 건너 불 보듯 할 수 없는 것이 우리네 처지이나 예전의 구도가 180년의 세월을 넘어 여전히 작동한다는 점은 흥미롭다.

참고문헌

국내 자료

구범진, 『청나라: 키메라의 제국』, 민음사, 2012.

리궈룽 지음, 이화승 옮김, 『제국의 상점』, 소나무, 2019.

스티븐 솔로몬 지음, 주경철·안민석 옮김, 『물의 세계사』, 민음사, 2013.

이매뉴얼 C. Y. 쉬 지음, 조윤수·서정희 옮김, 『근-현대중국사(상권: 제국의 영광과 해체)』, 까치, 2013.

이준태, 「중국의 전통적 해양인식과 海禁政策의 의미」, 『아태연구』 17권 2호, 경희대 학교 국제지역연구원, 2010, 241~253쪽.

李鎭漢, 「高麗時代 海上交流와 '海禁'」, 『동양사학연구』 127권, 동양사학회, 2014, 1~47쪽.

정양원 지음, 공원국 옮김, 『중국을 뒤흔든 아편의 역사』, 에코리브르, 2009.
　→ Zheng, Yangwen, *The Social Life of Opium in China*.

조영헌, 『대운하와 중국 상인: 회·양 지역 휘주 상인 성장사, 1415~1784』, 민음사, 2011.

진성희, 「아편전쟁을 바라보는 세계의 시선과 욕망」, 『비교문화연구』 33권, 경희대학 교 비교문화연구소, 2013, 53~75쪽.

蔡暻洙, 「明代 海禁의 法制的 變遷」, 『서울대 동양사학과 논집』 38집, 서울대학교 동양 사학과, 2014, 1~30쪽.

토마스 드 퀸시 지음, 김명복 옮김, 『어느 영국인 아편 중독자의 고백』, 펭귄클래식코리 아, 2011.

하네다 마사시 지음, 이수열·구지영 옮김, 『동인도회사와 아시아의 바다』, 선인, 2012.

하오옌핑 지음, 이화승 옮김, 『중국의 상업혁명: 19세기 중·서 상업 자본주의의 전 개』, 소나무, 2001.

韓知暶, 「네덜란드 동인도회사의 기록을 통해 본 明末의 貿易構造─1620년대 月港 무 역의 변화와 澎湖事件─」, 『명청사연구』 40호, 명청사학회, 2013, 35~69쪽.

黃啓臣·鄭煒明 지음, 박기수·차경애 옮김, 『마카오의 역사와 경제』, 성균관대학교 출판부, 1999.

외국 자료

郭中忠, 「南宋海外貿易收入及其在政府財政中的比例」, 『中華文史論叢』1, 1982, pp.23~45.
廣東省文史硏究館, 『鴉片戰爭史料選譯』, 中華書局, 1983.
金峰, 「鴉片战争时期淸政府处理汉奸问题措施研究」, 『广州大学学报(社会科学版)』, 2011年 12期, pp.146~150.
廖声丰, 『鸦片战争前的粤海关』, 五邑大学学报(社会科学版), 2009年 01期.
茅海建, 『天朝的崩潰: 鴉片戰爭再硏究』, 三聯書店, 1995.
武堉幹(撰述), 『鴉片戰爭史』, 民國叢書 第5編, 67, 上海書店, 1937.
徐伯齡, 『蟫精雋』16卷(淸文淵閣四庫全書本).
阿英(編), 『鴉片戰爭文學集』, 1~2冊, 中華書局, 1957.
列島(編), 『鴉片戰爭史論文專集』, 人民出版社, 1990.
王宏斌, 『禁毒史鑒』, 岳麓书社, 1997.
姚薇元, 『鴉片戰爭史事考』, 民國叢書 第5編, 67, 上海書店, 1937
李修生, 『全元文』30冊, 江蘇古籍出版社, 2004.
林則徐 著, 中山大學歷史系 中國近代現代史敎硏組 硏究室(編), 『林則徐集—日記』, 中華書局, 1962.
张茜, 「鸦片战争前传教士创办报刊的发展趋势及影响—《察世俗每月统记传》和《东西洋考每月统记传》比较」, 『天水师范学院学报』, 2007年 4期, pp.75~77.
張哲嘉, 「'大黃迷思'—淸代制裁西洋禁運大黃的策略思維與文化意涵—」, 『中央硏究院近代史硏究所集刊』第47期, 2005, pp.43~100.
張馨保, 『林欽差與鴉片戰爭』, 福建人民出版社, 1989.
　　→ Chang, Hsin-Pao, *Commissioner Lin and the Opium War*.
齊思和·林樹惠·壽紀瑜, 『鴉片戰爭』1~6冊(中國近代史資料叢刊 第一種), 神州國光社, 1954.
朱養剛·黃匡東·陳平, 『激蕩的一八四零』, 江蘇敎育出版社, 1991.
中國第一歷史檔案館(編), 『鴉片戰爭檔案史料』, 1~7冊, 天津古籍出版社, 1992.
陳高華·吳泰, 『宋元時期的海外貿易』, 天津人民出版社, 1981.
陈东有, 「朝廷与地方的政策与利益—鸦片战争前对外贸易中的淸代朝廷与地方关系一」,『南昌大学学报(人文社会科学版)』, 2014年 04期.
編寫組(編),『中國近現代史綱要』, 高等敎育出版社, 2010.
鮑正鵠,『鴉片戰爭』, 新知識出版社, 1954.
黃宇和(編),『兩次鴉片戰爭與香港的割讓』, 臺灣 國史館, 1998.

Anstey, Lavinia Mary & Temple, Sir Richard Carnac (eds), The travels of Peter Mundy in Europe and Asia, 1608~1667, 5 Vols., Hakluyt Society, 1907~1936.

Basu, Dilip K., "Chinese Xenology and the Opium War: Reflections on Sinocentrism", *The Journal of Asian Studies*, Vol. 73, No. 4, 2014, pp.927~940.

Beeching, Jack, *The Chinese Opium Wars,* Harcourt Brace Jovanovich, 1975.

Bello, David Anthony, *Opium and the Limits of Empire: Drug Prohibition in the Chinese Interior, 1729~1850*, Harvard East Asian Monograph 241, Harvard University Press, 2005.

Bowen, H. V., "Bullion for Trade, War, and Debt-Relief: British Movements of Silver to, around, and from Asia, 1760~1833", *Modern Asian Studies*, Vol. 44, No. 3, 2010, pp.445~475.

Brook, Timothy & Wakabayahi, B. Tadashi (eds), *Opium Regimes: China, Britain, Japan, 1839~1952,* University of California Press, 2000.

Cain, P. J. & Hopkins, A. G., *British Imperialism: Innovation and Expansion 1688~1914,* Longman, 1993.

Carverhill, Andrew & Chan, Alex W. H., "Jardine Matheson group's delisting from the stock exchange of Hong Kong: Evidence on international market integration/segmentation", *Review of Pacific Basin Financial Markets and Policies,* Vol. 9, No. 2, 2006, pp.213~228.

Chang, Hsin-Pao, *Commissioner Lin and the Opium War,* Harvard East Asian Series, No. 18, Harvard University Press, 1964.
    → 張馨保,『林欽差與鴉片戰爭』.

Chen, Song-Chuan, *Merchants of War and Peace: British Knowledge of China in the Making of the Opium War,* Hong Kong University Press, 2017.

Cheong, W. E., *Mandarins and Merchants: Jardine Matheson & Co., a China agency of the early nineteenth century,* Curzon Press, 1979.

Cheong, Weng Eang. *The Hong Merchants of Canton: Chinese Merchants in Sino-Western Trade, 1684~1798,* Nordic Institute of Asian Studies Monograph Series, No. 70, Curzon Press, 1997.

Chin, James K., "Merchants, Smugglers, and Pirates: Multinational Clandestine Trade on the South China Coast, 1520~1550", Antony, Robert J. (ed), *Elusive Pirates, Pervasive Smugglers: Violence and Clandestine Trade in the Greater China Seas,* Hong Kong University Press, 2010.

Coates, Austin, *Macao and the British, 1637~1842: Prelude to Hong Kong,* Hong Kong University Press, 2009.

Collis, Maurice, *Foreign Mud: A History of Illigal Opium Trade and the Resulting Anglo-Chinese War,* Graham Brash (Pte), 2009.

Connell, Carol Matheson, "Jardine Matheson & Company: The Role of External Organization in a Nineteenth-Century Trading Firm", *Enterprise and Society,* Vol. 4, issue 1, 2003, pp.99~138.

Courtwright, David T., *Forces of habit: Drugs and the making of the modern world,* Harvard University Press, 2001.

Dikötter, Frank & Laamann, Lars & Zhou, Xun, *Narcotic Culture: A History of Drugs in China,* University of Chicago Press, 2004.

Downs, Jacques M., *The Golden Ghetto: The American Commercial Community at Canton and the Shaping of American China Policy, 1784~1844,* Hong Kong University Press, 2014.

Fairbank, John K., *Trade and Diplomacy on the China Coast: The Opening of the Treaty Ports, 1842~1854,* Stanford University Press, 1969.

Fairbank, John K. (ed), *The Chinese World Order: Traditional China's Foreign Relations.* Harvard University Press, 1968.

—— (ed), *The Missionary Enterprise in China and America,* Harvard University Press, 1974.

—— (ed), *The Cambridge History of China,* Vols. 10 and 11, Cambridge University Press, 1978.

Fay, Peter W., *The Opium War, 1840~1842: Barbarians in the Celestial Empire in the Early Part of the Nineteenth Century and the War by Which They Forced Her Gates Ajar,* The University of North California Press, 1975.

Frank, Andre Gunder, *ReOrient: global economy in the Asian Age,* University of

California Press, 1998.

Gao, Hao, "The Amherst Embassy and British Discoveries in China", *History*, Vol. 99, No. 337, 2014, pp.568~587.

———, "The 'Inner Kowtow Controversy' During the Amherst Embassy to China, 1816~1817", *Diplomacy and Statecraft*, Vol. 27, No. 4, 2016, pp.595~614.

Gelber, Harry G., *Opium, Soldiers and Evangelicals: England's 1840~42 War with China, and its Aftermath,* Palgrave Macmillan, 2004.

Grace, Richard J., *Opium and Empire: The Lives and Careers of William Jardine and James Matheson*. McGill-Queen's University Press, 2014.

Graham, Gerald S., *The China Station: War and Diplomacy, 1830~1860,* Clarendon Press, 1978.

Greenberg, Michael, *British Trade and the Opening of China 1800~42,* Cambridge University Press, 1969.

Haddad, John R., *America's First Adventure in China: Trade, Treaties, Opium and Salvation,* Temple University Press, 2013.

Hanes III, W. Travis & Sanello, Frank, *The Opium Wars: The Addiction of one Empire and the Corruption of Another,* Sourcebooks, Inc. 2002.

Haskew, Michael H. et. al., *Fighting Techniques of the Oriental World, A.D.1200~1860: Equipment, Combat Skills, and Tactics,* Thomas Dunne Books, 2008.

Hoe, Susanna & Roebuck, Derek, *The Taking of Hong Kong: Charles and Clara Eliot in China Waters,* Hong Kong University Press, 2010.

Janin, Hunt, *The India-China Opium Trade in the Nineteenth Century,* McFarland & Company, 1999.

Jennings, John M., *The Opium Empire: Japanese Imperialism and Drug Trafficking in Asia, 1895~1945,* Praeger Publisher, 1997.

Keay, John, *The Honourable Company: A History of The English East India Company,* Harper Collins, 1991.

Kwong, Luke S. K., "The Chinese Myth of Universal Kingship and Commissioner Lin Zexu's Anti-Opium Campaign of 1839", *The English Historical Review,* 123(505), 2008, pp.1470~1503.

Lampe, Evan, "The Most Miserable Hole in the Whole World: Western Sailors and the Whampoa Anchorage, 1770~1850", *International Journal of Maritime*

History, Vol. 22(1), 2010, pp.15~40.

Li, Chen, "Law, Empire, and Historiography of Modern Sino—Western Relations: A Case Study of 'Lady Hughes' Controversy in 1784", *Law and History Review*, Vol. 27, No. 1, 2009, pp.1~53.

Li, Michelle, "Origins of a Preposition: Chinese Pidgin English *long* and its Implications for Pidgin Grammer", *Journal of Language Contact*, 4, 2011, pp.269~294.

Lin, Man—houng, *China Upside Down: Currency, Society, and Ideologies, 1808~1856*, Harvard East Asian Monographs 270, Harvard University Press, 2006.

Liu, Lydia H., *The Clash of Empires: The Invention of China in Modern World Making*, Harvard University Press, 2004.

Lovell, Julia, *The Opium War: Drugs, Dreams and the Making of China*, Picador, 2011.

Lu, Jing—hua, "A Study on Chinese Pidgin English", 『인문학논총』 33, 경성대학교 인문과학연구소, 2013, pp.135~150.

Melancon, Glenn, "Peaceful Intentions: The First British Trade Commission in China, 1833~5", *Historical Research*, Vol. 73, 2000, pp.33~47.

―――, *Britain's China Policy and the Opium Crisis: Balancing Drugs, Violence and National Honour, 1833~1840*, Ashgate Publishing Ltd., 2003.

Mosca, Matthew W., *From Frontier Policy to Foreign Policy: The Question of India and the Transformation of Geopolitics in Qing China*, Stanford University Press, 2013.

Murray, Dian H., *Pirates of the South China Coast, 1790~1810*, Stanford University Press, 1987.

Napier, Priscilla, *Barbarian Eye: Lord Napier in China, 1834, The Prelude to Hong Kong*, Brassey's Inc., 1995.

Peterson, Willard J. (ed), *The Cambridge History of China*, Vol. 9, Cambridge University Press, 1978.

Platt, D. C. M., *Finance, Trade, and Politics in British Foreign Policy, 1815~1914*, Clarendon Press, 1968.

Polachek, James M., *The Inner Opium War*, The Council on East Asian Studies, Harvard University, 1992.

Pomeranz, Kenneth, *The Great Divergence: China, Europe, and the Making of the*

Modern World Economy, Princeton University Press, 2000.

Pomeranz, Kenneth & Topik, Steven, *The World That Trade Created: Society, Culture, and the World Economy, 1400 to the Presents,* M. E. Sharpe, 2006.

Schottenhammer, Angela, "China's Gate to the Indian Ocean: Iranian and Arab Long-Distance Traders", *Harvard Journal of Asiatic Studies,* 76(1–2), 2016, pp.135~179.

Teng, Ssu-yu, *Chang Hsi and the Treaty of Nanking, 1842,* University of Chicago Press, 1944.

Teng, Ssu-yu & Fairbank, John K., *China's Response to the West: A Documentary Survey, 1839~1923,* Harvard University Press, 1954.

Trocki, Carl S., *Opium, Empire and Global Political Economy: A Study of the Asian Opium Trade, 1750~1950,* Routledge, 1999.

Van Dyke, Paul A., *Port Canton and the Pearl River Delta, 1690~1845,* Ph.D. Dissertation, University of Southern California, 2002.

————, *The Canton Trade: Life and Enterprise on the China Coast, 1700~1845,* Hong Kong University Press, 2005.

————, *Merchants of Canton and Macao: Politics and Strategies in Eighteenth-Century Chinese Trade,* Hong Kong University Press, 2011.

Wakeman Jr., Frederick, *Strangers at the Gate: Social Disorder in South China, 1839~1861,* University of California Press, 1997.

Waley, Arthur, *The Opium War through Chinese Eyes,* Stanford University Press, 1958.

Waley-Cohen, Joanna, *The Culture of War in China: Empire and the Military under the Qing Dynasty,* I. B. Tauris, 2006.

Wang, Gungwu, *Anglo-Chinese Encounters since 1800: War, Trade, Science & Governance,* Cambridge University Press, 2003.

Wei, Betty Peh-T'i, *Ruan Yuan, 1764-1849: The Life and Work of a Major Scholar-Official in Nineteenth-Century China before the Opium War,* Hong Kong University Press, 2006.

Woodward, Llewellyn, *The Age of Reform, 1815~1870,* Oxford University Press, 1962.

Zhang, Xin, "Changing Conceptions of the Opium War as History and Experience", *Frontiers of History in China,* 13(1), 2018, pp.28~46.

Zhao, Gang, *The Qing Opening to the Ocean: Chinese Maritime Policies, 1684~1757*, University of Hawaii Press, 2013.

Zheng, Yangwen, *The Social Life of Opium in China,* Cambridge University Press, 2005.

→ 정양원 지음, 공원국 옮김, 『중국을 뒤흔든 아편의 역사』.

Zhong, Weimin, "The Roles of Tea and Opium in Early Economic Globalization: A Perspective on China's Crisis in the 19th Century", *Frontiers of History in China,* Vol. 5(1), 2010, pp.86~105. Translated by Mai Feng from *Zhngguo Jindaishi Yanjiu*(中國近代史硏究) (1), 2009, pp.96~105.

찾아보기

아편전쟁

1판 1쇄 펴낸날 2020년 11월 9일

지은이 | 서경호
펴낸이 | 김시연

펴낸곳 | (주)일조각
등록 | 1953년 9월 3일 제300-1953-1호(구 : 제1-298호)
주소 | 03176 서울시 종로구 경희궁길 39
전화 | 02-734-3545 / 02-733-8811(편집부)
         02-733-5430 / 02-733-5431(영업부)
팩스 | 02-735-9994(편집부) / 02-738-5857(영업부)
이메일 | ilchokak@hanmail.net
홈페이지 | www.ilchokak.co.kr

ISBN 978-89-337-0779-1   03900

값 28,000원

• 지은이와 협의하여 인지를 생략합니다.